国家出版基金项目
NATIONAL PUBLICATION FOUNDATION

2021—2035年国家古籍工作规划重点出版项目

『十四五』时期国家重点图书出版物出版专项规划项目

『十四五』安徽省重点出版物规划项目

本书获国家社科基金项目『西夏文《大宝积经》整理研究集成』资助
主持人：孙伯君　批准号：16BMZ026

西夏文《大宝积经》整理研究集成

第一辑 第五册

孙伯君◎主编

孙颖新◎著

黄山书社

图书在版编目(CIP)数据

西夏文《大宝积经》整理研究集成. 第一辑. 第五册/孙伯君主编;孙颖新著. —合肥:黄山书社,2024.3
ISBN 978-7-5737-1202-8

Ⅰ.①西… Ⅱ.①孙… ②孙… Ⅲ.①西夏语-佛经-研究 Ⅳ.①B948

中国版本图书馆 CIP 数据核字(2024)第 031631 号

西夏文《大宝积经》整理研究集成(第一辑)·第五册
XIXIAWEN DABAOJIJING ZHENGLI YANJIU JICHENG

孙伯君 主编
孙颖新 著

出品人 葛永波
策　划 葛永波 李 旭 张向奎
项目统筹 李玲玲 代立媛
责任编辑 范丽娜
责任印制 李 磊
装帧设计 尹 晨
出版发行 黄山书社(http://www.hspress.cn)
地址邮编 安徽省合肥市蜀山区翡翠路 1118 号出版传媒广场 7 层 230071
印　刷 安徽新华印刷股份有限公司
版　次 2024 年 3 月第 1 版
印　次 2024 年 3 月第 1 次印刷
开　本 890 mm × 1240 mm 1/16
字　数 368 千字
印　张 32.5
书　号 ISBN 978-7-5737-1202-8
定　价 270.00 元

服务热线 0551-63533706
销售热线 0551-63533761
官方直营书店(https://hsss.tmall.com)

目录

西夏文《大宝积经》

·卷十五·

《净居天子会》

第四之一整理与研究

内容和版本介绍

《大宝积经·净居天子会》为西晋三藏竺法护旧译[①]，本名《菩萨梦经》(二卷)，菩提流志将其编入《大宝积经》，新改名《净居天子会》，当第四会《净居天子会》第四之一和第四之二。主要内容为世尊受金刚摧菩萨之请，为未来菩萨开示一百零八种梦相出现的原因及其相应的修行方法。经中详细记载了不同梦境对应的是菩萨某地，也就是说，每个梦境都有印证菩萨阶位的作用。这是一部内容较为特殊的经典。

西夏文《大宝积经》卷十五《净居天子会》第四之一，为1909年科兹洛夫率领的俄国皇家蒙古四川地理考察队于黑水城遗址所获，今藏俄罗斯科学院东方文献研究所。经题著录首见戈尔巴乔娃和克恰诺夫的《西夏文写本和刊本》[②]，又见西田龙雄的《西夏文佛经目录》[③]，其后有克恰诺夫给出的版本形制和内容描述[④]。据克恰诺夫《西夏佛典目录》可知，俄藏《大宝积经》卷十五共有5个编号，即№ 97中的инв.№ 407，№ 98中的инв.№ 408和2723，№ 99中的инв.№ 7377和№ 100中的инв.№ 5734。具体版本形制如下：

№ 97：

инв.№ 407，白绵纸。写本，经折装，纸幅34.5厘米×13.5厘米，版框高27.8厘米。每折7行，行21字。凡59折，保存完好。尾题"二遍校同"。

№ 98：

инв.№ 408，白绵纸。写本，经折装，纸幅33—33.5厘米×12厘米，版框高26—26.5厘米。每折6行，行19字。仅存卷尾9折。

инв.№ 2723，白绵纸。写本，经折装，纸幅33—33.5厘米×12厘米，版框高25.8—26.3厘米。每折6行，行19字。仅存卷首5折。

№ 99：

инв.№ 7377，本色麻纸。梵夹装，纸幅32.5厘米×50厘米，每叶26行，行19字。全文保存。

---

① 关于本经的译者素有争议。梁朝僧佑所编《出三藏记集》是距竺法护时代最近的经录，但该经录中并未收录此经。《菩萨梦经》的首次著录见隋沙门法经等撰《众经目录》，归入《众经失译三》(《大正藏》T55，№ 2146，页120)，费长房《历代三宝记》亦将其收录于《大乘修多罗失译二》(《大正藏》T49，№ 2034，页112)，自道宣《大唐内典录》始记为"西晋竺法护译"(《大正藏》T55，№ 2149，页829)。可见其翻译者和翻译年代还有待于进一步研究。

② З. И. Горбачева и Е. И. Кычанов, *Тангутские рукописи и ксилографы*, Москва: Издательство восточной литературы, 1963, с. 119, 157.

③ 西田龙雄：《西夏文华严经》Ⅲ，京都：京都大学文学部，1977年，第23页。

④ Е. И. Кычанов, Каталог тангутских буддийских памятников, Киото: Университет Киото, 1999, с. 35, 320, 323, 334—337, 347—349.

№ 100:

инв.№ 5734,本色麻纸。梵夹装,纸幅 19.5 厘米×54.5 厘米,每叶 29 行,行 13 字。全文保存。

在上述编号中,仅№ 99 的 инв.№ 7377 卷首存有款题"天生圆能禄番圣祐正国皇太后梁氏御译,就德主国增福正民大明皇帝嵬名御译"。据此可知,инв.№ 7377 为西夏惠宗秉常(1067—1086 年在位)时期的初译本。№ 97 的 инв.№ 407 未见明确款题,据克恰诺夫著录,这组经文的抄写完成于 1162 年,卷尾有"发愿者黑水转运使嵬啰由牢,写者梁文殊奴,重校野利宝成"字样[①]。

下面的录文和释读依据 инв.№ 407,这一编号首次刊布于《俄藏黑水城文献》第 21 册[②]。释读采用逐行对译的形式,以数字标示西夏文录文的卷次、原版折面和行次,如 15.1.1,为第十五卷第一折第一行。

① Е. И. Кычанов,*Каталог тангутских буддийских памятников*, Киото:Университет Киото, 1999.c.321.

② 俄罗斯科学院东方文献研究所、中国社会科学院民族学与人类学研究所、上海古籍出版社编《俄藏黑水城文献》第 21 册,上海:上海古籍出版社,2013 年,第 115—118 页。

文本释读

15.1.1

ljịj^{2}	ljɨ^{1}	tśiow^{1}	lwər^{2}	lhejr^{2}	?	ɣạ^{2}	ŋwə^{1}	tsew^{2}
大	宝	积	经	契	卷	十	五	第

《大宝积经》卷第十五

15.1.2

sej^{1}	mji̠^{1}	mə^{1}	zjɨ^{1}	ljwu^{2}	ljɨr^{1}	tsew^{2}	·jij^{1}	lew^{1}
净	居	天	子	会	四	第	之	一

净居天子会第四之一①

15.1.3

thjɨ^{2}	sju^{2}	mjo^{1}	ŋa^{2}	lew^{1}	dzjɨj^{1}	tha^{1}	njij^{2}	mji̠^{1}	we^{2}	khji^{1}
是	如	闻	我:	一	时,	佛	王	舍	城	耆
śja^{1}	khjwɨ^{1}	ŋər^{1}	kha^{1}	ljịj^{2}	ɲia^{2}	tsjij^{2}	phji^{2}	khjiw^{2}	·ji^{1}	
阇	崛	山	中,	大	菩	萨	比	丘	众	

如是我闻:一时,佛住王舍城耆阇崛山中,与大菩萨比丘众

15.1.4

tśhjiw^{1}	khjɨ^{2}	dzjwo^{2}	rjir^{2}	gu^{2}	dźjij^{1}	źji^{2}	·ja?	du̠^{2}	tow^{1}	lo^{1}
六	万	人	与	俱	住,	皆	阿	耨	多	罗

① 此上汉文本署"西晋三藏竺法护译",西夏文本无。

sã1　mjiw2　sã1　po1　tjɨj1　bju1　dźjij1　thja1　rjur1　ɣię2
三　藐　三　菩　提　于　住，其　诸　声

六万人俱，皆悉住于阿耨多罗三藐三菩提，其诸声

15.1.5

[illegible]

mji1　·ji1　·jij1　nwə1　sjij2　lew2　ŋwu2　tśhjɨ1　zjọ2　rjur1　pjụ1
闻　众　之　知　识　所　是。尔　时，世　尊

[illegible]

gu2　tjị1　thji1　dźjwa1　sã1　mej2　·u2　·o2　thja1　sã1
中　食　饮　竟　三　昧　中　入，此　三

闻众所知识。尔时，世尊于中食后入于三昧，此三

15.1.6

…… [illegible]

to2　źji2　sạr1　mju2　dzjɨj1　rjur1　śjɨ2　mə1　xiwã1　mə1
……　悉　皆　震　动。时，诸　释　天　梵　天、

（昧威神力故，）震动（三千大千世界）①。时，诸释梵天②、

15.2.1

[illegible]

rjur1　·wejr2　ljɨr1　njij2　njɨ2　tha1　do2　rjɨr2　ljij2　tha1　rewr2
诸　护　四　王　等　佛　所　乃　来，佛　足

[illegible]

tśjiw2　tshwew1　·ja?　njijr2　wjɨ2　·jar1　tha1　rjijr2　pjạ1　phjo̱2
顶　礼，一　面　△　立，佛　向　合　掌。

护世四王等来诣佛所③，到已，头面礼足，在一面立，合掌向佛。

---

① 括号中内容西夏本残佚。
② 释梵天，西夏本作“[illegible]”，意思是“释天梵天”。
③ 护世四王，西夏本作“[illegible]”（诸护四王）。按，“[illegible]”rjur1（诸）字于义不合，在此假借作“[illegible]”rjur1（世）。参看《守护大千国土经》“护世四王”西夏本作“[illegible]”。

15.2.2

						，			，	
thja^1	sã^1	mej^2	pjụ^1	me̱^{2}	ɣie^1	nio̱w^1	ku^1	tśhjɨ^1	dzjɨ̣j^1	sej^1
此	三	昧	威	神	力	故，	则	尔	时，	净

						、			
mji̱^{1}	rjur^1	mə^1	njij^1	ljɨ̣j^2	mə^1	zjɨ̣^{1}	ne̱w^2	njij^1	ljɨ̣j^2
居	诸	天	欢	喜	天	子、	善	欢	喜

以此三昧威神力故，尔时，净居天欢喜天子、善欢喜

15.2.3

	、					、					、
mə^1	zjɨ̣^{1}	ljij^2	njij^1	ljɨ̣j^2	mə^1	zjɨ̣^{1}	me̱^{2}	njij^1	ljɨ̣j^2	mə^1	zjɨ̣^{1}
天	子、	大	欢	喜	天	子、	贤	欢	喜	天	子、

			，				、			、
lhji̱j^2	njwi^2	mə^1	zjɨ̣^{1}	tew^1	śie^1	thow^1	mə^1	·jij^1	dzju^2	mə^1
受	善	天	子，	兜	率	陀	天、	自	在	天、

天子、大欢喜天子、贤欢喜天子、善受天子，兜率陀天、自在天、

15.2.4

			，						，	
ljij^2	·jij^1	dzju^2	mə^1	rjur^1	mə^1	ljij^2	·ji^1	ŋowr^2	ŋowr^2	sej^1
大	自	在	天，	诸	天	大	众	一	切，	净

		，						，	
mji̱^{1}	mə^1	njɨ^2	twụ^1	rjur^1	pjụ^1	do^2	rjɨr^2	ljij^2	tha^1
居	天	等，	各	世	尊	所	乃	来，	佛

大自在天，一切诸天大众，净居天等，各诣世尊所，

15.2.5

		，							。	
rewr^2	tśjiw^2	tshwew^1	njij^1	tji̱^{1}	ŋwu^2	·ja$^?$	njijr^2	wjɨ^2	·jar^1	tśhjɨ^1
足	顶	礼，	心	诚	以	一	面	△	立。	尔

[illegible]

zjọ^{2} sej^{1} mji̱^{1} mə^{1} ·ji^{1} rjur^{1} pjụ^{1} ·jij^{1} dạ^{2} jɨ^{2}

时， 净 居 天 众 世 尊 之 言 谓：

头面礼足，在于一面一心而住①。尔时，净居天众白世尊言：

15.2.6

[illegible]

ljij^{2} tśhja^{2} rjur^{1} pjụ^{1} thja^{1} wjɨ^{2} rar^{2} rjur^{1} tha^{1} rjɨr^{2} tshji̱j^{1}

大 德 世 尊！ 彼 过 去 诸 佛 所 说，

[illegible]

ɲia^{2} tsjij^{2} ·jij^{1} dźji̱j^{1} lew^{2} jwɨr^{1} ·jij^{1} niow^{1} rjur^{1} tsji̱r^{1}

菩 萨 之 行 所 貌 相， 复 诸 法

大德世尊！菩萨所行相貌，摄受诸法，过去诸佛之所说者，

15.2.7

[illegible]

ɣjiw^{1} ɣiwej^{1} śjij^{1} tja^{1} lew^{1} tji̱^{1} rjur^{1} pjụ^{1} rejr^{2} ɲia^{2} tśhju^{1}

摄 受 然 者， 唯 愿 世 尊 多 众 生

[illegible]

·jij^{1} gji̱j^{1} ɣie^{2} no^{2} lhejr^{2} nio̱w^{1} rjur^{1} kha^{1} dzjwo^{2} mə^{1}

之 利 益 安 乐 故， 世 间 人 天

唯愿演说分别显示②，为利益安乐多众生故，

15.3.1

[illegible]

·jij^{1} njij^{2} śjow^{1} gji̱j^{1} lhejr^{2} nio̱w^{1} mjij^{2} ljij^{2} rjur^{1} ɲia^{2} tsjij^{2}

之 怜 愍 利 安 故， 未 来 诸 菩 萨

[illegible]

·jij^{1} mjor^{1} ljij^{2} pa^{2} dji̱j^{2} phã^{1} niow^{1} rjijr^{2} thjɨ^{2} tsji̱r^{1} mji^{1}

① 住，西夏本作“[illegible]”（立）。

② 西夏本“唯愿”下有“[illegible]”（世尊）二字。

之 如 来 般 涅 槃 以 后, 此 法 闻

怜愍世间利安天人,为未来诸菩萨,于如来般涅槃后,闻此法者

15.3.2

[illegible], [illegible] [illegible] [illegible] [illegible] [illegible] [illegible] [illegible] [illegible] [illegible] [illegible],

zjịj^{1} ·ja$^{?}$ dụ^{2} tow^{1} lo^{1} sã^{1} mjiw^{2} sã^{1} po^{1} tjɨj^{1} ɣa^{2}

时, 阿 耨 多 罗 三 藐 三 菩 提 于,

[illegible] [illegible] [illegible] [illegible], [illegible] [illegible] [illegible] [illegible], [illegible] [illegible]

dzu^{1} kowr^{2} njịj^{1} śjwo^{1} źjɨr^{1} bju^{1} ·jij^{1} nwə^{1} ·jiw^{2} ljɨj^{1}

爱 欲 心 生, 实 如 自 知, 疑 魑

生欲乐心,于阿耨多罗三藐三菩提,如实自知,

15.3.3

[illegible] [illegible], [illegible] [illegible] [illegible] [illegible] [illegible] [illegible] [illegible] [illegible], [illegible]

njịj^{1} mjij^{1} mji^{1} śja^{1} wją^{2} dźjɨ? źji^{2} dźjwa^{1} no^{2} dźjij^{1} tśjị^{1}

心 无, 不 放 逸 行 究 竟 安 住, 苦

[illegible] [illegible] [illegible] [illegible] [illegible] [illegible] [illegible] [illegible] [illegible], [illegible]

rjir^{2} ber^{2} tsjɨ^{1} lhjị^{1} lhjwo^{1} mji^{1} śjwo^{1} phji^{1} niọw^{1} dźju^{1}

与 遇 亦 悔 退 不 生 令 故, 显

不生疑悔①,究竟安住不放逸行,值遇于苦不生退转。

15.3.4

[illegible] [illegible] [illegible] [illegible] [illegible] [illegible] [illegible] [illegible]。 [illegible], [illegible] [illegible] [illegible]

dźju^{1} phjo^{2} kar^{2} rjɨr^{2} tshjij^{1} wji^{1} nji^{2} jɨ^{2} dzjɨj^{1} sej^{1} mjị^{1} mə^{1}

示 分 别 乃 说 为 △ 谓。 时, 净 居 天

[illegible] [illegible] [illegible] [illegible] [illegible] [illegible], [illegible] [illegible] [illegible] [illegible] [illegible]

·ji^{1} niow^{1} tew^{1} śie^{1} thow^{1} mə^{1} tha^{1} rjur^{1} pjụ^{1} do^{2} thjɨ^{2}

众 及 兜 率 陀 天, 佛 世 尊 处 是

时,净居天众及兜率陀天,向于世尊

---

① 疑悔,西夏本作"[illegible][illegible]"(疑魑)。按,"[illegible]"ljɨj^{1}(魑)字于义不合,在此假借作"[illegible]"lhjị^{1}(悔)在西夏文佛经中以"[illegible][illegible]"二字对译汉文"疑悔"常见。参看《大宝积经》卷十六:"应亲近供养甚深信解人,多决定疑悔法障,彼应供养法师得除疑悔,如是清净",西夏本作"[illegible]"(甚深信解人之亲近供养,疑悔法障决定多有,是今法师之供养则疑悔除,是如以清净应)。

15.3.5

dạ2	jɨ2	dźjwa1	mjɨ2	mji2	wjɨ2	·jar1	dzjiij1	mə1	zjɨ̣1	gjɨ2
语	说	竟，	默	然	△	立。	时，	天	子	有

mjiij2	kię1	dźja2	dźjwu1	rjur1	mə1	·ji1	nio̱w1	rjur1	pjụ1
名	金	刚	摧，	诸	天	众	为	世	尊

说是语已，默然而住①。时，有天子名金刚摧，为诸天众请于世尊，

15.3.6

·jij1	ɣju1	lja̱1	dạ2	rjɨr2	tshjiij1
之	请，	偈	言	乃	说：

而说偈言：

15.3.7

·jir2	ljo1	tśhja2	sə1	·jij1	·jɨr1	ŋa2	dzjwo2	mə1	dzu1	dzjwɨ̣1
百	福	德	满	之	问	△，	人	天	爱	敬

·jij1	·jɨr1	ŋa2	mji1	śja1	wja̱2	dźjij1	·jij1	·jɨr1	ŋa2
之	问	△，	不	放	逸	住	之	问	△，

百福德满故问此，人天敬爱故问此，住不放逸故问此，

15.4.1

·ji1	kha1	?	njij2	·jij1	·jɨr1	ŋa2	rjur1	ɣię2	źji2	bu̱2
众	中	医	王	之	问	△。	诸	音	最	胜

rjur1	swew1	źjɨr1	bu̱2	mjij1	tsji̱r1	gjwi2	rjɨr2	tshji̱2	nja2

① 住，西夏本作“□”（立）。

世	明	慧,	过	无	法	句	乃	说	△,

多众医王故问此。无过法句愿显说,诸音最胜世明慧,

15.4.2

[illegible]	[illegible]	[illegible]	[illegible]	[illegible]	[illegible]	[illegible],	[illegible]	[illegible]	[illegible]	[illegible]
·jir^{2}	tụ^{1}	·jiw^{2}	lhji̠^{1}	źji^{2}	phja^{1}	njwi^{2}	·ji^{1}	bji^{1}	wjạ^{2}	mjijr^{2}
百	千	疑	悔	皆	断	能,	众	明	放	者
[illegible]	[illegible]	[illegible]。	[illegible]	[illegible]	[illegible]	[illegible]	[illegible]	[illegible]	[illegible],	
·jij^{1}	·jɨr^{1}	ŋa^{2}	be^{2}	sju^{2}	rjur^{1}	na^{1}	nja̠^{1}	go^{2}	njwi^{2}	
之	问	△。	日	犹	诸	黑	暗	除	能,	

能断百千诸疑悔,能放众明故问此。犹日能破诸黑暗,

15.4.3

[illegible]	[illegible]	[illegible]	[illegible]	[illegible]	[illegible]	[illegible],	[illegible]	[illegible]	[illegible]	[illegible]
lhjị^{2}	sju^{2}	swew^{1}	sej^{1}	tsja^{1}	ɣar^{1}	t- ^{2}	ljwịj^{1}	?	njɨ̠^{1}	ɣa^{2}
月	如	明	净	热	极	除,	怨	亲	二	于
[illegible]	[illegible]	[illegible],	[illegible]	[illegible]	[illegible]	[illegible]	[illegible]	[illegible]	[illegible],	
tśhja^{2}	ka^{1}	śjwo^{1}	ze̠w^{2}	gie^{1}	ze̠w^{2}	njwi^{2}	ljị^{2}	wjɨ^{2}	sju^{2}	
平	等	生,	忍	难	忍	能	地	犹	如,	

如月净明除郁蒸,于怨于亲生平等,难忍能忍犹如地,

15.4.4

[illegible]	[illegible]	[illegible]	[illegible]	[illegible]	[illegible]	[illegible],	[illegible]	[illegible]	[illegible]	[illegible]
niow^{1}	zjɨ̠r^{2}	sju^{2}	lhjɨ^{2}	ror^{2}	zwər^{1}	ɣor^{2}	mə̣^{1}	sju^{2}	źjị^{1}	njɨ̠^{2}
复	水	如	尘	垢	濯	洗,	火	如	烦	恼
[illegible]	[illegible]	[illegible],	[illegible]	[illegible]	[illegible]	[illegible]	[illegible]	[illegible]	[illegible],	
rer^{2}	pju^{2}	njwi^{2}	sọ^{1}	kiẹj^{2}	phji^{1}	sej^{1}	ŋa^{2}	·jɨr^{1}	bju^{1}	
网	烧	能,	三	界	意	净	△	问	因,	

亦如净水洗尘垢,如火能烧烦恼网,三有意净故问此,

15.4.5

[illegible]	[illegible]	[illegible]	[illegible]	[illegible]	[illegible]	[illegible]。	[illegible]	[illegible]	[illegible]	[illegible]

ɣie^{2}	mjij^{1}	sji̠j^{2}	nuə$^{?}$	rjɨr^{2}	tshji̠^{2}	nja^{2}	?	mjijr^{2}	sju^{2}	ɲia^{2}
碍	无	智	辩	乃	说	△。	医	者	如	众
[illegible]	[illegible]	[illegible]，	[illegible]	[illegible]	[illegible]	[illegible]	[illegible]	[illegible]	[illegible]，	
tśhju^{1}	ŋo^{2}	?	phji^{1}	śia^{1}	mẽ^{1}	sju^{2}	lji̠^{1}	·war^{2}	rejr^{2}	
生	病	治，	毗	沙	门	如	宝	财	多，	

无碍智辩望宣说。如医疗治众生病，如毗沙门多财宝，

15.4.6

[illegible]	[illegible]	[illegible]	[illegible]	[illegible]	[illegible]	[illegible]，	[illegible]	[illegible]	[illegible]	[illegible]
lu̠^{2}	tśji̠^{1}	dzjwo^{2}	·jij^{1}	źji^{2}	mji^{1}	khjow^{1}	dji̠j^{2}	sju^{2}	so̠^{1}	mə^{2}
贫	苦	人	之	皆	施	与，	云	如	三	种
[illegible]	[illegible]	[illegible]。	[illegible]	[illegible]	[illegible]	[illegible]	[illegible]	[illegible]	[illegible]，	
tsja^{1}	lha^{1}	njwi^{2}	thjɨ^{2}	gjwi^{2}	źji^{2}	bu̠^{2}	rjɨr^{2}	tshji̠^{2}	nja^{2}	
热	灭	能。	是	句	最	胜	乃	说	△，	

赈给穷下贫苦者，如云能灭三种热。是句最胜唯愿说，

15.4.7

[illegible]	[illegible]	[illegible]	[illegible]	[illegible]	[illegible]	[illegible]，	[illegible]	[illegible]	[illegible]	[illegible]
tjij^{1}	źji̠^{1}	njɨ^{2}	·ji^{1}	tśji̠^{1}	lji̠^{1}	dźjɨ$^{?}$	źji̠^{1}	njɨ^{2}	·ji^{1}	ror^{2}
若	烦	恼	众	苦	箭	破，	烦	恼	众	垢
[illegible]	[illegible]	[illegible]，	[illegible]	[illegible]	[illegible]	[illegible]	[illegible]	[illegible]	[illegible]，	
?	la̠^{1}	ljo̠r^{1}	źji^{2}	·jij^{1}	rjur^{1}	·jar^{2}	no^{2}	lhejr^{2}	khjow^{1}	
奸	谄	诈，	皆	之	调	伏	安	乐	与，	

若破烦恼众苦箭，烦恼众垢奸谄诈，善能调伏施安乐，

15.5.1

[illegible]	[illegible]	[illegible]	[illegible]	[illegible]	[illegible]	[illegible]。	[illegible]	[illegible]	[illegible]	[illegible]
ɲia^{2}	tśhju^{1}	ljɨr^{2}	nio̠w^{1}	thjɨ^{2}	·jɨr^{1}	ŋa^{2}	bju̠^{1}	·ju^{1}	swew^{1}	źjɨr^{1}
众	生	念	故	此	问	△。	惭	愧	明	慧
[illegible]	[illegible]	[illegible]，	[illegible]	[illegible]	[illegible]	[illegible]	[illegible]	[illegible]	[illegible]，	
ljɨr^{2}	gjwɨ^{1}	lwo^{2}	ljij^{2}	pju̠^{1}	?	mjij^{1}	la̠^{1}	ljo̠r^{1}	ka^{2}	
念	坚	固，	大	尊	奸	无	谄	诈	离，	

念众生故故问此。惭愧明慧念坚固，大尊无奸离谄曲，

15.5.2

·jij^1	mjij^1	tśhja^2	tśiow^1	·jij^1	·jɨr^1	ŋa^2	tshja̱^{1}	kwow^2	ljwi̱j^1	khie^1
相	无	德	聚	之	问	△。	瞋	恚	怨	嫌
tśjo$^?$	mjij^1	dzjar^2	rjur^1	ɲia^2	tśhju^1	ɣa^2	no^2	lhejr^2	ze̱w^2	
永	寂	灭，	诸	众	生	于	安	乐	忍，	

无相德聚故问此。瞋恚怨嫌永寂灭，于诸众生安乐忍，

15.5.3

njijr^2	bie^2	ŋwər^2	ljɨ̱j^2	ɲia^2	tśhju^1	bjo̱^{1}	·ju^2	nji̱j^1	ljɨ̱j^2	ŋwu^2
面	开	容	悦	众	生	视，	常	心	喜	以
śji^1	bju̱^{1}	·jɨr^1	ɲia^2	tśhju^1	ɣa^2	?	wjɨ̱^{1}	sji̱j^2	śjwo^1	
先	敬	问。	众	生	于	亲	友	想	生，	

和颜悦色视众生，常以欢喜先意语。于诸众生亲友想，

15.5.4

ɲia^2	tśhju^1	·jij^1	tjij^1	rewr^2	ɣa^2	njɨ^1	la̱^{1}	dzjwɨ̱^{1}	pja̱^{1}	phjo̱^{2}
众	生	之	彼	岸	于	度，	手	敬	掌	合
·ja$^?$	nji̱j^1	ɣju^1	ɣa̱^{2}	ɣie^1	ne̱w^2	bji̱j^2	·ji^1	kha^1	ljɨ^1	
一	心	请，	十	力	善	逝	众	中	宝。	

度诸众生至彼岸，合十指爪一心请①，十力善逝众生宝。

15.5.5

lew^1	tji̱^{1}	thjɨ^2	wjɨ^2	·ji^1	·jiw^2	phja^1	mə^1	dzjwo^2	thjɨ^2	tśja^1

① 合十指爪，西夏字面作"[Tangut characters]"（手敬掌合），意为"恭敬合掌"。

唯 愿 此 时 众 疑 断， 天 人 此 道

[illegible] [illegible] [illegible]， [illegible] [illegible] [illegible] [illegible] [illegible] [illegible] [illegible]，

dźjɨ$^{?}$ mji^{1} niow^{1} phju^{2} tsew^{2} rjur^{1} jwɨr^{1} ·jij^{1} źji^{2} ljij^{2}

行 闻 已， 第 一 诸 貌 相 皆 见，

唯愿时说断众疑，天人闻此道行已，见于第一诸相貌，

15.5.6

[illegible] [illegible] [illegible] [illegible] [illegible] [illegible] [illegible]。

thja^{2} ·jij^{1} ljij^{2} gor^{1} kiej^{2} djij^{2} nwə^{1}

彼 之 大 丈 夫 当 知。

使彼得知大丈夫。

15.5.7

[illegible] [illegible]， [illegible] [illegible] [illegible] [illegible] [illegible] [illegible] [illegible] [illegible]

tśhjɨ^{1} zjọ^{2} rjur^{1} pjụ^{1} kiẹ^{1} dźja^{2} dźjwu^{1} po^{1} tsa^{1} ma^{2}

尔 时， 世 尊 金 刚 摧 菩 萨 摩

[illegible] [illegible] [illegible] [illegible] [illegible]： [illegible] [illegible] [illegible]！ [illegible] [illegible]

ŋạ^{2} tsa^{1} ·jij^{1} dạ^{2} jɨ^{2} kiẹ^{1} dźja^{2} dźjwu^{1} nji^{2} sjij^{1}

诃 萨 之 言 告： 金 刚 摧！ 汝 今

尔时，世尊告金刚摧菩萨摩诃萨言：金刚摧！汝

15.6.1

[illegible] [illegible]， [illegible] [illegible] [illegible] [illegible]， [illegible] [illegible] [illegible] [illegible] [illegible]

djị^{2} nji^{2} njij^{1} tjị^{1} ljɨ̣r^{2} lew^{2} ŋa^{2} dju^{1} dju^{1} jwɨr^{1} ·jij^{1}

谛 听， 心 诚 念 应， 我 有 有 貌 相

[illegible] [illegible] [illegible] [illegible] [illegible]， [illegible] [illegible] [illegible] [illegible] [illegible]

nji^{2} ·jij^{1} tshjij^{1} wji^{1} nja^{2} po^{1} tsa^{1} ma^{2} ŋạ^{2} tsa^{1}

汝 之 说 为 △， 菩 萨 摩 诃 萨

谛听，善思念之，当为汝说所有相貌，使菩萨摩诃萨

15.6.2

[illegible] [illegible] [illegible] [illegible] [illegible] [illegible] [illegible] [illegible] [illegible] [illegible]。 [illegible]

·jij^{1} thjɨ^{2} sju^{2} ljịj^{2} tśhja^{2} nwə^{1} tsjij^{2} phjo^{2} ŋa^{2} jɨ^{2} kię^{1}

之 是 如 大 德 知 晓 使 △ 谓。 金

□ □ □ □ □: □ □ □ □ □

dźja^{2} dźjwu^{1} ɲia^{2} tsjij^{2} dạ^{2} ŋa^{2} thja^{1} ·jiw^{1} niọw^{1} nji^{2}

刚 摧 菩 萨 言: 我 是 因 缘 听

得知如是大德。金刚摧菩萨言:我听受是因缘。

15.6.3

□ □。 □ □, □ □ □ □ □ □: □

ŋa^{2} jɨ^{2} tśhjɨ^{1} zjọ^{2} rjur^{1} pjụ^{1} thjɨ^{2} sju^{2} dạ^{2} jɨ^{2} ·jir^{2}

△ 谓。 尔 时, 世 尊 是 如 言 谓: 百

□ □ □ □ □。 □ □ □ □ □!

·jar^{1} mə^{2} ·jij^{1} dju^{1} ljɨ^{1} kię^{1} dźja^{2} dźjwu^{1} ɲia^{2} tsjij^{2}

八 种 相 有 也。 金 刚 摧 菩 萨!

世尊作如是言:有百八相。金刚摧[①]!

15.6.4

□ □ □ □ □ □ □ □。 □ □ □

ɲia^{2} tsjij^{2} ·ụ^{2} dzjwo^{2} twụ^{1} nwə^{1} tsjij^{2} lew^{2} mjịj^{1} gu^{2} ljij^{2}

菩 萨 乘 人 自 知 晓 应。 梦 中 见

□, □ □ □ □ □ □ □ □? □

lew^{2} ·jir^{2} ·jar^{1} mə^{2} dạ^{2} tja^{1} ljɨ^{1} kjɨ^{1} ŋwu^{2} tjij^{1}

所, 百 八 种 事 者 何 △ 是? 若

菩萨乘人应当知。何等为百八?梦中所见,

15.6.5

□ □ □ □ □ □ □ □ □ □; □

mjor^{1} ljịj^{2} rjir^{2} dạ^{2} wji^{1} niow^{1} thjọ^{1} ljụ^{2} kjɨ^{1} mjịj^{1} tjij^{1}

如 来 与 语 △ 复 妙 身 △ 梦; 若

□ □ □ □ □ □; □ □ □ □

---

① 金刚摧,西夏本作"□□□□□"(金刚摧菩萨)。下文皆同。

mjor¹	ljịj²	mjɨ²	mji²	kjɨ¹	mjịj¹	tjij¹	mjor¹	ljịj²	ɣu¹
如	来	默	然	△	梦；	若	如	来	头

已有梦见如来身共语见妙身；复次梦见如来默然①；复次梦见如来

15.6.6

[illegible]

pho̱¹	dzu̱²	kjɨ¹	mjịj¹	tjij¹	mjor¹	ljịj²	nu¹	nu¹	dzu̱²	kjɨ¹
覆	坐	△	梦；	若	如	来	背	背	坐	△

[illegible]

mjịj¹	tjij¹	mjor¹	ljịj²	ljụ²	tsə̣¹	njij¹	kjɨ¹	mjịj¹	tjij¹
梦；	若	如	来	身	色	红	△	梦；	若

覆头坐；复次梦见如来背坐；复次梦见如来身红色；

15.6.7

[illegible]

mjor¹	ljịj²	sjịj²	ljụ²	kjɨ¹	mjịj¹	tjij¹	mjor¹	ljịj²	śjɨ¹
如	来	画	身	△	梦；	若	如	来	去

[illegible]

kjɨ¹	mjịj¹	tjij¹	mjor¹	ljịj²	mjɨ¹	·jij¹	tsjịr¹	tshjịj¹	djij²
△	梦；	若	如	来	他	之	法	说	△

复次梦见如来彩色画身；复次梦见如来去；复次梦见如来为他说法；

15.7.1

[illegible]

kjɨ¹	mjịj¹	tjij¹	mjor¹	ljịj²	me̱²	mjijr²	ŋa¹	gu²	dźjij¹	djij²
△	梦；	若	如	来	神	通	空	中	行	△

[illegible]

kjɨ¹	mjịj¹	tjij¹	mjor¹	ljịj²	djij²	phã¹	·o²	kjɨ¹	mjịj¹
△	梦；	若	如	来	涅	槃	入	△	梦；

复次梦见如来神通虚空中行；复次梦见如来般涅槃；

① 复次，西夏作“[illegible]”（若）。下文皆同。

15.7.2

tjij^{1}	mjor^{1}	ljịj^{2}	ljụ^{2}	tśhjɨ̣^{1}	djij^{2}	kjɨ^{1}	mjij^{1}	tjij^{1}	mjor^{1}	ljịj^{2}	śja^{1}	lji^{2}	rjir^{2}	kjɨ^{1}
若	如	来	身	烧	△	△	梦；	若	如	来	舍	利	得	△

mjij^{1}	tjij^{1}	mjor^{1}	ljịj^{2}	ɣu^{1}	mjar^{1}	rjir^{2}	kjɨ^{1}	mjij^{1}	tjij^{1}	mjor^{1}	ljịj^{2}	·jij^{1}	ljij^{2}
梦；	若	如	来	头	发	得	△	梦；	若	如	来	之	见

复次梦见阇维如来身①；复次梦得如来舍利；复次梦得如来发；复次梦见如来

15.7.3

mjij^{2}	djij^{2}	bə^{2}	du^{2}	kjɨ^{1}	mjij^{1}	tjij^{1}	mjor^{1}	ljịj^{2}	·jij^{1}	ljɨ^{1}
未	曾	塔	塔	△	梦；	若	如	来	之	宝

lju̲^{2}	tshjịj^{2}	bə^{2}	du^{2}	kjɨ^{1}	mjij^{1}	tjij^{1}	mjor^{1}	ljịj^{2}	·jij^{1}
庄	严	塔	塔	△	梦；	若	如	来	之

未曾见塔；复次梦见如来宝庄严塔；复次梦见如来

15.7.4

me̲^{2}	mjịjr^{2}	bə^{2}	du^{2}	kjɨ^{1}	mjij^{1}	tjij^{1}	mjor^{1}	ljịj^{2}	·jij^{1}	bji^{1}
神	通	塔	塔	△	梦；	若	如	来	之	光

kjɨ^{1}	mjij^{1}	tjij^{1}	mjor^{1}	ljịj^{2}	·jij^{1}	ljụ^{2}	ljɨ^{1}	mji^{1}	ljij^{2}
△	梦；	若	如	来	之	身	虽	不	见

神通塔；复次梦见如来光；复次梦闻如来声不见身；

15.7.5

---

① 阇维，西夏本作"[illegible]"（烧）。《翻译名义集》卷五："阇维，或耶旬，正名荼毗。此云焚烧。"《西域记》云："涅迭槃那，旧阇维，讹也。"《通慧音义》云："亲问梵僧，未闻阇维之名。"

mə^{2}	ɣię^{2}	mji^{1}	kjɨ^{1}	mjịj^{1}	tjij^{1}	mjor^{1}	ljịj^{2}	·jij^{1}	ljụ^{2}	kjɨ^{1}
音	声	闻	△	梦；	若	如	来	之	身	△
[illegible]；	[illegible]	[illegible]	[illegible]	[illegible]	[illegible]	[illegible]	[illegible]	[illegible]	[illegible]	
mjịj^{1}	tjij^{1}	·jij^{1}	wjạ^{1}	rer^{2}	ma^{2}	śja^{1}	zow^{2}	mjor^{1}	ljịj^{2}	
梦；	若	自	花	鬘	涂	香	持	如	来	

复次梦见如来身；复次自梦见花鬘香涂覆如来上①；

15.7.6

[illegible]	[illegible]	[illegible]	[illegible]	[illegible]；	[illegible]	[illegible]	[illegible]	[illegible]	[illegible]
tśhja̱^{1}	lju^{2}	djij^{2}	kjɨ^{1}	mjịj^{1}	tjij^{1}	mjor^{1}	ljịj^{2}	·jij^{1}	tə̣^{1}
上	洒	△	△	梦；	若	如	来	之	垢
[illegible]	[illegible]	[illegible]	[illegible]	[illegible]；	[illegible]	[illegible]	[illegible]	[illegible]	[illegible]
ror^{2}	·ụ^{2}	gjwi^{2}	kjɨ^{1}	mjịj^{1}	tjij^{1}	·jij^{1}	mji^{1}	mjij^{2}	djij^{2}
腻	衣	著	△	梦；	若	自	闻	未	曾

复次自梦见如来著垢腻衣②；复次自梦闻未曾

15.7.7

[illegible]	[illegible]	[illegible]	[illegible]；	[illegible]	[illegible]	[illegible]	[illegible]	[illegible]	[illegible]	[illegible]
tsjịr^{1}	mji^{1}	kjɨ^{1}	mjịj^{1}	tjij^{1}	·jij^{1}	mji^{1}	mjij^{2}	djij^{2}	tsjịr^{1}	mjɨ^{1}
法	闻	△	梦；	若	自	闻	未	曾	法	他
[illegible]	[illegible]	[illegible]	[illegible]	[illegible]，	[illegible]	[illegible]	[illegible]	[illegible]	[illegible]	
·jij^{1}	tshjij^{1}	djij^{2}	kjɨ^{1}	mjịj^{1}	·ja$^{?}$	me^{2}	tjị^{2}	zjịj^{1}	dźju^{1}	
之	说	△	△	梦，	已	睡	眠	时	显	

闻法；复次自梦为人说未曾闻法，寤已无所显示

15.8.1

[illegible]	[illegible]	[illegible]	[illegible]	[illegible]	[illegible]	[illegible]，	[illegible]	[illegible]	[illegible]	[illegible]
nej̱^{2}	lew^{2}	mjij^{1}	rjɨr^{2}	njɨ^{2}	mji^{1}	ljɨ̱r^{2}	niow^{1}	ljij^{2}	mjij^{2}	djij^{2}
示	所	无	乃	至	不	念，	又	见	未	曾
[illegible]	[illegible]	[illegible]	[illegible]；	[illegible]	[illegible]	[illegible]	[illegible]	[illegible]	[illegible]	

① 西夏本“香”下有“[illegible]”（持）字。
② “自”字义西夏本未见。

tsji̱r^{1}	dzji̱j^{2}	kjɨ^{1}	mji̱j^{1}	tjij^{1}	·jij^{1}	tsji̱r^{2}	lu^{2}	tśhja̱^{1}	dzu̱^{2}
法	师	△	梦;	若	自	性	座	上	坐

乃至不念,又见未曾见法师;复次自梦坐法座

15.8.2

[illegible]	[illegible]	[illegible]	[illegible]	[illegible]	[illegible]	[illegible];	[illegible]	[illegible]	[illegible]
mjɨ^{1}	·jij^{1}	tsji̱r^{1}	tshji̱j^{1}	djij^{2}	kjɨ^{1}	mji̱j^{1}	tjij^{1}	·jij^{1}	le^{2}
他	之	法	说	△	△	梦;	若	自	畏
[illegible]	[illegible]	[illegible]	[illegible];	[illegible]	[illegible]	[illegible]	[illegible]	[illegible]	[illegible];
mjij^{1}	rjir^{1}	kjɨ^{1}	mji̱j^{1}	tjij^{1}	·jij^{1}	lhejr^{2}	lhjo̱r^{1}	kjɨ^{1}	mji̱j^{1}
无	得	△	梦;	若	自	道	场	△	梦;

为他说法①;复次自梦得无畏;复次自梦见道场;

15.8.3

[illegible]	[illegible]	[illegible]	[illegible]	[illegible]	[illegible]	[illegible]	[illegible];	[illegible]	[illegible]	[illegible]
tjij^{1}	mjor^{1}	lji̱j^{2}	dzji̱j^{2}	dźjij^{1}	djij^{2}	kjɨ^{1}	mji̱j^{1}	tjij^{1}	mjor^{1}	lji̱j^{2}
若	如	来	教	行	△	△	梦;	若	如	来

[illegible]	[illegible]	[illegible]	[illegible]	[illegible]	[illegible];	[illegible]	[illegible]	[illegible]	[illegible]
tsji̱r^{1}	dźiej^{2}	de̱j^{1}	djij^{2}	kjɨ^{1}	mji̱j^{1}	tjij^{1}	mjor^{1}	lji̱j^{2}	djij^{2}
法	轮	转	△	△	梦;	若	如	来	涅

复次梦见如来经行②;复次梦见如来转法轮;复次梦见如来般涅

15.8.4

[illegible]	[illegible]	[illegible]	[illegible]	[illegible]	[illegible];	[illegible]	[illegible]	[illegible]	[illegible]	[illegible]
phã^{1}	·o^{2}	bə^{2}	du^{2}	kjɨ^{1}	mji̱j^{1}	tjij^{1}	mjor^{1}	lji̱j^{2}	·jij^{1}	·u̱^{2}
槃	入	塔	塔	△	梦;	若	如	来	之	衣

[illegible]	[illegible]	[illegible];	[illegible]	[illegible]	[illegible]	[illegible]	[illegible]	[illegible]	[illegible]
rjir^{2}	kjɨ^{1}	mji̱j^{1}	tjij^{1}	mjor^{1}	lji̱j^{2}	·jij^{1}	pa^{2}	rjir^{2}	kjɨ^{1}
得	△	梦;	若	如	来	之	钵	得	△

槃塔;复次梦得如来衣;复次梦得如来钵;

---

① 法座,西夏本作“[illegible]”(性座)。按,“[illegible]”tsji̱r^{2}(性)字于义不合,在此假借作“[illegible]”tsji̱r^{1}(法)。参看下文“在法座说法”,西夏本作“[illegible]”(法座上坐说法)。

② 经行,西夏本作“[illegible]”,字面意思是“教行”。下文另译作“[illegible]”(习行)。按,“[illegible]”dzji̱j^{2}(教)、“[illegible]”dzjɨ̱^{2}(习)二字音近。

15.8.5

[illegible]；	[illegible]	[illegible]	[illegible]	[illegible]	[illegible]	[illegible]	[illegible]；	[illegible]	[illegible]	[illegible]
mjij1	tjij1	mjor1	ljij2	tjij1	gjɨ2	kjɨ1	mjij1	tjij1	mjor1	ljij2
梦；	若	如	来	独	一	△	梦；	若	如	来

[illegible]	[illegible]	[illegible]	[illegible]	[illegible]	[illegible]；	[illegible]	[illegible]	[illegible]	[illegible]
rejr2	dzjwo2	·wiọ1	tśjɨ1	kjɨ1	mjij1	tjij1	mjor1	ljij2	·jij1
多	人	围	绕	△	梦；	若	如	来	之

复次梦独见一如来；复次梦见如来多人围绕；复次梦见如来

15.8.6

[illegible]	[illegible]	[illegible]；	[illegible]	[illegible]	[illegible]	[illegible]	[illegible]	[illegible]	[illegible]	[illegible]；
ɣja2	kjɨ1	mjij1	tjij1	mjor1	ljij2	·jij1	zji1	zji2	kjɨ1	mjij1
盖	△	梦；	若	如	来	之	靴	屣	△	梦；

[illegible]	[illegible]	[illegible]	[illegible]	[illegible]	[illegible]	[illegible]；	[illegible]	[illegible]	[illegible]
tjij1	mjor1	ljij2	·jij1	lu2	kjɨ1	mjij1	tjij1	·jij1	mjor1
若	如	来	之	座	△	梦；	若	自	如

盖；复次梦见如来革屣；复次梦见如来坐①；复次自梦与如

15.8.7

[illegible]	[illegible]	[illegible]	[illegible]	[illegible]	[illegible]；	[illegible]	[illegible]	[illegible]	[illegible]	[illegible]
ljij2	·jij1	tjị1	khjow1	kjɨ1	mjij1	tjij1	·jij1	mjor1	ljij2	·jij1
来	之	食	与	△	梦；	若	自	如	来	之

[illegible]	[illegible]	[illegible]	[illegible]；	[illegible]	[illegible]	[illegible]	[illegible]	[illegible]	[illegible]
·ụ2	khjow1	kjɨ1	mjij1	tjij1	·jij1	mjor1	ljij2	·jij1	wją1
衣	与	△	梦；	若	自	如	来	之	花

来食；复次自梦与如来衣；复次自梦与如来花；

15.9.1

[illegible]	[illegible]	[illegible]；	[illegible]	[illegible]	[illegible]	[illegible]	[illegible]	[illegible]	[illegible]；	[illegible]
khjow1	kjɨ1	mjij1	tjij1	·jij1	ŋər1	kha1	śjɨ1	kjɨ1	mjij1	tjij1

① 坐，西夏本作"席"（座），名词。据上下文义判断，汉文本疑误。

与 △ 梦; 若 自 山 中 入 △ 梦; 若

[illegible]

·jij1 ·ụ2 mji1 gjwi2 kjɨ1 mjij1 tjij1 ·jij1 ljɨr1 rjijr2

自 衣 不 著 △ 梦; 若 自 四 方

复次自梦入山;复次自梦裸形;复次自梦四维

15.9.2

[illegible]

dźjij1 djij2 kjɨ1 mjij1 tjij1 ·jij1 ljij2 mjij2 djij2 rjijr2 kjɨ1

行 △ △ 梦; 若 自 见 未 曾 方 △

[illegible]

mjij1 tjij1 ·jij1 zjɨr2 niəj1 kha1 dźjij1 djij2 kjɨ1 mjij1

梦; 若 自 水 浊 中 行 △ △ 梦;

行;复次自梦见未曾方;复次自梦浊水中行;

15.9.3

[illegible]①

tjij1 djɨj2 dew2 kjɨ1 mjij1 tjij1 ljị2 źiə2 dźiej2 kjɨ1 mjij1

若 云 雨 △ 梦; 若 地 轮 迴 △ 梦;

[illegible]

·jij1 ljɨ1 wjijr1 nə? dźiə1 kha1 dźjij1 djij2 kjɨ1 mjij1

自 豺 狼 狐 狐 中 行 △ △ 梦;

复次自梦见云雨②;复次梦见地旋;复次自梦在豺狼野干中行③;

15.9.4

[illegible]

tjij1 ·jij1 ŋo2 thew2 kjɨ1 mjij1 tjij1 ·jij1 ŋər1 tśhja1 nja1

若 自 病 遇 △ 梦; 若 自 山 于 △

[illegible]

---

① [illegible],原件字形作“[illegible]”,左上角多有不同。

② “自”字义西夏本未见。

③ “复次”二字义西夏本未见。

?	bju^{1}	gji̱^{2}	tji̱	mjij^{1}	kjɨ^{1}	mji̱j^{1}	tjij^{1}	mjɨ^{1}	dźjɨ$^{?}$
堕	依	仗	所	无	△	梦；	若	他	行

复次自梦病；复次自梦堕山无所依仗；复次自梦被

15.9.5

[illegible]	[illegible]	[illegible]	[illegible]	[illegible]	[illegible]	[illegible]	[illegible]	[illegible]；	[illegible]	[illegible]
wji^{1}	phej^{1}	tśji̱r^{2}	kjɨ^{1}	mjij^{2}	sja^{1}	·jij^{1}	kjɨ^{1}	mji̱j^{1}	tjij^{1}	·jij^{1}
为	捆	缚	△	亡	杀	将	△	梦；	若	自
[illegible]	[illegible]	[illegible]	[illegible]	[illegible]	[illegible]	[illegible]；	[illegible]	[illegible]	[illegible]	
bjɨr^{1}	ɣạ^{1}	kha^{1}	dźjij^{1}	djij^{2}	kjɨ^{1}	mji̱j^{1}	tjij^{1}	·jij^{1}	ŋa^{1}	
刀	剑	中	行	△	△	梦；	若	自	空	

缚将杀①；复次自梦刀剑中行；复次自梦虚空

15.9.6

[illegible]	[illegible]	[illegible]	[illegible]	[illegible]；	[illegible]	[illegible]	[illegible]	[illegible]	[illegible]	[illegible]
gu^{2}	dźjij^{1}	djij^{2}	kjɨ^{1}	mji̱j^{1}	tjij^{1}	·jij^{1}	lạ^{1}	·u^{2}	mə̣^{1}	zjur^{2}
中	行	△	△	梦；	若	自	手	中	火	炬
[illegible]	[illegible]	[illegible]；	[illegible]	[illegible]	[illegible]	[illegible]	[illegible]	[illegible]	[illegible]	
zow^{2}	kjɨ^{1}	mji̱j^{1}	tjij^{1}	ɲia^{2}	tsjij^{2}	we^{2}	bji̱j^{2}	mji̱^{1}	·u^{2}	
捉	△	梦；	若	菩	萨	城	禁	宫	中	

中行；复次自梦手捉炬火；复次梦见菩萨逾宫出城；

15.9.7

[illegible]	[illegible]	[illegible]；	[illegible]	[illegible]	[illegible]	[illegible]	[illegible]	[illegible]；	[illegible]	[illegible]
lho$^{?}$	kjɨ^{1}	mji̱j^{1}	tjij^{1}	lwər^{2}	lhejr^{2}	rjir^{2}	kjɨ^{1}	mji̱j^{1}	tjij^{1}	thow^{1}
出	△	梦；	若	经	契	得	△	梦；	若	陀
[illegible]	[illegible]	[illegible]	[illegible]	[illegible]	[illegible]；	[illegible]	[illegible]	[illegible]	[illegible]	
lo^{1}	nji^{1}	ɣię^{2}	mji^{1}	kjɨ^{1}	mji̱j^{1}	sã^{1}	mej^{2}	ɣię^{2}	mji^{1}	
罗	尼	声	闻	△	梦；	三	昧	声	闻	

复次自梦得经②；复次自梦闻陀罗尼声③；复次自梦闻三昧声④；

① “自”字义西夏本未见。
② “自”字义西夏本未见。
③ “自”字义西夏本未见。
④ “自”字义西夏本未见。另，“复次”二字义西夏本未见。

15.10.1

[Tangut]										
kjɨ^{1}	mjij^{1}	tjij^{1}	tśhja^{2}	wa̜^{2}	lwər^{2}	lhejr^{2}	ɣię̣^{2}	mji^{1}	kjɨ^{1}	mjij^{1}
△	梦；	若	方	广	经	契	声	闻	△	梦；

[Tangut]									
tjij^{1}	sjwɨ^{2}	?	tsji̠r^{1}	dzjij^{2}	·jij^{1}	mjij^{2}	kjɨ^{1}	mjij^{1}	tjij^{1}
若	某	甲	法	师	之	名	△	梦；	若

复次自梦闻方广经声①；复次梦某甲法师声②；

15.10.2

[Tangut]										
mjij^{1}	gu^{2}	lja̠^{1}	nuə$^{?}$	rjir^{2}	kjɨ^{1}	mjij^{1}	tjij^{1}	mjij^{1}	gu^{2}	lwər^{2}
梦	中	偈	辩	得	△	梦；	若	梦	中	经

[Tangut]									
lhejr^{2}	nuə$^{?}$	rjir^{2}	kjɨ^{1}	mjij^{1}	tjij^{1}	tsji̠r^{1}	·u̜^{2}	ɣię̣^{2}	mji^{1}
契	辩	得	△	梦；	若	法	藏	声	闻

复次自梦梦中得偈③；复次自梦梦中得经说；复次自梦闻法藏声；

15.10.3

[Tangut]										
kjɨ^{1}	mjij^{1}	tjij^{1}	tsjij^{1}	rjijr^{2}	rjur^{1}	kię̣^{2}	·u^{2}	mjor^{1}	lji̠j^{2}	·jij^{1}
△	梦；	若	他	方	世	界	中	如	来	之

[Tangut]									
mjij^{2}	mji^{1}	kjɨ^{1}	mjij^{1}	tjij^{1}	tsjij^{1}	rjijr^{2}	rjur^{1}	kię̣^{2}	·u^{2}
名	闻	△	梦；	若	他	方	世	界	中

复次自梦闻他方世界如来名；复次自梦闻他方世界

---

① “自”字义西夏本未见。

② 声，西夏本作“[Tangut]”（名）。上文“复次自梦闻陀罗尼声、复次自梦闻三昧声、复次自梦闻方广经声”之“声”，西夏皆作“[Tangut]”（声）字；下文“复次自梦闻他方世界如来名、复次自梦闻他方世界某甲菩萨名”之“名”，西夏皆作“[Tangut]”（名），此处西夏本于义较长。

③ “自”字义西夏本未见。此下至15.10.6“复次自梦见龙象”皆同。

15.10.4

[illegible]	[illegible]	[illegible]	[illegible]	[illegible]	[illegible]	[illegible]	[illegible]	[illegible]；	[illegible]	[illegible]
sjwɨ^{2}	gji̠^{1}	ɲia^{2}	tsjij^{2}	·jij^{1}	mji̠j^{2}	mji^{1}	kjɨ^{1}	mji̠j^{1}	tjij^{1}	ŋjow^{2}
某	甲	菩	萨	之	名	闻	△	梦；	若	海
[illegible]	[illegible]	[illegible]	[illegible]；	[illegible]	[illegible]	[illegible]	[illegible]	[illegible]	[illegible]	
·u^{2}	·o^{2}	kjɨ^{1}	mji̠j^{1}	tjij^{1}	ljɨ̣^{1}	thjwɨ^{2}	ljị^{2}	djij^{2}	kjɨ^{1}	
中	入	△	梦；	若	宝	聚	集	△	△	

某甲菩萨名；复次自梦入海去；复次自梦集宝；

15.10.5

[illegible]；	[illegible]	[illegible]	[illegible]	[illegible]	[illegible]	[illegible]	[illegible]	[illegible]	[illegible]；	[illegible]
mji̠j^{1}	tjij^{1}	sju^{2}	mji^{1}	ŋər^{1}	tśjiw^{2}	tśhja̠^{1}	dźji̠j^{1}	kjɨ^{1}	mji̠j^{1}	tjij^{1}
梦；	若	须	弥	山	顶	上	在	△	梦；	若
[illegible]	[illegible]	[illegible]	[illegible]	[illegible]；	[illegible]	[illegible]	[illegible]	[illegible]	[illegible]	
ŋər^{1}	tśhja̠^{1}	śjɨ^{1}	kjɨ^{1}	mji̠j^{1}	tjij^{1}	ŋər^{1}	tśjiw^{2}	tśhja̠^{1}	·ja$^{?}$	
山	上	往	△	梦；	若	山	顶	上	△	

复次自梦在须弥山顶；复次自梦上山；复次自梦上到山顶；

15.10.6

[illegible]	[illegible]	[illegible]；	[illegible]	[illegible]	[illegible]	[illegible]	[illegible]	[illegible]	[illegible]；	[illegible]
śji^{2}	kjɨ^{1}	mji̠j^{1}	tjij^{1}	phu^{2}	tśhja̠^{1}	·ja$^{?}$	śji^{2}	kjɨ^{1}	mji̠j^{1}	tjij^{1}
往	△	梦；	若	树	上	△	往	△	梦；	若
[illegible]	[illegible]	[illegible]	[illegible]；	[illegible]	[illegible]	[illegible]	[illegible]	[illegible]	[illegible]	
we^{1}	bju^{2}	kjɨ^{1}	mji̠j^{1}	tjij^{1}	·jij^{1}	we^{1}	bju^{2}	dze̠j^{2}	kjɨ^{1}	
龙	象	△	梦；	若	自	龙	象	乘	△	

复次自梦上树；复次自梦见龙象；复次自梦乘龙象；

15.10.7

[illegible]；	[illegible]	[illegible]	[illegible]	[illegible]	[illegible]	[illegible]；	[illegible]	[illegible]	[illegible]	[illegible]	[illegible]	[illegible]	[illegible]
mji̠j^{1}	tjij^{1}	·jij^{1}	rjijr^{1}	dze̠j^{2}	kjɨ^{1}	mji̠j^{1}	tjij^{1}	·jij^{1}	źjɨr^{1}	ɣiej^{1}	tjị^{1}	śjwo^{1}	kjɨ^{1}
梦；	若	自	马	乘	△	梦；	若	自	真	实	愿	发	△

mji̱j1	tjij1	mja̱1	phu2	kjɨ1	mji̱j1	tjij1	wja̱1	phu2	kjɨ1	mji̱j1	tjij1	ljij2
梦；	若	果	树	△	梦；	若	花	树	△	梦；	若	见

复次自梦乘马；复次自梦发真实誓愿；复次自梦见果树①；复次自梦见花树；

15.11.1

mjij2	djij2	we2	kjɨ1	mji̱j1	tjij1	·ja?	du̱2	we1	dźiəj2	kjɨ1
未	曾	城	△	梦；	若	阿	耨	龙	池	△
mji̱j1	tjij1	mə1	zjɨ1	kjɨ1	mji̱j1	tjij1	we1	kjɨ1	mji̱j1	
梦；	若	天	子	△	梦；	若	龙	△	梦；	

复次自梦见未曾见城；复次自梦见阿耨大池②；复次自梦见天子；复次自梦见龙；

15.11.2

tjij1	dzjij2	rjijr2	·jã1	xu1	thji2	·u2	śjɨ1	kjɨ1	mji̱j1	tjij1
若	余	方	阎	浮	提	中	去	△	梦；	若
·jij1	lhwu1	phiow1	gjwi2	kjɨ1	mji̱j1	tjij1	·jij1	ljị1	rer2	
自	衣	白	著	△	梦；	若	自	宝	鬘	

复次自梦见余阎浮提去；复次自梦见著白衣；复次自梦宝鬘在头③；

15.11.3

rjir2	kjɨ1	mji̱j1	tjij1	·jij1	ɣu1	tśhja̱1	wja̱1	rer2	·o1	kjɨ1
得	△	梦；	若	自	头	上	花	鬘	在	△
mji̱j1	tjij1	·jij1	ŋewr1	khie̱1	wja̱1	lhjwi1	kjɨ1	mji̱j1	tjij1	

① “自”字义西夏本未见。此下至15.11.2“复次自梦见余阎浮提去”皆同。

② 阿耨大池，西夏本作“[illegible]”（阿耨龙池）。

③ 宝鬘在头，西夏本作“[illegible]”（得宝鬘）。

梦；	若	自	杂	乱	花	取	△	梦；	若

复次自梦见花鬘在头；复次自梦取散花；

15.11.4

[illegible]	[illegible]	[illegible]	[illegible]	[illegible]	[illegible]	[illegible]	[illegible]	[illegible]	[illegible]；	[illegible]
·jij^{1}	bar^{1}	tsjụ^{1}	dzjij^{2}	dzjwo^{2}	tshow^{1}	wji^{1}	djij^{2}	kjɨ^{1}	mjịj^{1}	tjij^{1}
自	鼓	打	余	人	乐	作	△	△	梦；	若
[illegible]	[illegible]	[illegible]	[illegible]	[illegible]	[illegible]	[illegible]；	[illegible]	[illegible]	[illegible]	[illegible]
be^{2}	lhjị^{2}	khu^{1}	dzji^{1}	djij^{2}	kjɨ^{1}	mjịj^{1}	tjij^{1}	·jij^{1}	mji^{1}	sej^{1}
日	月	蚀	食	△	△	梦；	若	自	不	净

复次自梦打鼓余人作乐；复次自梦见日蚀月蚀①；复次自梦以不净

15.11.5

[illegible]	[illegible]	[illegible]	[illegible]	[illegible]	[illegible]	[illegible]；	[illegible]	[illegible]	[illegible]	[illegible]
ŋwu^{2}	·jij^{1}	ljụ^{2}	ɣa^{2}	ma^{2}	kjɨ^{1}	mjịj^{1}	tjij^{1}	·jij^{1}	njij^{2}	wji^{1}
以	自	身	于	涂	△	梦；	若	自	王	作
[illegible]	[illegible]；	[illegible]	[illegible]	[illegible]	[illegible]	[illegible]	[illegible]	[illegible]	[illegible]	
kjɨ^{1}	mjịj^{1}	tjij^{1}	·jij^{1}	njij^{2}	bji^{2}	mjijr^{2}	wji^{1}	ljij^{2}	·ji^{1}	
△	梦；	若	自	王	辅	相	为	大	众	

自涂；复次自梦作王；复次自梦作王辅相在大众中行；

15.11.6

[illegible]	[illegible]	[illegible]	[illegible]	[illegible]；	[illegible]	[illegible]	[illegible]	[illegible]	[illegible]	[illegible]
kha^{1}	dźjij^{1}	djij^{2}	kjɨ^{1}	mjịj^{1}	tjij^{1}	·jij^{1}	dzẹj^{1}	dzẹj^{2}	·iọ^{2}	bo^{1}
中	行	△	△	梦；	若	自	乘	骑	园	林
[illegible]	[illegible]	[illegible]	[illegible]	[illegible]；	[illegible]	[illegible]	[illegible]	[illegible]	[illegible]	
kha^{1}	rjɨr^{2}	śji^{2}	kjɨ^{1}	mjịj^{1}	tjij^{1}	ljij^{2}	mjij^{2}	djij^{2}	lhjịj^{2}	
中	乃	去	△	梦；	若	见	未	曾	国	

复次自梦乘乘往园林中去；复次自梦见未曾见

① “自”字义西夏本未见。

15.11.7

[illegible]										
iọ^{1}	nji^{1}	wjụ^{2}	sẽ^{1}	kjɨ̱r^{2}	·jɨj^{2}	we^{2}	·ji^{1}	dzjwo^{2}	kjɨ^{1}	mji̱j^{1}
土	村	邑	僧	坊	舍	城	众	人	△	梦；
tjij^{1}	·jij^{1}	ɣja^{2}	rjir^{2}	kjɨ^{1}	mji̱j^{1}	tjij^{1}	·jij^{1}	rejr^{2}	dzjwo^{2}	
若	自	盖	得	△	梦；	若	自	多	人	

方土聚落僧坊房舍人众①；复次自梦得盖；复次自梦为多人

15.12.1

[illegible]										
·jij^{1}	tsji̱r^{1}	tshjij^{1}	wji^{1}	djij^{2}	kjɨ^{1}	mji̱j^{1}	tjij^{1}	·jij^{1}	nji^{1}	wjụ^{2}
之	法	说	为	△	△	梦；	若	自	聚	落
kjɨ^{1}	mji̱j^{1}	tjij^{1}	·jij^{1}	dzjij^{2}	sa^{2}	zjɨ̱r^{2}	niəj^{1}	kha^{1}	dzji̱j^{1}	
△	梦；	若	自	船	连	水	浊	中	过	

说法；复次自梦入聚落②；复次自梦施系桥梁③；

15.12.2

[illegible]										
djij^{2}	kjɨ^{1}	mji̱j^{1}	tjij^{1}	·jij^{1}	dzjwɨ̣^{1}	thjwɨ^{2}	lji̱^{2}	djij^{2}	kjɨ^{1}	mji̱j^{1}
△	△	梦；	若	自	船	聚	集	△	△	梦；
tjij^{1}	·jij^{1}	mə^{1}	dji̱^{1}	lhja̱^{1}	tshjwu^{1}	djij^{2}	kjɨ^{1}	mji̱j^{1}	tjij^{1}	
若	自	天	雷	闪	电	△	△	梦；	若	

复次自梦集船；复次自梦见云雷电；复次

15.12.3

[illegible]

① “自”字义西夏本未见。

② “入”字义西夏本疑脱。

③ 施系桥梁，西夏本作“[illegible]”，字面意思是“缚筏浊水中过”。考第十六卷“菩萨若梦缚筏浊水中过，彼是七地初地相”，汉文本显误。

·jij^{1} bjɨr^{1} rjir^{2} niow^{1} gjwɨ^{1} zjir^{2} gjwi^{2} kjɨ^{1} mjɨj^{1} tjij^{1} ·jij^{1}
自 刀 得 及 甲 胄 穿 △ 梦; 若 自
[illegible]
gju^{2} ·war^{2} rjir^{2} kjɨ^{1} mjɨj^{1} tjij^{1} ·jij^{1} ɲia^{2} tśhju^{1} ·jij^{1}
器 物 得 △ 梦; 若 自 众 生 之

自梦得力著铠仗①;复次自梦得器物;复次自梦示众生道;

15.12.4

[illegible]
tśja^{1} nej^{2} djij^{2} kjɨ^{1} mjɨj^{1} tjij^{1} ·jij^{1} ·io^{2} bo^{1} kha^{1} ·o^{2}
道 示 △ △ 梦; 若 自 园 林 中 入
[illegible]
kjɨ^{1} mjɨj^{1} tjij^{1} rjur^{1} śji^{2} tśiow^{1} kjɨ^{1} mjɨj^{1} tjij^{1} ·jij^{1}
△ 梦; 若 诸 谷 聚 △ 梦; 若 自

复次自梦入园林中;复次自梦见众谷聚;复次自

15.12.5

[illegible]
ɲia^{2} tśhju^{1} ·jij^{1} ŋo^{2} ? djij^{2} kjɨ^{1} mjɨj^{1} tjij^{1} ·jij^{1} la^{1}
众 生 之 病 治 △ △ 梦; 若 自 记
[illegible]
ɣiwej^{1} ɣię^{2} kjɨ^{1} mjɨj^{1} tjij^{1} ·jij^{1} tśja^{1} dwewr^{2} kjɨ^{1} mjɨj^{1}
授 声 △ 梦; 若 自 道 觉 △ 梦;

梦治众生病;复次自梦受记声;复次自梦觉道;

15.12.6

[illegible]
tjij^{1} ·jij^{1} ljɨj^{2} sə^{1} rjir^{2} kjɨ^{1} mjɨj^{1} kię^{1} dźja^{2} dźjwu^{1} ɲia^{2}
若 自 瓶 满 得 △ 梦。 金 刚 摧 菩
[illegible]

① 力,西夏本作"刀"([illegible]),汉文本形讹致误。

tsjij^{2}	thjɨ^{2}	tja^{1}	·jir^{2}	·jar^{1}	·jij^{1}	ŋwu^{2}	tjɨ^{1}	tjij^{1}	ɲia^{2}	tsjij^{2}
萨!	是	者	百	八	相	是。	如	若	菩	萨

复次自梦得满瓶。如是金刚摧!是名百八相。

汉文本

《大宝积经》卷第十五

西晋三藏竺法护译

净居天子会第四之一

如是我闻:一时,佛住王舍城耆阇崛山中,与大菩萨比丘众六万人俱,皆悉住于阿耨多罗三藐三菩提,其诸声闻众所知识。尔时,世尊于中食后入于三昧,此三昧威神力故,震动三千大千世界。时,诸释梵天、护世四王等来诣佛所,到已,头面礼足,在一面立,合掌向佛。以此三昧威神力故,尔时,净居天欢喜天子、善欢喜天子、大欢喜天子、贤欢喜天子、善受天子,兜率陀天、自在天、大自在天,一切诸天大众,净居天等,各诣世尊所,头面礼足,在于一面一心而住。

尔时,净居天众白世尊言:大德世尊!菩萨所行相貌,摄受诸法,过去诸佛之所说者,唯愿演说分别显示,为利益安乐多众生故,怜愍世间利安天人,为未来诸菩萨,于如来般涅槃后,闻此法者生欲乐心,于阿耨多罗三藐三菩提,如实自知,不生疑悔,究竟安住不放逸行,值遇于苦不生退转。时,净居天众及兜率陀天,向于世尊说是语已,默然而住。

时,有天子名金刚摧,为诸天众请于世尊,而说偈言:

百福德满故问此,人天敬爱故问此,
住不放逸故问此,多众医王故问此。
无过法句愿显说,诸音最胜世明慧,
能断百千诸疑悔,能放众明故问此。
犹日能破诸黑暗,如月净明除郁蒸,
于怨于亲生平等,难忍能忍犹如地,
亦如净水洗尘垢,如火能烧烦恼网,
三有意净故问此,无碍智辩望宣说。
如医疗治众生病,如毗沙门多财宝,
赈给穷下贫苦者,如云能灭三种热。
是句最胜唯愿说,若破烦恼众苦箭,
烦恼众垢奸谄诈,善能调伏施安乐,
念众生故故问此。惭愧明慧念坚固,
大尊无奸离谄曲,无相德聚故问此。
瞋恚怨嫌永寂灭,于诸众生安乐忍,
和颜悦色视众生,常以欢喜先意语。
于诸众生亲友想,度诸众生至彼岸,
合十指爪一心请,十力善逝众生宝。

唯愿时说断众疑，天人闻此道行已，

见于第一诸相貌，使彼得知大丈夫。

尔时，世尊告金刚摧菩萨摩诃萨言：金刚摧！汝谛听，善思念之，当为汝说所有相貌，使菩萨摩诃萨得知如是大德。

金刚摧菩萨言：我听受是因缘。

世尊作如是言：有百八相。金刚摧！菩萨乘人应当知。何等为百八？梦中所见，已有梦见如来身共语见妙身；复次梦见如来默然；复次梦见如来覆头坐；复次梦见如来背坐；复次梦见如来身红色；复次梦见如来彩色画身；复次梦见如来去；复次梦见如来为他说法；复次梦见如来神通虚空中行；复次梦见如来般涅槃；复次梦见阇维如来身；复次梦得如来舍利；复次梦得如来发；复次梦见如来未曾见塔；复次梦见如来宝庄严塔；复次梦见如来神通塔；复次梦见如来光；复次梦闻如来声不见身；复次梦见如来身；复次自梦见花鬘香涂覆如来上；复次自梦见如来著垢腻衣；复次自梦闻未曾闻法；复次自梦为人说未曾闻法，寤已无所显示乃至不念，又见未曾见法师；复次自梦坐法座为他说法；复次自梦得无畏；复次自梦见道场；复次梦见如来经行；复次梦见如来转法轮；复次梦见如来般涅槃塔；复次梦得如来衣；复次梦得如来钵；复次梦独见一如来；复次梦见如来多人围绕；复次梦见如来盖；复次梦见如来革屣；复次梦见如来坐；复次自梦与如来食；复次自梦与如来衣；复次自梦与如来花；复次自梦入山；复次自梦裸形；复次自梦四维行；复次自梦见未曾方；复次自梦浊水中行；复次自梦见云雨；复次梦见地旋；复次自梦在豺狼野干中行；复次自梦病；复次自梦堕山无所依仗；复次自梦被缚将杀；复次自梦刀剑中行；复次自梦虚空中行；复次自梦手捉炬火；复次梦见菩萨逾宫出城；复次自梦得经；复次自梦闻陀罗尼声；复次自梦闻三昧声；复次自梦闻方广经声；复次梦某甲法师声；复次自梦梦中得偈；复次自梦梦中得经说；复次自梦闻法藏声；复次自梦闻他方世界如来名；复次自梦闻他方世界某甲菩萨名；复次自梦入海去；复次自梦集宝；复次自梦在须弥山顶；复次自梦上山；复次自梦上到山顶；复次自梦上树；复次自梦见龙象；复次自梦乘龙象；复次自梦乘马；复次自梦发真实誓愿；复次自梦见果树；复次自梦见花树；复次自梦见未曾见城；复次自梦见阿耨大池；复次自梦见天子；复次自梦见龙；复次自梦见余阎浮提去；复次自梦见著白衣；复次自梦宝鬘在头；复次自梦见花鬘在头；复次自梦取散花；复次自梦打鼓余人作乐；复次自梦见日蚀月蚀；复次自梦以不净自涂；复次自梦作王；复次自梦作王辅相在大众中行；复次自梦乘乘往园林中去；复次自梦见未曾见方土聚落僧坊房舍人众；复次自梦得盖；复次自梦为多人说法；复次自梦入聚落；复次自梦施系桥梁；复次自梦集船；复次自梦见云雷电；复次自梦得力著铠仗；复次自梦得器物；复次自梦示众生道；复次自梦入园林中；复次自梦见众谷聚；复次自梦治众生病；复次自梦受记声；复次自梦觉道；复次自梦得满瓶。如是金刚摧！是名百八相。

15.12.7

[illegible]	[illegible]	[illegible]	[illegible]	[illegible]	[illegible]	[illegible]，	[illegible]	[illegible]	[illegible]	[illegible]
mjor^{1}	ljịj^{2}	ɣu^{1}	pho̱^{1}	dzu̱^{2}	kjɨ^{1}	mji̱j^{1}	ku^{1}	thja^{1}	dzjwo^{2}	ne̱w^{2}
如	来	头	覆	坐	△	梦，	则	是	人	善
[illegible]	[illegible]	[illegible]	[illegible]	[illegible]	[illegible]	[illegible]	[illegible]	[illegible]	[illegible]，	[illegible]
nwə^{1}	sjij^{2}	ljij^{2}	tsji̱r^{1}	tshji̱j^{1}	·jiw^{1}	nio̱w^{1}	djọ^{2}	djij^{2}	ljij^{2}	thja^{1}

知 识 见 法 说 因 缘 修 △ 见, 其

若见如来覆头坐者①,是人见善知识修善说法因缘②,

15.13.1

[illegible] [illegible] [illegible] [illegible] [illegible], [illegible] [illegible] [illegible] [illegible] [illegible] [illegible]

·jij¹ ɣie² lụ² wji¹ djij² thjɨ² wjɨ² ɣie² mjij¹ njij¹ ŋwu²

之 碍 障 作 曾, 是 今 碍 无 心 以

[illegible] [illegible] [illegible] [illegible] [illegible] [illegible] [illegible] [illegible]。 [illegible] [illegible] [illegible]

tsji̱r¹ tshjij¹ do² śjwo¹ śjwo¹ djọ² dzjị² lew² thjɨ² tja¹ ɣu¹

法 说 处 须 须 修 集 应。 此 者 初

为作留难③,应以无碍心修集说法所须④。此是说初

15.13.2

[illegible] [illegible]

·jij¹ ŋwu²

相 是。

相⑤。

15.13.3

[illegible] [illegible] [illegible] [illegible] [illegible] [illegible] [illegible]! [illegible] [illegible] [illegible] [illegible]

niow¹ tśjɨ¹ kię¹ dźja² dźjwu¹ ɲia² tsjij² tjɨ¹ tjij¹ ɲia² tsjij²

复 次 金 刚 摧 菩 萨! 如 若 菩 萨

[illegible] [illegible] [illegible] [illegible] [illegible] [illegible] [illegible], [illegible] [illegible] [illegible]

mjor¹ ljij² nu¹ nu¹ dzu̱² kjɨ¹ mji̱j¹ ku¹ thja¹ dzjwo²

如 来 背 背 坐 △ 梦, 则 此 人

复次金刚摧!梦中见如来背坐者⑥,

① 见,西夏本作"[illegible]",字面意思是"梦、梦见"。

② "善"字义西夏本未见。

③ 为作留难,西夏本作"[illegible][illegible][illegible][illegible][illegible][illegible]",字面意思是"其曾作障碍"。下文亦同。

④ 西夏本句上有"[illegible][illegible]"二字,意思是"如今、现在"。

⑤ "说"字义西夏本未见。

⑥ 西夏本句上有"[illegible][illegible]"(如若)二字,汉文本未作。下文西夏本皆作,汉文本时有时无,不再一一出注。

15.13.4

[illegible]	[illegible]	[illegible]	[illegible]	[illegible]	[illegible]	[illegible]	[illegible]	[illegible]	[illegible]	[illegible]
śji^{1}	zjọ^{2}	nji^{1}	phjɨ^{1}	mjijr^{2}	niow^{1}	tsji̠r^{1}	nji^{2}	mjijr^{2}	dzjwo^{2}	·jij^{1}
前	世	家	出	者	及	法	听	者	人	之
[illegible]	[illegible]	[illegible]	[illegible]	[illegible]，	[illegible]	[illegible]	[illegible]	[illegible]	[illegible]	[illegible]，
ɣie^{2}	lụ^{2}	wji^{1}	djij^{2}	sji^{2}	thja^{1}	dzjwo^{2}	·ju^{2}	tsji̠r^{1}	lu^{2}	thu^{1}
碍	障	作	曾	△，	此	人	常	法	座	置，

前为出家人作留难、为听法人作留难，此人令常当敷施法座，

15.13.5

[illegible]	[illegible]	[illegible]	[illegible]	[illegible]	[illegible]	[illegible]	[illegible]，	[illegible]	[illegible]	[illegible]
rejr^{2}	ɲia^{2}	tśhju^{1}	·jij^{1}	pjwɨ̠r^{1}	tsji̠r^{1}	nji^{2}	phji^{1}	ku^{1}	sjwɨj^{1}	lə^{1}
多	众	生	之	劝	法	听	令，	则	业	障
[illegible]	[illegible]。	[illegible]	[illegible]	[illegible]	[illegible]	[illegible]	[illegible]	[illegible]，	[illegible]	
dźjwi^{1}	dzjar^{2}	thjɨ^{2}	tja^{1}	śjạ^{1}	ljɨ^{2}	ɣu^{1}	·jij^{1}	ŋwu^{2}	niow^{1}	
消	除。	是	者	七	地	初	相	是，	亦	

劝多众生听法，如是得除业障①。是七地初相②，亦

15.13.6

[illegible]	[illegible]	[illegible]	[illegible]	[illegible]	[illegible]	[illegible]	[illegible]，	[illegible]	[illegible]	[illegible]
ɣu^{1}	ljɨ^{2}	ɣa^{2}	śjwo^{1}	śjạ^{1}	ljɨ^{2}	kjɨ^{1}	njɨ^{2}	rjur^{1}	rjur^{1}	ljɨ^{2}
初	地	从	起	七	地	乃	至，	处	处	地
[illegible]	[illegible]。	[illegible]	[illegible]	[illegible]	[illegible]	[illegible]	[illegible]	[illegible]！	[illegible]	
·jij^{1}	ŋwu^{2}	niow^{1}	tśjɨ^{1}	kię^{1}	dźja^{2}	dźjwu^{1}	ɲia^{2}	tsjij^{2}	tjɨ^{1}	
相	是。	复	次	金	刚	摧	菩	萨！	如	

是从初地至七地，处处地相。复次金刚摧！

15.13.7

[illegible]	[illegible]	[illegible]	[illegible]	[illegible]	[illegible]	[illegible]	[illegible]	[illegible]	[illegible]，	[illegible]

① "如是"二字义西夏本未见。

② 西夏本句上有"[illegible]"（此者）二字。

tjij^{1} ɲia^{2} tsjij^{2} mjor^{1} ljij^{2} ·jij^{1} tśior^{1} swu^{2} kjɨ^{1} mjij^{1} ku^{1}
若 菩 萨 如 来 之 泥 像 △ 梦， 则
□ □ □ □ □ □ □。 □ □ □
ɲia^{2} tsjij^{2} ·jij^{1} ɣu^{1} ljɨ^{2} ·jij^{1} ŋwu^{2} thja^{1} dzjwo^{2} śji^{1}
菩 萨 之 初 地 相 是。 是 人 曾

若梦见如来泥像，是菩萨初地相。是人曾

15.14.1

□ □ □ □ □ □ □， □ □ □ □
tsjɨr^{1} dzjij^{2} ·jij^{1} pjo^{1} tsjij^{2} djij^{2} sji^{2} thja^{1} dzjwo^{2} lwər^{2} lhejr^{2}
法 师 之 毁 呰 曾 △， 此 人 契 经
□ □、 □ □ □ □ □ □ □， □
tha^{1} swu^{2} tjij^{1} mjor^{1} ljij^{2} bə^{2} du^{2} ·ju^{2} rjir^{2} ɣie^{2}
佛 像、 若 如 来 塔 塔 前 面， 碍

毁呰说法师故，此人应于经像前、若如来塔前，

15.14.2

□ □ □， □ □ □ □ □ □
mjij^{1} njij^{1} ŋwu^{2} tjij^{1} swew^{1} tśjiw^{2} tśiej^{2} kjụ^{1} tshwew^{1}
无 心 以， 灯 明 顶 戴 供 养
□， □ □ □ □ □ □ □ □。
wji^{1} ku^{1} thja^{1} bju^{1} sjwɨj^{1} lə^{1} dźjwi^{1} dzjar^{2} ljɨ^{1}
为， 则 是 如 业 障 消 除 也。

以无碍心，顶戴灯供养①，如是用净业障。

15.14.3

□ □ □ □ □ □ □！ □ □ □ □
niow^{1} tśjɨ^{1} kię^{1} dźja^{2} dźjwu^{1} ɲia^{2} tsjij^{2} tjɨ^{1} tjij^{1} ɲia^{2} tsjij^{2}
复 次 金 刚 摧 菩 萨！ 如 若 菩 萨
□ □ □ □ □ □ □， □ □ □

① 灯，西夏本作“□□”（明灯）。

mjor^{1} ljịj^{2} ·jij^{1} tshjịj^{2} swu^{2} kjɨ^{1} mjịj^{1} ku^{1} thja^{1} ɲia^{2}

如 来 之 画 像 △ 梦， 则 此 菩

复次金刚摧！菩萨梦中见如来画像者，此菩

15.14.4

[illegible]

tsjij^{2} ŋwə^{1} ljɨ^{2} kha^{1} rjur^{1} rjur^{1} ·jij^{1} ljij^{2} thja^{1} dzjwo^{2} śja^{1}

萨 五 地 中 处 处 相 见。 是 人 香

[illegible]

wja̱^{1} ŋwu^{2} tha^{1} swu^{2} ·jij^{1} kju̱^{1} tshwew^{1} lew^{2} thjɨ^{2} tja^{1}

花 以 佛 像 之 供 养 应， 此 是

萨是见五地中处处相。是人应以花香供养佛像，此是

15.14.5

[illegible]

ɲia^{2} tsjij^{2} ·jij^{1} tśhjiw^{1} ljɨ^{2} kha^{1} rjur^{1} rjur^{1} ljɨ^{2} ljij^{2} sji^{2}

菩 萨 之 六 地 中 处 处 地 见 △

[illegible]

ŋwu^{2} ljɨ^{1} niow^{1} tśjɨ^{1} kię^{1} dźja^{2} dźjwu^{1} ɲia^{2} tsjij^{2} tjɨ^{1}

是 也。 复 次 金 刚 摧 菩 萨！ 如

菩萨六地处处地见相①。复次金刚摧！菩萨若

15.14.6

[illegible]

tjij^{1} ɲia^{2} tsjij^{2} mjor^{1} ljịj^{2} dźjij^{1} djij^{2} kjɨ^{1} mjịj^{1} ku^{1} thja^{1}

若 菩 萨 如 来 行 △ △ 梦， 则 此

[illegible]

dzjwo^{2} jɨr^{2} khu^{1} dźjij^{1} ŋwu^{2} tsji̱r^{1} lhji̱j^{2} ɣiew^{1} do^{1} tshjɨ̱^{1}

人 勤 精 进 以 法 受 学 读 诵

梦中见如来行者，此人应勤修精进，当勤修受学读诵，

① “相”字义西夏本未见。

15.14.7

[illegible]，	[illegible]	[illegible]	[illegible]	[illegible]	[illegible]	[illegible]	[illegible]	[illegible]	[illegible]	[illegible]
lew^{2}	thjɨ^{2}	tja^{1}	ɲia^{2}	tsjij^{2}	·jij^{1}	sọ^{1}	ljɨ̣^{2}	ljij^{2}	sji^{2}	·jij^{1}
应，	此	者	菩	萨	之	三	地	见	△	相
[illegible]。	[illegible]	[illegible]	[illegible]	[illegible]	[illegible]	[illegible]，	[illegible]	[illegible]	[illegible]	
ŋwu^{2}	thja^{1}	dzjwo^{2}	·ju^{2}	tsji̱r^{1}	mji^{1}	lew^{2}	niow^{1}	mjor^{1}	lji̱j^{2}	
是。	此	人	常	法	施	应，	又	如	来	

此是菩萨三地见相。此人常应法施，又

15.15.1

[illegible]	[illegible]	[illegible]	[illegible]	[illegible]	[illegible]，	[illegible]	[illegible]	[illegible]	[illegible]
·jij^{1}	bə^{2}	du^{2}	ɣu^{1}	mji̱j^{1}	śjwo^{1}	ku^{1}	thja^{1}	bju^{1}	mjɨ^{1}
之	塔	塔	头	尾	筲，	则	是	如	不
[illegible]	[illegible]	[illegible]	[illegible]	[illegible]	[illegible]	[illegible]。	[illegible]	[illegible]	[illegible]
gjiw^{1}	khwe̱j^{1}	niow^{1}	sjwɨj^{1}	lə^{1}	źji^{2}	dzjar^{2}	tjij^{1}	mjor^{1}	lji̱j^{2}
敬	慢	又	业	障	皆	除。	若	如	来

应扫如来塔，破除憍慢以此净业障。

15.15.2

[illegible]	[illegible]	[illegible]	[illegible]	[illegible]	[illegible]	[illegible]	[illegible]	[illegible]	[illegible]，	[illegible]
dzjij^{2}	ɲia^{2}	tsjij^{2}	rjir^{2}	śiə^{1}	śio^{1}	rjɨr^{2}	?	kjɨ^{1}	mji̱j^{1}	ku^{1}
余	菩	萨	与	引	导	乃	往	△	梦，	则
[illegible]	[illegible]	[illegible]	[illegible]？	[illegible]	[illegible]	[illegible]	[illegible]	[illegible]	[illegible]	
wa^{2}	sju^{2}	·jij^{1}	ŋwu^{2}	tjij^{1}	mjor^{1}	lji̱j^{2}	tji̱^{1}	thji^{1}	tji̱^{2}	
何	如	相	是？	若	如	来	饮	食	处	

见余菩萨诣如来所是何相①？见如来向食之处，

15.15.3

[illegible]	[illegible]	[illegible]	[illegible]	[illegible]，	[illegible]	[illegible]	[illegible]	[illegible]	[illegible]。	[illegible]
rjijr^{2}	rjɨr^{2}	wjij^{1}	kjɨ^{1}	mji̱j^{1}	ku^{1}	ɣu^{1}	ljɨ̣^{2}	·jij^{1}	ŋwu^{2}	mjor^{1}

① 见，西夏本作“[illegible]”（梦），概强调梦中所见之义。下文自“初地相”至“十地相”皆同。

向 乃 去 △ 梦， 则 初 地 相 是。 如

[illegible]

ljịj^{2} dzjịj^{2} dźjịj^{1} tjị^{2} rjijr^{2} rjɨr^{2} wjịj^{1} kjɨ^{1} mjịj^{1} ku^{1}

来 教 行 处 向 乃 去 △ 梦， 则

此是初地相。见如来向经行处，

15.15.4

[illegible]

njɨ^{1} ljɨ^{2} ·jij^{1} ŋwu^{2} mjor^{1} ljịj^{2} tsjịr^{1} tshjịj^{1} tjị^{2} rjijr^{2} rjɨr^{2}

二 地 相 是。 如 来 法 说 处 向 乃

[illegible]

wjịj^{1} kjɨ^{1} mjịj^{1} ku^{1} sọ^{1} ljɨ^{2} ·jij^{1} ŋwu^{2} mjor^{1} ljịj^{2}

去 △ 梦， 则 三 地 相 是。 如 来

是第二地相。见如来向说法处，是第三地相。见如来

15.15.5

[illegible]

mjɨ^{2} mji^{2} dzu̱^{2} kjɨ^{1} mjịj^{1} ku^{1} ljɨr^{1} ljɨ^{2} ·jij^{1} ŋwu^{2} mjor^{1}

默 然 坐 △ 梦， 则 四 地 相 是。 如

[illegible]

ljịj^{2} mjij^{1} sej^{1} twụ^{1} dzu̱^{2} kjɨ^{1} mjịj^{1} ku^{1} ŋwə^{1} ljɨ^{2}

来 寂 静 处 坐 △ 梦， 则 五 地

默然坐，是第四地相。见如来静处坐，此是五地

15.15.6

[illegible]

·jij^{1} ŋwu^{2} mjor^{1} ljịj^{2} rjɨr^{2} wjịj^{1} ŋwu^{2} ·jow^{2} śja^{2} dạ^{2} jɨ^{2}

相 是。 如 来 乃 去 以 赞 叹 言 说

[illegible]

djij^{2} kjɨ^{1} mjịj^{1} ku^{1} tśhjiw^{1} ljɨ^{2} ·jij^{1} ŋwu^{2} mjor^{1} ljịj^{2}

△ △ 梦， 则 六 地 相 是。 如 来

相。见如来行呗者，是六地相。见如来

15.15.7

[illegible]	[illegible]	[illegible]	[illegible]	[illegible]	[illegible],	[illegible]	[illegible]	[illegible]	[illegible]	[illegible]。
tjɨ̣^{1}	tjịj^{1}	dja^{2}	ljwɨ̣^{1}	kjɨ^{1}	mjịj^{1}	ku^{1}	śja̩^{1}	ljɨ̣^{2}	·jij^{1}	ŋwu^{2}
疾	速	△	奔	△	梦,	则	七	地	相	是。
[illegible]	[illegible]	[illegible]	[illegible]	[illegible]	[illegible]	[illegible]	[illegible]	[illegible],	[illegible]	
tjij^{1}	mjor^{1}	ljịj^{2}	mẹ^{2}	mjịjr^{2}	śja^{2}	djij^{2}	kjɨ^{1}	mjịj^{1}	ku^{1}	
若	如	来	神	通	见	△	△	梦,	则	

疾走,是七地相。若见如来作神通,

15.16.1

[illegible]	[illegible]	[illegible]	[illegible]。	[illegible]	[illegible]	[illegible]	[illegible]	[illegible]	[illegible]	[illegible]
·jar^{1}	ljɨ̣^{2}	·jij^{1}	ŋwu^{2}	mjor^{1}	ljịj^{2}	wjɨ̣^{1}	djịj^{1}	niow^{1}	wjɨ̣^{1}	djịj^{1}
八	地	相	是。	如	来	变	化	又	变	化
[illegible]	[illegible]	[illegible],	[illegible]	[illegible]	[illegible]	[illegible]	[illegible]。	[illegible]	[illegible]	
śjɨ̣^{1}	kjɨ^{1}	mjịj^{1}	ku^{1}	gjɨ̣^{1}	ljɨ̣^{2}	·jij^{1}	ŋwu^{2}	mjor^{1}	ljịj^{2}	
去	△	梦,	则	九	地	相	是。	如	来	

是八地相。见如来变化变化去者①,是九地相。见如来

15.16.2

[illegible]	[illegible]	[illegible]	[illegible],	[illegible]	[illegible]	[illegible]	[illegible]	[illegible]
rjɨr^{2}	wjij^{1}	bjịj^{1}	·ju̱^{1}	ŋa^{1}	wo^{2}	·jɨr^{1}	·jɨr^{1}	djij^{2}
乃	去	后	视,	空	义	问	问	△
[illegible]	[illegible],	[illegible]	[illegible]	[illegible]	[illegible]	[illegible]	[illegible]。	
kjɨ^{1}	mjịj^{1}	ku^{1}	ɣạ^{2}	ljɨ̣^{2}	·jij^{1}	ŋwu^{2}	ljɨ^{1}	
△	梦,	则	十	地	相	是	也。	

行去回顾②,共语说空,是十地相。

15.16.3

[illegible]	[illegible]	[illegible]	[illegible]	[illegible]	[illegible]	[illegible]!	[illegible]	[illegible]	[illegible]	[illegible]

① 西夏本在两个“变化”之间有“[illegible]”(又、及)一字。

② 回顾,西夏本作“[illegible][illegible]”,字面意思是“后视”。

niow¹	tśjɨ¹	kię¹	dźja²	dźjwu¹	ɲia²	tsjij²	tjɨ¹	tjij¹	ɲia²	tsjij²
复	次	金	刚	摧	菩	萨！	如	若	菩	萨
[illegible]	[illegible]	[illegible]	[illegible]	[illegible]	[illegible]	[illegible]	[illegible]	[illegible]	[illegible]	
·jij¹	ɲia²	tśhju¹	·jij¹	tsji̠r¹	tshji̠j¹	·jij¹	rjɨr²	tshji̠j¹	tja¹	
自	众	生	之	法	说	自	乃	说	者	

复次金刚摧！菩萨梦中自知为众生说法不知所说，

15.16.4

[illegible]	[illegible]	[illegible]	[illegible]	[illegible]，	[illegible]	[illegible]	[illegible]	[illegible]	[illegible]。	[illegible]
·jij¹	mji¹	tsjij²	kjɨ¹	mji̠j¹	ku¹	njɨ̠¹	ljɨ̣²	·jij¹	ŋwu²	thja¹
自	不	知	△	梦，	则	二	地	相	是。	是
[illegible]	[illegible]	[illegible]	[illegible]	[illegible]	[illegible]	[illegible]	[illegible]	[illegible]	[illegible]	
dzjwo²	śji¹	mjor¹	lji̠j²	pa²	djij²	phā¹	niow¹	rjijr²	·jij¹	
人	先	如	来	般	涅	槃	而	后	自	

是第二地相①。是人于如来般涅槃后

15.16.5

[illegible]	[illegible]	[illegible]，	[illegible]	[illegible]	[illegible]	[illegible]	[illegible]	[illegible]	[illegible]	[illegible]。
dźjar²	mjɨ¹	nwə¹	tsji̠r¹	tshji̠j¹	dzji̠j²	·jij¹	pjo¹	tsjij²	djij²	sji²
过	不	知，	法	说	师	之	毁	呰	曾	△。
[illegible]	[illegible]	[illegible]	[illegible]	[illegible]	[illegible]，	[illegible]	[illegible]	[illegible]	[illegible]	
thja¹	dzjwo²	new²	nwə¹	sjij²	·ju²	new²	tsji̠r¹	nji²	lhjɨj¹	
此	人	善	知	识	求，	善	法	听	闻	

毁呰说法师，不自知过。此人当求善知识，供养听闻

15.16.6

[illegible]	[illegible]，	[illegible]	[illegible]	[illegible]，	[illegible]	[illegible]	[illegible]	[illegible]	[illegible]	[illegible]
kjụ¹	tshwew¹	dźjar²	mji¹	·ju²	ku¹	thja¹	bju¹	sjwɨj¹	lə¹	dźjwi¹
供	养，	过	不	求，	则	是	如	业	障	消
[illegible]。	[illegible]	[illegible]	[illegible]	[illegible]	[illegible]	[illegible]	[illegible]，	[illegible]	[illegible]	

① “第”字义西夏本未见。

dzjar^{2} tha^{1} zji^{1} mji^{1} tshjij^{1} djij^{2} kjɨ^{1} mjij^{1} ku^{1} ɣu^{1}

除。 佛 布 施 说 △ △ 梦, 则 初

善法,不求其过,如是净除业障。闻佛说施①,是初

15.16.7

[illegible] [illegible] [illegible]; [illegible] [illegible] [illegible] [illegible] [illegible], [illegible] [illegible] [illegible]

ljɨ̣^{2} ·jij^{1} ŋwu^{2} kie^{1} tshjij^{1} djij^{2} kjɨ^{1} mjij^{1} ku^{1} njɨ̱^{1} ljɨ̣^{2}

地 相 是; 戒 说 △ △ 梦, 则 二 地

[illegible] [illegible]; [illegible] [illegible] [illegible] [illegible] [illegible] [illegible], [illegible] [illegible]

·jij^{1} ŋwu^{2} pjo^{1} zẹw^{2} tshjij^{1} djij^{2} kjɨ^{1} mjij^{1} ku^{1} sọ^{1}

相 是; 谤 忍 说 △ △ 梦, 则 三

地相;闻说戒,是二地相;闻说忍②,是三

15.17.1

[illegible] [illegible] [illegible]; [illegible] [illegible] [illegible] [illegible] [illegible] [illegible], [illegible] [illegible]

ljɨ̣^{2} ·jij^{1} ŋwu^{2} khu^{1} dźjij^{1} tshjij^{1} djij^{2} kjɨ^{1} mjij^{1} ku^{1} ljɨr^{1}

地 相 是; 精 进 说 △ △ 梦, 则 四

[illegible] [illegible] [illegible]; [illegible] [illegible] [illegible] [illegible] [illegible] [illegible], [illegible]

ljɨ̣^{2} ·jij^{1} ŋwu^{2} śjã^{1} djɨj^{2} tshjij^{1} djij^{2} kjɨ^{1} mjij^{1} ku^{1}

地 相 是; 禅 定 说 △ △ 梦, 则

地相;闻说精进,是四地相;闻说禅③,是

15.17.2

[illegible] [illegible] [illegible] [illegible]; [illegible] [illegible] [illegible] [illegible] [illegible] [illegible] [illegible],

ŋwə^{1} ljɨ̣^{2} ·jij^{1} ŋwu^{2} pa^{2} rja^{2} źjɨr^{1} tshjij^{1} djij^{2} kjɨ^{1} mjij^{1}

五 地 相 是; 般 若 慧 说 △ △ 梦,

[illegible] [illegible] [illegible] [illegible] [illegible]; [illegible] [illegible] [illegible] [illegible] [illegible] [illegible],

ku^{1} tśhjiw^{1} ljɨ̣^{2} ·jij^{1} ŋwu^{2} ljịj^{2} wjụ^{1} tshjij^{1} djij^{2} kjɨ^{1} mjij^{1}

则 六 地 相 是; 大 悲 说 △ △ 梦,

五地相;闻说般若慧,是六地相;闻说大悲,

① 闻,西夏本作"[illegible]"(梦),下文至"十地相"皆同。另,施,西夏本作"[illegible][illegible]"(布施)。

② 忍,西夏本作"[illegible][illegible]",字面意思是"忍谤"。

③ 禅,西夏本作"[illegible][illegible]"(禅定)。

15.17.3

				；						，
ku¹	śjạ¹	ljɨ̣²	·jij¹	ŋwu²	ɣie²	mjij¹	tshjịj¹	djij²	kjɨ¹	mjịj¹
则	七	地	相	是；	碍	无	说	△	△	梦，
				；						
ku¹	·jar¹	ljɨ̣²	·jij¹	ŋwu²	sã¹	mej²	tshjịj¹	djij²	kjɨ¹	
则	八	地	相	是；	三	昧	说	△	△	

是七地相；闻说无碍，是八地相；闻说三昧，

15.17.4

，					；			
mjịj¹	ku¹	gjɨ̣¹	ljɨ̣²	·jij¹	ŋwu²	śjɨj¹	·jiw²	ɣie¹
梦，	则	九	地	相	是；	成	就	力
			，					。
tshjịj¹	djij²	kjɨ¹	mjịj¹	ku¹	ɣạ²	ljɨ̣²	·jij¹	ŋwu²
说	△	△	梦，	则	十	地	相	是。

是九地相；闻说成就力，是十地相。

15.17.5

						！				
niow¹	tśjɨ¹	kię¹	dźja²	dźjwu¹	ɲia²	tsjij²	tjɨ¹	tjij¹	ɲia²	tsjij²
复	次	金	刚	摧	菩	萨！	如	若	菩	萨
mjor¹	ljij²	mẹ²	mjịjr²	ŋwu²	ŋa¹	gu²	dźjij¹	djij²	kjɨ¹	
如	来	神	通	以	空	中	行	△	△	

复次金刚摧！菩萨梦中见如来虚空中神通行者，

15.17.6

，					。					
mjịj¹	ku¹	śjạ¹	ljɨ̣²	·jij¹	ŋwu²	tśja¹	la¹	ɣiwej¹	dạ²	mji¹
梦，	则	七	地	相	是。	道	记	受	言	闻

[illegible]	[illegible]，	[illegible]	[illegible]	[illegible]	[illegible]	[illegible]	[illegible]	[illegible]	[illegible]
kjɨ^{1}	mji̱j^{1}	ku^{1}	thja^{2}	dzjwo^{2}	·ju^{2}	pjụ^{1}	bju̱^{1}	mjij^{1}	sej^{1}
△	梦，	则	此	人	常	尊	重	寂	净

此是七地相。闻受道记①,此人常应修尊重默然②,

15.17.7

[illegible]	[illegible]，	[illegible]	[illegible]	[illegible]	[illegible]	[illegible]	[illegible]	[illegible]，	[illegible]	[illegible]
djọ^{2}	lew^{2}	djọ^{2}	ŋwu^{2}	źji^{2}	na^{1}	ze̱w^{2}	śjɨj^{1}	·jiw^{2}	ku^{1}	xja^{1}
修	应，	修	以	甚	深	忍	成	就，	则	疾
[illegible]	[illegible]	[illegible]	[illegible]。	[illegible]	[illegible]	[illegible]	[illegible]	[illegible]	[illegible]	
tśhja^{2}	ka^{1}	dwewr^{2}	śjɨj^{1}	mjor^{1}	ljij^{2}	ŋa^{1}	gu^{2}	dźjij^{1}	djij^{2}	
正	等	觉	成。	如	来	空	中	在	△	

修习成就甚深忍,如是疾成正觉。见如来在虚空中③,

15.18.1

[illegible]	[illegible]，	[illegible]	[illegible]	[illegible]	[illegible]	[illegible]；	[illegible]	[illegible]	[illegible]	[illegible]
kjɨ^{1}	mji̱j^{1}	ku^{1}	ɣu^{1}	ljɨ̣^{2}	·jij^{1}	ŋwu^{2}	mjor^{1}	ljij^{2}	tjị^{1}	thji^{1}
△	梦，	则	初	地	相	是；	如	来	饮	食
[illegible]	[illegible]	[illegible]，	[illegible]	[illegible]	[illegible]	[illegible]	[illegible]；	[illegible]	[illegible]	
djij^{2}	kjɨ^{1}	mji̱j^{1}	ku^{1}	njɨ̣^{1}	tsew^{2}	ljɨ̣^{2}	ŋwu^{2}	bji^{1}	kjɨ^{1}	
△	△	梦，	则	二	第	地	是；	光	△	

是初地相;见如来食,是第二地;见光,

15.18.2

[illegible]，	[illegible]	[illegible]	[illegible]	[illegible]；	[illegible]	[illegible]	[illegible]	[illegible]	[illegible]，	[illegible]
mji̱j^{1}	ku^{1}	sọ^{1}	ljɨ̣^{2}	ŋwu^{2}	tsji̱r^{1}	tshjij^{1}	djij^{2}	kjɨ^{1}	mji̱j^{1}	ku^{1}
梦，	则	三	地	是；	法	说	△	△	梦，	则
[illegible]	[illegible]	[illegible]；	[illegible]	[illegible]	[illegible]	[illegible]	[illegible]	[illegible]，	[illegible]	
ljɨr^{1}	ljɨ̣^{2}	ŋwu^{2}	me̱^{2}	mjijr^{2}	śja^{2}	djij^{2}	kjɨ^{1}	mji̱j^{1}	ku^{1}	

① 西夏本句上有“[illegible]”(梦)字。

② 默然,西夏本作“[illegible]”mjij^{1}sej^{1}(寂静),上文亦作“[illegible]”mjɨ^{2}mji^{2}(默然)。

③ 见,西夏本作“[illegible]”(梦)。下文至“七地相”皆同。

四	地	是;	神	通	现	△	△	梦,	则

是第三地①;见说法,是第四地②;见现神通,是第五住地③;

15.18.3

[illegible]	[illegible]	[illegible]	[illegible];	[illegible]	[illegible]	[illegible]	[illegible]	[illegible]	[illegible],	[illegible]	[illegible]
ŋwə1	ljɨ̣2	·jij1	ŋwu2	sã1	mej2	·o2	djij2	kjɨ1	mjịj1	ku1	tśhjiw1
五	地	相	是;	三	昧	入	△	△	梦,	则	六

[illegible]	[illegible]	[illegible];	[illegible]	[illegible]	[illegible]	[illegible]	[illegible]	[illegible]	[illegible]	[illegible]
ljɨ̣2	·jij1	ŋwu2	mjor1	ljịj2	bji1	wją2	niow1	ŋa1	gu2	dźjij1
地	相	是;	如	来	光	放	又	空	中	行

见入三昧,是第六住地④;见放光见如来虚空中行去⑤,

15.18.4

[illegible]	[illegible]	[illegible],	[illegible]	[illegible]	[illegible]	[illegible]	[illegible]	[illegible]。
djij2	kjɨ1	mjịj1	ku1	śją1	ljɨ̣2	·jij1	ŋwu2	ljɨ1
△	△	梦,	则	七	地	相	是	也。

是第七住地⑥。

15.18.5

[illegible]	[illegible]	[illegible]	[illegible]	[illegible]	[illegible]	[illegible]!	[illegible]	[illegible]	[illegible]	[illegible]
niow1	tśjɨ1	kię1	dźja2	dźjwu1	ɲia2	tsjij2	tjɨ1	tjij1	ɲia2	tsjij2
复	次	金	刚	摧	菩	萨!	如	若	菩	萨

[illegible]	[illegible]	[illegible]	[illegible]	[illegible]	[illegible]	[illegible],	[illegible]	[illegible]	[illegible]
mjor1	ljịj2	pa2	djij2	phã1	kjɨ1	mjịj1	ku1	thja1	dzjwo2
如	来	般	涅	槃	△	梦,	则	此	人

复次金刚摧!菩萨梦见如来般涅槃者,此人

① “第”字义西夏本省略未作。
② “第”字义西夏本省略未作。
③ 第五住地,西夏本作“[illegible]”(五地相)。
④ 第六住地,西夏本作“[illegible]”(六地相)。
⑤ 此句西夏本作“见如来放光又虚空中行”。
⑥ 第七住地,西夏本作“[illegible]”(七地相)。

15.18.6

[illegible]	[illegible]	[illegible]，	[illegible]	[illegible]	[illegible]	[illegible]	[illegible]	[illegible]	[illegible]	[illegible]。
śji^{1}	tsji̱r^{1}	pjo^{1}	nji^{1}	phjɨ^{1}	lạ^{1}	ŋwu^{2}	gji̱j^{1}	·ju^{2}	djij^{2}	sji^{2}
前	法	谤，	家	出	谄	以	利	求	曾	△。
[illegible]	[illegible]	[illegible]	[illegible]	[illegible]	[illegible]	[illegible]	[illegible]	[illegible]，	[illegible]	[illegible]
thja^{1}	dzjwo^{2}	jɨr^{2}	ŋwu^{2}	sọ^{1}	ljɨ̣^{1}	·jij^{1}	kjụ^{1}	tshwew^{1}	tsji̱r^{1}	tshji̱j^{1}
此	人	勤	以	三	宝	之	供	养，	法	说

前谤法,出家谄曲求利。应勤供养三宝,奉施说法

15.18.7

[illegible]	[illegible]	[illegible]	[illegible]	[illegible]	[illegible]，	[illegible]	[illegible]	[illegible]	[illegible]	[illegible]
mjijr^{2}	·jij^{1}	zji^{1}	mji^{1}	tshji^{2}	ljij^{1}	·ja$^{?}$	njij^{1}	ŋwu^{2}	sọ^{1}	dzjɨj^{1}
者	之	布	施	奉	侍，	一	心	以	三	时
[illegible]	[illegible]	[illegible]，	[illegible]	[illegible]	[illegible]	[illegible]	[illegible]。	[illegible]	[illegible]	[illegible]
khu^{1}	dźjij^{1}	śjwo^{1}	ku^{1}	tśhjwo^{1}	sjwɨj^{1}	lə^{1}	dzjar^{2}	thjɨ^{2}	tja^{1}	śji^{1}
精	进	发，	则	故	业	障	除。	是	者	前

之人,一心三时精进,如是以净除业障。见前

15.19.1

[illegible]	[illegible]	[illegible]	[illegible]	[illegible]	[illegible]	[illegible]	[illegible]。	[illegible]	[illegible]	[illegible]
ŋwə^{1}	ljɨ̣^{2}	rjur^{1}	rjur^{1}	·jij^{1}	ljij^{2}	sji^{2}	ŋwu^{2}	niow^{1}	tśjɨ^{1}	kiẹ^{1}
五	地	诸	诸	相	见	△	是。	复	次	金
[illegible]	[illegible]	[illegible]	[illegible]！	[illegible]	[illegible]	[illegible]	[illegible]	[illegible]	[illegible]	
dźja^{2}	dźjwu^{1}	ɲia^{2}	tsjij^{2}	tjɨ^{1}	tjij^{1}	ɲia^{2}	tsjij^{2}	mjor^{1}	ljij^{2}	
刚	摧	菩	萨！	如	若	菩	萨	如	来	

五地处处相。复次金刚摧！菩萨梦见

15.19.2

[illegible]	[illegible]	[illegible]	[illegible]	[illegible]	[illegible]，	[illegible]	[illegible]	[illegible]	[illegible]	[illegible]
·jij^{1}	ljụ^{2}	tśhjɨ̣^{1}	djij^{2}	kjɨ^{1}	mjij^{1}	ku^{1}	ɲia^{2}	tsjij^{2}	·jij^{1}	ɣu^{1}
之	身	烧	△	△	梦，	则	菩	萨	之	初

[illegible]	[illegible]，	[illegible]	[illegible]	[illegible]	[illegible]	[illegible]，	[illegible]	[illegible]	[illegible]	[illegible]
ljɨ^{2}	ŋwu^{2}	thja^{1}	dzjwo^{2}	niow^{2}	nwə^{1}	sjij^{2}	tsji̱r^{1}	pjo^{1}	zjij^{1}	ljij^{2}
地	是，	是	人	恶	知	识，	法	毁	时	见

阇维如来①，是人口恶知识，见毁法随喜，此菩萨初地。

15.19.3

[illegible]	[illegible]	[illegible]	[illegible]。	[illegible]	[illegible]	[illegible]	[illegible]	[illegible]	[illegible]	[illegible]，
śjwiw^{2}	de^{2}	djij^{2}	sji^{2}	po^{1}	tjɨj^{1}	njij^{1}	śjwo^{1}	ljij^{2}	mjij^{2}	we^{2}
随	喜	曾	△。	菩	提	心	发	大	未	成，
[illegible]	[illegible]	[illegible]	[illegible]	[illegible]	[illegible]	[illegible]	[illegible]	[illegible]	[illegible]、	
thja^{1}	dzjwo^{2}	śja̧^{1}	·ja̱r^{2}	śja̧^{1}	gjɨ^{2}	tjij^{1}	tsji̱r^{1}	tshjij^{1}	mjijr^{2}	
是	人	七	日	七	夜	若	法	说	者、	

此人发菩提心不久②，是人应于七日七夜中持灯，

15.19.4

[illegible]	[illegible]	[illegible]	[illegible]	[illegible]	[illegible]	[illegible]	[illegible]	[illegible]	[illegible]	[illegible]
tjij^{1}	mjor^{1}	ljij^{2}	·jij^{1}	bə^{2}	du^{2}	·ju^{2}	rjir^{2}	tjij^{1}	swew^{1}	kju̧^{1}
若	如	来	之	塔	塔	前	前	灯	明	供
[illegible]，	[illegible]	[illegible]	[illegible]	[illegible]	[illegible]，	[illegible]	[illegible]	[illegible]	[illegible]	[illegible]
tshwew^{1}	·ja$^{?}$	njij^{1}	ŋwu^{2}	dźjar^{2}	rewr^{2}	niow^{1}	njɨ^{2}	so̧^{1}	dzjɨj^{1}	kha^{1}
养，	一	心	以	罪	忏，	又	日	三	时	中

若说法人前、若如来塔前一心忏悔，于日中昼三时

15.19.5

[illegible]	[illegible]	[illegible]	[illegible]	[illegible]	[illegible]	[illegible]，	[illegible]
·ji^{1}	dzjwo^{2}	·jij^{1}	pjwɨr^{1}	tsji̱r^{1}	nji^{2}	phji^{1}	ku^{1}
众	人	之	劝	法	听	令，	则
[illegible]	[illegible]	[illegible]	[illegible]	[illegible]	[illegible]	[illegible]。	
thja^{1}	bju^{1}	sjwɨj^{1}	lə^{1}	dźjwi^{1}	dzjar^{2}	ljɨ^{1}	
此	以	业	障	消	除	也。	

劝众人听法，以此净除业障。

① 阇维如来，西夏本作“[illegible]”，字面意思是“烧如来身”。
② 不久，西夏本作“[illegible]”，字面意思是“未大成”。

15.19.6

[illegible]	[illegible]	[illegible]	[illegible]	[illegible]	[illegible]	[illegible]！	[illegible]	[illegible]	[illegible]	[illegible]
niow^{1}	tśjɨ^{1}	kię̣^{1}	dźja^{2}	dźjwu^{1}	ɲia^{2}	tsjij^{2}	tjɨ^{1}	tjij^{1}	ɲia^{2}	tsjij^{2}
复	次	金	刚	摧	菩	萨！	如	若	菩	萨
[illegible]	[illegible]	[illegible]	[illegible]	[illegible]	[illegible]	[illegible]	[illegible]，	[illegible]	[illegible]	
mjor^{1}	ljij^{2}	·jij^{1}	śja^{1}	lji^{2}	rjir^{2}	kjɨ^{1}	mjij^{1}	ku^{1}	ɲia^{2}	
如	来	之	舍	利	得	△	梦，	则	菩	

复次金刚摧！菩萨梦中得如来舍利，此说菩

15.19.7

[illegible]	[illegible]	[illegible]	[illegible]	[illegible]。	[illegible]	[illegible]	[illegible]	[illegible]	[illegible]	[illegible]
tsjij^{2}	·jij^{1}	sọ^{1}	ljɨ̣^{2}	ŋwu^{2}	mjor^{1}	ljij^{2}	do^{2}	njij^{1}	?	kjɨ^{1}
萨	之	三	地	是。	如	来	处	近	亲	△
[illegible]，	[illegible]	[illegible]	[illegible]	[illegible]	[illegible]。	[illegible]	[illegible]	[illegible]	[illegible]	
mjij^{1}	ku^{1}	la^{1}	ɣiwej^{1}	gju^{1}	rjir^{1}	tjij^{1}	dzjij^{2}	ljɨ̣^{2}	dźjij^{1}	
梦，	则	记	受	度	得。	若	余	地	住	

萨三地。梦中亲近如来，闻受记得度。梦住余地

15.20.1

[illegible]	[illegible]	[illegible]	[illegible]	[illegible]	[illegible]	[illegible]	[illegible]。	[illegible]	[illegible]	[illegible]
kjɨ^{1}	mjij^{1}	mjor^{1}	ljij^{2}	·jij^{1}	śja^{1}	lji^{2}	rjir^{1}	thjɨ^{2}	sju^{2}	·jij^{1}
△	梦	如	来	之	舍	利	得。	是	如	相
[illegible]	[illegible]	[illegible]	[illegible]	[illegible]	[illegible]	[illegible]	[illegible]	[illegible]	[illegible]	
tja^{1}	mjor^{1}	ljij^{2}	·jij^{1}	ɣu^{1}	mjar^{1}	rjir^{2}	kjɨ^{1}	mjij^{1}	ku^{1}	
者	如	来	之	头	发	得	△	梦	则	

得如来舍利。如是相得如来发

15.20.2

[illegible]	[illegible]	[illegible]，	[illegible]	[illegible]	[illegible]	[illegible]	[illegible]	[illegible]	[illegible]	[illegible]
ɣu^{1}	ljɨ̣^{2}	ŋwu^{2}	mjor^{1}	ljij^{2}	·jij^{1}	dzjị^{1}	rjir^{2}	kjɨ^{1}	mjij^{1}	ku^{1}
初	地	是，	如	来	之	爪	得	△	梦	则

njɨ̱1 tsew2 ljɨ̣2 ŋwu2 śja1 lji2 rjir2 kjɨ1 mjịj1 ku1

二 第 地 是， 舍 利 得 △ 梦 则

是初地①，梦得如来爪是第二地，梦得舍利是第三地，

15.20.3

sọ1 tsew2 ljɨ̣2 ŋwu2 śjwi1 rjir2 kjɨ1 mjịj1 ku1 ljɨr1 tsew2

三 第 地 是， 齿 得 △ 梦 则 四 第

ljɨ̣2 ŋwu2 kowr2 rjir2 kjɨ1 mjịj1 ku1 ŋwə1 tsew2 ljɨ̣2

地 是， 牙 得 △ 梦 则 五 第 地

梦得齿第四地②，梦得牙第五地，

15.20.4

ŋwu2 bji̱2 phiow1 rjir2 kjɨ1 mjịj1 ku1 tśhjiw1 tsew2 ljɨ̣2 ŋwu2

是， 毫 白 得 △ 梦 则 六 第 地 是，

lạ1 rjir2 kjɨ1 mjịj1 ku1 śjạ1 tsew2 ljɨ̣2 ŋwu2 pjụ2

手 得 △ 梦 则 七 第 地 是， 冠

梦得白毫第六地，梦得手第七地，梦得冠

15.20.5

rjir2 kjɨ1 mjịj1 ku1 ·jar1 tsew2 ljɨ̣2 ŋwu2 mjor1 ljịj2 ·jij1

得 △ 梦 则 八 第 地 是， 如 来 之

ljụ2 tśhjɨ̣1 ljụ2 ŋowr2 mji1 dźjow1 ka2 kjɨ1 mjịj1 ku1

① 西夏本“得”上有“[illegible]”（梦）字。

② 西夏本“第四地”上有“[illegible]”（是）字。此下至“第十地”皆同。

身	烧	身	全	不	分	离	△	梦	则

第八地,梦见阇维如来全身不散

15.20.6

[illegible]	[illegible]	[illegible]	[illegible]，	[illegible]	[illegible]	[illegible]	[illegible]
gjɨ^{1}	tsew^{2}	ljɨ̣^{2}	ŋwu^{2}	mjor^{1}	ljịj^{2}	ljụ^{2}	ŋowr^{2}
九	第	地	是，	如	来	身	全
[illegible]	[illegible]	[illegible]	[illegible]	[illegible]	[illegible]	[illegible]	[illegible]。
kjɨ^{1}	mjịj^{1}	ku^{1}	ɣạ^{2}	tsew^{2}	ljɨ̣^{2}	ŋwu^{2}	ljɨ^{1}
△	梦	则	十	第	地	是	也。

第九地,见如来全身第十地①。

15.20.7

[illegible]	[illegible]	[illegible]	[illegible]	[illegible]	[illegible]	[illegible]！	[illegible]	[illegible]	[illegible]	[illegible]
niow^{1}	tśjɨ^{1}	kię^{1}	dźja^{2}	dźjwu^{1}	ɲia^{2}	tsjij^{2}	tjɨ^{1}	tjij^{1}	ɲia^{2}	tsjij^{2}
复	次	金	刚	摧	菩	萨！	如	若	菩	萨
[illegible]	[illegible]	[illegible]	[illegible]	[illegible]	[illegible]	[illegible]	[illegible]	[illegible]，	[illegible]	
mjor^{1}	ljịj^{2}	·jij^{1}	ɣu^{1}	mjar^{1}	mji^{1}	sar^{2}	kjɨ^{1}	mjịj^{1}	ku^{1}	
如	来	之	头	发	不	散	△	梦，	则	

复次金刚摧！菩萨梦见得如来发不散,

15.21.1

[illegible]	[illegible]	[illegible]	[illegible]	[illegible]	[illegible]	[illegible]。	[illegible]	[illegible]	[illegible]	[illegible]	[illegible]	[illegible]
ɲia^{2}	tsjij^{2}	·jij^{1}	gjɨ^{1}	tsew^{2}	ljɨ̣^{2}	ŋwu^{2}	tha^{1}	rjir^{2}	kjɨ^{1}	mjịj^{1}	ku^{1}	·ju^{2}
菩	萨	之	九	第	地	是。	佛	得	△	梦	则	前
[illegible]	[illegible]	[illegible]	[illegible]	[illegible]	[illegible]	[illegible]	[illegible]，	[illegible]	[illegible]	[illegible]	[illegible]	
rjir^{2}	po^{1}	tjɨj^{1}	la^{1}	ɣiwej^{1}	rjir^{2}	kjɨ^{1}	mjịj^{1}	ku^{1}	mə^{2}	wẹ^{1}	sjwɨj^{1}	
前	菩	提	记	授	得	△	梦，	则	死	生	业	

此是菩萨第九住地②。梦佛前授菩提记,除生死业

① 西夏本句上有“[illegible]”(梦)字。

② 住地,西夏本作“[illegible]”(地)。参看丁福保《佛学大辞典》:“以名生法之根本体,住者所住,地者所生之义也。一切之烦恼分类为五住地。”《胜鬘宝窟》卷中:“言地者,本为末依,名之为住。本能生末,目之为地。”

15.21.2

[illegible]	[illegible]	[illegible]。	[illegible]	[illegible]	[illegible]	[illegible]	[illegible]	[illegible]	[illegible]	[illegible]
lə^1	dźjwi^1	dzjar^2	nji^1	dźjịj^1	zjọ^2	ɣu^1	mjar^1	rjir^2	kjɨ^1	mjịj^1
障	消	除。	家	在	时	头	发	得	△	梦
[illegible]	[illegible]	[illegible]	[illegible]，	[illegible]	[illegible]	[illegible]	[illegible]	[illegible]	[illegible]	
ku^1	ɣu^1	ljɨ̣^{2}	ŋwu^2	nji^1	phjɨ^1	zjọ^2	ɣu^1	mjar^1	rjir^2	
则	初	地	是，	家	出	时	头	发	得	

障。梦得在家时发是初地，梦得出家时发

15.21.3

[illegible]	[illegible]	[illegible]	[illegible]	[illegible]	[illegible]	[illegible]，	[illegible]	[illegible]	[illegible]	[illegible]
kjɨ^1	mjịj^1	ku^1	njɨ̣^{1}	tsew^2	ljɨ̣^{2}	ŋwu^2	źji^2	lhjọr^1	·u^2	ɣu^1
△	梦	则	二	第	地	是，	市	场	中	头
[illegible]	[illegible]	[illegible]	[illegible]	[illegible]	[illegible]	[illegible]	[illegible]	[illegible]，	[illegible]	
mjar^1	rjir^2	kjɨ^1	mjịj^1	ku^1	sọ^1	tsew^2	ljɨ̣^{2}	ŋwu^2	we^2	
发	得	△	梦	则	三	第	地	是，	城	

第二地①，梦市中得发说第三住②，于城

15.21.4

[illegible]	[illegible]	[illegible]	[illegible]	[illegible]	[illegible]	[illegible]	[illegible]	[illegible]	[illegible]	[illegible]，
·u^2	ɣu^1	mjar^1	rjir^2	kjɨ^1	mjịj^1	ku^1	ljɨr^1	tsew^2	ljɨ̣^{2}	ŋwu^2
中	头	发	得	△	梦	则	四	第	地	是，
[illegible]	[illegible]	[illegible]	[illegible]	[illegible]	[illegible]	[illegible]	[illegible]	[illegible]	[illegible]	
we^2	ɣa^1	·u^2	ɣu^1	mjar^1	rjir^2	kjɨ^1	mjịj^1	ku^1	ŋwə^1	
城	门	中	头	发	得	△	梦	则	五	

中得发第四住③，于城门中得说第五

15.21.5

[illegible]	[illegible]	[illegible]，	[illegible]	[illegible]	[illegible]	[illegible]	[illegible]	[illegible]	[illegible]	[illegible]

① 西夏本“第二地”上有“[illegible]”（是）字。此下至“第十地”皆同。

② 住，西夏本作“[illegible]”（地）。下文第四地和第五地亦同。

③ 西夏本句上有“[illegible]”（梦）字，汉文本未作。“第四地”至“第十地”皆同。

tsew^{2} ljɨ̣^{2} ŋwu^{2} we^{2} niow^{1} ɣu^{1} mjar^{1} rjir^{2} kjɨ^{1} mjij^{1} ku^{1}

第 地 是， 外 又 头 发 得 △ 梦 则

[illegible] [illegible] [illegible] [illegible]， [illegible] [illegible] [illegible] [illegible] [illegible] [illegible]

tśhjiw^{1} tsew^{2} ljɨ̣^{2} ŋwu^{2} ·io̦^{2} bo^{1} kha^{1} ɣu^{1} mjar^{1} rjir^{2}

六 第 地 是， 园 观 中 头 发 得

住①，于外得第六地，于园观中得

15.21.6

[illegible] [illegible] [illegible] [illegible] [illegible] [illegible] [illegible]， [illegible] [illegible] [illegible] [illegible]

kjɨ^{1} mjij^{1} ku^{1} śja̦^{1} tsew^{2} ljɨ̣^{2} ŋwu^{2} dze̠j^{1} tśhja̠^{1} ɣu^{1} mjar^{1}

△ 梦 则 七 第 地 是， 乘 上 头 发

[illegible] [illegible] [illegible] [illegible] [illegible] [illegible] [illegible] [illegible]， [illegible] [illegible]

rjir^{2} kjɨ^{1} mjij^{1} ku^{1} ·jar^{1} tsew^{2} ljɨ̣^{2} ŋwu^{2} ŋa^{1} gu^{2}

得 △ 梦 则 八 第 地 是， 空 中

第七地，于乘上得第八地，于虚空中

15.21.7

[illegible] [illegible] [illegible] [illegible] [illegible] [illegible] [illegible] [illegible] [illegible] [illegible]， [illegible]

ɣu^{1} mjar^{1} rjir^{2} kjɨ^{1} mjij^{1} ku^{1} gjɨ̣^{1} tsew^{2} ljɨ̣^{2} ŋwu^{2} sã^{1}

头 发 得 △ 梦 则 九 第 地 是， 三

[illegible] [illegible] [illegible] [illegible] [illegible] [illegible] [illegible] [illegible] [illegible] [illegible]

mej^{2} gu^{2} ɣu^{1} mjar^{1} rjir^{2} kjɨ^{1} mjij^{1} ku^{1} ɣa̦^{2} tsew^{2}

昧 中 头 发 得 △ 梦 则 十 第

得第九地，于三昧中得第十地。

15.22.1

[illegible] [illegible]。

ljɨ̣^{2} ŋwu^{2}

地 是。

① 西夏本“得”下有“[illegible][illegible]”（头发）二字，“第五地”至“第十地”皆同。另，“说”字义西夏本未见。

15.22.2

[illegible]	[illegible]	[illegible]	[illegible]	[illegible]	[illegible]	[illegible]!	[illegible]	[illegible]	[illegible]
niow^{1}	tśjɨ^{1}	kię^{1}	dźja^{2}	dźjwu^{1}	ɲia^{2}	tsjij^{2}	tjɨ^{1}	tjij^{1}	ɲia^{2}
复	次	金	刚	摧	菩	萨!	如	若	菩
[illegible]	[illegible]	[illegible]	[illegible]	[illegible],	[illegible]	[illegible]	[illegible]	[illegible]	[illegible]
tsjij^{2}	bə^{2}	du^{2}	kjɨ^{1}	mjij^{1}	ku^{1}	thja^{1}	ɲia^{2}	tsjij^{2}	tja^{1}
萨	塔	塔	△	梦,	则	此	菩	萨	者

复次金刚摧！菩萨梦中见塔，此菩萨

15.22.3

[illegible]	[illegible]	[illegible]	[illegible]、	[illegible]	[illegible]	[illegible]	[illegible]	[illegible],	[illegible]	[illegible]
sjwɨj^{1}	lə^{1}	ɣiə^{1}	njij^{2}	ljij^{2}	sjwɨj^{1}	tsjɨ^{1}	ɣiə^{1}	njij^{2}	tjij^{1}	nẹw^{2}
业	障	微	少、	魔	业	亦	微	少,	若	善
[illegible]	[illegible]	[illegible]	[illegible],	[illegible]	[illegible]	[illegible]	[illegible]	[illegible],	[illegible]	
wjɨ^{1}	rjir^{2}	?	njij^{1}	ku^{1}	tsjir^{1}	zẹw^{2}	tsjij^{2}	njwi^{2}	thow^{1}	
友	与	近	亲,	则	法	忍	解	善,	陀	

少业障、少许魔业，若亲近善友，善解法忍，得陀

15.22.4

[illegible]	[illegible]	[illegible]。	[illegible]	[illegible]	[illegible]	[illegible]	[illegible]	[illegible]	[illegible]	[illegible]。
lo^{1}	nji^{1}	rjir^{1}	thjɨ^{2}	tja^{1}	ɣạ^{2}	ljɨ^{2}	·jij^{1}	ŋowr^{2}	ŋowr^{2}	ŋwu^{2}
罗	尼	得。	此	者	十	地	相	一	切	是。
[illegible]	[illegible]	[illegible]	[illegible]	[illegible]	[illegible]	[illegible]	[illegible]	[illegible]	[illegible]	
mjor^{1}	ljij^{2}	·jij^{1}	tśior^{1}	bə^{2}	du^{2}	kjɨ^{1}	mjij^{1}	ku^{1}	ɲia^{2}	
如	来	之	泥	塔	塔	△	梦	则	菩	

罗尼。此是一切十地相。见如来泥塔此说是菩

15.22.5

[illegible]	[illegible]	[illegible]	[illegible]	[illegible],	[illegible]	[illegible]	[illegible]	[illegible]	[illegible]	[illegible]
tsjij^{2}	·jij^{1}	ɣu^{1}	ljɨ^{2}	ŋwu^{2}	lụ^{1}	bə^{2}	du^{2}	kjɨ^{1}	mjij^{1}	ku^{1}
萨	之	初	地	是,	石	塔	塔	△	梦	则

njɨ̣^{1}	tsew^{2}	ljɨ̣^{2}	ŋwu^{2}	lụ^{1}	tśior^{1}	swu^{2}	kjɨ^{1}	mjịj^{1}	ku^{1}
二	第	地	是，	石	泥	像	△	梦	则

萨初地①，见石塔第二地②，见石泥像说

15.22.6

sọ^{1}	tsew^{2}	ljɨ̣^{2}	ŋwu^{2}	sji^{1}	tụ^{1}	tśjɨ̣^{1}	bə^{2}	du^{2}	kjɨ^{1}	mjij^{1}
三	第	地	是，	木	网	围	塔	塔	△	梦
ku^{1}	ljɨr^{1}	tsew^{2}	ljɨ̣^{2}	ŋwu^{2}	lụ^{1}	dzjɨ̣^{2}	·wiọ^{1}	tśjɨ̣^{1}	bə^{2}	
则	四	第	地	是，	石	柱	围	绕	塔	

是第三住地③，见栏楯塔第四住地，见石柱围绕

15.22.7

du^{2}	kjɨ^{1}	mjij^{1}	ku^{1}	ŋwə^{1}	tsew^{2}	ljɨ̣^{2}	ŋwu^{2}	kiẹ^{1}	ɣja^{2}	bə^{2}
塔	△	梦	则	五	第	地	是，	金	覆	塔
du^{2}	kjɨ^{1}	mjij^{1}	ku^{1}	tśhjiw^{1}	tsew^{2}	ljɨ̣^{2}	ŋwu^{2}	ljɨ̣^{1}	bə^{2}	
塔	△	梦	则	六	第	地	是，	宝	塔	

是说第五住地④，见金覆塔是说第六住地，见宝塔

15.23.1

du^{2}	kjɨ^{1}	mjij^{1}	ku^{1}	śja̱^{1}	tsew^{2}	ljɨ̣^{2}	ŋwu^{2}	źju̱^{1}	rer^{2}	ɣja^{2}
塔	△	梦	则	七	第	地	是，	铃	网	覆
bə^{2}	du^{2}	kjɨ^{1}	mjij^{1}	ku^{1}	·jar^{1}	tsew^{2}	ljɨ̣^{2}	ŋwu^{2}	tjij^{1}	

① 见，西夏本作“□”（梦），此下至“十地”皆同。另，“此说”二字义西夏本未见。

② 西夏本“第二地”上有“□”（是）字。下文“第四地”同。

③ “说”字义西夏本未见。另，住地，西夏本作“□”（地），此下至“第六住地”皆同。

④ 西夏本“围绕”下有“□□”（塔）。另，“说”字义西夏本未见，此下“第六住地”同。

塔	塔	△	梦	则	八	第	地	是，	若

是第七地，见铃网覆塔是第八地，

15.23.2

[illegible]	[illegible]	[illegible]	[illegible]	[illegible]	[illegible]	[illegible]	[illegible]	[illegible]	[illegible]，	[illegible]
śjạ^{1}	tsew^{2}	ljɨ̣^{2}	ɣu^{1}	ljij^{2}	tja^{1}	ljij^{2}	sjwɨj^{1}	dwewr^{2}	ŋwu^{2}	tjij^{1}
七	第	地	初	见	者	魔	业	觉	是，	若
[illegible]	[illegible]	[illegible]	[illegible]	[illegible]	[illegible]	[illegible]	[illegible]	[illegible]	[illegible]	
gjɨ̱^{1}	ljɨ̣^{2}	ɣa̩^{2}	ljɨ̣^{2}	ljij^{2}	tja^{1}	mji^{1}	tśhjɨ̱^{2}	tśhju^{2}	ljij^{2}	
九	地	十	地	见	者	不	颠	倒	见	

见若七地初见是觉魔业，若九地十地见是不颠倒见。

15.23.3

[illegible]	[illegible]。	[illegible]	[illegible]	[illegible]	[illegible]	[illegible]	[illegible]	[illegible]！	[illegible]	[illegible]
ŋwu^{2}	ljɨ^{1}	niow^{1}	tśjɨ^{1}	kię^{1}	dźja^{2}	dźjwu^{1}	ɲia^{2}	tsjij^{2}	tjɨ^{1}	tjij^{1}
是	也。	复	次	金	刚	摧	菩	萨！	如	若
[illegible]	[illegible]	[illegible]	[illegible]	[illegible]	[illegible]	[illegible]	[illegible]	[illegible]	[illegible]	
ɲia^{2}	tsjij^{2}	mjor^{1}	ljij^{2}	·jij^{1}	lju̱^{2}	tshjịj^{2}	bə^{2}	du^{2}	kjɨ^{1}	
菩	萨	如	来	之	庄	严	塔	塔	△	

复次金刚摧！菩萨梦中见如来庄严塔，

15.23.4

[illegible]，	[illegible]	[illegible]	[illegible]	[illegible]	[illegible]	[illegible]	[illegible]，	[illegible]	[illegible]	[illegible]
mjij^{1}	ku^{1}	mji^{1}	khwa^{1}	po^{1}	tjɨj^{1}	tśja^{1}	dwewr^{2}	rjur^{1}	mə^{1}	·jij^{1}
梦，	则	不	久	菩	提	道	觉，	诸	天	之
[illegible]	[illegible]	[illegible]	[illegible]。	[illegible]	[illegible]	[illegible]	[illegible]	[illegible]	[illegible]	
ljɨ̱r^{2}	·wejr^{2}	lew^{2}	we^{2}	thjɨ^{2}	tja^{1}	ɲia^{2}	tsjij^{2}	·jar^{1}	tsew^{2}	
念	护	应	为。	此	者	菩	萨	八	第	

不久觉菩提道，为诸天忆念①。此是菩萨第八住②。

① 忆念，西夏本作"[illegible][illegible]"，字面意思是"护念"。下文 15.39.1 同。

② 住，西夏本作"[illegible]"（地）。

15.23.5

[illegible]	[illegible]。	[illegible]	[illegible]	[illegible]	[illegible]	[illegible]	[illegible]	[illegible]!	[illegible]	[illegible]
ljɨ^{2}	ŋwu^{2}	niow^{1}	tśjɨ^{1}	kię^{1}	dźja^{2}	dźjwu^{1}	ɲia^{2}	tsjij^{2}	tjɨ^{1}	tjij^{1}
地	是。	复	次	金	刚	摧	菩	萨!	如	若
[illegible]	[illegible]	[illegible]	[illegible]	[illegible]	[illegible]	[illegible]	[illegible]	[illegible]	[illegible]	
ɲia^{2}	tsjij^{2}	mjor^{1}	ljij^{2}	·jij^{1}	me̱^{2}	mji̱jr^{2}	bə^{2}	du^{2}	kjɨ^{1}	
菩	萨	如	来	之	神	通	塔	塔	△	

复次金刚摧！菩萨梦中见如来神通塔，

15.23.6

[illegible],	[illegible]	[illegible]	[illegible]	[illegible]	[illegible]	[illegible]	[illegible]	[illegible]	[illegible]。	[illegible]
mji̱j^{1}	ku^{1}	thjɨ^{2}	zjọ^{2}	ɣa^{2}	sjwɨj^{1}	lə^{1}	dźjar^{2}	rewr^{2}	lew^{2}	thjɨ^{2}
梦,	则	此	世	于	业	障	罪	忏	应。	此
[illegible]	[illegible]	[illegible]	[illegible]	[illegible]	[illegible]	[illegible]。	[illegible]	[illegible]	[illegible]	
ɲia^{2}	tsjij^{2}	·jij^{1}	·jar^{1}	tsew^{2}	ljɨ^{2}	ŋwu^{2}	tjij^{1}	ɲia^{2}	tsjij^{2}	
菩	萨	之	八	第	地	是。	若	菩	萨	

此生当净业障。此是菩萨第八住地①。若菩萨

15.23.7

[illegible]	[illegible],	[illegible]	[illegible]	[illegible]	[illegible]	[illegible]	[illegible],	[illegible]	[illegible]	[illegible]
sjwɨ̱^{1}	ljɨ̱r^{2}	ku^{1}	niow^{2}	nwə^{1}	sjij^{2}	ka^{2}	lew^{2}	ɣu^{1}	ljɨ^{2}	dźiej^{2}
忆	念,	则	恶	知	识	离	应,	初	地	信
[illegible],	[illegible]	[illegible]	[illegible]	[illegible],	[illegible]	[illegible]	[illegible]	[illegible]	[illegible]	
djọ^{2}	njɨ^{1}	ljɨ^{2}	sjij^{2}	djọ^{2}	sọ^{1}	ljɨ^{2}	dźiej^{2}	tsjij^{2}	rejr^{2}	
修,	二	地	智	修,	三	地	信	解	多	

忆念此,应离恶知识,应初住修信②,二住修智③,三住地多修信解④,

15.24.1

[illegible],	[illegible]	[illegible]	[illegible]	[illegible]	[illegible]	[illegible],	[illegible]	[illegible]	[illegible]	[illegible]

① “住”字义西夏本未见。
② 住,西夏本作“[illegible]”(地)。
③ 住,西夏本作“[illegible]”(地)。
④ “住”字义西夏本未见。此下至“十住地”皆同。

djọ^{2} ljɨr^{1} ljɨ̣^{2} dźjɨ$^{?}$ ɣa^{2} rejr^{2} dźjịj^{1} ŋwə^{1} ljɨ̣^{2} sej^{1} dźiej^{2}

修， 四 地 行 于 久 住， 五 地 净 信

[illegible]

tsjij^{2} djọ^{2} tśhjiw^{1} ljɨ̣^{2} tśhja^{2} ka^{1} njij^{1} djọ^{2} śjạ^{1} ljɨ̣^{2}

解 修， 六 地 平 等 心 修， 七 地

四住地久修行，五住地修净信解，六住地修平等心，七住地

15.24.2

[illegible]

phju^{2} tsew^{2} wo^{2} tsjij^{2} djọ^{2} ·jar^{1} ljɨ̣^{2} tha^{1} lhjịj^{2} lju̱^{2} tshjịj^{2}

上 第 义 解 修， 八 地 佛 国 庄 严

[illegible]

djọ^{2} gjɨ^{1} ljɨ̣^{2} ɣiwej^{1} ·jij^{1} ɣạ^{2} ljɨ̣^{2} mji^{1} tśhjɨ̣^{2} tśhju^{2}

修， 九 地 授 持， 十 住 不 颠 倒

第一义解，第八住地修庄严佛土①，第九住地授持②，十住地住不颠倒。

15.24.3

[illegible]

ɣa^{2} dźjịj^{1} tjij^{1} dzjij^{2} ɣu^{1} ɣa^{2} dźjịj^{1} ku^{1} thjɨ^{2} ljij^{2} sjwɨj^{1} ŋwu^{2} tjij^{1}

于 住。 若 余 初 于 住， 则 是 魔 业 是。 若

[illegible]

śjạ^{1} ljɨ̣^{2} dzjwo^{2} lạ^{1} ljọr^{1} rjar^{1} mjij^{1} tśier^{1} ·ju^{2} ne̱w^{2} ɣjɨr^{1} mjij^{1} ljɨ^{1}

七 地 人， 欺 诈 可 不、 方 便 善 巧 无 也。

若住余初住，当知是魔业。若七住人，不可欺诳、无巧方便。

15.24.4

[illegible]

niow^{1} tśjɨ^{1} kię^{1} dźja^{2} dźjwu^{1} ɲia^{2} tsjij^{2} tjɨ^{1} tjij^{1} ɲia^{2} tsjij^{2}

复 次 金 刚 摧 菩 萨！ 如 若 菩 萨

[illegible]

① “第”字义西夏本未见。
② “第”字义西夏本未见。

mjor[1] ljij[2] ljụ[2] ljɨ̣[1] mji[1] ljij[2] mə[2] ɣię[2] mji[1] kjɨ[1]
如 来 身 虽 不 见 声 音 闻 △
复次金刚摧!菩萨梦中闻如来声不见形,

15.24.5

[illegible], [illegible] [illegible] [illegible] [illegible] [illegible] [illegible] [illegible]。 [illegible] [illegible] [illegible]
mjij[1] ku[1] ɲia[2] tsjij[2] ·jij[1] ljɨr[1] ljɨ̣[2] ŋwu[2] ·jij[1] dzju[2] ljɨ̣[2]
梦, 则 菩 萨 之 四 地 是。 自 在 地
[illegible], [illegible] [illegible] [illegible] [illegible] [illegible] [illegible] [illegible] [illegible] [illegible]
dźjij[1] thja[1] dzjwo[2] tha[1] ljɨ̣[2] ljɨ̣[1] ljij[2] mjijr[2] ɲia[2] tśhju[1]
住, 是 人 佛 地 虽 见 者 众 生
是菩萨四地。以住自在地,破见佛地众生

15.24.6

[illegible] [illegible] [illegible] [illegible] [illegible] [illegible] [illegible] [illegible] [illegible] [illegible] [illegible],
·jij[1] ljịj[2] lạ[1] ljo̱r[1] ŋwu[2] nji[1] phjɨ[1] tsjịr[1] tshjịj[1] djij[2] sji[2]
之 破 欺 诈 以 家 出 法 说 曾 △,
[illegible] [illegible] [illegible] [illegible] [illegible] [illegible] [illegible], [illegible] [illegible] [illegible]
njɨ̱[2] gjɨ[2] tśhjiw[1] dzjɨj[1] sej[1] njịj[1] djọ[2] ku[1] thja[1] bju[1]
日 夜 六 时 净 心 修, 则 是 如
出家、谄曲说法,此人应昼三时夜三时修净心①,如是

15.24.7

[illegible] [illegible] [illegible] [illegible]。
sjwɨj[1] lə[1] dzjar[2] ljɨ[1]
业 障 除 也。
净除业障。

15.25.1

[illegible] [illegible] [illegible] [illegible] [illegible] [illegible] [illegible]! [illegible] [illegible] [illegible]

---

① 昼三时夜三时,西夏本作"[illegible][illegible][illegible][illegible]"(昼夜六时)。

niow¹	tśjɨ¹	kię¹	dźja²	dźjwu¹	ɲia²	tsjij²	tjɨ¹	tjij¹	ɲia²
复	次	金	刚	摧	菩	萨！	如	若	菩
[illegible]	[illegible]	[illegible]	[illegible]	[illegible]	[illegible]	[illegible]	[illegible]，	[illegible]	[illegible]
tsjij²	mjor¹	ljij²	·jij¹	kjų¹	tshwew¹	kjɨ¹	mjij¹	ku¹	ɲia²
萨	如	来	之	供	养	△	梦，	则	菩

复次金刚摧！菩萨梦中供养如来，说是菩

15.25.2

[illegible]	[illegible]	[illegible]	[illegible]	[illegible]	[illegible]	[illegible]	[illegible]	[illegible]，	[illegible]
tsjij²	·jij¹	ɣu¹	ljɨ²	rjɨr²	njɨ²	gjɨ¹	ljɨ²	ŋwu²	thjɨ²
萨	之	初	地	乃	至	九	地	是，	是
[illegible]	[illegible]	[illegible]	[illegible]	[illegible]	[illegible]	[illegible]	[illegible]	[illegible]，	[illegible]
sju²	ɲia²	tsjij²	thow¹	lo¹	nji¹	śjɨj¹	·jiw²	njwi²	thja¹
如	菩	萨	陀	罗	尼	成	就	能，	是

萨初地乃至九地①，如是菩萨能成就陀罗尼，是

15.25.3

[illegible]	[illegible]	[illegible]	[illegible]	[illegible]	[illegible]	[illegible]。	[illegible]	[illegible]	[illegible]
ɲia²	tsjij²	·jij¹	rjur¹	tha¹	ljɨr²	·wejr²	niow¹	thja¹	ɲia²
菩	萨	之	诸	佛	念	护。	复	此	菩
[illegible]	[illegible]	[illegible]	[illegible]	[illegible]，	[illegible]	[illegible]	[illegible]	[illegible]	[illegible]。
tsjij²	tśhja²	ka¹	njij¹	djọ²	xja¹	źji²	phju²	tśja¹	śjɨj¹
萨	平	等	心	修，	疾	无	上	道	成。

菩萨诸佛所念。此菩萨应修平等心，如是疾成无上道。

15.25.4

[illegible]	[illegible]	[illegible]	[illegible]	[illegible]	[illegible]	[illegible]	[illegible]	[illegible]，	[illegible]
tjij¹	dźjij¹	mjor¹	ljij²	·jij¹	kjų¹	tshwew¹	kjɨ¹	mjij¹	ku¹
若	住	如	来	之	供	养	△	梦，	则
[illegible]	[illegible]	[illegible]	[illegible]	[illegible]	[illegible]	[illegible]，	[illegible]	[illegible]	[illegible]

① “说”字义西夏本未见。

ɲia^{2}	tsjij^{2}	·jij^{1}	ɣu^{1}	ljɨ^{2}	·jij^{1}	ŋwu^{2}	tjij^{1}	dzu̱^{2}	ŋwu^{2}
菩	萨	之	初	地	相	是，	若	坐	以

若梦住供养如来，此说菩萨初地相①，若坐

15.25.5

[illegible]	[illegible]	[illegible]	[illegible]	[illegible]	[illegible]	[illegible]	[illegible]	[illegible]	[illegible]
mjor^{1}	ljịj^{2}	·jij^{1}	kjụ^{1}	tshwew^{1}	kjɨ^{1}	mjij^{1}	ku^{1}	njɨ^{1}	ljɨ^{2}
如	来	之	供	养	△	梦	则	二	地
[illegible]	[illegible]，	[illegible]	[illegible]	[illegible]	[illegible]	[illegible]	[illegible]	[illegible]	[illegible]
·jij^{1}	ŋwu^{2}	tjij^{1}	lju̱^{2}	tshjịj^{2}	ŋwu^{2}	kjụ^{1}	tshwew^{1}	ku^{1}	so̱^{1}
相	是，	若	庄	严	以	供	养	则	三

与者是说二住地②，若庄严与此说是三

15.25.6

[illegible]	[illegible]	[illegible]，	[illegible]	[illegible]	[illegible]	[illegible]	[illegible]	[illegible]	[illegible]
ljɨ^{2}	·jij^{1}	ŋwu^{2}	·jij^{1}	wjɨ^{1}	dźjwɨ^{1}	rjir^{2}	gu^{2}	kjụ^{1}	tshwew^{1}
地	相	是，	自	眷	属	与	共	供	养
[illegible]	[illegible]	[illegible]	[illegible]	[illegible]，	[illegible]	[illegible]	[illegible]	[illegible]	
ku^{1}	ljɨr^{1}	ljɨ^{2}	·jij^{1}	ŋwu^{2}	rejr^{2}	dzjwo^{2}	rjir^{2}	gu^{2}	
则	四	地	相	是，	多	人	与	共	

住地，共自眷属与者是说四住地，与多人共与

15.25.7

[illegible]	[illegible]	[illegible]	[illegible]	[illegible]	[illegible]	[illegible]	[illegible]，	[illegible]	[illegible]
gu^{2}	kjụ^{1}	tshwew^{1}	ku^{1}	ŋwə^{1}	ljɨ^{2}	·jij^{1}	ŋwu^{2}	tjij^{1}	·jij^{1}
同	供	养	则	五	地	相	是，	若	自
[illegible]	[illegible]	[illegible]	[illegible]	[illegible]	[illegible]	[illegible]	[illegible]	[illegible]	[illegible]
wjɨ^{1}	dźjwɨ^{1}	rjir^{2}	niow^{1}	rejr^{2}	dzjwo^{2}	rjir^{2}	gu^{2}	gu^{2}	kjụ^{1}
眷	属	与	及	多	人	与	共	同	供

是说五住地，若与自眷属及与多人共与

① 说，西夏本作“[illegible]”（是）。

② 与，西夏本作“[illegible][illegible]”（供养），下文皆同。另，“说二住地”西夏本作“二地相”，此下至“说九住地”皆同。

15.26.1

tshwew1	ku1	tśhjiw1	ljɨ2	·jij1	ŋwu2	lju̱2	tshjij2	ŋowr2	ŋowr2
养	则	六	地	相	是，	庄	严	一	切
śjɨj1	·jiw2	kju̱1	tshwew1	ku1	śja̱1	ljɨ2	·jij1	ŋwu2	tjij1
成	就	供	养	则	七	地	相	是，	若

是说六住地，一切庄严成就与是说七住地，若

15.26.2

·jow2	śja2	ŋwu2	kju̱1	tshwew1	ku1	·jar1	ljɨ2	·jij1	ŋwu2	tjij1
称	赞	以	供	养	则	八	地	相	是，	若
me̱2	mjijr2	wji1	ŋwu2	kju̱1	tshwew1	ku1	gjɨ1	ljɨ2	·jij1	
神	通	作	以	供	养	则	九	地	相	

称赞与是说八住地，若作神通与是说第九住地，

15.26.3

ŋwu2	ljij2	da̱2	ŋowr2	ŋowr2	dwewr2	ljɨ1
是，	魔	事	一	切	觉	也。

觉一切魔事。

15.26.4

niow1	tśjɨ1	kię1	dźja2	dźjwu1	ɲia2	tsjij2	tjɨ1	tjij1	ɲia2	tsjij2
复	次	金	刚	摧	菩	萨！	如	若	菩	萨
·jij1	wja̱1	rer2	śja1	nji1	tśja1	thã1	ŋwu2	mjor1	ljij2	
自	花	鬘	香	末	栴	檀	以	如	来	

复次金刚摧！菩萨若梦中自见以花鬘香末栴檀供养如来

15.26.5

[illegible]	[illegible]	[illegible]	[illegible]	[illegible]	[illegible]	[illegible]，	[illegible]	[illegible]	[illegible]	[illegible]
·jij^{1}	bə^{2}	du^{2}	kjụ^{1}	tshwew^{1}	kjɨ^{1}	mjịj^{1}	ku^{1}	ɲia^{2}	tsjij^{2}	·jij^{1}
之	塔	塔	供	养	△	梦，	则	菩	萨	之
[illegible]	[illegible]	[illegible]	[illegible]	[illegible]	[illegible]	[illegible]	[illegible]	[illegible]，	[illegible]	
ɣu^{1}	ljɨ̣^{2}	ŋwə^{1}	ljɨ̣^{2}	rjur^{1}	rjur^{1}	ljɨ̣^{2}	ljij^{2}	ŋwu^{2}	thja^{1}	
初	地	五	地	处	处	地	见	是，	是	

塔,此是菩萨见初地五地处处地,是

15.26.6

[illegible]	[illegible]	[illegible]	[illegible]	[illegible]	[illegible]	[illegible]	[illegible]	[illegible]。	[illegible]	[illegible]
dzjwo^{2}	ɣu^{1}	njɨ^{1}	zjịj^{1}	thā^{1}	po^{1}	lo^{1}	dzu^{1}	dźjịj^{1}	djij^{2}	sji^{2}
人	前	少	许	檀	波	罗	蜜	行。	曾	△
[illegible]	[illegible]	[illegible]	[illegible]	[illegible]	[illegible]	[illegible]	[illegible]，	[illegible]	[illegible]	
·ja$^{?}$	me^{2}	tjɨ̣^{2}	zjij^{1}	thja^{1}	·jij^{1}	sjwɨ̱^{1}	ljɨr^{2}	mji^{1}	njịj^{1}	
已	睡	眠	时	此	相	忆	念，	施	心	

前少行檀波罗蜜①。觉已忆念此相,生长施心

15.26.7

[illegible]	[illegible]	[illegible]	[illegible]	[illegible]	[illegible]	[illegible]	[illegible]，	[illegible]	[illegible]	[illegible]
lhu^{1}	dzja^{1}	ku^{1}	ɣu^{1}	ljɨ̣^{2}	·jij^{1}	tshjịj^{1}	ŋwu^{2}	kie^{1}	njij^{1}	lhu^{1}
增	长	则	初	地	相	说	是，	戒	心	增
[illegible]	[illegible]	[illegible]	[illegible]	[illegible]	[illegible]，	[illegible]	[illegible]	[illegible]	[illegible]	
dzja^{1}	ku^{1}	njɨ^{1}	ljɨ̣^{2}	·jij^{1}	ŋwu^{2}	ze̱w^{2}	njij^{1}	lhu^{1}	dzja^{1}	
长	则	二	地	相	是，	忍	心	增	长	

此说是初地相,生长戒心说是二地②,生长忍说

15.27.1

[illegible]	[illegible]	[illegible]	[illegible]	[illegible]，	[illegible]	[illegible]	[illegible]	[illegible]	[illegible]	[illegible]

① 西夏本“前”上有“[illegible]”(人)字。

② “说”字义西夏本未见,下文“三地”同。另,西夏本“二地”下有“[illegible]”(相)字,此下至“五地”皆同。

ku^{1} sọ^{1} ljɨ̣^{2} ·jij^{1} ŋwu^{2} khu^{1} dźjij^{1} lhu^{1} dzja^{1} ku^{1} ljɨr^{1}

则 三 地 相 是， 精 进 增 长 则 四

[illegible] [illegible] [illegible]， [illegible] [illegible] [illegible] [illegible] [illegible] [illegible] [illegible]

ljɨ̣^{2} ·jij^{1} ŋwu^{2} śjã^{1} djɨj^{2} lhu^{1} dzja^{1} ku^{1} ŋwə^{1} ljɨ̣^{2}

地 相 是， 禅 定 增 长 则 五 地

是三地，生长精进是见四地①，生长禅是见五地②，

15.27.2

[illegible] [illegible]， [illegible] [illegible] [illegible] [illegible] [illegible] [illegible] [illegible]

·jij^{1} ŋwu^{2} ɣie^{2} mjij^{1} njịj^{1} lhu^{1} dzja^{1} ku^{1} xja^{1}

相 是， 碍 无 心 增 长 则 疾

[illegible] [illegible] [illegible] [illegible] [illegible] [illegible] [illegible] [illegible]。

mji^{1} lhjị^{1} lhjwo^{1} ljɨ̣^{2} ŋowr^{2} ŋowr^{2} njɨ^{2} ljɨ^{1}

不 退 转 地 一 切 遍 也。

生长无碍心疾遍一切不退转地。

汉文本

若见如来覆头坐者，是人见善知识修善说法因缘，为作留难，应以无碍心修集说法所须。此是说初相。

复次金刚摧！梦中见如来背坐者，前为出家人作留难、为听法人作留难，此人令常当敷施法座，劝多众生听法，如是得除业障。是七地初相，亦是从初地至七地，处处地相。复次金刚摧！若梦见如来泥像，是菩萨初地相。是人曾毁呰说法师故，此人应于经像前、若如来塔前，以无碍心，顶戴灯供养，如是用净业障。

复次金刚摧！菩萨梦中见如来画像者，此菩萨是见五地中处处相。是人应以花香供养佛像，此是菩萨六地处处地见相。复次金刚摧！菩萨若梦中见如来行者，此人应勤修精进，当勤修受学读诵，此是菩萨三地见相。此人常应法施，又应扫如来塔，破除憍慢以此净业障。见余菩萨诣如来所是何相？见如来向食之处，此是初地相。见如来向经行处，是第二地相。见如来向说法处，是第三地相。见如来默然坐，是第四地相。见如来静处坐，此是五地相。见如来行呗者，是六地相。见如来疾走，是七地相。若见如来作神通，是八地相。见如来变化变化去者，是九地相。见如来行去回顾，共语说空，是十地相。

复次金刚摧！菩萨梦中自知为众生说法不知所说，是第二地相。是人于如来般涅槃后毁呰说法师，不自知过。此人当求善知识，供养听闻善法，不求其过，如是净除业障。闻佛说施，是初地相；闻说

① “见”字义西夏本未见。

② 禅，西夏本作“[illegible][illegible]”（禅定）。

戒，是二地相；闻说忍，是三地相；闻说精进，是四地相；闻说禅，是五地相；闻说般若慧，是六地相；闻说大悲，是七地相；闻说无碍，是八地相；闻说三昧，是九地相；闻说成就力，是十地相。

复次金刚摧！菩萨梦中见如来虚空中神通行者，此是七地相。闻受道记，此人常应修尊重默然，修习成就甚深忍，如是疾成正觉。见如来在虚空中，是初地相；见如来食，是第二地；见光，是第三地；见说法，是第四地；见现神通，是第五住地；见入三昧，是第六住地；见放光见如来虚空中行去，是第七住地。

复次金刚摧！菩萨梦见如来般涅槃者，此人前谤法，出家谄曲求利。应勤供养三宝，奉施说法之人，一心三时精进，如是以净除业障。见前五地处处相。

复次金刚摧！菩萨梦见阇维如来，是人口恶知识，见毁法随喜，此菩萨初地。此人发菩提心不久，是人应于七日七夜中持灯，若说法人前、若如来塔前一心忏悔，于日中昼三时劝众人听法，以此净除业障。

复次金刚摧！菩萨梦中得如来舍利，此说菩萨三地。梦中亲近如来，闻受记得度。梦住余地得如来舍利。如是相得如来发是初地，梦得如来爪是第二地，梦得舍利是第三地，梦得齿第四地，梦得牙第五地，梦得白毫第六地，梦得手第七地，梦得冠第八地，梦见阇维如来全身不散第九地，见如来全身第十地。

复次金刚摧！菩萨梦见得如来发不散，此是菩萨第九住地。梦佛前授菩提记，除生死业障。梦得在家时发是初地，梦得出家时发第二地，梦市中得发说第三住，于城中得发第四住，于城门中得说第五住，于外得第六地，于园观中得第七地，于乘上得第八地，于虚空中得第九地，于三昧中得第十地。

复次金刚摧！菩萨梦中见塔，此菩萨少业障、少许魔业，若亲近善友，善解法忍，得陀罗尼。此是一切十地相。见如来泥塔此说是菩萨初地，见石塔第二地，见石泥像说是第三住地，见栏楯塔第四住地，见石柱围绕是说第五住地，见金覆塔是说第六住地，见宝塔是第七地，见铃网覆塔是第八地，见若七地初见是觉魔业，若九地十地见是不颠倒见。

复次金刚摧！菩萨梦中见如来庄严塔，不久觉菩提道，为诸天忆念。此是菩萨第八住。

复次金刚摧！菩萨梦中见如来神通塔，此生当净业障。此是菩萨第八住地。若菩萨忆念此，应离恶知识，应初住修信，二住修智，三住地多修信解，四住地久修行，五住地修净信解，六住地修平等心，七住地第一义解，第八住地修庄严佛土，第九住地授持，十住地住不颠倒。若住余初住，当知是魔业。若七住人，不可欺诳、无巧方便。

复次金刚摧！菩萨梦中闻如来声不见形，是菩萨四地。以住自在地，破见佛地众生出家、谄曲说法，此人应昼三时夜三时修净心，如是净除业障。

复次金刚摧！菩萨梦中供养如来，说是菩萨初地乃至九地，如是菩萨能成就陀罗尼，是菩萨诸佛所念。此菩萨应修平等心，如是疾成无上道。若梦住供养如来，此说菩萨初地相，若坐与者是说二住地，若庄严与此说是三住地，共自眷属与者是说四住地，与多人共与是说五住地，若与自眷属及与多人共与是说六住地，一切庄严成就与是说七住地，若称赞与是说八住地，若作神通与是说第九住地，觉一切魔事。

复次金刚摧！菩萨若梦中自见以花鬘香末栴檀供养如来塔，此是菩萨见初地五地处处地，是前少行檀波罗蜜。觉已忆念此相，生长施心此说是初地相，生长戒心说是二地，生长忍说是三地，生长精进是见四地，生长禅是见五地，生长无碍心疾遍一切不退转地。

15.27.3

□	□	□	□	□	□	□!	□	□	□	□
niow^{1}	tśjɨ^{1}	kię^{1}	dźja^{2}	dźjwu^{1}	ɲia^{2}	tsjij^{2}	tjɨ^{1}	tjij^{1}	ɲia^{2}	tsjij^{2}
复	次	金	刚	摧	菩	萨!	如	若	菩	萨
□	□	□	□	□	□	□	□	□	□,	
mjor^{1}	ljij^{2}	·jij^{1}	tə^{1}	ror^{2}	lhwu^{1}	dja^{2}	gjwi^{2}	kjɨ^{1}	mjịj^{1}	
如	来	之	污	垢	衣	△	著	△	梦,	

复次金刚摧！菩萨梦中见如来著垢腻衣，

15.27.4

□	□	□	□	□	□	□,	□	□	□	□
ku^{1}	ɣu^{1}	ljɨ^{2}	rjur^{1}	rjur^{1}	ljij^{2}	ŋwu^{2}	thja^{1}	ɲia^{2}	tsjij^{2}	tsjịr^{1}
则	初	地	处	处	见	是,	此	菩	萨	法
□	□	□。	□	□	□	□	□	□	□	
lə^{1}	rejr^{2}	dju^{1}	·ja$^{?}$	śjij^{1}	ljɨ̣^{1}	tshwew^{1}	·jiw^{1}	źjɨ^{1}	khie^{1}	
障	多	有。	一	向	回	向	缘	憎	恶	

此菩萨多法障，是初地处处。见一向憎疾回向缘

15.27.5

□	□	□	□	□,	□	□	□	□	□	□
ku^{1}	ɣu^{1}	ljɨ^{2}	ljij^{2}	ŋwu^{2}	źjɨ^{1}	khie^{1}	ka^{2}	ljɨ̣^{1}	tshwew^{1}	ku^{1}
则	初	地	见	是,	憎	恶	离	回	向	则
□	□	□	□,	□	□	□	□	□	□	
njɨ^{1}	ljɨ^{2}	ljij^{2}	ŋwu^{2}	tjij^{1}	ljụ^{2}	ljij^{2}	ku^{1}	sọ^{1}	ljɨ^{2}	
二	地	见	是,	若	身	见	则	三	地	

是见初地，离憎爱回向是见二地①，若身见第三地②，

15.27.6

□	□,	□	□	□	□	□	□	□	□,	□

① 憎爱，西夏本作“□□”（憎恶）。汉文本上文作“憎疾”，此作“憎爱”，西夏本皆译作“□□”。

② 西夏本“第三地”上有“□”（是）字。另，“第”字义西夏本未见，此下“第四地”“第五地”皆同。

ljij2	ŋwu2	tjij1	njij1	ljij2	ku1	ljɨr1	ljɨ̣2	ljij2	ŋwu2	tjij1
见	是，	若	心	见	则	四	地	见	是，	若
[illegible]	[illegible]	[illegible]	[illegible]	[illegible]	[illegible]	[illegible]	[illegible]，	[illegible]	[illegible]	
mjɨ̣j1	gu2	ljij2	ku1	ŋwə1	ljɨ̣2	ljij2	ŋwu2	tjij1	ɲia2	
梦	中	见	则	五	地	见	是，	若	菩	

若心见是第四地，若梦中见是第五地，若

15.27.7

[illegible]	[illegible]	[illegible]，	[illegible]	[illegible]	[illegible]	[illegible]	[illegible]	[illegible]	[illegible]。
tsjij2	śjɨ̣1	·jiw2	ku1	mjɨ̣j1	gu2	tshja2	lhjɨ̣j2	mji1	mjɨ̣j1
萨	成	就，	则	梦	中	报	受	不	梦。

成就菩萨，梦中少梦见受报①。

15.28.1

[illegible]	[illegible]	[illegible]	[illegible]	[illegible]	[illegible]	[illegible]!	[illegible]	[illegible]	[illegible]	[illegible]
niow1	tśjɨ1	kię1	dźja2	dźjwu1	ɲia2	tsjij2	tjɨ1	tjij1	ɲia2	tsjij2
复	次	金	刚	摧	菩	萨!	如	若	菩	萨
[illegible]	[illegible]	[illegible]	[illegible]	[illegible]	[illegible]	[illegible]，	[illegible]	[illegible]	[illegible]	
mji1	mjij2	djij2	tsjɨr1	mji1	kjɨ1	mjɨ̣j1	ku1	ɣu1	ljɨ̣2	
闻	未	曾	法	闻	△	梦，	则	初	地	

复次金刚摧！菩萨梦闻未曾闻法，

15.28.2

[illegible]	[illegible]	[illegible]	[illegible]	[illegible]	[illegible]	[illegible]	[illegible]，	[illegible]	[illegible]	[illegible]
rjɨr2	njɨ2	śją1	ljɨ̣2	rjur1	rjur1	ljij2	ŋwu2	thja1	ɲia2	tsjij2
乃	至	七	地	处	处	见	是，	此	菩	萨
[illegible]	[illegible]	[illegible]	[illegible]	[illegible]	[illegible]	[illegible]，	[illegible]	[illegible]	[illegible]	
tja1	rejr2	tha1	·jij1	rjɨr2	kjų1	tshwew1	rejr2	zjọ2	kha1	
者	多	佛	之	乃	供	养，	多	世	中	

此菩萨曾供养多佛，多世中作说法师②。

① 少梦见，西夏本作“[illegible][illegible]”（不梦）。

② “说”字义西夏本未见。

15.28.3

tsji̱r1	dzji̱j2	wji1	djij2	sji2	thja1	bju1	djọ2	dźji̱j1	ku1	xja1
法	师	作	曾	△。	此	如	修	行，	则	疾
po1	tjɨj1	lja̱1	tjij1	mə2	mə2	tsji̱r1	tshji̱j1	mji1	ku1	
菩	提	证。	若	种	种	法	说	闻	则	

此说见初地处处乃至七地①。此如说修行②,此疾觉菩提。若闻种种说

15.28.4

ɣu1	ljɨ2	ljij2	ŋwu2	tjij1	·jiw2	nji̱j1	tśhju1	·ji̱2	nji2	kie̱j2
是	见	初	地，	若	疑	心	有	更	听	欲
ku1	njɨ1	ljɨ2	ljij2	ŋwu2	tjij1	mji1	niow1	·jiw2	phja1	
则	二	地	见	是，	若	闻	已	疑	断	

是见初地③,若有疑心犹欲更听是见第二地④,若闻已断疑

15.28.5

ku1	sọ1	ljɨ2	ljij2	ŋwu2	tjij1	thow1	lo1	nji1	tshji̱j1	mji1
则	三	地	见	是，	若	陀	罗	尼	说	闻
ku1	ljɨr1	ljɨ2	ljij2	ŋwu2	tjij1	tha1	·jij1	tshji̱j1	mji1	
则	四	地	见	是，	若	佛	相	说	闻	

是见第三地,若闻说陀罗尼是见第四地,若闻说佛相者

15.28.6

① "此说"二字义西夏本未见。

② "说"字义西夏本未见。

③ 西夏本"说"下有"[Tangut]"(法)字。

④ "第"字义西夏本未见,此下至"七地"皆同。

ku¹ ŋwə¹ ljɨ² ljij² ŋwu² tjij¹ phju² tsew² wo² khã¹ mji¹

则 五 地 见 是, 若 上 第 义 谛 闻

[illegible] [illegible] [illegible] [illegible] [illegible], [illegible] [illegible] [illegible] [illegible] [illegible]

ku¹ tśhjiw¹ ljɨ² ljij² ŋwu² tjij¹ tsji̱r¹ ŋowr² ŋowr² tshji̱j¹

则 六 地 见 是, 若 法 一 切 说

是见第五地,若闻第一义谛是见第六地,若闻说一切法,

15.28.7

[illegible], [illegible] [illegible] [illegible] [illegible] [illegible]。 [illegible] [illegible] [illegible] [illegible] [illegible] [illegible]。

mji¹ ku¹ śja̱¹ ljɨ² ljij² ŋwu² thjɨ² sju² ljɨ² ljɨ² nwə¹ ljɨ¹

闻, 则 七 地 见 是。 是 如 地 地 知 也。

是见第七地。如是地地知。

15.29.1

[illegible] [illegible] [illegible] [illegible] [illegible] [illegible] [illegible]! [illegible] [illegible] [illegible] [illegible]

niow¹ tśjɨ¹ kię¹ dźja² dźjwu¹ ɲia² tsjij² tjɨ¹ tjij¹ ɲia² tsjij²

复 次 金 刚 摧 菩 萨! 如 若 菩 萨

[illegible] [illegible] [illegible] [illegible] [illegible], [illegible] [illegible] [illegible] [illegible] [illegible] [illegible]

ɣiew¹ mjij² djij² tsji̱r¹ rjir² ɣiew¹ niow¹ mjɨ² mji¹ phjɨ¹ mji¹

学 未 曾 法 得, 学 已 忘 不 失 不

复次金刚摧！菩萨若梦中得未曾学法,学已不忘不失不

15.29.2

[illegible] [illegible] [illegible]。 [illegible] [illegible] [illegible] [illegible], [illegible] [illegible] [illegible] [illegible]

ljij² kjɨ¹ mji̱j¹ tjɨ¹ tjij¹ phjɨ¹ mjɨ² ku¹ thja¹ ɲia² tsjij²

见 △ 梦。 如 若 失 忘, 则 此 菩 萨

[illegible] [illegible] [illegible] [illegible] [illegible] [illegible] [illegible] [illegible] [illegible] [illegible]

gji̱j¹ ·jur¹ gji² nio̱w¹ mji¹ gji¹ sej¹ nji̱j¹ ŋwu² tsji̱r¹

利 养 求 因 不 清 净 心 以 法

见。若忘失,此菩萨前身为利养心不清净心法

15.29.3

[illegible] [illegible] [illegible], [illegible] [illegible] [illegible] [illegible] [illegible] [illegible] [illegible] [illegible]

mji^1	djij^2	sji^2	thjɨ^2	wjɨ^2	gji^1	sej^1	njij^1	ŋwu^2	ɣiew^1	mjijr^2
施	曾	△，	是	今	清	净	心	以	学	人
[illegible]	[illegible]	[illegible]	[illegible]	[illegible]，	[illegible]	[illegible]	[illegible]	[illegible]	[illegible]	
·jij^1	ɣjiw^1	ɣiwej^1	kjụ^1	tshwew^1	lạ^1	ljo̱r^1	mjij^1	njij^1	ŋwu^2	
之	摄	取	供	养，	欺	诈	无	心	以	

施①，今应以清净供给摄取学人，以无谄曲心

15.29.4

[illegible]	[illegible]	[illegible]	[illegible]，	[illegible]	[illegible]	[illegible]	[illegible]	[illegible]	[illegible]	[illegible]，
·war^2	ŋowr^2	ŋowr^2	kjụ^1	tsji̱r^1	tshjij^1	ɣiew^1	mjijr^2	·jij^1	kjụ^1	tshwew^1
物	一	切	求，	法	说	学	人	之	供	养，
[illegible]	[illegible]	[illegible]	[illegible]	[illegible]	[illegible]	[illegible]。	[illegible]	[illegible]	[illegible]	
ku^1	thja^1	bju^1	sjwɨj^1	lə^1	dźjwi^1	dzjar^2	tjij^1	ɣu^1	ljɨ^2	
则	此	以	业	障	消	除。	若	初	地	

求一切物，供给说法学问人，以此净除业障。若初地

15.29.5

[illegible]	[illegible]	[illegible]	[illegible]	[illegible]	[illegible]	[illegible]	[illegible]	[illegible]	[illegible]	[illegible]，
njɨ^1	ljɨ^2	tsji̱r^1	mji^1	mji^1	phjɨ^1	ku^1	ɣu^1	ljɨ^2	ljij^2	ŋwu^2
二	地	法	闻	不	失	则	初	地	见	是，
[illegible]	[illegible]	[illegible]	[illegible]	[illegible]	[illegible]	[illegible]	[illegible]	[illegible]	[illegible]	
tjij^1	·ja$^?$	me^2	tji^2	zjij^1	phjɨ^1	ku^1	njɨ^1	ljɨ^2	ljij^2	
若	△	睡	眠	时	失	则	二	地	见	

二地闻法不失是见初地，若觉失是见二地。

15.29.6

[illegible]。	[illegible]	[illegible]	[illegible]	[illegible]	[illegible]	[illegible]	[illegible]	[illegible]。
ŋwu^2	thjɨ^2	bju^1	ljij^2	sjwɨj^1	sjwɨj^1	lə^1	dwewr^2	ljɨ^1
是。	此	以	魔	业	业	障	觉	也。

此觉魔业业障。

① “前身”二字义西夏本未作。

15.29.7

[illegible]	[illegible]	[illegible]	[illegible]	[illegible]	[illegible]	[illegible]！	[illegible]	[illegible]	[illegible]	[illegible]
niow^{1}	tśjɨ^{1}	kię^{1}	dźja^{2}	dźjwu^{1}	ɲia^{2}	tsjij^{2}	tjɨ^{1}	tjij^{1}	ɲia^{2}	tsjij^{2}
复	次	金	刚	摧	菩	萨！	如	若	菩	萨
[illegible]	[illegible]	[illegible]	[illegible]	[illegible]	[illegible]	[illegible]，	[illegible]	[illegible]	[illegible]	
ljij^{2}	mjij^{2}	djij^{2}	tsji̠r^{1}	dzji̠j^{2}	kjɨ^{1}	mji̠j^{1}	ku^{1}	thja^{1}	ɲia^{2}	
见	未	曾	法	师	△	梦，	则	此	菩	

复次金刚摧！菩萨梦中见未曾见法师，此菩萨为诸菩

15.30.1

[illegible]	[illegible]	[illegible]	[illegible]	[illegible]	[illegible]，	[illegible]	[illegible]	[illegible]	[illegible]	[illegible]
tsjij^{2}	tja^{1}	sjwɨj^{1}	lə^{1}	ɣiə^{1}	njij^{2}	·ja$^{?}$	me^{2}	tji̠^{2}	zji̠j^{1}	xja^{1}
萨	者	业	障	微	少，	△	睡	眠	时	即
[illegible]	[illegible]	[illegible]，	[illegible]	[illegible]	[illegible]	[illegible]	[illegible]	[illegible]	[illegible]	
swew^{1}	ljij^{2}	rjir^{1}	rjur^{1}	ɲia^{2}	tsjij^{2}	·jij^{1}	ljɨ̠r^{2}	·wejr^{2}	lew^{2}	
明	见	得，	诸	菩	萨	之	念	护	所	

萨所忆念，少业障，觉已得见明，此菩萨说

15.30.2

[illegible]	[illegible]	[illegible]，	[illegible]	[illegible]	[illegible]	[illegible]	[illegible]	[illegible]	[illegible]	[illegible]。
we^{2}	thjɨ^{2}	tja^{1}	ɲia^{2}	tsjij^{2}	·jij^{1}	tśhjiw^{1}	ljɨ^{2}	ɣu^{1}	ljɨ^{2}	ŋwu^{2}
成	此	者，	菩	萨	之	六	地	初	地	是。
[illegible]	[illegible]	[illegible]	[illegible]	[illegible]	[illegible]	[illegible]	[illegible]	[illegible]	[illegible]	
tjij^{1}	lja̠^{1}	tshji̠j^{1}	lwər^{2}	lhejr^{2}	mji^{1}	tshji̠j^{1}	ku^{1}	ɣu^{1}	ljɨ^{2}	
若	偈	说	经	契	不	说	则	初	地	

是六地初地。若说偈不说经是说初地①，

15.30.3

[illegible]	[illegible]，	[illegible]	[illegible]	[illegible]	[illegible]	[illegible]	[illegible]	[illegible]	[illegible]	[illegible]，
·jij^{1}	ŋwu^{2}	tjij^{1}	lwər^{2}	lhejr^{2}	tshji̠j^{1}	ku^{1}	nji̠^{1}	ljɨ^{2}	·jij^{1}	ŋwu^{2}

① “说”字义西夏本未见。另，西夏本“初地”下有“[illegible]”(相)字，此下至“六地”皆同。

相 是， 若 经 契 说 则 二 地 相 是，

[illegible]

tjij^{1} lwər^{2} lhejr^{2} tshjịj^{1} niow^{1} lja̱^{1} tshjịj^{1} ku^{1} sọ^{1} ljɨ̣^{2}

若 经 契 说 又 偈 说 则 三 地

若说经是说二地，若说经说偈是说三地，

15.30.4

[illegible]

·jij^{1} ŋwu^{2} tjij^{1} mə^{2} mə^{2} tshjịj^{1} ku^{1} ljɨr^{1} ljɨ̣^{2} ·jij^{1} ŋwu^{2}

相 是， 若 种 种 说 则 四 地 相 是，

[illegible]

tjij^{1} źji^{2} na^{1} tshjịj^{1} ku^{1} ŋwə^{1} ljɨ̣^{2} ·jij^{1} ŋwu^{2} tjij^{1}

若 甚 深 说 则 五 地 相 是， 若

若说种种是说四地，若说甚深是说五地，若

15.30.5

[illegible]

ɣie^{2} mjij^{1} tshjịj^{1} ku^{1} tśhjiw^{1} ljɨ̣^{2} ·jij^{1} ŋwu^{2} ljɨ^{1}

碍 无 说 则 六 地 相 是 也。

说无碍是说六地。

15.30.6

[illegible]

niow^{1} tśjɨ^{1} kiẹ^{1} dźja^{2} dźjwu^{1} ɲia^{2} tsjij^{2} tjɨ^{1} tjij^{1} ɲia^{2} tsjij^{2}

复 次 金 刚 摧 菩 萨！ 如 若 菩 萨

[illegible]

·jij^{1} tsji̱r^{1} lu^{2} tśhja̱^{1} dzu̱^{2} tsji̱r^{1} tshjịj^{1} djij^{2} kjɨ^{1} mji̱j^{1}

自 法 座 上 坐 法 说 △ △ 梦，

复次金刚摧！菩萨若梦中自梦在法座说法，

15.30.7

[illegible]

ku^{1} ·jar^{1} ljɨ̣^{2} ɣu^{1} ljɨ̣^{2} ·jij^{1} ŋwu^{2} thja^{1} ɲia^{2} tsjij^{2} tja^{1}
则 八 地 初 地 相 是, 此 菩 萨 者
[illegible]
ɣu^{1} zjọ^{2} tha^{1} ·jij^{1} tsjɨ̱r^{1} lu^{2} thu^{1} phjij^{1} djij^{2} sji^{2} źji^{2}
前 世 佛 之 法 座 置 设 曾 △, 甚

此菩萨前身为佛敷法座,此菩萨是甚深法忍器,是见第八地初相①。

15.31.1

[illegible]
na^{1} tsjɨ̱r^{1} zẹw^{2} gju^{2} ŋwu^{2} tjij^{1} tshjịj^{1} ŋwe^{1} kjɨ^{1} mjịj^{1} ku^{1}
深 法 忍 器 是。 若 说 乐 △ 梦 则
[illegible]
ɣu^{1} ljɨ̣^{2} ·jij^{1} ŋwu^{2} tjij^{1} tshjịj^{1} mji^{1} ŋwe^{1} ku^{1} njɨ̱^{1}
初 地 相 是, 若 说 不 乐 则 二

若梦乐说是说初地②,若非乐说是说第二

15.31.2

[illegible]
ljɨ̣^{2} ·jij^{1} ŋwu^{2} tjij^{1} zẹw^{2} ŋwe^{1} tshjịj^{1} ku^{1} sọ^{1} ljɨ̣^{2} ·jij^{1}
地 相 是, 若 忍 乐 说 则 三 地 相
[illegible]
ŋwu^{2} tjij^{1} nuə$^{?}$ ŋwo^{2} mjij^{1} tshjịj^{1} ku^{1} ljɨr^{1} ljɨ̣^{2} ·jij^{1}
是, 若 辩 才 无 说 则 四 地 相

地③,若忍乐说是说第三地,若无辩说是说第四地,

15.31.3

[illegible]
ŋwu^{2} tjij^{1} ·ju^{2} mur^{1} kięj^{2} tshjịj^{1} ku^{1} ŋwə^{1} ljɨ̣^{2} ·jij^{1} ŋwu^{2}
是, 若 凡 夫 界 说 则 五 地 相 是,

---

① 第八地初相,西夏本作“[illegible]”(八地初地相)。
② “说”字义西夏本未见,此下至“第八地”皆同。另,西夏本“初地”下有“相”字。
③ 第二地,西夏本作“[illegible]”(二地相),此下至“第八地”皆同。

[illegible]	[illegible]	[illegible]	[illegible]	[illegible]	[illegible]	[illegible]	[illegible]	[illegible]	[illegible]，
tjij^{1}	ɣiẹ^{2}	mji^{1}	kięj^{2}	tshjɨ̱j^{1}	ku^{1}	tśhjiw^{1}	ljɨ̣^{2}	·jij^{1}	ŋwu^{2}
若	声	闻	界	说	则	六	地	相	是，

若说凡夫界是说第五地，若说声闻界是说第六地，

15.31.4

[illegible]	[illegible]	[illegible]	[illegible]	[illegible]	[illegible]	[illegible]	[illegible]	[illegible]	[illegible]，
tjij^{1}	ɲia^{2}	tsjij^{2}	kięj^{2}	tshjɨ̱j^{1}	ku^{1}	śjạ^{1}	ljɨ̣^{2}	·jij^{1}	ŋwu^{2}
若	菩	萨	界	说	则	七	地	相	是，
[illegible]	[illegible]	[illegible]	[illegible]	[illegible]	[illegible]	[illegible]	[illegible]	[illegible]	[illegible]。
tjij^{1}	tha^{1}	kięj^{2}	tshjɨ̱j^{1}	ku^{1}	·jar^{1}	ljɨ̣^{2}	·jij^{1}	ŋwu^{2}	ljɨ^{1}
若	佛	界	说	则	八	地	相	是	也。

若说菩萨界是说第七地，若说佛界是说第八地。

15.31.5

[illegible]	[illegible]	[illegible]	[illegible]	[illegible]	[illegible]	[illegible]！	[illegible]	[illegible]	[illegible]	[illegible]
niow^{1}	tśjɨ^{1}	kię^{1}	dźja^{2}	dźjwu^{1}	ɲia^{2}	tsjij^{2}	tjɨ^{1}	tjij^{1}	ɲia^{2}	tsjij^{2}
复	次	金	刚	摧	菩	萨！	如	若	菩	萨
[illegible]	[illegible]	[illegible]	[illegible]	[illegible]	[illegible]，	[illegible]	[illegible]	[illegible]	[illegible]	
·jij^{1}	le^{2}	mjij^{1}	rjir^{2}	kjɨ^{1}	mjɨ̱j^{1}	ku^{1}	thja^{1}	ɲia^{2}	tsjij^{2}	
自	畏	无	得	△	梦，	则	此	菩	萨	

复次金刚摧！菩萨若梦中自知得无畏，此菩萨

15.31.6

[illegible]	[illegible]	[illegible]	[illegible]	[illegible]	[illegible]，	[illegible]	[illegible]	[illegible]	[illegible]①	[illegible]
tja^{1}	sjwɨj^{1}	lə^{1}	ŋowr^{2}	ŋowr^{2}	dzjij^{1}	·jar^{1}	ljɨ̣^{2}	wjɨ^{2}	bjij^{1}	gjɨ̱^{1}
者	业	障	一	切	过，	八	地	△	禁	九
[illegible]	[illegible]	[illegible]	[illegible]。	[illegible]	[illegible]	[illegible]	[illegible]，	[illegible]	[illegible]	
ljɨ̣^{2}	rjur^{1}	rjur^{1}	ljij^{2}	tjij^{1}	le^{2}	mjij^{1}	rjir^{1}	rjɨr^{2}	tshjɨ̱j^{1}	
地	处	处	见。	若	畏	无	得，	所	说	

过一切业障，过八地见九地处处。若梦得无所畏②，

① “[illegible]”bjij^{1}（禁）字于义不合，在此疑假借作“[illegible]”bji^{2}（过）。“[illegible]”二字连用表“过去、往昔”。

② “梦”字义西夏本未见。

15.31.7

tshjij1	dạ2	·ji1	dzjwo2	mji1	ŋwe1	ku1	thja1	ɲia2	tsjij2	·jij1
说	言	众	人	闻	乐，	则	此	菩	萨	之
ɣu1	ljɨ2	ljij2	ŋwu2	tjij1	le2	mjij1	rjir1	tsji̱r1	tshjij1	
初	地	见	是。	若	畏	无	得	法	说	

所说众人乐闻，此菩萨是见初地。若梦得无畏说法得财①，

15.32.1

·war2	rjir1	ku1	thja1	ɲia2	tsjij2	njɨ1	ljɨ2	ljij2	ŋwu2	tjij1
财	得，	则	此	菩	萨	二	地	见	是。	若
tsji̱r1	gjịj1	le2	mjij1	rjir2	ku1	thja1	ɲia2	tsjij2	sọ1	
法	利	畏	无	得，	则	此	菩	萨	三	

此菩萨见第二地②。若得法利无畏，此菩萨见第三

15.32.2

ljɨ2	ljij2	ŋwu2	tjij1	ne̱w2	nwə1	sjij2	le2	mjij1	ljij2	ku1
地	见	是。	若	善	知	识	畏	无	见，	则
thja1	ɲia2	tsjij2	ljɨr1	ljɨ2	ljij2	ŋwu2	tjij1	ne̱w2	njij1	
此	菩	萨	四	地	见	是。	若	善	心	

地。若见善知识无畏，此菩萨见第四地。若思善心

15.32.3

---

① “梦”字义西夏本未见。

② “第”字义西夏本未见，下文至“第九地”皆同。

sjwɨ̱^{1}	le^{2}	mjij^{1}	rjir^{2}	ku^{1}	thja^{1}	ɲia^{2}	tsjij^{2}	ŋwə^{1}	ljɨ̣^{2}	ljij^{2}
思	畏	无	得，	则	此	菩	萨	五	地	见
[illegible]。	[illegible]	[illegible]	[illegible]	[illegible]	[illegible]	[illegible]	[illegible]，	[illegible]	[illegible]	
ŋwu^{2}	tjij^{1}	ljụ^{2}	no^{2}	lhejr^{2}	le^{2}	mjij^{1}	rjir^{2}	ku^{1}	tśhjiw^{1}	
是。	若	身	安	乐	畏	无	得，	则	六	

无畏①，此菩萨见第五地。若得身安乐无畏，

15.32.4

[illegible]	[illegible]	[illegible]。	[illegible]	[illegible]	[illegible]	[illegible]	[illegible]	[illegible]，	[illegible]	[illegible]
ljɨ̣^{2}	ljij^{2}	ŋwu^{2}	tjij^{1}	njij^{1}	ŋwe^{1}	le^{2}	mjij^{1}	rjir^{2}	ku^{1}	thja^{1}
地	见	是。	若	心	乐	畏	无	得，	则	此
[illegible]	[illegible]	[illegible]	[illegible]	[illegible]	[illegible]。	[illegible]	[illegible]	[illegible]	[illegible]	
ɲia^{2}	tsjij^{2}	śjạ^{1}	ljɨ̣^{2}	ljij^{2}	ŋwu^{2}	tjij^{1}	me̱^{2}	mjịjr^{2}	le^{2}	
菩	萨	七	地	见	是。	若	神	通	畏	

此菩萨见第六地。若心乐无畏②，此菩萨见第七地。若得通无畏，

15.32.5

[illegible]	[illegible]，	[illegible]	[illegible]	[illegible]	[illegible]	[illegible]	[illegible]	[illegible]	[illegible]。	[illegible]
mjij^{1}	rjir^{2}	ku^{1}	thja^{1}	ɲia^{2}	tsjij^{2}	·jar^{1}	ljɨ̣^{2}	ljij^{2}	ŋwu^{2}	tjij^{1}
无	得，	则	此	菩	萨	八	地	见	是。	若
[illegible]	[illegible]	[illegible]	[illegible]，	[illegible]	[illegible]	[illegible]	[illegible]	[illegible]	[illegible]	
la^{1}	le^{2}	mjij^{1}	rjir^{2}	ku^{1}	thja^{1}	ɲia^{2}	tsjij^{2}	gjɨ̣^{1}	ljɨ̣^{2}	
记	畏	无	得，	则	此	菩	萨	九	地	

此菩萨是见第八地。若得记无畏，此菩萨见第九地。

15.32.6

[illegible]	[illegible]	[illegible]。
ljij^{2}	ŋwu^{2}	ljɨ^{1}
见	是	也。

① 西夏本“若”下有“[illegible]”（得）字，考上下文可知，汉文本此处疑脱或省略未作。

② 西夏本“若”下有“[illegible]”（得）字，考上下文可知，汉文本此处疑脱或省略未作。

15.32.7

[illegible]	[illegible]	[illegible]	[illegible]	[illegible]	[illegible]	[illegible]！	[illegible]	[illegible]	[illegible]	[illegible]
niow^1	tśjɨ^1	kię^1	dźja^2	dźjwu^1	ɲia^2	tsjij^2	tjɨ^1	tjij^1	ɲia^2	tsjij^2
复	次	金	刚	摧	菩	萨！	如	若	菩	萨
[illegible]	[illegible]	[illegible]	[illegible]，	[illegible]	[illegible]	[illegible]	[illegible]	[illegible]	[illegible]	
lhejr^2	lhjo̱r^1	kjɨ^1	mji̱j^1	ku^1	ɣa̱^{2}	ljɨ̣^{2}	rjur^1	rjur^1	ljij^2	
道	场	△	梦，	则	十	地	处	处	见	

复次金刚摧！菩萨若梦中见道场,此菩萨纯善心向道不退转,是十地处处见。

15.33.1

[illegible]，	[illegible]	[illegible]	[illegible]	[illegible]	[illegible]	[illegible]	[illegible]	[illegible]	[illegible]	[illegible]
ŋwu^2	thja^1	ɲia^2	tsjij^2	tja^1	ne̱w^2	njij^1	dźjɨ^1	dźjij^1	ŋwu^2	tha^1
是，	此	菩	萨	者	善	心	纯	精	以	佛
[illegible]	[illegible]	[illegible]	[illegible]	[illegible]	[illegible]	[illegible]	[illegible]。	[illegible]	[illegible]	
tśja^1	rjijr^2	tshwew^1	mji^1	lhji^1	lhjwo^1	rjir^2	sji^2	tjij^1	lhejr^2	
道	趣	向	不	退	转	得	△。	若	道	

若见道场

15.33.2

[illegible]	[illegible]	[illegible]	[illegible]	[illegible]	[illegible]	[illegible]，	[illegible]	[illegible]	[illegible]
lhjo̱r^1	ljij^2	phu^2	mji^1	ljij^2	kjɨ^1	mji̱j^1	ku^1	ɣu^1	ljɨ̣^{2}
场	见	树	不	见	△	梦，	则	初	地
[illegible]	[illegible]。	[illegible]	[illegible]	[illegible]	[illegible]	[illegible]	[illegible]	[illegible]，	[illegible]
·jij^1	ŋwu^2	tjij^1	phu^2	ljij^2	ɲia^2	tsjij^2	mji^1	ljij^2	ku^1
相	是。	若	树	见	菩	萨	不	见，	则

不见树①,是说初地②。若见树不见菩萨,

15.33.3

[illegible]	[illegible]	[illegible]	[illegible]。	[illegible]	[illegible]	[illegible]	[illegible]	[illegible]	[illegible]，	[illegible]

① 西夏本"见"上有"[illegible]"(梦)字。

② "说"字义西夏本未见,此下至"第四地"皆同。另,西夏本"初地"下有"[illegible]"(相)字。

njɨ̣^{1} ljɨ̣^{2} ·jij^{1} ŋwu^{2} tjij^{1} rejr^{2} phu^{2} ·wiọ^{1} tśjɨ̣^{1} ljij^{2} ku^{1}

二 地 相 是。 若 多 树 围 绕 见， 则

[illegible] [illegible] [illegible] [illegible]。 [illegible] [illegible] [illegible] [illegible] [illegible] [illegible]

sọ^{1} ljɨ̣^{2} ·jij^{1} ŋwu^{2} tjij^{1} bạ^{2} ŋowr^{2} lhə$^{?}$ śjɨj^{1} ·jiw^{2}

三 地 相 是。 若 叶 具 足 成 就

是说第二地①。若见多树围绕，是说第三地。若见叶具足成就，

15.33.4

[illegible]， [illegible] [illegible] [illegible] [illegible] [illegible] [illegible] [illegible] [illegible]。 [illegible] [illegible]

ljij^{2} ku^{1} thja^{1} ɲia^{2} tsjij^{2} ljɨr^{1} ljɨ̣^{2} ·jij^{1} ŋwu^{2} tjij^{1} wjạ^{1}

见， 则 此 菩 萨 四 地 相 是。 若 花

[illegible] [illegible] [illegible] [illegible]， [illegible] [illegible] [illegible] [illegible] [illegible] [illegible]

bạ^{2} ŋowr^{2} lhə$^{?}$ ljij^{2} ku^{1} thja^{1} ɲia^{2} tsjij^{2} ŋwə^{1} ljɨ̣^{2}

叶 具 足 见， 则 此 菩 萨 五 地

此菩萨是说第四地。若见花叶具足，此菩萨见第五地②。

15.33.5

[illegible] [illegible]。 [illegible] [illegible] [illegible] [illegible] [illegible]， [illegible] [illegible] [illegible] [illegible]

ljij^{2} ŋwu^{2} tjij^{1} mja̱^{1} śjɨj^{1} ·jiw^{2} ljij^{2} ku^{1} thja^{1} ɲia^{2} tsjij^{2}

见 是。 若 果 成 就 见， 则 此 菩 萨

[illegible] [illegible] [illegible] [illegible]。 [illegible] [illegible] [illegible] [illegible]， [illegible] [illegible]

tśhjiw^{1} ljɨ̣^{2} ljij^{2} ŋwu^{2} tjij^{1} lu^{2} thu^{1} ljij^{2} ku^{1} thja^{1}

六 地 见 是。 若 座 置 见， 则 是

若见果成就，此菩萨见第六地。若见敷坐，

15.33.6

[illegible] [illegible] [illegible] [illegible] [illegible] [illegible]。 [illegible] [illegible] [illegible] [illegible] [illegible]，

ɲia^{2} tsjij^{2} śjạ^{1} ljɨ̣^{2} ljij^{2} ŋwu^{2} tjij^{1} dzjwo^{2} ·wiọ^{1} tśjɨ̣^{1} ljij^{2}

菩 萨 七 地 见 是。 若 人 围 绕 见，

[illegible] [illegible] [illegible] [illegible] [illegible] [illegible] [illegible] [illegible]。 [illegible] [illegible]

---

① 第二地，西夏本作“[illegible][illegible][illegible]”（二地相），此下至“第十地”皆同。

② 西夏本“见”上有“[illegible]”（是）字。下文“第六地”“第九地”和“第十地”同。

ku^{1} thja^{1} ɲia^{2} tsjij^{2} ·jar^{1} ljɨ̣^{2} ljij^{2} ŋwu^{2} tjij^{1} we^{1}

则 此 菩 萨 八 地 是 见。 若 龙

此菩萨是见第七地。若见人围绕,此菩萨是见第八地。若见龙

15.33.7

[illegible]

·wio̱^{1} tśjɨ̣^{1} ljij^{2} ku^{1} thja^{1} ɲia^{2} tsjij^{2} gjɨ̱^{1} ljɨ̣^{2} ljij^{2} ŋwu^{2}

围 绕 见, 则 此 菩 萨 九 地 见 是。

[illegible]

tjij^{1} mə^{1} ·wio̱^{1} tśjɨ̣^{1} wja̱^{1} lju^{2} djij^{2} ljij^{2} njij^{1} ljɨ̣j^{2}

若 天 围 绕 花 散 △ 见, 心 喜

围绕,此菩萨见第九地。若见天围绕散花,闻欢喜

15.34.1

[illegible]

ɣie̱^{2} mji^{1} ku^{1} thja^{1} ɲia^{2} tsjij^{2} ɣa̱^{2} ljɨ̣^{2} ljij^{2} ŋwu^{2} ljɨ^{1}

声 闻, 则 此 菩 萨 十 地 见 是 也。

声,此菩萨见第十地。

15.34.2

[illegible]

niow^{1} tśjɨ^{1} kie̱^{1} dźja^{2} dźjwu^{1} ɲia^{2} tsjij^{2} tjɨ^{1} tjij^{1} ɲia^{2} tsjij^{2}

复 次 金 刚 摧 菩 萨! 如 若 菩 萨

[illegible]

mjor^{1} ljịj^{2} dzjɨ̱^{2} dźjij^{1} kjɨ^{1} mjij^{1} ku^{1} ɲia^{2} tsjij^{2} ·jij^{1}

如 来 习 行 △ 梦, 则 菩 萨 之

复次金刚摧！菩萨若梦中见如来经行,此菩萨

15.34.3

[illegible]

śja̱^{1} ljɨ̣^{2} rjur^{1} rjur^{1} ljij^{2} ŋwu^{2} thja^{1} ɲia^{2} tsjij^{2} tja^{1} khu^{1}

七 地 处 处 见 是, 此 菩 萨 者 精

[illegible]	[illegible]	[illegible]、	[illegible]	[illegible]	[illegible]	[illegible]，	[illegible]	[illegible]	[illegible]
dźjij1	jɨr2	djọ2	zji1	mji1	djọ2	dźjịj1	wjɨ̣1	dźjwɨ1	·jij1
进	勤	修、	布	施	修	行，	眷	属	之

应勤修精进、勤修法施，安慰眷属不求其过①。若菩萨是七地处处见②。

15.34.4

[illegible]	[illegible]	[illegible]	[illegible]	[illegible]	[illegible]	[illegible]	[illegible]。	[illegible]	[illegible]	[illegible]
·o1	njịj1	ljwị1	wji1	dźjar2	mji1	·ju2	lew2	tjij1	mjor1	ljịj2
腹	心	入	△	过	不	求	应。	若	如	来
[illegible]	[illegible]	[illegible]	[illegible]	[illegible]	[illegible]	[illegible]	[illegible]	[illegible]，	[illegible]	
mji1	sej1	ljɨ̣2	tśhja̱1	dzjɨ̱2	dźjij1	djij2	kjɨ1	mjịj1	ku1	
不	净	地	上	习	行	△	△	梦，	则	

若见如来不净地经行③，

15.34.5

[illegible]	[illegible]	[illegible]	[illegible]	[illegible]	[illegible]	[illegible]。	[illegible]	[illegible]	[illegible]
thja1	ɲia2	tsjij2	ɣu1	ljɨ̣2	ljij2	ŋwu2	tjij1	sej1	ljɨ̣2
此	菩	萨	初	地	见	是。	若	净	地
[illegible]	[illegible]	[illegible]	[illegible]，	[illegible]	[illegible]	[illegible]	[illegible]	[illegible]	[illegible]
dzjɨ̱2	dźjij1	djij2	ljij2	ku1	thja1	ɲia2	tsjij2	njɨ̣1	ljɨ̣2
习	行	△	见，	则	此	菩	萨	二	地

此菩萨是初地④。若见净地经行，此菩萨见第二地⑤。

15.34.6

[illegible]	[illegible]。	[illegible]	[illegible]	[illegible]	[illegible]	[illegible]	[illegible]	[illegible]，	[illegible]	[illegible]
ljij2	ŋwu2	tjij1	lu2	thu1	dzjɨ̱2	dźjij1	djij2	ljij2	ku1	thja1
见	是。	若	座	置	习	行	△	见，	则	此
[illegible]	[illegible]	[illegible]	[illegible]	[illegible]	[illegible]。	[illegible]	[illegible]	[illegible]	[illegible]，	

① 安慰，西夏本作“[illegible]”，字面意思是“腹心入△”，概相当于推心置腹之义。《守护大千国土经》“安慰其心”亦如是作。《持诵圣佛母般若多心经要门》“安慰称善”译作“[illegible]”（治言宣说）。

② “若”字义西夏本未见。

③ 西夏本“见”上有“[illegible]”（梦）字。

④ 西夏本“是”下有“[illegible]”（见）字。

⑤ 西夏本“见”上有“[illegible]”（是）字。另，“第”字义西夏本未见，此下至“第七地”皆同。

ɲia^{2} tsjij^{2} sọ^{1} ljɨ̣^{2} ljij^{2} ŋwu^{2} tjij^{1} dja^{2} dzu̱^{2} ljij^{2}

菩 萨 三 地 见 是。 若 △ 坐 见，

若见敷座经行，此菩萨是见第三地。若坐者①，

15.34.7

[illegible] [illegible] [illegible] [illegible] [illegible] [illegible] [illegible] [illegible]。 [illegible] [illegible] [illegible]

ku^{1} thja^{1} ɲia^{2} tsjij^{2} ljɨr^{1} ljɨ̣^{2} ljij^{2} ŋwu^{2} tjij^{1} phu^{2} ·wiọ^{1}

则 此 菩 萨 四 地 见 是。 若 树 围

[illegible] [illegible]， [illegible] [illegible] [illegible] [illegible] [illegible] [illegible] [illegible] [illegible]。

tśjɨ̣^{1} ljij^{2} ku^{1} thja^{1} ɲia^{2} tsjij^{2} ŋwə^{1} ljɨ̣^{2} ljij^{2} ŋwu^{2}

绕 见， 则 此 菩 萨 五 地 见 是。

此菩萨见第四地②。若见树围绕，此菩萨见第五地。

15.35.1

[illegible] [illegible] [illegible] [illegible] [illegible]， [illegible] [illegible] [illegible] [illegible] [illegible] [illegible]

tjij^{1} wja̱^{1} lju^{2} djij^{2} ljij^{2} ku^{1} thja^{1} ɲia^{2} tsjij^{2} tśhjiw^{1} ljɨ̣^{2}

若 花 散 △ 见， 则 此 菩 萨 六 地

[illegible] [illegible]。 [illegible] [illegible] [illegible] [illegible] [illegible] [illegible] [illegible]， [illegible]

ljij^{2} ŋwu^{2} tjij^{1} lu^{2} bjij^{2} tśhja̱^{1} lə^{1} djij^{2} ljij^{2} ku^{1}

见 是。 若 座 高 上 覆 △ 见， 则

若见散花，此菩萨见第六地。若见高座覆上者，

15.35.2

[illegible] [illegible] [illegible] [illegible] [illegible] [illegible] [illegible] [illegible]。

thja^{1} ɲia^{2} tsjij^{2} śja̱^{1} ljɨ̣^{2} ljij^{2} ŋwu^{2} ljɨ^{1}

此 菩 萨 七 地 见 是 也。

此菩萨见第七地。

15.35.3

[illegible] [illegible] [illegible] [illegible] [illegible] [illegible] [illegible]！ [illegible] [illegible] [illegible] [illegible]

① 西夏本“若”下有“[illegible]”(见)字。

② 西夏本“见”上有“[illegible]”(是)字。此下至“第七地”同。

niow^{1}	tśjɨ^{1}	kię^{1}	dźja^{2}	dźjwu^{1}	ɲia^{2}	tsjij^{2}	tjɨ^{1}	tjij^{1}	ɲia^{2}	tsjij^{2}
复	次	金	刚	摧	菩	萨！	如	若	菩	萨
[illegible]	[illegible]	[illegible]	[illegible]	[illegible]	[illegible]	[illegible]	[illegible]	[illegible]，	[illegible]	[illegible]
mjor^{1}	ljij^{2}	tsji̱r^{1}	dźiej^{2}	dej̱^{1}	djij^{2}	ljij^{2}	kjɨ^{1}	mji̱j^{1}	ku^{1}	śja̱^{1}
如	来	法	轮	转	△	见	△	梦，	则	七

复次金刚摧菩萨！若菩萨梦中见如来转法轮，此菩萨是不退转，是七

15.35.4

[illegible]	[illegible]	[illegible]，	[illegible]	[illegible]	[illegible]	[illegible]	[illegible]，	[illegible]	[illegible]	[illegible]
ljɨ̣^{2}	ɣu^{1}	ljɨ̣^{2}	rjur^{1}	rjur^{1}	ljɨ̣^{2}	ljij^{2}	ŋwu^{2}	thja^{1}	ɲia^{2}	tsjij^{2}
地	初	地，	处	处	地	见	是，	此	菩	萨
[illegible]	[illegible]	[illegible]	[illegible]	[illegible]，	[illegible]	[illegible]	[illegible]	[illegible]	[illegible]。	[illegible]
tja^{1}	sjwɨj^{1}	lə^{1}	źji^{2}	mjij^{1}	mji^{1}	lhji̱^{1}	lhjwo^{1}	rjir^{2}	sji^{2}	tjij^{1}
者	业	障	皆	无，	不	退	转	得	△。	若

地初地，见处处地净无业障。若

15.35.5

[illegible]	[illegible]	[illegible]，	[illegible]	[illegible]	[illegible]	[illegible]	[illegible]	[illegible]	[illegible]	[illegible]。
lu^{2}	kjɨ^{1}	mji̱j^{1}	ku^{1}	thja^{1}	ɲia^{2}	tsjij^{2}	ɣu^{1}	ljɨ̣^{2}	ljij^{2}	ŋwu^{2}
座	△	梦，	则	是	菩	萨	初	地	见	是。
[illegible]	[illegible]	[illegible]	[illegible]	[illegible]，	[illegible]	[illegible]	[illegible]	[illegible]	[illegible]	
tjij^{1}	lu^{2}	thu^{1}	djij^{2}	ljij^{2}	ku^{1}	thja^{1}	ɲia^{2}	tsjij^{2}	njɨ̣^{1}	
若	座	置	△	见，	则	是	菩	萨	二	

见座，是菩萨是见初地。若见敷座，是菩萨是见二

15.35.6

[illegible]	[illegible]	[illegible]。	[illegible]	[illegible]	[illegible]	[illegible]	[illegible]	[illegible]	[illegible]，	[illegible]
ljɨ̣^{2}	ljij^{2}	ŋwu^{2}	tjij^{1}	dza^{1}	tsə̣^{1}	lu^{2}	thu^{1}	djij^{2}	ljij^{2}	ku^{1}
地	见	是。	若	杂	色	座	置	△	见，	则
[illegible]	[illegible]	[illegible]	[illegible]	[illegible]	[illegible]	[illegible]。	[illegible]	[illegible]	[illegible]	
thja^{1}	ɲia^{2}	tsjij^{2}	sọ^{1}	ljɨ̣^{2}	ljij^{2}	ŋwu^{2}	tjij^{1}	lu^{2}	tśhja̱^{1}	

是　菩　萨　三　地　见　是。　若　座　于

地。若见敷杂色座,是菩萨见三地①。若见散花于座,

15.35.7

[illegible]	[illegible]	[illegible]	[illegible]，	[illegible]	[illegible]	[illegible]	[illegible]	[illegible]	[illegible]	[illegible]
wjạ1	lju2	djij2	ljij2	ku1	thja1	ɲia2	tsjij2	ljɨr1	ljɨ̣2	ljij2
花	散	△	见，	则	此	菩	萨	四	地	见
[illegible]。	[illegible]	[illegible]	[illegible]	[illegible]	[illegible]	[illegible]	[illegible]	[illegible]	[illegible]	[illegible]
ŋwu2	tjij1	mə2	mə2	ljɨ̣1	ŋwu2	lu2	bjij2	tśhjạ1	lə1	ɣja2
是。	若	种	种	宝	以	座	高	于	覆	盖

此菩萨是见四地。若见种种宝覆盖高座,

15.36.1

[illegible]	[illegible]，	[illegible]	[illegible]	[illegible]	[illegible]	[illegible]	[illegible]	[illegible]	[illegible]。	[illegible]
djij2	ljij2	ku1	thja1	ɲia2	tsjij2	ŋwə1	ljɨ̣2	ljij2	ŋwu2	tjij1
△	见，	则	此	菩	萨	五	地	见	是。	若
[illegible]	[illegible]	[illegible]	[illegible]	[illegible]	[illegible]	[illegible]	[illegible]，	[illegible]	[illegible]	
ŋa1	gu2	·jow2	kjạ1	·jow2	śja2	ɣiẹ2	mji1	ku1	thja1	
空	中	歌	颂	称	叹	声	闻，	则	此	

此菩萨是见五地。若闻空中歌颂称叹声,此

15.36.2

[illegible]	[illegible]	[illegible]	[illegible]	[illegible]	[illegible]。	[illegible]	[illegible]	[illegible]	[illegible]	[illegible]
ɲia2	tsjij2	tśhjiw1	ljɨ̣2	ljij2	ŋwu2	tjij1	ljɨ̣1	rer2	ŋwu2	ɣja2
菩	萨	六	地	见	是。	若	宝	网	以	盖
[illegible]	[illegible]	[illegible]	[illegible]	[illegible]，	[illegible]	[illegible]	[illegible]	[illegible]	[illegible]	
phiow1	tśhjạ1	lə1	djij2	ljij2	ku1	thja1	ɲia2	tsjij2	ɣạ2	
白	于	覆	△	见，	则	此	菩	萨	十	

菩萨是见六地。若见白盖以宝网覆上,此菩萨见十

① 西夏本“见”上有“[illegible]”(是)字。此下至“十地”同。

15.36.3

[illegible]	[illegible]	[illegible]	[illegible]。
ljɨ̣2	ljij2	ŋwu2	ljɨ1
地	见	是	也。

地。

15.36.4

[illegible]	[illegible]	[illegible]	[illegible]	[illegible]	[illegible]	[illegible]！	[illegible]	[illegible]	[illegible]	[illegible]
niow1	tśjɨ1	kię1	dźja2	dźjwu1	ɲia2	tsjij2	tjɨ1	tjij1	ɲia2	tsjij2
复	次	金	刚	摧	菩	萨！	如	若	菩	萨
[illegible]	[illegible]	[illegible]	[illegible]	[illegible]	[illegible]	[illegible]	[illegible]	[illegible]	[illegible]，	
mjor1	ljij2	·jij1	pa2	djij̱2	phã1	bə2	du2	kjɨ1	mjij̱1	
如	来	之	般	涅	槃	塔	塔	△	梦，	

复次金刚摧菩萨！若菩萨梦中见如来般涅槃塔，

15.36.5

[illegible]	[illegible]	[illegible]	[illegible]	[illegible]	[illegible]	[illegible]	[illegible]	[illegible]，	[illegible]	[illegible]
ku1	ɣu1	ljɨ̣2	·jar1	ljɨ̣2	rjur1	rjur1	ljij2	ŋwu2	thja1	ɲia2
则	初	地	八	地	处	处	见	是，	此	菩
[illegible]	[illegible]	[illegible]	[illegible]	[illegible]	[illegible]、	[illegible]	[illegible]	[illegible]	[illegible]	
tsjij2	tja1	sjwɨj1	lə1	ɣiə1	njij2	źji2	phju2	tśja1	kjɨ1	
萨	者	业	障	微	少、	最	上	道	△	

此菩萨是初地八地处处见，近无上道、少于业障。

15.36.6

[illegible]。	[illegible]	[illegible]	[illegible]	[illegible]	[illegible]	[illegible]	[illegible]	[illegible]	[illegible]	[illegible]，
njij1	tjij1	bə2	du2	tśhja̱1	kjɨ1	lhjɨ2	me2	sji2	kjɨ1	mjij̱1
近。	若	塔	塔	于	△	尘	土	△	△	梦，
[illegible]	[illegible]	[illegible]	[illegible]	[illegible]	[illegible]	[illegible]	[illegible]。	[illegible]	[illegible]	
ku1	thja1	ɲia2	tsjij2	ɣu1	ljɨ̣2	ljij2	ŋwu2	tjij1	gji1	
则	此	菩	萨	初	地	见	是。	若	清	

若见尘土坌塔，此菩萨是见初地。若见净

15.36.7

[illegible]	[illegible]	[illegible]	[illegible]，	[illegible]	[illegible]	[illegible]	[illegible]	[illegible]	[illegible]	[illegible]
sej1	lhjɨ2	mjij1	ljij2	ku1	thja1	ɲia2	tsjij2	njɨ̱1	ljɨ̣2	ljij2
净	尘	无	见，	则	是	菩	萨	二	地	见
[illegible]。	[illegible]	[illegible]	[illegible]	[illegible]	[illegible]	[illegible]，	[illegible]	[illegible]	[illegible]	
ŋwu2	tjij1	thja1	tśhja̱1	śjɨ2	to2	ljij2	ku1	thja1	ɲia2	
是。	若	其	上	草	生	见，	则	此	菩	

无尘者，是菩萨见二地①。若上生草②，此菩

15.37.1

[illegible]	[illegible]	[illegible]	[illegible]	[illegible]。	[illegible]	[illegible]	[illegible]	[illegible]	[illegible]	[illegible]
tsjij2	sọ1	ljɨ̣2	ljij2	ŋwu2	tjij1	śjɨ2	ŋwər1	ŋwu2	thja1	tśhja̱1
萨	三	地	见	是。	若	草	青	以	其	上
[illegible]	[illegible]	[illegible]，	[illegible]	[illegible]	[illegible]	[illegible]	[illegible]	[illegible]	[illegible]	
lə1	ɣja2	ljij2	ku1	thja1	ɲia2	tsjij2	ljɨr1	ljɨ̣2	ljij2	
覆	盖	见，	则	此	菩	萨	四	地	见	

萨是见三地。若见青草覆上，此菩萨是见四地。

15.37.2

[illegible]。	[illegible]	[illegible]	[illegible]	[illegible]	[illegible]	[illegible]	[illegible]	[illegible]	[illegible]，	[illegible]
ŋwu2	tjij1	mə2	mə2	dza1	wjạ1	phu2	·wiọ1	tśjɨ̣1	ljij2	ku1
是。	若	种	种	杂	花	树	围	绕	见，	则
[illegible]	[illegible]	[illegible]	[illegible]	[illegible]	[illegible]	[illegible]。	[illegible]	[illegible]	[illegible]	
thja1	ɲia2	tsjij2	ŋwə1	ljɨ̣2	ljij2	ŋwu2	tjij1	wjạ1	mja̱1	
此	菩	萨	五	地	见	是。	若	花	果	

若见种种杂花树围绕，此菩萨是见五地。若见花果

15.37.3

[illegible]	[illegible]	[illegible]	[illegible]	[illegible]	[illegible]，	[illegible]	[illegible]	[illegible]	[illegible]	[illegible]

① 西夏本“见”上有“[illegible]”（是）字。此下至“十地”同。
② 西夏本“若”下有“[illegible]”（见）字。

phu² thja¹ tśhja̱¹ ·wio̱¹ tśjɨ̣¹ ljij² ku¹ thja¹ ɲia² tsjij² tśhjiw¹
树 其 上 围 绕 见， 则 此 菩 萨 六

[illegible] [illegible] [illegible]。 [illegible] [illegible] [illegible] [illegible] [illegible] [illegible] [illegible]
ljɨ̣² ljij² ŋwu² tjij¹ mə² mə² dza¹ mə² ɲia² tśhju¹
地 见 是。 若 种 种 杂 姓 众 生

树围绕覆上，此菩萨是见第六地①。若见种种杂姓众生

15.37.4

[illegible] [illegible] [illegible]， [illegible] [illegible] [illegible] [illegible] [illegible] [illegible] [illegible] [illegible]。
·wio̱¹ tśjɨ̣¹ ljij² ku¹ thja¹ ɲia² tsjij² śja̱¹ ljɨ̣² ljij² ŋwu²
围 绕 见， 则 此 菩 萨 七 地 见 是。

[illegible] [illegible] [illegible] [illegible] [illegible] [illegible]， [illegible] [illegible] [illegible] [illegible]
tjij¹ dźjow¹ ɣja² tśiow¹ dzjɨ̣² ljij² ku¹ thja¹ ɲia² tsjij²
若 幢 盖 聚 集 见， 则 此 菩 萨

围绕，此菩萨是见七地。若见幢盖聚集，此菩萨

15.37.5

[illegible] [illegible] [illegible] [illegible] [illegible]。
·jar¹ ljɨ̣² ljij² ŋwu² ljɨ¹
八 地 见 是 也。

是见八地。

15.37.6

[illegible] [illegible] [illegible] [illegible] [illegible] [illegible] [illegible]！ [illegible] [illegible] [illegible] [illegible]
niow¹ tśjɨ¹ kię¹ dźja² dźjwu¹ ɲia² tsjij² tjɨ¹ tjij¹ ɲia² tsjij²
复 次 金 刚 摧 菩 萨！ 如 若 菩 萨

[illegible] [illegible] [illegible] [illegible] [illegible] [illegible] [illegible]， [illegible] [illegible] [illegible]
mjor¹ ljij² ·jij¹ lhwu¹ rjir² kjɨ¹ mjij¹ ku¹ thja¹ ɲia²
如 来 之 衣 得 △ 梦， 则 此 菩

复次金刚摧菩萨！若菩萨梦中得如来衣，此菩

① “第”字义西夏本未见。

15.37.7

tsjij^{2}	ɣu^{1}	ljɨ̣^{2}	·jar^{1}	ljɨ̣^{2}	rjur^{1}	rjur^{1}	ljɨ̣^{2}	·jij^{1}	ljij^{2}	ŋwu^{2}
萨	初	地	八	地	处	处	地	相	见	是，
thja^{1}	ɲia^{2}	tsjij^{2}	tja^{1}	tha^{1}	·jij^{1}	ljɨ̱r^{2}	sjij^{2}	jɨr^{2}	djọ^{2}	
此	菩	萨	者	佛	之	念	智	勤	修	

萨是见初地八地处处地相,此菩萨应勤修成就念佛智。

15.38.1

śjɨj^{1}	·jiw^{2}	lew^{2}	niow^{1}	thja^{1}	ɲia^{2}	tsjij^{2}	sjwɨj^{1}	lə^{1}	tsjɨ^{1}	ɣiə^{1}
成	就	应。	又	此	菩	萨	业	障	亦	微
njij^{2}	tjij^{1}	mjor^{1}	ljij^{2}	·jij^{1}	tə̣^{1}	ror^{2}	lhwu^{1}	rjir^{2}	kjɨ^{1}	
少。	若	如	来	之	污	垢	衣	得	△	

此菩萨少于业障。若得如来垢腻衣,

15.38.2

mjij^{1}	ku^{1}	thja^{1}	ɲia^{2}	tsjij^{2}	ɣu^{1}	ljɨ̣^{2}	·jij^{1}	ljij^{2}	ŋwu^{2}	tjij^{1}
梦，	则	此	菩	萨	初	地	相	见	是。	若
mjor^{1}	ljij^{2}	·jij^{1}	sej^{1}	lhwu^{1}	rjir^{2}	ku^{1}	thja^{1}	ɲia^{2}	tsjij^{2}	
如	来	之	净	衣	得，	则	此	菩	萨	

此菩萨是见初地相。若得如来净衣,

15.38.3

njɨ̱^{1}	ljɨ̣^{2}	·jij^{1}	ljij^{2}	ŋwu^{2}	tjij^{1}	mjor^{1}	ljij^{2}	·jij^{1}	tshjwu^{1}	lhwu^{1}
二	地	相	见	是。	若	如	来	之	青	衣

[illegible]，	[illegible]	[illegible]	[illegible]	[illegible]	[illegible]	[illegible]	[illegible]	[illegible]	[illegible]。	[illegible]
rjir^2	ku^1	thja^1	ɲia^2	tsjij^2	sọ^1	ljɨ^2	·jij^1	ljij^2	ŋwu^2	tjij^1
得，	则	此	菩	萨	三	地	相	见	是。	若

是见二地①。若得如来染衣,此菩萨是见三地相。若

15.38.4

[illegible]	[illegible]	[illegible]	[illegible]	[illegible]	[illegible]，	[illegible]	[illegible]	[illegible]	[illegible]	[illegible]
mjor^1	ljịj^2	·jij^1	lhwu^1	lhjwi^2	rjir^2	ku^1	thja^1	ɲia^2	tsjij^2	ljɨr^1
如	来	之	衣	旧	得，	则	此	菩	萨	四
[illegible]	[illegible]	[illegible]	[illegible]。	[illegible]	[illegible]	[illegible]	[illegible]	[illegible]	[illegible]	
ljɨ^2	·jij^1	ljij^2	ŋwu^2	tjij^1	mjor^1	ljịj^2	·jij^1	bji^1	wjạ^2	
地	相	见	是。	若	如	来	之	光	放	

得如来打衣,此菩萨是见四地相。若得如来放光

15.38.5

[illegible]	[illegible]，	[illegible]	[illegible]	[illegible]	[illegible]	[illegible]	[illegible]	[illegible]	[illegible]	[illegible]。
lhwu^1	rjir^2	ku^1	thja^1	ɲia^2	tsjij^2	ŋwə^1	ljɨ^2	·jij^1	ljij^2	ŋwu^2
衣	得，	则	此	菩	萨	五	地	相	见	是。
[illegible]	[illegible]	[illegible]	[illegible]	[illegible]	[illegible]	[illegible]	[illegible]，	[illegible]	[illegible]	
tjij^1	mjor^1	ljịj^2	·jij^1	lew^1	lhwu^1	tjij^1	rjir^2	ku^1	thja^1	
若	如	来	之	一	衣	独	得，	则	此	

衣,此菩萨是见五地相。若得如来一衣,此

15.38.6

[illegible]	[illegible]	[illegible]	[illegible]	[illegible]	[illegible]	[illegible]。	[illegible]	[illegible]	[illegible]	[illegible]
ɲia^2	tsjij^2	tśhjiw^1	ljɨ^2	·jij^1	ljij^2	ŋwu^2	tjij^1	mjor^1	ljịj^2	·jij^1
菩	萨	六	地	相	见	是。	若	如	来	之
[illegible]	[illegible]	[illegible]，	[illegible]	[illegible]	[illegible]	[illegible]	[illegible]	[illegible]	[illegible]、	
sọ^1	lhwu^1	rjir^2	ku^1	thja^1	ɲia^2	tsjij^2	śjạ^1	ljɨ^2	·jij^1	
三	衣	得，	则	此	菩	萨	七	地	相、	

菩萨是见六地相。若得如来三衣,此菩萨是七地相、

① 西夏本句上有“[illegible]”(此菩萨)三字,句下有“[illegible]”(相)字。考上下文可知,汉文本疑有脱省。

15.38.7

khu^{1}	dźjij^{1}	·jij^{1}	mji^{1}	khu^{1}	dźjij^{1}	·jij^{1}	ljij^{2}	ŋwu^{2}	thja^{1}
精	进	相、	不	精	进	相	见	是。	是
ɲia^{2}	tsjij^{2}	ljij^{2}	sjwɨj^{1}	rjɨr^{2}	niow^{1}	·jiw^{2}	ljɨ̣^{1}	dju^{1}	ljɨ^{1}
菩	萨	魔	业	除	外，	疑	惑	有	也。

精进相、不精进相。除魔业，是菩萨有疑。

15.39.1

niow^{1}	tśjɨ^{1}	kię^{1}	dźja^{2}	dźjwu^{1}	ɲia^{2}	tsjij^{2}	tjɨ^{1}	tjij^{1}	ɲia^{2}	tsjij^{2}
复	次	金	刚	摧	菩	萨！	如	若	菩	萨
mjor^{1}	ljij^{2}	·jij^{1}	pa^{2}	rjir^{2}	kjɨ^{1}	mjij^{1}	ku^{1}	·jar^{1}	ljɨ̣^{2}	ljij^{2}
如	来	之	钵	得	△	梦，	则	八	地	见

复次金刚摧！菩萨梦中得如来钵，此菩萨佛所忆念，是见八地。

15.39.2

ŋwu^{2}	thja^{1}	ɲia^{2}	tsjij^{2}	tja^{1}	tha^{1}	·jij^{1}	ljɨ̣r^{2}	·wejr^{2}	lew^{2}	we^{2}
是，	此	菩	萨	者	佛	之	念	护	所	成。
niow^{1}	thja^{1}	ɲia^{2}	tsjij^{2}	swew^{1}	tsjɨ̣r^{1}	mji^{1}	mjijr^{2}	gju^{2}	ŋwu^{2}	sjwɨj^{1}
复	此	菩	萨	明	法	闻	者	器	是，	业

此菩萨是闻明法器，修无业

15.39.3

lə^{1}	mjij^{1}	zew̱^{2}	djọ^{2}	thjɨ^{2}	sju^{2}	ŋwu^{2}	źji^{2}	phju^{2}	tśja^{1}	rjijr^{2}
障	无	忍	修，	是	如	是	最	上	道	向

[illegible]

tshwew^{1} tjij^{1} mjor^{1} ljij^{2} ·jij^{1} mji^{1} sej^{1} pa^{2} rjir^{2} ku^{1}

趣。 若 如 来 之 不 净 钵 得， 则

障忍，如是趣无上道。若得污不净钵，此菩萨是初地。若得空净钵①，

15.39.4

[illegible]

thja^{1} ɲia^{2} tsjij^{2} njɨ^{1} ljɨ^{2} ŋwu^{2} tjij^{1} wjị^{1} nja^{1} swu^{2} pa^{2}

此 菩 萨 二 地 是。 若 味 △ 满 钵

[illegible]

rjir^{2} ku^{1} thja^{1} ɲia^{2} tsjij^{2} sọ^{1} ljɨ^{2} ·jij^{1} ŋwu^{2} tjij^{1}

得， 则 此 菩 萨 三 地 相 是。 若

此菩萨是二地。若得满钵味，此菩萨是三地②。

15.39.5

[illegible]

wja̩^{1} nja^{1} swu^{2} pa^{2} rjir^{2} ku^{1} thja^{1} ɲia^{2} tsjij^{2} ljɨr^{1} ljɨ^{2}

花 △ 满 钵 得， 则 此 菩 萨 四 地

[illegible]

·jij^{1} ŋwu^{2} tjij^{1} mja̱^{1} nja^{1} swu^{2} pa^{2} rjir^{2} ku^{1} thja^{1}

相 是。 若 果 △ 满 钵 得， 则 此

若得满钵花，此菩萨是四地。若得满钵果，此

15.39.6

[illegible]

ɲia^{2} tsjij^{2} ŋwə^{1} ljɨ^{2} ·jij^{1} ŋwu^{2} tjij^{1} tjị^{1} nja^{1} swu^{2} pa^{2}

菩 萨 五 地 相 是。 若 食 △ 满 钵

[illegible]

rjir^{2} ku^{1} thja^{1} ɲia^{2} tsjij^{2} tśhjiw^{1} ljɨ^{2} ·jij^{1} ŋwu^{2} tjij^{1}

① “此菩萨是初地。若得空净钵”二句西夏本未见。

② 西夏本句下有“[illegible]”（相）字。此下至“十地”皆同。

得，	则	此	菩	萨	六	地	相	是。	若

菩萨是五地。若得满钵食，此菩萨是六地。若

15.39.7

[illegible]	[illegible]	[illegible]	[illegible]	[illegible]，	[illegible]	[illegible]	[illegible]	[illegible]	[illegible]	[illegible]
·ịo²	nja¹	swu²	pa²	rjir²	ku¹	thja¹	ɲia²	tsjij²	śjạ¹	ljɨ²
香	△	满	钵	得，	则	此	菩	萨	七	地
[illegible]	[illegible]。	[illegible]	[illegible]	[illegible]	[illegible]	[illegible]	[illegible]	[illegible]	[illegible]，	
·jij¹	ŋwu²	tjij¹	wjạ¹	rer²	·ịo²	nja¹	swu²	pa²	rjir²	
相	是。	若	花	鬘	香	△	满	钵	得，	

得满钵香，此菩萨是七地。若得满钵花鬘香，

15.40.1

[illegible]	[illegible]	[illegible]	[illegible]	[illegible]	[illegible]	[illegible]	[illegible]。	[illegible]	[illegible]	[illegible]
ku¹	thja¹	ɲia²	tsjij²	·jar¹	ljɨ²	·jij¹	ŋwu²	tjij¹	mjor¹	ljij²
则	此	菩	萨	八	地	相	是。	若	如	来
[illegible]	[illegible]	[illegible]	[illegible]，	[illegible]	[illegible]	[illegible]	[illegible]	[illegible]	[illegible]	
·jij¹	lhwu¹	pa²	rjir²	ku¹	thja¹	ɲia²	tsjij²	gjɨ¹	ljɨ²	
之	衣	钵	得，	则	此	菩	萨	九	地	

此菩萨是八地。若得如来衣钵，此菩萨是九地。

15.40.2

[illegible]	[illegible]。	[illegible]	[illegible]	[illegible]	[illegible]	[illegible]	[illegible]	[illegible]	[illegible]，	[illegible]
·jij¹	ŋwu²	tjij¹	ŋa¹	gu²	mjor¹	ljij²	·jij¹	pa²	rjir²	ku¹
相	是。	若	空	中	如	来	之	钵	得，	则
[illegible]	[illegible]	[illegible]	[illegible]	[illegible]	[illegible]	[illegible]。	[illegible]	[illegible]	[illegible]	
thja¹	ɲia²	tsjij²	ɣạ²	ljɨ²	·jij¹	ŋwu²	thja¹	ɲia²	tsjij²	
此	菩	萨	十	地	相	是。	此	菩	萨	

若虚空中得如来钵，此菩萨是十地。此菩萨

15.40.3

[illegible]	[illegible]	[illegible]	[illegible]	[illegible]	[illegible]，	[illegible]	[illegible]	[illegible]	[illegible]	[illegible]	[illegible]。

ɣu^{1} sjwɨj^{1} niow^{1} mji^{1} jɨr^{2} djọ^{2} ljịj^{2} sjwɨj^{1} rjɨr^{2} niow^{1} dwewr^{2} ljɨ^{1}

初 业 又 不 勤 修， 魔 业 除 外 觉 也。

应觉魔业，除初业不勤修。

15.40.4

[illegible] [illegible] [illegible] [illegible] [illegible] [illegible] [illegible]！ [illegible] [illegible] [illegible] [illegible]

niow^{1} tśjɨ^{1} kiẹ^{1} dźja^{2} dźjwu^{1} ɲia^{2} tsjij^{2} tjɨ^{1} tjij^{1} ɲia^{2} tsjij^{2}

复 次 金 刚 摧 菩 萨！ 如 若 菩 萨

[illegible] [illegible] [illegible] [illegible] [illegible] [illegible]， [illegible] [illegible] [illegible] [illegible]

mjor^{1} ljịj^{2} tjịj^{1} gjɨ^{2} kjɨ^{1} mjịj^{1} ku^{1} ·jar^{1} ljɨ̣^{2} ·jij^{1}

如 来 独 一 △ 梦， 则 八 地 相

复次金刚摧！菩萨梦中见一如来，应静处勤修空三昧，

15.40.5

[illegible]， [illegible] [illegible] [illegible] [illegible] [illegible] [illegible] [illegible] [illegible] [illegible] [illegible]

ŋwu^{2} thja^{1} ɲia^{2} tsjij^{2} tja^{1} mjij1 sej^{1} twụ^{1} ŋa^{1} sã^{1} mej^{2}

是， 此 菩 萨 者 寂 静 处 空 三 昧

[illegible]， [illegible] [illegible] [illegible]， [illegible] [illegible] [illegible] [illegible] [illegible] [illegible]。

djọ^{2} sej^{1} njịj^{1} dźjịj^{1} ku^{1} dza^{1} sjwɨj^{1} lə^{1} dzjar^{2} ljɨ^{1}

修， 净 心 行， 则 杂 业 障 除 也。

此菩萨是八地，杂业障，应勤修净心①。

汉文本

复次金刚摧！菩萨梦中见如来著垢腻衣，此菩萨多法障，是初地处处。见一向憎疾回向缘是见初地，离憎爱回向是见二地，若身见第三地，若心见是第四地，若梦中见是第五地，若成就菩萨，梦中少梦见受报。

复次金刚摧！菩萨梦闻未曾闻法，此菩萨曾供养多佛，多世中作说法师。此说见初地处处乃至七地。此如说修行，此疾觉菩提。若闻种种说是见初地，若有疑心犹欲更听是见第二地，若闻已断疑是见第三地，若闻说陀罗尼是见第四地，若闻说佛相者是见第五地，若闻第一义谛是见第六地，若闻说一切法，是见第七地。如是地地知。

复次金刚摧！菩萨若梦中得未曾学法，学已不忘不失不见。若忘失，此菩萨前身为利养心不清净

---

① 此句西夏本作“若菩萨梦中见一如来，是八地相。此菩萨应静处修空三昧，修净心，除杂业障”，表意较汉文本更为清晰。

心法施,今应以清净供给摄取学人,以无谄曲心求一切物,供给说法学问人,以此净除业障。若初地二地闻法不失是见初地,若觉失是见二地。此觉魔业业障。

复次金刚摧!菩萨梦中见未曾见法师,此菩萨为诸菩萨所忆念,少业障,觉已得见明。此菩萨说是六地初地。若说偈不说经是说初地,若说经是说二地,若说经说偈是说三地,若说种种是说四地,若说甚深是说五地,若说无碍是说六地。

复次金刚摧!菩萨若梦中自梦在法座说法,此菩萨前身为佛敷法座,此菩萨是甚深法忍器,是见第八地初相。若梦乐说是说初地,若非乐说是说第二地,若忍乐说是说第三地,若无辩说是说第四地,若说凡夫界是说第五地,若说声闻界是说第六地,若说菩萨界是说第七地,若说佛界是说第八地。

复次金刚摧!菩萨若梦中自知得无畏,此菩萨过一切业障,过八地见九地处处。若梦得无所畏,所说众人乐闻,此菩萨是见初地。若梦得无畏说法得财,此菩萨见第二地。若得法利无畏,此菩萨见第三地。若见善知识无畏,此菩萨见第四地。若思善心无畏,此菩萨见第五地。若得身安乐无畏,此菩萨见第六地。若心乐无畏,此菩萨见第七地。若得通无畏,此菩萨是见第八地。若得记无畏,此菩萨见第九地。

复次金刚摧!菩萨若梦中见道场,此菩萨纯善心向道不退转,是十地处处见。若见道场不见树,是说初地。若见树不见菩萨,是说第二地。若见多树围绕,是说第三地。若见叶具足成就,此菩萨是说第四地。若见花叶具足,此菩萨见第五地。若见果成就,此菩萨见第六地。若见敷坐,此菩萨是见第七地。若见人围绕,此菩萨是见第八地。若见龙围绕,此菩萨见第九地。若见天围绕散花,闻欢喜声,此菩萨见第十地。

复次金刚摧!菩萨若梦中见如来经行,此菩萨应勤修精进、勤修法施,安慰眷属不求其过。若菩萨是七地处处见。若见如来不净地经行,此菩萨是初地。若见净地经行,此菩萨见第二地。若见敷座经行,此菩萨是见第三地。若坐者,此菩萨见第四地。若见树围绕,此菩萨见第五地。若见散花,此菩萨见第六地。若见高座覆上者,此菩萨见第七地。

复次金刚摧菩萨!若菩萨梦中见如来转法轮,此菩萨是不退转,是七地初地,见处处地净无业障。若见座,是菩萨是见初地。若见敷座,是菩萨是见二地。若见敷杂色座,是菩萨见三地。若见散花于座,此菩萨是见四地。若见种种宝覆盖高座,此菩萨是见五地。若闻空中歌颂称叹声,此菩萨是见六地。若见白盖以宝网覆上,此菩萨见十地。

复次金刚摧菩萨!若菩萨梦中见如来般涅槃塔,此菩萨是初地八地处处见,近无上道、少于业障。若见尘土坌塔,此菩萨是见初地。若见净无尘者,是菩萨见二地。若上生草,此菩萨是见三地。若见青草覆上,此菩萨是见四地。若见种种杂花树围绕,此菩萨是见五地。若见花果树围绕覆上,此菩萨是见第六地。若见种种杂姓众生围绕,此菩萨是见七地。若见幢盖聚集,此菩萨是见八地。

复次金刚摧菩萨!若菩萨梦中得如来衣,此菩萨是见初地八地处处地相,此菩萨应勤修成就念佛智。此菩萨少于业障。若得如来垢腻衣,此菩萨是见初地相。若得如来净衣,是见二地。若得如来染衣,此菩萨是见三地相。若得如来打衣,此菩萨是见四地相。若得如来放光衣,此菩萨是见五地相。若得如来一衣,此菩萨是见六地相。若得如来三衣,此菩萨是七地相、精进相、不精进相。除魔业,是菩萨有疑。

复次金刚摧!菩萨梦中得如来钵,此菩萨佛所忆念,是见八地。此菩萨是闻明法器,修无业障忍,如是趣无上道。若得污不净钵,此菩萨是初地。若得空净钵,此菩萨是二地。若得满钵味,此菩萨是三地。若得满钵花,此菩萨是四地。若得满钵果,此菩萨是五地。若得满钵食,此菩萨是六地。若得满钵香,此菩萨是七地。若得满钵花鬘香,此菩萨是八地。若得如来衣钵,此菩萨是九地。若虚空中得如来钵,此菩萨是十地。此菩萨应觉魔业,除初业不勤修。

复次金刚摧!菩萨梦中见一如来,应静处勤修空三昧,此菩萨是八地,杂业障,应勤修净心。

15.40.6

[illegible]	[illegible]	[illegible]	[illegible]	[illegible]	[illegible]	[illegible]!	[illegible]	[illegible]	[illegible]	[illegible]
niow^1	tśjɨ^1	kię^1	dźja^2	dźjwu^1	ɲia^2	tsjij^2	tjɨ^1	tjij^1	ɲia^2	tsjij^2
复	次	金	刚	摧	菩	萨!	如	若	菩	萨
[illegible]	[illegible]	[illegible]	[illegible]	[illegible]	[illegible]	[illegible]	[illegible]	[illegible],	[illegible]	
·ji^1	dzjwo^2	mjor^1	ljij^2	·wiọ^1	tśjɨ^1	djij^2	kjɨ^1	mjij^1	ku^1	
众	人	如	来	围	绕	△	△	梦,	则	

复次金刚摧!菩萨若于梦中见如来,多人众中

15.40.7

[illegible]	[illegible]	[illegible]	[illegible]	[illegible]	[illegible]	[illegible],	[illegible]	[illegible]	[illegible]	[illegible]
ljɨ^2	ŋowr^2	ŋowr^2	rjur^1	rjur^1	ljij^2	ŋwu^2	thja^1	ɲia^2	tsjij^2	tja^1
地	一	切	处	处	见	是,	此	菩	萨	者
[illegible]	[illegible]	[illegible]	[illegible]	[illegible]	[illegible]	[illegible]	[illegible],	[illegible]	[illegible]	
zẹw^2	ŋwe^1	ŋwu^2	rejr^2	dzjwo^2	·jij^1	ɣjiw^1	ɣiwej^1	bju^1	śjij^1	
忍	乐	以	多	人	之	摄	取,	相	应	

见如来身,此应忍乐摄取多人,此菩萨一切地处处见,

15.41.1

[illegible]	[illegible]	[illegible]	[illegible]	[illegible]。	[illegible]	[illegible]	[illegible]	[illegible]	[illegible]	[illegible]
ŋwu^2	tśhja^2	tśja^1	jɨr^2	djọ^2	tjij^1	ɣa^1	pjụ^1	dza^1	mə^2	dzjwo^2
以	正	道	勤	修。	若	门	尊	杂	姓	人
[illegible]	[illegible]	[illegible]	[illegible]	[illegible]	[illegible]	[illegible]	[illegible],	[illegible]	[illegible]	
mjor^1	ljij^2	·jij^1	·wiọ^1	tśjɨ^1	djij^2	kjɨ^1	mjij^1	ku^1	thja^2	
如	来	之	围	绕	△	△	梦,	则	此	

相应勤进修道①。若见居士杂姓人围绕如来②,

① 此句西夏本作"菩萨若梦众人围绕如来,是一切地处处见。此菩萨忍乐摄取多人,相应勤修正道"。两者义通,仅在语序和表述上有所不同。

② 西夏本"见"上有"[illegible]"(梦)字。居士,西夏本作"[illegible][illegible]",字面意思是"门尊"。

15.41.2

□	□	□	□	□	□	□。	□	□	□	□
ɲia^2	tsjij^2	·jij^1	ɣu^1	ljɨ̣^{2}	·jij^1	ŋwu^2	tjij^1	mə^1	zjɨ̣^{1}	·jɨ^1
菩	萨	之	初	地	相	是。	若	天	子	众
□	□	□	□	□	□	□，	□	□	□	
mjor^1	ljịj^2	·jij^1	·wiọ^1	tśjɨ̣^{1}	djij^2	ljij^2	ku^1	thja^1	ɲia^2	
如	来	之	围	绕	△	见，	则	此	菩	

此菩萨是初地①。若见王者众围绕如来②，此菩

15.41.3

□	□	□	□	□	□。	□	□	□	□	□
tsjij^2	·jij^1	njɨ̣^{1}	ljɨ̣^{2}	·jij^1	ŋwu^2	tjij^1	pho^1	lo^1	mẽ^1	mjor^1
萨	之	二	地	相	是。	若	婆	罗	门	如
□	□	□	□	□	□，	□	□	□	□	
ljịj^2	·jij^1	·wiọ^1	tśjɨ̣^{1}	djij^2	ljij^2	ku^1	sọ^1	ljɨ̣^{2}	·jij^1	
来	之	围	绕	△	见，	则	三	地	相	

萨是二地。若见婆罗门围绕如来，此菩萨是三地③。

15.41.4

□。	□	□	□	□	□	□	□	□	□	□，
ŋwu^2	tjij^1	rjur^1	njij^2	mjor^1	ljịj^2	·jij^1	·wiọ^1	tśjɨ̣^{1}	djij^2	ljij^2
是。	若	诸	王	如	来	之	围	绕	△	见，
□	□	□	□	□	□	□	□	□。	□	
ku^1	thja^1	ɲia^2	tsjij^2	·jij^1	ljɨr^1	ljɨ̣^{2}	·jij^1	ŋwu^2	tjij^1	
则	此	菩	萨	之	四	地	相	是。	若	

若见王围绕如来④，此菩萨是四地。若

15.41.5

□	□	□	□	□	□	□	□	□，	□	□

① 西夏本句下有“□”(相)字。此下至“十地”皆同。

② 王者众，西夏本作“□□□”(天子众)。概与下文“王”(□)字区别故作。

③ “此菩萨”三字义西夏本未见。

④ 王，西夏本作“□□”(诸王)。

rjur1 we1 mjor1 ljij2 ·jij1 ·wiọ1 tśjɨ1 djij2 ljij2 ku1 thja1
诸 龙 如 来 之 围 绕 △ 见， 则 此
[illegible]
ɲia2 tsjij2 ·jij1 ŋwə1 ljɨ̣2 ·jij1 ŋwu2 tjij1 ljɨr1 ljij2
菩 萨 之 五 地 相 是。 若 四 大

见龙围绕如来①，此菩萨是五地。若见四大

15.41.6

[illegible]
ŋwə1 njij2 mjor1 ljij2 ·jij1 ·wiọ1 tśjɨ1 djij2 ljij2 ku1 thja1
天 王 如 来 之 围 绕 △ 见， 则 此
[illegible]
ɲia2 tsjij2 ·jij1 tśhjiw1 ljɨ̣2 ·jij1 ŋwu2 tjij1 śjɨ2 dzjwɨ1
菩 萨 之 六 地 相 是。 若 释 帝

天王围绕如来，此菩萨是六地。若见帝释

15.41.7

[illegible]
·ji1 mjor1 ljij2 ·jij1 ·wiọ1 tśjɨ1 djij2 ljij2 ku1 thja1 ɲia2
众 如 来 之 围 绕 △ 见， 则 此 菩
[illegible]
tsjij2 ·jij1 śja̱1 ljɨ̣2 ·jij1 ŋwu2 tjij1 xiwã1 mə1 ·ji1
萨 之 七 地 相 是。 若 梵 天 众

围绕如来②，此菩萨是七地。若见梵天

15.42.1

[illegible]
mjor1 ljij2 ·jij1 ·wiọ1 tśjɨ1 djij2 ljij2 ku1 thja1 ɲia2 tsjij2
如 来 之 围 绕 △ 见， 则 此 菩 萨
[illegible]

① 龙，西夏本作“[illegible]”（诸龙）。
② 西夏本“帝释”下有“[illegible]”（众）字。下文“若见梵天”“若见净居天”“若见菩萨”下皆有“[illegible]”（众）字。

·jij1 ·jar1 ljɨ2 ·jij1 ŋwu2 tjij1 sej1 mji̱1 mə1 ·ji1

之 八 地 相 是。若 净 居 天 众

围绕如来,此菩萨是八地。若见净居天

15.42.2

mjor1 lji̱j2 ·jij1 ·wio̱1 tśji̱1 djij2 ljij2 ku1 thja1 ɲia2 tsjij2

如 来 之 围 绕 △ 见, 则 此 菩 萨

·jij1 gji̱1 ljɨ2 ·jij1 ŋwu2 tjij1 ɲia2 tsjij2 ·ji1 mjor1

之 九 地 相 是。若 菩 萨 众 如

围绕如来,此菩萨是九地。若见菩萨

15.42.3

lji̱j2 ·jij1 ·wio̱1 tśji̱1 djij2 ljij2 ku1 thja1 ɲia2 tsjij2

来 之 围 绕 △ 见, 则 此 菩 萨

·jij1 ɣa̱2 ljɨ2 ·jij1 ŋwu2 lji̱j2 sjwɨj1 dzjar2 ljɨ1

之 十 地 相 是。魔 业 除 也。

围绕如来,此菩萨是十地。除魔业。

15.42.4

niow1 tśjɨ1 kię1 dźja2 dźjwu1 ɲia2 tsjij2 tjɨ1 tjij1 ɲia2 tsjij2

复 次 金 刚 摧 菩 萨! 如 若 菩 萨

mjor1 lji̱j2 ·jij1 ɣja2 rjir2 kjɨ1 mjij1 ku1 źji2 mjij2

如 来 之 盖 得 △ 梦, 则 最 后

复次金刚摧!菩萨梦中得如来盖者,此菩萨最后

15.42.5

ljɨ^{2} rjur^{1} rjur^{1} ljij^{2} ŋwu^{2} thja^{1} ɲia^{2} tsjij^{2} tja^{1} ljij^{2} sjwɨj^{1}
地 处 处 见 是， 此 菩 萨 者 魔 业
□ □， □ □ □ □， □ □ □ □。
dza^{1} sjwɨj^{1} gjij^{1} ·jur^{1} kjụ^{1} tsjij^{2} xja^{1} tśja^{1} rjijr^{2} tshwew^{1}
杂 业， 利 养 求 解， 疾 道 向 趣。

地处处见地①，解魔业杂业，求利养，疾趣向。

15.42.6

□ □ □ □ □ □ □， □ □ □ □
tjij^{1} śjɨ^{2} bạ^{2} ɣja^{2} rjir^{2} kjɨ^{1} mjij^{1} ku^{1} thja^{1} ɲia^{2} tsjij^{2}
若 草 叶 盖 得 △ 梦， 则 此 菩 萨
□ □ □ □ □。 □ □ □ □ □，
·jij^{1} ɣu^{1} ljɨ^{2} ·jij^{1} ŋwu^{2} tjij^{1} lhjụ^{2} ɣja^{2} ljij^{2} rjir^{2}
之 初 地 相 是。 若 竹 盖 见 得，

若见草叶盖②，此菩萨是初地③。若见竹盖④，

15.42.7

□ □ □ □ □ □ □ □ □。 □ □
ku^{1} thja^{1} ɲia^{2} tsjij^{2} ·jij^{1} njɨ^{1} ljɨ^{2} ·jij^{1} ŋwu^{2} tjij^{1} ?
则 此 菩 萨 之 二 地 相 是。 若 桦
□ □ □， □ □ □ □ □ □ □
dźji^{1} ɣja^{2} rjir^{2} ku^{1} thja^{1} ɲia^{2} tsjij^{2} ·jij^{1} sọ^{1} ljɨ^{2}
皮 盖 得， 则 此 菩 萨 之 三 地

此菩萨是二地。若见桦皮盖者⑤，此菩萨是三地。

15.43.1

□ □。 □ □ □ □， □ □ □ □ □
·jij^{1} ŋwu^{2} tjij^{1} ljij^{2} ɣja^{2} rjir^{2} ku^{1} thja^{1} ɲia^{2} tsjij^{2} ·jij^{1}

---

① 句末“地”字义西夏本未见。
② 见，西夏本作“□□□”（梦得）。
③ 西夏本句下有“□”（相）字。此下至“九地”皆同。
④ 西夏本“见”上有“□”（得）字。
⑤ 见，西夏本作“□”（得）。此下至“九地”皆同。

相 是。 若 大 盖 得， 则 此 菩 萨 之

[illegible] [illegible] [illegible] [illegible]。 [illegible] [illegible] [illegible] [illegible]， [illegible] [illegible]

ljɨr¹ ljɨ̣² ·jij¹ ŋwu² tjij¹ śjow¹ ɣja² rjir² ku¹ thja¹

四 地 相 是。 若 铁 盖 得， 则 此

若见大盖者，此菩萨是四地。若见铁迭盖者①，此

15.43.2

[illegible] [illegible] [illegible] [illegible] [illegible] [illegible] [illegible]。 [illegible] [illegible] [illegible] [illegible]，

ɲia² tsjij² ·jij¹ ŋwə¹ ljɨ̣² ·jij¹ ŋwu² tjij¹ rər² ɣja² rjir²

菩 萨 之 五 地 相 是。 若 铜 盖 得，

[illegible] [illegible] [illegible] [illegible] [illegible] [illegible] [illegible] [illegible] [illegible]。 [illegible]

ku¹ thja¹ ɲia² tsjij² ·jij¹ tśhjiw¹ ljɨ̣² ·jij¹ ŋwu² tjij¹

则 此 菩 萨 之 六 地 相 是。 若

菩萨是五地。若见铜盖者，此菩萨是六地。若

15.43.3

[illegible] [illegible] [illegible] [illegible]， [illegible] [illegible] [illegible] [illegible] [illegible] [illegible]

kię¹ dźja² ɣja² rjir² ku¹ thja¹ ɲia² tsjij² ·jij¹ śją¹

金 刚 盖 得， 则 此 菩 萨 之 七

[illegible] [illegible] [illegible]。 [illegible] [illegible] [illegible] [illegible] [illegible]， [illegible] [illegible]

ljɨ̣² ·jij¹ ŋwu² tjij¹ śją¹ ljɨ̣¹ ɣja² rjir² ku¹ thja¹

地 相 是。 若 七 宝 盖 得， 则 此

见金盖者②，此菩萨是七地。若见七宝盖者，此

15.43.4

[illegible] [illegible] [illegible] [illegible] [illegible] [illegible] [illegible]。 [illegible] [illegible] [illegible] [illegible]

ɲia² tsjij² ·jij¹ ·jar¹ ljɨ̣² ·jij¹ ŋwu² tjij¹ źjų¹ rer² ·o¹

菩 萨 之 八 地 相 是。 若 铃 网 垂

[illegible] [illegible]， [illegible] [illegible] [illegible] [illegible] [illegible] [illegible] [illegible] [illegible] [illegible]。

ɣja² rjir² ku¹ thja¹ ɲia² tsjij² ·jij¹ gjɨ¹ ljɨ̣² ·jij¹ ŋwu²

① 铁迭盖，西夏本作“[illegible][illegible]”(铁盖)。

② 金盖，西夏本作“[illegible][illegible][illegible]”(金刚盖)。

盖 得， 则 此 菩 萨 之 九 地 相 是。

菩萨是八地。若见铃网盖垂下者①，此菩萨是九地。

15.43.5

[illegible]。

tśhjiw1 ljɨ̣2 ljij2 sjwɨj1 dwewr2 lew2

六 地 魔 业 觉 应。

应觉六地魔业。

15.43.6

[illegible]！[illegible]

niow1 tśjɨ1 kię1 dźja2 dźjwu1 ɲia2 tsjij2 tjɨ1 tjij1 ɲia2 tsjij2

复 次 金 刚 摧 菩 萨！如 若 菩 萨

[illegible]，[illegible]

mjor1 ljij2 ·jij1 piə2 zjị1 kjɨ1 mji̱j1 ku1 ɣa̱2 ljɨ̣2

如 来 之 革 屣 △ 梦， 则 十 地

复次金刚摧！菩萨梦中见如来革屣，见一切十地。

15.43.7

[illegible]。[illegible]

ŋowr2 ŋowr2 ljij2 ŋwu2 thja1 ɲia2 tsjij2 tja1 khu1

一 切 见 是。此 菩 萨 者 精

[illegible]，

dźjij1 jɨr2 djọ2 ŋwu2 ɲia2 tsjij2 ·jij1 la1 ɣiwej1

进 勤 修 以 菩 萨 之 记 受，

此菩萨应勤修精进趣向，此菩萨受记

15.44.1

[illegible]。[illegible]

rjijr2 tshwew1 la1 ɣiwej1 kiej2 ·u2 ljị1 lew2 tjij1 gjij2 nji1

① 铃网盖垂下，西夏本作“[illegible]”（铃网垂盖）。

向　趣　记　受　界　中　入　应。若　村　邑

[illegible] [illegible] [illegible] [illegible] [illegible] [illegible] [illegible] [illegible], [illegible] [illegible]

kha¹　mjor¹　ljij²　·jij¹　piə²　zji̦¹　kjɨ¹　mjij¹　ku¹　thja¹

间　如　来　之　革　屣　△　梦,　则　此

系在受记界。若向村间见革屣者①,此

15.44.2

[illegible] [illegible] [illegible] [illegible] [illegible] [illegible] [illegible]。 [illegible] [illegible] [illegible] [illegible]

ɲia²　tsjij²　·jij¹　ɣu¹　ljɨ̦²　·jij¹　ŋwu²　tjij¹　sẽ¹　kjɨ̱r²　·u²

菩　萨　之　初　地　相　是。若　僧　坊　中

[illegible] [illegible] [illegible], [illegible] [illegible] [illegible] [illegible] [illegible] [illegible] [illegible]

piə²　zji̦¹　ljij²　ku¹　thja¹　ɲia²　tsjij²　·jij¹　njɨ̱¹　ljɨ̦²

革　屣　见,　则　此　菩　萨　之　二　地

菩萨是初地②。若僧坊中见革屣者,此菩萨是二地。

15.44.3

[illegible] [illegible]。 [illegible] [illegible] [illegible] [illegible] [illegible] [illegible] [illegible], [illegible] [illegible]

·jij¹　ŋwu²　tjij¹　·io̦²　bo¹　kha¹　piə²　zji̦¹　ljij²　ku¹　thja¹

相　是。若　园　观　中　革　屣　见,　则　此

[illegible] [illegible] [illegible] [illegible] [illegible] [illegible] [illegible]。 [illegible] [illegible] [illegible]

ɲia²　tsjij²　·jij¹　so̦¹　ljɨ̦²　·jij¹　ŋwu²　tjij¹　dzjɨ̱²　dźjij¹

菩　萨　之　三　地　相　是。若　习　行

若园观中见革屣者,此菩萨是三地。若经行

15.44.4

[illegible] [illegible] [illegible] [illegible], [illegible] [illegible] [illegible] [illegible] [illegible] [illegible] [illegible]

twu̦¹　piə²　zji̦¹　ljij²　ku¹　thja¹　ɲia²　tsjij²　·jij¹　ljɨr¹　ljɨ̦²

处　革　屣　见,　则　此　菩　萨　之　四　地

[illegible] [illegible]。 [illegible] [illegible] [illegible] [illegible] [illegible] [illegible], [illegible] [illegible]

·jij¹　ŋwu²　tjij¹　·jɨj²　·u²　piə²　zji̦¹　ljij²　ku¹　thja¹

① 见革屣者,西夏本作"[illegible]"(梦见如来革屣者)。

② 西夏本句下有"[illegible]"(相)字。此下至"十地"皆同。

相 是。 若 房 中 革 屣 见， 则 此

处见革屣者，此菩萨是四地。若房中见革屣者，此

15.44.5

[illegible]

ɲia^{2} tsjij^{2} ·jij^{1} ŋwə^{1} ljɨ̣^{2} ·jij^{1} ŋwu^{2} tjij^{1} śjā^{1} djɨj^{2} gu^{2} piə^{2} zjɨ̣^{1}

菩 萨 之 五 地 相 是。 若 禅 定 中 革 屣

[illegible]

ljij^{2} ku^{1} thja^{1} ɲia^{2} tsjij^{2} ·jij^{1} tśhjiw^{1} ljɨ̣^{2} ·jij^{1} ŋwu^{2} tjij^{1} mja^{1} zjɨ̱r^{2}

见， 则 此 菩 萨 之 六 地 相 是。 若 河 水

[illegible]

kha^{1} piə^{2} zjɨ̣^{1} ljij^{2} ku^{1} thja^{1} ɲia^{2} tsjij^{2} ·jij^{1} śja̱^{1} ljɨ̣^{2} ·jij^{1}

中 革 屣 见， 则 此 菩 萨 之 七 地 相

菩萨是五地。若坐禅中见革屣者，此菩萨是六地。若河水中见革屣者，此菩萨是七地。

15.44.6

[illegible]

ŋwu^{2} tjij^{1} ŋər^{1} kha^{1} piə^{2} zjɨ̣^{1} ljij^{2} ku^{1} thja^{1} ɲia^{2} tsjij^{2}

是。 若 山 中 革 屣 见， 则 此 菩 萨

[illegible]

·jij^{1} ·jar^{1} ljɨ̣^{2} ·jij^{1} ŋwu^{2} tjij^{1} ŋa^{1} gu^{2} piə^{2} zjɨ̣^{1}

之 八 地 相 是。 若 空 中 革 屣

若山中见革屣者，此菩萨是八地。若空中见革屣者，

15.44.7

[illegible]

ljij^{2} ku^{1} thja^{1} ɲia^{2} tsjij^{2} ·jij^{1} gjɨ̣^{1} ljɨ̣^{2} ·jij^{1} ŋwu^{2} tjij^{1}

见， 则 此 菩 萨 之 九 地 相 是。 若

[illegible]

me̱^{2} mjijr^{2} ŋwu^{2} piə^{2} zjɨ̣^{1} ljij^{2} ku^{1} thja^{1} ɲia^{2} tsjij^{2}

神 通 以 革 屣 见， 则 此 菩 萨

此菩萨是九地。若神通见革屣者，此菩萨

15.45.1

[illegible]

·jij[1] ɣạ[2] ljɨ̣[2] ·jij[1] ŋwu[2] ljịj[2] sjwɨj[1] phja[1] ljɨ[1]

之 十 地 相 是。 魔 业 除 也。

是十地。除魔业。

15.45.2

[illegible]

niow[1] tśjɨ[1] kię[1] dźja[2] dźjwu[1] ɲia[2] tsjij[2] tjɨ[1] tjij[1] ɲia[2] tsjij[2]

复 次 金 刚 摧 菩 萨! 如 若 菩 萨

[illegible]

mjor[1] ljịj[2] ·jij[1] lu[2] kjɨ[1] mjij[1] ku[1] thja[1] ɲia[2] tsjij[2]

如 来 之 座 △ 梦, 则 此 菩 萨

复次金刚摧!菩萨梦中见如来坐①,此菩萨

15.45.3

[illegible]

·jij[1] ɣu[1] ljɨ̣[2] tśhjiw[1] ljɨ̣[2] ·jij[1] ŋwu[2] thja[1] ɲia[2] tsjij[2] tja[1]

之 初 地 六 地 相 是。 此 菩 萨 者

[illegible]

sjwɨj[1] lə[1] ɣiə[1] njij[2] sjwɨj[1] mjij[2] śjɨj[1] ·jiw[2] njij[1] tjị[1]

业 障 微 少, 业 未 成 就, 心 诚

是初地六地②。此菩萨应乐修寂静③,少于业障,未成就业。

15.45.4

[illegible]

ŋwu[2] mjij1 sej[1] djọ[2] lew[2] tjij[1] lə[1] ljij[2] mjij[1] lu[2] kjɨ[1]

以 寂 静 修 应。 若 障 蔽 无 座 △

① 西夏本句上有“[illegible]”(如若)二字。另,“坐”字,西夏本作“[illegible]”(座)。考下文可知,此处当为名词,西夏本是。
② 西夏本句下有“[illegible]”(相)字。此下至“六地”皆同。
③ 乐,西夏本作“[illegible]”,字面意思是“心诚”。

[illegible]

mjịj¹ ku¹ thja¹ ɲia² tsjij² ·jij¹ ɣu¹ ljɨ̣² ·jij¹ ŋwu²

梦， 则 此 菩 萨 之 初 地 相 是。

无敷座①，此菩萨是初地。

15.45.5

[illegible]

lə¹ ljij² ·o¹ lu² ljij² ku¹ thja¹ ɲia² tsjij² ·jij¹ njɨ̣¹

障 蔽 有 座 见， 则 此 菩 萨 之 二

[illegible]

ljɨ̣² ·jij¹ ŋwu² lu² dźju¹ śja² ljij² ku¹ thja¹ ɲia² tsjij²

地 相 是。 座 显 现 见， 则 此 菩 萨

敷座②，此菩萨是二地。显现敷座③，此菩萨

15.45.6

[illegible]

·jij¹ so̱¹ ljɨ̣² ·jij¹ ŋwu² tjij¹ mə² mə² lu² thu¹ dja²

之 三 地 相 是。 若 种 种 座 置 △

[illegible]

dzu̱² ljij² ku¹ thja¹ ɲia² tsjij² ·jij¹ ljɨr¹ ljɨ̣² ·jij¹

坐 见， 则 此 菩 萨 之 四 地 相

是三地。若敷种种座坐，此菩萨是四地。

15.45.7

[illegible]

ŋwu² sji¹ dźjwa¹ lu² thu¹ ljij² ku¹ thja¹ ɲia² tsjij² ·jij¹

是。 毕 竟 座 置 见， 则 此 菩 萨 之

[illegible]

ŋwə¹ ljɨ̣² ·jij¹ ŋwu² tjij¹ lu² ŋa̱² thu¹ njwi² ljij²

---

① 无敷座，西夏本作“[illegible]”（若梦无障蔽座）。按，上下文中与汉文本“敷座”相应的夏译多作“[illegible]”，字面意思是“设座、置座”。

② 敷座，西夏本作“[illegible]”（见有障蔽座）。

③ 显现敷座，西夏本作“[illegible]”（见显现座）。此下至“六地”皆同。

五 地 相 是。 若 座 好 置 能 见，

毕竟敷座，此菩萨是五地。若善敷好座，

15.46.1

ku^{1} thja^{1} ɲia^{2} tsjij^{2} ·jij^{1} tśhjiw^{1} ljɨ̣^{2} ·jij^{1} ŋwu^{2} ljij^{2} sjwɨj^{1} dwewr^{2} lew^{2}

则 此 菩 萨 之 六 地 相 是。 魔 业 觉 应。

此菩萨是六地。应觉魔业。

15.46.2

niow^{1} tśjɨ^{1} kię^{1} dźja^{2} dźjwu^{1} ɲia^{2} tsjij^{2} tjɨ^{1} tjij^{1} ɲia^{2} tsjij^{2}

复 次 金 刚 摧 菩 萨！ 如 若 菩 萨

mjor^{1} ljij^{2} ·jij^{1} tji̱^{1} khjow^{1} kjɨ^{1} mjij^{1} ku^{1} thja^{1} ɲia^{2}

如 来 之 食 与 △ 梦， 则 此 菩

复次金刚摧！菩萨若梦中与如来食①，此菩萨

15.46.3

tsjij^{2} śja̱^{1} ljɨ̣^{2} ɣu^{1} ljɨ̣^{2} ljij^{2} ŋwu^{2} thja^{1} ɲia^{2} tsjij^{2} tja^{1}

萨 七 地 初 地 见 是。 此 菩 萨 者

sjwɨj^{1} lə^{1} ɣiə^{1} njij^{2} jɨr^{2} khu^{1} dźjij^{1} bju^{1} śjij^{1} ŋwu^{2}

业 障 微 少， 勤 精 进 相 应 以

是七地见初地。相应勤修精进趣向道②，此菩萨少于业障。

15.46.4

tśhja^{2} tśja^{1} rjijr^{2} tshwew^{1} lew^{2} tjij^{1} mjor^{1} ljij^{2} nji^{1} kha^{1} ljij^{2}

---

① 与，西夏本作“[illegible]”(与)。下文“施”字，西夏亦作“[illegible]”(与)或“[illegible]”(施与)。

② 西夏本“道”上有“[illegible]”(正)字。

正 道 向 趣 应。 若 如 来 家 中 来

[illegible]

·jar¹ ŋwu² tjị¹ khjow¹ kjɨ¹ mjij¹ ku¹ thja¹ ɲia² tsjij²

立 以 食 与 △ 梦， 则 此 菩 萨

若见如来入家中立施食者，此菩萨

15.46.5

[illegible]

·jij¹ ɣu¹ ljɨ̣² ·jij¹ ŋwu² tjij¹ nji¹ kha¹ dźjij¹ dzu̱² ŋwu²

之 初 地 相 是。 若 家 中 在 坐 以

[illegible]

tjị¹ mji¹ khjow¹ ljij² ku¹ thja¹ ɲia² tsjij² ·jij¹ njɨ̣¹

食 施 与 见， 则 此 菩 萨 之 二

是初地①。若在家中坐施食者，此菩萨是二

15.46.6

[illegible]

ljɨ̣² ·jij¹ ŋwu² tjij¹ ɣa¹ niow¹ ·jar¹ tjị¹ khjow¹ ljij² ku¹

地 相 是。 若 门 外 立 食 与 见， 则

[illegible]

thja¹ ɲia² tsjij² ·jij¹ so̱¹ ljɨ̣² ·jij¹ ŋwu² tjij¹ źji²

此 菩 萨 之 三 地 相 是。 若 市

地。若门外立施食者，此菩萨是三地。若市

15.46.7

[illegible]

lhjo̱r¹ ·u² tjị¹ khjow¹ ljij² ku¹ thja¹ ɲia² tsjij² ·jij¹ ljɨr¹

场 中 食 与 见， 则 此 菩 萨 之 四

[illegible]

ljɨ̣² ·jij¹ ŋwu² tjij¹ we² ɣa¹ ·u² tjị¹ khjow¹ ljij²

① 西夏本句下有“[illegible]”（相）字。此下至“七地”皆同。

地 相 是。 若 城 门 中 食 与 见，

中施食者，此菩萨是四地。若城门中施食者，

15.47.1

ku^{1} thja^{1} ɲia^{2} tsjij^{2} ·jij^{1} ŋwə^{1} ljɨ̣^{2} ·jij^{1} ŋwu^{2} tjij^{1} sẽ^{1}

则 此 菩 萨 之 五 地 相 是。 若 僧

kjɨ̣r^{2} ·u^{2} tjɨ̣^{1} khjow^{1} ljij^{2} ku^{1} thja^{1} ɲia^{2} tsjij^{2} ·jij^{1} tśhjiw^{1}

房 中 食 与 见， 则 此 菩 萨 之 六

此菩萨是五地。若僧房中施食者，此菩萨是六地。

15.47.2

ljɨ̣^{2} ·jij^{1} ŋwu^{2} tjij^{1} ·jɨ̣j^{2} ·u^{2} tjɨ̣^{1} khjow^{1} ljij^{2} ku^{1} thja^{1}

地 相 是。 若 房 中 食 与 见， 则 此

ɲia^{2} tsjij^{2} ·jij^{1} śjạ^{1} ljɨ̣^{2} ·jij^{1} ŋwu^{2} ljij^{2} sjwɨj^{1} phja^{1} ljɨ^{1}

菩 萨 之 七 地 相 是。 魔 业 除 也。

若房中施食者，此菩萨是七地。除魔业。

15.47.3

niow^{1} tśjɨ^{1} kię^{1} dźja^{2} dźjwu^{1} ɲia^{2} tsjij^{2} tjɨ^{1} tjij^{1} ɲia^{2} tsjij^{2}

复 次 金 刚 摧 菩 萨！ 如 若 菩 萨

mjor^{1} ljij^{2} ·jij^{1} lhwu^{1} khjow^{1} kjɨ^{1} mjij^{1} ku^{1} thja^{1} ɲia^{2}

如 来 之 衣 与 △ 梦， 则 此 菩

复次金刚摧！菩萨若于梦中自知施如来衣者①，此菩萨

① “自知”二字义西夏本未见。

15.47.4

[illegible]	[illegible]	[illegible]	[illegible]	[illegible]	[illegible]	[illegible]	[illegible]。	[illegible]	[illegible]	[illegible]
tsjij^{2}	·jij^{1}	tśhjiw^{1}	ljɨ^{2}	ɣu^{1}	ljɨ^{2}	·jij^{1}	ŋwu^{2}	thja^{1}	ɲia^{2}	tsjij^{2}
萨	之	六	地	初	地	相	是。	此	菩	萨
[illegible]	[illegible]	[illegible]	[illegible]	[illegible]	[illegible]	[illegible]，	[illegible]	[illegible]	[illegible]	[illegible]
tja^{1}	·jij^{1}	mjij^{1}	sã^{1}	mej^{2}	jɨr^{2}	djọ^{2}	ɲia^{2}	tsjij^{2}	rjijr^{2}	tshwew^{1}
者	相	无	三	昧	勤	修，	菩	萨	向	趣

是六地初地①。此菩萨应勤修无相三昧，趣向菩提②。

15.47.5

[illegible]。	[illegible]	[illegible]	[illegible]	[illegible]	[illegible]	[illegible]	[illegible]	[illegible]	[illegible]	[illegible]
lew^{2}	tjij^{1}	dzjwɨ^{1}	lhejr^{2}	ŋwu^{2}	mjor^{1}	ljij^{2}	·jij^{1}	lhwu^{1}	khjow^{1}	kjɨ^{1}
应。	若	恭	敬	以	如	来	之	衣	与	△
[illegible]，	[illegible]	[illegible]	[illegible]	[illegible]	[illegible]	[illegible]	[illegible]	[illegible]	[illegible]。	
mjij^{1}	ku^{1}	thja^{1}	ɲia^{2}	tsjij^{2}	·jij^{1}	ɣu^{1}	ljɨ^{2}	·jij^{1}	ŋwu^{2}	
梦，	则	此	菩	萨	之	初	地	相	是。	

若恭敬心施如来衣者，此菩萨是初地。

15.47.6

[illegible]	[illegible]	[illegible]	[illegible]	[illegible]	[illegible]	[illegible]，	[illegible]	[illegible]	[illegible]	[illegible]
tjij^{1}	mjor^{1}	ljij^{2}	·jij^{1}	lhwu^{1}	phiow^{1}	khjow^{1}	ku^{1}	thja^{1}	ɲia^{2}	tsjij^{2}
若	如	来	之	衣	白	与，	则	此	菩	萨
[illegible]	[illegible]	[illegible]	[illegible]	[illegible]。	[illegible]	[illegible]	[illegible]	[illegible]，	[illegible]	
·jij^{1}	njɨ^{1}	ljɨ^{2}	·jij^{1}	ŋwu^{2}	tjij^{1}	tshjwu^{1}	lhwu^{1}	khjow^{1}	ku^{1}	
之	二	地	相	是。	若	青	染	与，	则	

若施如来白衣者，此菩萨是二地。若施染衣者，

15.47.7

[illegible]	[illegible]	[illegible]	[illegible]	[illegible]	[illegible]	[illegible]	[illegible]。	[illegible]	[illegible]	[illegible]

① 西夏本句下有“[illegible]”（相）字。此下至“八地”皆同。
② 菩提，西夏本作“[illegible][illegible]”（菩萨）。据文义西夏本疑误。

thja1 ɲia2 tsjij2 ·jij1 sọ1 ljɨ̣2 ·jij1 ŋwu2 tjij1 mjor1 ljịj2

此 菩 萨 之 三 地 相 是。 若 如 来

[illegible]，[illegible]

·jij1 dza1 tsə̣1 lhwu1 khjow1 ku1 thja1 ɲia2 tsjij2 ·jij1

之 杂 色 衣 与， 则 此 菩 萨 之

此菩萨是三地。若施如来杂色衣者，此菩萨

15.48.1

[illegible]。[illegible]

ljɨr1 ljɨ̣2 ·jij1 ŋwu2 tjij1 mjor1 ljịj2 ·jij1 kię1 tsə̣1 lhwu1

四 地 相 是。 若 如 来 之 金 色 衣

[illegible]，[illegible]。

khjow1 ku1 thja1 ɲia2 tsjij2 ·jij1 ŋwə1 ljɨ̣2 ·jij1 ŋwu2

与， 则 此 菩 萨 之 五 地 相 是。

是四地。若施如来金色衣者，此菩萨是五地。

15.48.2

[illegible]，[illegible]

tjij1 mjor1 ljịj2 ·jij1 dza1 ljɨ̣1 lhwu1 khjow1 ku1 thja1 ɲia2

若 如 来 之 杂 宝 衣 与， 则 此 菩

[illegible]。[illegible]

tsjij2 ·jij1 tśhjiw1 ljɨ̣2 ·jij1 ŋwu2 tjij1 mjor1 ljịj2 ·jij1

萨 之 六 地 相 是。 若 如 来 之

若施如来杂宝衣者，此菩萨是六地。若施如来

15.48.3

[illegible]，[illegible]

tsə̣1 lhwu1 khjow1 ku1 thja1 ɲia2 tsjij2 ·jij1 śjạ1 ljɨ̣2 ·jij1

色 衣 与， 则 此 菩 萨 之 七 地 相

[illegible]。[illegible]，[illegible]

ŋwu2 tjij1 mjor1 ljịj2 ·jij1 mə1 lhwu1 khjow1 ku1 thja1

是。 若 如 来 之 天 衣 与， 则 此

色衣者，此菩萨是七地。若施如来天衣者，此

15.48.4

[illegible]	[illegible]	[illegible]	[illegible]	[illegible]	[illegible]	[illegible]	[illegible]。
ɲia^{2}	tsjij^{2}	·jij^{1}	·jar^{1}	ljɨ̣^{2}	·jij^{1}	ŋwu^{2}	ljɨ^{1}
菩	萨	之	八	地	相	是	也。

菩萨是八地。

汉文本

复次金刚摧！菩萨若于梦中见如来，多人众中见如来身，此应忍乐摄取多人，此菩萨一切地处处见，相应勤进修道。若见居士杂姓人围绕如来，此菩萨是初地。若见王者众围绕如来，此菩萨是二地。若见婆罗门围绕如来，此菩萨是三地。若见王围绕如来，此菩萨是四地。若见龙围绕如来，此菩萨是五地。若见四大天王围绕如来，此菩萨是六地。若见帝释围绕如来，此菩萨是七地。若见梵天围绕如来，此菩萨是八地。若见净居天围绕如来，此菩萨是九地。若见菩萨围绕如来，此菩萨是十地。除魔业。

复次金刚摧！菩萨梦中得如来盖者，此菩萨最后地处处见地，解魔业杂业，求利养，疾趣向。若见草叶盖，此菩萨是初地。若见竹盖，此菩萨是二地。若见桦皮盖者，此菩萨是三地。若见大盖者，此菩萨是四地。若见铁迭盖者，此菩萨是五地。若见铜盖者，此菩萨是六地。若见金盖者，此菩萨是七地。若见七宝盖者，此菩萨是八地。若见铃网盖垂下者，此菩萨是九地。应觉六地魔业。

复次金刚摧！菩萨梦中见如来革屣，见一切十地。此菩萨应勤修精进趣向，此菩萨受记系在受记界。若向村间见革屣者，此菩萨是初地。若僧坊中见革屣者，此菩萨是二地。若园观中见革屣者，此菩萨是三地。若经行处见革屣者，此菩萨是四地。若房中见革屣者，此菩萨是五地。若坐禅中见革屣者，此菩萨是六地。若河水中见革屣者，此菩萨是七地。若山中见革屣者，此菩萨是八地。若空中见革屣者，此菩萨是九地。若神通见革屣者，此菩萨是十地。除魔业。

复次金刚摧！菩萨梦中见如来坐，此菩萨是初地六地。此菩萨应乐修寂静，少于业障，未成就业。无敷座，此菩萨是初地。敷座，此菩萨是二地。显现敷座，此菩萨是三地。若敷种种座坐，此菩萨是四地。毕竟敷座，此菩萨是五地。若善敷好座，此菩萨是六地。应觉魔业。

复次金刚摧！菩萨若梦中与如来食，此菩萨是七地见初地。相应勤修精进趣向道，此菩萨少于业障。若见如来入家中立施食者，此菩萨是初地。若在家中坐施食者，此菩萨是二地。若门外立施食者，此菩萨是三地。若市中施食者，此菩萨是四地。若城门中施食者，此菩萨是五地。若僧房中施食者，此菩萨是六地。若房中施食者，此菩萨是七地。除魔业。

复次金刚摧！菩萨若于梦中自知施如来衣者，此菩萨是六地初地。此菩萨应勤修无相三昧，趣向菩提。若恭敬心施如来衣者，此菩萨是初地。若施如来白衣者，此菩萨是二地。若施染衣者，此菩萨是三地。若施如来杂色衣者，此菩萨是四地。若施如来金色衣者，此菩萨是五地。若施如来杂宝衣者，此菩萨是六地。若施如来色衣者，此菩萨是七地。若施如来天衣者，此菩萨是八地。

15.48.5

[illegible]	[illegible]	[illegible]	[illegible]	[illegible]	[illegible]	[illegible]!	[illegible]	[illegible]	[illegible]	[illegible]
niow^1	tśjɨ^1	kię^1	dźja^2	dźjwu^1	ɲia^2	tsjij^2	tjɨ^1	tjij^1	ɲia^2	tsjij^2
复	次	金	刚	摧	菩	萨!	如	若	菩	萨
[illegible]	[illegible]	[illegible]	[illegible]	[illegible]	[illegible]	[illegible],	[illegible]	[illegible]	[illegible]	
mjor^1	ljij^2	·jij^1	wją^1	khjow^1	kjɨ^1	mji̱j^1	ku^1	thja^1	ɲia^2	
如	来	之	花	与	△	梦,	则	此	菩	

复次金刚摧！菩萨梦中自知施如来花①,此菩

15.48.6

[illegible]	[illegible]	[illegible]	[illegible]	[illegible]	[illegible]	[illegible]	[illegible]。	[illegible]	[illegible]	[illegible]
tsjij^2	·jij^1	tśhjiw^1	ljɨ̣^{2}	rjur^1	rjur^1	·jij^1	ŋwu^2	thja^1	dzjwo^2	sjwɨj^1
萨	之	六	地	处	处	相	是。	此	人	业
[illegible]	[illegible]	[illegible],	[illegible]	[illegible]	[illegible]	[illegible]。	[illegible]	[illegible]	[illegible]	[illegible]
lə^1	rejr^2	·ji^1	ne̱w^2	tśhji^2	śjwo^1	gie^1	tjij^1	mjor^1	ljij^2	·jij^1
障	多	众,	善	根	生	难。	若	如	来	之

萨是六地处处相。此人多业障,善根难生。若梦中施如来

15.48.7

[illegible]	[illegible]	[illegible]	[illegible]	[illegible]	[illegible]	[illegible],	[illegible]	[illegible]	[illegible]	[illegible]
mã^1	thow^1	lo^1	wją^1	khjow^1	kjɨ^1	mji̱j^1	ku^1	thja^1	ɲia^2	tsjij^2
曼	陀	罗	花	与	△	梦,	则	此	菩	萨
[illegible]	[illegible]	[illegible]	[illegible]	[illegible]。	[illegible]	[illegible]	[illegible]	[illegible]	[illegible]	
·jij^1	ɣu^1	ljɨ̣^{2}	·jij^1	ŋwu^2	tjij^1	wją^1	lju^2	ŋwu^2	mji^1	
之	初	地	相	是。	若	花	散	以	施	

曼陀罗花,此菩萨是初地②。若散花施者,

15.49.1

[illegible],	[illegible]	[illegible]	[illegible]	[illegible]	[illegible]	[illegible]	[illegible]	[illegible]	[illegible]。	[illegible]

① 西夏本句上有“[illegible]”(如若)二字。另,“自知”二字义西夏本未见。

② 西夏本句下有“[illegible]”(相)字。此下至“五地”同。

khjow¹ ku¹ thja¹ ɲia² tsjij² ·jij¹ njɨ̱¹ ljɨ̣² ·jij¹ ŋwu² tjij¹

与， 则 此 菩 萨 之 二 地 相 是。 若

[illegible] [illegible] [illegible] [illegible] [illegible] [illegible]， [illegible] [illegible] [illegible] [illegible]

mə² mə² dza¹ tsə̣¹ wja̱¹ khjow¹ ku¹ thja¹ ɲia² tsjij²

种 种 杂 色 花 与， 则 此 菩 萨

此菩萨是二地。若种种杂色花施者，此菩萨

15.49.2

[illegible] [illegible] [illegible] [illegible] [illegible]。 [illegible] [illegible] [illegible] [illegible] [illegible] [illegible]

·jij¹ so̱¹ ljɨ̣² ·jij¹ ŋwu² tjij¹ wja̱¹ ŋwu² mjor¹ ljịj² tśhja̱¹

之 三 地 相 是。 若 花 以 如 来 上

[illegible]， [illegible] [illegible] [illegible] [illegible] [illegible] [illegible] [illegible] [illegible] [illegible]。

tjị¹ ku¹ thja¹ ɲia² tsjij² ·jij¹ ljɨr¹ ljɨ̣² ·jij¹ ŋwu²

置， 则 此 菩 萨 之 四 地 相 是。

是三地。若以花著如来上，此菩萨是四地。

15.49.3

[illegible] [illegible] [illegible] [illegible] [illegible] [illegible] [illegible] [illegible] [illegible] [illegible] [illegible]

tjij¹ ·jij¹ la̱¹ ŋwu² wja̱¹ zow² mjor¹ ljịj² la̱¹ ·u² tjị¹

若 自 手 以 花 持 如 来 手 中 置

[illegible]， [illegible] [illegible] [illegible] [illegible] [illegible] [illegible] [illegible] [illegible] [illegible]。 [illegible]

wji¹ ku¹ thja¹ ɲia² tsjij² ·jij¹ ŋwə¹ ljɨ̣² ·jij¹ ŋwu² tjij¹

为， 则 此 菩 萨 之 五 地 相 是。 若

若自手以花著如来手中，此菩萨是五地。若

15.49.4

[illegible] [illegible] [illegible] [illegible] [illegible] [illegible]， [illegible] [illegible] [illegible] [illegible] [illegible]

mjor¹ ljịj² ·jij¹ mə¹ wja̱¹ khjow¹ ku¹ thja¹ ɲia² tsjij² ·jij¹

如 来 之 天 花 与， 则 此 菩 萨 之

[illegible] [illegible]， [illegible] [illegible] [illegible] [illegible]。 [illegible] [illegible] [illegible] [illegible]

tśhjiw¹ ljɨ̣² ljịj² sjwɨj¹ dźjwi¹ dzjar² njɨ̱¹ mə² dzjwo² rjɨr²

六　地，　魔　业　消　除。　二　种　人　除

以天花施如来，此菩萨是六地，除魔业。除二种人，

15.49.5

[illegible]

niow^1 ɣu^1 sjwɨj^1 mjijr^2 dzjwo^2 ·jiw^2 rejr^2 zjij^2 ljɨ^1

外，　初　业　者、　人　疑　多　众　也。

初业、多疑悔者。

15.49.6

[illegible]

niow^1 tśjɨ^1 kię^1 dźja^2 dźjwu^1 ɲia^2 tsjij^2 tjɨ^1 tjij^1 ɲia^2 tsjij^2

复　次　金　刚　摧　菩　萨！　如　若　菩　萨

[illegible]

ŋər^1 kha^1 ·o^2 ·jiw^2 njij^1 śjwo^1 kjɨ^1 mjij^1 ku^1 thja^1

山　中　入，　疑　心　生　△　梦，　则　此

复次金刚摧菩萨！若菩萨梦中梦入山，生疑心生谤①，

15.49.7

[illegible]

ɲia^2 tsjij^2 ·jij^1 ŋwə^1 ljɨ^2 ɣu^1 ljɨ^2 ljij^2 ŋwu^2 thja^1 dzjwo^2

菩　萨　之　五　地　初　地　见　是。　此　人

[illegible]

sjwɨj^1 lə^1 rejr^2 zjij^2 rejr^2 rjar^1 ŋo^2 tśhju^1 sjij^2 źjɨr^1 ɣiə^1

业　障　多　众，　多　病　痛　有，　智　慧　微

当知多有业障②，多有病痛，少于智慧。

15.50.1

[illegible]

njij^2 ɲia^2 tśhju^1 ŋowr^2 ŋowr^2 ɣa^2 ɣie^2 mjij^1 njij^1 śjwo^1 thja^1

① “生谤”二字义西夏本未见。

② “当知”二字义西夏本未见。

少。 众 生 一 切 于 碍 无 心 生， 此

[illegible] [illegible] [illegible] [illegible] [illegible] [illegible] [illegible]。 [illegible] [illegible] [illegible] [illegible]

njij[1] ŋwu[2] po[1] tjɨj[1] rjijr[2] tshwew[1] lew[2] thja[1] ɲia[2] tsjij[2] tja[1]

心 以 菩 提 向 趣 应。 此 菩 萨 者

此人应于一切众生生无碍心，以此心趣向菩提，此菩萨是五地初地见。此菩萨

15.50.2

[illegible] [illegible] [illegible] [illegible] [illegible] [illegible] [illegible] [illegible] [illegible] [illegible] [illegible]

śja̱[1] kjiw[1] io̱[1] ·u[2] njɨ̱[2] gjɨ[2] tśhjiw[1] dzjɨj[1] gji[1] sej[1] njij[1]

七 年 之 中 日 夜 六 时 清 净 心

[illegible]， [illegible] [illegible] [illegible] [illegible] [illegible] [illegible] [illegible]。 [illegible] [illegible] [illegible]

śjwo[1] ku[1] ɣu[1] ljɨ[2] swew[1] źjɨr[1] ·jij[1] ŋwu[2] jɨr[2] ŋwu[2] no[2]

起， 则 初 地 明 慧 相 是。 勤 以 安

应七年中昼夜六时起清净心，初地明慧相①。当勤具安

15.50.3

[illegible] [illegible] [illegible] [illegible] [illegible] [illegible] [illegible] [illegible] [illegible]， [illegible] [illegible]

lhejr[2] ŋowr[2] lhə[?] niow[1] kjṵ[1] tshwew[1] tsjɨ[1] ŋowr[2] lhə[?] ku[1] njɨ̱[1]

乐 具 足 及 供 养 亦 具 足， 则 二

[illegible] [illegible] [illegible] [illegible] [illegible]。 [illegible] [illegible] [illegible] [illegible] [illegible]，

ljɨ[2] so̱[1] ljɨ[2] ·jij[1] ŋwu[2] so̱[1] ljɨ[1] ·jij[1] kjṵ[1] tshwew[1]

地 三 地 相 是。 三 宝 之 供 养，

乐具供给②，二地第三地③。供养三宝，

15.50.4

[illegible] [illegible] [illegible] [illegible] [illegible]。 [illegible] [illegible] [illegible] [illegible]

ku[1] ljɨr[1] ljɨ[2] ·jij[1] ŋwu[2] źji[2] na[1] tsjɨ̱r[1] ze̱w[2]

则 四 地 相 是。 甚 深 法 忍

[illegible] [illegible]， [illegible] [illegible] [illegible] [illegible] [illegible] [illegible]。

① 西夏本句上有“[illegible]”（是）字。

② 西夏本作“[illegible]”，字面意思是“以勤安乐具足复供养亦具足”。汉文本表述较简。

③ 西夏本句上有“[illegible]”（是）字。另，汉文本“第”字义西夏本未见。此下至“五地”皆同。

jɨr^{2}	djo̱^{2}	ku^{1}	ŋwə^{1}	ljɨ̣^{2}	·jij^{1}	ŋwu^{2}	ljɨ^{1}
勤	修，	则	五	地	相	是	也。

第四地。应勤修甚深法忍，第五地。

15.50.5

[illegible]	[illegible]	[illegible]	[illegible]	[illegible]	[illegible]	[illegible]！	[illegible]	[illegible]	[illegible]	[illegible]
niow^{1}	tśjɨ^{1}	kię^{1}	dźja^{2}	dźjwu^{1}	ɲia^{2}	tsjij^{2}	tjɨ^{1}	tjij^{1}	ɲia^{2}	tsjij^{2}
复	次	金	刚	摧	菩	萨！	如	若	菩	萨
[illegible]	[illegible]	[illegible]	[illegible]	[illegible]	[illegible]，	[illegible]	[illegible]	[illegible]	[illegible]	
·jij^{1}	gjwi^{2}	mji^{1}	gjwi^{2}	kjɨ^{1}	mjij^{1}	ku^{1}	·jij^{1}	sjwɨj^{1}	lə^{1}	
自	衣	不	著	△	梦，	则	自	业	障	

复次金刚摧！菩萨若梦中自见裸形①，当知自无业障②，

15.50.6

[illegible]，	[illegible]	[illegible]	[illegible]	[illegible]。	[illegible]	[illegible]	[illegible]	[illegible]	[illegible]	[illegible]
mjij^{1}	ɣu^{1}	ljɨ̣^{2}	ljij^{2}	ŋwu^{2}	tjij^{1}	we^{2}	·u^{2}	lhwu^{1}	mji^{1}	gjwi^{2}
无，	初	地	见	是。	若	城	中	衣	不	著
[illegible]	[illegible]，	[illegible]	[illegible]	[illegible]	[illegible]	[illegible]。	[illegible]	[illegible]	[illegible]	
kjɨ^{1}	mjij^{1}	ku^{1}	njɨ̣^{1}	ljɨ̣^{2}	·jij^{1}	ŋwu^{2}	tjij^{1}	·ja$^{?}$	ljɨj^{1}	
△	梦，	则	二	地	相	是。	若	阿	练	

当知见初地③。若城中自见裸形，是见第二地④。若阿练

15.50.7

[illegible]	[illegible]	[illegible]	[illegible]	[illegible]，	[illegible]	[illegible]	[illegible]	[illegible]	[illegible]。	[illegible]
rja^{2}	do^{2}	lhwu^{1}	mji^{1}	gjwi^{2}	ku^{1}	so̱^{1}	ljɨ̣^{2}	·jij^{1}	ŋwu^{2}	tjij^{1}
若	处	衣	不	著，	则	三	地	相	是。	若
[illegible]	[illegible]	[illegible]	[illegible]	[illegible]，	[illegible]	[illegible]	[illegible]	[illegible]	[illegible]。	
ŋər^{1}	kha^{1}	lhwu^{1}	mji^{1}	gjwi^{2}	ku^{1}	ljɨr^{1}	ljɨ̣^{2}	ljij^{2}	ŋwu^{2}	

① 梦中自见裸形，西夏本作“[illegible]”，字面意思是“梦自不著衣”。下文“见裸身”和“见裸形”，西夏本译作“[illegible]”(不著衣)。

② “当知”二字义西夏本未见。

③ 当知，西夏本作“[illegible]”(是)。

④ “见”“第”二字义西夏本未见。另，西夏本句下有“[illegible]”(相)字。下文“是见第三地”同。

山	中	衣	不	著，	则	四	地	见	是。

若处见裸身，是见第三地。若山中见裸形，此见第四地①。

15.51.1

[Tangut]	[Tangut]	[Tangut]	[Tangut]	[Tangut]。	[Tangut]	[Tangut]	[Tangut]	[Tangut]	[Tangut]	[Tangut]
nwə^{1}	sjij^{2}	?	njij^{1}	lew^{2}	thja^{1}	ɲia^{2}	tsjij^{2}	·jij^{1}	zjɨ̣r^{2}	niəj^{1}
知	识	亲	近	当。	此	菩	萨	自	水	浊
[Tangut]	[Tangut]	[Tangut]	[Tangut]，	[Tangut]	[Tangut]	[Tangut]	[Tangut]	[Tangut]。	[Tangut]	
kha^{1}	dźjij^{1}	kjɨ^{1}	mjij^{1}	ku^{1}	ɣu^{1}	ljɨ̣^{2}	ljij^{2}	ŋwu^{2}	tjij^{1}	
中	行	△	梦，	则	初	地	见	是。	若	

当亲近善知识。此菩萨自梦见在浊水中去，是见初地。若

15.51.2

[Tangut]	[Tangut]	[Tangut]	[Tangut]	[Tangut]	[Tangut]，	[Tangut]	[Tangut]	[Tangut]	[Tangut]	[Tangut]。
·jij^{1}	zjɨ̣r^{2}	niəj^{1}	tśhiə^{1}	kha^{1}	dźjij^{1}	ku^{1}	njɨ̣^{1}	ljɨ̣^{2}	ljij^{2}	ŋwu^{2}
自	水	浊	沫	中	行，	则	二	地	见	是。
[Tangut]	[Tangut]	[Tangut]	[Tangut]	[Tangut]	[Tangut]	[Tangut]，	[Tangut]	[Tangut]	[Tangut]	
tjij^{1}	·jij^{1}	zjɨ̣r^{2}	kha^{1}	lho$^{?}$	bu^{1}	dźjij^{1}	ku^{1}	so̱^{1}	ljɨ̣^{2}	
若	自	水	中	出	没	行，	则	三	地	

自见在浊水沫中行，此是见二地②。若见涌没水中行，此是见第三地。

15.51.3

[Tangut]	[Tangut]。	[Tangut]	[Tangut]	[Tangut]	[Tangut]	[Tangut]	[Tangut]，	[Tangut]	[Tangut]	[Tangut]
ljij^{2}	ŋwu^{2}	tjij^{1}	zjɨ̣r^{2}	mjo̱^{2}	dźiəj^{2}	·u^{2}	dźjij^{1}	ku^{1}	ljɨr^{1}	ljɨ̣^{2}
见	是。	若	水	涸	池	中	行，	则	四	地
[Tangut]	[Tangut]。	[Tangut]	[Tangut]	[Tangut]	[Tangut]	[Tangut]	[Tangut]	[Tangut]，	[Tangut]	

① “第”字义西夏本未见。另，此下汉文本作“当知魔业。复次金刚摧菩萨！若菩萨梦见自趣四维去，此菩萨舍善知识，是见初地。少于智慧，懈怠多忧多恼，为多人所笑，多于病痛，心多狂癫，为善根故求于出家，复还入俗。贫苦无有财物多病，为利养故谤毁法师，谤法不信不解，当还生正直心亲近法师，勤修一切施无碍心趣向菩提。此菩萨乃至解于六地，此菩萨以软中上心除害过罪。复次金刚摧！菩萨梦中见趣向未曾见方，此有魔业业障。此菩萨三地处处见地，应勤修净根。供养三宝净初地，若勤修空见第二地，修法忍见第三地，乃至住六地。自知此菩萨见初地，出入多于善根亦多不善根。此舍命不生愁恼，舍恶知识、亲近信解知法人，无奸伪，如是净于业障。彼以奸诈心盗法”，西夏本脱。

② 西夏本作“[Tangut][Tangut][Tangut][Tangut]”（是见二地），此下至“五地”皆同。汉文本则表述各异，分别为“此是见二地”“此是见第三地”“见第第四地”“是见第五地”。

ljij^{2} ŋwu^{2} tjij^{1} mji̱j^{1} gu^{2} zji̱r^{2} gji^{1} kha^{1} dźjij^{1} ku^{1}

见 是。 若 梦 中 水 清 中 行, 则

若涸水中行,见第四地。若梦在清水中行,

15.51.4

[illegible] [illegible] [illegible] [illegible] [illegible]。

ŋwə^{1} ljɨ̣^{2} ljij^{2} ŋwu^{2} ljɨ^{1}

五 地 见 是 也。

是见第五地。

15.51.5

[illegible] [illegible] [illegible] [illegible] [illegible] [illegible] [illegible]! [illegible] [illegible] [illegible]

niow^{1} tśjɨ^{1} kię^{1} dźja^{2} dźjwu^{1} ɲia^{2} tsjij^{2} tjɨ^{1} tjij^{1} ɲia^{2}

复 次 金 刚 摧 菩 萨! 如 若 菩

[illegible] [illegible] [illegible] [illegible] [illegible], [illegible] [illegible] [illegible] [illegible] [illegible]

tsjij^{2} dji̱j^{2} dew^{2} kjɨ^{1} mji̱j^{1} ku^{1} thja^{1} ɲia^{2} tsjij^{2} ·jij^{1}

萨 云 雨 △ 梦, 则 此 菩 萨 之

复次金刚摧!菩萨若梦中见云雨,此菩萨

15.51.6

[illegible] [illegible] [illegible] [illegible] [illegible] [illegible], [illegible] [illegible] [illegible] [illegible] [illegible]

ɣu^{1} ljɨ̣^{2} śjạ^{1} ljɨ̣^{2} ljij^{2} ŋwu^{2} thja^{1} ɲia^{2} tsjij^{2} tja^{1} lji̱j^{2}

初 地 七 地 见 是, 此 菩 萨 者 魔

[illegible] [illegible] [illegible], [illegible] [illegible] [illegible] [illegible] [illegible] [illegible] [illegible]

sjwɨj^{1} rejr^{2} zjij^{2} śji^{1} zjọ^{2} nji^{1} phjɨ^{1} ·jij^{1} dzju^{2} ɣie^{1}

业 多 众, 前 世 家 出 自 在 力

多魔业,此菩萨是初地七地见,此以自在力

15.51.7

[illegible] [illegible] [illegible] [illegible] [illegible] [illegible], [illegible] [illegible] [illegible], [illegible] [illegible]

ŋwu^{2} tsji̱r^{1} dzji̱j^{2} ·jij^{1} tsjụ^{1} kier^{1} gji̱j^{1} ·jur^{1} nio̱w^{1} ku^{1} tsji̱r^{1}

以 法 师 之 伤 害, 利 养 故, 则 法

[illegible]	[illegible]	[illegible]	[illegible]。	[illegible]	[illegible]	[illegible]	[illegible]	[illegible]	[illegible]
dzji̱j^{2}	·jij^{1}	źier^{1}	njɨ̱^{2}	thja^{1}	tsjɨ̱r^{1}	dzji̱j^{2}	tsjɨ̱r^{1}	bju^{1}	kjɨ̱r^{2}
师	之	呵	责。	此	法	师	法	如	教

娆说法师前出家①,为利养故,呵责法师。若法师如法教

15.52.1

[illegible],	[illegible]	[illegible]	[illegible]	[illegible]	[illegible]。	[illegible]	[illegible]	[illegible]	[illegible]	[illegible]
dzjij^{2}	·ju^{2}	dzji̱j^{2}	dạ^{2}	rjir^{2}	ljwu^{1}	thja^{1}	dzjwo^{2}	pjo^{1}	ze̱w^{2}	jɨr^{2}
悔,	常	师	语	与	违。	此	人	谤	忍	勤
[illegible],	[illegible]	[illegible]	[illegible]	[illegible],	[illegible]	[illegible]	[illegible]	[illegible],	[illegible]	
djọ^{2}	dźiej^{2}	tsjij^{2}	nji̱j^{1}	śjwo^{1}	gji̱j^{1}	·jur^{1}	dźjow^{1}	ka^{2}	·ja$^{?}$	
修,	信	解	心	生,	利	养	分	离,	一	

悔,常违反师语。应勤修忍辱,生信解心,离于利养,一

15.52.2

[illegible]	[illegible]	[illegible]	[illegible]	[illegible],	[illegible]	[illegible]	[illegible]	[illegible]	[illegible]	[illegible]
śjij^{1}	mjɨ^{1}	·jij^{1}	gji̱j^{1}	ɣie^{2}	ku^{1}	thja^{1}	bju^{1}	sjwɨj^{1}	lə^{1}	dźjwi^{1}
向	他	之	利	益,	则	此	以	业	障	消
[illegible]。	[illegible]	[illegible]	[illegible]	[illegible]	[illegible]	[illegible]	[illegible],	[illegible]	[illegible]	
dzjar^{2}	tjij^{1}	lhjɨ^{2}	wor^{1}	djɨ̱j^{2}	dew^{2}	kjɨ^{1}	mjij^{1}	ku^{1}	thja^{1}	
除。	若	尘	土	云	雨	△	梦,	则	此	

向为利他,以此净业障。若见尘土云雨②,此

15.52.3

[illegible]	[illegible]	[illegible]	[illegible]	[illegible]	[illegible]	[illegible]。	[illegible]	[illegible]	[illegible]	[illegible],
ɲia^{2}	tsjij^{2}	·jij^{1}	ɣu^{1}	ljɨ̱^{2}	·jij^{1}	ŋwu^{2}	tjij^{1}	djɨ̱j^{2}	nja̱^{1}	ljij^{2}
菩	萨	之	初	地	相	是。	若	云	黑	见,
[illegible]	[illegible]	[illegible]	[illegible]	[illegible]	[illegible]	[illegible]	[illegible]	[illegible]。	[illegible]	
ku^{1}	thja^{1}	ɲia^{2}	tsjij^{2}	·jij^{1}	njɨ^{1}	ljɨ̱^{2}	·jij^{1}	ŋwu^{2}	tjij^{1}	
则	此	菩	萨	之	二	地	相	是。	若	

菩萨是初地③。若见黑云,此菩萨是二地。若

① 娆说,西夏本作"[illegible]",字面意思是"伤害"。
② 见,西夏本作"[illegible]"(梦),概为强调梦中所见。
③ 西夏本句下有"[illegible]"(相)字。此下至"五地"皆同。

15.52.4

[illegible]	[illegible]	[illegible],	[illegible]	[illegible]	[illegible]	[illegible]	[illegible]	[illegible]	[illegible]	[illegible]
djɨj^{2}	ŋewr^{1}	ljij^{2}	ku^{1}	thja^{1}	ɲia^{2}	tsjij^{2}	·jij^{1}	sọ^{1}	ljɨ^{2}	·jij^{1}
云	乱	见,	则	此	菩	萨	之	三	地	相
[illegible]。	[illegible]	[illegible]	[illegible]	[illegible]	[illegible],	[illegible]	[illegible]	[illegible]	[illegible]	
ŋwu^{2}	tjij^{1}	mə^{1}	dji̱^{1}	djɨj^{2}	ljij^{2}	ku^{1}	thja^{1}	ɲia^{2}	tsjij^{2}	
是。	若	天	雷	云	见,	则	此	菩	萨	

见乱云,此菩萨是三地。若见雷云,此菩萨

15.52.5

[illegible]	[illegible]	[illegible]	[illegible]	[illegible]。	[illegible]	[illegible]	[illegible]	[illegible]	[illegible]	[illegible]
·jij^{1}	ljɨr^{1}	ljɨ^{2}	·jij^{1}	ŋwu^{2}	tjij^{1}	thjɨj^{1}	tshjwu^{1}	djɨj^{2}	kja̱^{1}	le^{2}
之	四	地	相	是。	若	电	闪	云	惊	怖
[illegible],	[illegible]	[illegible]	[illegible]	[illegible]	[illegible]	[illegible]	[illegible]	[illegible]	[illegible]。	
ljij^{2}	ku^{1}	thja^{1}	ɲia^{2}	tsjij^{2}	·jij^{1}	ŋwə^{1}	ljɨ^{2}	·jij^{1}	ŋwu^{2}	
见,	则	此	菩	萨	之	五	地	相	是。	

是四地。若见电云惊怖,此菩萨是五地。

15.52.6

[illegible]	[illegible]	[illegible]	[illegible],	[illegible]	[illegible]	[illegible]	[illegible]	[illegible]
tjij^{1}	mur^{2}	lja^{1}	ljij^{2}	ku^{1}	thja^{1}	ɲia^{2}	tsjij^{2}	·jij^{1}
若	雹	降	见,	则	此	菩	萨	之
[illegible]	[illegible]	[illegible]	[illegible]	[illegible],	[illegible]	[illegible]	[illegible]	[illegible]。
tśhjiw^{1}	ljɨ^{2}	ljij^{2}	sjwɨj^{1}	ŋwu^{2}	ljɨ^{2}	ljɨ^{2}	nwə^{1}	lew^{2}
六	地	魔	业	是,	地	地	知	应。

若见雨雹,此菩萨是六地魔业,地地应知。

15.52.7

[illegible]	[illegible]	[illegible]	[illegible]	[illegible]	[illegible]	[illegible]!	[illegible]	[illegible]	[illegible]	[illegible]
niow^{1}	tśjɨ^{1}	kię^{1}	dźja^{2}	dźjwu^{1}	ɲia^{2}	tsjij^{2}	tjɨ^{1}	tjij^{1}	ɲia^{2}	tsjij^{2}
复	次	金	刚	摧	菩	萨!	如	若	菩	萨

ljɨ̣^{2} sa̱r^{1} kjɨ^{1} mjịj^{1} ku^{1} thja^{1} ɲia^{2} tsjij^{2} ·jij^{1} ɣu^{1}

地 摇 △ 梦， 则 此 菩 萨 之 初

复次金刚摧！菩萨梦中见地摇，此菩萨是初

15.53.1

ljɨ̣^{2} ŋwu^{2} dju^{1} njij^{2} ɣu^{1} sjwɨj^{1} dźjịj^{1} ɣu^{1} sjwɨj^{1} rejr^{2} zjịj^{2}

地 是， 久 久 初 业 行。 初 业 多 众、

sjwɨj^{1} lə^{1} tsjɨ^{1} rejr^{2} thja^{1} dzjwo^{2} kja̧^{1} le^{2} ɲia^{2} tśhju^{1} ɣa^{2}

业 障 亦 多， 此 人 恐 怖 众 生 于

地，久行初业多。初业多、初业障多，恐怖众生

15.53.2

le^{2} mjij^{1} mji^{1} djo̧^{2} so̧^{1} sjwɨj^{1} tśhjwɨj^{1} ·wejr^{2} thja^{1} ŋwu^{2} sjwɨj^{1}

畏 无 施 修， 三 业 守 护， 此 以 业

lə^{1} phja^{1} lew^{2} tjij^{1} ·ju^{2} ljɨ̣^{2} sa̱r^{1} kjɨ^{1} mjịj^{1} ku^{1}

障 断 应。 若 常 地 摇 △ 梦， 则

应修无畏施众生，守护三业，以此净除业障。彼若常见地摇①，

15.53.3

ɣu^{1} sjwɨj^{1} ɣu^{1} ljɨ̣^{2} ŋwu^{2} we^{2} dźiəj^{2} ŋjwo^{2} ljịj^{2} ·ji^{1} dzjwo^{2}

初 业 初 地 是。 城 池 毁 坏 众 人

pju^{2} ku^{1} thja^{1} ɲia^{2} tsjij^{2} ·jij^{1} njɨ̱^{1} ljɨ̣^{2} ·jij^{1} ŋwu^{2}

烧， 则 此 菩 萨 之 二 地 相 是。

是初业初地。破城池烧人众，此菩萨二地②。

① “彼”字义西夏本未见。另，“见”字西夏本译作“□”（梦）。

② 二地，西夏本作“□□□□”（是二地相）。

15.53.4

[illegible]	[illegible]	[illegible]	[illegible]	[illegible],	[illegible]	[illegible]	[illegible]	[illegible]	[illegible]。	[illegible]
tjij^{1}	rejr^{2}	dzjɨj^{1}	ljɨ^{2}	sa̱r^{1}	ku^{1}	so̱^{1}	ljɨ^{2}	·jij^{1}	ŋwu^{2}	źjɨr^{1}
若	多	时	地	动,	则	三	地	相	是。	真
[illegible]	[illegible]	[illegible],	[illegible]	[illegible]	[illegible]	[illegible]	[illegible]。	[illegible]	[illegible]	
ɣiej^{1}	tji̱^{1}	śjwo^{1}	ku^{1}	ljɨr^{1}	ljɨ^{2}	·jij^{1}	ŋwu^{2}	ljij^{2}	sjwɨj^{1}	
实	誓	发,	则	四	地	相	是。	魔	业	

若地久动,是三地①。发真实誓,是四地。魔业,

15.53.5

[illegible],	[illegible]	[illegible]	[illegible]	[illegible]	[illegible]	[illegible]	[illegible]。	[illegible]	[illegible]	[illegible]
ŋwu^{2}	ku^{1}	ŋwə^{1}	ljɨ^{2}	tśhjiw^{1}	ljɨ^{2}	·jij^{1}	ŋwu^{2}	źji^{2}	·ji̱j^{1}	jɨr^{2}
是,	则	五	地	六	地	相	是。	总	持	勤
[illegible],	[illegible]	[illegible]	[illegible]	[illegible]	[illegible]。	[illegible]	[illegible]	[illegible]	[illegible]	
djo̱^{2}	ku^{1}	śja̱^{1}	ljɨ^{2}	·jij^{1}	ŋwu^{2}	ljij^{2}	pju̱^{1}	tśhja^{2}	dźjij^{2}	
修,	则	七	地	相	是。	大	威	德	有	

是五地、六地。勤修总持,是七地。大威德

15.53.6

[illegible]	[illegible]	[illegible]	[illegible]	[illegible]	[illegible],	[illegible]	[illegible]	[illegible]	[illegible]	[illegible]。
rjur^{1}	mə^{1}	źji^{2}	lja^{1}	ljwu^{2}	dzjɨ^{2}	ku^{1}	·jar^{1}	ljɨ^{2}	·jij^{1}	ŋwu^{2}
诸	天	悉	来	会	集,	则	八	地	相	是。
[illegible]	[illegible]	[illegible]	[illegible]	[illegible]	[illegible]	[illegible],	[illegible]	[illegible]	[illegible]	
rjur^{1}	we^{1}	lja^{1}	bji^{1}	ɣie^{1}	lhu^{1}	ljij^{1}	ku^{1}	gjɨ^{1}	ljɨ^{2}	
诸	龙	来	气	力	增	长,	则	九	地	

诸天悉来集会,是八地。诸龙来增益气力,是九地。

15.53.7

[illegible]	[illegible]。	[illegible]	[illegible]	[illegible],	[illegible]	[illegible]	[illegible]	[illegible]	[illegible]。	[illegible]
·jij^{1}	ŋwu^{2}	xiwã^{1}	mə^{1}	lja^{1}	ku^{1}	ɣa̱^{2}	ljɨ^{2}	·jij^{1}	ŋwu^{2}	mjor^{1}

① 西夏本句下有"[illegible]"(相)字。此下至"十地"皆同。

相 是。 梵 天 来， 则 十 地 相 是。 如

[illegible]

ljij^{2} ·jij^{1} dwu̱^{2} rjɨj^{2} dạ^{2} mji^{1} ljɨ̣^{2} sa̱r^{1} mju̱^{2} ku^{1}

来 之 秘 密 语 闻， 地 动 摇， 则

是梵天来，是十地。闻如来秘密语，地摇动，

15.54.1

[illegible]

ljɨ̣^{2} ljɨ̣^{2} nwə^{1} dwewr^{2} lew^{2}

地 地 知 觉 应。

地地应觉知。

15.54.2

[illegible]

niow^{1} tśjɨ^{1} kię̣^{1} dźja^{2} dźjwu^{1} ɲia^{2} tsjij^{2} tjɨ^{1} tjij^{1} ɲia^{2} tsjij^{2}

复 次 金 刚 摧 菩 萨！ 如 若 菩 萨

[illegible]

·jij^{1} ɣwej^{1} dze̱j^{1} kha^{1} dźji̱j^{1} kjɨ^{1} mji̱j^{1} ku^{1} thja^{1} ɲia^{2}

自 斗 讼 中 在 △ 梦， 则 是 菩

复次金刚摧！菩萨梦中自见在斗讼中，是菩萨

15.54.3

[illegible]

tsjij^{2} ·jij^{1} ljɨr^{1} ljɨ̣^{2} ɣu^{1} ljɨ̣^{2} ·jij^{1} ŋwu^{2} tjij^{1} phju^{2} ljɨ̣^{2}

萨 之 四 地 初 地 相 是。 若 上 地

[illegible]

ljij^{2} ku^{1} lji̱j^{2} sjwɨj^{1} ŋwu^{2} rjɨr^{2} njɨ^{2} śjạ^{1} ljɨ̣^{2} ·jij^{1}

见， 则 魔 业 是， 乃 至 七 地 相

是四地初地①。若见上地，是魔业，乃至七地。

① 西夏本句下有“[illegible]”(相)字。此下至“四地”皆同。

15.54.4

ŋwu^{2}	jɨr^{2}	mji^{1}	djo̜^{2}	dzji̠^{2}	mji^{1}	tsji̠r^{1}	dzjwo^{2}	·jij^{1}	ɣjiw^{1}	ɣiwej^{1}
是。	勤	不	修	习	非	法	人	之	摄	取，
śji^{1}	zjo̜^{2}	gji̠j^{1}	·jur^{1}	nio̠w^{1}	ku^{1}	tsji̠r^{1}	tshji̠j^{1}	mjijr^{2}	rjir^{2}	ljwu^{1}
先	时	利	养	故，	则	法	说	者	与	违，

不勤修习摄取伏非法人，先时为利养故，违说法人，

15.54.5

la̜^{1}	ŋwu^{2}	tsji̠r^{1}	tshji̠j^{1}	·jij^{1}	lju̜^{2}	ka̜^{1}	·jur^{1}	djij^{2}	sji^{2}	thja^{1}
诈	以	法	说	自	身	命	养	曾	△。	此
dzjwo^{2}	tśier^{1}	·ju^{2}	ɣiew^{1}	dzji̠^{2}	ne̠w^{2}	nji̠j^{1}	ŋwu^{2}	tśhjiw^{1}	po^{1}	
人	方	便	学	习，	善	心	以	六	波	

奸诈说法自活。当学方便，当善心修六波

15.54.6

lo^{1}	dzu^{1}	djo̜^{2}	thjɨ^{2}	ŋwu^{2}	sjwɨj^{1}	lə^{1}	phja^{1}	lew^{2}	tjij^{1}	mjɨ^{1}
罗	蜜	修，	此	以	业	障	断	应。	若	他
dźjɨ?	wji^{1}	pjo^{1}	njɨ̠^{2}	tśji̠r^{2}	le^{2}	nji̠j^{1}	śjwo^{1}	kjɨ^{1}	mji̠j^{1}	
△	△	谤	骂	惊	畏	心	生	△	梦，	

罗蜜，以此净除业障。若被呵瞋生惊畏心，

15.54.7

ku^{1}	ɣu^{1}	ljɨ̠^{2}	·jij^{1}	ŋwu^{2}	bjɨr^{1}	ŋwu^{2}	tśja̠^{1}	wji^{1}	ku^{1}	njɨ̠^{1}
则	初	地	相	是。	刀	以	斫	作，	则	二

[illegible] [illegible] [illegible]。 [illegible] [illegible] [illegible] [illegible] [illegible] [illegible] [illegible]，

ljɨ^{2} ·jij^{1} ŋwu^{2} tjij^{1} bo^{2} ŋwu^{2} tjwɨ^{1} wier^{1} ŋwu^{2} wier^{1}

地 相 是。 若 杖 以 土 块 以 掷，

是初地。梦被刀斫，是二地。若被土块杖，

15.55.1

[illegible] [illegible] [illegible] [illegible] [illegible]。 [illegible] [illegible] [illegible] [illegible] [illegible]， [illegible]

ku^{1} sọ^{1} ljɨ^{2} ·jij^{1} ŋwu^{2} tjij^{1} dạ^{2} niow^{2} ŋwu^{2} źier^{1} ku^{1}

则 三 地 相 是。 若 言 恶 以 骂， 则

[illegible] [illegible] [illegible] [illegible]。 [illegible] [illegible] [illegible] [illegible]， [illegible] [illegible]

ljɨr^{1} ljɨ^{2} ·jij^{1} ŋwu^{2} ljij^{2} sjwɨj^{1} mji^{1} tsjij^{2} mji^{1} jɨr^{2}

四 地 相 是。 魔 业 不 解， 不 勤

是三地。若被恶骂，是四地。魔不解①，不勤

15.55.2

[illegible] [illegible]。

djọ^{2} ljɨ^{1}

修 也。

修。

15.55.3

[illegible] [illegible] [illegible] [illegible] [illegible] [illegible] [illegible]！ [illegible] [illegible] [illegible]

niow^{1} tśjɨ^{1} kię^{1} dźja^{2} dźjwu^{1} ɲia^{2} tsjij^{2} tjɨ^{1} tjij^{1} ɲia^{2}

复 次 金 刚 摧 菩 萨！ 如 若 菩

[illegible] [illegible] [illegible] [illegible] [illegible] [illegible]， [illegible] [illegible] [illegible] [illegible]

tsjij^{2} ·jij^{1} ŋo^{2} thew^{2} kjɨ^{1} mjij^{1} ku^{1} thja^{1} ɲia^{2} tsjij^{2}

萨 自 病 遇 △ 梦， 则 此 菩 萨

复次金刚摧！菩萨梦中见自病，此菩萨

15.55.4

[illegible] [illegible] [illegible] [illegible] [illegible] [illegible] [illegible] [illegible]。 [illegible] [illegible] [illegible]

---

① 魔，西夏本作“[illegible][illegible]”（魔业）。

·jij^{1}	njɨ̱^{1}	ljɨ^{2}	rjur^{1}	rjur^{1}	ljɨ^{2}	ljij^{2}	ŋwu^{2}	rjur^{1}	kha^{1}	rjur^{1}
之	二	地	处	处	地	见	是。	世	间	世
kha^{1}	lho$^{?}$	tsji̱r^{1}	ɣa^{2}	tśjɨ^{1}	nji̱j^{1}	rejr^{2}	śjwo^{1}	rejr^{2}	tsji̱r^{1}	
间	出	法	于	次	心	多	生，	多	法	

是二地处处地见相①。世间出世间多作艰难，

15.55.5

mji^{1}	kię̣j^{2}	·ji̱^{2}	niow^{1}	dzjwɨr^{1}	bja^{2}	rejr^{2}	·war^{2}	mji^{1}	kię̣j^{2}	·ji̱^{2}
施	欲，	复	还	断	绝，	多	财	施	欲，	复
niow^{1}	dzjwɨr^{1}	bja^{2}	thja^{1}	dzjwo^{2}	tsji̱r^{1}	djọ^{2}	dźji̱j^{1}	mjijr^{2}	·jij^{1}	
还	断	绝。	此	人	法	修	行	者	之	

欲多法施，复还断绝，欲多财施，复还断绝。应当供给修行法人，

15.55.6

kjụ^{1}	tshwew^{1}	ɣie^{2}	mjij^{1}	nji̱j^{1}	djọ^{2}	mji^{1}	śja^{1}	wją^{2}	khwęj^{1}	djọ^{2}
供	养，	碍	无	心	修、	不	逸	放	慢	修、
·jij^{1}	mjɨ^{1}	dzju^{2}	khwęj^{1}	djọ^{2}	thjɨ^{2}	ŋwu^{2}	sjwɨj^{1}	lə^{1}	phja^{1}	
自	不	在	慢	修，	此	以	业	障	断	

修无碍心、修不放逸慢、修不自在慢，以此净除业障。

15.55.7

lew^{2}	tjij^{1}	dzjij^{2}	do^{2}	ŋo^{2}	dźji̱j^{1}	ku^{1}	lji̱j^{2}	sjwɨj^{1}	dwewr^{2}	ljɨ^{1}
应。	若	余	处	病	在，	则	魔	业	觉	也。

若见在余处地病②，此觉魔业。

① “相”字义西夏本未见。
② “见”字义西夏本未见。

15.56.1

[illegible]	[illegible]	[illegible]	[illegible]	[illegible]	[illegible]	[illegible]!	[illegible]	[illegible]	[illegible]
niow^{1}	tśjɨ^{1}	kię^{1}	dźja^{2}	dźjwu^{1}	ɲia^{2}	tsjij^{2}	tjɨ^{1}	tjij^{1}	ɲia^{2}
复	次	金	刚	摧	菩	萨!	如	若	菩
[illegible]	[illegible]	[illegible]	[illegible]	[illegible],	[illegible]	[illegible]	[illegible]	[illegible]	[illegible]
tsjij^{2}	ŋər^{1}	tśhja̱^{1}	nja^{1}	?	bju^{1}	gji̱^{2}	tji̱^{2}	mjij^{1}	kjɨ^{1}
萨	山	上	△	堕,	依	止	所	无	△

复次金刚摧！菩萨梦中堕山，无所依止，

15.56.2

[illegible],	[illegible]	[illegible]	[illegible]	[illegible]	[illegible]	[illegible]	[illegible]	[illegible]	[illegible]	[illegible],
mjij^{1}	ku^{1}	śji^{1}	zjọ^{2}	ne̱w^{2}	njij^{1}	ɣa^{2}	·ja$^{?}$	śjij^{1}	lạ^{1}	ljo̱r^{1}
梦,	则	先	世	善	心	于	一	向	诈	奸,
[illegible]	[illegible]	[illegible]	[illegible],	[illegible]	[illegible]、	[illegible]	[illegible]	[illegible]	[illegible],	
rejr^{2}	mji^{1}	dźiej^{2}	tsjij^{2}	sjwɨj^{1}	lə^{1}	ljij^{2}	sjwɨj^{1}	wejr^{1}	ljij^{1}	
多	不	信	解,	业	障、	魔	业	增	盛,	

先时于善心一向诈奸①，多不信解，多于业障②、魔业增盛，

15.56.3

[illegible]	[illegible]	[illegible]	[illegible],	[illegible]	[illegible]	[illegible]	[illegible]	[illegible]	[illegible]	[illegible]
ljụ^{2}	njij^{1}	dźju^{2}	no̱^{1}	tsji̱r^{1}	lhjịj^{2}	mjɨ^{1}	·u^{2}	tśhjɨ^{2}	rjar^{2}	phjɨ^{1}
身	心	羸	劣,	法	受	不	失	立	即	失
[illegible],	[illegible]	[illegible]	[illegible]	[illegible]	[illegible]	[illegible]	[illegible]	[illegible]	[illegible]	
ljɨr^{2}	kięj^{2}	dzu^{1}	njij^{1}	·jij^{1}	śjwo^{1}	tsjɨ^{1}	nji̱^{1}	ljwu^{1}	phjɨ^{1}	
忘,	欲	乐	心	△	生	亦	两	间	放	

身心羸劣，受法疾得寻复忘失，生欲乐心中间放

15.56.4

[illegible]。	[illegible]	[illegible]	[illegible]	[illegible]	[illegible]、	[illegible]	[illegible]	[illegible]	[illegible]	[illegible]、

① 时，西夏本作“[illegible]”（世）。

② “多于”二字西夏本省略未作。

dźjɨ̣r1 tjij1 tji̱1 ·war2 dźjɨ̣r1 ka2 tjij1 tha1 tsji̱r1 dźjɨ̣r1 ka2
舍。 若 食 财 舍 离、 若 佛 法 舍 离、
[illegible]
pjo1 ze̱w2 dźjɨ̣r1 ka2 niow2 dźjɨ? ? njij1 ne̱w2 tsji̱r1
忍 辱 舍 离， 恶 行 亲 近、 善 法
舍。若见财封舍离、若见佛法舍离、舍离忍辱，亲近恶行、不近善法，

15.56.5

[illegible]
rjir2 mji1 ? na1 dźiej2 tsjij2 dzjwo2 do2 dźiej2 tsjij2 mji1
与 不 近， 深 信 解 人 边， 信 解 不
[illegible]
śjwo1 thja1 dzjwo2 dźiej2 njij1 śjwo1 ŋwu2 so̱1 lhji̱2 phow1
生。 此 人 信 心 生， 以 三 月 月
于深信解人边，不生信解①。

15.56.6

[illegible]
io̱1 ·u2 njɨ2 gjɨ2 tśhjiw1 dzjɨj1 dźjar2 rewr2 rjur1 kha1 ·jiw1
之 中 日 夜 六 时 罪 忏， 世 间 因
[illegible]
nio̱w1 tsji̱r1 bjo̱1 kjụ1 tshwew1 djo̱2 ku1 thja1 bju1 sjwɨj1 lə1
缘 法 观、 供 养 修， 则 以 依 业 障
于三月中昼三时夜三时忏悔②，应观世间因缘法、应修供养，如是以除业障。

15.56.7

[illegible]
dźjwi1 dzjar2 thja1 ɲia2 tsjij2 ·jij1 njɨ1 ljɨ2 ɣu1 ljɨ2 ljij2
消 除。 此 菩 萨 之 二 地 初 地 见
[illegible]

---

① 此下西夏本作“[illegible]”(此人生信心)，汉文本未见。
② 昼三时夜三时，西夏本作“[illegible]”(昼夜六时)。

ŋwu^{2} tjij^{1} ·jij^{1} bjɨr^{1} ŋər^{1} kha^{1} dźjij^{1} ljij^{2} ku^{1} ɣu^{1}

是。 若 自 刀 山 中 行 见， 则 初

此菩萨是见二地初地。若自见刀山中行，是见初地。

15.57.1

ljɨ̣^{2} ljij^{2} ŋwu^{2} tjij^{1} ·jij^{1} lụ^{1} ŋər^{1} kha^{1} ? dwewr^{2} ku^{1}

地 见 是。 若 自 石 山 中 堕 知， 则

njɨ̣^{1} ljɨ̣^{2} ljij^{2} ŋwu^{2} dzjij^{2} ljɨ̣^{2} dźjij^{1} sjwɨj^{1} lə^{1} mjij^{1}

二 地 见 是。 余 地 住 业 障 无、

若自知石山中堕，是见二地。住余地无业障、

15.57.2

ljij^{2} sjwɨj^{1} tsjɨ^{1} mjij^{1} dźiej^{2} njij^{1} śjwo^{1} ljɨ^{1}

魔 业 亦 无， 信 心 生 也。

无魔业，应生信心①。

15.57.3

ljij^{2} ljɨ^{1} tśiow^{1} lwər^{2} lhejr^{2} ? ɣạ^{2} ŋwə^{1} tsew^{2}

大 宝 积 经 契 卷 十 五 第

《大宝积经》卷第十五

汉文本

复次金刚摧！菩萨梦中自知施如来花，此菩萨是六地处处相。此人多业障，善根难生。若梦中施如来曼陀罗花，此菩萨是初地。若散花施者，此菩萨是二地。若种种杂色花施者，此菩萨是三地。若以花著如来上，此菩萨是四地。若自手以花著如来手中，此菩萨是五地。若以天花施如来，此菩萨是

① 汉文本“此菩萨是见二地初地。若自见刀山中行，是见初地。若自知石山中堕，是见二地。住余地无业障、无魔业，应生信心”位于“于三月中昼三时夜三时忏悔，应观世间因缘法、应修供养，如是以除业障”之前，西夏文颠倒两句语序加以翻译。

六地,除魔业。除二种人,初业、多疑悔者。

复次金刚摧菩萨!若菩萨梦中梦入山,生疑心生谤,当知多有业障,多有病痛,少于智慧。此人应于一切众生生无碍心,以此心趣向菩提,此菩萨是五地初地见。此菩萨应七年中昼夜六时起清净心,初地明慧相。当勤具安乐具供给,二地第三地。供养三宝,第四地。应勤修甚深法忍,第五地。

复次金刚摧!菩萨若梦中自见裸形,当知自无业障,当知见初地。若城中自见裸形,是见第二地。若阿练若处见裸身,是见第三地。若山中见裸形,此见第四地。(当知魔业。

复次金刚摧菩萨!若菩萨梦见自趣四维去,此菩萨舍善知识,是见初地。少于智慧,懈怠多忧多恼,为多人所笑,多于病痛,心多狂癫,为善根故求于出家,复还入俗。贫苦无有财物多病,为利养故谤毁法师,谤法不信不解,当还生正直心亲近法师,勤修一切施无碍心趣向菩提。此菩萨乃至解于六地,此菩萨以软中上心除害过罪。

复次金刚摧!菩萨梦中见趣向未曾见方,此有魔业业障。此菩萨三地处处见地,应勤修净根。供养三宝净初地,若勤修空见第二地,修法忍见第三地,乃至住六地。自知此菩萨见初地,出入多于善根亦多不善根。此舍命不生愁恼,舍恶知识、亲近信解知法人,无奸伪,如是净于业障。彼以奸诈心盗法,)当亲近善知识。此菩萨自梦见在浊水中去,是见初地。若自见在浊水沫中行,此是见二地。若见涌没水中行,此是见第三地。若涸水中行,见第四地。若梦在清水中行,是见第五地。

复次金刚摧!菩萨若梦中见云雨,此菩萨多魔业,此菩萨是初地七地见,此以自在力娆说法师前出家,为利养故,呵责法师。若法师如法教悔,常违反师语。应勤修忍辱,生信解心,离于利养,一向为利他,以此净业障。若见尘土云雨,此菩萨是初地。若见黑云,此菩萨是二地。若见乱云,此菩萨是三地。若见雷云,此菩萨是四地。若见电云惊怖,此菩萨是五地。若见雨雹,此菩萨是六地魔业,地地应知。

复次金刚摧!菩萨梦中见地摇,此菩萨是初地,久行初业多。初业多、初业障多,恐怖众生应修无畏施众生,守护三业,以此净除业障。彼若常见地摇,是初业初地。破城池烧人众,此菩萨二地。若地久动,是三地。发真实誓,是四地。魔业,是五地、六地。勤修总持,是七地。大威德诸天悉来集会,是八地。诸龙来增益气力,是九地。是梵天来,是十地。闻如来秘密语,地摇动,地地应觉知。

复次金刚摧!菩萨梦中自见在斗讼中,是菩萨是四地初地。若见上地,是魔业,乃至七地。不勤修习摄取伏非法人,先时为利养故,违说法人,奸诈说法自活。当学方便,当善心修六波罗蜜,以此净除业障。若被呵瞋生惊畏心,是初地。梦被刀斫,是二地。若被土块杖,是三地。若被恶骂,是四地。魔不解,不勤修。

复次金刚摧!菩萨梦中见自病,此菩萨是二地处处地见相。世间出世间多作艰难,欲多法施,复还断绝,欲多财施,复还断绝。应当供给修行法人,修无碍心、修不放逸慢、修不自在慢,以此净除业障。若见在余处地病,此觉魔业。

复次金刚摧!菩萨梦中堕山,无所依止,先时于善心一向诈奸,多不信解,多于业障、魔业增盛,身心羸劣,受法疾得寻复忘失,生欲乐心中间放舍。若见财封舍离、若见佛法舍离、舍离忍辱,亲近恶行、不近善法,于深信解人边,不生信解。此菩萨是见二地初地。若自见刀山中行,是见初地。若自知石山中堕,是见二地。住余地无业障、无魔业,应生信心,于三月中昼三时夜三时忏悔,应观世间因缘法、应修供养,如是以除业障。

《大宝积经》卷第十五

西夏文《大宝积经》

·卷十六·

《净居天子会》

第四之二整理与研究

内容和版本介绍

《大宝积经》卷十六《净居天子会》第四之二，为1909年科兹洛夫率领的俄国皇家蒙古四川地理考察队于黑水城遗址所获，今藏俄罗斯科学院东方文献研究所。经题著录首见戈尔巴乔娃和克恰诺夫的《西夏文写本和刊本》①，又见西田龙雄的《西夏文佛经目录》②，其后有克恰诺夫给出的版本形制和内容描述③。据克恰诺夫《西夏佛典目录》可知，俄藏《大宝积经》卷十六共有4个编号，即№97中的инв.№409，№98中的инв.№410，№99中的инв.№7377和№100中的инв.№5734。具体版本形制如下：

№97：

инв.№409，白绵纸。写本，经折装，纸幅34.5厘米×13.5厘米，版框高27.4厘米。每折7行，行21—23字。现存64折，卷首残佚。

№98：

инв.№410，白绵纸。写本，经折装，纸幅33—33.5厘米×12厘米，版框高26—26.5厘米。每折6行，行19字。现存90折，卷尾残佚。

№99：

инв.№7377，本色麻纸。梵夹装，纸幅32.5厘米×50厘米，每叶26行，行19字。全文保存。

№100：

инв.№5734，本色麻纸。梵夹装，纸幅19.5厘米×54.5厘米，每叶29行，行13字。全文保存。

在上述编号中，仅№99的инв.№7377卷首存有款题"天生圆能禄番圣祐正国皇太后梁氏御译，就德主国增福正民大明皇帝嵬名御译"。据此可知，инв.№7377为西夏惠宗秉常（1067—1086年在位）时期的初译本。№97的инв.№409未见明确款题，据克恰诺夫著录，这组经文的抄写完成于1162年，卷尾有"发愿者黑水转运使嵬啰由牢，写者梁文殊奴，重校野利宝成"字样④。

下面的录文和释读依据инв.№409，这一编号首次刊布于《俄藏黑水城文献》第21册⑤。释读采用逐行对译的形式，以数字标示西夏文录文的卷次、原版折面和行次，如16.1.1，为第十六卷第一折第一行。

---

① З. И. Горбачева и Е. И. Кычанов, *Тангутские рукописи и ксилографы*, Москва: Издательство восточной литературы, 1963, с. 119, 157.

② 西田龙雄：《西夏文华严经》Ⅲ，京都：京都大学文学部，1977年，第23页。

③ Е. И. Кычанов, *Каталог тангутских буддийских памятников*, Киото: Университет Киото, 1999, с. 35,320, 323, 334—337, 347—349.

④ Е. И. Кычанов, *Каталог тангутских буддийских памятников*, Киото: Университет Киото, 1999.с.321.

⑤ 俄罗斯科学院东方文献研究所、中国社会科学院民族学与人类学研究所、上海古籍出版社编《俄藏黑水城文献》第21册，上海：上海古籍出版社，2013年，第118—122页。

文本释读

16.1.1

[illegible]	[illegible]	[illegible]	[illegible]	[illegible]	[illegible]	[illegible]	[illegible]	[illegible]
ljij^{2}	ljɨ^{1}	tśiow^{1}	lwər^{2}	lhejr^{2}	?	ɣạ^{2}	tśhjiw^{1}	tsew^{2}
大	宝	积	经	契	卷	十	六	第

《大宝积经》卷第十六

16.1.2

[illegible]	[illegible]	[illegible]	[illegible]	[illegible]	[illegible]	[illegible]	[illegible]	[illegible]
sej^{1}	mji̱^{1}	mə^{1}	zjɨ^{1}	ljwu^{2}	ljɨr^{1}	tsew^{2}	·jij^{1}	njɨ^{1}
净	居	天	子	会	四	第	之	二

净居天子会第四之二①

16.1.3

[illegible]	[illegible]	[illegible]	[illegible]	[illegible]	[illegible]	[illegible]!	[illegible]	[illegible]	[illegible]	[illegible]
niow^{1}	tśjɨ^{1}	kie^{1}	dźja^{2}	dźjwu^{1}	ɲia^{2}	tsjij^{2}	tjɨ^{1}	tjij^{1}	ɲia^{2}	tsjij^{2}
复	次	金	刚	摧	菩	萨!	如	若	菩	萨
[illegible]	[illegible]	[illegible]	[illegible]	[illegible]	[illegible]	[illegible]	[illegible]	[illegible]	[illegible]	[illegible],
mjɨ^{1}	dźjɨ$^{?}$	wji^{1}	phej^{1}	tśjɨ̱r^{2}	kjɨ^{1}	mjij^{2}	sja^{1}	·jij^{1}	kjɨ^{1}	mjij^{1}
他	行	为	捆	缚	△	亡	杀	将	△	梦,

复次金刚摧②！菩萨梦中自见被缚将杀③，

16.1.4

[illegible]	[illegible]	[illegible]	[illegible]	[illegible]	[illegible]	[illegible]	[illegible]	[illegible]	[illegible]	[illegible],
ku^{1}	thja^{1}	ɲia^{2}	tsjij^{2}	·jij^{1}	tśhjiw^{1}	ljɨ^{2}	ɣu^{1}	ljɨ^{2}	ljij^{2}	ŋwu^{2}
则	此	菩	萨	之	六	地	初	地	见	是,

---

① 此上汉文本署“西晋三藏竺法护译”，西夏文本无。

② 西夏本句下有“[illegible][illegible]”（菩萨）二字，下文皆同。

③ 西夏本句上有“[illegible][illegible]”（如若）二字。

[illegible]	[illegible]	[illegible]	[illegible]	[illegible]	[illegible]	[illegible]	[illegible]，	[illegible]	[illegible]	[illegible]，
thja¹	ɲia²	tsjij²	tja¹	ljij²	sjwɨj¹	wejr¹	ljịj¹	sjwɨj¹	lə¹	nja̱²
此	菩	萨	者	魔	业	增	盛，	业	障	非，

此菩萨魔业增盛，非业障，彼应修无碍定，修于慈心，以此净除业障。

16.1.5

[illegible]	[illegible]	[illegible]	[illegible]	[illegible]	[illegible]，	[illegible]	[illegible]	[illegible]，	[illegible]	[illegible]
thja¹	dzjwo²	ɣie²	mjij¹	djɨj²	djọ²	njij²	njij¹	dźjij¹	ku¹	thja¹
彼	人	碍	无	定	修，	慈	心	行，	则	此
[illegible]	[illegible]	[illegible]	[illegible]	[illegible]。	[illegible]	[illegible]	[illegible]	[illegible]	[illegible]	[illegible]
ŋwu²	sjwɨj¹	lə¹	phja¹	lew²	tjij¹	mjɨ¹	dźjɨ?	wji¹	phej¹	tśjɨ̱r²
以	业	障	除	当。	若	他	行	为	捆	缚

此菩萨是见六地初地。若梦被系

16.1.6

[illegible]	[illegible]	[illegible]	[illegible]	[illegible]	[illegible]	[illegible]，	[illegible]	[illegible]	[illegible]	[illegible]
dzjwo²	mjij¹	kha¹	dja²	dźjij¹	kjɨ¹	mjij¹	ku¹	ŋwə¹	ljɨ̣²	ljij²
人	尸	中	△	住	△	梦，	则	五	地	见
[illegible]。	[illegible]	[illegible]	[illegible]	[illegible]	[illegible]	[illegible]	[illegible]	[illegible]	[illegible]	[illegible]
ŋwu²	tjij¹	mjɨ¹	dźjɨ?	wji¹	phej¹	tśjɨ̱r²	njij¹	low²	·wiọ¹	tśjɨ̣¹
是。	若	他	行	为	捆	缚	亲	戚	围	绕

在死尸中，是见五地。若被缚至亲里围绕，

16.1.7

[illegible]	[illegible]，	[illegible]	[illegible]	[illegible]	[illegible]	[illegible]。	[illegible]	[illegible]	[illegible]	[illegible]，
kjɨ¹	mjij¹	ku¹	tśhjiw¹	ljɨ̣²	ljij²	ŋwu²	niow¹	ljij²	sjwɨj¹	ŋwu²
△	梦，	则	六	地	见	是。	又	魔	业	是，
[illegible]	[illegible]	[illegible]	[illegible]、	[illegible]	[illegible]	[illegible]	[illegible]，	[illegible]	[illegible]	[illegible]
dźju²	nọ¹	ɣu¹	ljɨ̣²	jɨr²	djọ²	mjɨ¹	njwi²	źji²	phju²	tśja¹
羸	劣	初	地、	勤	修	不	能，	无	上	道

是六地。是魔业，不勤修、初地羸劣，为无上道，

16.2.1

[illegible]，	[illegible]	[illegible]	[illegible]	[illegible]	[illegible]。
nio̱w^{1}	bu̱^{2}	gjij^{1}	jɨr^{2}	djọ^{2}	lew^{2}
为，	增	倍	勤	修	应。

应修增上进。

16.2.2

[illegible]	[illegible]	[illegible]	[illegible]	[illegible]	[illegible]	[illegible]！	[illegible]	[illegible]	[illegible]	[illegible]
niow^{1}	tśjɨ^{1}	kie^{1}	dźja^{2}	dźjwu^{1}	ɲia^{2}	tsjij^{2}	tjɨ^{1}	tjij^{1}	ɲia^{2}	tsjij^{2}
复	次	金	刚	摧	菩	萨！	如	若	菩	萨
[illegible]	[illegible]	[illegible]	[illegible]	[illegible]	[illegible]	[illegible]	[illegible]，	[illegible]	[illegible]	[illegible]
·jij^{1}	bjɨr^{1}	ɣạ^{1}	kha^{1}	dźjij^{1}	djij^{2}	kjɨ^{1}	mjij^{1}	ku^{1}	thja^{1}	ɲia^{2}
自	刀	剑	中	行	△	△	梦，	则	此	菩

复次金刚摧！菩萨若梦中自知在刀中，此菩

16.2.3

[illegible]	[illegible]	[illegible]	[illegible]	[illegible]	[illegible]	[illegible]	[illegible]，	[illegible]	[illegible]	[illegible]	[illegible]
tsjij^{2}	·jij^{1}	ɣu^{1}	ljɨ^{2}	ŋwə^{1}	ljɨ̣^{2}	·jij^{1}	ŋwu^{2}	thja^{1}	dzjwo^{2}	niow^{2}	nwə^{1}
萨	之	初	地	五	地	相	是，	此	人	恶	知
[illegible]	[illegible]，	[illegible]	[illegible]	[illegible]	[illegible]，	[illegible]	[illegible]	[illegible]	[illegible]	[illegible]	
sjij^{2}	rejr^{2}	niow^{1}	gie^{1}	·jijr^{1}	rejr^{2}	śji^{1}	zjọ^{2}	pjụ^{1}	bjij^{2}	dzjwo^{2}	
识	多，	又	难	艰	多，	前	世	尊	上	人	

萨是初地五地，多恶知识，多艰难，

16.2.4

[illegible]，	[illegible]	[illegible]	[illegible]	[illegible]	[illegible]	[illegible]	[illegible]。	[illegible]	[illegible]	[illegible]、	[illegible]
ŋwu^{2}	kie^{1}	·jij^{1}	dzjwo^{2}	·jij^{1}	tsjụ^{1}	djij^{2}	sji^{2}	tshjạ^{1}	kwow^{2}	mjij^{1}	niow^{1}
是，	戒	持	人	之	乱	曾	△。	忿	怒	无、	又
[illegible]	[illegible]	[illegible]	[illegible]，	[illegible]	[illegible]	[illegible]	[illegible]	[illegible]	[illegible]	[illegible]，	
ɣie^{2}	lụ^{2}	mjij^{1}	njij^{1}	ŋwu^{2}	·ja$^{?}$	śjij^{1}	mjɨ^{1}	·jij^{1}	gjij^{1}	ɣie^{2}	
障	碍	无	心，	而	一	向	他	之	利	益，	

应静无忿怒、无障碍心，一向勤利他人，

16.2.5

ku^{1} thjɨ^{2} ŋwu^{2} sjwɨ̣j^{1} lə^{1} tjịj^{1} phja^{1} tjij^{1} rjur^{1} dzjwo^{2} mə^{2} mə^{2}

则 此 以 业 障 除 断。 若 诸 人 种 种

bjɨr^{1} zow^{2} ·jij^{1} thja^{1} kha^{1} dźjịj^{1} kjɨ^{1} mjịj^{1} ku^{1} thja^{1} ɲia^{2}

刀 持, 自 其 中 在 △ 梦, 则 此 菩

以此净除业障。前曾在上位,恼乱持戒人。见人持种种刀①,自见在中,此菩

16.2.6

tsjij^{2} ·jij^{1} ɣu^{1} ljị^{2} ljij^{2} ŋwu^{2} tjij^{1} rjur^{1} dzjwo^{2} lew^{1} bjɨr^{1} ɣiwej^{1}

萨 之 初 地 见 是。 若 诸 人 一 刀 持

·jij^{1} thja^{1} kha^{1} dźjịj^{1} ljij^{2} ku^{1} njɨ̣^{1} tsew^{2} ljị^{2} ljij^{2} ŋwu^{2}

自 其 中 在 见, 则 二 第 地 见 是。

萨初地见。若见人持一刀在中②,是第二地③。

16.2.7

tjij^{1} dzjwo^{2} bo^{2} ɣiwej^{1} ·jij^{1} thja^{1} kha^{1} dźjịj^{1} ljij^{2} ku^{1} sọ^{1}

若 人 杖 捉 自 其 中 在 见, 则 三

ljị^{2} ljij^{2} ŋwu^{2} tjij^{1} dzjwo^{2} lụ^{1} ɣiwej^{1} ·jij^{1} thja^{1} kha^{1} dźjịj^{1}

地 见 是。 若 人 石 捉 自 其 中 在

见捉杖在中④,是见三地。若见捉石在中⑤,

① 西夏本句上有“”(若)字。另,“人”上有“”(诸)字。
② 西夏本“人”上有“”(诸)字。
③ 西夏本“是”下有“”(见)字。
④ 西夏本句上有“”(若人)二字。
⑤ 西夏本“若”下有“”(人)字。

16.3.1

[Tangut]，	[Tangut]	[Tangut]	[Tangut]	[Tangut]	[Tangut]。	[Tangut]	[Tangut]	[Tangut]	[Tangut]	[Tangut]
ljij^{2}	ku^{1}	ljɨr^{1}	ljɨ^{2}	ljij^{2}	ŋwu^{2}	tjij^{1}	lạ^{1}	ŋa^{1}	·ji^{1}	kha^{1}
见，	则	四	地	见	是。	若	手	空	众	中
[Tangut]	[Tangut]，	[Tangut]	[Tangut]	[Tangut]	[Tangut]	[Tangut]。	[Tangut]	[Tangut]	[Tangut]	[Tangut]。
dźjij^{1}	ljij^{2}	ku^{1}	ŋwə^{1}	ljɨ^{2}	ljij^{2}	ŋwu^{2}	ljij^{2}	sjwɨj^{1}	dzjar^{2}	ljɨ^{1}
住	见，	则	五	地	见	是。	魔	业	除	也。

此见四地。见在空手众中住，是五地①。除魔业。

16.3.2

[Tangut]	[Tangut]	[Tangut]	[Tangut]	[Tangut]	[Tangut]	[Tangut]！	[Tangut]	[Tangut]	[Tangut]	[Tangut]	[Tangut]
niow^{1}	tśjɨ^{1}	kie^{1}	dźja^{2}	dźjwu^{1}	ɲia^{2}	tsjij^{2}	tjɨ^{1}	tjij^{1}	ɲia^{2}	tsjij^{2}	·jij^{1}
复	次	金	刚	摧	菩	萨！	如	若	菩	萨	自
[Tangut]	[Tangut]	[Tangut]	[Tangut]	[Tangut]	[Tangut]，	[Tangut]	[Tangut]	[Tangut]	[Tangut]	[Tangut]	
ŋa^{1}	gu^{2}	dźjij^{1}	djij^{2}	kjɨ^{1}	mjij^{1}	ku^{1}	thja^{1}	ɲia^{2}	tsjij^{2}	·jij^{1}	
空	中	行	△	△	梦，	则	此	菩	萨	之	

复次金刚摧！菩萨梦自见在空中②，此菩萨在信地，

16.3.3

[Tangut]	[Tangut]	[Tangut]	[Tangut]	[Tangut]	[Tangut]	[Tangut]	[Tangut]	[Tangut]，	[Tangut]	[Tangut]	[Tangut]
ɣu^{1}	ljɨ^{2}	śjạ^{1}	ljɨ^{2}	rjur^{1}	rjur^{1}	ljɨ^{2}	ljij^{2}	ŋwu^{2}	thja^{1}	ɲia^{2}	tsjij^{2}
初	地	七	地	处	处	地	见	是，	此	菩	萨
[Tangut]	[Tangut]	[Tangut]	[Tangut]，	[Tangut]	[Tangut]	[Tangut]	[Tangut]	[Tangut]	[Tangut]	[Tangut]。	
tja^{1}	dźiej^{2}	ljɨ^{2}	dźjij^{1}	zjọ^{2}	we̱^{1}	mjij^{1}	tsjir^{1}	ze̱w^{2}	rjir^{2}	sji^{2}	
者	信	地	在，	时	生	无	法	忍	得	△。	

得无生法忍。

16.3.4

[Tangut]	[Tangut]	[Tangut]	[Tangut]	[Tangut]	[Tangut]	[Tangut]	[Tangut]	[Tangut]	[Tangut]	[Tangut]，

① 西夏本"是"下有"[Tangut]"(见)字。

② 西夏本作"[Tangut]"，字面意思是"若菩萨梦自在空中"。

thja^1 ɲia^2 tsjij^2 tja^1 rjur^1 mə^1 ·jij^1 ljɨr^2 ·wejr^2 lew^2 we^2

此 菩 萨 者 诸 天 之 念 护 应 为，

[Tangut] [Tangut] [Tangut] [Tangut]， [Tangut] [Tangut] [Tangut] [Tangut]， [Tangut] [Tangut] [Tangut]

pjṳ^1 wer^1 ŋa̱^{2} djo̱^{2} ·ju^2 khu^1 dźjij^1 djo̱^{2} ɲia^2 tśhju^1 ·jij^1

威 仪 好 修， 常 精 进 修， 众 生 之

此菩萨诸天所念，应修好威仪，应常修精进，劝发众生，

16.3.5

[Tangut] [Tangut]， [Tangut] [Tangut] [Tangut] [Tangut]， [Tangut] [Tangut] [Tangut] [Tangut] [Tangut]， [Tangut]

pjwɨr^1 śjwo^1 źji^2 phju^2 tśja^1 kjṳ^1 ·ju^2 ·ja$^?$ we^2 tji^1 dźjij^1 thjɨ^2

劝 发， 最 上 道 求， 常 一 处 不 住， 是

[Tangut] [Tangut] [Tangut] [Tangut] [Tangut]。 [Tangut] [Tangut] [Tangut] [Tangut] [Tangut] [Tangut] [Tangut]

sju^2 ŋwu^2 gji^1 sej^1 lew^2 tjij^1 tsho̱^{2} ŋa^1 gu^2 mji^1 dźjij^1 kjɨ^1

如 以 清 净 应。 若 虚 空 中 施 行 △

求无上道，不应常住一处，如是清净。此菩萨是初地七地见处处地。若见虚空中行施，

16.3.6

[Tangut]， [Tangut] [Tangut] [Tangut] [Tangut] [Tangut]。 [Tangut] [Tangut] [Tangut] [Tangut] [Tangut]

mjij^1 ku^1 ɣu^1 ljɨ^2 ljij^2 ŋwu^2 tjij^1 ŋa^1 gu^2 śji^1 dzjwo^2

梦， 则 初 地 见 是。 若 空 中 仙 人

[Tangut] [Tangut]， [Tangut] [Tangut] [Tangut] [Tangut] [Tangut]。 [Tangut] [Tangut] [Tangut] [Tangut]

·jij^1 ljij^2 ku^1 njɨ^1 ljɨ^2 ljij^2 ŋwu^2 tjij^1 śia^1 mẽ^1 ·jij^1

之 见， 则 二 地 见 是。 若 沙 门 之

此是初地。若空中见仙人，此见第二地①。若见沙门，

16.3.7

[Tangut]， [Tangut] [Tangut] [Tangut] [Tangut] [Tangut]。 [Tangut] [Tangut] [Tangut] [Tangut]， [Tangut] [Tangut]

ljij^2 ku^1 so̱^{1} ljɨ^2 ljij^2 ŋwu^2 tjij^1 we^1 ·jij^1 ljij^2 ku^1 ljɨr^1

见， 此 三 地 见 是。 若 龙 之 见， 则 四

[Tangut] [Tangut] [Tangut]。 [Tangut] [Tangut] [Tangut] [Tangut]， [Tangut] [Tangut] [Tangut] [Tangut]

① “第”字义西夏未见。此下至“第七地”皆同。

ljɨ^{2} ljij^{2} ŋwu^{2} tjij^{1} mə^{1} ·jij^{1} ljij^{2} ku^{1} ŋwə^{1} ljɨ^{2} ljij^{2}

地 见 是。 若 天 之 见， 则 五 地 见

此见第三地。若见龙，第四地。若见天，第五地。

16.4.1

[illegible]。 [illegible] [illegible] [illegible] [illegible] [illegible]， [illegible] [illegible] [illegible] [illegible] [illegible]。 [illegible]

ŋwu^{2} tjij^{1} xiwā^{1} mə^{1} ·jij^{1} ljij^{2} ku^{1} tśhjiw^{1} ljɨ^{2} ljij^{2} ŋwu^{2} tjij^{1}

是。 若 梵 天 之 见， 则 六 地 见 是。 若

[illegible] [illegible] [illegible] [illegible] [illegible] [illegible] [illegible] [illegible]， [illegible] [illegible] [illegible] [illegible]

ɲia^{2} tsjij^{2} ljɨ^{1} niow^{1} mjor^{1} ljịj^{2} ·jij^{1} ljij^{2} ku^{1} śjạ^{1} ljɨ^{2} ljij^{2}

菩 萨 并 及 如 来 之 见， 则 七 地 见

若见梵天，是第六地。若见菩萨如来，是第七地。

16.4.2

[illegible]。 [illegible] [illegible] [illegible] [illegible]。 [illegible] [illegible] [illegible] [illegible] [illegible] [illegible] [illegible]！

ŋwu^{2} ljij^{2} sjwɨj^{1} dzjar^{2} ljɨ^{1} niow^{1} tśjɨ^{1} kie^{1} dźja^{2} dźjwu^{1} ɲia^{2} tsjij^{2}

是。 魔 业 除 也。 复 次 金 刚 摧 菩 萨！

[illegible] [illegible] [illegible] [illegible] [illegible] [illegible] [illegible] [illegible] [illegible] [illegible] [illegible]

tjɨ^{1} tjij^{1} ɲia^{2} tsjij^{2} ·jij^{1} lạ^{1} ·u^{2} mə̣^{1} zjur^{2} zow^{2} kjɨ^{1}

如 若 菩 萨 自 手 中 火 炬 捉 △

除魔业。复次金刚摧！菩萨若梦中自见捉炬，

16.4.3

[illegible]， [illegible] [illegible] [illegible] [illegible] [illegible] [illegible] [illegible] [illegible] [illegible] [illegible] [illegible]，

mjịj^{1} ku^{1} thja^{1} ɲia^{2} tsjij^{2} ·jij^{1} ɣu^{1} ljɨ^{2} ŋwə^{1} ljɨ^{2} ljij^{2} ŋwu^{2}

梦， 则 此 菩 萨 之 初 地 五 地 见 是，

[illegible] [illegible] [illegible] [illegible] [illegible] [illegible] [illegible]， [illegible] [illegible] [illegible] [illegible]，

thja^{1} ɲia^{2} tsjij^{2} swew^{1} źjɨr^{1} djọ^{2} dzjɨ̱^{2} ljụ^{2} kạ^{1} mji^{1} wier^{1}

此 菩 萨 明 慧 修 习， 身 命 不 惜，

应勤修明慧①，此菩萨是初地五地，此菩萨应不顾身命，

① “勤”字义西夏本未见。

16.4.4

□	□	□	□，	□	□	□	□，	□	□	□
tjị^{1}	dzji^{2}	mji^{1}	bjo̱^{1}	śjã^{1}	djɨ̣j^{2}	djọ^{2}	dźjịj^{1}	·jiw^{2}	lhji̠^{1}	mji^{1}
饮	食	不	观，	禅	定	修	行，	疑	悔	不
□，	□	□	□	□	□	□。	□	□	□	□
śjwo^{1}	thjɨ^{2}	sju^{2}	ŋwu^{2}	śjwo^{1}	tshwew^{1}	lew^{2}	ɣu^{1}	ljɨ̣^{2}	dźji̠j^{1}	ku^{1}
生，	是	如	而	生	趣	应。	初	地	住	则

不观饮食,应行禅①,不生疑悔,如是趣向。住初地

16.4.5

□	□	□	□，	□	□	□	□	□	□	□
ŋwer^{1}	?	djọ^{2}	dzu^{1}	njɨ̠^{1}	ljɨ̣^{2}	dźji̠j^{1}	ku^{1}	śjã^{1}	djɨ̣j^{2}	djọ^{2}
对	治	修	乐，	二	地	住	则	禅	定	修
□，	□	□	□	□	□	□	□	□，	□	□
dzu^{1}	sọ^{1}	ljɨ̣^{2}	dźji̠j^{1}	ku^{1}	njij^{2}	njij^{1}	djọ^{2}	dzu^{1}	ljɨr^{1}	ljɨ̣^{2}
乐，	三	地	住	则	慈	心	修	乐，	四	地

乐修对治,住二地乐修禅,住三地乐修慈,住四地

16.4.6

□	□	□	□	□	□，	□	□	□	□	□	□
dźji̠j^{1}	ku^{1}	wju̠^{1}	njij^{1}	djọ^{2}	dzu^{1}	ŋwə^{1}	ljɨ̣^{2}	dźji̠j^{1}	ku^{1}	dźjɨ̠r^{1}	djọ^{2}
住	则	悲	心	修	乐，	五	地	住	则	舍	修
□	□。	□	□	□	□	□	□	□	□	□	
dźjịj^{1}	dzu^{1}	ɣu^{1}	ljɨ̣^{2}	dźji̠j^{1}	ku^{1}	tha^{1}	ljɨr^{2}	djọ^{2}	ŋwu^{2}	dźju^{1}	
行	乐。	初	地	住	则	佛	念	修	是	明	

乐修悲,住五地乐修舍。住初地应修念佛为明

16.4.7

□	□，	□	□	□	□	□	□	□	□，	□	□
ljij^{2}	we^{2}	njɨ̠^{1}	ljɨ̣^{2}	dźji̠j^{1}	ku^{1}	bie^{2}	thjij^{2}	djọ^{2}	lew^{2}	sọ^{1}	ljɨ̣^{2}

① 西夏本作"□□□□",字面意思是"修行禅定"。汉文本疑脱"修"字义。

见 为， 二 地 住 则 放 解 修 应， 三 地

[illegible]

dźjij^{1} ku^{1} mji^{1} djọ^{2} lew^{2} ljɨr^{1} ljɨ̣^{2} dźjij^{1} ku^{1} ·jij^{1} djọ^{2}

住 则 闻 修 应， 四 地 住 则 持 修

见，住二地应修放解，住三地应修闻，住四地应修持，

16.5.1

[illegible]

lew^{2} ŋwə^{1} ljɨ̣^{2} dźjij^{1} ku^{1} ŋa^{1} djọ^{2} lew^{2} thjɨ^{2} sju^{2} ŋwu^{2} swew^{1}

应， 五 地 住 则 空 修 应。 是 如 以 明

[illegible]

rjir^{1} ljɨ^{1} niow^{1} tśjɨ^{1} kie^{1} dźja^{2} dźjwu^{1} ɲia^{2} tsjij^{2} tjɨ^{1} tjij^{1} ɲia^{2}

得 也。 复 次 金 刚 摧 菩 萨！ 如 若 菩

住五地应修空。如是应得明。复次金刚摧！菩萨若

16.5.2

[illegible]

tsjij^{2} we^{2} bjij^{1} mji^{1} ·u^{2} lho$^{?}$ kjɨ^{1} mjij^{1} ku^{1} thja^{1} ɲia^{2} tsjij^{2}

萨 城 禁 宫 中 出 △ 梦， 则 此 菩 萨

[illegible]

·jij^{1} ɣu^{1} ljɨ̣^{2} tśhjiw^{1} ljɨ̣^{2} rjur^{1} rjur^{1} ljij^{2} ŋwu^{2} khu^{1} dźjij^{1}

之 初 地 六 地 处 处 见 是。 精 进

梦中见菩萨逾宫出，此菩萨初地六地处处见。增加精进

16.5.3

[illegible]

lhu^{1} ljij^{1} mji^{1} lhji^{1} lhjwo^{1} rjir^{2} po^{1} tjɨj^{1} la^{1} kiẹj^{2} kha^{1} dźjij^{1}

增 加 不 退 转 得， 菩 提 记 界 中 住

[illegible]

xja^{1} źji^{2} phju^{2} tśja^{1} rjijr^{2} ? tjij^{1} dźji$^{?}$ ŋwu^{2} mji^{1} ·u^{2}

疾 最 上 道 向 近。 若 步 以 宫 中

得不退转，在菩提记界疾近无上道。若见步出，

16.5.4

wjɨ[2]	lho[?]	kjɨ[1]	mjij[1]	ku[1]	ɣu[1]	ljɨ̣[2]	ljij[2]	ŋwu[2]	gur[1]	ko[1]	tśhja̱[1]
△	出	△	梦,	则	初	地	见	是。	牛	车	上
dzu̱[2]	wjɨ[2]	lho[?]	ljij[2]	ku[1]	njɨ̣[1]	ljɨ̣[2]	ljij[2]	ŋwu[2]	rjijr[1]	ko[1]	tśhja̱[1]
乘	△	出	见,	则	二	地	见	是。	马	车	上

是见初地。见乘牛车出,是见二地。见乘马车

16.5.5

dzu̱[2]	wjɨ[2]	lho[?]	ljij[2]	ku[1]	sọ[1]	ljɨ̣[2]	ljij[2]	ŋwu[2]	bju[2]	ko[1]	tśhja̱[1]
乘	△	出	见,	则	三	地	见	是。	象	车	上
dzu̱[2]	wjɨ[2]	lho[?]	ljij[2]	ku[1]	ljɨr[1]	ljɨ̣[2]	ljij[2]	ŋwu[2]	tjij[1]	dzjwo[2]	dźjɨ̣[?]
乘	△	出	见,	则	四	地	见	是。	若	人	拉

出,是见三地。见乘象车出,是见四地。若见乘人

16.5.6

ko[1]	tśhja̱[1]	dzu̱[2]	wjɨ[2]	lho[?]	ljij[2]	ku[1]	ŋwə[1]	ljɨ̣[2]	ljij[2]	ŋwu[2]	tjij[1]	ŋa[1]
车	上	乘	△	出	见,	则	五	地	见	是。	若	空
gu[2]	ko[1]	tśhja̱[1]	dzu̱[2]	wjɨ[2]	lho[?]	ljij[2]	ku[1]	tśhjiw[1]	ljɨ̣[2]	ljij[2]	ŋwu[2]	
中	车	上	乘	△	出	见,	则	六	地	见	是。	

车出,是见五地。若见乘空中车出,是见六地。

16.5.7

ljij[2]	sjwɨj[1]	dzjar[2]	ljɨ[1]	niow[1]	tśjɨ[1]	kie[1]	dźja[2]	dźjwu[1]	ɲia[2]	tsjij[2]	tjɨ[1]	tjij[1]
魔	业	除	也。	复	次	金	刚	摧	菩	萨!	如	若

[illegible]	[illegible]	[illegible]	[illegible]	[illegible]	[illegible]	[illegible]，	[illegible]	[illegible]	[illegible]	[illegible]	[illegible]
ɲia^{2}	tsjij^{2}	lwər^{2}	lhejr^{2}	rjir^{1}	kjɨ^{1}	mji̠j^{1}	ku^{1}	thja^{1}	ɲia^{2}	tsjij^{2}	·jij^{1}
菩	萨	经	契	得	△	梦，	则	此	菩	萨	之

除魔业。复次金刚摧！菩萨若梦中得经，此菩萨

16.6.1

[illegible]	[illegible]	[illegible]	[illegible]	[illegible]	[illegible]	[illegible]	[illegible]	[illegible]。	[illegible]	[illegible]	[illegible]
ɣu^{1}	ljɨ̣^{2}	sọ^{1}	ljɨ̣^{2}	rjur^{1}	rjur^{1}	ljɨ̣^{2}	ljij^{2}	ŋwu^{2}	thja^{1}	dzjwo^{2}	rjur^{1}
初	地	三	地	诸	诸	地	见	是。	此	人	诸
[illegible]	[illegible]	[illegible]、	[illegible]	[illegible]	[illegible]	[illegible]、	[illegible]	[illegible]	[illegible]	[illegible]	[illegible]
·jiw^{1}	niọw^{1}	rejr^{2}	rjur^{1}	pjo^{1}	tsjij^{2}	rejr^{2}	śjwɨ^{1}	śjwɨ^{1}	rjur^{1}	gie^{1}	·jijr^{1}
因	缘	多、	诸	谤	毁	多、	数	数	诸	艰	难

是初地三地处处地见。此人多诸因缘、多诸谤毁、数数多诸艰难①，

16.6.2

[illegible]，	[illegible]	[illegible]	[illegible]	[illegible]	[illegible]，	[illegible]	[illegible]	[illegible]	[illegible]	[illegible]。	[illegible]
dju^{1}	·ja$^{?}$	nji̠j^{1}	ŋwu^{2}	dźjar^{2}	rewr^{2}	·ju^{2}	khu^{1}	dźjij^{1}	djọ^{2}	lew^{2}	tjij^{1}
有，	一	心	以	悔	过，	常	精	进	修	应。	若
[illegible]	[illegible]	[illegible]	[illegible]	[illegible]	[illegible]	[illegible]	[illegible]	[illegible]	[illegible]	[illegible]，	
rjur^{1}	mur^{1}	·jwɨr^{2}	dji^{2}	ɣiẹ^{2}	mji^{1}	lwər^{2}	lhejr^{2}	rjir^{2}	kjɨ^{1}	mji̠j^{1}	
世	俗	典	籍	声	闻	经	法	得	△	梦，	

应一心修悔过，常修精进。若梦得世俗典籍声闻经法，

16.6.3

[illegible]	[illegible]	[illegible]	[illegible]	[illegible]	[illegible]	[illegible]。	[illegible]	[illegible]	[illegible]	[illegible]	[illegible]
ku^{1}	thjɨ^{2}	tja^{1}	ɣu^{1}	ljɨ̣^{2}	ljij^{2}	ŋwu^{2}	zji^{1}	mji^{1}	rjir^{2}	bju^{1}	śjij^{1}
则	此	者	初	地	见	是。	布	施	与	相	应
[illegible]	[illegible]	[illegible]，	[illegible]	[illegible]	[illegible]	[illegible]	[illegible]。	[illegible]	[illegible]	[illegible]	[illegible]
lwər^{2}	lhejr^{2}	rjir^{2}	ku^{1}	njɨ^{1}	ljɨ̣^{2}	ljij^{2}	ŋwu^{2}	źji^{2}	na^{1}	rjir^{2}	bju^{1}

① 多，西夏本作“[illegible]”（有）。

经	契	得，	则	二	地	见	是。	甚	深	与	相

此是初地。梦得檀相应经①,是见二地。梦得甚深相应,

16.6.4

[illegible]	[illegible]，	[illegible]	[illegible]	[illegible]。	[illegible]	[illegible]	[illegible]	[illegible]	[illegible]②，	[illegible]	[illegible]
śjij^{1}	rjir^{2}	ku^{1}	sọ^{1}	ljɨ̣^{2}	jɨr^{2}	mji^{1}	djọ^{2}	ljij^{2}	ŋwu^{2}	tjij^{1}	rjur^{1}
应	得，	则	三	地。	勤	不	修	见	是，	若	诸
[illegible]、	[illegible]	[illegible]	[illegible]	[illegible]、	[illegible]	[illegible]	[illegible]	[illegible]、	[illegible]	[illegible]	[illegible]。
mə^{1}	tjij^{1}	ɲia^{2}	tsjij^{2}	khjow^{1}	tjij^{1}	mjor^{1}	ljij^{2}	khjow^{1}	tsji̱r^{1}	·ụ^{2}	khjow^{1}
天、	若	菩	萨	与、	若	如	来	与、	法	藏	与。

是见三地。不勤修乃至七地,若诸天与③、若菩萨与、如来与、法藏④。

16.6.5

[illegible]	[illegible]	[illegible]	[illegible]	[illegible]	[illegible]。
ku^{1}	rjɨr^{2}	njɨ^{2}	śja̧^{1}	ljɨ̣^{2}	ŋwu^{2}
则	乃	至	七	地	是。

16.6.6

[illegible]	[illegible]	[illegible]	[illegible]	[illegible]	[illegible]	[illegible]！	[illegible]	[illegible]	[illegible]	[illegible]	[illegible]
niow^{1}	tśjɨ^{1}	kie^{1}	dźja^{2}	dźjwu^{1}	ɲia^{2}	tsjij^{2}	tjɨ^{1}	tjij^{1}	ɲia^{2}	tsjij^{2}	tsji̱r^{1}
复	次	金	刚	摧	菩	萨！	如	若	菩	萨	法
[illegible]	[illegible]	[illegible]	[illegible]	[illegible]，	[illegible]	[illegible]	[illegible]	[illegible]	[illegible]	[illegible]	
tśhja^{2}	·iow	ɣiẹ^{2}	kjɨ^{1}	mjiij^{1}	ku^{1}	thja^{1}	ɲia^{2}	tsjij^{2}	·jij^{1}	ɣu^{1}	
德	功	声	△	梦，	则	此	菩	萨	之	初	

复次金刚摧！菩萨梦中闻得法功德声,此菩萨是初

16.6.7

[illegible]	[illegible]	[illegible]	[illegible]	[illegible]	[illegible]	[illegible]	[illegible]，	[illegible]	[illegible]	[illegible]	[illegible]

① 檀,西夏本作“[illegible]”(布施)。梵文 Dāna,汉文本音译作“檀”,又作檀那,陀那。《大乘义章》十二曰:“言檀者是外国语,此名布施。以己财事分布与他,名之为布。惙己惠人目之为施。”

② “[illegible]”(见是)二字与“[illegible]”(勤不修)三字误倒,据文义与上下文,当作“[illegible]”。

③ “与”字义西夏本未见。

④ 西夏本“法藏”下有“[illegible]”(与)字。

ljɨ̣^{2}	tśhjiw^{1}	ljɨ̣^{2}	rjur^{1}	rjur^{1}	ljɨ̣^{2}	ljij^{2}	ŋwu^{2}	śji^{1}	tha^{1}	·jij^{1}	źji^{2}
地	六	地	处	处	地	见	是，	前	佛	之	总
[illegible]	[illegible]。	[illegible]	[illegible]	[illegible]	[illegible]	[illegible]	[illegible]	[illegible]	[illegible]	[illegible]、	[illegible]
·jij^{1}	rjir^{2}	ku^{1}	thja^{1}	ɲia^{2}	tsjij^{2}	tja^{1}	sjwɨj^{1}	lə^{1}	ɣiə^{1}	njij^{2}	ljij^{2}
持	得。	则	此	菩	萨	者	业	障	微	少、	魔

地六地见处处地见，前得佛总持。此菩萨少于业障、魔

16.7.1

[illegible]	[illegible]	[illegible]，	[illegible]	[illegible]	[illegible]	[illegible]，	[illegible]	[illegible]	[illegible]	[illegible]，	[illegible]
sjwɨj^{1}	wejr^{1}	ljij^{1}	nuə$^{?}$	ŋwo^{2}	zji^{1}	mji^{1}	mjɨ^{1}	dźjar^{2}	mji^{1}	·ju^{2}	thjɨ^{2}
业	增	盛，	辩	才	布	施，	他	过	不	求，	是
[illegible]	[illegible]	[illegible]	[illegible]	[illegible]。	[illegible]	[illegible]	[illegible]	[illegible]	[illegible]	[illegible]	[illegible]，
sju^{2}	ŋwu^{2}	gji^{1}	sej^{1}	lew^{2}	śja^{1}	to^{2}	thow^{1}	lo^{1}	nji^{1}	ɣię^{2}	mji^{1}
如	以	清	净	应。	香	出	陀	罗	尼	声	闻，

业增盛，应施于辩才，不求人过，如是清净。闻出香陀罗尼声，

16.7.2

[illegible]	[illegible]	[illegible]	[illegible]	[illegible]	[illegible]	[illegible]	[illegible]	[illegible]。	[illegible]	[illegible]	[illegible]
ku^{1}	thja^{1}	ɲia^{2}	tsjij^{2}	·jij^{1}	ɣu^{1}	ljɨ̣^{2}	ljij^{2}	ŋwu^{2}	·jwɨr^{2}	dji^{2}	thow^{1}
则	此	菩	萨	之	初	地	见	是。	文	字	陀
[illegible]	[illegible]	[illegible]，	[illegible]	[illegible]	[illegible]	[illegible]	[illegible]。	[illegible]	[illegible]	[illegible]	
lo^{1}	nji^{1}	mji^{1}	ku^{1}	njɨ^{1}	ljɨ̣^{2}	ljij^{2}	ŋwu^{2}	rjar^{1}	sjij^{2}	thow^{1}	
罗	尼	闻，	则	二	地	见	是。	书	写	陀	

此菩萨是初地。闻文字陀罗尼，是第二地①。闻书写陀罗尼，

16.7.3

[illegible]	[illegible]	[illegible]，	[illegible]	[illegible]	[illegible]	[illegible]	[illegible]	[illegible]	[illegible]	[illegible]	[illegible]
lo^{1}	nji^{1}	mji^{1}	ku^{1}	·jar^{1}	ljɨ̣^{2}	ɣu^{1}	ljɨ̣^{2}	rjur^{1}	rjur^{1}	ljɨ̣^{2}	ljij^{2}
罗	尼	闻，	则	八	地	初	地	处	处	地	见
[illegible]。	[illegible]	[illegible]	[illegible]	[illegible]	[illegible]	[illegible]、	[illegible]	[illegible]	[illegible]	[illegible]，	

① 西夏本"是"下有"[illegible]"(见)字。另，"第"字义西夏本未见。

ŋwu² thja¹ dzjwo² sjwɨj¹ lə¹ ɣiə¹ njij² ljij² sjwɨj¹ tsjɨ¹ zjɨ̱r¹
是。 彼 人 业 障 微 少、 魔 业 亦 少,

是八地初地见处处地。此不应爱著三界,勤修独处,彼少于业障、少于魔业,

16.7.4

[illegible]
źji̱¹ njɨ̱² wejr¹ lji̱j¹ ku¹ mə² mə² tsji̱r¹ nji² so̱¹ kie̱j² mji¹
烦 恼 增 盛, 则 种 种 法 听, 三 界 不
[illegible]
zji̱j¹ ·jij¹ tjij¹ jɨr² djo̱² rejr² bjo̱¹ djo̱² dzjɨ̱² thjɨ² sju² bju¹
著, 自 独 勤 修, 多 观 修 习, 是 如 相

烦恼增盛,应听种种法,应修多观,如是

16.7.5

[illegible]
śjij¹ lew² dwewr² bjo̱¹ sã¹ mej² dju¹ ku¹ ɣu¹ ljɨ² dźji̱j¹ ŋwu²
应 应。 觉 观 三 昧 有, 则 初 地 住 是。
[illegible]
dwewr² mjij¹ bjo̱¹ zjɨ̱r¹ ku¹ so̱¹ ljɨ² dźji̱j¹ ŋwu² dwewr² mjij¹ bjo̱¹
觉 无 观 少, 则 三 地 住 是。 觉 无 观

相应。有觉观三昧,是初住地。无觉少观,是三住地。无觉无观,

16.7.6

[illegible]
mjij¹ ku¹ ljɨr¹ ljɨ² dźji̱j¹ ŋwu² xiwã¹ do² ŋa¹ do² sã¹ mej²
无, 则 四 地 住 是。 梵 处 空 处 三 昧,
[illegible]
ku¹ ŋwə¹ ljɨ² dźji̱j¹ ŋwu² lew¹ lju̱² śja² sã¹ mej² ku¹
则 五 地 住 是。 一 身 现 三 昧, 则

是四住地。梵处空处三昧,是五住地。现一身三昧,

16.7.7

[illegible]

tśhjiw^{1} ljɨ^{2} dźjij^{1} ŋwu^{2} ljij^{2} mjijr^{2} sã^{1} mej^{2} ku^{1} śjạ^{1} ljɨ^{2} dźjij^{1}

六 地 住 是。 大 通 三 昧， 则 七 地 住

[illegible]

ŋwu^{2} tha^{1} to^{2} wẹ^{1} ljụ^{2} tshjij^{2} sã^{1} mej^{2} ku^{1} ·jar^{1} tsew^{2}

是。 佛 出 生 庄 严 三 昧， 则 八 第

是六住地。大通三昧，是七住地。出生佛庄严三昧，是第八

16.8.1

[illegible]

ljɨ^{2} dźjij^{1} ŋwu^{2}

地 住 是。

住地。

16.8.2

[illegible]

niow^{1} tśjɨ^{1} kie^{1} dźja^{2} dźjwu^{1} ɲia^{2} tsjij^{2} tjɨ^{1} tjij^{1} ɲia^{2} tsjij^{2} tśhja^{2}

复 次 金 刚 摧 菩 萨！ 如 若 菩 萨 正

[illegible]

wạ^{2} lwər^{2} lhejr^{2} ɣiẹ^{2} kjɨ^{1} mjij^{1} ku^{1} thja^{1} ɲia^{2} tsjij^{2} ·jij^{1} tśhjiw^{1}

广 经 契 声 △ 梦， 则 此 菩 萨 之 六

复次金刚摧！菩萨若梦中闻方广经声，此菩萨是六

16.8.3

[illegible]

ljɨ^{2} ɣu^{1} ljɨ^{2} ·jij^{1} ŋwu^{2} thja^{1} ɲia^{2} tsjij^{2} tja^{1} tsjịr^{1} sjwɨj^{1} lə^{1} ɣiə^{1}

地 初 地 相 是， 此 菩 萨 者 法 业 障 微

[illegible]

njij^{2} tsjịr^{1} dźiej^{2} kjɨ^{1} djɨj^{2} zew^{2} djọ^{2} lwẹ^{2} lwẹ^{2} źji^{2} phju^{2} tśja^{1}

少， 法 信 决 定 忍 修。 缓 缓 最 上 道

地初地①，应修信解法决定忍。此菩萨少于障，缓趣无上道，

① 西夏本句下有“[illegible]”（相）字。

16.8.4

□	□，	□	□	□	□	□	□，	□	□	□	□	□，
rjijr^2	tshwew^1	jɨr^2	ŋwu^2	kie^1	·jij^1	·jij^1	·jɨr^1	dzjij^2	lhji^2	·jij^1	bju̠^{1}	bjij^1
向	趣，	勤	以	戒	持	相	问，	师	长	之	尊	重，
□	□	□	□	□	□	□	□。	□	□	□	□	
thjɨ^2	sju^2	ŋwu^2	po^1	tjɨj^1	rjijr^2	tshwew^1	lew^2	thã^1	po^1	lo^1	dzu^1	
是	如	以	菩	提	向	趣	应。	檀	波	罗	蜜	

勤问持戒之相，应尊重师长，如是趣向菩提。闻檀波罗蜜经声①，

16.8.5

□	□	□	□	□，	□	□	□	□	□。	□	□	□
lwər^2	lhejr^2	ɣię^2	kjɨ^1	mji̠j^1	ku^1	ɣu^1	ljɨ^2	·jij^1	ŋwu^2	kie^1	lwər^2	lhejr^2
经	契	声	△	梦，	则	初	地	相	是。	戒	经	契
□	□，	□	□	□	□	□。	□	□	□	□	□，	
ɣię^2	mji^1	ku^1	njɨ^1	ljɨ^2	·jij^1	ŋwu^2	ze̠w^2	lwər^2	lhejr^2	ɣię^2	mji^1	
声	闻，	则	二	地	相	是。	忍	经	契	声	闻，	

是初地②。闻戒经声，是二地。闻忍经声，

16.8.6

□	□	□	□	□，	□	□	□	□	□	□，	□
ku^1	so̠^{1}	ljɨ^2	·jij^1	ŋwu^2	khu^1	dźjij^1	lwər^2	lhejr^2	ɣię^2	mji^1	ku^1
则	三	地	相	是，	精	进	经	契	声	闻，	则
□	□	□	□。	□	□	□	□	□	□，	□	□
ljɨr^1	ljɨ^2	·jij^1	ŋwu^2	śjā^1	djɨj^2	lwər^2	lhejr^2	ɣię^2	mji^1	ku^1	ŋwə^1
四	地	相	是。	禅	定	经	契	声	闻，	则	五

是三地。闻精进经声，是四地。闻禅经声，是五

16.8.7

□ □ □。 □ □ □ □ □ □ □ □ □，

① 闻，西夏本作“□”(梦)。按，“□”mji̠j^1(梦)疑为借作“□”mji^1(闻)。参看下文，“闻戒经声”“闻忍经声”“闻精进经声”“闻禅经声”“闻般若波罗蜜声”之“闻”字，西夏皆译作“□”(闻)。

② 西夏本句下有“□”(相)字。此下至“六地”皆同。

ljɨ^{2} ·jij^{1} ŋwu^{2} pa^{2} rja^{2} po^{1} lo^{1} dzu^{1} lwər^{2} lhejr^{2} ɣię^{2} mji^{1}

地 相 是。 般 若 波 罗 蜜 经 契 声 闻，

[illegible]。[illegible]，[illegible]

ku^{1} tśhjiw^{1} ljɨ^{2} ·jij^{1} ŋwu^{2} mji^{1} jɨr^{2} djọ^{2} dzjwo^{2} rjɨr^{2} niow^{1} źji^{2}

则 六 地 相 是。 不 勤 修 人 除 外， 皆

地。闻般若波罗蜜声，是六地。除不勤修人，

16.9.1

[illegible]。

tha^{1} ·wejr^{2} ·ji̱j^{1} nẹw^{2} njij^{1} śjɨj^{1} ·jiw^{2} mjijr^{2} ŋwu^{2}

佛 护 持 善 心 成 就 者 是。

佛所持善心成就者。

16.9.2

[illegible]！[illegible]（[illegible]）

niow^{1} tśjɨ^{1} kie^{1} dźja^{2} dźjwu^{1} ɲia^{2} tsjij^{2} tjɨ^{1} tjij^{1} ɲia^{2} tsjij^{2} sjwɨ^{2} nji̱^{2}

复 次 金 刚 摧 菩 萨！ 如 若 菩 萨 （某 甲）

[illegible]，[illegible]

tsji̱r^{1} dzjij^{2} ·jij^{1} mjij^{2} kjɨ^{1} mjij^{1} ku^{1} thja^{1} ɲia^{2} tsjij^{2} ·jij^{1} ljɨr^{1}

法 师 之 字 △ 梦， 则 此 菩 萨 之 四

复次金刚摧！菩萨若梦中闻说法比丘字声①，此菩萨是四

16.9.3

[illegible]，[illegible]、

ljɨ^{2} ɣu^{1} ljɨ^{2} ·jij^{1} ŋwu^{2} thja^{1} ɲia^{2} tsjij^{2} tja^{1} rjur^{1} gie^{1} ·jijr^{1} dju^{1}

地 初 地 相 是， 此 菩 萨 者 诸 艰 难 有、

[illegible]、[illegible]，[illegible]

rjur^{1} ·jiw^{2} lhji̱^{1} rejr^{2} sjij^{2} źjɨr^{1} ɣiə^{1} njij^{2} ku^{1} nẹw^{2} nwə^{1} sjij^{2}

诸 疑 悔 多、 智 慧 微 少， 则 善 知 识

地初地②，此应依止善知识。此菩萨多诸艰难③、多诸疑悔、少于智慧，

---

① 说法，西夏本作“[illegible]”（法师），“[illegible]”（师）字疑为“[illegible]”（说）字形讹。另，某甲（[illegible]），汉文本作“比丘”，皆为不确指“某位比丘”之义。

② 西夏本句下有“[illegible]”（相）字。

③ 多，西夏本作“[illegible]”（有）。

16.9.4

ɣa2 bju1 gji̱2 ɣie2 mjij1 nji̱j1 djọ2 tśier1 ·ju2 ŋwu2 dźiã2 tśhju1
于 依 止。 碍 无 心 修， 方 便 以 众 生

ŋowr2 ŋowr2 ·jij1 pjwɨ̱r1 ·jiw2 lhji̱1 mjij1 nji̱j1 djọ2 phji1 thjɨ2 sju2
一 切 之 劝 疑 悔 无 心 修 令， 是 如

应修无碍心，应方便劝一切众生修无疑悔心，如是

16.9.5

ŋwu2 gji1 sej1 lew2 tjij1 śji1 mji1 djij2 sji2 tsji̱r1 dzji̱j2 ·jij1
以 清 净 应。 若 前 闻 曾 用 法 师 之

mjij2 kjɨ1 mji̱j1 ku1 ɣu1 ljɨ̱2 ·jij1 ŋwu2 tjij1 mji1 mjij2 djij2
名 △ 梦， 则 初 地 相 是。 若 闻 不 曾

清净。若见前所闻法师名①，此初地②。若闻不见

16.9.6

tsji̱r1 dzji̱j2 ·jij1 mjij2 mji1 ku1 njɨ̱1 ljɨ̱2 ·jij1 ŋwu2 tjij1 tsji̱r1
法 师 之 名 闻， 则 二 地 相 是。 若 他

rjijr2 rjur1 kiẹj2 ·u2 tsji̱r1 dzji̱j2 mjij2 mji1 ku1 sọ1 ljɨ̱2
方 世 界 中 法 师 名 闻， 则 三 地

法师名，见第二地③。若闻他异世界法师名，是第三地④。

16.9.7

① 见，西夏本作"[illegible]"（梦）。
② 西夏本句下有"[illegible]"（相）字。
③ 西夏本作"[illegible]"（是二地相）。
④ "第"字义西夏本未见。另，西夏本句下有"[illegible]"（相）字。下文"第四地"同。

·jij^{1} ŋwu^{2} tjij^{1} lew^{1} we̱^{1} tśiej^{2} twẹ^{2} ɲia^{2} tsjij^{2} ·jij^{1} mjij^{2} mji^{1}

相 是。 若 一 生 续 补 菩 萨 之 名 闻、

[Tangut]

niow^{1} phju^{2} ljɨ^{2} dzu^{1} ɣię^{2} mji^{1} ku^{1} ljɨr^{1} ljɨ^{2} ·jij^{1} ŋwu^{2}

复 上 地 乐 声 闻， 则 四 地 相 是。

若闻一生补处菩萨、若闻乐上地声，是第四地。

16.10.1

[Tangut]

niow^{1} tśjɨ^{1} kie^{1} dźja^{2} dźjwu^{1} ɲia^{2} tsjij^{2} tjɨ^{1} tjij^{1} ɲia^{2} tsjij^{2} dźiej^{2}

复 次 金 刚 摧 菩 萨！ 如 若 菩 萨 信

[Tangut]

nuə$^{?}$ lja̱^{1} nuə$^{?}$ rjir^{2} kjɨ^{1} mjij^{1} ku^{1} thja^{1} ɲia^{2} tsjij^{2} ·jij^{1} ɣu^{1}

辩 偈 辩 得 △ 梦， 则 是 菩 萨 之 初

复次金刚摧！菩萨若梦中得信辩①，此菩萨是初

16.10.2

[Tangut]

ljɨ^{2} so̱^{1} ljɨ^{2} ·jij^{1} ŋwu^{2} thja^{1} ɲia^{2} tsjij^{2} tja^{1} nuə$^{?}$ ŋwo^{2} gju^{2}

地 三 地 相 是。 此 菩 萨 者 辩 才 器

[Tangut]

ŋwu^{2} tjij^{1} so̱^{1} tsji̱r^{1} khwa^{1} ka^{2} ku^{1} xja^{1} swew^{1} lhjụ^{2} so̱^{1}

是， 若 三 法 远 离 则 速 明 得。 三

地三地②。此菩萨是辩器，若远离三法疾得明。

16.10.3

[Tangut]

tja^{1} thjij^{2} sjo^{2} mjɨ^{1} gji̱j^{1} rjir^{1} zji̱j^{1} xja^{1} źjɨ^{1} sew^{1} njij^{1} śjwo^{1}

者 云 何？ 他 利 得 时 速 嫉 妒 心 生，

[Tangut]

① 西夏本“信辩”下有“[Tangut]”（偈辩）二字。

② 西夏本句下有“[Tangut]”（相）字。

gjịj^{1}	·jur^{1}	niọw^{1}	ku^{1}	lạ^{1}	ljọr^{1}	?	njij^{1}	thjɨ^{2}	sju^{2}	sọ^{1}	tsji̱r^{1}
利	养	故，	则	奸	诈	亲	近。	是	如	三	法

何等三？见他得利心生嫉妒，为利养故，奸诈亲近。如是三法

16.10.4

[illegible]	[illegible]，	[illegible]	[illegible]	[illegible]	[illegible]	[illegible]	[illegible]	[illegible]，	[illegible]	[illegible]	[illegible]
khwa^{1}	ka^{2}	ku^{1}	tśhjɨ^{1}	mja^{1}	niow^{1}	śjwo^{1}	tshwew^{1}	lew^{2}	lja̱^{1}	ɣiə^{1}	njij^{2}
远	离，	则	然	后	又	生	趣	当，	偈	微	少
[illegible]	[illegible]，	[illegible]	[illegible]	[illegible]	[illegible]	[illegible]。	[illegible]	[illegible]	[illegible]	[illegible]，	
kjɨ^{1}	mjij^{1}	ku^{1}	ɣu^{1}	ljɨ^{2}	·jij^{1}	ŋwu^{2}	mə^{2}	mə^{2}	lja̱^{1}	tshjij^{1}	
△	梦，	则	初	地	相	是。	种	种	偈	说，	

当远离，然后趣向，说少偈颂①，是初地②。能说种种偈，

16.10.5

[illegible]	[illegible]	[illegible]	[illegible]	[illegible]。	[illegible]	[illegible]	[illegible]	[illegible]
ku^{1}	njɨ̱^{1}	ljɨ^{2}	·jij^{1}	ŋwu^{2}	źji^{2}	na^{1}	lja̱^{1}	phju^{2}
则	二	地	相	是。	甚	深	偈	上
[illegible]	[illegible]	[illegible]	[illegible]，	[illegible]	[illegible]	[illegible]	[illegible]	[illegible]。
ljɨ^{2}	lja̱^{1}	rjɨr^{2}	tshjij^{1}	ku^{1}	sọ^{1}	ljɨ^{2}	·jij^{1}	ŋwu^{2}
地	偈	所	说，	则	三	地	相	是。

是二地。说甚深偈，是三地，多说上地偈③。

汉文本

《大宝积经》卷第十六

西晋三藏竺法护译

净居天子会第四之二

复次金刚摧！菩萨梦中自见被缚将杀，此菩萨魔业增盛，非业障，彼应修无碍定，修于慈心，以此净除业障，此菩萨是见六地初地。若梦被系在死尸中，是见五地。若被缚至亲里围绕，是六地。是魔业，不勤修、初地羸劣，为无上道，应修增上进。

复次金刚摧！菩萨若梦中自知在刀中，此菩萨是初地五地，多恶知识，多艰难，应静无忿怒、无障

① 说，西夏本作“[illegible]”（梦）。

② 西夏本句下有“[illegible]”（相）字。此下至“三地”皆同。

③ 多，西夏本作“[illegible]”（所）。按，“[illegible]”rjɨr^{2}（所）疑为借作“[illegible]”rejr^{2}（多）。

碍心,一向勤利他人,以此净除业障。前曾在上位,恼乱持戒人。见人持种种刀,自见在中,此菩萨初地见。若见人持一刀在中,是第二地。见捉杖在中,是见三地。若见捉石在中,此见四地。见在空手众中住,是五地。除魔业。

复次金刚摧！菩萨梦自见在空中,此菩萨在信地,得无生法忍。此菩萨诸天所念,应修好威仪,应常修精进,劝发众生,求无上道,不应常住一处,如是清净。此菩萨是初地七地见处处地。若见虚空中行施,此是初地。若空中见仙人,此见第二地。若见沙门,此见第三地。若见龙,第四地。若见天,第五地。若见梵天,是第六地。若见菩萨如来,是第七地。除魔业。

复次金刚摧！菩萨若梦中自见捉炬,应勤修明慧,此菩萨是初地五地,此菩萨应不顾身命,不观饮食,应行禅,不生疑悔,如是趣向。住初地乐修对治,住二地乐修禅,住三地乐修慈,住四地乐修悲,住五地乐修舍。住初地应修念佛为明见,住二地应修放解,住三地应修闻,住四地应修持,住五地应修空。如是应得明。

复次金刚摧！菩萨若梦中见菩萨逾宫出,此菩萨初地六地处处见。增加精进得不退转,在菩提记界疾近无上道。若见步出,是见初地。见乘牛车出,是见二地。见乘马车出,是见三地。见乘象车出,是见四地。若见乘人车出,是见五地。若见乘空中车出,是见六地。除魔业。

复次金刚摧！菩萨若梦中得经,此菩萨是初地三地处处地见。此人多诸因缘、多诸谤毁、数数多诸艰难,应一心修悔过,常修精进。若梦得世俗典籍声闻经法,此是初地。梦得檀相应经,是见二地。梦得甚深相应,是见三地。不勤修乃至七地,若诸天与、若菩萨与、如来与、法藏。

复次金刚摧！菩萨梦中闻得法功德声,此菩萨是初地六地见处处地见,前得佛总持。此菩萨少于业障、魔业增盛,应施于辩才,不求人过,如是清净。闻出香陀罗尼声,此菩萨是初地。闻文字陀罗尼,是第二地。闻书写陀罗尼,是八地初地见处处地。此不应爱著三界,勤修独处,彼少于业障、少于魔业,烦恼增盛,应听种种法,应修多观,如是相应。有觉观三昧,是初住地。无觉少观,是三住地。无觉无观,是四住地。梵处空处三昧,是五住地。现一身三昧,是六住地。大通三昧,是七住地。出生佛庄严三昧,是第八住地。

复次金刚摧！菩萨若梦中闻方广经声,此菩萨是六地初地,应修信解法决定忍。此菩萨少于障,缓趣无上道,勤问持戒之相,应尊重师长,如是趣向菩提。闻檀波罗蜜经声,是初地。闻戒经声,是二地。闻忍经声,是三地。闻精进经声,是四地。闻禅经声,是五地。闻般若波罗蜜声,是六地。除不勤修人,佛所持善心成就者。

复次金刚摧！菩萨若梦中闻说法比丘字声,此菩萨是四地初地,此应依止善知识。此菩萨多诸艰难、多诸疑悔、少于智慧,应修无碍心,应方便劝一切众生修无疑悔心,如是清净。若见前所闻法师名,此初地。若闻不见法师名,见第二地。若闻他异世界法师名,是第三地。若闻一生补处菩萨、若闻乐上地声,是第四地。

复次金刚摧！菩萨若梦中得信辩,此菩萨是初地三地。此菩萨是辩器,若远离三法疾得明。何等三？见他得利心生嫉妒,为利养故,奸诈亲近。如是三法当远离,然后趣向,说少偈颂,是初地。能说种种偈,是二地。说甚深偈,是三地,多说上地偈。

16.10.6

[illegible]

niow^{1} tśjɨ^{1} kie^{1} dźja^{2} dźjwu^{1} ɲia^{2} tsjij^{2} tjɨ^{1} tjij^{1} ɲia^{2} tsjij^{2} lwər^{2}

复 次 金 刚 摧 菩 萨！ 如 若 菩 萨 经

[illegible] [illegible] [illegible] [illegible] [illegible]， [illegible] [illegible] [illegible] [illegible] [illegible] [illegible]

lhejr^{2} nuə$^{?}$ rjir^{2} kjɨ^{1} mjij^{1} ku^{1} ɣu^{1} ljɨ^{2} ·jar^{1} ljɨ^{2} ljij^{2}

契 辩 得 △ 梦， 则 初 地 八 地 见

复次金刚摧菩萨！若菩萨梦中得经辩，是初地八地见。

16.10.7

[illegible]。 [illegible] [illegible] [illegible] [illegible] [illegible] [illegible] [illegible] [illegible]， [illegible] [illegible] [illegible]

ŋwu^{2} thja^{1} dzjwo^{2} rejr^{2} tśhja^{2} ·iow ·jiw^{1} nioow^{1} dźjij^{2} jɨr^{2} ŋwu^{2} kie^{1}

是。 此 人 多 功 德 因 缘 有， 勤 以 戒

[illegible]、 [illegible] [illegible] [illegible] [illegible]、 [illegible] [illegible] [illegible] [illegible] [illegible] [illegible]

djọ^{2} bụ^{2} kjụ^{1} tshwew^{1} djọ^{2} sej^{1} dźjɨ$^{?}$ dzjwo^{2} ·jij^{1} kjụ^{1} tshwew^{1}

修、 胜 供 养 修、 净 行 人 之 供 养

此有多功德因缘①，当勤依修戒、当修胜供养供养净行人，

16.11.1

[illegible]， [illegible] [illegible] [illegible] [illegible] [illegible]。 [illegible] [illegible] [illegible] [illegible] [illegible] [illegible]

lew^{2} sjij^{2} khwej^{1} mji^{1} djọ^{2} lew^{2} thjɨ^{2} sju^{2} mjij^{1} gu^{2} sjwɨj^{1} lə^{1}

当， 智 慢 不 修 应。 是 如 梦 中 业 障

[illegible] [illegible]， [illegible] [illegible] [illegible] [illegible] [illegible]， [illegible] [illegible] [illegible] [illegible]

ɣjiw^{1} lhjij^{2} tśji^{1} tshja^{2} ɣiə^{1} njij^{2} lhjij^{2} ku^{1} thja^{1} ɣu^{1} ljɨ^{2}

摄 受， 苦 报 微 少 受， 则 彼 初 地

不应修智慢。如是梦中当受业障，少受苦报，彼出初地。

16.11.2

[illegible]。 [illegible] [illegible] [illegible] [illegible] [illegible] [illegible] [illegible] [illegible]， [illegible] [illegible] [illegible]

ŋwu^{2} ljɨr^{1} nuə$^{?}$ ŋwo^{2} tśhja^{2} ka^{1} lwər^{2} lhejr^{2} tshjij^{1} ku^{1} njɨ^{1} ljɨ^{2}

是。 四 辩 才 正 等 经 契 说， 则 二 地

[illegible] [illegible]。 [illegible] [illegible] [illegible] [illegible] [illegible]， [illegible] [illegible] [illegible] [illegible]

① 西夏本“此”下有“[illegible]”（人）字。

·jij¹ ŋwu² mə² mə² lwər² lhejr² tshjịj¹ ku¹ sọ¹ ljɨ̣² ·jij¹
相 是。 种 种 经 契 说， 则 三 地 相

四辩说方等经①，是说二地②。说种种经，是三地③。

16.11.3

[illegible]。 [illegible] [illegible] [illegible] [illegible]， [illegible] [illegible] [illegible] [illegible] [illegible]。 [illegible]
ŋwu² śji¹ ·jiw¹ nio̱w¹ tshjịj¹ ku¹ ljɨr¹ ljɨ̣² ·jij¹ ŋwu² sọ¹
是。 前 因 缘 说， 则 四 地 相 是。 三
[illegible] [illegible]， [illegible] [illegible] [illegible] [illegible] [illegible]。 [illegible] [illegible] [illegible] [illegible]，
zjọ² tshjịj¹ ku¹ ŋwə¹ ljɨ̣² ·jij¹ ŋwu² po¹ lo¹ dzu¹ tshjịj¹
世 说， 则 五 地 相 是。 波 罗 蜜 说，

说前因缘，是四地。说三世，是五地。说波罗蜜，

16.11.4

[illegible] [illegible] [illegible] [illegible] [illegible]。 [illegible] [illegible] [illegible] [illegible] [illegible]， [illegible] [illegible]
ku¹ tśhjiw¹ ljɨ̣² ·jij¹ ŋwu² źji² na¹ lwər² lhejr² tshjịj¹ ku¹ śjạ¹
则 六 地 相 是。 甚 深 经 契 说， 则 七
[illegible] [illegible] [illegible]。 [illegible] [illegible] [illegible] [illegible] [illegible]， [illegible] [illegible] [illegible]
ljɨ̣² ·jij¹ ŋwu² ŋowr² ŋowr² kjɨ¹ djɨj² tshjịj¹ ku¹ ·jar¹ ljɨ̣²
地 相 是。 一 切 决 定 说， 则 八 地

是六地。说甚深经，是七地。说一切决定，是八地。

16.11.5

[illegible] [illegible]。
·jij¹ ŋwu²
相 是。

16.11.6

[illegible] [illegible] [illegible] [illegible] [illegible] [illegible] [illegible]！ [illegible] [illegible] [illegible] [illegible] [illegible]

① 西夏本“辩”下有“才”（[illegible]）字
② “说”字义西夏本未见。另，西夏本句下有“[illegible]”（相）字。
③ 西夏本句下有“[illegible]”（相）字。此下至“八地”皆同。

niow^{1} tśjɨ^{1} kie^{1} dźja^{2} dźjwu^{1} ɲia^{2} tsjij^{2} tjɨ^{1} tjij^{1} ɲia^{2} tsjij^{2} thow^{1}
复 次 金 刚 摧 菩 萨! 如 若 菩 萨 陀
[illegible],[illegible]。
lo^{1} nji^{1} ɣię^{2} mji^{1} kjɨ^{1} mjij^{1} ku^{1} śją^{1} ljɨ^{2} ·jij^{1} ŋwu^{2}
罗 尼 声 闻 △ 梦, 则 七 地 相 是。

复次金刚摧菩萨!若菩萨梦中闻陀罗尼声,彼是七地。

16.11.7

[illegible]、[illegible],
thja^{1} ɲia^{2} tsjij^{2} tja^{1} rjur^{1} źji^{1} njɨ^{2} lhjij^{2} sjwɨj^{1} lə^{1} ɣiə^{1} njij^{2}
此 菩 萨 者 诸 烦 恼 受、 业 障 微 少,
[illegible],[illegible]
ku^{1} sjij^{2} dzjwo^{2} ·jij^{1} ·jɨr^{1} lew^{2} mjij^{1} sej^{1} dźjɨ$^{?}$ djọ^{2} thjɨ^{2} sju^{2}
则 智 人 之 问 应 默 静 行 修, 是 如

此菩萨受诸烦恼、少业障,应问智者修静默处,趣解脱如是

16.12.1

[illegible]。[illegible]
ŋwu^{2} bie^{2} thjij^{2} rjijr^{2} tshwew^{1} tjij^{1} gjij^{2} njijr^{1} kha^{1} dźjij^{1} kjɨ^{1}
以 解 脱 向 趣。 若 村 野 中 在 △
[illegible],[illegible]。[illegible],[illegible]
mjij^{1} ku^{1} ɣu^{1} ljɨ^{2} ·jij^{1} ŋwu^{2} kjɨr^{2} ·u^{2} dźjij^{1} ljij^{2} ku^{1}
梦, 则 初 地 相 是。 房 中 在 见, 则

趣向。梦在村中,是初地①。在房中②,

16.12.2

[illegible]。[illegible],[illegible]
njɨ^{1} ljɨ^{2} ·jij^{1} ŋwu^{2} sẽ^{1} kjɨr^{2} ·u^{2} dźjij^{1} ljij^{2} ku^{1} sọ^{1}
二 地 相 是。 僧 房 中 在 见, 则 三
[illegible]。[illegible],[illegible]

① 西夏本句下有“”(相)字。此下至“七地”皆同。
② 西夏本句上有“”(见)字。

ljɨ² ·jij¹ ŋwu² tjij¹ ·ja? ljɨj¹ rja² do² dzu̱² ljij² ku¹

地 相 是。 若 阿 练 若 处 坐 见， 则

是二地。在僧房中①，是三地。在阿练若处坐②，

16.12.3

[illegible] [illegible] [illegible] [illegible]。 [illegible] [illegible] [illegible] [illegible] [illegible] [illegible]， [illegible] [illegible]

ljɨr¹ ljɨ² ·jij¹ ŋwu² tjij¹ kjɨ¹ mjij¹ dzu̱² ŋwu² ljij² ku¹ ŋwə¹

四 地 相 是。 若 △ 梦 坐 以 见， 则 五

[illegible] [illegible] [illegible]。 [illegible] [illegible] [illegible] [illegible] [illegible] [illegible]， [illegible] [illegible]

ljɨ² ·jij¹ ŋwu² tjij¹ ·io̱² bo¹ kha¹ dźjij¹ ljij² ku¹ tśhjiw¹

地 相 是。 若 园 林 中 在 见， 则 六

是四地。若梦坐③，是五地。若园观中④，是六

16.12.4

[illegible] [illegible] [illegible]。 [illegible] [illegible] [illegible] [illegible] [illegible]， [illegible] [illegible] [illegible] [illegible] [illegible]。

ljɨ² ·jij¹ ŋwu² ŋər¹ tśjiw² tśhja̱¹ dźjij¹ ljij² ku¹ śja̱¹ ljɨ² ·jij¹ ŋwu²

地 相 是。 山 顶 上 在 见， 则 七 地 相 是。

地。梦在山顶⑤，是七地。

16.12.5

[illegible] [illegible] [illegible] [illegible] [illegible] [illegible] [illegible]！ [illegible] [illegible] [illegible] [illegible]

niow¹ tśjɨ¹ kie¹ dźja² dźjwu¹ ɲia² tsjij² tjɨ¹ tjij¹ ɲia² tsjij²

复 次 金 刚 摧 菩 萨！ 如 若 菩 萨

[illegible] [illegible] [illegible] [illegible] [illegible] [illegible] [illegible] [illegible] [illegible] [illegible] [illegible]，

tsjij¹ rjijr² rjur¹ kię² ·u² mjor¹ ljij² ·jij¹ mjij² kjɨ¹ mjij¹

他 方 世 界 中 如 来 之 名 △ 梦，

复次金刚摧菩萨！若菩萨梦中闻他方世界未曾闻如来名⑥，

① 西夏本句上有"[illegible]"（见）字。
② 西夏本句上有"[illegible]"（见）字。
③ 西夏本"若"下有"[illegible]"（见）字。
④ 西夏本"若"下有"[illegible]"（见）字。
⑤ 梦，西夏本作"[illegible]"（见）。
⑥ "未曾闻"三字义西夏本未见。

16.12.6

[illegible]	[illegible]	[illegible]	[illegible]	[illegible]	[illegible]	[illegible]	[illegible]	[illegible]	[illegible]	[illegible]
ku^{1}	thja^{1}	ɲia^{2}	tsjij^{2}	·jij^{1}	la^{1}	ɣiwej^{1}	ɣu^{1}	ljɨ^{2}	·jar^{1}	ljɨ^{2}
则	此	菩	萨	之	记	受	初	地	八	地
[illegible]	[illegible]。	[illegible]	[illegible]	[illegible]	[illegible]	[illegible]	[illegible]，	[illegible]	[illegible]	
·jij^{1}	ŋwu^{2}	mjɨ^{1}	gjiw^{1}	khwẹj^{1}	·jij^{1}	dzju^{2}	nio̱w^{1}	tśja^{1}	rjijr^{2}	
相	是。	不	敬	慢	自	在	故，	道	向	

此菩萨是受记初地八地。憍慢自在故①,

16.12.7

[illegible]	[illegible]，	[illegible]	[illegible]	[illegible]。	[illegible]	[illegible]	[illegible]	[illegible]	[illegible]，	[illegible]
mji^{1}	tshwew^{1}	rejr^{2}	ljij^{2}	sjwɨj^{1}	rejr^{2}	zjịj^{2}	kjụ^{1}	tshwew^{1}	nio̱w^{1}	ku^{1}
不	趣，	多	魔	业。	多	众	供	养	故，	则
[illegible]	[illegible]	[illegible]	[illegible]	[illegible]，	[illegible]	[illegible]	[illegible]	[illegible]	[illegible]。	[illegible]
mji^{1}	sej^{1}	pjụ^{1}	wer^{1}	djọ^{2}	tśhjɨ^{1}	mja^{1}	niow^{1}	śjwo^{1}	tshwew^{1}	tjij^{1}
不	净	威	仪	修，	然	后	又	生	趣。	若

不趣向道,多魔业。为供养故,修不净威仪,然后趣向。

16.13.1

[illegible]	[illegible]	[illegible]	[illegible]	[illegible]	[illegible]	[illegible]	[illegible]	[illegible]，	[illegible]	[illegible]
dźjɨ̱r^{1}	djọ^{2}	kjɨ^{1}	mjịj^{1}	ku^{1}	ɣu^{1}	ljɨ^{2}	·jij^{1}	ŋwu^{2}	kie^{1}	khwẹj^{1}
舍	修	△	梦	则	初	地	相	是，	戒	慢
[illegible]	[illegible]	[illegible]	[illegible]	[illegible]	[illegible]，	[illegible]	[illegible]	[illegible]	[illegible]	[illegible]
ljij^{2}	ku^{1}	njɨ̱^{1}	ljɨ^{2}	·jij^{1}	ŋwu^{2}	mji^{1}	khwẹj^{1}	ljij^{2}	ku^{1}	sọ^{1}
见	则	二	地	相	是，	闻	慢	见	则	三

修舍是初地②,梦戒慢是二地③,闻慢是三

16.13.2

[illegible]	[illegible]	[illegible]，	[illegible]	[illegible]	[illegible]	[illegible]	[illegible]	[illegible]	[illegible]	[illegible]

① 憍慢,西夏字面作“[illegible]”(不敬慢)。参看《无量寿经》“常怀憍慢”作“[illegible]”(不敬慢怀)。其他文献中亦作“[illegible]”“[illegible]”“[illegible]”。

② 西夏本句上有“梦”([illegible])字。另,西夏本句下有“[illegible]”(相)字。此下至“八地”皆同。

③ 梦,西夏本作“[illegible]”(见)。

ljɨ̣^{2} ·jij^{1} ŋwu^{2} tśier^{1} ·ju^{2} khwẹj^{1} ljij^{2} ku^{1} ljɨr^{1} ljɨ̣^{2} ·jij^{1}
地 相 是， 方 便 慢 见 则 四 地 相
[illegible]， [illegible] [illegible] [illegible] [illegible] [illegible] [illegible] [illegible] [illegible]， [illegible]
ŋwu^{2} ·jiw^{2} khwẹj^{1} ljij^{2} ku^{1} ŋwə^{1} ljɨ̣^{2} ·jij^{1} ŋwu^{2} sjij^{2}
是， 疑 慢 见 则 五 地 相 是， 智

地①，方便慢是四地，疑慢是五地，智

16.13.3

[illegible] [illegible] [illegible] [illegible] [illegible] [illegible] [illegible]， [illegible] [illegible] [illegible] [illegible]
khwẹj^{1} ljij^{2} ku^{1} tśhjiw^{1} ljɨ̣^{2} ·jij^{1} ŋwu^{2} rjɨr^{2} tshjij^{1} khwẹj^{1} ljij^{2}
慢 见 则 六 地 相 是， 所 说 慢 见
[illegible] [illegible] [illegible] [illegible] [illegible]， [illegible] [illegible] [illegible] [illegible] [illegible]
ku^{1} śjạ^{1} ljɨ̣^{2} ·jij^{1} ŋwu^{2} ɣiwej^{1} ·jịj^{1} khwẹj^{1} ljij^{2} ku^{1}
则 七 地 相 是， 受 持 慢 见 则

慢是六地，所说慢是七地，受持慢

16.13.4

[illegible] [illegible] [illegible] [illegible]。
·jar^{1} ljɨ̣^{2} ·jij^{1} ŋwu^{2}
八 地 相 是。

是八地。

16.13.5

[illegible] [illegible] [illegible] [illegible] [illegible] [illegible] [illegible]！ [illegible] [illegible] [illegible] [illegible] [illegible]
niow^{1} tśjɨ^{1} kie^{1} dźja^{2} dźjwu^{1} ɲia^{2} tsjij^{2} tjɨ^{1} tjij^{1} ɲia^{2} tsjij^{2} tsjij^{1}
复 次 金 刚 摧 菩 萨！ 如 若 菩 萨 他
[illegible] [illegible] [illegible] [illegible] （[illegible] [illegible]） [illegible] [illegible] [illegible] [illegible] [illegible] [illegible]，
rjijr^{2} rjur^{1} kiej^{2} ·u^{2} sjwɨ^{2} nji^{2} ɲia^{2} tsjij^{2} ·jij^{1} mjịj^{2} kjɨ^{1} mjịj^{1}
方 世 界 中 （某 甲） 菩 萨 之 名 △ 梦，

复次金刚摧！菩萨若梦中闻某世界某菩萨声，

① 西夏本句上有“见”（[illegible]）字。此下至“八地”皆同。

16.13.6

[illegible]	[illegible]	[illegible]	[illegible]	[illegible]	[illegible]	[illegible]	[illegible]	[illegible]	[illegible]	[illegible]。
ku^{1}	thja^{1}	ɲia^{2}	tsjij^{2}	·jij^{1}	ŋwə^{1}	ljɨ^{2}	ɣu^{1}	ljɨ^{2}	·jij^{1}	ŋwu^{2}
则	此	菩	萨	之	五	地	初	地	相	是。
[illegible]	[illegible]	[illegible]	[illegible]	[illegible]	[illegible]	[illegible]	[illegible]	[illegible]	[illegible]，	[illegible]
thja^{1}	ɲia^{2}	tsjij^{2}	tja^{1}	ɲia^{2}	tsjij^{2}	·jij^{1}	ljɨr^{2}	lew^{2}	we^{2}	źjɨ^{1}
此	菩	萨	者	菩	萨	之	念	所	为，	烦

此菩萨是五地初地。此菩萨为菩萨所忆念，

16.13.7

[illegible]	[illegible]	[illegible]，	[illegible]	[illegible]	[illegible]	[illegible]，	[illegible]	[illegible]	[illegible]	[illegible]
njɨ^{2}	ɣiə^{1}	njij^{2}	mjɨ^{1}	gjiw^{1}	khwẹj^{1}	ka^{2}	rejr^{2}	dzjwo^{2}	·jij^{1}	pjwɨr^{1}
恼	微	少，	不	敬	慢	离，	多	人	之	劝
[illegible]	[illegible]	[illegible]	[illegible]，	[illegible]	[illegible]	[illegible]	[illegible]	[illegible]	[illegible]	[illegible]。
sjij^{2}	źjɨr^{1}	djọ^{2}	phji^{1}	ku^{1}	thji^{2}	sju^{2}	ŋwu^{2}	bju^{1}	śjij^{1}	lew^{2}
智	慧	修	令，	则	是	如	以	相	应	当。

少烦恼，应离憍慢，劝多人修智，如是相应。

16.14.1

[illegible]	[illegible]	[illegible]	[illegible]	[illegible]	[illegible]	[illegible]	[illegible]	[illegible]	[illegible]	[illegible]，
thow^{1}	lo^{1}	nji^{1}	rjir^{2}	kjɨ^{1}	mjij^{1}	ku^{1}	ɣu^{1}	ljɨ^{2}	mji^{1}	ŋwu^{2}
陀	罗	尼	得	△	梦	则	初	地	闻	是，
[illegible]	[illegible]	[illegible]	[illegible]	[illegible]	[illegible]	[illegible]	[illegible]，	[illegible]	[illegible]	[illegible]
nji^{1}	phji^{1}	ljij^{2}	ku^{1}	njɨ^{1}	ljɨ^{2}	mji^{1}	ŋwu^{2}	tśjɨ^{1}	dźjɨ$^{?}$	ljij^{2}
家	出	见	则	二	地	闻	是，	苦	行	见

得陀罗尼是闻初地①，梦出家是闻二地②，梦苦行

16.14.2

[illegible]	[illegible]	[illegible]	[illegible]	[illegible]，	[illegible]	[illegible]	[illegible]	[illegible]	[illegible]	[illegible]

① 西夏本“得”上有“梦”([illegible])字。

② 梦，西夏本作“[illegible]”(见)。

ku^{1}	so̱^{1}	ljɨ^{2}	mji^{1}	ŋwu^{2}	lhejr^{2}	lhjo̱r^{1}	·u^{2}	ljij^{2}	·jar^{2}	ljij^{2}
则	三	地	闻	是，	道	场	中	魔	降	见
□	□	□	□	□，	□	□	□	□	□	□
ku^{1}	ljɨr^{1}	ljɨ^{2}	mji^{1}	ŋwu^{2}	dwewr^{2}	tśja^{1}	ljij^{2}	ku^{1}	ŋwə^{1}	ljɨ^{2}
则	四	地	闻	是，	觉	道	见	则	五	地

是三地①，梦道场降魔是四地，梦觉道是五地。

16.14.3

□	□。	□	□	□	□、	□	□	□	□	□
mji^{1}	ŋwu^{2}	phju^{2}	rejr^{2}	mji^{1}	ljij^{2}	mji^{1}	djɨj^{2}	dźju^{2}	no̱^{1}	ne̱w^{2}
闻	是。	上	多	闻	见、	不	定	赢	劣	善
□	□	□	□	□	□	□，	□	□	□	□
njij^{1}	mji^{1}	ku^{1}	ɣu^{1}	ljɨ^{2}	ljij^{2}	ŋwu^{2}	·jiw^{2}	njij^{1}	dźjij^{1}	ku^{1}
心	闻	则	初	地	见	是，	疑	心	住	则

闻见上多、闻见不定赢劣善心是见初地，住于疑心

16.14.4

□	□	□	□，	□	□	□	□	□	□	□
nji̱^{1}	ljɨ^{2}	ljij^{2}	ŋwu^{2}	njij^{1}	lhji̱^{1}	śja^{1}	wja̱^{2}	ku^{1}	so̱^{1}	ljɨ^{2}
二	地	见	是，	心	退	放	逸	则	三	地
□	□，	□	□	□	□	□	□	□	□	
ljij^{2}	ŋwu^{2}	bu̱^{2}	gjij^{1}	śja^{1}	wja̱^{2}	ku^{1}	ljɨr^{1}	ljɨ^{2}	ljij^{2}	
见	是，	增	倍	放	逸	则	四	地	见	

是二地②，退心放逸是三地，增上放逸是四地，

16.14.5

□，	□	□	□	□	□	□	□	□。
ŋwu^{2}	śjã^{1}	djɨj^{2}	rejr^{2}	ku^{1}	ŋwə^{1}	ljɨ^{2}	ljij^{2}	ŋwu^{2}
是，	禅	定	多	则	五	地	见	是。

多定是五地。

① 梦，西夏本作“□”(见)。另，西夏本“三地”上有“□”(闻)字。此下至“五地”皆同。
② 西夏本“是”下有“□”(见)字。此下至“五地”皆同。

16.14.6

□	□	□	□	□	□	□！	□	□	□	□
niow^{1}	tśjɨ^{1}	kie^{1}	dźja^{2}	dźjwu^{1}	ɲia^{2}	tsjij^{2}	tjɨ^{1}	tjij^{1}	ɲia^{2}	tsjij^{2}
复	次	金	刚	摧	菩	萨！	如	若	菩	萨
□	□	□	□	□，	□	□	□	□	□	
ŋjow^{2}	·u^{2}	·o^{2}	kjɨ^{1}	mjịj^{1}	ku^{1}	thja^{1}	ɲia^{2}	tsjij^{2}	·jij^{1}	
海	中	入	△	梦，	则	此	菩	萨	之	

复次金刚摧！菩萨梦在海中，此菩萨

16.14.7

□	□	□	□	□	□	□	□	□，	□	□
khu^{1}	dźjij^{1}	·jar^{1}	ljɨ^{2}	rjur^{1}	rjur^{1}	ljɨ^{2}	ljij^{2}	ŋwu^{2}	thja^{1}	dzjwo^{2}
精	进	八	地	处	处	地	见	是，	此	人
□	□	□	□	□	□	□	□。	□	□	
rejr^{2}	mji^{1}	khu^{1}	dźjij^{1}	źjɨr^{1}	tsjij^{2}	djọ^{2}	lew^{2}	tjij^{1}	bju^{1}	
多	闻	精	进	慧	解	修	应。	若	依	

精进是八地见处处地，应修多闻精进慧解①。若

16.15.1

□	□	□	□	□	□	□	□	□	□，	□
gjị^{2}	tjị^{2}	mjij^{1}	kjɨ^{1}	mjịj^{1}	ku^{1}	ɣu^{1}	ljɨ^{2}	·jij^{1}	ŋwu^{2}	tjij^{1}
止	处	无	△	梦	则	初	地	相	是，	若
□	□	□	□	□	□	□	□，	□	□	
ŋjow^{2}	bju^{2}	dźjij^{1}	ku^{1}	njɨ^{1}	ljɨ^{2}	·jij^{1}	ŋwu^{2}	tjij^{1}	dzjwɨ̣^{1}	
海	际	在	则	二	地	相	是，	若	船	

梦中无所依止是初地②，若在海际是二地，若在船

16.15.2

□	□	□	□	□	□	□，	□	□	□	□

① 西夏本句上有“□□”（此人）二字。
② 西夏本句下有“□”（相）字。此下至“八地”皆同。

tśhja̱[1] dźjij[1] ku[1] sọ[1] ljɨ̣[2] ·jij[1] ŋwu[2] tjij[1] thja[1] śjij[1] śjɨ[1]

上 在 则 三 地 相 是， 若 自 然 往

[illegible] [illegible] [illegible] [illegible] [illegible]， [illegible] [illegible] [illegible] [illegible] [illegible]

ku[1] ljɨr[1] ljɨ̣[2] ·jij[1] ŋwu[2] dzjwɨ̣[1] tśhja̱[1] ·ja[?] śji[2] ku[1]

则 四 地 相 是， 船 上 △ 往 则

乘是三地，梦往去是四地①，梦上船是

16.15.3

[illegible] [illegible] [illegible] [illegible]， [illegible] [illegible] [illegible] [illegible] [illegible] [illegible] [illegible]

ŋwə[1] ljɨ̣[2] ·jij[1] ŋwu[2] zjɨ̱r[2] kha[1] dzu̱[2] ku[1] tśhjiw[1] ljɨ̣[2] ·jij[1]

五 地 相 是， 水 中 坐 则 六 地 相

[illegible]， [illegible] [illegible] [illegible] [illegible] [illegible] [illegible] [illegible] [illegible] [illegible]，

ŋwu[2] dzjwɨ̣[1] tśhja̱[1] dzu̱[2] ljij[2] ku[1] śja̱[1] ljɨ̣[2] ·jij[1] ŋwu[2]

是， 船 上 坐 见 则 七 地 相 是，

五地②，梦水中坐是六地，在船中坐是七地，

16.15.4

[illegible] [illegible] [illegible] [illegible] [illegible] [illegible] [illegible] [illegible] [illegible]

dzjwɨ̣[1] tśhja̱[1] ljɨ[1] nja[1] swu[2] ·jij[1] thja[1] tśhja̱[1] dzu̱[2]

船 上 宝 △ 满 自 其 上 坐

[illegible] [illegible] [illegible] [illegible] [illegible] [illegible] [illegible] [illegible] [illegible]。

kjɨ[1] mjij[2] ŋjow[2] lho[?] ku[1] ·jar[1] ljɨ̣[2] ·jij[1] ŋwu[2]

△ 将 海 出 则 八 地 相 是。

梦船中满宝在上坐欲出海是八地。

16.15.5

[illegible] [illegible] [illegible] [illegible] [illegible] [illegible] [illegible]！ [illegible] [illegible] [illegible] [illegible]

niow[1] tśjɨ[1] kie[1] dźja[2] dźjwu[1] ɲia[2] tsjij[2] tjɨ[1] tjij[1] ɲia[2] tsjij[2]

复 次 金 刚 摧 菩 萨！ 如 若 菩 萨

[illegible] [illegible] [illegible] [illegible] [illegible] [illegible]， [illegible] [illegible] [illegible] [illegible]

① “梦”字义西夏本未见。另，西夏本句上有“[illegible][illegible][illegible]”（若自然）三字。

② “梦”字义西夏本未见。此下至“八地”皆同。

ljɨ̣^{1} thjwɨ^{2} ljị^{2} djij^{2} kjɨ^{1} mji̱j^{1} ku^{1} thja^{1} ɲia^{2} tsjij^{2}

宝 聚 集 △ △ 梦, 则 此 菩 萨

复次金刚摧! 菩萨若梦中集宝,此菩萨

16.15.6

·jij^{1} ɣu^{1} ljɨ̣^{2} sọ^{1} ljɨ̣^{2} rjur^{1} rjur^{1} ljɨ̣^{2} ljij^{2} ŋwu^{2} thja^{1}

之 初 地 三 地 处 处 地 见 是。 此

ɲia^{2} tsjij^{2} tja^{1} tśjị^{1} źjị^{1} rejr^{2} zji̱j^{2} ku^{1} sej^{1} sjwɨj^{1} djọ^{2}

菩 萨 者 苦 恼 多 众, 则 净 业 修

是初地三地见处处地。此菩萨多逢苦恼,应乐修净业

16.15.7

dzu^{1} mjɨ^{1} dźjar^{2} mji^{1} ·ju^{2} tsji̱r^{1} tshji̱j^{1} mjijr^{2} do^{2} khjwɨ^{1} njwi^{1} nwə^{1}

乐 他 过 不 求, 法 说 者 于 恩 功 知

sjij^{2} thjɨ^{2} sju^{2} ŋwu^{2} śjwo^{1} tshwew^{1} lew^{2} ljɨ̣^{2} lu̱^{1} ljɨ̣^{1} rjir^{2}

觉, 是 如 以 生 趣 应。 地 掘 宝 得

不求人短,于说法者知恩,如是趣向。梦掘地中得宝

16.16.1

kjɨ^{1} mjij^{1} ku^{1} ɣu^{1} ljɨ̣^{2} ljij^{2} ŋwu^{2} dza^{1} dzjiw^{1} kha^{1} ljɨ̣^{1}

△ 梦 则 初 地 见 是, 杂 土 中 宝

rjir^{2} ku^{1} njɨ^{1} ljɨ̣^{2} ljij^{2} ŋwu^{2} dza^{1} śjɨ^{2} kha^{1} ljɨ̣^{1} rjir^{2}

得 则 二 地 见 是, 杂 草 中 宝 得

初地①,杂土得宝是见二地,杂草得宝

① 西夏本"初地"上有"是见"(是见)二字。考下文,汉文本疑脱。

16.16.2

[illegible]	[illegible]	[illegible]	[illegible]	[illegible]。	[illegible]	[illegible]	[illegible]	[illegible]	[illegible]	[illegible]
ku^{1}	sọ^{1}	ljɨ̣^{2}	ljij^{2}	ŋwu^{2}	jɨr^{2}	khu^{1}	mji^{1}	·jij^{1}	niow^{1}	ljij^{2}
则	三	地	见	是。	勤	进	不	相	又	魔
[illegible]	[illegible]，	[illegible]	[illegible]	[illegible]	[illegible]	[illegible]	[illegible]，	[illegible]	[illegible]	[illegible]
sjwɨj^{1}	ŋwu^{2}	tjij^{1}	tśhjiw^{1}	ljɨ̣^{2}	tjij^{1}	ljɨr^{1}	ljɨ̣^{2}	tśier^{1}	·ju^{2}	mji^{1}
业	是，	若	六	地	若	四	地，	方	便	不

是见三地。是不勤进相是魔业，若六地若四地，不勤方便

16.16.3

[illegible]	[illegible]	[illegible]	[illegible]	[illegible]	[illegible]。
jɨr^{2}	ku^{1}	ljij^{2}	sjwɨj^{1}	lə^{1}	ŋwu^{2}
勤	则	魔	业	障	是。

魔业业障。

16.16.4

[illegible]	[illegible]	[illegible]	[illegible]	[illegible]	[illegible]	[illegible]！	[illegible]	[illegible]	[illegible]	[illegible]
niow^{1}	tśjɨ^{1}	kie^{1}	dźja^{2}	dźjwu^{1}	ɲia^{2}	tsjij^{2}	tjɨ^{1}	tjij^{1}	ɲia^{2}	tsjij^{2}
复	次	金	刚	摧	菩	萨！	如	若	菩	萨
[illegible]	[illegible]	[illegible]	[illegible]	[illegible]	[illegible]	[illegible]	[illegible]，	[illegible]	[illegible]	
sju^{2}	mji^{1}	ŋər^{1}	tśjiw^{2}	tśhja̱^{1}	dźjij^{1}	kjɨ^{1}	mjij^{1}	ku^{1}	thja^{1}	
须	弥	山	顶	上	在	△	梦，	则	此	

复次金刚摧！菩萨梦中在须弥山顶①，此人

16.16.5

[illegible]	[illegible]	[illegible]	[illegible]，	[illegible]	[illegible]	[illegible]	[illegible]	[illegible]	[illegible]。	[illegible]
dzjwo^{2}	mji^{1}	lhji̱^{1}	lhjwo^{1}	ɣu^{1}	ljɨ̣^{2}	ŋwə^{1}	ljɨ̣^{2}	ljij^{2}	ŋwu^{2}	thja^{1}
人	不	退	转，	初	地	五	地	见	是。	彼
[illegible]	[illegible]	[illegible]	[illegible]	[illegible]，	[illegible]	[illegible]	[illegible]	[illegible]	[illegible]	[illegible]
dzjwo^{2}	tśhja^{2}	·iow	ɣiə^{1}	njij^{2}	niow^{2}	wjɨ̣^{1}	·jiw^{1}	nio̱w^{1}	rjir^{2}	?

① 西夏本句上有“[illegible][illegible]”（如若）二字。

人	功	德	微	少，	恶	友	因	缘	与	亲

不退转，是见初地五地。彼有少功德①，亲近

16.16.6

[illegible]，	[illegible]	[illegible]	[illegible]	[illegible]，	[illegible]	[illegible]	[illegible]	[illegible]	[illegible]	[illegible]
njij^1	la̤^{1}	ljo̱r^1	dźiej^2	mjij^1	ŋwu^2	ne̱w^2	nwə^1	sjij^2	rjir^2	?
近，	奸	诈	信	无，	而	善	知	识	与	亲
[illegible]，	[illegible]	[illegible]	[illegible]	[illegible]	[illegible]，	[illegible]	[illegible]	[illegible]	[illegible]，	[illegible]
njij^1	thjɨ^2	wjɨ^2	mji^1	la̤^{1}	ljo̱r^1	dźiej^2	tsjij^2	djo̱^{2}	dzjɨ̱^{2}	thjɨ^2
近，	是	今	不	奸	诈，	信	解	修	习，	是

恶友因缘，奸诈无信，亲近善知识，今应修不奸诈，多修信解②，

16.16.7

[illegible]	[illegible]	[illegible]	[illegible]	[illegible]。	[illegible]	[illegible]	[illegible]	[illegible]	[illegible]	[illegible]
sju^2	ŋwu^2	śjwo^1	tshwew^1	lew^2	tjij^1	sju^2	mji^1	ŋər^1	tśhja̱^{1}	dźjij^1
如	以	生	趣	应。	若	须	弥	山	上	在
[illegible]	[illegible]，	[illegible]	[illegible]	[illegible]	[illegible]	[illegible]	[illegible]。	[illegible]	[illegible]	
kjɨ^1	mjij^1	ku^1	phju^2	ɣu^1	tśhjiw^1	ljɨ^2	ŋwu^2	sju^2	mji^1	
△	梦，	则	上	初	六	地	是。	须	弥	

如是趣向。若梦在须弥山，当知上六住③。

16.17.1

[illegible]	[illegible]	[illegible]，	[illegible]	[illegible]	[illegible]	[illegible]	[illegible]。	[illegible]	[illegible]	[illegible]
ŋər^1	dźjij^1	ljij^2	ku^1	śja̱^{1}	ljɨ^2	ljij^2	ŋwu^2	ljɨr^1	rjijr^2	khju̱^{2}
山	住	见，	则	七	地	见	是。	四	向	望
[illegible]，	[illegible]	[illegible]	[illegible]	[illegible]	[illegible]。	[illegible]，	[illegible]	[illegible]	[illegible]	[illegible]
rjijr^2	ku^1	·jar^1	ljɨ^2	ljij^2	ŋwu^2	dzu̱^{2}	ku^1	gjɨ^1	ljɨ^2	ljij^2
向，	则	八	地	见	是。	坐，	则	九	地	见

梦住须弥山④，是七地⑤。梦四顾望⑥，是八地。梦坐者⑦，是九地。

① 有，西夏本作"[illegible]"（人）。汉文本疑误。
② "多"字义西夏本未见。
③ 西夏本作"[illegible]"，意思是"是上初六地"。
④ 梦，西夏本作"[illegible]"（见）。
⑤ 西夏本"七地"上有"[illegible]"（见）字。此下至"十地"皆同。
⑥ "梦"字义西夏本未见。
⑦ "梦"字义西夏本未见。

16.17.2

[illegible]。	[illegible]	[illegible]	[illegible]	[illegible]，	[illegible]	[illegible]	[illegible]	[illegible]	[illegible]。	[illegible]
ŋwu^{2}	ŋər^{1}	mju^{2}	djij^{2}	ljij^{2}	ku^{1}	ɣa̱^{2}	ljɨ̣^{2}	ljij^{2}	ŋwu^{2}	thjɨ^{2}
是。	山	动	△	见，	则	十	地	见	是。	此
[illegible]	[illegible]	[illegible]	[illegible]	[illegible]	[illegible]	[illegible]	[illegible]，	[illegible]	[illegible]	[illegible]
ɣu^{1}	ljɨ̣^{2}	rjɨr^{2}	njɨ^{2}	ŋwə^{1}	ljɨ̣^{2}	ljij^{2}	tja^{1}	ne̱w^{2}	nwə^{1}	sjij^{2}
初	地	乃	至	五	地	见	者，	善	知	识

梦山动①，是十地。此初地乃至见五地，勤进修善心，在善知识

16.17.3

[illegible]，	[illegible]	[illegible]	[illegible]	[illegible]，	[illegible]	[illegible]	[illegible]	[illegible]	[illegible]。
nio̱w^{1}	ne̱w^{2}	njij^{1}	jɨr^{2}	djo̱^{2}	ku^{1}	ljij^{2}	sjwɨj^{1}	ŋwu^{2}	ljɨ^{1}
故，	善	心	勤	修，	则	魔	业	是	也。

手是魔业②。

汉文本

复次金刚摧菩萨！若菩萨梦中得经辩，是初地八地见。此有多功德因缘，当勤依修戒、当修胜供养供养净行人，不应修智慢。如是梦中当受业障，少受苦报，彼出初地。四辩说方等经，是说二地。说种种经，是三地。说前因缘，是四地。说三世，是五地。说波罗蜜，是六地。说甚深经，是七地。说一切决定，是八地。

复次金刚摧菩萨！若菩萨梦中闻陀罗尼声，彼是七地。此菩萨受诸烦恼、少业障，应问智者修静默处，趣解脱如是趣向。梦在村中，是初地。在房中，是二地。在僧房中，是三地。在阿练若处坐，是四地。若梦坐，是五地。若园观中，是六地。梦在山顶，是七地。

复次金刚摧菩萨！若菩萨梦中闻他方世界未曾闻如来名，此菩萨是受记初地八地。憍慢自在故，不趣向道，多魔业。为供养故，修不净威仪，然后趣向。修舍是初地，梦戒慢是二地，闻慢是三地，方便慢是四地，疑慢是五地，智慢是六地，所说慢是七地，受持慢是八地。

复次金刚摧！菩萨若梦中闻某世界某菩萨声，此菩萨是五地初地。此菩萨为菩萨所忆念，少烦恼，应离憍慢，劝多人修智，如是相应。得陀罗尼是闻初地，梦出家是闻二地，梦苦行是三地，梦道场降魔是四地，梦觉道是五地。闻见上多、闻见不定羸劣善心是见初地，住于疑心是二地，退心放逸是三地，增上放逸是四地，多定是五地。

复次金刚摧！菩萨梦在海中，此菩萨精进是八地见处处地，应修多闻精进慧解。若梦中无所依止

① 梦，西夏本作"[illegible]"（见）。

② 西夏本作"[illegible][illegible][illegible][illegible]，[illegible][illegible][illegible][illegible]，[illegible][illegible][illegible][illegible][illegible]"，意思是"善知识故，勤修善心，是魔业也"。

是初地，若在海际是二地，若在船乘是三地，梦往去是四地，梦上船是五地，梦水中坐是六地，在船中坐是七地，梦船中满宝在上坐欲出海是八地。

复次金刚摧！菩萨若梦中集宝，此菩萨是初地三地见处处地。此菩萨多逢苦恼，应乐修净业不求人短，于说法者知恩，如是趣向。梦掘地中得宝初地，杂土得宝是见二地，杂草得宝是见三地。是不勤进相是魔业，若六地若四地，不勤方便魔业业障。

复次金刚摧！菩萨梦中在须弥山顶，此人不退转，是见初地五地。彼有少功德，亲近恶友因缘，奸诈无信，亲近善知识，今应修不奸诈，多修信解，如是趣向。若梦在须弥山，当知上六住。梦住须弥山，是七地。梦四顾望，是八地。梦坐者，是九地。梦山动，是十地。此初地乃至见五地，勤进修善心，在善知识手是魔业。

16.17.4

[illegible]	[illegible]	[illegible]	[illegible]	[illegible]	[illegible]	[illegible]！	[illegible]	[illegible]	[illegible]	[illegible]
niow^{1}	tśjɨ^{1}	kie^{1}	dźja^{2}	dźjwu^{1}	ɲia^{2}	tsjij^{2}	tjɨ^{1}	tjij^{1}	ɲia^{2}	tsjij^{2}
复	次	金	刚	摧	菩	萨！	如	若	菩	萨
[illegible]	[illegible]	[illegible]	[illegible]	[illegible]，	[illegible]	[illegible]	[illegible]	[illegible]	[illegible]	[illegible]
ŋər^{1}	tśhja̱^{1}	śjɨ^{1}	kjɨ^{1}	mjij^{1}	ku^{1}	thja^{1}	ɲia^{2}	tsjij^{2}	·jij^{1}	ɣu^{1}
山	上	往	△	梦，	则	此	菩	萨	之	初

复次金刚摧！菩萨梦中自见上山①，此菩萨

16.17.5

[illegible]	[illegible]	[illegible]	[illegible]	[illegible]。	[illegible]	[illegible]	[illegible]	[illegible]	[illegible]	[illegible]	[illegible]
lji̱^{2}	ŋwə^{1}	lji̱^{2}	·jij^{1}	ŋwu^{2}	thja^{1}	dzjwo^{2}	źji̱^{1}	nji̱^{2}	sjwɨj^{1}	lə^{1}	ŋowr^{2}
地	五	地	相	是。	此	人	烦	恼	业	障	一
[illegible]	[illegible]	[illegible]，	[illegible]	[illegible]	[illegible]	[illegible]	[illegible]	[illegible]	[illegible]	[illegible]，	
ŋowr^{2}	kjɨ^{1}	tśju̱^{1}	tsji̱r^{1}	tshji̱j^{1}	mjijr^{2}	do^{2}	dzjwɨ̱^{1}	lhejr^{2}	mji^{1}	śjwo^{1}	
切	△	害，	法	说	者	于	恭	敬	不	生，	

是初地五地②。害一切烦恼业障③，于说法人不生恭敬，

16.17.6

[illegible]	[illegible]	[illegible]	[illegible]	[illegible]	[illegible]	[illegible]	[illegible]	[illegible]	[illegible]	[illegible]，
thjɨ^{2}	wjɨ^{2}	mji^{1}	la̱^{1}	ljo̱r^{1}	djo̱^{2}	ŋwu^{2}	sjwɨj^{1}	lə^{1}	tjij^{1}	phja^{1}

① 西夏本句上有“[illegible]”(如若)二字。
② 西夏本句下有“[illegible]”(相)字。
③ 西夏本句上有“[illegible]”(此人)二字。

是 今 不 谄 曲 修 而 业 障 除 断，

□ □ □ □ □ □ □ □。 □ □ □

thjɨ² sju² ŋwu² po¹ tjɨj¹ rjijr² tshwew¹ lew² ɣu¹ ljɨ̣² so̱¹

是 如 以 菩 提 向 趣 应。 初 地 三

应修不谄曲净除业障①，如是趣向菩提。初地

16.17.7

□ □ □ □ □， □ □ □ □ □ □，

dzjɨj¹ jɨr² dźjij¹ lhu¹ ljij¹ njɨ̱¹ ljɨ̣² tha¹ ljɨ̱r² jɨr² djo̱²

时 勤 进 增 长， 二 地 佛 念 勤 修，

□ □ □ □ □， □ □ □ □ □， □

so̱¹ ljɨ̣² ŋa¹ djo̱² dzjɨ̱² ljɨr¹ ljɨ̣² ljij² wjṳ¹ djo̱² ŋwə¹

三 地 空 修 习， 四 地 大 悲 修， 五

增长三时勤进，二地勤修念佛，三地修空，四地修大悲，五

16.18.1

□ □ □。 □ □ □ □ □ □ □ □

ljɨ̣² źjɨr¹ djo̱² ·jij¹ ŋər¹ tśhja̱¹ śjɨ¹ kjɨ¹ mjij̱¹ ku¹ ɣu¹

地 慧 修。 自 山 上 往 △ 梦 则 初

□ □ □， □ □ □ □ □ □ □ □，

ljɨ̣² ljij² ŋwu² ŋər¹ kha¹ dźjij̱¹ ku¹ njɨ̱¹ ljɨ̣² ljij² ŋwu²

地 见 是， 山 中 在 则 二 地 见 是，

地修慧。梦自上山是初地②，在山中是二地，

16.18.2

□ □ □ □ □ □ □ □， □ □ □

ŋər¹ tśhja̱¹ dźjij̱¹ ku¹ so̱¹ ljɨ̣² ljij² ŋwu² khjṳ² rjijr² ku¹

山 上 在 则 三 地 见 是， 观 向 则

□ □ □ □， □ □ □ □ □ □。

ljɨr¹ ljɨ̣² ljij² ŋwu² dzṳ² ku¹ ŋwə¹ ljɨ̣² ljij² ŋwu²

① 西夏本句上有“□□”（是今）二字。

② 西夏本“初地”上有“□”（见）字。此下至“五地”皆同。

四	地	见	是，	坐	则	五	地	见	是。

在山上是三地，梦观看是四地，坐者是五地。

16.18.3

[illegible]	[illegible]	[illegible]	[illegible]	[illegible]	[illegible]	[illegible]！	[illegible]	[illegible]	[illegible]	[illegible]
niow^{1}	tśjɨ^{1}	kie^{1}	dźja^{2}	dźjwu^{1}	ɲia^{2}	tsjij^{2}	tjɨ^{1}	tjij^{1}	ɲia^{2}	tsjij^{2}
复	次	金	刚	摧	菩	萨！	如	若	菩	萨
[illegible]	[illegible]	[illegible]	[illegible]	[illegible]	[illegible]	[illegible]，	[illegible]	[illegible]	[illegible]	
ŋər^{1}	tśjiw^{2}	tśhja̱^{1}	·ja$^{?}$	śji^{2}	kjɨ^{1}	mjij^{1}	ku^{1}	thja^{1}	ɲia^{2}	
山	顶	上	△	往	△	梦，	则	此	菩	

复次金刚摧！菩萨若梦上山，此菩萨

16.18.4

[illegible]	[illegible]	[illegible]	[illegible]	[illegible]	[illegible]	[illegible]	[illegible]。	[illegible]	[illegible]	[illegible]
tsjij^{2}	·jij^{1}	śja̱^{1}	ljɨ̱^{2}	ɣu^{1}	ljɨ̱^{2}	ljij^{2}	ŋwu^{2}	thja^{1}	ɲia^{2}	tsjij^{2}
萨	之	七	地	初	地	见	是。	此	菩	萨
[illegible]	[illegible]	[illegible]	[illegible]	[illegible]、	[illegible]	[illegible]	[illegible]	[illegible]，	[illegible]	
wjɨ^{2}	dzu^{1}	lew^{2}	·war^{2}	ŋowr^{2}	ŋowr^{2}	dźjɨ̱r^{1}	lew^{2}	sjịj^{2}	źjɨr^{1}	
者	业	障	微	少、	魔	业	增	盛，	是	

见是七地初地。此菩萨少于业障、魔业增盛，

16.18.5

[illegible]	[illegible]	[illegible]	[illegible]	[illegible]	[illegible]	[illegible]	[illegible]	[illegible]	[illegible]	[illegible]
wjɨ^{2}	dzu^{1}	lew^{2}	·war^{2}	ŋowr^{2}	ŋowr^{2}	dźjɨ̱r^{1}	lew^{2}	sjịj^{2}	źjɨr^{1}	mjijr^{2}
今	爱	所	物	一	切	舍	应	智	慧	者
[illegible]	[illegible]	[illegible]，	[illegible]	[illegible]	[illegible]	[illegible]	[illegible]	[illegible]	[illegible]	[illegible]
·jij^{1}	kjụ^{1}	tshwew^{1}	sjịj^{2}	źjɨr^{1}	dzjwo^{2}	do^{2}	·jij^{1}	mjɨ^{1}	gjiw^{1}	khwẹj^{1}
之	供	养，	智	慧	人	于	自	不	敬	慢

应舍一切所爱物供养智慧者①，于智慧人边应自伏憍慢。

① 西夏本句上有“[illegible][illegible]”(是今)二字。

16.18.6

[illegible]	[illegible]	[illegible]。	[illegible]	[illegible]	[illegible]	[illegible]	[illegible]	[illegible]	[illegible]	[illegible]
rjur^{1}	·jar^{2}	lew^{2}	tjij^{1}	śja̱^{1}	ljij̱^{2}	ŋər^{1}	rjɨr^{2}	da̱^{2}	rjɨr^{2}	njɨ^{2}
调	伏	应。	若	七	大	山	乃	行	乃	至
[illegible]	[illegible]	[illegible]	[illegible]	[illegible]	[illegible]	[illegible]	[illegible],	[illegible]	[illegible]	
sju^{2}	mji^{1}	ŋər^{1}	tśhja̱^{1}	·ja$^{?}$	śji^{2}	kjɨ^{1}	mjij̱^{1}	ku^{1}	śja̱^{1}	
须	弥	山	上	△	往	△	梦,	则	七	

若梦度七大山乃至须弥山是七

16.18.7

[illegible]	[illegible]	[illegible]。
ljɨ̱^{2}	ljij^{2}	ŋwu^{2}
地	见	是。

地①。

16.19.1

[illegible]	[illegible]	[illegible]	[illegible]	[illegible]	[illegible]	[illegible]!	[illegible]	[illegible]	[illegible]	[illegible]
niow^{1}	tśjɨ^{1}	kie^{1}	dźja^{2}	dźjwu^{1}	ɲia^{2}	tsjij^{2}	tjɨ^{1}	tjij^{1}	ɲia^{2}	tsjij^{2}
复	次	金	刚	摧	菩	萨!	如	若	菩	萨
[illegible]	[illegible]	[illegible]	[illegible]	[illegible]	[illegible],	[illegible]	[illegible]	[illegible]	[illegible]	
phu^{2}	tśhja̱^{1}	·ja$^{?}$	śji^{2}	kjɨ^{1}	mjij̱^{1}	ku^{1}	thja^{1}	ɲia^{2}	tsjij^{2}	
树	上	△	往	△	梦,	则	此	菩	萨	

复次金刚摧！菩萨若梦中梦上树②，此菩萨

16.19.2

[illegible]	[illegible]	[illegible]	[illegible]	[illegible]	[illegible]	[illegible]	[illegible]	[illegible]	[illegible],	[illegible]
·jij^{1}	ɣu^{1}	ljɨ̱^{2}	ljɨr^{1}	ljɨ̱^{2}	rjur^{1}	rjur^{1}	ljɨ̱^{2}	ljij^{2}	ŋwu^{2}	sjwɨj^{1}
之	初	地	四	地	处	处	地	见	是,	业
[illegible]	[illegible]	[illegible]	[illegible]	[illegible],	[illegible]	[illegible]	[illegible]	[illegible]	[illegible]	

① 西夏本“七地”上有“[illegible]”(见)字。

② “梦中”二字西夏本未见。

lə1	ljij2	lə1	dwewr2	tsjij2	new2	nwə1	sjij2	ɣa2	bju1
障	魔	业	觉	悟,	善	知	识	于	依

是初地四地处处地见,应觉业障魔业,应亲近依止善知识

16.19.3

gji2	?	njij1	źjɨr1	swew1	lhju2	rjir1	no2	no2	tsjir1	wo2
止	亲	近	慧	明	获	得,	时	时	法	义
tśhji1	kjij1	nwə1	dwewr2	thjɨ2	sju2	ŋwu2	śjwo1	tshwew1	lew2	
根	本	知	觉,	是	如	以	生	趣	当。	

得于慧明,时时当决断法义觉知①,如是趣向。

16.19.4

phu2	war2	ba2	ŋowr2	lhə?	rar2	śju1	kjɨ1	mjij1	ku1	ɣu1
树	枝	叶	具	足	阴	凉	△	梦	则	初
ljɨ2	ljij2	ŋwu2	śja1	phu2	ljij2	ku1	njɨ1	ljɨ2	ljij2	
地	见	是,	香	树	见	则	二	地	见	

见树枝叶具足阴凉是初地,见香树是二地,

16.19.5

ŋwu2	wja1	phu2	ljij2	ku1	so1	ljɨ2	ljij2	ŋwu2	mja1	phu2
是,	花	树	见	则	三	地	见	是,	果	树
ljij2	ku1	ljɨr1	ljɨ2	ljij2	ŋwu2	thja1	jɨr2	dźjij1	·jij1	
见	则	四	地	见	是。	是	勤	进	相	

见花树是三地,见果树是四地。是勤进相

① 此句西夏本作"时时觉知法义根本"。"决断"二字义未见。

16.19.6

[illegible]	[illegible]	[illegible]	[illegible]	[illegible]	[illegible]	[illegible]	[illegible]。	[illegible]	[illegible]	[illegible]
tjij^{1}	jɨr^{2}	mji^{1}	djo̱^{2}	ku^{1}	lji̱j^{2}	sjwɨj^{1}	ŋwu^{2}	tjij^{1}	bjij^{2}	twu̱^{1}
若	勤	不	修	则	魔	业	是。	若	高	处
[illegible]	[illegible]	[illegible]	[illegible]	[illegible]	[illegible]	[illegible]	[illegible]	[illegible]	[illegible]	[illegible]
phu^{2}	war^{2}	ba̱^{2}	wja̱^{1}	mja̱^{1}	ŋowr^{2}	lhə$^{?}$	ljij^{2}	ku^{1}	sjwɨj^{1}	lə^{1}
树	枝	叶	花	果	具	足	见	则	业	障

若不勤进是魔业。若见高处树枝叶花果具足除业报。

16.19.7

[illegible]	[illegible]。
dzjar^{2}	ljɨ^{1}
除	也。

16.20.1

[illegible]	[illegible]	[illegible]	[illegible]	[illegible]	[illegible]	[illegible]!	[illegible]	[illegible]	[illegible]	[illegible]
niow^{1}	tśjɨ^{1}	kie^{1}	dźja^{2}	dźjwu^{1}	ɲia^{2}	tsjij^{2}	tjɨ^{1}	tjij^{1}	ɲia^{2}	tsjij^{2}
复	次	金	刚	摧	菩	萨!	如	若	菩	萨
[illegible]	[illegible]	[illegible]	[illegible],	[illegible]	[illegible]	[illegible]	[illegible]	[illegible]	[illegible]	
we^{1}	bju^{2}	kjɨ^{1}	mjij^{1}	ku^{1}	thja^{1}	ɲia^{2}	tsjij^{2}	·jij^{1}	ɣu^{1}	
龙	象	△	梦,	则	此	菩	萨	之	初	

复次金刚摧！菩萨若梦中见龙象,此菩萨是初

16.20.2

[illegible]	[illegible]	[illegible]	[illegible]	[illegible]	[illegible]	[illegible]	[illegible]。	[illegible]	[illegible]	[illegible]	[illegible]
ljɨ̣^{2}	tśhjiw^{1}	ljɨ̣^{2}	rjur^{1}	rjur^{1}	ljɨ̣^{2}	ljij^{2}	ŋwu^{2}	thja^{1}	ɲia^{2}	tsjij^{2}	tja^{1}
地	六	地	处	处	地	见	是。	此	菩	萨	者
[illegible]	[illegible]	[illegible]	[illegible]	[illegible],	[illegible]	[illegible]	[illegible]	[illegible],	[illegible]	[illegible]	[illegible]
mji^{1}	dźjij^{1}	źjɨr^{1}	mji^{1}	dźjij^{1}	ne̱w^{2}	tśhji^{2}	dźju^{2}	no̱^{1}	thjɨ^{2}	wjɨ^{2}	dźiej^{2}
施	行	慧	不	行,	善	根	困	乏,	是	今	信

地六地处处地见。此菩萨行施不行慧,困乏善根,应当修信,

16.20.3

[illegible]，	[illegible]	[illegible]	[illegible]	[illegible]	[illegible]	[illegible]	[illegible]	[illegible]	[illegible]	[illegible]。
djọ^{2}	niow^{1}	ne̠w^{2}	ljɨ̠r^{2}	djọ^{2}	thjɨ^{2}	sju^{2}	ŋwu^{2}	bju^{1}	śjij^{1}	lew^{2}
修，	又	善	念	修	是	如	以	相	应	当。

[illegible]	[illegible]	[illegible]	[illegible]	[illegible]	[illegible]	[illegible]	[illegible]	[illegible]	[illegible]
mji^{1}	gji^{1}	sej^{1}	we^{1}	bju^{2}	kjɨ^{1}	mjij^{1}	ku^{1}	ɣu^{1}	ljɨ̣^{2}
不	清	净	龙	象	△	梦	则	初	地

当修善念如是相应。彼初地见不清净龙象①，

16.20.4

[illegible]	[illegible]，	[illegible]	[illegible]	[illegible]	[illegible]	[illegible]	[illegible]	[illegible]	[illegible]	[illegible]，
·jij^{1}	ŋwu^{2}	we^{1}	bju^{2}	phiow^{1}	ljij^{2}	ku^{1}	njɨ̠^{1}	ljɨ̣^{2}	·jij^{1}	ŋwu^{2}
相	是，	龙	象	白	见	则	二	地	相	是，

[illegible]	[illegible]	[illegible]	[illegible]	[illegible]	[illegible]	[illegible]	[illegible]	[illegible]	[illegible]
tśhjiw^{1}	dźi$^{?}$	·o^{1}	we^{1}	bju^{2}	phiow^{1}	ljij^{2}	ku^{1}	sọ^{1}	ljɨ̣^{2}
六	牙	齿	龙	象	白	见	则	三	地

二地见白龙象，三地见六牙白龙象，

16.20.5

[illegible]	[illegible]，	[illegible]	[illegible]	[illegible]	[illegible]	[illegible]	[illegible]	[illegible]	[illegible]
·jij^{1}	ŋwu^{2}	lju̠^{2}	tshjij^{2}	bju^{2}	ljij^{2}	ku^{1}	ljɨr^{1}	ljɨ̣^{2}	·jij^{1}
相	是，	庄	严	象	见	则	四	地	相

[illegible]，	[illegible]	[illegible]	[illegible]	[illegible]	[illegible]	[illegible]	[illegible]	[illegible]	[illegible]
ŋwu^{2}	ljɨ^{1}	ɣja^{2}	zow^{2}	we^{1}	bju^{2}	ljij^{2}	ku^{1}	ŋwə^{1}	ljɨ̣^{2}
是，	幡	盖	捉	龙	象	见	则	五	地

四地见庄严象，五地见捉幡盖龙象，

16.20.6

[illegible]	[illegible]，	[illegible]	[illegible]	[illegible]	[illegible]	[illegible]	[illegible]	[illegible]	[illegible]	[illegible]	[illegible]。
·jij^{1}	ŋwu^{2}	khe̠j^{1}	·u^{2}	we^{1}	bju^{2}	ljij^{2}	ku^{1}	tśhjiw^{1}	ljɨ̣^{2}	·jij^{1}	ŋwu^{2}

① 西夏本“初地”下有“[illegible]”（相）字。此下至“六地”皆同。

相 是， 欢 戏 龙 象 见 则 六 地 相 是。

六地见欢戏龙象。

16.20.7

[illegible]

niow^1 tśjɨ^1 kie^1 dźja^2 dźjwu^1 ɲia^2 tsjij^2 tjɨ^1 tjij^1 ɲia^2 tsjij^2

复 次 金 刚 摧 菩 萨！ 如 若 菩 萨

[illegible]

·jij^1 we^1 bju^2 dzẹj^2 kjɨ^1 mjij^1 ku^1 thja^1 ɲia^2 tsjij^2

自 龙 象 骑 △ 梦， 则 此 菩 萨

复次金刚摧！菩萨自梦上龙象①，此菩萨

16.21.1

[illegible]

·jij^1 ɣu^1 ljɨ̣^{2} śjạ^1 ljɨ̣^{2} ljij^2 ŋwu^2 lew^1 wẹ^1 mjor^1 ljij^2

之 初 地 七 地 见 是， 一 生 如 来

[illegible]

bju^1 wo^2 rjir^1 lew^2 tsjɨ̱r^1 ·o^2 sjij^2 dźjij^2 zjɨ̱r^1 kiẹj^2

应 供 得 当。 法 入 智 有， 少 欲

是见初地七地，一生当得如来应供。有入法智，

16.21.2

[illegible]

lhə$^?$ nwə^1 dzjwɨ̣^{1} lhejr^2 ŋwu^2 ɲia^2 tsjij^2 ·jij^1 pjwɨ̱r^1 śjwo^1 lạ^1

足 知， 恭 敬 而 菩 萨 之 劝 发 奸

[illegible]

ljo̱r^1 mji^1 źjɨr^1 njij^1 ka^2 rjur^1 rjur^1 lhə$^?$ nwə^1 njij^1 ·o^2

诈 不 实 心 离， 处 处 足 知 心 悦

多希望，应修恭敬，劝发菩萨离于幻伪奸诈，应处处知足修适意施，

① 西夏本句上有“[illegible]”（如若）二字。另，“上”字西夏本作“[illegible]”（骑），此下皆同。

16.21.3

[illegible]	[illegible]，	[illegible]	[illegible]	[illegible]	[illegible]	[illegible]	[illegible]。	[illegible]	[illegible]	[illegible]	[illegible]
mji^{1}	djọ^{2}	thjɨ^{2}	sju^{2}	ŋwu^{2}	gji^{1}	sej^{1}	lew^{2}	bju^{2}	dzẹj^{2}	kjɨ^{1}	mjịj^{1}
施	修，	是	如	而	清	净	应。	象	骑	△	梦
[illegible]	[illegible]	[illegible]	[illegible]	[illegible]，	[illegible]	[illegible]	[illegible]	[illegible]	[illegible]	[illegible]	
ku^{1}	ɣu^{1}	ljị^{2}	·jij^{1}	ŋwu^{2}	lhwu^{1}	phiow^{1}	gjwi^{2}	bju^{2}	dzẹj^{2}	ljij^{2}	
则	初	地	相	是，	衣	白	穿	象	骑	见	

如是清净。梦上象是初地①,梦自著白衣上象

16.21.4

[illegible]	[illegible]	[illegible]	[illegible]	[illegible]，	[illegible]	[illegible]	[illegible]	[illegible]	[illegible]	[illegible]	[illegible]
ku^{1}	njɨ^{1}	ljị^{2}	·jij^{1}	ŋwu^{2}	tjij^{1}	tshjwu^{1}	lhwu^{1}	gjwi^{2}	ljij^{2}	ku^{1}	sọ^{1}
则	二	地	相	是，	若	染	衣	穿	见	则	三
[illegible]	[illegible]	[illegible]，	[illegible]	[illegible]	[illegible]	[illegible]	[illegible]	[illegible]	[illegible]	[illegible]	
ljị^{2}	·jij^{1}	ŋwu^{2}	tjij^{1}	mə^{2}	mə^{2}	tsə̣^{1}	lhwu^{1}	gjwi^{2}	ljij^{2}	ku^{1}	
地	相	是，	若	种	种	色	衣	穿	见	则	

是二地②,若梦染衣是三地③,若梦种种色衣

16.21.5

[illegible]	[illegible]	[illegible]	[illegible]，	[illegible]	[illegible]	[illegible]	[illegible]	[illegible]	[illegible]	[illegible]
ljɨr^{1}	ljị^{2}	·jij^{1}	ŋwu^{2}	śja^{1}	tshjwu^{1}	lhwu^{1}	ŋwu^{2}	ŋowr^{2}	lhə$^{?}$	lju̱^{2}
四	地	相	是，	香	染	衣	以	具	足	庄
[illegible]	[illegible]	[illegible]	[illegible]	[illegible]	[illegible]	[illegible]，	[illegible]	[illegible]	[illegible]	[illegible]
tshjịj^{2}	ljij^{2}	ku^{1}	ŋwə^{1}	ljị^{2}	·jij^{1}	ŋwu^{2}	tjij^{1}	pjụ^{2}	tśiej^{2}	ljij^{2}
严	见	则	五	地	相	是，	若	冠	戴	见

是四地,若梦香染衣具足庄严是五地,若梦著冠

16.21.6

[illegible]	[illegible]	[illegible]	[illegible]	[illegible]，	[illegible]	[illegible]	[illegible]	[illegible]	[illegible]	[illegible]

① 西夏本句下有“[illegible]”(相)字。此下至“七地”皆同。

② 梦,西夏本作“[illegible]”(见)。此下至“七地”皆同。

③ 西夏本“染衣”上有“[illegible]”字,意思是“穿、著”。此下“种种色衣”亦同。

ku^{1}	tśhjiw^{1}	ljɨ̣^{2}	·jij^{1}	ŋwu^{2}	tjij^{1}	lju̱^{2}	tshjij^{2}	ɣja^{2}	zow^{2}	ljij^{2}
则	六	地	相	是，	若	庄	严	盖	捉	见
[illegible]	[illegible]	[illegible]	[illegible]	[illegible]。	[illegible]	[illegible]	[illegible]	[illegible]，	[illegible]	
ku^{1}	śjạ^{1}	ljɨ̣^{2}	·jij^{1}	ŋwu^{2}	ljij^{2}	sjwɨj^{1}	dźjwi^{1}	dzjar^{2}	phju^{2}	
则	七	地	相	是。	魔	业	消	除，	上	

是六地，若梦捉庄严盖是七地。除魔业，不勤进上

16.21.7

[illegible]	[illegible]	[illegible]	[illegible]	[illegible]，	[illegible]	[illegible]	[illegible]	[illegible]	[illegible]	[illegible]。
ljɨ̣^{2}	·jij^{1}	jɨr^{2}	mji^{1}	djọ^{2}	ŋowr^{2}	ŋowr^{2}	ŋowr^{2}	lhə$^{?}$	ljij^{2}	ljɨ^{1}
地	相	勤	不	修，	一	切	具	足	见	也。

地相，见一切具足。

16.22.1

[illegible]	[illegible]	[illegible]	[illegible]	[illegible]	[illegible]	[illegible]！	[illegible]	[illegible]	[illegible]	[illegible]
niow^{1}	tśjɨ^{1}	kie^{1}	dźja^{2}	dźjwu^{1}	ɲia^{2}	tsjij^{2}	tjɨ^{1}	tjij^{1}	ɲia^{2}	tsjij^{2}
复	次	金	刚	摧	菩	萨！	如	若	菩	萨
[illegible]	[illegible]	[illegible]	[illegible]，	[illegible]	[illegible]	[illegible]	[illegible]	[illegible]	[illegible]	
rjijr^{1}	dzej̱^{2}	kjɨ^{1}	mjịj^{1}	ku^{1}	thja^{1}	ɲia^{2}	tsjij^{2}	·jij^{1}	ɣu^{1}	
马	骑	△	梦，	则	此	菩	萨	之	初	

复次金刚摧！菩萨若梦中上马，此菩萨是初

16.22.2

[illegible]	[illegible]	[illegible]	[illegible]	[illegible]，	[illegible]	[illegible]	[illegible]	[illegible]	[illegible]	[illegible]
ljɨ̣^{2}	ljɨr^{1}	ljɨ̣^{2}	·jij^{1}	ŋwu^{2}	thja^{1}	dzjwo^{2}	kie^{1}	po^{1}	lo^{1}	dzu^{1}
地	四	地	相	是，	此	人	戒	波	罗	蜜
[illegible]	[illegible]。	[illegible]	[illegible]	[illegible]	[illegible]	[illegible]	[illegible]、	[illegible]	[illegible]	[illegible]
bju^{1}	gjị^{2}	wejr^{1}	ljịj^{1}	ljịj^{2}	sjwɨj^{1}	gjịj^{1}	dzjịj^{1}	sjwɨj^{1}	lə^{1}	ɣiə^{1}
依	止。	增	盛	魔	业	超	过、	业	障	微

地四地，此应修依止戒波罗蜜度①。彼魔业增盛、少于业障，

① 西夏本“此”下有“[illegible]”（人）字。另，“度”字义西夏本未见。

16.22.3

[illegible]，	[illegible]	[illegible]	[illegible]	[illegible]	[illegible]	[illegible]，	[illegible]	[illegible]	[illegible]	[illegible]，
njij^{2}	thjɨ^{2}	wjɨ^{2}	ŋa^{1}	źjɨr^{1}	rejr^{2}	djọ^{2}	dźiej^{2}	śjwo^{1}	djọ^{2}	dźji̱j^{1}
少，	是	今	空	慧	多	修，	信	生	修	行，
[illegible]	[illegible]	[illegible]	[illegible]	[illegible]	[illegible]。	[illegible]	[illegible]	[illegible]	[illegible]	[illegible]
thjɨ^{2}	sju^{2}	ŋwu^{2}	gji^{1}	sej^{1}	lew^{2}	tjij^{1}	dźji̱j^{1}	rjijr^{1}	tśhja̱^{1}	dze̱j^{2}
是	如	以	清	净	应。	若	住	马	上	骑

当多修空慧①，勤修生信②，如是清净。自梦上住马

16.22.4

[illegible]	[illegible]	[illegible]	[illegible]	[illegible]	[illegible]	[illegible]，	[illegible]	[illegible]	[illegible]	[illegible]
kjɨ^{1}	mji̱j^{1}	ku^{1}	ɣu^{1}	ljɨ̣^{2}	·jij^{1}	ŋwu^{2}	dźji$^{?}$	rjijr^{1}	tśhja̱^{1}	dze̱j^{2}
△	梦	则	初	地	相	是，	行	马	上	骑
[illegible]	[illegible]	[illegible]	[illegible]	[illegible]，	[illegible]	[illegible]	[illegible]	[illegible]	[illegible]	[illegible]
ku^{1}	njɨ^{1}	ljɨ̣^{2}	·jij^{1}	ŋwu^{2}	ljwɨ̣^{1}	rjijr^{1}	tśhja̱^{1}	dze̱j^{2}	ku^{1}	sọ^{1}
则	二	地	相	是，	走	马	上	骑	则	三

是初地③，梦上行马是二地④，梦上走马是三地⑤，

16.22.5

[illegible]	[illegible]	[illegible]，	[illegible]	[illegible]	[illegible]	[illegible]	[illegible]	[illegible]	[illegible]	[illegible]	[illegible]
ljɨ̣^{2}	·jij^{1}	ŋwu^{2}	phju^{2}	lju̱^{2}	tshji̱j^{2}	rjijr^{1}	tśhja̱^{1}	dze̱j^{2}	ku^{1}	ljɨr^{1}	ljɨ̣^{2}
地	相	是，	上	庄	严	马	上	骑	则	四	地
[illegible]	[illegible]。	[illegible]	[illegible]	[illegible]	[illegible]	[illegible]，	[illegible]	[illegible]	[illegible]	[illegible]	
·jij^{1}	ŋwu^{2}	phju^{2}	ljɨ̣^{2}	lji̱j^{2}	sjwɨj^{1}	dzjar^{2}	thja^{1}	ɲia^{2}	tsjij^{2}	tja^{1}	
相	是。	上	地	魔	业	除，	此	菩	萨	者	

上庄严马第四地。除上地魔业，此菩萨

① 西夏本句上有“[illegible]”（是今）二字。
② 勤修，西夏本作“[illegible]”（修行），“勤”字义未见。
③ “自”字义西夏本未见。另，西夏本句下有“[illegible]”（相）字，此下至“四地”皆同。
④ “梦”字义西夏本未见。
⑤ “梦”字义西夏本未见。

16.22.6

□	□	□	□	□	□	□。
bu̱²	gjij¹	khwẹj¹	ljịj²	sjwɨj¹	dju¹	ljɨ¹
增	倍	慢	魔	业	有	是。

增上慢魔业。

16.22.7

□	□	□	□	□	□	□!	□	□	□	□
niow¹	tśjɨ¹	kie¹	dźja²	dźjwu¹	ɲia²	tsjij²	tjɨ¹	tjij¹	ɲia²	tsjij²
复	次	金	刚	摧	菩	萨!	如	若	菩	萨
□	□	□	□	□	□	□,	□	□	□	□
·jij¹	źjɨr¹	ɣiej¹	tjị¹	śjwo¹	kjɨ¹	mjij¹	ku¹	thja¹	ɲia²	tsjij²
自	实	真	愿	发	△	梦,	则	此	菩	萨

复次金刚摧！菩萨若梦中作成实誓，此菩萨

16.23.1

□	□	□	□	□	□	□	□	□	□	□。
·jij¹	ljɨ̣²	ŋowr²	ŋowr²	ɣạ²	ljɨ̣²	rjur¹	rjur¹	ljɨ̣²	ljij²	ŋwu²
之	地	一	切	十	地	处	处	地	见	是。
□	□	□	□	□	□,	□	□	□	□,	□
thja¹	dzjwo²	sjwɨj¹	lə¹	rejr²	zjij²	ljịj²	sjwɨj¹	wejr¹	ljịj¹	rejr²
彼	人	业	障	多	众,	魔	业	增	盛,	多

一切地十地处处地见。彼于业障多①，增盛魔业，

16.23.2

□	□	□	□,	□	□	□	□	□	□	□
rjur¹	nji¹	tsjiṛ¹	dźjịj¹	thjɨ²	wjɨ²	to²	we̱¹	sā¹	mej²	djọ²
诸	方	术	行,	是	今	出	生	三	昧	修
□,	□	□	□	□	□,	□	□	□	□,	□
lew²	pju̱¹	wer¹	tśhja²	djọ²	lew²	rejr²	zjij²	mji¹	du̱¹	thjɨ²

① 西夏本“彼”下有“□”（人）字。

应， 威 仪 正 修 应， 多 众 不 聚， 是

多诸方术行,善修出生三昧①,应正修威仪,不多积聚,

16.23.3

□ □ □ □ □ □。 □ □ □ □ □

sju^{2} ŋwu^{2} sjwɨj^{1} lə^{1} phja^{1} lew^{2} źjɨr^{1} ɣiej^{1} mji^{1} tji̱^{1} śjwo^{1}

如 以 业 障 断 应。 实 真 施 愿 发

□ □ □ □ □ □ □， □ □ □ □

kjɨ^{1} mjij^{1} ku^{1} ɣu^{1} lji̱^{2} ·jij^{1} ŋwu^{2} phej^{1} tśjɨ̱r^{2} phie^{2} nio̱w^{1}

△ 梦 则 初 地 相 是， 系 缚 解 为

如是净业障。作成实施誓此是初地②,为解系缚

16.23.4

□ □ □ □ □， □ □ □ □ □ □

ku^{1} nji̱^{1} lji̱^{2} ·jij^{1} ŋwu^{2} ŋo^{2} ŋwər^{2} nio̱w^{1} ku^{1} so̱^{1} lji̱^{2}

则 二 地 相 是， 病 消 为 则 三 地

□ □， □ □ □ □ □ □ □ □， □

·jij^{1} ŋwu^{2} we^{2} dźiəj^{2} nio̱w^{1} ku^{1} ljɨr^{1} lji̱^{2} ·jij^{1} ŋwu^{2} lhjij^{2}

相 是， 城 池 为 则 四 地 相 是， 国

是二地,为解病是三地,为城池是四地,

16.23.5

□ □ □ □ □ □ □， □ □ □ □ □

njij^{2} nio̱w^{1} ku^{1} ŋwə^{1} lji̱^{2} ·jij^{1} ŋwu^{2} ·jā^{1} xu^{1} thji^{1} nio̱w^{1} ku^{1}

王 为 则 五 地 相 是， 阎 浮 提 为 则

□ □ □ □， □ □ □ □ □ □ □

tśhjiw^{1} lji̱^{2} ·jij^{1} ŋwu^{2} ljɨr^{1} mə^{1} khju^{1} nio̱w^{1} ku^{1} śja̱^{1} lji̱^{2}

六 地 相 是， 四 天 下 为 则 七 地

为王是五地,为阎浮提是六地,为四天下是七地,

---

① 西夏本句上有“□□”(是今)二字。另,“善”字义西夏本未见。

② 西夏本句上有“□”(梦)字。另,西夏本句下有“□”(相)字,此下至“十地”皆同。

16.23.6

[illegible] [illegible]， [illegible] [illegible] [illegible] [illegible] [illegible] [illegible] [illegible] [illegible] [illegible]， [illegible]

·jij^{1} ŋwu^{2} tụ^{1} rjur^{1} kięj^{2} niọw^{1} ku^{1} ·jar^{1} ljɨ̣^{2} ·jij^{1} ŋwu^{2} sọ^{1}

相 是， 千 世 界 为 则 八 地 相 是， 三

[illegible] [illegible] [illegible] [illegible] [illegible] [illegible] [illegible] [illegible] [illegible]， [illegible] [illegible]

tụ^{1} rjur^{1} kięj^{2} niọw^{1} ku^{1} gjɨ̣^{1} ljɨ̣^{2} ·jij^{1} ŋwu^{2} be^{2} wjɨ^{2}

千 世 界 为 则 九 地 相 是， 日 △

为千世界是八地，为三千世界是九地，日

16.23.7

[illegible] [illegible] [illegible] [illegible] [illegible] [illegible] [illegible] [illegible] [illegible] [illegible]

to^{2} zjịj^{1} dźjij^{1} mə^{1} wjạ^{1} dew^{2} ku^{1} ɣạ^{2} ljɨ̣^{2} ·jij^{1}

出 时 游 天 花 雨 则 十 地 相

[illegible]。 [illegible] [illegible] [illegible] [illegible] [illegible] [illegible] [illegible] [illegible]。

ŋwu^{2} ɣu^{1} ljɨ̣^{2} tśhjiw^{1} ljɨ̣^{2} ljịj^{2} sjwɨj^{1} dzjar^{2} ljɨ^{1}

是。 初 地 六 地 魔 业 除 也。

出时地游雨天花是十地①。除魔业初地六地。

16.24.1

[illegible] [illegible] [illegible] [illegible] [illegible] [illegible] [illegible]！ [illegible] [illegible] [illegible] [illegible]

niow^{1} tśjɨ^{1} kie^{1} dźja^{2} dźjwu^{1} ɲia^{2} tsjij^{2} tjɨ^{1} tjij^{1} ɲia^{2} tsjij^{2}

复 次 金 刚 摧 菩 萨！ 如 若 菩 萨

[illegible] [illegible] [illegible] [illegible]， [illegible] [illegible] [illegible] [illegible] [illegible] [illegible] [illegible]

mjạ^{1} phu^{2} kjɨ^{1} mjij^{1} ku^{1} thja^{1} ɲia^{2} tsjij^{2} ·jij^{1} ɣu^{1} ljɨ̣^{2}

果 树 △ 梦， 则 彼 菩 萨 之 初 地

复次金刚摧菩萨！若菩萨梦中见药树②，是菩萨是见初地

16.24.2

[illegible] [illegible] [illegible] [illegible]， [illegible] [illegible] [illegible] [illegible] [illegible] [illegible] [illegible]。 [illegible]

① “地”字义西夏本未见。

② 药，西夏本作“[illegible]”（果）。据下文知汉文本误。

śjạ^1 ljɨ̣^{2} ljij^2 ŋwu^2 la^1 ɣiwej^1 tsji̱r^1 sə^1 lhə$^?$ śjɨj^1 ·jiw^2 tshja^2

七 地 见 是， 记 受 法 满 足 成 就。 报

□ □ □ □， □ □ □ □ □ □ □

mji^1 gji̱^{2} mji^1 djọ^2 tśhja^2 twụ^1 njij^1 ŋwu^2 mjɨ^1 dźjar^2 mji^1

不 望 施 修， 正 直 人 而 他 过 不

七地，满足成就受记法。应修不望报施，正直不求人过，

16.24.3

□， □ □ □ □ □ □。 □ □ □ □ □

·ju^2 thjɨ^2 sju^2 ŋwu^2 gji^1 sej^1 lew^2 mja̱^{1} ɣiə^1 njij^2 phu^2 kjɨ^1

求， 如 是 以 清 净 应。 果 微 少 树 △

□ □ □ □ □ □， □ □ □ □ □

mjij^1 ku^1 ɣu^1 ljɨ̣^{2} ·jij^1 ŋwu^2 mja̱^{1} phu^2 rejr^2 zji̱j^2 ljij^2

梦 则 初 地 相 是， 果 树 多 众 见

如是清净。梦见少果树是初地①，若见多果树

16.24.4

□ □ □ □ □， □ □ □ □ □ □ □

ku^1 njɨ̱^{1} ljɨ̣^{2} ·jij^1 ŋwu^2 tjij^1 mja̱^{1} khie^1 phu^2 ljij^2 ku^1 ljɨr^1

则 二 地 相 是， 若 果 苦 树 见 则 四

□ □ □， □ □ □ □ □ □ □ □， □

ljɨ̣^{2} ·jij^1 ŋwu^2 tsə̣^{1} phu^2 ljij^2 ku^1 ŋwə^1 ljɨ̣^{2} ·jij^1 ŋwu^2 mə^1

地 相 是， 药 树 见 则 五 地 相 是， 天

是二地②，若见苦果树是四地，见药树是五地，

16.24.5

□ □ □ □ □ □ □， □ □

phu^2 ljij^2 ku^1 tśhjiw^1 ljɨ̣^{2} ·jij^1 ŋwu^2 tjij^1 mja̱^{1}

树 见 则 六 地 相 是， 若 果

□ □ □ □ □ □ □ □。

① 西夏本句下有“□”（相）字。此下至“七地”皆同。

② “若”字义西夏本未见。

ljɨj[2]	phu[2]	ljij[2]	ku[1]	śja̱[1]	ljɨ̣[2]	·jij[1]	ŋwu[2]
甘	树	见	则	七	地	相	是。

若见天树是六地①,若见甘果树是七地。

汉文本

复次金刚摧！菩萨梦中自见上山,此菩萨是初地五地。害一切烦恼业障,于说法人不生恭敬,应修不谄曲净除业障,如是趣向菩提。初地增长三时勤进,二地勤修念佛,三地修空,四地修大悲,五地修慧。梦自上山是初地,在山中是二地,在山上是三地,梦观看是四地,坐者是五地。

复次金刚摧！菩萨若梦上山,此菩萨见是七地初地。此菩萨少于业障、魔业增盛,应舍一切所爱物供养智慧者,于智慧人边应自伏憍慢。若梦度七大山乃至须弥山是七地。

复次金刚摧！菩萨若梦中梦上树,此菩萨是初地四地处处地见,应觉业障魔业,应亲近依止善知识得于慧明,时时当决断法义觉知,如是趣向。见树枝叶具足阴凉是初地,见香树是二地,见花树是三地,见果树是四地。是勤进相若不勤进是魔业。若见高处树枝叶花果具足除业报。

复次金刚摧！菩萨若梦中见龙象,此菩萨是初地六地处处地见。此菩萨行施不行慧,困乏善根,应当修信,当修善念如是相应。彼初地见不清净龙象,二地见白龙象,三地见六牙白龙象,四地见庄严象,五地见捉幡盖龙象,六地见欢戏龙象。

复次金刚摧！菩萨自梦上龙象,此菩萨是见初地七地,一生当得如来应供。有入法智,多希望,应修恭敬,劝发菩萨离于幻伪奸诈,应处处知足修适意施,如是清净。梦上象是初地,梦自著白衣上象是二地,若梦染衣是三地,若梦种种色衣是四地,若梦香染衣具足庄严是五地,若梦著冠是六地,若梦捉庄严盖是七地。除魔业,不勤进上地相,见一切具足。

复次金刚摧！菩萨若梦中上马,此菩萨是初地四地,此应修依止戒波罗蜜度。彼魔业增盛、少于业障,当多修空慧,勤修生信,如是清净。自梦上住马是初地,梦上行马是二地,梦上走马是三地,上庄严马第四地。除上地魔业,此菩萨增上慢魔业。

复次金刚摧！菩萨若梦中作成实誓,此菩萨一切地十地处处地见。彼于业障多,增盛魔业,多诸方术行,善修出生三昧,应正修威仪,不多积聚,如是净业障。作成实施誓此是初地,为解系缚是二地,为解病是三地,为城池是四地,为王是五地,为阎浮提是六地,为四天下是七地,为千世界是八地,为三千世界是九地,日出时地游雨天花是十地。除魔业初地六地。

复次金刚摧菩萨！若菩萨梦中见药树,是菩萨是见初地七地,满足成就受记法。应修不望报施,正直不求人过,如是清净。梦见少果树是初地,若见多果树是二地,若见苦果树是四地,见药树是五地,若见天树是六地,若见甘果树是七地。

16.24.6

[illegible] [illegible] [illegible] [illegible] [illegible] [illegible] [illegible]! [illegible] [illegible] [illegible] [illegible]

① "若"字义西夏本未见。

niow^1 tśjɨ^1 kie^1 dźja^2 dźjwu^1 ɲia^2 tsjij^2 tjɨ^1 tjij^1 ɲia^2 tsjij^2
复 次 金 刚 摧 菩 萨! 如 若 菩 萨
[illegible]
wją^1 phu^2 kjɨ^1 mjij^1 ku^1 thja^1 ɲia^2 tsjij^2 ·jij^1 śją^1
花 树 △ 梦, 则 此 菩 萨 之 七

复次金刚摧菩萨!若菩萨梦中见花树,此菩萨是七

16.24.7

[illegible]
ljɨ̣^{2} ɣu^1 ljɨ̣^{2} ·jij^1 ŋwu^2 mə^2 mə^2 ne̱w^2 tśhji^2 wji^1 ljɨr^1
地 初 地 相 是。 种 种 善 根 作, 四
[illegible]
·ji^1 rjir^2 mji^1 ? njij^1 thjɨ^2 sju^2 ŋwu^2 śjwo^1 tshwew^1
众 与 不 亲 近, 是 如 以 生 趣

地初地。应作种种善根,不亲近四众,如是趣向。

16.25.1

[illegible]
lew^2 rejr^2 wją^1 phu^2 lji^2 ŋą^2 mjij^1 kjɨ^1 mjij^1 ku^1 ɣu^1
应。 多 花 树 香 妙 无 △ 梦 则 初
[illegible]
ljɨ̣^{2} ·jij^1 ŋwu^2 lji^2 ŋą^2 wją^1 phu^2 ljij^2 ku^1 njɨ̱^{1}
地 相 是, 香 妙 花 树 见 则 二

见多花树无香是初地①,见香花树是二

16.25.2

[illegible]
ljɨ̣^{2} ·jij^1 ŋwu^2 lji^2 ŋą^2 rejr^2 wją^1 phu^2 ljij^2 ku^1 so̱^{1}
地 相 是, 香 妙 多 花 树 见 则 三
[illegible]

---

① 见,西夏本作"[illegible]"(梦)。另,西夏本句下有"[illegible]"(相)字,此下至"七地"皆同。

ljɨ̣^{2} ·jij^{1} ŋwu^{2} dza^{1} wjạ^{1} mjạ^{1} phu^{2} ljij^{2} ku^{1} ljɨr^{1} ljɨ̣^{2}

地 相 是， 杂 花 果 树 见 则 四 地

地，梦见多香花树是三地①，见杂花果树是四地，

16.25.3

[illegible] [illegible]， [illegible] [illegible] [illegible] [illegible] [illegible] [illegible] [illegible] [illegible]

·jij^{1} ŋwu^{2} bạ^{2} mjij^{1} wjạ^{1} phu^{2} ljij^{2} ku^{1} ŋwə^{1} ljɨ̣^{2}

相 是， 叶 无 花 树 见 则 五 地

[illegible] [illegible]， [illegible] [illegible] [illegible] [illegible] [illegible] [illegible] [illegible] [illegible]

·jij^{1} ŋwu^{2} mə^{1} wjạ^{1} phu^{2} ljij^{2} ku^{1} tśhjiw^{1} ljɨ̣^{2} ·jij^{1}

相 是， 天 花 树 见 则 六 地 相

见无叶花树是五地，见天花树是六地，

16.25.4

[illegible]， [illegible] [illegible] [illegible] [illegible] [illegible] [illegible] [illegible] [illegible] [illegible]。 [illegible]

ŋwu^{2} po^{1} tjɨj^{1} phu^{2} ljij^{2} ku^{1} śjạ^{1} ljɨ̣^{2} ·jij^{1} ŋwu^{2} niow^{2}

是， 菩 提 树 见 则 七 地 相 是。 恶

[illegible] [illegible] [illegible] [illegible] [illegible]、 [illegible] [illegible] [illegible] [illegible] [illegible]

nwə^{1} sjij^{2} lạ^{1} ·u^{2} tśhju^{1} low^{2} lwẹ^{2} jɨr^{2} mji^{1} khu^{1}

知 识 手 中 有、 懈 怠 勤 不 精

若见菩提树是七地②。除在恶知识手、慢缓不勤精

16.25.5

[illegible] [illegible] [illegible] [illegible] [illegible]， [illegible] [illegible] [illegible] [illegible] [illegible] [illegible] [illegible] [illegible]。

dźjij^{1} ljij^{2} sjwɨj^{1} rjɨr^{2} niow^{1} phju^{2} ljɨ̣^{2} ŋowr^{2} ŋowr^{2} śjɨj^{1} ·jiw^{2} ljij^{2} ljɨ^{1}

进 魔 业 之 外， 上 地 一 切 成 就 见 也。

进魔业，上地一切成就见。

16.25.6

[illegible] [illegible] [illegible] [illegible] [illegible] [illegible] [illegible]！ [illegible] [illegible] [illegible] [illegible]

① “梦”字义西夏本未见。

② “若”字义西夏本未见。

niow¹	tśjɨ¹	kie¹	dźja²	dźjwu¹	ɲia²	tsjij²	tjɨ¹	tjij¹	ɲia²	tsjij²
复	次	金	刚	摧	菩	萨！	如	若	菩	萨
[illegible]	[illegible]	[illegible]	[illegible]	[illegible]	[illegible]，	[illegible]	[illegible]	[illegible]	[illegible]	
ljij²	mjij²	djij²	we²	kjɨ¹	mjij¹	ku¹	thja¹	ɲia²	tsjij²	
见	未	曾	城	△	梦，	则	此	菩	萨	

复次金刚摧！菩萨若梦中见未曾有城，此是

16.25.7

[illegible]	[illegible]	[illegible]	[illegible]	[illegible]	[illegible]	[illegible]。	[illegible]	[illegible]	[illegible]	[illegible]
jij¹	tśhjiw¹	ljɨ̣²	ɣu¹	ljɨ̣²	·jij¹	ŋwu²	thja¹	ɲia²	tsjij²	tja¹
之	六	地	初	地	相	是。	此	菩	萨	者
[illegible]	[illegible]	[illegible]，	[illegible]	[illegible]	[illegible]	[illegible]	[illegible]	[illegible]	[illegible]，	
sjwɨj¹	lə¹	dju¹	thjɨ²	wjɨ²	we̱¹	mjij¹	tsji̱r¹	ze̱w²	dźji̱j¹	
业	障	有，	是	今	生	无	法	忍	行，	

六地初地①。此菩萨有业障，此无生法忍，

16.26.1

[illegible]	[illegible]	[illegible]	[illegible]	[illegible]、	[illegible]	[illegible]	[illegible]，	[illegible]	[illegible]	[illegible]
śji¹	gjwɨ¹	lwo²	sã¹	mej²	ŋa¹	sã¹	mej²	ɣie²	mjij¹	njij¹
先	坚	固	三	昧、	空	三	昧，	碍	无	心
[illegible]	[illegible]	[illegible]	[illegible]，	[illegible]	[illegible]	[illegible]	[illegible]	[illegible]	[illegible]。	
źji²	tśji̱¹	dźjɨ?	djọ²	thjɨ²	sju²	ŋwu²	gji¹	sej¹	lew²	
极	苦	行	修，	是	如	以	清	净	应。	

先修坚固三昧、空三昧，无碍心极苦行②，如是清净。

16.26.2

[illegible]	[illegible]	[illegible]	[illegible]	[illegible]	[illegible]	[illegible]	[illegible]	[illegible]	[illegible]	[illegible]，
ɣu¹	we²	wji¹	djij²	kjɨ¹	mjij¹	ku¹	ɣu¹	ljɨ̣²	·jij¹	ŋwu²
初	城	作	△	△	梦	则	初	地	相	是，
[illegible]	[illegible]	[illegible]	[illegible]	[illegible]	[illegible]	[illegible]	[illegible]	[illegible]	[illegible]	[illegible]，

① 西夏本"此"下有"[Tangut, illegible]"（菩萨）二字。另，西夏本句下有"[Tangut, illegible]"（相）字，此下至"六地"皆同。

② 极，西夏本作"[Tangut, illegible]"，字面意思为"皆"。按，"[Tangut, illegible]" źji²（皆）在此假借作"[Tangut, illegible]" źji²（极）。

we^{2} wji^{1} dja^{2} dźjwa^{1} sji^{2} ljij^{2} ku^{1} njɨ̱^{1} ljɨ̣^{2} ·jij^{1} ŋwu^{2}

城 作 △ 竟 △ 见 则 二 地 相 是，

梦见初起城是初地，见作竟城是二地，

16.26.3

we^{2} ·u^{2} rer^{2} dow^{1} śjɨj^{1} ·jiw^{2} ljij^{2} ku^{1} sọ^{1} ljɨ̣^{2} ·jij^{1}

城 中 街 市 成 就 见 则 三 地 相

ŋwu^{2} khẹj^{1} ·u^{2} tji^{2} śjɨj^{1} ·jiw^{2} ljij^{2} ku^{1} ljɨr^{1} ljɨ̣^{2} ·jij^{1}

是， 游 戏 处 成 就 见 则 四 地 相

见城中街市成就是三地，见游戏处成就是四地，

16.26.4

ŋwu^{2} dźiəj^{2} zjɨ̱r^{2} śjɨj^{1} ·jiw^{2} ljij^{2} ku^{1} tśhjiw^{1} ljɨ̣^{2} ·jij^{1} ŋwu^{2}

是， 池 水 成 就 见 则 六 地 相 是。

niow^{2} nwə^{1} sjij^{2} lạ^{1} ·u^{2} tśhju^{1} low^{2} lwẹ^{2} jɨr^{2} mji^{1}

恶 知 识 手 中 有、 懈 怠 勤 不

见池水成就是六地。除在恶知识手、慢缓

16.26.5

khu^{1} dźjij^{1} ljij^{2} sjwɨj^{1} rjɨr^{2} niow^{1} phju^{2} ljɨ̣^{2} ŋowr^{2} lhə$^{?}$ ljij^{2} ljɨ^{1}

精 进 魔 业 之 外， 上 地 具 足 见 也。

不精进魔业，上地具足见。

16.26.6

niow^{1} tśjɨ^{1} kie^{1} dźja^{2} dźjwu^{1} ɲia^{2} tsjij^{2} tjɨ^{1} tjij^{1} ɲia^{2} tsjij^{2}

复 次 金 刚 摧 菩 萨！ 如 若 菩 萨

□	□	□	□	□	□，	□	□	□	□
·ja$^{?}$	du̱^{2}	we^{1}	dźiəj^{2}	kjɨ^{1}	mjịj^{1}	ku^{1}	·jar^{1}	ljɨ̣^{2}	ɣu^{1}
阿	耨	龙	池	△	梦，	则	八	地	初

复次金刚摧菩萨！若菩萨梦中见阿耨龙王池①，此是八地初

16.26.7

□	□	□。	□	□	□	□	□	□，	□	□
ljɨ̣^{2}	·jij^{1}	ŋwu^{2}	thja^{1}	dzjwo^{2}	źjị^{1}	njɨ̣^{2}	ɣiə^{1}	njij^{2}	xja^{1}	swew^{1}
地	相	是。	此	人	烦	恼	微	少，	疾	明
□	□。	□	□	□	□，	□	□	□	□	□
to^{2}	we̱^{1}	lạ^{1}	ljo̱r^{1}	njij^{1}	mjij^{1}	jɨr^{2}	khu^{1}	dźjɨ$^{?}$	djọ^{2}	ljụ^{2}
出	生。	奸	诈	心	无，	勤	进	行	修	身

地。少众烦恼，彼疾出生明。若无奸诈，勤修进行

16.27.1

□	□	□，	□	□	□	□	□	□	□	□	□，
kạ^{1}	mji^{1}	wier^{1}	śjwo^{1}	lew^{2}	ŋowr^{2}	ŋowr^{2}	mjɨ^{1}	·jij^{1}	phji^{1}	bju^{1}	khjow^{1}
合	不	惜，	须	所	一	切	他	之	意	依	予，
□	□	□	□	□	□。	□	□	□	□	□	
thjɨ^{2}	sju^{2}	ŋwu^{2}	gji^{1}	sej^{1}	lew^{2}	tjij^{1}	·ja$^{?}$	du̱^{2}	we^{1}	dźiəj^{2}	
是	如	以	清	净	应。	若	阿	耨	龙	池	

不顾身命，一切所须满适他意，如是清净。若见阿耨龙池

16.27.2

□	□	□	□	□	□	□	□	□，	□	□
rewr^{2}	bju^{2}	kjɨ^{1}	mjịj^{1}	ku^{1}	ɣu^{1}	ljɨ̣^{2}	·jij^{1}	ŋwu^{2}	tjij^{1}	dźiəj^{2}
岸	际	△	梦	则	初	地	相	是，	若	池
□	□	□	□	□	□	□，	□	□	□	□
gu^{2}	ljij^{2}	ku^{1}	njɨ̣^{1}	ljɨ̣^{2}	·jij^{1}	ŋwu^{2}	tjij^{1}	ŋowr^{2}	ŋowr^{2}	ljij^{2}
中	见	则	二	地	相	是，	若	一	切	见

岸际此是初地②，若见池中是二地，若一切见

① “王”字义西夏本未见。

② 见，西夏本作“□”(梦)。另，西夏本句下有“□”(相)字，此下除“三地”未作之外，至“九地”皆同。

16.27.3

ku^{1}	sọ^{1}	ljɨ̣^{2}	ljij^{2}	ŋwu^{2}	tjij^{1}	lạ^{1}	ŋwu^{2}	zjɨ̱r^{2}	tsjụ^{1}	ljij^{2}
则	三	地	见	是，	若	手	以	水	触	见
ku^{1}	ljɨr^{1}	ljɨ̣^{2}	·jij^{1}	ŋwu^{2}	tjij^{1}	dzjwɨ^{2}	dźjow^{1}	ku^{1}	ŋwə^{1}	ljɨ̣^{2}
则	四	地	相	是，	若	浴	洗	则	五	地

是三地，若手触水是四地①，若洗是五地，

16.27.4

·jij^{1}	ŋwu^{2}	tjij^{1}	rewr^{2}	tśhja̱^{1}	dzu̱^{2}	ku^{1}	tśhjiw^{1}	ljɨ̣^{2}	·jij^{1}	ŋwu^{2}
相	是，	若	岸	上	坐	则	六	地	相	是，
tjij^{1}	·ja$^{?}$	du̱^{2}	we^{1}	njij^{2}	ljij^{2}	ku^{1}	śja̱^{1}	ljɨ̣^{2}	·jij^{1}	
若	阿	耨	龙	王	见	则	七	地	相	

若岸际坐是六地，若见阿耨龙王是七地，

16.27.5

ŋwu^{2}	tjij^{1}	we^{1}	mji̱^{1}	·u^{2}	śjɨ̱^{1}	bji^{1}	ɣie^{1}	lhu^{1}	ku^{1}
是，	若	龙	宫	中	入	威	力	增	则
·jar^{1}	ljɨ̣^{2}	gjɨ̱^{1}	ljɨ̣^{2}	·jij^{1}	ŋwu^{2}	ljij^{2}	sjwɨj^{1}	dzjar^{2}	ljɨ^{1}
八	地	九	地	相	是，	魔	业	除	也。

若入龙宫增与气力是八地，除魔业九地②。

16.27.6

① 西夏本“若”下有“见”字。

② 西夏本作“若入龙宫增与气力是八地九地相，除魔业也”。

niow^{1} tśjɨ^{1} kie^{1} dźja^{2} dźjwu^{1} ɲia^{2} tsjij^{2} tjɨ^{1} tjij^{1} ɲia^{2} tsjij^{2} mə^{1}
复 次 金 刚 摧 菩 萨！ 如 若 菩 萨 天
[illegible]
zjɨ̣^{1} kjɨ^{1} mjij^{1} ku^{1} thja^{1} ɲia^{2} tsjij^{2} ·jij^{1} phju^{2} ljɨ̣^{2} ŋwə^{1}
子 △ 梦， 则 此 菩 萨 之 上 地 五

复次金刚摧菩萨！若菩萨梦见天子,此菩萨上地五

16.27.7

[illegible]
ljɨ̣^{2} rjur^{1} rjur^{1} ljɨ̣^{2} ljij^{2} ŋwu^{2} thja^{1} dzjwo^{2} sjwɨj^{1} lə^{1} ɣiə^{1} njij^{2}
地 处 处 地 见 是。 彼 人 业 障 微 少、
[illegible]
ljịj^{2} sjwɨj^{1} tsjɨ^{1} zjɨr^{1} zjɨ̱r^{2} gjiwr^{2} wjɨ^{2} sju^{2} sọ^{1} lhjị^{2} phow^{1} iọ^{1}
魔 业 亦 少， 水 滴 犹 如， 三 月 月 之

地见处处地。彼少业障①、少魔业,犹如微滴,应三月

16.28.1

[illegible]
·u^{2} mjij^{1} sej^{1} jɨr^{2} djọ^{2} thja^{1} ŋwu^{2} sjwɨj^{1} lə^{1} tjịj^{1} phja^{1} swew^{1}
中 寂 静 勤 修， 彼 以 业 障 除 断 明
[illegible]
sej^{1} lhjụ^{2} rjir^{1} thjɨ^{2} sju^{2} dzjwo^{2} tja^{1} śja^{1} rjijr^{2} tha^{1} ·jij^{1}
净 获 得。 是 如 人 者 十 方 佛 之

勤修寂静,除业障得明净。如是人应念十方佛,

16.28.2

[illegible]
ljɨ̱r^{2} mji^{1} sjwɨ̱^{1} źjị^{1} djọ^{2} lew^{2} tjij^{1} ljɨr^{1} ljịj^{2} ŋwə^{1} njij^{2}
念， 不 愁 恼 修 应。 若 四 大 天 王
[illegible]

---

① 西夏本"彼"下有"[illegible]"(人)字。

mə¹ kjɨ¹ mjij¹ ku¹ tśhjiw¹ ljɨ̣² ljij² ŋwu² sọ¹ ɣạ² sọ¹
天 △ 梦 则 六 地 见 是, 三 十 三
应修不愁恼。彼若见四大天王众是见六地①,见三十三

16.28.3

[illegible]
mə¹ ljij² ku¹ śjạ¹ ljɨ̣² ljij² ŋwu² lhə? nwə¹ mə¹ ljij²
天 见 则 七 地 见 是, 足 知 天 见
[illegible]
ku¹ ·jar¹ ljɨ̣² ljij² ŋwu² xiwã¹ mə¹ ·ji¹ ljij² ku¹
则 八 地 见 是, 梵 天 众 见 则
天是七地,见兜率天是八地②,见梵天众

16.28.4

[illegible]
gjɨ¹ ljɨ̣² ljij² ŋwu² sej¹ mji¹ mə¹ ljij² ku¹ ɣạ² ljɨ̣²
九 地 见 是, 净 居 天 见 则 十 地
[illegible]
ljij² ŋwu² ɣu¹ ljɨ̣² bju¹ śjij¹ ljij² sjwɨj¹ ŋowr² ŋowr² ljij²
见 是。 初 地 相 应, 魔 业 一 切 见,
是九地,见净居天是十地。初地相应,一切见魔业,

16.28.5

[illegible]
nẹw² njij¹ śjɨj¹ ·jiw² ɣạ² ljɨ̣² ŋowr² ŋowr² ljij² ljɨ¹
善 心 成 就, 十 地 一 切 见 也。
成就善心,见一切十地。

16.28.6

[illegible]

① 若见,西夏本作"[illegible]"(若梦)。另,"众"字西夏本作"[illegible]"(天)。
② 兜率,音译梵文 Tuṣita,西夏本作"[illegible]"(知足)。

niow¹ tśjɨ¹ kie¹ dźja² dźjwu¹ ɲia² tsjij² tjɨ¹ tjij¹ ɲia² tsjij²
复 次 金 刚 摧 菩 萨! 如 若 菩 萨

we¹ kjɨ¹ mjij¹ ku¹ thja¹ ɲia² tsjij² ·jar¹ ljɨ² rjur¹ rjur¹
龙 △ 梦, 则 此 菩 萨 八 地 处 处

复次金刚摧!菩萨若梦见龙,此是见八地处处见①。

16.28.7

ljij² ŋwu² thja¹ dzjwo² lwow¹ zew² śjɨj¹ ·jiw² jɨr² khu¹ dźjij¹
见 是。 此 人 慎 忍 成 就, 勤 精 进

kjɨ¹ wji¹ śjwɨ¹ śjwɨ¹ twẹ² phja¹ tśier¹ ·ju² jɨr² djọ² śjwɨ¹
虽 为, 数 数 续 断, 方 便 勤 修, 数

当成就慎忍②,虽勤精进,数数废稽③,勤修方便,

16.29.1

śjwɨ¹ phjɨ¹ dźjɨr¹ thjɨ² wjɨ² thja² ·jij¹ dźjij² dźjij² tjị¹ ·war²
数 舍 弃。 是 今 彼 之 所 有 食 物

ŋwu² tsjir¹ dzjij² ·jij¹ kjụ¹ tshwew¹ rjɨr² njɨ² rjur¹ dzu¹ lew²
以 法 师 之 供 养, 乃 至 诸 爱 所

数复放舍④。彼所有财封当以供给法师⑤,乃至所爱

16.29.2

·war² tsjɨ¹ źji² tsjir¹ dzjij² ·jij¹ khjow¹ tśhjɨ¹ mja¹ niow¹ śjwo¹

---

① 西夏本“此”下有“[illegible]”(菩萨)二字。

② 西夏本句上有“[illegible]”(此人)二字。

③ 废稽,西夏本作“[illegible]”,字面意思是“断续”。

④ 数复,西夏本作“[illegible]”(数数)。

⑤ 西夏本句上有“[illegible]”(是今)二字。另,财封,西夏本作“[illegible]”(财物)。

物	以	皆	法	师	之	与，	然	后	又	生
[illegible]	[illegible]。	[illegible]	[illegible]	[illegible]	[illegible]	[illegible]	[illegible]	[illegible]	[illegible]	[illegible]
tshwew1	lew2	tjij1	ŋər1	tśhja̱1	we1	kjɨ1	mjij1	ku1	ɣu1	ljɨ̣2
趣	应。	若	山	上	龙	△	梦	则	初	地

之物悉以舍与，然后趣向。若山上见龙是初地①，

16.29.3

[illegible]	[illegible]，	[illegible]	[illegible]	[illegible]	[illegible]	[illegible]	[illegible]	[illegible]	[illegible]	[illegible]
·jij1	ŋwu2	tjij1	gjij2	njijr1	kha1	ljij2	ku1	njɨ̱1	ljɨ̣2	·jij1
相	是，	若	村	野	中	见	则	二	地	相
[illegible]，	[illegible]	[illegible]	[illegible]	[illegible]	[illegible]	[illegible]	[illegible]	[illegible]	[illegible]	[illegible]，
ŋwu2	tjij1	dźiəj2	rewr2	tśhja̱1	ljij2	ku1	so̱1	ljɨ̣2	·jij1	ŋwu2
是，	若	池	岸	上	见	则	三	地	相	是，

若旷野见是二地，若池岸上见是三地，

16.29.4

[illegible]	[illegible]	[illegible]	[illegible]	[illegible]	[illegible]	[illegible]	[illegible]	[illegible]	[illegible]，	[illegible]
tjij1	lhejr2	bo1	kha1	ljij2	ku1	ljɨr1	ljɨ̣2	·jij1	ŋwu2	tjij1
若	树	林	中	见	则	四	地	相	是，	若
[illegible]	[illegible]	[illegible]	[illegible]	[illegible]	[illegible]	[illegible]	[illegible]	[illegible]，	[illegible]	[illegible]
dzjwo2	·ji1	kha1	ljij2	ku1	ŋwə1	ljɨ̣2	·jij1	ŋwu2	tjij1	njij2
人	众	中	见	则	五	地	相	是，	若	王

若林中见是四地，若人众中见是五地，若王

16.29.5

[illegible]	[illegible]	[illegible]	[illegible]	[illegible]	[illegible]	[illegible]	[illegible]，	[illegible]	[illegible]	[illegible]
we2	·u2	ljij2	ku1	tśhjiw1	ljɨ̣2	·jij1	ŋwu2	tjij1	rejr2	dzjwo2
城	中	见	则	六	地	相	是，	若	多	人
[illegible]	[illegible]	[illegible]	[illegible]	[illegible]	[illegible]	[illegible]	[illegible]	[illegible]，	[illegible]	[illegible]
·ji1	·wio̱1	tśjɨ̣1	ljij2	ku1	śja̱1	ljɨ̣2	·jij1	ŋwu2	tjij1	ŋa1

① 见，西夏本作“[illegible]”（梦）。另，西夏本句下有“[illegible]”（相）字，此下至“八地”皆同。

众	围	绕	见	则	七	地	相	是,	若	空

城中见是六地,若多人众围绕见是七地,若空

16.29.6

gu^{2}	ljij^{2}	ku^{1}	·jar^{1}	ljɨ̣^{2}	·jij^{1}	ŋwu^{2}	ɣu^{1}	ljɨ̣^{2}
中	见	则	八	地	相	是。	初	地
tśhjiw^{1}	ljɨ̣^{2}	ljij^{2}	sjwɨj^{1}	sjwɨj^{1}	lə^{1}	dzjar^{2}	ljɨ^{1}	
六	地	魔	业	业	障	除	也。	

中见是八地。除魔业业障初地六地。

16.29.7

niow^{1}	tśjɨ^{1}	kie^{1}	dźja^{2}	dźjwu^{1}	ɲia^{2}	tsjij^{2}	tjɨ^{1}	tjij^{1}	ɲia^{2}	tsjij^{2}
复	次	金	刚	摧	菩	萨!	如	若	菩	萨
dzjij^{2}	rjijr^{2}	·jā^{1}	xu^{1}	thji^{1}	·u^{2}	śjɨ^{1}	kjɨ^{1}	mjij^{1}	ku^{1}	thja^{1}
余	方	阎	浮	提	中	往	△	梦,	则	此

复次金刚摧！菩萨若梦自见向余方阎浮提①,是

16.30.1

ɣu^{1}	ljɨ̣^{2}	tśhjiw^{1}	ljɨ̣^{2}	·jij^{1}	ŋwu^{2}	thja^{1}	dzjwo^{2}	tjij^{1}	ze̱w^{2}	rjir^{1}
初	地	六	地	相	是。	此	人	若	忍	得
ku^{1}	sjwɨj^{1}	lə^{1}	ɣiə^{1}	njij^{2}	tjij^{1}	jɨr^{2}	mji^{1}	djọ^{2}	ku^{1}	swew^{1}
则	业	障	微	少,	若	勤	不	修	则	明

初地六地②。若得忍彼少于障③,若不勤修不得于明,

① “自”字义西夏本未见。

② 西夏本句上有“[illegible]”(此)字。另,句下有“[illegible]”(相)字,此下至“六地”皆同。

③ 西夏本句上有“[illegible]”(此人)二字。

16.30.2

[illegible]	[illegible]，	[illegible]	[illegible]	[illegible]	[illegible]	[illegible]	[illegible]	[illegible]，	[illegible]	[illegible]
mji^1	lhjụ^2	tjij^1	low^2	ljịj^1	lạ^1	ljọr^1	?	njij^1	ku^1	thjɨ^2
不	得，	若	懈	怠	奸	诈	亲	近，	则	是
[illegible]	[illegible]	[illegible]	[illegible]	[illegible]，	[illegible]	[illegible]	[illegible]	[illegible]	[illegible]	[illegible]。
wjɨ^2	dźiej^2	njij^1	gu^1	śjwo^1	thjɨ^2	sju^2	ŋwu^2	gji^1	sej^1	lew^2
今	信	心	生	起，	是	如	以	清	净	应。

若懈怠奸诈亲近，彼若生信，如是清净。

16.30.3

[illegible]	[illegible]	[illegible]	[illegible]	[illegible]	[illegible]	[illegible]	[illegible]	[illegible]	[illegible]	[illegible]
tjij^1	·jā^1	xu^1	thji^2	ljij^2	mji^1	ŋwe^1	kjɨ^1	mjij^1	ku^1	ɣu^1
若	阎	浮	提	见	不	乐	△	梦	则	初
[illegible]	[illegible]	[illegible]，	[illegible]	[illegible]	[illegible]	[illegible]	[illegible]	[illegible]	[illegible]	[illegible]，
ljɨ̣^{2}	·jij^1	ŋwu^2	tjij^1	ljij^2	ŋwe^1	ku^1	njɨ̣^{1}	ljɨ̣^{2}	·jij^1	ŋwu^2
地	相	是，	若	见	乐	则	二	地	相	是，

若不乐见阎浮提是初地①，若乐见是二地，

16.30.4

[illegible]	[illegible]	[illegible]	[illegible]	[illegible]	[illegible]	[illegible]	[illegible]	[illegible]	[illegible]	[illegible]
tjij^1	gjij^2	njijr^1	we^2	dzjwɨ̣^{1}	njij^1	·o^2	ljij^2	ku^1	sọ^1	ljɨ̣^{2}
若	村	野	城	邑	心	爱	见	则	三	地
[illegible]	[illegible]，	[illegible]	[illegible]	[illegible]	[illegible]	[illegible]	[illegible]	[illegible]	[illegible]	[illegible]
·jij^1	ŋwu^2	tjij^1	·iọ^2	·u^2	dza^1	wjạ^1	ljij^2	ku^1	ljɨr^1	ljɨ̣^{2}
相	是，	若	园	中	杂	花	见	则	四	地

若见村落城邑可爱是三地，若见园观杂花是四地，

16.30.5

[illegible]	[illegible]，	[illegible]	[illegible]	[illegible]	[illegible]	[illegible]	[illegible]	[illegible]	[illegible]	[illegible]
·jij^1	ŋwu^2	tjij^1	ljij^2	·ji^1	njij^1	ljɨj^2	ljij^2	ku^1	ŋwə^1	ljɨ̣^{2}

① 西夏本"若"下有"[illegible]"(梦)字。另，句下有"[illegible]"(相)字，此下至"六地"皆同。

相	是，	若	大	众	心	喜	见	则	五	地
[illegible]	[illegible]，	[illegible]	[illegible]	[illegible]	[illegible]	[illegible]	[illegible]	[illegible]	[illegible]	[illegible]
·jij^1	ŋwu^2	tjij^1	dźjwɨ^1	gu^2	khe̱j^1	·u^2	djij^2	ljij^2	ku^1	tśhjiw^1
相	是，	若	互	相	娱	乐	△	见	则	六

若见大众喜乐是第五地，若相娱乐是六

16.30.6

[illegible]	[illegible]	[illegible]	[illegible]。	[illegible]	[illegible]	[illegible]	[illegible]。
ljɨ̣^{2}	·jij^1	ljij^2	ŋwu^2	lji̱j^2	sjwɨj^1	dzjar^2	ljɨ^1
地	相	见	是。	魔	业	除	也。

地①。除魔业。

16.30.7

[illegible]	[illegible]	[illegible]	[illegible]	[illegible]	[illegible]	[illegible]！	[illegible]	[illegible]	[illegible]	[illegible]
niow^1	tśjɨ^1	kie^1	dźja^2	dźjwu^1	ɲia^2	tsjij^2	tjɨ^1	tjij^1	ɲia^2	tsjij^2
复	次	金	刚	摧	菩	萨！	如	若	菩	萨
[illegible]	[illegible]	[illegible]	[illegible]	[illegible]	[illegible]，	[illegible]	[illegible]	[illegible]	[illegible]	
·jij^1	lhwu^1	phiow^1	gjwi^2	kjɨ^1	mjij^1	ku^1	thja^1	ɲia^2	tsjij^2	
自	衣	白	穿	△	梦，	则	此	菩	萨	

复次金刚摧！菩萨梦著白衣②，此菩萨

16.31.1

[illegible]	[illegible]	[illegible]	[illegible]	[illegible]	[illegible]	[illegible]。	[illegible]	[illegible]	[illegible]	[illegible]
·jij^1	·jar^1	ljɨ̣^{2}	ɣu^1	ljɨ̣^{2}	ljij^2	ŋwu^2	thja^1	dzjwo^2	sjwɨj^1	lə^1
之	八	地	初	地	见	是。	此	人	业	障
[illegible]	[illegible]、	[illegible]	[illegible]	[illegible]	[illegible]，	[illegible]	[illegible]	[illegible]	[illegible]，	[illegible]
gji^1	sej^1	lji̱j^2	sjwɨj^1	wejr^1	ljij^1	tsji̱r^1	ŋwe^1	njij^1	śjwo^1	niow^1
清	净、	魔	业	增	盛，	法	乐	心	生，	复

是见八地初地。此业障清净③、魔业增盛，彼生乐法心，

① 西夏本“若”下有“[illegible]”(见)字。
② 西夏本句上有“[illegible]”(如若)二字。另，“梦”上有“[illegible]”(自)字。
③ 西夏本“此”下有“[illegible]”(人)字。

16.31.2

[illegible]	[illegible]	[illegible]	[illegible]	[illegible]	[illegible]	[illegible]，	[illegible]	[illegible]	[illegible]	[illegible]。
śjwɨ^{1}	śjwɨ^{1}	lhji̱^{1}	tśhja^{2}	·iow	ŋjwo^{2}	dzəj^{1}	rjur^{1}	gie^{1}	·jijr^{1}	rejr^{2}
数	数	退	功	德	损	减，	诸	艰	难	多。
[illegible]	[illegible]	[illegible]	[illegible]	[illegible]	[illegible]	[illegible]	[illegible]	[illegible]	[illegible]，	[illegible]
thjɨ^{2}	wjɨ^{2}	dźjij^{2}	dźjij^{2}	·war^{2}	ɣa̱^{2}	wier^{1}	lhju̱^{1}	njij^{1}	mjij^{1}	thjɨ^{2}
是	今	所	有	物	于	悭	惜	心	无，	是

数复退减功德，多诸艰难。一切物不应悭惜①，

16.31.3

[illegible]	[illegible]	[illegible]	[illegible]	[illegible]。	[illegible]	[illegible]	[illegible]	[illegible]	[illegible]	[illegible]、
sju^{2}	ŋwu^{2}	gji^{1}	sej^{1}	lew^{2}	tjij^{1}	·jij^{1}	śjwo^{1}	śjwo^{1}	ŋowr^{2}	ŋowr^{2}
如	以	清	净	应。	若	自	须	须	一	切、
[illegible]	[illegible]	[illegible]	[illegible]	[illegible]	[illegible]	[illegible]，	[illegible]	[illegible]	[illegible]	
·wu^{2}	gju^{2}	ŋowr^{2}	ŋowr^{2}	mjɨ^{1}	njij^{1}	·o^{2}	ku^{1}	lju̱^{2}	ka̱^{1}	
佑	具	一	切	他	心	喜，	则	身	命	

如是清净。若自见一切所须、一切敷具人所喜者②，

16.31.4

[illegible]	[illegible]，	[illegible]	[illegible]	[illegible]	[illegible]	[illegible]	[illegible]。	[illegible]	[illegible]	[illegible]
mji^{1}	wier^{1}	rejr^{2}	mji^{1}	ne̱w^{2}	tśhji^{2}	djo̱^{2}	dzjɨ^{2}	tjij^{1}	rejr^{2}	dzjɨj^{1}
不	惜，	多	闻	善	根	修	习。	若	多	时
[illegible]	[illegible]	[illegible]	[illegible]	[illegible]	[illegible]	[illegible]	[illegible]	[illegible]	[illegible]，	
lhwu^{1}	ŋa̱^{2}	gjwi^{2}	kjɨ^{1}	mjij^{1}	ku^{1}	ɣu^{1}	ljɨ̣^{2}	·jij^{1}	ŋwu^{2}	
衣	好	穿	△	梦	则	初	地	相	是，	

不惜身命，多闻修善根。若著久故好衣是初地③，

16.31.5

[illegible]	[illegible]	[illegible]	[illegible]	[illegible]	[illegible]	[illegible]	[illegible]	[illegible]	[illegible]	[illegible]

① 西夏本句上有“[illegible]”（是今）二字。

② 敷具，西夏本作“[illegible]”，字面意思是“佑具”。

③ 西夏本“若”下有“[illegible]”（梦）字。另，句下有“[illegible]”（相）字，此下至“八地”皆同。

tjij^{1}	ŋwu^{2}	dźjo^{1}	lhwu^{1}	sjiw^{1}	gjwi^{2}	ljij^{2}	ku^{1}	njɨ̱^{1}	ljɨ^{2}	·jij^{1}
若	领	长	衣	新	穿	见	则	二	地	相
[illegible]，	[illegible]	[illegible]	[illegible]	[illegible]	[illegible]	[illegible]	[illegible]	[illegible]	[illegible]	
ŋwu^{2}	tjij^{1}	ŋwu^{2}	dźjo^{1}	lhwu^{1}	ljij^{2}	ku^{1}	sọ^{1}	ljɨ^{2}	·jij^{1}	
是，	若	领	长	衣	见	则	三	地	相	

若见长领新衣是二地，若见长领衣是三地，

16.31.6

[illegible]，	[illegible]	[illegible]	[illegible]	[illegible]	[illegible]	[illegible]	[illegible]	[illegible]	[illegible]
ŋwu^{2}	tjij^{1}	dja^{2}	zwər^{1}	lhwu^{1}	ljij^{2}	ku^{1}	ljɨr^{1}	ljɨ^{2}	·jij^{1}
是，	若	△	洗	衣	见	则	四	地	相
[illegible]，	[illegible]	[illegible]	[illegible]	[illegible]	[illegible]	[illegible]	[illegible]	[illegible]	[illegible]
ŋwu^{2}	tjij^{1}	dzjwɨ^{2}	?	lhwu^{1}	ljij^{2}	ku^{1}	ŋwə^{1}	ljɨ^{2}	·jij^{1}
是，	若	制	作	衣	见	则	五	地	相

若见打治衣是四地①，若见打治摩衣是五地②，

16.31.7

[illegible]，	[illegible]	[illegible]	[illegible]	[illegible]	[illegible]	[illegible]	[illegible]	[illegible]	[illegible]，	[illegible]
ŋwu^{2}	tjij^{1}	tshjwu^{1}	lhwu^{1}	ljij^{2}	ku^{1}	tśhjiw^{1}	ljɨ^{2}	·jij^{1}	ŋwu^{2}	tjij^{1}
是，	若	青	衣	见	则	六	地	相	是，	若
[illegible]	[illegible]	[illegible]	[illegible]	[illegible]	[illegible]	[illegible]	[illegible]	[illegible]，	[illegible]	
bju^{2}	tsə̣^{1}	lhwu^{1}	ljij^{2}	ku^{1}	śjạ^{1}	ljɨ^{2}	·jij^{1}	ŋwu^{2}	tjij^{1}	
象	色	衣	见	则	七	地	相	是，	若	

若见染衣是六地，若见象色衣是七地，若

16.32.1

[illegible]	[illegible]	[illegible]	[illegible]	[illegible]	[illegible]	[illegible]	[illegible]。
mə^{1}	lhwu^{1}	ljij^{2}	ku^{1}	·jar^{1}	ljɨ^{2}	·jij^{1}	ŋwu^{2}
天	衣	见	则	八	地	相	是。

见天衣是八地。

① 打治衣，西夏本作“[illegible]”，字面意思是“洗衣”。
② 打治摩衣，西夏本作“[illegible]”，字面意思是“制作衣”。

汉文本

复次金刚摧菩萨！若菩萨梦中见花树，此菩萨是七地初地。应作种种善根，不亲近四众，如是趣向。见多花树无香是初地，见香花树是二地，梦见多香花树是三地，见杂花果树是四地，见无叶花树是五地，见天花树是六地，若见菩提树是七地。除在恶知识手、慢缓不勤精进魔业，上地一切成就见。

复次金刚摧！菩萨若梦中见未曾有城，此是六地初地。此菩萨有业障，此无生法忍，先修坚固三昧、空三昧，无碍心极苦行，如是清净。梦见初起城是初地，见作竟城是二地，见城中街市成就是三地，见游戏处成就是四地，见池水成就是六地。除在恶知识手、慢缓不精进魔业，上地具足见。

复次金刚摧菩萨！若菩萨梦中见阿耨龙王池，此是八地初地。少众烦恼，彼疾出生明。若无奸诈，勤修进行不顾身命，一切所须满适他意，如是清净。若见阿耨龙池岸际此是初地，若见池中是二地，若一切见是三地，若手触水是四地，若洗是五地，若岸际坐是六地，若见阿耨龙王是七地，若入龙宫增与气力是八地，除魔业九地。

复次金刚摧菩萨！若菩萨梦见天子，此菩萨上地五地见处处地。彼少业障、少魔业，犹如微滴，应三月勤修寂静，除业障得明净。如是人应念十方佛，应修不愁恼。彼若见四大天王众是见六地，见三十三天是七地，见兜率天是八地，见梵天众是九地，见净居天是十地。初地相应，一切见魔业，成就善心，见一切十地。

复次金刚摧！菩萨若梦见龙，此是见八地处处见。当成就慎忍，虽勤精进，数数废稽，勤修方便，数复放舍。彼所有财封当以供给法师，乃至所爱之物悉以舍与，然后趣向。若山上见龙是初地，若旷野见是二地，若池岸上见是三地，若林中见是四地，若人众中见是五地，若王城中见是六地，若多人众围绕见是七地，若空中见是八地。除魔业业障初地六地。

复次金刚摧！菩萨若梦自见向余方阎浮提，是初地六地。若得忍彼少于障，若不勤修不得于明，若懈怠奸诈亲近，彼若生信，如是清净。若不乐见阎浮提是初地，若乐见是二地，若见村落城邑可爱是三地，若见园观杂花是四地，若见大众喜乐是第五地，若相娱乐是六地。除魔业。

复次金刚摧！菩萨梦著白衣，此菩萨是见八地初地。此业障清净、魔业增盛，彼生乐法心，数复退减功德，多诸艰难。一切物不应悭惜，如是清净。若自见一切所须、一切敷具人所喜者，不惜身命，多闻修善根。若著久故好衣是初地，若见长领新衣是二地，若见长领衣是三地，若见打治衣是四地，若见打治摩衣是五地，若见染衣是六地，若见象色衣是七地，若见天衣是八地。

16.32.2

[illegible]	[illegible]	[illegible]	[illegible]	[illegible]	[illegible]	[illegible]！	[illegible]	[illegible]	[illegible]	[illegible]
niow^{1}	tśjɨ^{1}	kie^{1}	dźja^{2}	dźjwu^{1}	ɲia^{2}	tsjij^{2}	tjɨ^{1}	tjij^{1}	ɲia^{2}	tsjij^{2}
复	次	金	刚	摧	菩	萨！	如	若	菩	萨

[illegible]	[illegible]	[illegible]	[illegible]	[illegible]	[illegible]，	[illegible]	[illegible]	[illegible]	[illegible]
·jij^{1}	ljɨ̣^{1}	rer^{2}	rjir^{2}	kjɨ^{1}	mjij^{1}	ku^{1}	thja^{1}	ɣu^{1}	ljɨ̣^{2}

自 宝 珞 得 △ 梦, 则 此 初 地

复次金刚摧！菩萨若梦得宝鬘①,此是初地

16.32.3

[illegible] [illegible] [illegible] [illegible]。 [illegible] [illegible] [illegible] [illegible]、 [illegible] [illegible] [illegible],

gjɨ̱^{1} ljɨ̣^{2} ·jij^{1} ŋwu^{2} thja^{1} dzjwo^{2} sjwɨj^{1} lə^{1} lji̱j^{2} sjwɨj^{1} mjij^{1}

九 地 相 是。 彼 人 业 障、 魔 业 无,

[illegible] [illegible] [illegible] [illegible] [illegible] [illegible] [illegible] [illegible] [illegible], [illegible]

·jij^{1} ·jij^{1} dźjar^{2} źier^{1} njɨ̱^{2} mjɨ^{1} dźjar^{2} mji^{1} tshji̱j^{1} tsji̱r^{1}

自 自 过 责 骂 他 过 不 说, 法

九地。彼无业障②、无魔业,当自责己过不责于他,

16.32.4

[illegible] [illegible] [illegible], [illegible] [illegible] [illegible] [illegible], [illegible] [illegible] [illegible] [illegible]

mji^{1} jɨr^{2} kjụ^{1} ɣwej^{1} dze̱j^{1} mji^{1} wji^{1} thjɨ^{2} sju^{2} ŋwu^{2} gji^{1}

闻 勤 求, 争 斗 不 作, 是 如 以 清

[illegible] [illegible]。 [illegible] [illegible] [illegible] [illegible] [illegible] [illegible] [illegible] [illegible]

sej^{1} lew^{2} tjij^{1} ·ja$^{?}$ mə^{2} ljɨ̣^{1} rer^{2} rjir^{2} kjɨ^{1} mji̱j^{1}

净 应。 若 一 种 宝 鬘 得 △ 梦

求修闻法,不作斗讼,如是清净。若一种宝鬘

16.32.5

[illegible] [illegible] [illegible] [illegible] [illegible], [illegible] [illegible] [illegible] [illegible] [illegible] [illegible]

ku^{1} ɣu^{1} ljɨ̣^{2} ·jij^{1} ŋwu^{2} thjɨ^{2} sju^{2} njɨ̱^{1} mə^{2} rjɨr^{2} njɨ^{2}

则 初 地 相 是, 是 如 二 种 乃 至

[illegible] [illegible] [illegible] [illegible] [illegible] [illegible] [illegible] [illegible] [illegible] [illegible],

śjạ^{1} mə^{2} ljɨ̣^{1} rer^{2} rjir^{2} ku^{1} śjạ^{1} ljɨ̣^{2} ·jij^{1} ŋwu^{2}

七 种 宝 鬘 得 则 七 地 相 是,

是初地③,如是二种乃至七种宝鬘是七地④,

---

① 西夏本"梦"上有"[illegible]"(自)字。另,宝鬘,西夏本作"[illegible][illegible]"(宝珞)。按,"[illegible]"rer^{2}(珞)疑假借作"[illegible]"rer^{2}(鬘)。参看下文"宝鬘"译作"[illegible][illegible]"。

② 西夏本"彼"下有"[illegible]"(人)字。

③ 西夏本作"若梦得一种宝鬘是初地相",表意更完整。

④ 西夏本"如是"下有"[illegible]"(得)字。另,句下有"[illegible]"(相)字,此下至"九地"皆同。

16.32.6

[illegible]	[illegible]	[illegible]	[illegible]	[illegible]	[illegible]	[illegible]	[illegible]	[illegible]	[illegible]	[illegible]
tjij^{1}	dźiej^{2}	dẹj^{1}	njij^{2}	·jij^{1}	mo^{2}	nji^{1}	ljɨ̣^{1}	rer^{2}	rjir^{2}	ku^{1}
若	转	轮	王	之	摩	尼	宝	鬘	得	则
[illegible]	[illegible]	[illegible]	[illegible]，	[illegible]	[illegible]	[illegible]	[illegible]	[illegible]	[illegible]	
·jar^{1}	ljɨ̣^{2}	·jij^{1}	ŋwu^{2}	tjij^{1}	mə^{1}	ljɨ̣^{1}	rer^{2}	rjir^{2}	ku^{1}	
八	地	相	是，	若	天	宝	鬘	得	则	

若得转轮王摩尼宝鬘是八地，若见天宝鬘

16.32.7

[illegible]	[illegible]	[illegible]	[illegible]。	[illegible]	[illegible]	[illegible]	[illegible]。	[illegible]	[illegible]	[illegible]
gjɨ̣^{1}	ljɨ̣^{2}	·jij^{1}	ŋwu^{2}	ljij^{2}	sjwɨj^{1}	dźjwi^{1}	dzjar^{2}	ɣu^{1}	ljɨ̣^{2}	sjwɨj^{1}
九	地	相	是。	魔	业	消	除。	初	地	业
[illegible]	[illegible]	[illegible]	[illegible]，	[illegible]	[illegible]	[illegible]	[illegible]	[illegible]、	[illegible]	
śjwo^{1}	·jij^{1}	ljij^{2}	ŋwu^{2}	tjij^{1}	·u^{2}	djij^{1}	low^{2}	ljịj^{1}	niow^{1}	
起	相	见	是，	若	戏	笑	懈	怠、	又	

是九地①。除魔业。是见初地起业相，若戏笑懈怠、

16.33.1

[illegible]	[illegible]	[illegible]	[illegible]	[illegible]	[illegible]	[illegible]	[illegible]	[illegible]	[illegible]
·u^{2}	djij^{1}	low^{2}	ljịj^{1}	mjijr^{2}	rjir^{2}	?	njij^{1}	ku^{1}	mjɨ^{1}
戏	笑	懈	怠	者	与	亲	近	则	他
[illegible]	[illegible]	[illegible]	[illegible]，	[illegible]	[illegible]	[illegible]	[illegible]	[illegible]。	
·jij^{1}	mji^{1}	tśhjwɨj^{1}	dzjij^{2}	thjɨ^{2}	sju^{2}	nwə^{1}	dwewr^{2}	lew^{2}	
之	不	禁	习，	是	如	知	觉	应。	

亲近戏笑懈怠不省录人，应当觉知。

16.33.2

[illegible]	[illegible]	[illegible]	[illegible]	[illegible]	[illegible]	[illegible]！	[illegible]	[illegible]	[illegible]	[illegible]	[illegible]
niow^{1}	tśjɨ^{1}	kie^{1}	dźja^{2}	dźjwu^{1}	ɲia^{2}	tsjij^{2}	tjɨ^{1}	tjij^{1}	ɲia^{2}	tsjij^{2}	ɣu^{1}

① 见，西夏本作"[illegible]"（得）。

复 次 金 刚 摧 菩 萨！ 如 若 菩 萨 头

[illegible]

tśhja̱^{1} wja̱^{1} rer^{2} ·o^{1} kjɨ^{1} mjịj^{1} ku^{1} thja^{1} ·jar^{1} ljɨ̣^{2} ɣu^{1}

上 花 鬘 有 △ 梦， 则 此 八 地 初

复次金刚摧！菩萨若见头著花鬘①，是八地初

16.33.3

[illegible]

ljɨ̣^{2} ·jij^{1} ŋwu^{2} thja^{1} dzjwo^{2} źjɨr^{1} sjwɨj^{1} lə^{1} dju^{1} tjij^{1}

地 相 是， 此 人 实 业 障 有。 若

[illegible]

ɣu^{1} gu^{2} mjịj^{2} djɨj^{2} ne̱w^{2} njij^{1} śjwo^{1} ·war^{2} ŋowr^{2}

初 中 后 定 善 心 生， 物 一

地②，此实有业障③。若初中后生定善心，舍一切物

16.33.4

[illegible]

ŋowr^{2} dźjɨr^{1} sjwɨ̣^{1} źjị^{1} mji^{1} śjwo^{1} ku^{1} thjɨ^{2} sju^{2} ŋwu^{2} gji^{1}

切 舍 愁 恼 不 生， 则 是 如 以 清

[illegible]

sej^{1} lew^{2} tjij^{1} ·ja$^{?}$ mə^{2} tsə̣^{1} rer^{2} kjɨ^{1} mjịj^{1} ku^{1}

净 应。 若 一 种 色 鬘 △ 梦 则

不生愁恼，如是清净。若得一色鬘

16.33.5

[illegible]

ɣu^{1} ljɨ̣^{2} ·jij^{1} ŋwu^{2} tjij^{1} tsə̣^{1} niow^{2} rer^{2} ljij^{2} ku^{1} njɨ^{1}

初 地 相 是， 若 色 恶 鬘 见 则 二

[illegible]

① 见，西夏本作“[illegible]”（梦）。

② 西夏本句上有“[illegible]”（此）。另，句下有“[illegible]”（相）字，此下至“八地”皆同。

③ 西夏本“此”下有“[illegible]”（人）字。

ljɨ[2]	·jij[1]	ŋwu[2]	tjij[1]	mə[2]	mə[2]	tsə̣[1]	rer[2]	ljij[2]	ku[1]
地	相	是,	若	种	种	色	鬘	见	则

是初地①,若得恶色鬘是二地②,若得种种色鬘

16.33.6

so̱[1]	ljɨ[2]	·jij[1]	ŋwu[2]	tjij[1]	wja̱[1]	rer[2]	ŋowr[2]	ŋowr[2]	ljij[2]	ku[1]
三	地	相	是,	若	花	鬘	一	切	见	则
ljɨr[1]	ljɨ[2]	·jij[1]	ŋwu[2]	tjij[1]	we[1]	wja̱[1]	rer[2]	ljij[2]	ku[1]	
四	地	相	是,	若	龙	花	鬘	见	则	

是三地,若得一切花鬘是四地,若得龙花鬘

16.33.7

ŋwə[1]	ljɨ[2]	·jij[1]	ŋwu[2]	tjij[1]	mə[1]	wja̱[1]	rer[2]	ljij[2]	ku[1]	tśhjiw[1]
五	地	相	是,	若	天	花	鬘	见	则	六
ljɨ[2]	·jij[1]	ŋwu[2]	tjij[1]	mə[1]	mə[2]	mə[2]	wja̱[1]	rer[2]	ljij[2]	ku[1]
地	相	是,	若	天	种	种	花	鬘	见	则

是五地,若得天花鬘是六地,若得天种种花鬘

16.34.1

śja̱[1]	ljɨ[2]	·jij[1]	ŋwu[2]	tjij[1]	rjur[1]	mə[1]	dzjwo[2]	·jij[1]
七	地	相	是,	若	诸	天	人	之
wja̱[1]	rer[2]	ljij[2]	ku[1]	·jar[1]	ljɨ[2]	·jij[1]	ŋwu[2]	
花	鬘	见	则	八	地	相	是。	

是七地,若得杂天人花鬘是八地③。

---

① 得,西夏本作“[illegible]”(梦)。
② 得,西夏本作“[illegible]”(见)。按,“[illegible]”rjir[1](见)疑为借作“[illegible]”rjir[2](得)。此下至“八地”皆同。
③ 杂,西夏本作“[illegible]”(诸)。

16.34.2

[illegible]	[illegible]	[illegible]	[illegible]	[illegible]	[illegible]	[illegible]!	[illegible]	[illegible]	[illegible]	[illegible]
niow^{1}	tśjɨ^{1}	kie^{1}	dźja^{2}	dźjwu^{1}	ɲia^{2}	tsjij^{2}	tjɨ^{1}	tjij^{1}	ɲia^{2}	tsjij^{2}
复	次	金	刚	摧	菩	萨!	如	若	菩	萨
[illegible]	[illegible]	[illegible]	[illegible]	[illegible]	[illegible]	[illegible],	[illegible]	[illegible]	[illegible]	
·jij^{1}	ŋewr^{1}	khie̱^{1}	wja̱^{1}	lhjwi^{1}	kjɨ^{1}	mjij^{1}	ku^{1}	thja^{1}	ɲia^{2}	
自	杂	乱	花	取	△	梦,	则	此	菩	

复次金刚摧！菩萨若梦取得乱花①,此菩萨

16.34.3

[illegible]	[illegible]	[illegible]	[illegible]	[illegible]	[illegible]	[illegible]	[illegible]。	[illegible]	[illegible]	[illegible]
tsjij^{2}	·jij^{1}	tśhjiw^{1}	ljɨ^{2}	ɣu^{1}	ljɨ^{2}	ljij^{2}	ŋwu^{2}	thja^{1}	ɲia^{2}	tsjij^{2}
萨	之	六	地	初	地	见	是。	此	菩	萨
[illegible]	[illegible]	[illegible]	[illegible]	[illegible]	[illegible],	[illegible]	[illegible]	[illegible]	[illegible]	
ɲia^{2}	tsjij^{2}	·jij^{1}	pjwɨ̱r^{1}	dzjij^{2}	lew^{2}	tjij^{1}	·jij^{1}	dzju^{2}	ɣwie^{1}	
菩	萨	之	劝	教	应,	若	自	在	势	

是见六地初地。此菩萨应劝化菩萨,若有自在力势

16.34.4

[illegible]	[illegible]	[illegible]	[illegible]	[illegible]	[illegible]	[illegible]	[illegible]	[illegible]	[illegible]	[illegible]
ɣie^{1}	dźjij^{2}	ku^{1}	mji^{1}	wo^{2}	dzjij^{2}	dzjwo^{2}	·jij^{1}	mji^{1}	źjiw^{1}	nji$^{?}$
力	有	则	不	义	余	人	之	不	侵	凌
[illegible]。	[illegible]	[illegible]	[illegible]	[illegible]	[illegible]	[illegible]	[illegible]	[illegible]	[illegible]	
lew^{2}	tjij^{1}	tsə̣^{1}	dju^{1}	śja^{1}	lji^{2}	mjij^{1}	wja̱^{1}	lhjwi^{1}	kjɨ^{1}	
应。	若	色	有	香	味	无	花	取	△	

不侵枉余人。若取有色无香花

16.34.5

[illegible]	[illegible]	[illegible]	[illegible]	[illegible]	[illegible],	[illegible]	[illegible]	[illegible]	[illegible]	[illegible]
mjij^{1}	ku^{1}	ɣu^{1}	ljɨ^{2}	·jij^{1}	ŋwu^{2}	tjij^{1}	tsə̣^{1}	lji^{2}	xia^{1}	wja̱^{1}

① 西夏本“梦”上有“[illegible]”(自)字。

梦	则	初	地	相	是,	若	色	香	妙	花
[illegible]	[illegible]	[illegible]	[illegible]	[illegible]	[illegible],	[illegible]	[illegible]	[illegible]	[illegible]	[illegible]
lhjwi^{1}	ku^{1}	njɨ̣^{1}	ljɨ̣^{2}	·jij^{1}	ŋwu^{2}	tjij^{1}	kie^{1}	tsə̣^{1}	wjạ^{1}	lhjwi^{1}
取	则	二	地	相	是,	若	金	色	花	取

是初地①,若取有色香花是二地,若取金色花

16.34.6

[illegible]	[illegible]	[illegible]	[illegible]	[illegible],	[illegible]	[illegible]	[illegible]	[illegible]	[illegible]	[illegible]
ku^{1}	sọ^{1}	ljɨ̣^{2}	·jij^{1}	ŋwu^{2}	tjij^{1}	mə^{2}	mə^{2}	tsə̣^{1}	wjạ^{1}	lhjwi^{1}
则	三	地	相	是,	若	种	种	色	花	取
[illegible]	[illegible]	[illegible]	[illegible]	[illegible],	[illegible]	[illegible]	[illegible]	[illegible]	[illegible]	[illegible]
ku^{1}	ljɨr^{1}	ljɨ̣^{2}	·jij^{1}	ŋwu^{2}	tjij^{1}	zjɨ̣r^{2}	kha^{1}	ljɨ̣^{2}	tśhja̱^{1}	wjɨ^{2}
则	四	地	相	是,	若	水	中	地	上	△

是三地,若种种色花是四地②,若取水陆花

16.34.7

[illegible]	[illegible]	[illegible]	[illegible]	[illegible]	[illegible]	[illegible]	[illegible],	[illegible]	[illegible]	[illegible]
to^{2}	wjạ^{1}	lhjwi^{1}	ku^{1}	ŋwə^{1}	ljɨ̣^{2}	·jij^{1}	ŋwu^{2}	tjij^{1}	zjɨ̣r^{2}	kha^{1}
出	花	取	则	五	地	相	是,	若	水	中
[illegible]	[illegible]	[illegible]	[illegible]	[illegible]	[illegible]	[illegible]	[illegible]	[illegible]	[illegible]	[illegible]
ljɨ̣^{2}	tśhja̱^{1}	wjɨ^{2}	to^{2}	mə^{2}	mə^{2}	dza^{1}	wjạ^{1}	lhjwi^{1}	ku^{1}	tśhjiw^{1}
地	上	△	出	种	种	杂	花	取	则	六

是五地,若水陆种种杂花是见六地③。

16.35.1

[illegible]	[illegible]	[illegible]。	[illegible]	[illegible]	[illegible]	[illegible]	[illegible]	[illegible]	[illegible]
ljɨ̣^{2}	·jij^{1}	ŋwu^{2}	thjɨ^{2}	sju^{2}	·jij^{1}	tja^{1}	jɨr^{2}	khu^{1}	dźjij^{1}
地	相	是。	是	如	相	者	勤	精	进
[illegible]。	[illegible]	[illegible]	[illegible]	[illegible]。	[illegible]	[illegible]	[illegible]	[illegible]	[illegible]

① 西夏本"若"下有"[illegible]"(梦)字。另,句下有"[illegible]"(相)字,此下至"六地"皆同。
② 西夏本"若"下有"[illegible]"(取)字。
③ 西夏本"若"下有"[illegible]"(取)字。另,"见"字义西夏本未见。

djọ^2	ljij^2	sjwɨj^1	dźjwi^1	dzjar^2	tjij^1	phju^2	ljɨ^2	tjij^1	ljɨr^1
修。	魔	业	消	除。	若	上	地	若	四

如是相勤修精进。若魔业①。若上地若四

16.35.2

[illegible],	[illegible]	[illegible]	[illegible]	[illegible]	[illegible]	[illegible]	[illegible]	[illegible]	[illegible]	[illegible]	[illegible]	[illegible]	[illegible]。
ljɨ^2	ŋowr^2	ŋowr^2	njij^1	·o^2	ku^1	we^1	wją^1	zow^2	thja^2	·jij^1	ljɨ^1	wji^1	ljɨ^1
地,	一	切	心	悦	则	龙	花	持	彼	之	来	为	也。

地,一切适意龙所持来②。

16.35.3

[illegible]	[illegible]	[illegible]	[illegible]	[illegible]	[illegible]	[illegible]!	[illegible]	[illegible]	[illegible]	[illegible]
niow^1	tśjɨ^1	kie^1	dźja^2	dźjwu^1	ɲia^2	tsjij^2	tjɨ^1	tjij^1	ɲia^2	tsjij^2
复	次	金	刚	摧	菩	萨!	如	若	菩	萨
[illegible]	[illegible]	[illegible]	[illegible]	[illegible]	[illegible]	[illegible]	[illegible]	[illegible]	[illegible],	
·jij^1	bar^1	tsjų^1	dzjij^2	dzjwo^2	tshow^1	wji^1	djij^2	kjɨ^1	mjij^1	
自	鼓	打	余	人	乐	作	△	△	梦,	

复次金刚摧！菩萨若梦中打鼓作伎③,

16.35.4

[illegible]	[illegible]	[illegible]	[illegible]	[illegible]	[illegible]	[illegible]。	[illegible]	[illegible]	[illegible]
ku^1	gjɨ^1	ljɨ^2	rjur^1	rjur^1	ljij^2	ŋwu^2	thja^1	dzjwo^2	sjwɨj^1
则	九	地	处	处	见	是。	此	人	业
[illegible]	[illegible]	[illegible]	[illegible]	[illegible],	[illegible]	[illegible]	[illegible]	[illegible]	[illegible]
lə^1	ljij^2	sjwɨj^1	wejr^1	ljij^1	thjɨ^2	wjɨ^2	jɨr^2	ŋwu^2	rejr^2
障	魔	业	增	盛,	是	今	勤	以	多

彼是九地见处处④。业障魔业增盛⑤,此应勤修多

---

① 西夏本作“[illegible][illegible][illegible][illegible]”,意思是“消除魔业”。
② 龙,西夏本作“[illegible][illegible]”(龙花)。汉文本疑脱“花”字。
③ 西夏本“梦”上有“[illegible]”(自)字。
④ “彼”字义西夏本未见。
⑤ 西夏本句上有“[illegible][illegible]”(此人)二字。

16.35.5

□	□	□	□,	□	□	□	□	□	□	□
mji^{1}	khu^{1}	dźjij^{1}	djọ^{2}	ɲia^{2}	tśhju^{1}	ŋowr^{2}	ŋowr^{2}	ɣa^{2}	tśhja^{2}	ka^{1}
闻	精	进	修,	众	生	一	切	于	平	等
□	□,	□	□	□	□	□	□。	□	□	
njij^{1}	śjwo^{1}	thjɨ^{2}	sju^{2}	ŋwu^{2}	gji^{1}	sej^{1}	lew^{2}	tjij^{1}	ŋa^{1}	
心	生,	是	如	以	清	净	应。	若	空	

闻精进①,于一切众生生平等心,如是清净。若梦空

16.35.6

□	□	□	□	□	□	□	□	□	□,	□
gu^{2}	bar^{1}	tsjụ^{1}	kjɨ^{1}	mjij^{1}	ku^{1}	ɣu^{1}	ljɨ̣^{2}	·jij^{1}	ŋwu^{2}	tjij^{1}
中	鼓	打	△	梦	则	初	地	相	是,	若
□	□	□	□	□	□	□	□	□	□	
ljɨ̣^{2}	djịj^{1}	tśhja̱^{1}	bar^{1}	tsjụ^{1}	ljij^{2}	ku^{1}	njɨ̱^{1}	ljɨ̣^{2}	·jij^{1}	
地	平	上	鼓	打	见	则	二	地	相	

中打鼓是初地②,若平地见是二地③,

16.35.7

□,	□	□	□	□	□	□	□	□	□	□,
ŋwu^{2}	gjij^{2}	njijr^{1}	kha^{1}	bar^{1}	tsjụ^{1}	ku^{1}	sọ^{1}	ljɨ̣^{2}	·jij^{1}	ŋwu^{2}
是,	村	野	中	鼓	打	则	三	地	相	是,
□	□	□	□	□	□	□	□	□	□	
tjij^{1}	we^{2}	ljij^{2}	·u^{2}	bar^{1}	tsjụ^{1}	ku^{1}	ljɨr^{1}	ljɨ̣^{2}	·jij^{1}	
若	城	大	中	鼓	打	则	四	地	相	

若村中见是三地,若大城中见是四地,

16.36.1

□,	□	□	□	□	□	□	□	□	□	□

① 西夏本句上有“□□”(是今)二字。
② 西夏本句下有“□”(相)字,此下至“九地”皆同。
③ 自“二地”至“九地”,西夏本皆同“初地”作“□□”(打鼓)二字。

ŋwu^{2}	tjij^{1}	ljij^{2}	·ji^{1}	kha^{1}	bar^{1}	tsjụ^{1}	ku^{1}	ŋwə^{1}	ljɨ̣^{2}	·jij^{1}
是，	若	大	众	中	鼓	打	则	五	地	相
[illegible]，	[illegible]	[illegible]	[illegible]	[illegible]	[illegible]	[illegible]	[illegible]	[illegible]	[illegible]	
ŋwu^{2}	tjij^{1}	·jɨj^{2}	we^{2}	tśhja̱^{1}	bar^{1}	tsjụ^{1}	ku^{1}	tśhjiw^{1}	ljɨ̣^{2}	
是，	若	屋	宇	上	鼓	打	则	六	地	

若大众中见是五地，若屋上

16.36.2

[illegible]	[illegible]，	[illegible]	[illegible]	[illegible]	[illegible]	[illegible]	[illegible]	[illegible]	[illegible]	[illegible]
·jij^{1}	ŋwu^{2}	tjij^{1}	ŋər^{1}	kha^{1}	bar^{1}	tsjụ^{1}	ku^{1}	śja̱^{1}	ljɨ̣^{2}	·jij^{1}
相	是，	若	山	中	鼓	打	则	七	地	相
[illegible]，	[illegible]	[illegible]	[illegible]	[illegible]	[illegible]	[illegible]	[illegible]	[illegible]	[illegible]	
ŋwu^{2}	tjij^{1}	sju^{2}	mji^{1}	ŋər^{1}	tśjiw^{2}	tśhja̱^{1}	bar^{1}	tsjụ^{1}	ku^{1}	
是，	若	须	弥	山	顶	上	鼓	打	则	

见是六地，若山中见是七地，若须弥山顶见

16.36.3

[illegible]	[illegible]	[illegible]	[illegible]，	[illegible]	[illegible]	[illegible]	[illegible]	[illegible]	[illegible]	[illegible]
·jar^{1}	ljɨ̣^{2}	·jij^{1}	ŋwu^{2}	tjij^{1}	tshọ^{2}	ŋa^{1}	gu^{2}	bar^{1}	tsjụ^{1}	ku^{1}
八	地	相	是，	若	虚	空	中	鼓	打	则
[illegible]	[illegible]	[illegible]	[illegible]。	[illegible]	[illegible]	[illegible]	[illegible]	[illegible]	[illegible]	
gjɨ^{1}	ljɨ̣^{2}	·jij^{1}	ŋwu^{2}	sjij^{2}	jɨr^{2}	djọ^{2}	ŋwu^{2}	ljij^{2}	sjwɨj^{1}	
九	地	相	是。	智	勤	修	以	魔	业	

是八地，若虚空中见是九地。除勤修智魔业。

16.36.4

[illegible]	[illegible]。
dzjar^{2}	ljɨ^{1}
除	也。

16.36.5

[illegible]	[illegible]	[illegible]	[illegible]	[illegible]	[illegible]	[illegible]！	[illegible]	[illegible]	[illegible]

niow^{1} tśjɨ^{1} kie^{1} dźja^{2} dźjwu^{1} ɲia^{2} tsjij^{2} tjɨ^{1} tjij^{1} ɲia^{2}

复 次 金 刚 摧 菩 萨！ 如 若 菩

[illegible]

tsjij^{2} be^{2} lhjị^{2} khu^{1} dzji^{1} djij^{2} kjɨ^{1} mjij^{1} ku^{1} thja^{1}

萨 日 月 蚀 食 △ △ 梦， 则 是

复次金刚摧！菩萨若梦中见日月蚀，

16.36.6

[illegible]

ɲia^{2} tsjij^{2} ·jij^{1} ɣu^{1} ljɨ̣^{2} tśhjiw^{1} ljɨ̣^{2} ·jij^{1} ŋwu^{2} thja^{1} dzjwo^{2}

菩 萨 之 初 地 六 地 相 是。 此 人

[illegible]

ne̱w^{2} tsjị̱r^{1} lha^{1} ljịj^{2} rjur^{1} źji^{1} njɨ̱^{2} rejr^{2} niow^{2} sjwɨj^{1}

善 法 灭 毁、 诸 烦 恼 多、 恶 业

是菩萨初地六地相是。毁灭善法①、多诸烦恼、成就恶业，

16.36.7

[illegible]

śjɨj^{1} ·jiw^{2} thjɨ^{2} wjɨ^{2} tshja^{2} mji^{1} gji̱^{2} ŋwu^{2} ·war^{2} ŋowr^{2} ŋowr^{2}

成 就， 是 今 报 不 求 以 物 一 切

[illegible]

mji^{1} ŋwu^{2} thjɨ^{2} sju^{2} ŋwu^{2} gji^{1} sej^{1} lew^{2} be^{2} lhjị^{2} ɣu^{1}

施 以， 是 如 以 清 净 应。 日 月 初

应以一切物施不望业报②，如是清净。见日月初

16.37.1

[illegible]

wjɨ^{2} to^{2} zjij^{1} khu^{1} dzji^{1} djij^{2} kjɨ^{1} mjij^{1} ku^{1} ɣu^{1} ljɨ̣^{2}

△ 出 时 蚀 食 △ △ 梦 则 初 地

[illegible]

① 西夏本句上有“[illegible]”（此人）二字。

② 西夏本句上有“[illegible]”（是今）二字。

njɨ^{1} ljɨ̣^{2} ljij^{2} ŋwu^{2} djɨ̣j^{2} ljij^{2} ku^{1} sọ^{1} ljɨ̣^{2} ljij^{2}

二 地 见 是, 云 见 则 三 地 见

出是见初地二地,见云三地①,

16.37.2

□, □ □ □ □ □ □ □ □, □ □

ŋwu^{2} djɨ̣j^{2} tśiow^{1} ljij^{2} ku^{1} ŋwə^{1} ljɨ̣^{2} ljij^{2} ŋwu^{2} lhjɨ^{2} le^{2}

是, 云 聚 见 则 五 地 见 是, 尘 雾

□ □ □ □ □ □ □, □ □ □ □

mjij^{1} ljij^{2} ku^{1} tśhjiw^{1} ljɨ̣^{2} ljij^{2} ŋwu^{2} be^{2} lhjị^{2} ljɨ^{1} ljij^{2}

无 见 则 六 地 见 是, 日 月 午 昼

见聚云五地,见无尘雾六地,见日月中时

16.37.3

□ □ □ □ □ □ □ □ □ □。

zjij^{1} we^{2} ljij^{2} ku^{1} ljij^{2} sjwɨj^{1} sjwɨj^{1} lə^{1} dzjar^{2} ljɨ^{1}

时 成 见 则 魔 业 业 障 除 也。

除魔业业障。

16.37.4

□ □ □ □ □ □ □! □ □ □ □

niow^{1} tśjɨ^{1} kie^{1} dźja^{2} dźjwu^{1} ɲia^{2} tsjij^{2} tjɨ^{1} tjij^{1} ɲia^{2} tsjij^{2}

复 次 金 刚 摧 菩 萨! 如 若 菩 萨

□ □ □ □ □ □ □ □ □ □,

mji^{1} sej^{1} ŋwu^{2} ·jij^{1} ljụ^{2} ɣa^{2} ma^{2} djij^{2} kjɨ^{1} mjij^{1}

不 净 以 自 身 于 涂 △ △ 梦,

复次金刚摧！菩萨梦中见不净涂身,

16.37.5

□ □ □ □ □ □ □ □ □ □ □。

① 西夏本“三地”上有“□□”(是见)二字。汉文本“五地”“六地”同。

ku^{1}	thja^{1}	ɲia^{2}	tsjij^{2}	·jij^{1}	ɣu^{1}	ljɨ̣^{2}	sọ^{1}	ljɨ̣^{2}	ljij^{2}	ŋwu^{2}
则	是	菩	萨	之	初	地	三	地	见	是。
[illegible]	[illegible]	[illegible]	[illegible]	[illegible]	[illegible]	[illegible]	[illegible]	[illegible]	[illegible]	
thja^{1}	ɲia^{2}	tsjij^{2}	tja^{1}	śji^{1}	zjọ^{2}	mẹ^{2}	śjɨ̣j^{2}	·jij^{1}	pjo^{1}	
是	菩	萨	者	前	世	贤	圣	之	诽	

是菩萨见初地三地。于前身毁骂贤圣①，

16.37.6

[illegible]，	[illegible]	[illegible]	[illegible]	[illegible]	[illegible]。	[illegible]	[illegible]	[illegible]	[illegible]	[illegible]
tsjij^{2}	niow^{2}	dźjɨ$^{?}$	djọ^{2}	djij^{2}	sji^{2}	thjɨ^{2}	wjɨ^{2}	sọ^{1}	kjiw^{1}	iọ^{1}
谤，	恶	行	修	曾	△。	是	今	三	年	之
[illegible]	[illegible]	[illegible]	[illegible]	[illegible]	[illegible]	[illegible]	[illegible]	[illegible]，	[illegible]	
·u^{2}	njɨ̣^{2}	gjɨ^{2}	tśhjiw^{1}	dzjɨj^{1}	jɨr^{2}	ŋwu^{2}	dźjar^{2}	rewr^{2}	thja^{1}	
中	昼	夜	六	时	勤	以	罪	忏，	其	

修恶行菩萨。此菩萨应三年中昼夜三时勤修忏悔②，

16.37.7

[illegible]	[illegible]	[illegible]	[illegible]	[illegible]	[illegible]	[illegible]	[illegible]	[illegible]	[illegible]	[illegible]
niow^{1}	rjijr^{2}	·jɨ̣^{2}	dzjij^{2}	dzjwo^{2}	do^{2}	mjɨ^{1}	kjiwr^{2}	·jij^{1}	khwẹj^{1}	njij^{1}
以	后	更	余	人	处	不	敬	自	慢	心
[illegible]	[illegible]，	[illegible]	[illegible]	[illegible]	[illegible]，	[illegible]	[illegible]	[illegible]	[illegible]	[illegible]
mji^{1}	śjwo^{1}	rejr^{2}	dźiej^{2}	tsjij^{2}	djọ^{2}	thjɨ^{2}	sju^{2}	ŋwu^{2}	gji^{1}	sej^{1}
不	生，	多	信	解	修，	是	如	以	清	净

自后更不于余人生轻慢心，应多修信解，如是清净。

16.38.1

[illegible]。	[illegible]	[illegible]	[illegible]	[illegible]	[illegible]	[illegible]	[illegible]	[illegible]	[illegible]
lew^{2}	nja̱^{1}	nja̱^{1}	ŋwu^{2}	·jij^{1}	ljụ^{2}	ɣa^{2}	ma^{2}	kjɨ^{1}	mjij^{1}
应。	黑	黑	以	自	身	于	涂	△	梦

① 于前身，西夏本作"[illegible]"（是菩萨者前世）。两者义通，仅在表述略有不同。

② 西夏本句上有"[illegible]"（是今）二字。另，三时，西夏本作"[illegible]"（六时）。《大唐西域记》二曰："六时合成一日一夜，昼三夜三。"西夏本于义较长。

ku^{1}	ɣu^{1}	·jij^{1}	ŋwu^{2}	tjij^{1}	ljụ^{2}	khwə^{1}	ɣa^{2}	ma^{2}	djij^{2}
则	初	相	是,	若	身	半	于	涂	△

以青淤泥自涂身者是初地①,若涂半身

16.38.2

ljij^{2}	ku^{1}	njɨ̣^{1}	ljɨ̣^{2}	·jij^{1}	ŋwu^{2}	tjij^{1}	rjur^{1}	rjur^{1}	źji^{2}
见	则	二	地	相	是,	若	处	处	皆
ma^{2}	djij^{2}	ljij^{2}	ku^{1}	sọ^{1}	ljɨ̣^{2}	rjɨr^{2}	njɨ^{2}	tśhjiw^{1}	ljɨ̣^{2}
涂	△	见	则	三	地	乃	至	六	地

是二地②,若处处被涂是三地乃至六地③。

16.38.3

·jij^{1}	ŋwu^{2}	ljij^{2}	sjwɨj^{1}	nwə^{1}	dwewr^{2}	lew^{2}
相	是。	魔	业	知	觉	应。

应觉魔业。

16.38.4

niow^{1}	tśjɨ^{1}	kie^{1}	dźja^{2}	dźjwu^{1}	ɲia^{2}	tsjij^{2}	tjɨ^{1}	tjij^{1}	ɲia^{2}
复	次	金	刚	摧	菩	萨!	如	若	菩
tsjij^{2}	·jij^{1}	njij^{2}	wji^{1}	kjɨ^{1}	mjịj^{1}	ku^{1}	thja^{1}	ɲia^{2}	tsjij^{2}
萨	自	王	作	△	梦,	则	此	菩	萨

复次金刚摧!菩萨若自梦见作王,此菩萨

① 西夏本句上有“[illegible]”(梦)字。另,句下有“[illegible]”(相)字,此下“二地”“六地”皆同。
② 西夏本“若”下有“[illegible]”(见)字。
③ 西夏本“若”下有“[illegible]”(见)字。

16.38.5

[illegible]	[illegible]	[illegible]	[illegible]	[illegible]	[illegible]	[illegible]	[illegible]	[illegible]	[illegible]。
·jij^1	ɣạ^2	ljɨ̣^{2}	ŋowr^2	ŋowr^2	rjur^1	rjur^1	ljɨ̣^{2}	ljij^2	ŋwu^2
之	十	地	一	切	处	处	地	见	是。
[illegible]	[illegible]	[illegible]	[illegible]	[illegible]	[illegible]	[illegible]	[illegible]，	[illegible]	[illegible]
nẹw^2	tśhji^2	rejr^2	dźjij^2	gie^1	·jijr^1	tsjɨ^1	lạ^1	mjɨ^1	·jij^1
善	根	多	有	艰	难	亦	厚，	他	之

一切十地见处处地。有厚善根亦有厚艰难①，

16.38.6

[illegible]	[illegible]	[illegible]	[illegible]	[illegible]，	[illegible]	[illegible]	[illegible]	[illegible]	[illegible]	[illegible]
kjụ^1	tshwew^1	gji̠^{2}	lew^2	nja̠^{2}	mjɨ^1	do^2	lạ^1	ljo̠r^1	mji^1	śjwo^1
供	养	希	应	不，	他	处	奸	诈	不	起
[illegible]，	[illegible]	[illegible]	[illegible]	[illegible]，	[illegible]	[illegible]	[illegible]	[illegible]	[illegible]	
lew^2	tśhja^2	twụ^1	mji^1	djọ^2	kie^1	rjɨr^2	·jij^1	·jij^1	źji^2	
应，	平	直	施	修，	戒	所	持	持	皆	

不应于他希望供养，于他不起奸诈，修质直施，所有持戒

16.38.7

[illegible]	[illegible]	[illegible]，	[illegible]	[illegible]	[illegible]	[illegible]	[illegible]	[illegible]	[illegible]	[illegible]，
mjɨ^1	rjir^2	gu^2	·jij^1	·jij^1	mji^1	·jow^2	mjɨ^1	·jij^1	mji^1	pjo^1
他	与	共，	自	自	不	赞	他	之	不	毁，
[illegible]	[illegible]	[illegible]	[illegible]	[illegible]	[illegible]。	[illegible]	[illegible]	[illegible]	[illegible]	
thjɨ^2	sju^2	ŋwu^2	tśja^1	dwewr^2	lew^2	tjij^1	gjij^2	njijr^1	kha^1	
是	如	以	道	觉	应。	若	村	野	中	

与他共，不自赞不毁于他，如是以觉道。若在村中

16.39.1

[illegible]	[illegible]	[illegible]	[illegible]	[illegible]	[illegible]	[illegible]	[illegible]	[illegible]，	[illegible]	[illegible]
kjạ^1	le^2	kjɨ^1	mjij^1	ku^1	ɣu^1	ljɨ̣^{2}	ljij^2	ŋwu^2	tjij^1	sẽ^1

① 厚，西夏本作“[illegible]”（多）。按，“[illegible]”rejr^2（多）疑借作“[illegible]”lạ^1（厚）。

恐　怖　△　梦　则　初　地　见　是，　若　僧

[illegible]

kjɨ̱r² ·u² dźjij¹ ku¹ njɨ¹ ljɨ² ljij² ŋwu² tjij¹ ·io̱²

房　中　在　则　二　地　见　是，　若　园

恐怖者是初地①，若在僧房中是二地，若在园

16.39.2

[illegible]

bo¹ kha¹ dźjij¹ kjɨ¹ mji̱j¹ ku¹ so̱¹ ljɨ² ljij² ŋwu²

林　中　在　△　梦　则　三　地　见　是，

[illegible]

tjij¹ mə¹ nja̱¹ ·jɨj² ·u² dźjij¹ ku¹ ljɨr¹ ljɨ² ljij²

若　天　神　堂　中　在　则　四　地　见

观中是三地，若天祀中是四地，

16.39.3

[illegible]

ŋwu² tjij¹ we² ljij² ·u² dźjij¹ ku¹ ŋwə¹ ljɨ² ljij²

是，　若　城　大　中　在　则　五　地　见

[illegible]

ŋwu² tjij¹ ŋər¹ kha¹ dźjij¹ ku¹ tśhjiw¹ ljɨ² ljij² ŋwu²

是，　若　山　中　在　则　六　地　见　是，

若在大城中是五地，若在山中是六地，

16.39.4

[illegible]

tjij¹ ·jã¹ xu¹ thji² njij² wji¹ ku¹ śja̱¹ ljɨ² ljij²

若　阎　浮　提　王　作　则　七　地　见

[illegible]

ŋwu² tjij¹ dźiej² de̱j¹ njij² wji¹ ku¹ ·jar¹ ljɨ² ljij²

① 西夏本“若”下有“[illegible]”（梦）字。另，“初地”上有“[illegible]”（见）字，此下至“十地”皆同。

是， 若 转 轮 王 作 则 八 地 见

若作阎浮提王是七地，若作转轮王是八地，

16.39.5

[illegible]

ŋwu^{2} tjij^{1} ŋjow^{2} ·u^{2} dźjij^{1} ku^{1} gjɨ^{1} ljɨ^{2} ljij^{2} ŋwu^{2} tjij^{1}

是， 若 海 中 在 则 九 地 见 是， 若

[illegible]

sju^{2} mji^{1} ŋər^{1} tśjiw^{2} tśhja^{1} dźjij^{1} ku^{1} ɣa^{2} ljɨ^{2} ljij^{2}

须 弥 山 顶 上 在 则 十 地 见

若在海中是九地，若在须弥山顶是十地。

16.39.6

[illegible]

ŋwu^{2} ljij^{2} sjwɨj^{1} dźjwi^{1} dzjar^{2} tjij^{1} jɨr^{2} khu^{1} dźjij^{1} mjɨ^{1}

是。 魔 业 消 除。 若 勤 精 进 不

[illegible]

njwi^{2} ku^{1} rjur^{1} tha^{1} ɲia^{2} tsjij^{2} ·jij^{1} ljɨr^{2} lew^{2}

能， 则 诸 佛 菩 萨 之 念 应。

除魔业。不勤精进，应念诸佛菩萨也。

16.39.7

[illegible]

niow^{1} tśjɨ^{1} kie^{1} dźja^{2} dźjwu^{1} ɲia^{2} tsjij^{2} tjɨ^{1} tjij^{1} ɲia^{2}

复 次 金 刚 摧 菩 萨！ 如 若 菩

[illegible]

tsjij^{2} njij^{2} bji^{2} mjijr^{2} wji^{1} ljij^{2} ·ji^{1} kha^{1} dźjij^{1} djij^{2}

萨 王 宰 相 为 大 众 中 行 △

复次金刚摧！菩萨若梦王前若辅相前若大众中，

16.40.1

[illegible]

kjɨ1 mjij1 ku1 thja1 ɲia2 tsjij2 ·jij1 ·jar1 ljɨ2 ljij2 ŋwu2

△ 梦， 则 是 菩 萨 之 八 地 见 是。

[illegible]

thja1 dzjwo2 dza1 źjị1 njɨ̱2 dju1 thjɨ2 wjɨ2 ɲia2 tśhju1

此 人 杂 烦 恼 有， 是 今 众 生

是菩萨是八地见。此杂烦恼①，彼应教化众生，

16.40.2

[illegible]

·jij1 kjɨ̱r2 dzjij2 kjụ1 tshwew1 djọ2 dźjij1 ·jij1 gji1 sej1 djọ2

之 教 化， 供 养 修 行， 自 清 净 修，

[illegible]

thjɨ2 sju2 ŋwu2 dza1 źjị1 njɨ̱2 gji1 sej1 lew2 ɣu1

是 如 以 杂 烦 恼 清 净 应， 初

应修供养，自修清净，如是清净，彼初地施，杂众烦恼②，

16.40.3

[illegible]

ljɨ2 mji1 djọ2 njɨ̱1 ljɨ2 kie1 djọ2 sọ1 ljɨ2 rejr2 mji1

地 施 修， 二 地 戒 修， 三 地 多 闻，

[illegible]

ljɨr1 ljɨ2 śjā1 djɨj2 ŋwə1 ljɨ2 ɣiwej1 ·jij1 tśhjiw1 ljɨ2

四 地 禅 定， 五 地 受 持， 六 地

二地戒，三地闻，四地定，五地持，六地

16.40.4

[illegible]

mjijr2 dar1 śją1 ljɨ2 tsjir1 tshjij1 ·jar1 ljɨ2 wjɨ1 dźjwɨ1 śjɨj1 ·jiw2

通 达， 七 地 法 说， 八 地 眷 属 成 就。

通，七地说法，八地眷属成就③。

---

① 西夏本“此”下有“[illegible]”（人）字。

② 西夏本“杂众烦恼”义在“彼初地施”之上。

③ 此上西夏本作：“应修供养，自修清净，以如是清净杂烦恼。初地修施，二地修戒，三地多闻，四地禅定，五地受持，六地神通，七地说法，八地眷属成就。”

汉文本

复次金刚摧！菩萨若梦得宝鬘，此是初地九地。彼无业障、无魔业，当自责己过不责于他，求修闻法，不作斗讼，如是清净。若一种宝鬘是初地，如是二种乃至七种宝鬘是七地，若得转轮王摩尼宝鬘是八地，若见天宝鬘是九地。除魔业。是见初地起业相，若戏笑懈怠、亲近戏笑懈怠不省录人，应当觉知。

复次金刚摧！菩萨若见头著花鬘，是八地初地，此实有业障。若初中后生定善心，舍一切物不生愁恼，如是清净。若得一色鬘是初地，若得恶色鬘是二地，若得种种色鬘是三地，若得一切花鬘是四地，若得龙花鬘是五地，若得天花鬘是六地，若得天种种花鬘是七地，若得杂天人花鬘是八地。

复次金刚摧！菩萨若梦取得乱花，此菩萨是见六地初地。此菩萨应劝化菩萨，若有自在力势不侵扛余人。若取有色无香花是初地，若取有色香花是二地，若取金色花是三地，若种种色花是四地，若取水陆花是五地，若水陆种种杂花是见六地。如是相勤修精进。若魔业。若上地若四地，一切适意龙所持来。

复次金刚摧！菩萨若梦中打鼓作伎，彼是九地见处处。业障魔业增盛，此应勤修多闻精进，于一切众生生平等心，如是清净。若梦空中打鼓是初地，若平地见是二地，若村中见是三地，若大城中见是四地，若大众中见是五地，若屋上见是六地，若山中见是七地，若须弥山顶见是八地，若虚空中见是九地。除勤修智魔业。

复次金刚摧！菩萨若梦中见日月蚀，是菩萨初地六地。毁灭善法、多诸烦恼、成就恶业，应以一切物施不望业报，如是清净。见日月初出是见初地二地，见云三地，见聚云五地，见无尘雾六地，见日月中时除魔业业障。

复次金刚摧！菩萨梦中见不净涂身，是菩萨见初地三地。于前身毁骂贤圣，修恶行菩萨。此菩萨应三年中昼夜三时勤修忏悔，自后更不于余人生轻慢心，应多修信解，如是清净。以青淤泥自涂身者是初地，若涂半身是二地，若处处被涂是三地乃至六地。应觉魔业。

复次金刚摧！菩萨若自梦见作王，此菩萨一切十地见处处地。有厚善根亦有厚艰难，不应于他希望供养，于他不起奸诈，修质直施，所有持戒与他共，不自赞不毁于他，如是以觉道。若在村中恐怖者是初地，若在僧房中是二地，若在园观中是三地，若天祀中是四地，若在大城中是五地，若在山中是六地，若作阎浮提王是七地，若作转轮王是八地，若在海中是九地，若在须弥山顶是十地。除魔业。不勤精进，应念诸佛菩萨也。

复次金刚摧！菩萨若梦王前若辅相前若大众中，是菩萨是八地见。此杂烦恼，彼应教化众生，应修供养，自修清净，如是清净，彼初地施，杂众烦恼，二地戒，三地闻，四地定，五地持，六地通，七地说法，八地眷属成就。

16.40.5

[illegible]	[illegible]	[illegible]	[illegible]	[illegible]	[illegible]	[illegible]！	[illegible]	[illegible]	[illegible]
niow^{1}	tśjɨ^{1}	kie^{1}	dźja^{2}	dźjwu^{1}	ɲia^{2}	tsjij^{2}	tjɨ^{1}	tjij^{1}	ɲia^{2}
复	次	金	刚	摧	菩	萨！	如	若	菩

[illegible]	[illegible]	[illegible]	[illegible]	[illegible]	[illegible]	[illegible]	[illegible]	[illegible]，
tsjij^{2}	·jij^{1}	dzẹj^{1}	dzẹj^{2}	lhejr^{2}	bo^{1}	dźjịj^{1}	kjɨ^{1}	mjịj^{1}
萨	自	乘	骑	园	林	中	△	梦，

复次金刚摧！菩萨若梦骑乘在园林中，

16.40.6

[illegible]	[illegible]	[illegible]	[illegible]	[illegible]	[illegible]	[illegible]	[illegible]	[illegible]	[illegible]
ku^{1}	thja^{1}	ɲia^{2}	tsjij^{2}	·jij^{1}	gjɨ^{1}	ljɨ^{2}	ɣu^{1}	ljɨ^{2}	ljij^{2}
则	此	菩	萨	之	九	地	初	地	见
[illegible]。	[illegible]	[illegible]	[illegible]	[illegible]	[illegible]	[illegible]	[illegible]	[illegible]	[illegible]
ŋwu^{2}	thja^{1}	ɲia^{2}	tsjij^{2}	tja^{1}	rjur^{1}	kha^{1}	gjịj^{1}	·jur^{1}	tjị^{1}
是。	此	菩	萨	者	世	间	利	养	饮

此菩萨是九地初地见。此菩萨不知是世间利养饮

16.40.7

[illegible]，	[illegible]	[illegible]	[illegible]	[illegible]	[illegible]	[illegible]	[illegible]，	[illegible]	[illegible]
dzji^{2}	ljij^{2}	dźjɨ$^{?}$	wji^{1}	phej^{1}	tśjɨr^{2}	mjɨ^{1}	nwə^{1}	sjwɨj^{1}	lə^{1}
食，	魔	行	为	系	缚	不	知，	业	障
[illegible]	[illegible]，	[illegible]	[illegible]	[illegible]	[illegible]	[illegible]	[illegible]	[illegible]	[illegible]
ɣiə^{1}	njij^{2}	tsjịr^{1}	dzjij^{2}	·jij^{1}	tshji^{2}	ljij^{1}	kjụ^{1}	tshwew^{1}	śjwo^{1}
微	少，	法	师	之	奉	侍	供	养	所

食，为魔所牵缚，少于业障，应供给法师供养所

16.41.1

[illegible]	[illegible]	[illegible]，	[illegible]	[illegible]	[illegible]	[illegible]，	[illegible]	[illegible]	[illegible]
śjwo^{1}	mji^{1}	khjow^{1}	mjij^{1}	sej^{1}	djọ^{2}	dzjɨ^{2}	thjɨ^{2}	sju^{2}	ŋwu^{2}
须	施	与，	寂	净	修	习，	是	如	以
[illegible]	[illegible]	[illegible]。	[illegible]	[illegible]	[illegible]	[illegible]	[illegible]	[illegible]，	[illegible]
śjwo^{1}	tshwew^{1}	lew^{2}	ɣu^{1}	ljɨ^{2}	sjij^{2}	mjij^{1}	dźjɨ$^{?}$	djọ^{2}	njɨ^{1}
生	趣	应。	初	地	智	无	行	修，	二

须，应习寂默，如是趣向彼。初地无智行①，二

① 西夏本"初地"下有"[illegible]"（修）字。

16.41.2

[illegible]	[illegible]	[illegible]	[illegible],	[illegible]	[illegible]	[illegible]	[illegible]	[illegible]	[illegible],
ljɨ^{2}	źjɨr^{1}	mjij^{1}	dźjɨ$^{?}$	sọ^{1}	ljɨ^{2}	kjɨ^{1}	djɨj^{2}	mjij^{1}	sjịj^{2}
地	慧	无	行,	三	地	决	定	无	智,
[illegible]	[illegible]	[illegible]	[illegible]	[illegible]	[illegible],	[illegible]	[illegible]	[illegible]	[illegible]
ljɨr^{1}	ljɨ^{2}	śjā^{1}	djij^{2}	mjij^{1}	sjịj^{2}	ŋwə^{1}	ljɨ^{2}	ɣie^{2}	mjij^{1}
四	地	禅	定	无	智,	五	地	碍	无

地无慧①,三地无决定智,四地无禅智②,五地无无碍

16.41.3

[illegible]	[illegible],	[illegible]	[illegible]	[illegible]	[illegible]	[illegible],	[illegible]	[illegible]
mjij^{1}	sjịj^{2}	śjạ^{1}	ljɨ^{2}	we̱^{1}	mjij^{1}	sjịj^{2}	·jar^{1}	ljɨ^{2}
无	智,	七	地	生	无	智,	八	地
[illegible]	[illegible]	[illegible]	[illegible],	[illegible]	[illegible]	[illegible]	[illegible]	[illegible]。
lju̱^{2}	tshjij^{2}	mjij^{1}	sjịj^{2}	gjɨ^{1}	ljɨ^{2}	tjɨ^{1}	mjij^{1}	sjịj^{2}
庄	严	无	智,	九	地	愿	无	智。

智,七地无出生智③,八地无庄严智,九地无愿智。

16.41.4

[illegible]	[illegible]	[illegible]	[illegible]	[illegible]	[illegible]	[illegible]!	[illegible]	[illegible]	[illegible]	[illegible]
niow^{1}	tśjɨ^{1}	kie^{1}	dźja^{2}	dźjwu^{1}	ɲia^{2}	tsjij^{2}	tjɨ^{1}	tjij^{1}	ɲia^{2}	tsjij^{2}
复	次	金	刚	摧	菩	萨!	如	若	菩	萨
[illegible]	[illegible]	[illegible]	[illegible]	[illegible]	[illegible]	[illegible]	[illegible]	[illegible]	[illegible]	
ljij^{2}	mjij^{2}	djij^{2}	nji^{1}	wju̱^{2}	sē^{1}	kjɨr^{2}	·jij^{2}	we^{2}	dzjwo^{2}	
见	未	曾	村	邑	僧	坊	舍	城	人	

复次金刚摧！菩萨若梦见所未见有村落僧坊人

16.41.5

[illegible]	[illegible]	[illegible],	[illegible]	[illegible]	[illegible]	[illegible]	[illegible]	[illegible]	[illegible]

① 西夏本“无慧”下有“[illegible]”(行)字。

② 禅,西夏本作“[illegible]”(禅定)。

③ 出生,西夏本作“[illegible]”(生)。

·ji^{1} kjɨ^{1} mjịj^{1} ku^{1} thja^{1} ɲia^{2} tsjij^{2} ·jij^{1} ɣu^{1} ljɨ̣^{2}
众 △ 梦， 则 此 菩 萨 之 初 地
[illegible]
tśhjiw^{1} ljɨ̣^{2} ljij^{2} ŋwu^{2} thja^{1} dzjwo^{2} gie^{1} ·jijr^{1} rejr^{2} dju^{1}
六 地 见 是。 彼 人 艰 难 多 有，

众，此菩萨是初地六地①。彼多艰难②，

16.41.6

[illegible]
thjɨ^{2} wjɨ^{2} tha^{1} ·jij^{1} ljɨ̣r^{2} djọ^{2} thjɨ^{2} sju^{2} ŋwu^{2} gji^{1} sej^{1}
是 今 佛 之 念 修， 是 如 以 清 净
[illegible]
lew^{2} dźiej^{2} njịj^{1} mji^{1} dźjịj^{1} rjur^{1} dźiej^{2} tsjij^{2} djọ^{2} thjɨ^{2}
应。 信 心 施 行、 诸 信 解 修， 是

应修念佛，如是清净。修信心施、修一切信解，

16.41.7

[illegible]
sju^{2} dźjɨ$^{?}$ ·jij^{1} ljij^{2} ku^{1} ɣu^{1} ljɨ̣^{2} ljij^{2} ŋwu^{2} tjij^{1}
如 行 相 见 则 初 地 见 是， 若
[illegible]
ɣie^{2} wji^{1} lew^{2} ku^{1} njɨ̣^{1} ljɨ̣^{2} ljij^{2} ŋwu^{2} tjij^{1}
坏 作 所 则 二 地 见 是， 若

见如是行相者是初地，若卒有所作是二地，若

16.42.1

[illegible]
ljụ^{2} tshjịj^{2} ljij^{2} ku^{1} sọ^{1} ljɨ̣^{2} ljij^{2} ŋwu^{2} tjij^{1} ljụ^{2} tshjịj^{2}
庄 严 见 则 三 地 见 是， 若 庄 严
[illegible]

① 西夏本“初地六地”上有“[illegible]”（见）字，此下至“六地”皆同。
② 西夏本“彼”下有“[illegible]”（人）字。

dźjwa1 ljij2 ku1 ljɨr1 ljɨ̣2 ljij2 ŋwu2 tjij1 ljɨr1 ·ji1

竟 见 则 四 地 见 是， 若 四 众

庄严是三地，若见庄严竟是四地，若见四众

16.42.2

ljwu2 dzjɨ̣2 ljij2 ku1 ŋwə1 ljɨ̣2 ljij2 ŋwu2 tjij1

聚 会 见 则 五 地 见 是， 若

mə1 ·ji1 ljij2 ku1 tśhjiw1 ljɨ̣2 ljij2 ŋwu2

天 众 见 则 六 地 见 是。

聚会是五地，若见天众是六地。

16.42.3

niow1 tśjɨ1 kie1 dźja2 dźjwu1 ɲia2 tsjij2 tjɨ1 tjij1 ɲia2

复 次 金 刚 摧 菩 萨！ 如 若 菩

tsjij2 ·jij1 ɣja2 rjir2 kjɨ1 mjij1 ku1 thja1 ɣu1

萨 自 盖 得 △ 梦， 则 是 初

复次金刚摧！菩萨若梦中得盖，是初

16.42.4

ljɨ̣2 śja̱1 ljɨ̣2 ljij2 ŋwu2 tha1 ·jij1 zow2 lew2 ljij2

地 七 地 见 是， 佛 之 持 所 见，

gie1 ·jijr1 dju1 mjɨ1 ·jij1 wə̣1 lew2 mji1 we2 tsji̱r1

艰 难 有 他 之 服 所 不 为， 法

地七地见，佛所持①，多艰难不为所屈，

① 西夏本句上有“𗼇”（见）字。

16.42.5

[illegible]	[illegible]	[illegible]	[illegible]	[illegible]	[illegible]	[illegible]	[illegible]，	[illegible]	[illegible]
tshjij^{1}	dzjwo^{2}	do^{2}	niow^{2}	njij^{1}	mji^{1}	śjwo^{1}	lew^{2}	thjɨ^{2}	sju^{2}
说	人	于	恶	心	不	起	应，	是	如
[illegible]	[illegible]	[illegible]	[illegible]。	[illegible]	[illegible]	[illegible]	[illegible]	[illegible]	[illegible]
ŋwu^{2}	gji^{1}	sej^{1}	lew^{2}	tjij^{1}	wja̱^{1}	ɣja^{2}	kjɨ^{1}	mjij^{1}	ku^{1}
以	清	净	应。	若	花	盖	△	梦	则

彼于说法人不应起恶意，如是清净。若见花盖

16.42.6

[illegible]	[illegible]	[illegible]	[illegible]，	[illegible]	[illegible]	[illegible]	[illegible]	[illegible]	[illegible]
ɣu^{1}	ljɨ^{2}	ljij^{2}	ŋwu^{2}	tjij^{1}	nia̱^{2}	ɣjɨ^{1}	ɣja^{2}	ljij^{2}	ku^{1}
初	地	见	是，	若	琉	璃	盖	见	则
[illegible]	[illegible]	[illegible]	[illegible]，	[illegible]	[illegible]	[illegible]	[illegible]	[illegible]	[illegible]
njɨ̱^{1}	ljɨ^{2}	ljij^{2}	ŋwu^{2}	tjij^{1}	wja̱^{1}	niow^{1}	ɣja^{2}	ljij^{2}	ku^{1}
二	地	见	是，	若	花	及	盖	见	则

是初地①，若见琉璃盖是二地，若见花及盖

16.42.7

[illegible]	[illegible]	[illegible]	[illegible]，	[illegible]	[illegible]	[illegible]	[illegible]	[illegible]	[illegible]
so̱^{1}	ljɨ^{2}	ljij^{2}	ŋwu^{2}	tjij^{1}	·war^{2}	ɣja^{2}	ljij^{2}	ku^{1}	ljɨr^{1}
三	地	见	是，	若	物	盖	见	则	四
[illegible]	[illegible]	[illegible]，	[illegible]	[illegible]	[illegible]	[illegible]	[illegible]	[illegible]	
ljɨ^{2}	ljij^{2}	ŋwu^{2}	tjij^{1}	lụ^{2}	tshjij^{2}	ɣja^{2}	ljij^{2}	ku^{1}	
地	见	是，	若	茎	画	盖	见	则	

是三地，若见物盖是四地，若见画茎盖

16.43.1

[illegible]	[illegible]	[illegible]	[illegible]，	[illegible]	[illegible]	[illegible]	[illegible]	[illegible]	[illegible]
ŋwə^{1}	ljɨ^{2}	ljij^{2}	ŋwu^{2}	źju̱^{1}	rer^{2}	ɣja^{2}	ljij^{2}	ku^{1}	tśhjiw^{1}

① 见，西夏本作"[illegible]"（梦）。另，西夏本"初地"上有"[illegible]"（见）字，此下至"七地"皆同。

五	地	见	是，	铃	网	盖	见	则	六
[illegible]	[illegible]	[illegible]，	[illegible]	[illegible]	[illegible]	[illegible]	[illegible]	[illegible]	
ljɨ̣^{2}	ljij^{2}	ŋwu^{2}	tjij^{1}	ljɨ^{1}	rer^{2}	ɣja^{2}	ljɨ^{1}	rer^{2}	
地	见	是，	若	宝	网	盖	宝	网	

是五地，若铃网盖是六地，若见宝网盖宝网

16.43.2

[illegible]	[illegible]	[illegible]	[illegible]	[illegible]	[illegible]	[illegible]	[illegible]。	[illegible]
·o^{1}	wier^{1}	ljij^{2}	ku^{1}	śjạ^{1}	ljɨ̣^{2}	ljij^{2}	ŋwu^{2}	lji̱j^{2}
垂	覆	见	则	七	地	见	是。	魔
[illegible]	[illegible]	[illegible]，	[illegible]	[illegible]	[illegible]	[illegible]	[illegible]。	
sjwɨj^{1}	tjij^{1}	phja^{1}	jɨr^{2}	mji^{1}	khu^{1}	dźjij^{1}	ljɨ^{1}	
业	除	断，	勤	不	精	进	也。	

垂覆是七地。除魔业，不勤精进。

16.43.3

[illegible]	[illegible]	[illegible]	[illegible]	[illegible]	[illegible]	[illegible]！	[illegible]	[illegible]	[illegible]
niow^{1}	tśjɨ^{1}	kie^{1}	dźja^{2}	dźjwu^{1}	ɲia^{2}	tsjij^{2}	tjɨ^{1}	tjij^{1}	ɲia^{2}
复	次	金	刚	摧	菩	萨！	如	若	菩
[illegible]	[illegible]	[illegible]	[illegible]	[illegible]	[illegible]	[illegible]	[illegible]	[illegible]	[illegible]
tsjij^{2}	·jij^{1}	rejr^{2}	dzjwo^{2}	·jij^{1}	tsji̱r^{1}	tshji̱j^{1}	wji^{1}	djij^{2}	kjɨ^{1}
萨	自	多	人	之	法	说	△	△	△

复次金刚摧菩萨！若菩萨自梦与多人说法，

16.43.4

[illegible]，	[illegible]	[illegible]	[illegible]	[illegible]	[illegible]	[illegible]	[illegible]	[illegible]	[illegible]
mjij^{1}	ku^{1}	thja^{1}	ɲia^{2}	tsjij^{2}	·jij^{1}	ɣạ^{2}	ljɨ̣^{2}	ŋowr^{2}	ŋowr^{2}
梦，	则	此	菩	萨	之	十	地	一	切
[illegible]	[illegible]，	[illegible]	[illegible]	[illegible]	[illegible]	[illegible]	[illegible]。	[illegible]	[illegible]
ljij^{2}	ŋwu^{2}	lji̱j^{2}	sjwɨj^{1}	sjwɨj^{1}	lə^{1}	nwə^{1}	dwewr^{2}	kjɨ^{1}	djɨj^{2}
见	是，	魔	业	业	障	觉	知。	决	定

此菩萨一切十地见，彼地地应觉知魔业业障①。欲得决定

① “彼地地”字义西夏本未见。

16.43.5

[illegible]	[illegible]	[illegible]	[illegible]	[illegible]	[illegible]	[illegible]	[illegible]	[illegible]，	[illegible]
nuə$^{?}$	ŋwo^{2}	rjir^{1}	kiẹj^{2}	ku^{1}	jɨr^{2}	ŋwu^{2}	tjọ^{1}	·ju^{2}	·war^{2}
辩	才	得	欲	则	勤	以	寻	求，	物
[illegible]	[illegible]	[illegible]	[illegible]	[illegible]	[illegible]	[illegible]，	[illegible]	[illegible]	[illegible]
ŋowr^{2}	ŋowr^{2}	ɣa^{2}	dzu^{1}	zjij^{1}	njij^{1}	mjij^{1}	tsji̱r^{1}	kjụ^{1}	dzjwo^{2}
一	切	于	爱	著	心	无，	法	求	人

辩当出推求，于一切物不应爱著，于求法人

16.43.6

[illegible]	[illegible]	[illegible]	[illegible]	[illegible]，	[illegible]	[illegible]	[illegible]	[illegible]	[illegible]，
do^{2}	sej^{1}	dźiej^{2}	njij^{1}	śjwo^{1}	tśhjiw^{1}	ŋwej^{2}	dzjwị^{1}	kie^{1}	djọ^{2}
于	净	信	心	生，	六	和	敬	戒	修，
[illegible]	[illegible]	[illegible]	[illegible]	[illegible]	[illegible]。	[illegible]	[illegible]	[illegible]	[illegible]
thjɨ^{2}	sju^{2}	ŋwu^{2}	gji^{1}	sej^{1}	lew^{2}	tjij^{1}	thjij^{2}	sjo^{2}	mji^{1}
是	如	以	清	净	应。	若	何	云	施

生清净信心，修六和敬戒，如是清净。若梦说云何

16.43.7

[illegible]	[illegible]	[illegible]	[illegible]	[illegible]	[illegible]，	[illegible]	[illegible]	[illegible]	[illegible]
djọ^{2}	tshjij^{1}	wji^{1}	djij^{2}	kjɨ^{1}	mjij^{1}	ku^{1}	ɣu^{1}	ljị^{2}	·jij^{1}
修	说	△	△	△	梦，	则	初	地	相
[illegible]。	[illegible]	[illegible]	[illegible]	[illegible]	[illegible]	[illegible]	[illegible]	[illegible]	[illegible]
ŋwu^{2}	thjij^{2}	sjo^{2}	ɣạ^{2}	ne̱w^{2}	tsji̱r^{1}	ŋwu^{2}	tshjij^{1}	wji^{1}	djij^{2}
是。	何	云	十	善	法	以	说	△	△

修行施，此是初地①。云何十善法，

16.44.1

[illegible]，	[illegible]	[illegible]	[illegible]	[illegible]	[illegible]。	[illegible]	[illegible]	[illegible]	[illegible]
ljij^{2}	ku^{1}	njɨ^{1}	ljị^{2}	·jij^{1}	ŋwu^{2}	thjij^{2}	sjo^{2}	rejr^{2}	mji^{1}

① 西夏本句下有“[illegible]”(相)字。此下至“八地”皆同。

见，	则	二	地	相	是。	何	云	多	闻
[illegible]	[illegible]	[illegible]	[illegible]	[illegible]，	[illegible]	[illegible]	[illegible]	[illegible]	[illegible]。
ŋwu^{2}	tshjịj^{1}	wji^{1}	djij^{2}	ljij^{2}	ku^{1}	sọ^{1}	ljɨ̣^{2}	·jij^{1}	ŋwu^{2}
是	说	△	△	见，	则	三	地	相	是。

是二地。云何闻，是三地。

16.44.2

[illegible]	[illegible]	[illegible]	[illegible]	[illegible]	[illegible]	[illegible]	[illegible]	[illegible]	[illegible]，
thjij^{2}	sjo^{2}	thew^{2}	thow^{1}	tśhja^{2}	ŋwu^{2}	tshjịj^{1}	wji^{1}	djij^{2}	ljij^{2}
云	何	头	陀	德	是	说	△	△	见，
[illegible]	[illegible]	[illegible]	[illegible]	[illegible]。	[illegible]	[illegible]	[illegible]	[illegible]	[illegible]
ku^{1}	ljɨr^{1}	ljɨ̣^{2}	·jij^{1}	ŋwu^{2}	thjij^{2}	sjo^{2}	ŋa^{1}	ŋwu^{2}	tshjịj^{1}
则	四	地	相	是。	云	何	空	是	说

云何头陀德，是四地。云何说空，

16.44.3

[illegible]	[illegible]	[illegible]，	[illegible]	[illegible]	[illegible]	[illegible]	[illegible]。	[illegible]	[illegible]
wji^{1}	djij^{2}	ljij^{2}	ku^{1}	ŋwə^{1}	ljɨ̣^{2}	·jij^{1}	ŋwu^{2}	thjij^{2}	sjo^{2}
△	△	见，	则	五	地	相	是。	云	何
[illegible]	[illegible]	[illegible]	[illegible]	[illegible]	[illegible]	[illegible]	[illegible]，	[illegible]	[illegible]
dzjɨ̣^{2}	ɣiew^{1}	źier^{1}	njɨ̣^{2}	tshjịj^{1}	wji^{1}	djij^{2}	ljij^{2}	ku^{1}	tśhjiw^{1}
习	学	诃	责	说	△	△	见，	则	六

是五地。云何说诃责习，是六

16.44.4

[illegible]	[illegible]	[illegible]。	[illegible]	[illegible]	[illegible]	[illegible]	[illegible]	[illegible]	[illegible]
ljɨ̣^{2}	·jij^{1}	ŋwu^{2}	thjij^{2}	sjo^{2}	la^{1}	zjij^{1}	mjij^{1}	ŋwu^{2}	tshjịj^{1}
地	相	是。	云	何	染	著	无	是	说
[illegible]	[illegible]	[illegible]，	[illegible]	[illegible]	[illegible]	[illegible]	[illegible]。	[illegible]	[illegible]
wji^{1}	djij^{2}	ljij^{2}	ku^{1}	śją^{1}	ljɨ̣^{2}	·jij^{1}	ŋwu^{2}	thjij^{2}	sjo^{2}
△	△	见，	则	七	地	相	是。	云	何

地。云何说无染著，是七地。云何

16.44.5

[Tangut glyphs]						，				
ljụ²	tshjịj²	djɨj²	tshjịj¹	wji¹	djij²	ljij²	ku¹	·jar¹	ljɨ²	·jij¹
庄	严	定	说	△	△	见，	则	八	地	相
[Tangut glyphs] 。									，	
ŋwu²	thjij²	sjo²	tha¹	ljụ²	tshjịj²	tshjịj¹	wji¹	djij²	ljij²	
是。	云	何	佛	庄	严	说	△	△	见，	

说庄严定，是八地。云何说庄严佛，

16.44.6

[Tangut glyphs]				。						
ku¹	gjɨ¹	ljɨ²	·jij¹	ŋwu²	thjij²	sjo²	thjọ¹	dzjɨj¹	tshjịj¹	wji¹
则	九	地	相	是。	云	何	妙	时	说	△
[Tangut glyphs]	，					。				，
djij²	ljij²	ku¹	ɣạ²	ljɨ²	·jij¹	ŋwu²	ɣu¹	ljɨ²	mji¹	·war²
△	见，	则	十	地	相	是。	初	地	施	财，
[Tangut glyphs]			，					，		
njɨ¹	ljɨ²	kie¹	·war²	sọ¹	ljɨ²	tśier¹	·ju²	·war²	ljɨr¹	ljɨ²
二	地	戒	财，	三	地	方	便	财，	四	地

是九地。云何说妙时，是十地。初地施财，二地戒财，三地方便财，四地

16.44.7

[Tangut glyphs]		，					，		
śjạ¹	·war²	ŋowr²	ŋwə¹	ljɨ²	bju¹	khjow¹	·war²	tśhjiw¹	ljɨ²
七	财	具，	五	地	奉	给	财，	六	地
[Tangut glyphs]		，					，		
dzjwɨ²	dzjɨj²	·war²	śjạ¹	ljɨ²	kjɨ¹	djɨj²	·war²	·jar¹	ljɨ²
决	雕	财，	七	地	决	定	财，	八	地

具七财，五地奉给财是，六地决断财①，七地决定财，八地

① 决断，西夏本作“[illegible]”（决雕）。按，“[illegible]”dzjɨj²（雕刻）字于义不合，在此假借作“[illegible]”dzjɨj²（判、断）。

16.45.1

[illegible]

me̱^{2} mji̱jr^{2} ɣie^{2} mjij^{1} ·war^{2} gjɨ̱^{1} ljɨ̣^{2} dźjɨ$^{?}$ ·war^{2} ɣạ^{2} ljɨ̣^{2}

神 通 碍 无 财， 九 地 行 财， 十 地

[illegible]

rjir^{1} ·war^{2} niow^{1} thja^{1} ɣu^{1} ljɨ̣^{2} ne̱w^{2} tśhji^{2} bu̱^{2} gjij^{1}

得 财。 复 彼 初 地 善 根 增 倍，

通无碍财，九地行财，十地得财。彼初地善根增上，

16.45.2

[illegible]

njɨ̱^{1} ljɨ̣^{2} kie^{1} bu̱^{2} gjij^{1} sọ^{1} ljɨ̣^{2} tśier^{1} ·ju^{2} bu̱^{2} gjij^{1}

二 地 戒 增 倍， 三 地 方 便 增 倍，

[illegible]

ljɨr^{1} ljɨ̣^{2} wji^{1} lew^{2} bu̱^{2} gjij^{1} ŋwə^{1} ljɨ̣^{2} ɣạ^{2} njɨ̱^{1} ·jiw^{1}

四 地 作 所 增 倍， 五 地 十 二 因

二地戒增上，三地方便增上，四地所作增上，五地十二因

16.45.3

[illegible]

nio̱w^{1} bu̱^{2} gjij^{1} tśhjiw^{1} ljɨ̣^{2} źji^{2} na^{1} ze̱w^{2} bu̱^{2} gjij^{1} śjạ^{1}

缘 增 倍， 六 地 甚 深 忍 增 倍， 七

[illegible]

ljɨ̣^{2} sjij^{2} lji̱j^{2} bu̱^{2} gjij^{1} ·jar^{1} ljɨ̣^{2} ɲia^{2} tśhju^{1} kjɨ̣r^{2}

地 智 坏 增 倍， 八 地 众 生 教

缘增上，六地甚深忍增上，七地坏智增上，八地坏教化众生增上，

16.45.4

[illegible]

dzji̱j^{2} lji̱j^{2} bu̱^{2} gjij^{1} gjɨ̱^{1} ljɨ̣^{2} ·jar^{2} wə̣^{1} bu̱^{2}

化 坏 增 倍， 九 地 调 伏 增

[illegible]，	[illegible]	[illegible]	[illegible]	[illegible]	[illegible]	[illegible]	[illegible]。
gjij^{1}	ɣạ^{2}	ljɨ^{2}	sej^{1}	lhjịj^{2}	ljịj^{2}	bu̱^{2}	gjij^{1}
倍，	十	地	净	国	坏	增	倍。

九地调伏增上，十地坏净国土增上。

16.45.5

[illegible]	[illegible]	[illegible]	[illegible]	[illegible]	[illegible]	[illegible]！	[illegible]	[illegible]	[illegible]	[illegible]
niow^{1}	tśjɨ^{1}	kie^{1}	dźja^{2}	dźjwu^{1}	ɲia^{2}	tsjij^{2}	tjɨ^{1}	tjij^{1}	ɲia^{2}	tsjij^{2}
复	次	金	刚	摧	菩	萨！	如	若	菩	萨
[illegible]	[illegible]	[illegible]	[illegible]	[illegible]	[illegible]	[illegible]，	[illegible]	[illegible]	[illegible]	
·jij^{1}	nji^{1}	wjụ^{2}	kha^{1}	śjɨ^{1}	kjɨ^{1}	mjịj^{1}	ku^{1}	thja^{1}	ɲia^{2}	
自	城	邑	中	往	△	梦，	则	此	菩	

复次金刚摧！菩萨若自梦见初立城郭①，此菩萨

16.45.6

[illegible]	[illegible]	[illegible]	[illegible]	[illegible]	[illegible]，	[illegible]	[illegible]	[illegible]	[illegible]	[illegible]。
tsjij^{2}	·jij^{1}	·jar^{1}	ljɨ^{2}	·jij^{1}	ŋwu^{2}	mji^{1}	lhji̱^{1}	lhjwo^{1}	la^{1}	ɣiwej^{1}
萨	之	八	地	相	是，	不	退	转	记	受。
[illegible]	[illegible]	[illegible]	[illegible]	[illegible]	[illegible]	[illegible]	[illegible]	[illegible]	[illegible]，	
źji^{2}	na^{1}	dźiej^{2}	tsjij^{2}	dzjwo^{2}	·jij^{1}	?	njij^{1}	kjụ^{1}	tshwew^{1}	
甚	深	信	解	人	之	亲	近	供	养，	

是八地②，受不退转记。应亲近供养甚深信解人，

16.45.7

[illegible]	[illegible]	[illegible]	[illegible]	[illegible]	[illegible]	[illegible]	[illegible]，	[illegible]	[illegible]	[illegible]
·jiw^{2}	lhji̱^{1}	tsji̱r^{1}	lə^{1}	kjɨ^{1}	djịj^{2}	rejr^{2}	dju^{1}	thjɨ^{2}	wjɨ^{2}	tsji̱r^{1}
疑	悔	法	障	决	定	多	有，	是	今	法
[illegible]	[illegible]	[illegible]	[illegible]	[illegible]	[illegible]	[illegible]	[illegible]，	[illegible]	[illegible]	
dzjịj^{2}	·jij^{1}	kjụ^{1}	tshwew^{1}	ku^{1}	·jiw^{2}	lhji̱^{1}	phja^{1}	thjɨ^{2}	sju^{2}	

① 初立，西夏本作“[illegible]”（往）。
② 西夏本句下有“[illegible]”（相）字，此下至“八地”皆同。

师	之	供	养	则	疑	悔	除，	是	如

多决定疑悔法障，彼应供养法师得除疑悔，如是

16.46.1

[illegible]

ŋwu^{2}	gji^{1}	sej^{1}	lew^{2}	thja^{1}	nji^{1}	wjụ^{2}	kha^{1}	dźji̱j^{1}	kjɨ^{1}	mji̱j^{1}
以	清	净	应。	彼	城	邑	中	住	△	梦

[illegible]

ku^{1}	ɣu^{1}	ljɨ̣^{2}	·jij^{1}	ŋwu^{2}	tśja^{1}	bju^{1}	tha^{1}	rjir^{1}	mji^{1}	rjir^{1}
则	初	地	相	是，	道	因	佛	得	不	得

清净。彼中住初地①，疑道为得佛为不得佛

16.46.2

[illegible]

·jiw^{2}	ku^{1}	njɨ̱^{1}	ljɨ̣^{2}	·jij^{1}	ŋwu^{2}	ɲia^{2}	tśhju^{1}	kjɨ̱r^{2}	dzji̱j^{2}	sji̱j^{2}
疑	则	二	地	相	是，	众	生	教	化	智

[illegible]

·jiw^{2}	ku^{1}	so̱^{1}	ljɨ̣^{2}	·jij^{1}	ŋwu^{2}	djɨ̱j^{2}	to^{2}	we̱^{1}	·jiw^{2}
疑	则	三	地	相	是，	定	出	生	疑

是二地，教化众生智疑是三地，出生定疑

16.46.3

[illegible]

ku^{1}	ljɨ̣r^{1}	ljɨ̣^{2}	·jij^{1}	ŋwu^{2}	wji^{1}	lew^{2}	sji̱j^{2}	·jiw^{2}	ku^{1}	ŋwə^{1}
则	四	地	相	是，	作	应	智	疑	则	五

[illegible]

ljɨ̣^{2}	·jij^{1}	ŋwu^{2}	tśja^{1}	mja̱^{1}	·jiw^{2}	ku^{1}	tśhjiw^{1}	ljɨ̣^{2}	·jij^{1}
地	相	是，	道	果	疑	则	六	地	相

是四地，应作智疑是五地，道果疑是六地，

① 西夏本作"梦彼城郭中住是初地相"。

16.46.4

ŋwu^{2}	to^{2}	we̱^{1}	·jiw^{2}	ku^{1}	śja̱^{1}	ljɨ^{2}	·jij^{1}	ŋwu^{2}
是，	出	生	疑	则	七	地	相	是，
khe̱j^{1}	·u^{2}	·jiw^{2}	ku^{1}	·jar^{1}	ljɨ^{2}	·jij^{1}	ŋwu^{2}	
游	戏	疑	则	八	地	相	是。	

出生疑是七地，游戏疑是八地。

16.46.5

niow^{1}	tśjɨ^{1}	kie^{1}	dźja^{2}	dźjwu^{1}	ɲia^{2}	tsjij^{2}	tjɨ^{1}	tjij^{1}	ɲia^{2}
复	次	金	刚	摧	菩	萨！	如	若	菩
tsjij^{2}	·jij^{1}	dzjij^{2}	sa^{2}	ɣor^{2}	zjɨ̱r^{2}	niəj^{1}	kha^{1}	dzjij^{1}	djij^{2}
萨	自	船	连	接	水	浊	中	过	△

复次金刚摧！菩萨若梦缚筏浊水中过，

16.46.6

kjɨ^{1}	mjij^{1}	ku^{1}	thja^{1}	śja̱^{1}	ljɨ^{2}	ɣu^{1}	ljɨ^{2}	·jij^{1}	ŋwu^{2}	thja^{1}
△	梦，	则	彼	七	地	初	地	相	是，	彼
dzjwo^{2}	sjwɨj^{1}	lə^{1}	ljij^{2}	sjwɨj^{1}	wejr^{1}	ljij^{1}	thjɨ^{2}	wjɨ^{2}	bu̱^{2}	
人	业	障	魔	业	增	盛，	是	今	增	

彼是七地初地，业障魔业增盛，应生增上

16.46.7

gjij^{1}	njij^{1}	śjwo^{1}	gjwɨ^{1}	lwo^{2}	ŋjwo^{2}	ljij^{2}	tjɨ^{2}	mjij^{1}	we̱^{1}	mjij^{1}
倍	心	生，	坚	固	毁	坏	可	无，	生	无

[illegible] [illegible]， [illegible] [illegible] [illegible] [illegible] [illegible] [illegible]。 [illegible] [illegible]

swew^1 sej^1 rjir^2 dzow^1 ŋwej^2 bju^1 śjij^1 lew^2 tjij^1 sjịj^2

明 净， 与 和 合 相 应 应。 若 智

欲心，坚固不坏，和合相应，无生明净。若智

16.47.1

[illegible] [illegible] [illegible] [illegible] [illegible] [illegible] [illegible] [illegible] [illegible]， [illegible] [illegible]

tśier^1 ·ju^2 gie^1 ·jijr^1 ku^1 ɣu^1 ljɨ̣^{2} ·jij^1 ŋwu^2 tjij^1 ne̱w^2

方 便 艰 难 则 初 地 相 是， 若 善

[illegible] [illegible] [illegible] [illegible] [illegible] [illegible] [illegible] [illegible] [illegible] [illegible]

jɨr^2 djọ^2 kięj^2 ljụ^2 low^2 ljij^1 ku^1 njɨ̱^{1} ljɨ̣^{2} ·jij^1

勤 修 欲 身 懈 怠 则 二 地 相

方便艰难是初地，若欲修勤善身懈怠是二地，

16.47.2

[illegible]， [illegible] [illegible] [illegible] [illegible] [illegible] [illegible] [illegible] [illegible] [illegible] [illegible]

ŋwu^2 tjij^1 njịj^1 dzjɨj^1 rjir^2 mji^1 śjwi̱^{2} ku^1 sọ^1 ljɨ̣^{2} ·jij^1

是， 若 心 时 与 不 合 则 三 地 相

[illegible]， [illegible] [illegible] [illegible] [illegible] [illegible] [illegible] [illegible] [illegible] [illegible]，

ŋwu^2 tjij^1 gji^2 tjɨ̣^{1} swew^1 ku^1 ljɨr^1 ljɨ̣^{2} ·jij^1 ŋwu^2

是， 或 时 童 明 则 四 地 相 是，

若心非时是三地，或时明是四地①，

16.47.3

[illegible] [illegible] [illegible] [illegible] [illegible] [illegible] [illegible] [illegible] [illegible] [illegible]， [illegible]

tjij^1 zjɨ̣r^1 zjịj^1 le^2 mjij^1 ku^1 ŋwə^1 ljɨ̣^{2} ·jij^1 ŋwu^2 tjij^1

若 少 许 畏 无 则 五 地 相 是， 若

[illegible] [illegible] [illegible] [illegible] [illegible] [illegible] [illegible] [illegible] [illegible]， [illegible]

gie^1 ·jijr^1 kjɨ̣r^2 dzjịj^2 ku^1 tśhjiw^1 ljɨ̣^{2} ·jij^1 ŋwu^2 tjij^1

艰 难 教 化 则 六 地 相 是， 若

若少无畏是五地，若教化艰难是六地，若

① "[illegible]"tjɨ̣^{1}（儿童）于义不合，在此疑假借作"[illegible]"tjɨ̣^{1}（时）。

16.47.4

[illegible]	[illegible]	[illegible]	[illegible]	[illegible]	[illegible]	[illegible]	[illegible]	[illegible]。
tha^1	tsji̱r^1	gie^1	·jijr^1	ku^1	śja̱^{1}	ljɨ̣^{2}	·jij^1	ŋwu^2
佛	法	艰	难	则	七	地	相	是。

佛法艰难是七地。

16.47.5

[illegible]	[illegible]	[illegible]	[illegible]	[illegible]	[illegible]	[illegible]!	[illegible]	[illegible]	[illegible]	[illegible]
niow^1	tśjɨ^1	kie^1	dźja^2	dźjwu^1	ɲia^2	tsjij^2	tjɨ^1	tjij^1	ɲia^2	tsjij^2
复	次	金	刚	摧	菩	萨!	如	若	菩	萨
[illegible]	[illegible]	[illegible]	[illegible]	[illegible]	[illegible]	[illegible]	[illegible],	[illegible]	[illegible]	
·jij^1	dzjwɨ̣^{1}	dzjɨ̣^{2}	thjwɨ^2	ljɨ̣^{2}	djij^2	kjɨ^1	mji̱j^1	ku^1	thja^1	
自	船	聚	结	集	△	△	梦,	则	此	

复次金刚摧！菩萨若自梦集船,此

16.47.6

[illegible]	[illegible]	[illegible]	[illegible]	[illegible]	[illegible]	[illegible]。	[illegible]	[illegible]	[illegible]	[illegible]
ɲia^2	tsjij^2	·jij^1	tśhjiw^1	ljɨ̣^{2}	·jij^1	ŋwu^2	thja^1	dzjwo^2	tjij^1	tśhja^2
菩	萨	之	六	地	相	是。	此	人	若	平
[illegible]	[illegible]	[illegible]	[illegible]	[illegible]	[illegible]	[illegible]	[illegible]	[illegible],	[illegible]	
ka^1	tśhjiw^1	po^1	lo^1	dzu^1	dźji̱j^1	gie^1	·jijr^1	dju^1	ku^1	
等	六	波	罗	蜜	行	艰	难	有,	则	

菩萨是六地①。若平等行六波罗蜜有艰难,

16.47.7

[illegible]	[illegible]	[illegible]	[illegible]	[illegible]	[illegible]	[illegible]	[illegible],	[illegible]	[illegible]	[illegible]
bju^1	gji̱^{2}	mjij^1	tśhjiw^1	po^1	lo^1	dzu^1	dźji̱j^1	thjɨ^2	sju^2	ŋwu^2
依	靠	无	六	波	罗	蜜	行,	是	如	以
[illegible]	[illegible]	[illegible]。	[illegible]	[illegible]	[illegible]	[illegible]	[illegible]	[illegible]	[illegible]	
gji^1	sej^1	lew^2	tjij^1	dzjwɨ̣^{1}	wji^1	mjij^2	dźjwa^1	kjɨ^1	mji̱j^1	

① 西夏本句下有“[illegible]”(相)字,此下至“六地”皆同。

清	净	应。	若	船	作	未	竟	△	梦

当行无依六波罗蜜，如是清净。若梦作船未竟

16.48.1

[illegible]	[illegible]	[illegible]	[illegible]	[illegible]，	[illegible]	[illegible]	[illegible]	[illegible]	[illegible]	[illegible]
ku^1	ɣu^1	ljɨ̣^{2}	·jij^1	ŋwu^2	dzjwɨ̣^{1}	wji^1	dja^2	dźjwa^1	ljij^2	ku^1
则	初	地	相	是，	船	作	△	竟	见	则
[illegible]	[illegible]	[illegible]	[illegible]，	[illegible]	[illegible]	[illegible]	[illegible]	[illegible]	[illegible]	
njɨ̱^{1}	ljɨ̣^{2}	·jij^1	ŋwu^2	tjij^1	njɨ̱^{1}	dzjwɨ̣^{1}	ɣu^1	lọ^2	ljij^2	
二	地	相	是，	若	二	船	头	两	见	

是初地，作船竟是二地①，若梦二船并

16.48.2

[illegible]	[illegible]	[illegible]	[illegible]	[illegible]，	[illegible]	[illegible]	[illegible]	[illegible]	[illegible]	[illegible]
ku^1	sọ^1	ljɨ̣^{2}	·jij^1	ŋwu^2	tjij^1	njɨ̱^{1}	dzjwɨ̣^{1}	sjɨ^2	sa^2	ljij^2
则	三	地	相	是，	若	二	船	连	接	见
[illegible]	[illegible]	[illegible]	[illegible]	[illegible]，	[illegible]	[illegible]	[illegible]	[illegible]	[illegible]	
ku^1	ljɨr^1	ljɨ̣^{2}	·jij^1	ŋwu^2	ljij^2	·ji^1	dzjwɨ̣^{1}	tśhja̱^{1}	·ja$^?$	
则	四	地	相	是，	大	众	船	上	△	

是三地②，若并缚二船是四地③，见大众上船

16.48.3

[illegible]	[illegible]	[illegible]	[illegible]	[illegible]	[illegible]	[illegible]，	[illegible]
śji^2	ljij^2	ku^1	ŋwə^1	ljɨ̣^{2}	·jij^1	ŋwu^2	dzjwɨ̣^{1}
往	见	则	五	地	相	是，	船
[illegible]	[illegible]	[illegible]	[illegible]	[illegible]	[illegible]	[illegible]	[illegible]。
tśhja̱^{1}	śjɨ^1	ljij^2	ku^1	tśhjiw^1	ljɨ̣^{2}	·jij^1	ŋwu^2
上	去	见	则	六	地	相	是。

是五地，见入船去是六地。

① 西夏本句上有“[illegible]”（见）字。
② 梦，西夏本作“[illegible]”（见）。
③ 西夏本“若”下有“[illegible]”（见）字。

16.48.4

[illegible]	[illegible]	[illegible]	[illegible]	[illegible]	[illegible]	[illegible]!	[illegible]	[illegible]	[illegible]	[illegible]
niow^{1}	tśjɨ^{1}	kie^{1}	dźja^{2}	dźjwu^{1}	ɲia^{2}	tsjij^{2}	tjɨ^{1}	tjij^{1}	ɲia^{2}	tsjij^{2}
复	次	金	刚	摧	菩	萨!	如	若	菩	萨
[illegible]	[illegible]	[illegible]	[illegible]	[illegible]	[illegible]	[illegible],	[illegible]	[illegible]	[illegible]	[illegible]
mə^{1}	dji̱^{1}	lhja̱^{1}	tshjwu^{1}	djij^{2}	kjɨ^{1}	mji̱j^{1}	ku^{1}	thja^{1}	ɲia^{2}	tsjij^{2}
天	雷	闪	电	△	△	梦,	则	是	菩	萨

复次金刚摧！菩萨若自梦见云雷放电①,是菩萨

16.48.5

[illegible]	[illegible]	[illegible]	[illegible]	[illegible]	[illegible]	[illegible]。	[illegible]	[illegible]	[illegible]	[illegible]
·jij^{1}	ŋwə^{1}	ljɨ^{2}	ɣu^{1}	ljɨ^{2}	·jij^{1}	ŋwu^{2}	thja^{1}	dzjwo^{2}	lji̱j^{2}	sjwɨj^{1}
之	五	地	初	地	相	是。	彼	人	魔	业
[illegible]	[illegible]、	[illegible]	[illegible]	[illegible]	[illegible],	[illegible]	[illegible]	[illegible]	[illegible]	[illegible]
bu̱^{2}	gjij^{1}	sjwɨj^{1}	lə^{1}	ɣiə^{1}	njij^{2}	thjɨ^{2}	wjɨ^{2}	rejr^{2}	ne̱w^{2}	sjwɨ̱^{1}
增	倍、	业	障	微	少,	是	今	多	善	思

五地初地②。彼魔业增上③、少于业障,当多思善

16.48.6

[illegible]	[illegible]	[illegible]	[illegible]	[illegible],	[illegible]	[illegible]	[illegible]	[illegible],	[illegible]	[illegible]
ljɨ̱r^{2}	dzu^{1}	lew^{2}	·war^{2}	mji^{1}	thow^{1}	lo^{1}	nji^{1}	dzjɨ̱^{2}	thjɨ^{2}	sju^{2}
念	爱	所	物	施,	陀	罗	尼	集,	是	如
[illegible]	[illegible]	[illegible]	[illegible]。	[illegible]	[illegible]	[illegible]	[illegible]	[illegible]	[illegible]	[illegible]
ŋwu^{2}	gji^{1}	sej^{1}	lew^{2}	tjij^{1}	djɨj^{2}	dew^{2}	lhja̱^{1}	tshjwu^{1}	tśjɨ̱r^{2}	kja̱^{1}
以	清	净	应。	若	云	雨	闪	电	惊	怖

念舍所爱物,集陀罗尼,如是清净。若见云雨电惊怖

16.48.7

[illegible]	[illegible]	[illegible]	[illegible]	[illegible]	[illegible]	[illegible]	[illegible],	[illegible]	[illegible]	[illegible]

① "自"字义西夏本未见。另,云雷,西夏本作"[illegible][illegible]"(天雷)。

② 西夏本句下有"[illegible]"(相)字,此下至"五地"皆同。

③ 西夏本"彼"下有"[illegible]"(人)字。

le^2	kjɨ^1	mji̱j^1	ku^1	ɣu^1	ljɨ̣^{2}	·jij^1	ŋwu^2	tjij^1	mji^1	tśjɨ̱r^2
畏	△	梦	则	初	地	相	是，	若	不	惊
[illegible]	[illegible]	[illegible]	[illegible]	[illegible]	[illegible]，	[illegible]	[illegible]	[illegible]	[illegible]	[illegible]
le^2	ku^1	njɨ̱^{1}	ljɨ̣^{2}	·jij^1	ŋwu^2	tjij^1	tsjɨ̱r^1	sjwɨ̱^{1}	ljɨ̱r^2	ku^1
怖	则	二	地	相	是，	若	法	思	念	则

是初地①，若不惊怖是二地，若忆念法

16.49.1

[illegible]	[illegible]	[illegible]	[illegible]，	[illegible]	[illegible]	[illegible]	[illegible]	[illegible]	[illegible]	[illegible]
so̱^{1}	ljɨ̣^{2}	·jij^1	ŋwu^2	tjij^1	ŋər^1	tśjiw^2	tśhja̱^{1}	dźjij^1	sjwɨ̱^{1}	ljɨ̱r^2
三	地	相	是，	若	山	顶	上	住	思	念
[illegible]	[illegible]	[illegible]	[illegible]	[illegible]，	[illegible]	[illegible]	[illegible]	[illegible]	[illegible]	[illegible]
ku^1	ljɨr^1	ljɨ̣^{2}	·jij^1	ŋwu^2	tjij^1	ŋa^1	gu^2	ljɨ̱r^2	ku^1	ŋwə^1
则	四	地	相	是，	若	空	中	念	则	五

是三地，若住山顶忆念是四地，若空中念是五

16.49.2

[illegible]	[illegible]	[illegible]。	[illegible]	[illegible]	[illegible]	[illegible]。	[illegible]	[illegible]	[illegible]	[illegible]
ljɨ̣^{2}	·jij^1	ŋwu^2	ljij^2	sjwɨj^1	dźjwi^1	dzjar^2	tjij^1	phju^2	ljɨ̣^{2}	ŋwu^2
地	相	是。	魔	业	消	除。	若	上	地	是
[illegible]	[illegible]	[illegible]	[illegible]	[illegible]，	[illegible]	[illegible]	[illegible]	[illegible]	[illegible]，	[illegible]
ku^1	we^1	ljwu^2	dzjɨ̣^{2}	lja^1	bju̱^{1}	?	njij^1	tshji^2	ljij^1	kja̱^{1}
则	龙	会	集	来，	恭	敬	近	奉	侍，	惊

地。除魔业。若上地龙来集会，奉事所作，

16.49.3

[illegible]	[illegible]	[illegible]	[illegible]。
le^2	mji^1	śjwo^1	ljɨ^1
怖	不	生	也。

不生惊怖。

① 见，西夏本作“[illegible]”（梦）。

16.49.4

niow1	tśjɨ1	kie1	dźja2	dźjwu1	ɲia2	tsjij2	tjɨ1	tjij1	ɲia2	tsjij2
复	次	金	刚	摧	菩	萨!	如	若	菩	萨
·jij1	bjɨr1	rjir2	niow1	gjwɨ1	zjir2	gjwi2	kjɨ1	mjij1	ku1	
自	刀	得	及	甲	胄	穿	△	梦,	则	

复次金刚摧！菩萨若梦庄严得刀①,

16.49.5

thja1	ɲia2	tsjij2	·jij1	ɣu1	ljɨ̣2	so̱1	ljɨ̣2	·jij1	ŋwu2	thja1
此	菩	萨	之	初	地	三	地	相	是。	此
dzjwo2	ljij2	sjwɨj1	sjwɨj1	lə1	wejr1	ljịj1	thjɨ2	sju2	ze̱w2	po1
人	魔	业	业	障	增	盛,	是	如	忍	波

此菩萨是初地三地②。此魔业业障增盛③,彼应亲近忍波

16.49.6

lo1	dzu1	phji1	lji1	·ja2	po1	lo1	dzu1	pa2	rja2	po1
罗	蜜、	毗	梨	耶	波	罗	蜜、	般	若	波
lo1	dzu1	rjir2	?	njij1	thjɨ2	sju2	ŋwu2	gji1	sej1	
罗	蜜	与	亲	近,	是	如	以	清	净	

罗蜜、毗梨耶波罗蜜、般若波罗蜜,如是清净。

16.49.7

① 庄严得刀,西夏本作"□□□□□□□"(自得刀著甲胄)。

② 西夏本句下有"□"(相)字,此下至"三地"皆同。

③ 西夏本"此"下有"□"(人)字。

lew² tjij¹ tə̣¹ ror² ·o¹ bjɨr¹ rjir² kjɨ¹ mjịj¹ ku¹ ɣu¹
应。 若 污 垢 有 刀 得 △ 梦 则 初

ljɨ̣² ·jij¹ ŋwu² tjij¹ tə̣¹ ror² mji¹ ·o¹ bjɨr¹ rjir²
地 相 是， 若 污 垢 无 有 刀 得

若是垢腻刀是初地，得无垢刀

16.50.1

ku¹ njɨ̣¹ ljɨ̣² ·jij¹ ŋwu² bjɨr¹ rjijr¹ rjir² ku¹ so̱¹ ljɨ̣² ·jij¹ ŋwu²
则 二 地 相 是， 刀 利 得 则 三 地 相 是。

是二地，得利刀是三地。

16.50.2

niow¹ tśjɨ¹ kie¹ dźja² dźjwu¹ ɲia² tsjij² tjɨ¹ tjij¹ ɲia² tsjij²
复 次 金 刚 摧 菩 萨！ 如 若 菩 萨

gju² ·war² rjir² kjɨ¹ mjịj¹ ku¹ thja¹ ɲia² tsjij² ·jij¹ śją¹
器 物 得 △ 梦， 则 此 菩 萨 之 七

复次金刚摧！菩萨若梦中得器物，此菩萨是七

16.50.3

ljɨ̣² ·jij¹ ŋwu² thja¹ dzjwo² kjɨ¹ djɨj² ljịj² sjwɨj¹ sjwɨj¹ lə¹ dju¹
地 相 是。 彼 人 一 定 魔 业 业 障 有，

thjɨ² sju² bju¹ śjij¹ ŋwu² ljɨr¹ ɣjiw¹ tsjịr¹ jɨr² dźjịj¹ thjɨ²
是 如 相 应 以 四 摄 法 勤 行， 是

地①。如是相应当修行，彼不定有魔业业障②，应勤行四摄法，

① 西夏本句下有“[Tangut]”（相）字。
② 彼不定，西夏本作“[Tangut][Tangut][Tangut][Tangut]”（彼人一定）。据文义，汉文本疑误。

16.50.4

[illegible]	[illegible]	[illegible]	[illegible]	[illegible]。	[illegible]	[illegible]	[illegible]	[illegible]
sju^2	ŋwu^2	gji^1	sej^1	lew^2	tśhjiw^1	ljɨ̣^{2}	tsji̱r^1	lhji̱^{1}
如	以	清	净	应。	六	地	法	退
[illegible]	[illegible],	[illegible]	[illegible]	[illegible]	[illegible]	[illegible]	[illegible]。	
tjịj^1	phja^1	bu̱^{2}	gjij^1	śjạ^1	ljɨ̣^{2}	rjir^1	ljɨ^1	
除	断,	增	倍	七	地	得	也。	

如是清净①。应净除六地退法,得增上七地。

16.50.5

[illegible]	[illegible]	[illegible]	[illegible]	[illegible]	[illegible]	[illegible]!	[illegible]	[illegible]	[illegible]	[illegible]
niow^1	tśjɨ^1	kie^1	dźja^2	dźjwu^1	ɲia^2	tsjij^2	tjɨ^1	tjij^1	ɲia^2	tsjij^2
复	次	金	刚	摧	菩	萨!	如	若	菩	萨
[illegible]	[illegible]	[illegible]	[illegible]	[illegible]	[illegible]	[illegible]	[illegible]	[illegible],	[illegible]	
·jij^1	ɲia^2	tśhju^1	·jij^1	tśja^1	ne̱j^2	djij^2	kjɨ^1	mjịj^1	ku^1	
自	众	生	之	道	示	△	△	梦,	则	

复次金刚摧!菩萨若自梦示众生道,

16.50.6

[illegible]	[illegible]	[illegible]	[illegible]	[illegible]	[illegible]	[illegible]。	[illegible]	[illegible]	[illegible]	[illegible]
thja^1	ɣạ^2	ljɨ̣^{2}	·jij^1	ŋowr^2	ŋowr^2	ŋwu^2	thja^1	thjɨ^2	sju^2	ɣu^1
此	十	地	相	一	切	是。	此	是	如	初
[illegible]	[illegible]	[illegible],	[illegible]	[illegible]、	[illegible]	[illegible]	[illegible]	[illegible],	[illegible]	
ljɨ̣^{2}	·jij^1	ŋwu^2	sjwɨj^1	lə^1	źji̱^{1}	njɨ̣^{2}	lə^1	dwewr^2	tsji̱r^1	
地	相	是,	业	障、	烦	恼	障	觉,	法	

此是一切十地相。此如是初相应②,觉业障、烦恼障,

16.50.7

[illegible]	[illegible]	[illegible]	[illegible]	[illegible]	[illegible],	[illegible]	[illegible]	[illegible]	[illegible],	[illegible]

① 西夏本作“此人一定有魔业业障,如是相应,应勤行四摄法,如是清净”。

② 初相应,西夏本作“[illegible][illegible][illegible]”(初地相)。

dzjij^{2}	·jij^{1}	kjụ^{1}	tshwew^{1}	?	njij^{1}	·war^{2}	ŋowr^{2}	ŋowr^{2}	dźjɨ̣r^{1}	jɨr^{2}
师	之	供	养	亲	近，	物	一	切	舍，	勤
[illegible]	[illegible]	[illegible]，	[illegible]	[illegible]	[illegible]	[illegible]	[illegible]	[illegible]。	[illegible]	
khu^{1}	dźjij^{1}	djọ^{2}	thjɨ^{2}	sju^{2}	ŋwu^{2}	śjwo^{1}	tshwew^{1}	lew^{2}	tjij^{1}	
精	进	修，	是	如	以	生	趣	向。	若	

应供养亲近法师，舍一切物，勤修精进，如是趣向。若

16.51.1

[illegible]	[illegible]	[illegible]	[illegible]	[illegible]	[illegible]	[illegible]	[illegible]	[illegible]	[illegible]	[illegible]
dzej^{1}	dzej^{2}	tśja^{1}	·u^{2}	dźjij^{1}	mju^{2}	ljɨj^{2}	djij^{2}	kjɨ^{1}	mjij^{1}	ku^{1}
乘	骑	道	中	住	转	动	△	△	梦	则
[illegible]	[illegible]	[illegible]	[illegible]，	[illegible]	[illegible]	[illegible]	[illegible]	[illegible]	[illegible]	
ɣu^{1}	ljɨ^{2}	·jij^{1}	ŋwu^{2}	·iọ^{2}	bo^{1}	rjijr^{2}	tshwew^{1}	tśja^{1}	nẹj^{2}	
初	地	相	是，	园	观	向	趣	道	示	

见乘在道转动是初地①，示趣园观道

16.51.2

[illegible]	[illegible]	[illegible]	[illegible]	[illegible]，	[illegible]	[illegible]	[illegible]	[illegible]	[illegible]
ku^{1}	njɨ̱^{1}	ljɨ^{2}	·jij^{1}	ŋwu^{2}	we^{2}	rjijr^{2}	tshwew^{1}	tśja^{1}	nẹj^{2}
则	二	地	相	是，	城	向	趣	道	示
[illegible]	[illegible]	[illegible]	[illegible]	[illegible]，	[illegible]	[illegible]	[illegible]	[illegible]	[illegible]
ku^{1}	sọ^{1}	ljɨ^{2}	·jij^{1}	ŋwu^{2}	·ja$^{?}$	ljɨj^{1}	rja^{2}	rjijr^{2}	tshwew^{1}
则	三	地	相	是，	阿	练	若	向	趣

是二地，示趣城道是三地，示阿练若

16.51.3

[illegible]	[illegible]	[illegible]	[illegible]	[illegible]	[illegible]	[illegible]，	[illegible]	[illegible]	[illegible]
tśja^{1}	nẹj^{2}	ku^{1}	ljɨr^{1}	ljɨ^{2}	·jij^{1}	ŋwu^{2}	ŋər^{1}	rjijr^{2}	tshwew^{1}
道	示	则	四	地	相	是，	山	向	趣
[illegible]	[illegible]	[illegible]	[illegible]	[illegible]	[illegible]	[illegible]，	[illegible]	[illegible]	[illegible]

① 见，西夏本作“[illegible]”（梦）。另，西夏本句下有“[illegible]”（相）字，此下至“十地”皆同。

tśja¹	nej²	ku¹	ŋwə¹	ljɨ²	·jij¹	ŋwu²	ŋjow²	rjijr²	tshwew¹
道	示	则	五	地	相	是,	海	向	趣

道是四地①,示山道是五地,示趣海

16.51.4

[illegible]	[illegible]	[illegible]	[illegible]	[illegible]	[illegible]	[illegible],	[illegible]	[illegible]	[illegible]	[illegible]
tśja¹	nej²	ku¹	tśhjiw¹	ljɨ²	·jij¹	ŋwu²	mə¹	rjijr²	tshwew¹	tśja¹
道	示	则	六	地	相	是,	天	向	趣	道
[illegible]	[illegible]	[illegible]	[illegible]	[illegible]	[illegible],	[illegible]	[illegible]	[illegible]	[illegible]	[illegible]
nej²	ku¹	śja¹	ljɨ²	·jij¹	ŋwu²	ɣię²	mji¹	rjijr²	tshwew¹	tśja¹
示	则	七	地	相	是,	声	闻	向	趣	道

道是六地,示天道是七地,示声闻道

16.51.5

[illegible]	[illegible]	[illegible]	[illegible]	[illegible]	[illegible],	[illegible]	[illegible]	[illegible]	[illegible]	[illegible]
nej²	ku¹	·jar¹	ljɨ²	·jij¹	ŋwu²	ɲia²	tsjij²	rjijr²	tshwew¹	tśja¹
示	则	八	地	相	是,	菩	萨	向	趣	道
[illegible]	[illegible]	[illegible]	[illegible]	[illegible]	[illegible],	[illegible]	[illegible]	[illegible]	[illegible]	
nej²	ku¹	gjɨ¹	ljɨ²	·jij¹	ŋwu²	tha¹	rjijr²	tshwew¹	tśja¹	
示	则	九	地	相	是,	佛	向	趣	道	

是八地,示菩萨道是九地,示佛道

16.51.6

[illegible]	[illegible]	[illegible]	[illegible]	[illegible]	[illegible]。	[illegible]	[illegible]	[illegible]	[illegible]	[illegible]
nej²	ku¹	ɣą²	ljɨ²	·jij¹	ŋwu²	tśja¹	nej²	tshjij¹	dźjwa¹	ɣu¹
示	则	十	地	相	是。	道	示	说	竟	初
[illegible]	[illegible]	[illegible],	[illegible]	[illegible]	[illegible]、	[illegible]	[illegible]	[illegible]	[illegible],	
ljɨ²	ljɨ²	nej²	ljij²	sjwɨj¹	dwewr²	źjɨ¹	njɨ²	sjwɨj¹	dwewr²	
地	地	示,	魔	业	觉、	烦	恼	业	觉,	

是十地。说示道竟示地初地,觉魔业、觉烦恼业,

---

① 西夏本"示"下有"[illegible]"(趣)字。此下至"十地"皆同。

16.51.7

[illegible]	[illegible]	[illegible]	[illegible]	[illegible]	[illegible]	[illegible]	[illegible]。
thjɨ2	tja1	śji1	tśhjiw1	ljɨ̣2	dzjij1	mjij1	ŋwu2
此	者	前	六	地	过	无	是。

此前六地无过也。

16.52.1

[illegible]	[illegible]	[illegible]	[illegible]	[illegible]	[illegible]	[illegible]!	[illegible]	[illegible]	[illegible]
niow1	tśjɨ1	kie1	dźja2	dźjwu1	ɲia2	tsjij2	tjɨ1	tjij1	ɲia2
复	次	金	刚	摧	菩	萨!	如	若	菩
[illegible]	[illegible]	[illegible]	[illegible]	[illegible]	[illegible]	[illegible]	[illegible],	[illegible]	
tsjij2	·jij1	·io̱2	bo1	kha1	·o2	kjɨ1	mji̱j1	ku1	
萨	自	园	林	中	入	△	梦,	则	

复次金刚摧！菩萨若梦中入园林中①，

16.52.2

[illegible]	[illegible]	[illegible]	[illegible]	[illegible]	[illegible]	[illegible]	[illegible]	[illegible]	[illegible]。
thja1	ɲia2	tsjij2	·jij1	·jar1	ljɨ̣2	ɣu1	ljɨ̣2	·jij1	ŋwu2
此	菩	萨	之	八	地	初	地	相	是。
[illegible]	[illegible]	[illegible]	[illegible]	[illegible]	[illegible]	[illegible]	[illegible]	[illegible]	[illegible],
thja1	dzjwo2	mji̱j1	gu2	lji̱j2	sjwɨj1	źjɨ̣1	njɨ̣2	sjwɨj1	lhji̱j2
彼	人	梦	中	魔	业	烦	恼	业	受,

此菩萨八地初地②。彼梦中受魔业烦恼业③，

16.52.3

[illegible]	[illegible]	[illegible]	[illegible]	[illegible]	[illegible]	[illegible]	[illegible],	[illegible]	[illegible]
·ja?	me2	tjị2	zji̱j1	sjwɨ̣1	tśjị1	nji̱j1	śjwo1	thjɨ2	wjɨ2
△	睡	觉	时	愁	苦	心	生,	是	今

① 西夏本作"菩萨若自梦入园林中"。
② 西夏本句下有"[illegible]"(相)字,此下至"八地"皆同。
③ 西夏本"彼"下有"[illegible]"(人)字。

ŋa^{1}	jɨr^{2}	djọ^{2}	dźjịj^{1}	źji^{2}	na^{1}	tsji̱r^{1}	nji^{2}	mjij^{1}	sej^{1}
空	勤	修	行	甚	深	法	听，	寂	净

梦惊怖悟已生愁苦①，此应当修空听甚深法，应当默然

16.52.4

mjɨ^{2}	mji^{2}	·jɨ^{2}	me^{2}	khwa^{1}	ka^{2}	kjɨ^{1}	djɨj^{2}	tśja^{1}	tsji̱r^{1}
默	悟	睡	眠	远	离，	决	定	道	法
tshji̱j^{1}	mjijr^{2}	do^{2}	?	njij^{1}	thjɨ^{2}	sju^{2}	ŋwu^{2}	gji^{1}	sej^{1}
说	者	于	亲	近，	是	如	以	清	净

离于睡眠，应亲近决定说道法者，如是清净。

16.52.5

lew^{2}	tjij^{1}	·jij^{1}	njij^{2}	lu^{2}	lhjo^{1}	niọw^{1}	tśjɨ̱r^{2}	kjạ^{1}	njij^{1}
应。	若	自	王	位	失	因	惊	怖	心
śjwo^{1}	kjɨ^{1}	mjij^{1}	ku^{1}	ɣu^{1}	ljɨ̣^{2}	·jij^{1}	ŋwu^{2}	kie^{1}	ljij^{2}
生	△	梦	则	初	地	相	是，	戒	破

若自梦退失王位心生惊怖是初地，梦破戒

16.52.6

niọw^{1}	tśjɨ̱r^{2}	le^{2}	ku^{1}	njɨ̣^{1}	ljɨ̣^{2}	·jij^{1}	ŋwu^{2}	tsji̱r^{1}	bu^{1}	dzjar^{2}
因	惊	怖	则	二	地	相	是，	法	没	尽
niọw^{1}	tśjɨ̱r^{2}	le^{2}	ku^{1}	sọ^{1}	ljɨ̣^{2}	·jij^{1}	ŋwu^{2}	tsji̱r^{1}	dzjij^{2}	mji^{1}
因	惊	怖	则	三	地	相	是，	法	师	无

① 梦惊怖悟，西夏本作“[illegible]”（△睡眠时）。

·ju^2	nio̱w^1	tśjɨ̱r^2	le^2	ku^1	ljɨr^1	ljɨ̱^{2}	·jij^1	ŋwu^2
常	因	惊	怖	则	四	地	相	是，

惊怖是二地①，梦法没尽惊怖是三地，梦法师无常惊怖是四地，

16.52.7

tjij^1	mə̣^{1}	ŋwu^2	lu^2	nio̱w^1	tśjɨ̱r^2	le^2	ku^1	ŋwə^1	ljɨ̱^{2}
若	火	以	烧	因	惊	怖	则	五	地
·jij^1	ŋwu^2	mjɨ^1	dźjɨ$^?$	wji^1	tśjɨ̱r^2	le^2	ku^1	tśhjiw^1	ljɨ̱^{2}
相	是，	他	△	△	惊	怖	则	六	地

若梦为火所烧惊怖是五地，梦被惊怖是六地，

16.53.1

·jij^1	ŋwu^2	ŋər^1	tśhja̱^{1}	ljɨ^1	nio̱w^1	tśjɨ̱r^2	le^2	ku^1	śja̱^{1}
相	是，	山	上	堕	因	惊	怖	则	七
ljɨ̱^{2}	·jij^1	ŋwu^2	rjur^1	pju̱^{1}	dji̱j^2	phā^1	·o^2	nio̱w^1	tśjɨ̱r^2
地	相	是，	世	尊	涅	槃	入	因	惊

梦堕山惊怖是七地，梦见世尊入涅槃惊

16.53.2

le^2	ku^1	·jar^1	ljɨ̱^{2}	·jij^1	ŋwu^2	tśhjiw^1	ljɨ̱^{2}
怖	则	八	地	相	是。	六	地
jɨr^2	mji^1	djo̱^{2}	ljij^2	sjwɨj^1	dwewr^2	ljɨ^1	
勤	不	修，	魔	业	觉	也。	

怖是八地。不勤进六地，觉魔业。

---

① “梦”字义西夏本未见。此下至“七地”皆同。

汉文本

复次金刚摧！菩萨若梦骑乘在园林中,此菩萨是九地初地见。此菩萨不知是世间利养饮食,为魔所牵缚,少于业障,应供给法师供养所须,应习寂默,如是趣向彼。初地无智行,二地无慧,三地无决定智,四地无禅智,五地无无碍智,七地无出生智,八地无庄严智,九地无愿智。

复次金刚摧！菩萨若梦见所未见有村落僧坊人众,此菩萨是初地六地。彼多艰难,应修念佛,如是清净。修信心施、修一切信解,见如是行相者是初地,若卒有所作是二地,若庄严是三地,若见庄严竟是四地,若见四众聚会是五地,若见天众是六地。

复次金刚摧！菩萨若梦中得盖,是初地七地见,佛所持,多艰难不为所屈,彼于说法人不应起恶意,如是清净。若见花盖是初地,若见琉璃盖是二地,若见花及盖是三地,若见物盖是四地,若见画茎盖是五地,若铃网盖是六地,若见宝网盖宝网垂覆是七地。除魔业,不勤精进。

复次金刚摧菩萨！若菩萨自梦与多人说法,此菩萨一切十地见,彼地地应觉知魔业业障。欲得决定辩当出推求,于一切物不应爱著,于求法人生清净信心,修六和敬戒,如是清净。若梦说云何修行施,此是初地。云何十善法,是二地。云何闻,是三地。云何头陀德,是四地。云何说空,是五地。云何说诃责习,是六地。云何说无染著,是七地。云何说庄严定,是八地。云何说庄严佛,是九地。云何说妙时,是十地。初地施财,二地戒财,三地方便财,四地具七财,五地奉给财是,六地决断财,七地决定财,八地通无碍财,九地行财,十地得财。彼初地善根增上,二地戒增上,三地方便增上,四地所作增上,五地十二因缘增上,六地甚深忍增上,七地坏智增上,八地坏教化众生增上,九地调伏增上,十地坏净国土增上。

复次金刚摧！菩萨若自梦见初立城郭,此菩萨是八地,受不退转记。应亲近供养甚深信解人,多决定疑悔法障,彼应供养法师得除疑悔,如是清净。彼中住初地,疑道为得佛为不得佛是二地,教化众生智疑是三地,出生定疑是四地,应作智疑是五地,道果疑是六地,出生疑是七地,游戏疑是八地。

复次金刚摧！菩萨若梦缚筏浊水中过,彼是七地初地,业障魔业增盛,应生增上欲心,坚固不坏,和合相应,无生明净。若智方便艰难是初地,若欲修勤善身懈怠是二地,若心非时是三地,或时明是四地,若少无畏是五地,若教化艰难是六地,若佛法艰难是七地。

复次金刚摧！菩萨若自梦集船,此菩萨是六地。若平等行六波罗蜜有艰难,当行无依六波罗蜜,如是清净。若梦作船未竟是初地,作船竟是二地,若梦二船并是三地,若并缚二船是四地,见大众上船是五地,见入船去是六地。

复次金刚摧！菩萨若自梦见云雷放电,是菩萨五地初地。彼魔业增上、少于业障,当多思善念舍所爱物,集陀罗尼,如是清净。若见云雨电惊怖是初地,若不惊怖是二地,若忆念法是三地,若住山顶忆念是四地,若空中念是五地。除魔业。若上地龙来集会,奉事所作,不生惊怖。

复次金刚摧！菩萨若梦庄严得刀,此菩萨是初地三地。此魔业业障增盛,彼应亲近忍波罗蜜、毗梨耶波罗蜜、般若波罗蜜,如是清净。若是垢腻刀是初地,得无垢刀是二地,得利刀是三地。

复次金刚摧！菩萨若梦中得器物,此菩萨是七地。如是相应当修行,彼不定有魔业业障,应勤行四摄法,如是清净。应净除六地退法,得增上七地。

复次金刚摧！菩萨若自梦示众生道,此是一切十地相。此如是初相应,觉业障、烦恼障,应供养亲近法师,舍一切物,勤修精进,如是趣向。若见乘在道转动是初地,示趣园观道是二地,示趣城道是三地，示阿练若道是四地，示山道是五地，示趣海道是六地，示天道是七地，示声闻道是八地，示菩萨道是九地，示佛道是十地。说示道竟示地初地，觉魔业、觉烦恼业，此前六地无过也。

复次金刚摧！菩萨若梦中入园林中，此菩萨八地初地。彼梦中受魔业烦恼业，梦惊怖悟已生愁苦，此应当修空听甚深法，应当默然离于睡眠，应亲近决定说道法者，如是清净。若自梦退失王位心生惊怖是初地，梦破戒惊怖是二地，梦法没尽惊怖是三地，梦法师无常惊怖是四地，若梦为火所烧惊怖是五地，梦被惊怖是六地，梦堕山惊怖是七地，梦见世尊入涅槃惊怖是八地。不勤进六地，觉魔业。

16.53.3

[illegible]	[illegible]	[illegible]	[illegible]	[illegible]	[illegible]	[illegible]!	[illegible]	[illegible]	[illegible]	[illegible]
niow^{1}	tśjɨ^{1}	kie^{1}	dźja^{2}	dźjwu^{1}	ɲia^{2}	tsjij^{2}	tjɨ^{1}	tjij^{1}	ɲia^{2}	tsjij^{2}
复	次	金	刚	摧	菩	萨！	如	若	菩	萨
[illegible]	[illegible]	[illegible]	[illegible]	[illegible]	[illegible]，	[illegible]	[illegible]	[illegible]	[illegible]	
rjur^{1}	ŋwə^{1}	śji^{2}	tśiow^{1}	kjɨ^{1}	mjịj^{1}	ku^{1}	thja^{1}	ɲia^{2}	tsjij^{2}	
诸	五	谷	聚	△	梦，	则	此	菩	萨	

复次金刚摧！菩萨若梦中见五谷聚，此菩萨

16.53.4

[illegible]	[illegible]	[illegible]	[illegible]	[illegible]	[illegible]	[illegible]	[illegible]	[illegible]	[illegible]	[illegible]
·jij^{1}	·jar^{1}	ljɨ̣^{2}	phju^{2}	ljɨ̣^{2}	niow^{1}	ɣu^{1}	ljɨ̣^{2}	njɨ^{1}	ljɨ̣^{2}	dźjij^{1}
之	八	地	上	地	及	初	地	二	地	住
[illegible]，	[illegible]	[illegible]	[illegible]	[illegible]	[illegible]	[illegible]，	[illegible]	[illegible]	[illegible]	[illegible]
ŋwu^{2}	thjɨ^{2}	sju^{2}	mji^{1}	jɨr^{2}	dźjij^{1}	ljij^{2}	niow^{1}	ljịj^{2}	sjwɨj^{1}	ljij^{2}
是，	是	如	不	勤	进	见，	及	魔	业	见

是八地上地住初地第二地①，如是见不勤进，见魔业

16.53.5

[illegible]	[illegible]	[illegible]	[illegible]。	[illegible]	[illegible]	[illegible]	[illegible]	[illegible]	[illegible]	[illegible]
nẹ^{1}	tshjij^{1}	mji^{1}	śjwo^{1}	śji^{1}	zjọ^{2}	rjur^{1}	tha^{1}	·jij^{1}	kjụ^{1}	tshwew^{1}
谈	说	不	要。	前	世	诸	佛	之	供	养
[illegible]，	[illegible]	[illegible]	[illegible]	[illegible]，	[illegible]	[illegible]	[illegible]	[illegible]	[illegible]	
djij^{2}	rjur^{1}	gie^{1}	·jijr^{1}	rejr^{2}	rjur^{1}	kha^{1}	ŋowr^{2}	ŋowr^{2}	mji^{1}	

① “第”字义西夏本未见。

曾, 诸 艰 难 多, 世 间 一 切 不

不要谈说。前身曾供养诸佛,多诸艰难,不依一切世间,

16.53.6

[illegible],	[illegible]	[illegible]	[illegible]	[illegible]	[illegible]	[illegible]	[illegible],	[illegible]	[illegible]	[illegible]	[illegible],
bju1	mji1	gjwɨ1	gji̱2	dźjɨ̱r1	mji1	bjo̱1	thjṳ1	so̱1	sjwɨj1	tśjṳ1	·wejr2
依,	不	固	依	舍	不	观	察,	三	业	守	护,

[illegible]	[illegible]	[illegible]	[illegible]	[illegible]	[illegible]。	[illegible]	[illegible]	[illegible]	[illegible]	[illegible]
thjɨ2	sju2	ŋwu2	gji1	sej1	lew2	tjij1	śji2	tśiow1	kjɨ1	mjij1
是	如	以	清	净	应。	若	谷	聚	△	梦

不观于舍,守护三业,如是清净。梦见聚谷

16.53.7

[illegible]	[illegible]	[illegible]	[illegible]	[illegible],	[illegible]	[illegible]	[illegible]	[illegible]	[illegible]	[illegible]	[illegible]	[illegible]
ku1	śja̱1	ljɨ̱2	·jij1	ŋwu2	so̱1	tṳ1	ljij2	tṳ1	rjur1	kie̱j2	·u2	śji2
则	七	地	相	是,	三	千	大	千	世	界	中	谷

[illegible]	[illegible]	[illegible]	[illegible]	[illegible]	[illegible]	[illegible],	[illegible]	[illegible]	[illegible]	[illegible]	[illegible]
tśiow1	ljij2	ku1	·jar1	ljɨ̱2	·jij1	ŋwu2	tjij1	rjur1	śji2	dja2	we1
聚	见	则	八	地	相	是,	若	诸	谷	△	熟

是七地①,梦聚三千大千世界谷是八地②,若梦五谷聚熟

16.54.1

[illegible]	[illegible]	[illegible]	[illegible]	[illegible]	[illegible],	[illegible]	[illegible]	[illegible]	[illegible]	[illegible]	[illegible]	[illegible]	[illegible]	[illegible]。
ljij2	ku1	gjɨ̱1	ljɨ̱2	·jij1	ŋwu2	tjij1	śji2	kjwi2	ljij2	ku1	ɣa̱2	ljɨ̱2	·jij1	ŋwu2
见	则	九	地	相	是,	若	谷	割	见	则	十	地	相	是。

是九地,若梦刈谷是十地。

16.54.2

[illegible]	[illegible]	[illegible]	[illegible]	[illegible]	[illegible]	[illegible]!	[illegible]	[illegible]	[illegible]	[illegible]	[illegible]
niow1	tśjɨ1	kie1	dźja2	dźjwu1	ɲia2	tsjij2	tjɨ1	tjij1	ɲia2	tsjij2	ɲia2

① 西夏本句上有"[illegible]"(若)字。另,句下有"[illegible]"(相)字,此下至"十地"皆同。

② 梦,西夏本作"[illegible]"(见)。此下至"十地"皆同。

复	次	金	刚	摧	菩	萨!	如	若	菩	萨	众
[illegible]	[illegible]	[illegible]	[illegible]	[illegible]	[illegible]	[illegible],	[illegible]	[illegible]	[illegible]	[illegible]	
tśhju^{1}	·jij^{1}	ŋo^{2}	?	djij^{2}	kjɨ^{1}	mjij^{1}	ku^{1}	thja^{1}	ɲia^{2}	tsjij^{2}	
生	之	病	治	△	△	梦,	则	此	菩	萨	

复次金刚摧！菩萨若梦中见治众生病，此菩萨

16.54.3

[illegible]	[illegible]	[illegible]	[illegible]	[illegible]。	[illegible]	[illegible]	[illegible]	[illegible]	[illegible]	[illegible]、
·jij^{1}	·jar^{1}	ljɨ^{2}	·jij^{1}	ŋwu^{2}	thja^{1}	dzjwo^{2}	sjwɨj^{1}	lə^{1}	ɣiə^{1}	njij^{2}
之	八	地	相	是。	彼	人	业	障	微	少、
[illegible]	[illegible]	[illegible]	[illegible],	[illegible]	[illegible]	[illegible]	[illegible]	[illegible]	[illegible],	[illegible]
ljij^{2}	sjwɨj^{1}	wejr^{1}	ljij^{1}	thjɨ^{2}	wjɨ^{2}	ljij^{2}	wju^{1}	djo^{2}	dźjij^{1}	jɨr^{2}
魔	业	增	盛,	是	今	大	悲	修	行,	勤

是八地①。少于业障②、魔业增盛，应修大悲，勤

16.54.4

[illegible]	[illegible]	[illegible],	[illegible]	[illegible]	[illegible]	[illegible],	[illegible]	[illegible]	[illegible]	[illegible]
ŋwu^{2}	pjwɨr^{1}	dzjij^{2}	·jiw^{2}	lhjij^{1}	mji^{1}	śjwo^{1}	thjɨ^{2}	sju^{2}	ŋwu^{2}	bju^{1}
以	劝	化,	疑	悔	不	生,	是	如	以	相
[illegible]	[illegible]。	[illegible]	[illegible]	[illegible]	[illegible]	[illegible]	[illegible]	[illegible]	[illegible]	
śjij^{1}	lew^{2}	tjij^{1}	ze^{1}	nwu^{1}	·jij^{1}	?	djij^{2}	kjɨ^{1}	mjij^{1}	
应	应。	若	小	儿	之	治	△	△	梦	

劝化，不生疑悔，如是相应。梦治小儿

16.54.5

[illegible]	[illegible]	[illegible]	[illegible]	[illegible],	[illegible]	[illegible]	[illegible]	[illegible]	[illegible]	[illegible]
ku^{1}	ɣu^{1}	ljɨ^{2}	·jij^{1}	ŋwu^{2}	tjij^{1}	sji^{2}	dzjwo^{2}	·jij^{1}	?	ku^{1}
则	初	地	相	是,	若	女	人	之	治	则
[illegible]	[illegible]	[illegible]	[illegible],	[illegible]	[illegible]	[illegible]	[illegible]	[illegible]	[illegible]	[illegible]
njɨ^{1}	ljɨ^{2}	·jij^{1}	ŋwu^{2}	tjij^{1}	dzjwo^{2}	ljij^{2}	·jij^{1}	?	ku^{1}	so^{1}

① 西夏本句下有"[illegible]"（相）字，此下至"八地"皆同。

② 西夏本句上有"[illegible][illegible]"（彼人）二字。

二　地　相　是，　若　人　大　之　治　则　三

是初地,若梦治女人是二地①,若梦治大人

16.54.6

□	□	□，	□	□	□	□	□	□	□	□
ljɨ^{2}	·jij^{1}	ŋwu^{2}	tjij^{1}	tsja^{1}	ŋo^{2}	?	ku^{1}	ljɨr^{1}	ljɨ^{2}	·jij^{1}
地	相	是，	若	热	病	治	则	四	地	相
□，	□	□	□	□	□	□	□	□	□	
ŋwu^{2}	tjij^{1}	tśior^{1}	phiow^{1}	ŋo^{2}	?	ku^{1}	ŋwə^{1}	ljɨ^{2}	·jij^{1}	
是，	若	癞	白	病	治	则	五	地	相	

是三地,若梦治热病是四地,若梦治白癞病是五地,

16.54.7

□，	□	□	□	□	□	□	□	□	□，
ŋwu^{2}	tjij^{1}	bẹ^{2}	ŋo^{2}	?	ku^{1}	tśhjiw^{1}	ljɨ^{2}	·jij^{1}	ŋwu^{2}
是，	若	鬼	病	治	则	六	地	相	是，
□	□	□	□	□	□	□	□	□，	□
tjij^{1}	pạ^{2}	ŋo^{2}	?	ku^{1}	śjạ^{1}	ljɨ^{2}	·jij^{1}	ŋwu^{2}	tjij^{1}
若	渴	病	治	则	七	地	相	是，	若

若梦治自残病是六地,若梦治干消病是七地,

16.55.1

□	□	□	□	□	□	□	□	□	□。	□
·ju^{1}	kjɨ^{1}	lju^{2}	ŋo^{2}	?	ku^{1}	·jar^{1}	ljɨ^{2}	·jij^{1}	ŋwu^{2}	ljịj^{2}
鬼	△	侵	病	治	则	八	地	相	是。	魔
□	□	□，	□	□	□	□，	□	□	□	
sjwɨj^{1}	rjɨr^{2}	niow^{1}	dzjɨ^{2}	zẹw^{2}	dźjɨ$^{?}$	djọ^{2}	ɲia^{2}	tsjij^{2}	·jij^{1}	
业	除	外，	集	忍	行	修，	菩	萨	之	

若梦治鬼病是八地。除魔业,应修集忍行,成就菩萨

① “梦”字义西夏本未见。此下至“八地”皆同。

16.55.2

[illegible]	[illegible]	[illegible]	[illegible]	[illegible]	[illegible]	[illegible]。
ljịj^{2}	wjụ^{1}	nẹw^{2}	njịj^{1}	śjɨ^{1}	·jiw^{2}	lew^{2}
大	悲	善	心	成	就	应。

大悲善心。

16.55.3

[illegible]	[illegible]	[illegible]	[illegible]	[illegible]	[illegible]	[illegible]!	[illegible]	[illegible]	[illegible]	[illegible]
niow^{1}	tśjɨ^{1}	kie^{1}	dźja^{2}	dźjwu^{1}	ɲia^{2}	tsjij^{2}	tjɨ^{1}	tjij^{1}	ɲia^{2}	tsjij^{2}
复	次	金	刚	摧	菩	萨!	如	若	菩	萨
[illegible]	[illegible]	[illegible]	[illegible]	[illegible]	[illegible]	[illegible]	[illegible],	[illegible]	[illegible]	
·jij^{1}	po^{1}	tjɨj^{1}	la^{1}	ɣiwej^{1}	ɣię^{2}	kjɨ^{1}	mjij^{1}	ku^{1}	thja^{1}	
自	菩	提	记	授	闻	△	梦,	则	此	

复次金刚摧!菩萨若自闻授菩提记,此

16.55.4

[illegible]	[illegible]	[illegible]	[illegible]	[illegible]	[illegible]	[illegible]。	[illegible]	[illegible]	[illegible]	[illegible]
ɲia^{2}	tsjij^{2}	·jij^{1}	ɣạ^{2}	ljɨ̣^{2}	·jij^{1}	ŋwu^{2}	ljịj^{2}	sjwɨj^{1}	sjwɨj^{1}	lə^{1}
菩	萨	之	十	地	相	是。	魔	业	业	障
[illegible]	[illegible]	[illegible]	[illegible]	[illegible]	[illegible]	[illegible]。	[illegible]	[illegible]	[illegible]	[illegible]
la^{1}	ɣiwej^{1}	bju^{1}	ɣạ^{2}	ljɨ̣^{2}	la^{1}	ɣiwej^{1}	ɣu^{1}	ljɨ̣^{2}	tśja^{1}	la^{1}
记	受	因	十	地	记	受。	初	地	道	记

菩萨是见十地。此受记,魔业业障应觉知受十地记。初地受道记,

16.55.5

[illegible],	[illegible]	[illegible]	[illegible]	[illegible]	[illegible]	[illegible]	[illegible],	[illegible]	[illegible]	[illegible]	[illegible]	[illegible],
ɣiwej^{1}	njɨ^{1}	ljɨ̣^{2}	ɲia^{2}	tsjij^{2}	dźjɨ$^{?}$	la^{1}	ɣiwej^{1}	sọ^{1}	ljɨ̣^{2}	zẹw^{2}	la^{1}	ɣiwej^{1}
受,	二	地	菩	萨	行	记	受,	三	地	忍	记	受,
[illegible]	[illegible]	[illegible]	[illegible]	[illegible],	[illegible]	[illegible]	[illegible]	[illegible]	[illegible]	[illegible],	[illegible]	[illegible]
ljɨr^{1}	ljɨ̣^{2}	tjị^{1}	la^{1}	ɣiwej^{1}	ŋwə^{1}	ljɨ̣^{2}	sã^{1}	mej^{2}	la^{1}	ɣiwej^{1}	tśhjiw^{1}	ljɨ̣^{2}

四 地 愿 记 受， 五 地 三 昧 记 受， 六 地

二地受菩萨行记，三地受忍记，四地受愿记，五地受三昧记，六地

16.55.6

[Tangut script illegible]

źjɨr¹ la¹ ɣiwej¹ śją¹ ljɨ² tśier¹ ·ju² la¹ ɣiwej¹ ·jar¹ ljɨ²

慧 记 受， 七 地 方 便 记 受， 八 地

[Tangut script illegible]

ɣię² mji¹ tjįj¹ dwewr² ŋowr² ŋowr² ·jij¹ nwə¹ lew² gjįj¹

声 闻、 独 觉 一 切 之 知 所 出

受慧记，七地受方便记，八地受出过声闻、辟支佛地一切知记，

16.55.7

[Tangut script illegible]

dzjįj¹ la¹ ɣiwej¹ gjɨ¹ ljɨ² lew¹ wę¹ tśięj² twę¹ la¹ ɣiwej¹

过 记 受， 九 地 一 生 续 补 记 受，

[Tangut script illegible]

ɣą² ljɨ² tha¹ tśjiw² pho¹ la¹ ɣiwej¹ thja² ljij² wju¹

十 地 佛 顶 灌 记 受。 彼 大 悲

九地受一生补处记，十地受佛灌顶记。彼修大悲

16.56.1

[Tangut script illegible]

pa² rja² po¹ lo¹ dzu¹ djo² tśier¹ ·ju² nęw²

般 若 波 罗 蜜 修， 方 便 善

[Tangut script illegible]

ɣjɨr¹ ? njij¹ thjɨ² sju² ŋwu² śjwo¹ tshwew¹ lew²

权 亲 近， 是 如 以 生 趣 应。

般若波罗蜜，善权方便亲近，如是趣向。

16.56.2

[Tangut script illegible]

niow¹ tśjɨ¹ kie¹ dźja² dźjwu¹ ɲia² tsjij² tjɨ¹ tjij¹ ɲia² tsjij²

复 次 金 刚 摧 菩 萨！ 如 若 菩 萨

[illegible] [illegible] [illegible] [illegible] [illegible]， [illegible] [illegible] [illegible] [illegible] [illegible]

·jij¹ tśja¹ dwewr² kjɨ¹ mjịj¹ ku¹ thja¹ ɲia² tsjij² ·jij¹

自 道 觉 △ 梦， 则 此 菩 萨 之

复次金刚摧！菩萨若梦中觉道①，此菩萨

16.56.3

[illegible] [illegible] [illegible]。 [illegible] [illegible] [illegible] [illegible]、 [illegible] [illegible] [illegible] [illegible]、

ɣu¹ ljɨ̣² ŋwu² ljịj² wjụ¹ nwə¹ dwewr² jɨr² khu¹ dźjij¹ djọ²

初 地 是。 大 悲 知 觉、 勤 精 进 修、

[illegible] [illegible] [illegible] [illegible]， [illegible] [illegible] [illegible] [illegible] [illegible] [illegible]。

dźiej² nẹw² njịj¹ śjwo¹ thjɨ² sju² ŋwu² śjwo¹ tshwew¹ lew²

信 善 心 生， 是 如 以 生 趣 应。

是初地。应觉大悲、应勤修精进、应信善心②，如是趣向。

16.56.4

[illegible] [illegible] [illegible] [illegible] [illegible] [illegible] [illegible]， [illegible] [illegible] [illegible]

nwə¹ dwewr² ku¹ ·jar¹ ljɨ̣² ·jij¹ ŋwu² sọ¹ tụ¹ ljịj²

知 觉 则 八 地 相 是， 三 千 大

[illegible] [illegible] [illegible] [illegible] [illegible] [illegible] [illegible] [illegible] [illegible]， [illegible]

tụ¹ rjur¹ kiẹj² mju² ku¹ gjɨ¹ ljɨ̣² ·jij¹ ŋwu² tjij¹

千 世 界 动 则 九 地 相 是， 若

觉知是八地③，动三千大千世界是九地，

16.56.5

[illegible] [illegible] [illegible] [illegible] [illegible] [illegible] [illegible] [illegible] [illegible] [illegible] [illegible]

bji¹ swew¹ wją² rjur¹ mə¹ ljịj² ɣiẹ² ŋwu² ·jow² kją¹ ku¹

光 明 放 诸 天 大 声 以 颂 歌 则

---

① 西夏本“若”下有“[illegible]”（自）字。

② 西夏本“应”下有“[illegible]”（生）字。

③ 西夏本句下有“[illegible]”（相）字，此下至“十地”皆同。

[illegible]	[illegible]	[illegible]	[illegible]。	[illegible]	[illegible]	[illegible]	[illegible]，	[illegible]	[illegible]
ɣạ^{2}	ljɨ̣^{2}	·jij^{1}	ŋwu^{2}	ɣu^{1}	ljɨ̣^{2}	śjạ^{1}	ljɨ̣^{2}	jɨr^{2}	mji^{1}
十	地	相	是。	初	地	七	地，	勤	不

梦放光诸天大声歌颂喜啸是十地①。初地七地，不勤

16.56.6

[illegible]	[illegible]	[illegible]	[illegible]	[illegible]	[illegible]	[illegible]	[illegible]。
djọ^{2}	ku^{1}	ljij^{2}	sjwɨj^{1}	·jij^{1}	thjɨ^{2}	sju^{2}	ljɨ^{1}
修	则	魔	业	相	是	如	也。

进魔业如是相。

16.56.7

[illegible]	[illegible]	[illegible]	[illegible]	[illegible]	[illegible]	[illegible]！	[illegible]	[illegible]	[illegible]	[illegible]
niow^{1}	tśjɨ^{1}	kie^{1}	dźja^{2}	dźjwu^{1}	ɲia^{2}	tsjij^{2}	tjɨ^{1}	tjij^{1}	ɲia^{2}	tsjij^{2}
复	次	金	刚	摧	菩	萨！	如	若	菩	萨
[illegible]	[illegible]	[illegible]	[illegible]	[illegible]	[illegible]，	[illegible]	[illegible]	[illegible]	[illegible]	
·jij^{1}	ljɨ̣^{2}	sə^{1}	rjir^{2}	kjɨ^{1}	mjij^{1}	ku^{1}	thja^{1}	ɲia^{2}	tsjij^{2}	
自	瓶	满	得	△	梦，	则	此	菩	萨	

复次金刚摧！菩萨若梦中得满瓶②，此菩萨

16.57.1

[illegible]	[illegible]	[illegible]	[illegible]	[illegible]	[illegible]	[illegible]，	[illegible]	[illegible]	[illegible]	[illegible]。
·jij^{1}	ɣạ^{2}	ljɨ̣^{2}	ŋowr^{2}	ŋowr^{2}	ljij^{2}	ŋwu^{2}	thjɨ^{2}	sju^{2}	nwə^{1}	lew^{2}
之	十	地	一	切	见	是，	是	如	知	当。
[illegible]	[illegible]	[illegible]	[illegible]	[illegible]	[illegible]	[illegible]	[illegible]	[illegible]	[illegible]	[illegible]
tjij^{1}	gjij^{2}	nji^{1}	kha^{1}	rjir^{2}	kjɨ^{1}	mjij^{1}	ku^{1}	ɣu^{1}	ljɨ̣^{2}	·jij^{1}
若	村	邑	中	得	△	梦	则	初	地	相

见一切十地，当如是知。若村中得是初地③，

① 西夏本句上有“[illegible]”(若)字。另，汉文本“梦”“喜啸”西夏本未见。

② 西夏本“若”下有“[illegible]”(自)字。

③ 西夏本“若”下有“[illegible]”(梦)字。另，西夏本句下有“[illegible]”(相)字，此下至“十地”皆同。

16.57.2

[illegible]，	[illegible]	[illegible]	[illegible]	[illegible]	[illegible]	[illegible]	[illegible]	[illegible]	[illegible]，	[illegible]
ŋwu^{2}	tjij^{1}	ɣa^{1}	·u^{2}	rjir^{2}	ku^{1}	njɨ̣^{1}	ljɨ̣^{2}	·jij^{1}	ŋwu^{2}	tjij^{1}
是，	若	门	中	得	则	二	地	相	是，	若
[illegible]	[illegible]	[illegible]	[illegible]	[illegible]	[illegible]	[illegible]	[illegible]，	[illegible]	[illegible]	
tśja^{1}	·u^{2}	rjir^{2}	ku^{1}	sọ^{1}	ljɨ̣^{2}	·jij^{1}	ŋwu^{2}	tjij^{1}	phu^{2}	
道	中	得	则	三	地	相	是，	若	树	

若门中得是二地，若道中得是三地，若树

16.57.3

[illegible]	[illegible]	[illegible]	[illegible]	[illegible]	[illegible]	[illegible]，	[illegible]	[illegible]	[illegible]	[illegible]
khju^{1}	rjir^{2}	ku^{1}	ljɨr^{1}	ljɨ̣^{2}	·jij^{1}	ŋwu^{2}	tjij^{1}	dźjịj^{1}	rjir^{2}	ku^{1}
下	得	则	四	地	相	是，	若	住	得	则
[illegible]	[illegible]	[illegible]	[illegible]，	[illegible]	[illegible]	[illegible]	[illegible]	[illegible]	[illegible]	
ŋwə^{1}	ljɨ̣^{2}	·jij^{1}	ŋwu^{2}	tjij^{1}	dzu̱^{2}	rjir^{2}	ku^{1}	tśhjiw^{1}	ljɨ̣^{2}	
五	地	相	是，	若	坐	得	则	六	地	

下得是四地，若住得是五地，若坐得是六地，

16.57.4

[illegible]	[illegible]，	[illegible]	[illegible]	[illegible]	[illegible]	[illegible]	[illegible]	[illegible]	[illegible]	[illegible]
·jij^{1}	ŋwu^{2}	tjij^{1}	ŋər^{1}	tśjiw^{2}	tśhja^{1}	rjir^{2}	ku^{1}	śjạ^{1}	ljɨ̣^{2}	·jij^{1}
相	是，	若	山	顶	上	得	则	七	地	相
[illegible]，	[illegible]	[illegible]	[illegible]	[illegible]	[illegible]	[illegible]	[illegible]	[illegible]	[illegible]，	
ŋwu^{2}	tjij^{1}	ŋa^{1}	gu^{2}	rjir^{2}	ku^{1}	·jar^{1}	ljɨ̣^{2}	·jij^{1}	ŋwu^{2}	
是，	若	空	中	得	则	八	地	相	是，	

若山顶头得是七地，若空中得是八地，

16.57.5

[illegible]	[illegible]	[illegible]	[illegible]	[illegible]	[illegible]	[illegible]	[illegible]	[illegible]，	[illegible]	[illegible]
tjij^{1}	tji̱^{1}	dzjiij^{1}	rjir^{2}	ku^{1}	gjɨ̣^{1}	ljɨ̣^{2}	·jij^{1}	ŋwu^{2}	tjij^{1}	lju̱^{2}
若	食	时	得	则	九	地	相	是，	若	庄

[illegible]	[illegible]	[illegible]	[illegible]	[illegible]	[illegible]	[illegible]	[illegible]	[illegible]	[illegible]
tshjịj^{2}	dzẹj^{1}	dzẹj^{2}	tjij^{1}	·iọ^{2}	bo^{1}	kha^{1}	rjir^{2}	ku^{1}	ɣạ^{2}
严	乘	骑	若	园	观	中	得	则	十

若食时得是九地,若庄严乘骑若园观是十

16.57.6

[illegible]	[illegible]	[illegible]。	[illegible]	[illegible]	[illegible]	[illegible]	[illegible]	[illegible]	[illegible]	[illegible]
ljɨ̣^{2}	·jij^{1}	ŋwu^{2}	thjɨ^{2}	sju^{2}	ljɨ̣^{2}	ljɨ̣^{2}	ljịj^{2}	sjwɨj^{1}	sjwɨj^{1}	lə^{1}
地	相	是。	是	如	地	地	魔	业	业	障
[illegible]	[illegible],	[illegible]	[illegible]	[illegible]	[illegible]	[illegible]	[illegible]	[illegible]	[illegible]	[illegible]。
nwə^{1}	dwewr^{2}	ku^{1}	thjɨ^{2}	sju^{2}	ŋwu^{2}	gji^{1}	sej^{1}	śjwo^{1}	tshwew^{1}	lew^{2}
知	觉,	则	是	如	以	清	净	生	趣	应。

地。此地地魔业业障应觉,如是清净趣向。

汉文本

复次金刚摧!菩萨若梦中见五谷聚,此菩萨是八地上地住初地第二地,如是见不勤进,见魔业不要谈说。前身曾供养诸佛,多诸艰难,不依一切世间,不观于舍,守护三业,如是清净。梦见聚谷是七地,梦聚三千大千世界谷是八地,若梦五谷聚熟是九地,若梦刈谷是十地。

复次金刚摧!菩萨若梦中见治众生病,此菩萨是八地。少于业障、魔业增盛,应修大悲,勤劝化,不生疑悔,如是相应。梦治小儿是初地,若梦治女人是二地,若梦治大人是三地,若梦治热病是四地,若梦治白癞病是五地,若梦治自残病是六地,若梦治干消病是七地,若梦治鬼病是八地。除魔业,应修集忍行,成就菩萨大悲善心。

复次金刚摧!菩萨若自闻授菩提记,此菩萨是见十地。此受记,魔业业障应觉知受十地记。初地受道记,二地受菩萨行记,三地受忍记,四地受愿记,五地受三昧记,六地受慧记,七地受方便记,八地受出过声闻、辟支佛地一切知记,九地受一生补处记,十地受佛灌顶记。彼修大悲般若波罗蜜,善权方便亲近,如是趣向。

复次金刚摧!菩萨若梦中觉道,此菩萨是初地。应觉大悲、应勤修精进、应信善心,如是趣向。觉知是八地,动三千大千世界是九地,梦放光诸天大声歌颂喜啸是十地。初地七地,不勤进魔业如是相。

复次金刚摧!菩萨若梦中得满瓶,此菩萨见一切十地,当如是知。若村中得是初地,若门中得是二地,若道中得是三地,若树下得是四地,若住得是五地,若坐得是六地,若山顶头得是七地,若空中得是八地,若食时得是九地,若庄严乘骑若园观是十地。此地地魔业业障应觉,如是清净趣向。

16.57.7

tśhjɨ^1	zjọ^2	rjur^1	pjụ^1	lja̱^{1}	dạ^2	rjɨr^2	tshjij^1
尔	时，	世	尊	偈	言	乃	说：

尔时，世尊而说偈言：

16.58.1

thjɨ^2	sju^2	·jij^1	bju^1	rjir^1	djɨj^2	mji^1	rjir^1	mji^1	tśju^1
是	如	相	因	得，	定	无	得	无	己，
tha^2	mjijr^2	thjɨ^2	sju^2	ŋwu^2	mjɨ^1	·jij^1	dźjar^2	tji^1	·ju^2
大	士	是	如	以，	他	之	短	莫	寻，

如是相所得，决定无有疑，大士应如是，莫见他少短，

16.58.2

dzjwo^2	tśhja^2	pjụ^1	dza^2	gie^1	ljịj^2	ŋjow^2	·u^2	mə̣^{1}	to^2
人	德	难	可	量。	大	海	中	火	出，
mə̣^{1}	?	kha^1	zjɨ̱r^2	to^2	thjɨ^2	sju^2	ljɨ̣^{1}	rjar^1	dju^1
火	焰	中	水	生，	此	如	者	得	有，

人德难可量。大海可炽火，火中可生水，

16.58.3

thjɨ^2	ljɨ^1	ljɨ^1	·jij^1	bju^1	po^1	tjij^1	ɣa^2	lhjwo^1	tja^1
此	一	一	相	因，	菩	提	于	退	者，
tśjo$^?$	thjɨ^2	sju^2	tjɨj^2	mjij^1	tjij^1	njɨ̱^{1}	wạ^1	tśjiw^2	tśhja̱^{1}

终	是	如	法	无。	若	两	肩	顶	上，

此一一有相,若退于菩提,终无有是处。若以于两肩,

16.58.4

[illegible]	[illegible]	[illegible]	[illegible]	[illegible]，	[illegible]	[illegible]	[illegible]	[illegible]	[illegible]，
sju^{2}	mji^{1}	ŋər^{1}	tśjiw^{2}	tśiej^{2}	śja^{1}	rjijr^{2}	khjā^{2}	khja^{2}	bẹ^{1}
须	弥	山	顶	戴，	十	方	恒	河	沙，
[illegible]	[illegible]	[illegible]	[illegible]	[illegible]；	[illegible]	[illegible]	[illegible]	[illegible]	[illegible]，
rjur^{1}	kiẹj^{2}	zjir^{2}	źji^{2}	da̱^{2}	thjɨ^{2}	sju^{2}	ljɨ̣^{1}	rjar^{1}	dju^{1}
世	界	遍	至	游；	是	如	者	得	有，

顶戴于须弥,游至于十方,恒河沙世界;如是之相貌,此事犹可作,

16.58.5

[illegible]	[illegible]	[illegible]	[illegible]	[illegible]，	[illegible]	[illegible]	[illegible]	[illegible]	[illegible]。
thja^{1}	po^{1}	tjɨj^{1}	njij^{1}	tja^{1}	tśjo$^{?}$	śjij^{1}	lhji̱^{1}	lhjwo^{1}	mjij^{1}
此	菩	提	心	者，	终	时	退	转	无。
[illegible]	[illegible]	[illegible]	[illegible]	[illegible]，	[illegible]	[illegible]	[illegible]	[illegible]	[illegible]，
ljɨ^{2}	ljɨ̣^{1}	?	rjar^{1}	dju^{1}	po^{1}	tjɨj^{1}	njij^{1}	lhji̱^{1}	tja^{1}
地	者	易	可	有，	菩	提	心	退	转，
[illegible]	[illegible]	[illegible]	[illegible]	[illegible]，	[illegible]	[illegible]	[illegible]	[illegible]	[illegible]，
thjɨ^{2}	kha^{1}	zjɨ̱r^{1}	tśhja^{2}	·iow	tśjo$^{?}$	thjɨ^{2}	sju^{2}	tjɨ̱j^{2}	mjij^{1}
此	中	少	功	德，	终	是	如	法	无。
[illegible]	[illegible]	[illegible]	[illegible]	[illegible]，	[illegible]	[illegible]	[illegible]	[illegible]	[illegible]，
tjɨ^{1}	tjij^{1}	ne̱w^{2}	njij^{1}	dzjwo^{2}	źji^{2}	phju^{2}	tśja^{1}	rjijr^{2}	tshwew^{1}
如	若	善	心	人，	无	上	道	向	趣，

如此菩提心,终无有退转。大地可反复,菩提心退转,终无有是处。此中少功德,若有善心人,以向无上道,

16.58.6

[illegible]	[illegible]	[illegible]	[illegible]	[illegible]。	[illegible]	[illegible]	[illegible]	[illegible]	[illegible]，
ljɨr^{1}	tsji̱r^{1}	mjɨ^{1}	pjụ^{1}	dju^{1}	rjur^{1}	kha^{1}	sjij^{2}	mjij^{1}	dzjwo^{2}

四	法	无	量	有。	世	间	智	无	人，
[illegible]	[illegible]	[illegible]	[illegible]	[illegible]，	[illegible]	[illegible]	[illegible]	[illegible]	[illegible]，
tshọ^{2}	ŋa^{1}	kiẹj^{2}	nwə^{1}	gie^{1}	thjɨ^{2}	sju^{2}	ɲia^{2}	tśhju^{1}	kiẹj^{2}
虚	空	界	知	难，	是	如	众	生	界，

有四法无量。世间无智者，虚空界难知，如是众生界，

16.58.7

[illegible]	[illegible]	[illegible]	[illegible]	[illegible]。	[illegible]	[illegible]	[illegible]	[illegible]	[illegible]，
tha^{1}	po^{1}	tjɨj^{1}	njij^{1}	nwə^{1}	ber^{2}	mjijr^{2}	tsjɨ^{1}	thja^{1}	sju^{2}
佛	菩	提	心	知。	遇	者	亦	是	知，
[illegible]	[illegible]	[illegible]	[illegible]	[illegible]，	[illegible]	[illegible]	[illegible]	[illegible]	[illegible]。
rjur^{1}	ɲia^{2}	tsjij^{2}	dźjɨ$^{?}$	ɣa^{2}	mjɨ^{1}	kjiwr^{2}	njij^{1}	tji^{1}	śjwo^{1}
诸	菩	萨	行	于，	不	畏	心	不	生。

佛知菩提心。愚者应当知①，诸菩萨所行，不应生轻毁。

16.59.1

[illegible]	[illegible]	[illegible]	[illegible]	[illegible]，	[illegible]	[illegible]	[illegible]	[illegible]	[illegible]，
śjɨ^{2}	bięj^{2}	ŋwu^{2}	ljij^{2}	ŋjow^{2}	pjụ^{1}	dza^{2}	ljɨ̣^{1}	rjar^{1}	dju^{1}
草	枝	以	大	海，	量	测	者	可	有，
[illegible]	[illegible]	[illegible]	[illegible]	[illegible]，	[illegible]	[illegible]	[illegible]	[illegible]	[illegible]。
ɲia^{2}	tśhju^{1}	rjɨr^{2}	dźjij^{1}	tja^{1}	źji^{2}	sew^{2}	tshjij^{1}	tjị^{2}	mjij^{1}
众	生	所	行	者，	皆	思	议	可	不。

可以一小草，测量于大海，众生之所行，不可得思议。

16.59.2

[illegible]	[illegible]	[illegible]	[illegible]	[illegible]，	[illegible]	[illegible]	[illegible]	[illegible]	[illegible]，
tjɨ^{1}	tjij^{1}	ljij^{2}	ŋjow^{2}	zjɨ̣r^{2}	?	rər^{2}	dzjwɨ̣^{1}	djij^{2}	we^{2}
假	使	大	海	水，	化	铜	柄	当	为，
[illegible]	[illegible]	[illegible]	[illegible]	[illegible]，	[illegible]	[illegible]	[illegible]	[illegible]	[illegible]，
·jij^{1}	ljụ^{2}	kạ^{1}	wier^{1}	nio̱w^{1}	djij^{2}	sji^{1}	ljɨ̣^{1}	kjir^{2}	ŋa^{2}

① 愚，西夏本作“[illegible]”(遇)，疑为传译中同音致误。

己	身	命	惜	故,	饮	尽	犹	能	我,

假使大海水,尽融为洋铜,为己身命故,犹尚可饮尽,

16.59.3

[illegible]	[illegible]	[illegible]	[illegible]	[illegible],	[illegible]	[illegible]	[illegible]	[illegible]	[illegible]。
rjur^{1}	ɲia^{2}	tsjij^{2}	dźjɨ$^{?}$	ɣa^{2}	tśjo$^{?}$	mjɨ^{1}	kjiwr^{2}	njij^{1}	mjij^{1}
诸	菩	萨	行	于,	终	不	畏	心	无。
[illegible]	[illegible]	[illegible]	[illegible]	[illegible],	[illegible]	[illegible]	[illegible]	[illegible]	[illegible],
rər^{2}	dzjwɨ̣^{1}	wjɨ^{2}	djij^{2}	tśjị^{1}	thja^{1}	tśjị^{1}	ŋewr^{1}	tjị^{2}	mjij^{1}
铜	柄	△	饮	苦,	其	苦	数	可	不,

于诸菩萨行,终不可轻毁。如饮洋铜苦,其苦不可数,

16.59.4

[illegible]	[illegible]	[illegible]	[illegible]	[illegible],	[illegible]	[illegible]	[illegible]	[illegible]	[illegible],
tjij^{1}	sjwɨj^{1}	lə^{1}	ɣie^{2}	dju^{1}	ljịj^{2}	dźjɨ$^{?}$	wji^{1}	dja^{2}	lhạ^{2}
或	业	障	碍	有,	魔	△	△	△	惑,
[illegible]	[illegible]	[illegible]	[illegible]	[illegible],	[illegible]	[illegible]	[illegible]	[illegible]	[illegible]。
thja^{2}	dzjwo^{2}	wjɨ^{2}	wẹ^{1}	twụ^{1}	tśjo$^{?}$	sjwɨ̱^{1}	lhjɨ̱^{1}	mjɨ^{1}	dju^{1}
彼	人	△	生	处,	终	忧	悔	无	有。

或有业障碍,或为魔所乱,彼人受生处,终无有忧悔。

16.59.5

[illegible]	[illegible]	[illegible]	[illegible]	[illegible],	[illegible]	[illegible]	[illegible]	[illegible]	[illegible],
tjij^{1}	dzjwo^{2}	dzu^{1}	ŋwe^{1}	niọw^{1}	tsə̣^{1}	niow^{2}	wẹ^{1}	lə^{2}	ɣa^{2}
若	人	喜	乐	故,	色	恶	愚	痴	于,
[illegible]	[illegible]	[illegible]	[illegible]	[illegible],	[illegible]	[illegible]	[illegible]	[illegible]	[illegible],
kie^{1}	tsjụ^{1}	dwər^{1}	khie^{1}	lew^{2}	dzjwɨ̣^{1}	lhejr^{2}	tsjɨ^{1}	mjɨ^{1}	ljwịj^{2}
戒	破	厌	恶	可,	恭	敬	亦	不	消,

若人为乐故,于恶色愚痴,破戒可厌恶,不可恭敬者,

16.59.6

[illegible]	[illegible]	[illegible]	[illegible]	[illegible],	[illegible]	[illegible]	[illegible]	[illegible]	[illegible]。

thjɨ^{2}	sju^{2}	njɨ^{2}	dzjwo^{2}	do^{2}	mjɨ^{1}	kjiwr^{2}	njij^{1}	tji^{1}	śjwo^{1}
如	是	等	人	所，	不	畏	心	不	生。
[illegible]	[illegible]	[illegible]	[illegible]	[illegible]，	[illegible]	[illegible]	[illegible]	[illegible]	[illegible]，
ɲia^{2}	tśhju^{1}	rjɨr^{2}	dźjij^{1}	tja^{1}	źji^{2}	kha^{1}	nwə^{1}	tsjij^{2}	gie^{1}
众	生	所	行	者，	甚	中	知	悟	难，

如是等人所，不应生轻慢。众生之所行，甚难可得知，

16.59.7

[illegible]	[illegible]	[illegible]	[illegible]	[illegible]，	[illegible]	[illegible]	[illegible]	[illegible]	[illegible]，
dzjọ^{1}	sju^{2}	śja^{1}	rjir^{2}	gji^{2}	mjij^{1}	sej^{1}	śjã^{1}	djɨj^{2}	·o^{2}
犹	如	舍	利	子，	寂	净	禅	定	入，
[illegible]	[illegible]	[illegible]	[illegible]	[illegible]，	[illegible]	[illegible]	[illegible]	[illegible]	[illegible]。
thja^{1}	bju^{1}	·ja$^{?}$	njij^{1}	ŋwu^{2}	lew^{1}	ŋwə^{1}	ɣạ^{2}	njij^{1}	nwə^{1}
其	依	一	心	以，	唯	五	十	心	知。

犹如舍利弗①，寂默入禅定，能于一心中，唯知五十心。

16.60.1

[illegible]	[illegible]	[illegible]	[illegible]	[illegible]，	[illegible]	[illegible]	[illegible]	[illegible]	[illegible]，
rjur^{1}	tha^{1}	rjur^{1}	pjụ^{1}	tja^{1}	·ja$^{?}$	ljɨ̣r^{2}	mjɨ^{1}	pjụ^{1}	nwə^{1}
诸	佛	世	尊	者，	一	念	无	量	知，
[illegible]	[illegible]	[illegible]	[illegible]	[illegible]，	[illegible]	[illegible]	[illegible]	[illegible]	[illegible]。
rjur^{1}	tha^{1}	rjur^{1}	pjụ^{1}	do^{2}	·jiw^{2}	ljịj^{1}	njij^{1}	tji^{1}	śjwo^{1}
诸	佛	世	尊	处，	疑	惑	心	不	生。

犹如诸世尊，一念知无量，不应于诸佛，而生于疑心。

16.60.2

[illegible]	[illegible]	[illegible]	[illegible]	[illegible]，	[illegible]	[illegible]	[illegible]	[illegible]	[illegible]，
dzjọ^{1}	sju^{2}	·ja$^{?}$	lo^{1}	xã^{1}	·jij^{1}	mjɨ̣^{2}	tsjɨ^{1}	mjɨ^{1}	nwə^{1}
犹	如	阿	罗	汉，	自	境	亦	不	知，
[illegible]	[illegible]	[illegible]	[illegible]	[illegible]，	[illegible]	[illegible]	[illegible]	[illegible]	[illegible]。

① 舍利弗，西夏本作“[illegible][illegible][illegible]”（舍利子）。

niow¹	ɲia²	tśhju¹	·jij¹	mjɨ̠²	nwə¹	njwi²	tji̠²	ljo̱²	wjij²
复	众	生	之	境,	知	能	可	岂	有。

犹如阿罗汉,不知自境界,况复当能知,众生之境界。

16.60.3

[illegible]	[illegible]	[illegible]	[illegible]	[illegible],	[illegible]	[illegible]	[illegible]	[illegible]	[illegible],
thjɨ²	nio̱w¹	dzjwo²	ŋowr²	ŋowr²	thjɨ²	sju²	da̱²	tji¹	wji¹
是	故	人	一	切,	是	如	言	不	作,
[illegible]	[illegible]	[illegible]	[illegible]	[illegible],	[illegible]	[illegible]	[illegible]	[illegible]	[illegible]。
ŋa²	ɲia²	tśhju¹	·jij¹	njij¹	wjɨ²	ljɨ̠r²	tja¹	nwə¹	njwi²
我	众	生	之	心,	△	念	者	知	能。

是故一切人,不应作是言,我能知众生,心中之所念。

16.60.4

[illegible]	[illegible]	[illegible]	[illegible]	[illegible],	[illegible]	[illegible]	[illegible]	[illegible]	[illegible],
ŋa²	lhwu¹	tshjwu¹	dzjwo²	·jij¹	tsej²	lhwu¹	phiow¹	gjwi²	ljij²
我	衣	青	人	之,	暂	衣	白	著	见,
[illegible]	[illegible]	[illegible]	[illegible]	[illegible],	[illegible]	[illegible]	[illegible]	[illegible]	[illegible],
thjɨ²	sju²	ljɨ̠r²	ljɨ̠r²	kha¹	ljɨ̠r²	ljɨ̠r²	ljij¹	?	dju¹
是	如	念	念	间,	念	念	变	异	有,

我见染服人,须臾著白衣,如是念念间,念念有变异,

16.60.5

[illegible]	[illegible]	[illegible]	[illegible]	[illegible],	[illegible]	[illegible]	[illegible]	[illegible]	[illegible]。
niow¹	źjɨr¹	ɣiej¹	we̱¹	mjijr²	nwə¹	tsjij²	njwi²	tja¹	sjwɨ¹
复	真	实	愚	者,	知	悟	能	者	谁。
[illegible]	[illegible]	[illegible]	[illegible]	[illegible],	[illegible]	[illegible]	[illegible]	[illegible]	[illegible],
dzjo̱¹	sju²	·ja?	śja¹	njij²	·jij¹	wja¹	·jij¹	sja¹	tśju̱¹
譬	如	阿	阇	王,	己	父	之	杀	害,

况谁能复知,真实者愚患。譬如阿阇世①,杀害于己父,

① 阿阇世,西夏本作"[illegible]"(阿阇王)。

16.60.6

[illegible]	[illegible]	[illegible]	[illegible]	[illegible],	[illegible]	[illegible]	[illegible]	[illegible]	[illegible],
niow^{1}	tha^{1}	mjor^{1}	lji̱j^{2}	do^{2}	tśju̱^{1}	niow^{2}	nji̱j^{1}	śjwo^{1}	tsjɨ^{1}
又	佛	如	来	所,	害	恶	心	生	亦,
[illegible]	[illegible]	[illegible]	[illegible]	[illegible],	[illegible]	[illegible]	[illegible]	[illegible]	[illegible],
niow^{1}	·ja$^{?}$	ljɨ̱r^{2}	lji̱j^{1}	zji̱j^{1}	nji̱j^{1}	lhji̱^{1}	dzwej^{1}	dźjar^{2}	rewr^{2}
又	一	念	留	时,	心	退	罪	过	悔,

又于如来所，而生恶逆心，还于一念中，深悔过罪心，

16.60.7

[illegible]	[illegible]	[illegible]	[illegible]	[illegible],	[illegible]	[illegible]	[illegible]	[illegible]	[illegible]。
thja^{1}	dzwej^{1}	sjwɨj^{1}	dźjwi^{1}	dzjar^{2}	niow^{2}	tśja^{1}	tśjị^{1}	dja^{2}	thjij^{2}
其	罪	业	除	灭,	恶	道	苦	△	脱。
[illegible]	[illegible]	[illegible]	[illegible]	[illegible],	[illegible]	[illegible]	[illegible]	[illegible]	[illegible],
niow^{1}	·jij^{1}	sej^{1}	ne̱w^{2}	nji̱j^{1}	śjwo^{1}	tja^{1}	jɨ^{2}	wa^{2}	·o^{1}
复	自	净	善	心,	生	者	谓	何	在,

即能除罪报，脱于恶道苦。况有能自生，清净善心者，

16.61.1

[illegible]	[illegible]	[illegible]	[illegible]	[illegible],	[illegible]	[illegible]	[illegible]	[illegible]	[illegible],
thjɨ^{2}	nji̱j^{1}	gji^{2}	tjɨ̣^{1}	tśjɨ̱r^{2}	thjɨ^{2}	nji̱j^{1}	gji^{2}	tjɨ̣^{1}	thjij^{2}
此	心	时	童	缚,	此	心	时	童	解,
[illegible]	[illegible]	[illegible]	[illegible]	[illegible],	[illegible]	[illegible]	[illegible]	[illegible]	[illegible],
thjɨ^{2}	ljụ^{2}	la^{1}	mjij^{1}	ŋwu^{2}	nwə^{1}	lew^{2}	tsjɨ^{1}	mji^{1}	dju^{1}
此	身	记	无	是,	知	所	亦	无	有,

此心或时缚①，此心或时解②，此身是无记，亦无有所知，

① 时，西夏本作“[illegible]”（儿童）。按，“[illegible]”tjɨ̣^{1}（儿童）于义不合，在此假借作“[illegible]” tjɨ̣^{1}（时）。此二字在西夏字书《择要常传同训杂字》中同组（11.7.9）。

② 时，西夏本作“[illegible]”（儿童）。按，“[illegible]”tjɨ̣^{1}（儿童）于义不合，在此假借作“[illegible]” tjɨ̣^{1}（时）。此二字在西夏字书《择要常传同训杂字》中同组（11.7.9）。

16.61.2

[illegible]	[illegible]	[illegible]	[illegible]	[illegible]，	[illegible]	[illegible]	[illegible]	[illegible]	[illegible]，
thjɨ^{2}	sjo^{2}	thjɨ^{2}	ljụ^{2}	·jij^{1}	rjur^{1}	dźjar^{2}	niow^{2}	śjwo^{1}	ljɨ^{1}
是	何	此	身	之，	诸	过	恶	生	也，
[illegible]	[illegible]	[illegible]	[illegible]	[illegible]，	[illegible]	[illegible]	[illegible]	[illegible]	[illegible]，
thjɨ^{2}	ljụ^{2}	tsə^{1}	ljụ^{2}	ɣa^{2}	niow^{1}	?	njij^{1}	lew^{2}	nja̱^{2}
是	身	色	身	于，	又	亲	近	所	非，

云何令此身，而有于过恶，是身亦不应，亲近于身色，

16.61.3

[illegible]	[illegible]	[illegible]	[illegible]	[illegible]，	[illegible]	[illegible]	[illegible]	[illegible]	[illegible]。
niow^{1}	tsjɨ^{1}	mjɨ^{1}	dzjwo^{2}	·jij^{1}	sja^{1}	tśjụ^{1}	wji^{1}	lew^{2}	nja̱^{2}
亦	复	所	不	应，	杀	害	△	△	非。
[illegible]	[illegible]	[illegible]	[illegible]	[illegible]，	[illegible]	[illegible]	[illegible]	[illegible]	[illegible]，
dzjọ^{1}	sju^{2}	sej^{1}	kie^{1}	ɣiej^{1}	mji^{1}	sej^{1}	kha^{1}	nja^{1}	ljɨ^{1}
譬	如	真	金	净，	不	净	中	△	堕，

亦复所不应，杀害他人身。譬如真净金，堕于不净中，

16.61.4

[illegible]	[illegible]	[illegible]	[illegible]	[illegible]，	[illegible]	[illegible]	[illegible]	[illegible]	[illegible]。
mər^{2}	tsji̱r^{2}	gji^{1}	sej^{1}	ku^{1}	mji^{1}	sej^{1}	ŋjwo^{2}	mjɨ^{1}	ljɨ̱^{1}
本	性	清	净	则，	不	净	损	不	能。
[illegible]	[illegible]	[illegible]	[illegible]	[illegible]，	[illegible]	[illegible]	[illegible]	[illegible]	[illegible]，
thja^{1}	dzjwo^{2}	rjur^{1}	kha^{1}	tsji̱r^{1}	lẹj^{2}	ŋwu^{2}	dźjịj^{1}	dźjịj^{1}	dzu^{1}
彼	人	世	间	法，	贪	以	行	行	乐，

本性常清净，不净不能损。彼人虽贪乐，行于世间法，

16.61.5

[illegible]	[illegible]	[illegible]	[illegible]	[illegible]，	[illegible]	[illegible]	[illegible]	[illegible]	[illegible]。
thja^{2}	·jij^{1}	źjɨr^{1}	tśhja^{2}	·iow	ne̱w^{2}	njịj^{1}	mji^{1}	ŋjwo^{2}	dzəj^{1}
彼	之	实	功	德，	善	心	无	损	减。

[illegible]	[illegible]	[illegible]	[illegible]	[illegible]，	[illegible]	[illegible]	[illegible]	[illegible]	[illegible]，
njij^{2}	gji^{2}	phə^{1}	bjij^{1}	gji^{2}	tha^{2}	·ji^{1}	kha^{1}	·u^{2}	djij^{1}
王	子	富	长	子，	大	众	中	戏	笑，

彼人实功德，善心无损减。王子长者子，众中作戏笑，

16.61.6

[illegible]	[illegible]	[illegible]	[illegible]	[illegible]，	[illegible]	[illegible]	[illegible]	[illegible]	[illegible]。
rjur^{1}	njij^{2}	ljij^{2}	ŋowr^{2}	ŋowr^{2}	to^{2}	źji^{2}	njij^{1}	ljɨj^{2}	śjwo^{1}
诸	大	王	一	切，	悉	皆	心	喜	生。
[illegible]	[illegible]	[illegible]	[illegible]	[illegible]，	[illegible]	[illegible]	[illegible]	[illegible]	[illegible]，
thjɨ^{2}	ɲia^{2}	tśhju^{1}	kha^{1}	dźjɨ$^{?}$	tjij^{1}	mə^{1}	dzjwo^{2}	kha^{1}	dźjij^{1}
此	众	生	中	行，	或	天	人	中	在，

一切诸大王，见者悉喜乐。此众生中行，或在天人中，

16.61.7

[illegible]	[illegible]	[illegible]	[illegible]	[illegible]，	[illegible]	[illegible]	[illegible]	[illegible]	[illegible]，
thjɨ^{2}	do^{1}	thji^{1}	mji^{1}	sjɨ^{1}	mə̣^{1}	zow^{2}	tsjɨ^{1}	mji^{1}	lu^{2}
此	毒	食	不	死，	火	捉	亦	不	烧，
[illegible]	[illegible]	[illegible]	[illegible]	[illegible]，	[illegible]	[illegible]	[illegible]	[illegible]	[illegible]。
niow^{1}	thja^{1}	nwə^{1}	dwewr^{2}	tja^{1}	tśhja^{2}	tshjij^{1}	tjị^{2}	ljọ^{2}	wjij^{2}
复	其	知	觉	者，	正	说	可	岂	有。

或食毒不死，或捉火不烧，况于知觉者①，

16.62.1

[illegible]	[illegible]	[illegible]	[illegible]	[illegible]，	[illegible]	[illegible]	[illegible]	[illegible]	[illegible]，
rjur^{1}	kha^{1}	wẹ^{1}	lə^{2}	dzjwo^{2}	lə^{2}	dźjɨ$^{?}$	lhjwi^{1}	mjɨ^{1}	ljɨ^{1}
世	间	愚	痴	人，	痴	行	夺	不	能，
[illegible]	[illegible]	[illegible]	[illegible]	[illegible]，	[illegible]	[illegible]	[illegible]	[illegible]	[illegible]。
tjij^{1}	dwewr^{2}	niow^{1}	ɣię^{2}	mji^{1}	ɲia^{2}	tsjij^{2}	mji^{1}	mjɨ^{1}	?

① 西夏本句下有“[illegible][illegible][illegible][illegible][illegible]”（正说可岂有），意思是“况复当正说”。

缘 觉 及 声 闻， 菩 萨 施 不 如。

世间愚痴人，不能夺痴行，缘觉及声闻，不如施菩萨。

16.62.2

[illegible]

gji1 sej1 njij1 ljo1 rjar1 tśhja2 ka1 tha1 wjɨ2 sju2

清 净 心 福 田， 平 等 佛 犹 如，

[illegible]

ɲia2 tsjij2 tha1 rjir2 ka1 ne̱w2 njij1 źji2 na1 ljij2

菩 萨 佛 与 等， 见 善 甚 深 见。

清净心福田，平等犹如佛，菩萨等如佛，见善心甚深。

16.62.3

[illegible]

dzjọ1 sju2 khjā2 khja2 bẹ1 rjur1 tha1 rjur1 kięj2 ·u2

譬 如 恒 河 沙， 诸 佛 世 界 中，

[illegible]

śjạ1 ljɨ̣1 sə1 mji1 dźjịj1 tjij1 thjɨ2 lwər2 rjar1 ·jịj1

七 宝 满 施 行； 若 此 经 书 持，

譬如恒河沙，诸佛世界中，满中七宝施；若书持此经，

16.62.4

[illegible]

thja1 tśhja2 rjir2 dzjọ1 ku1 ŋew2 bjịj1 dzjọ1 tjị2 mjij1

其 德 与 喻 则， 数 倍 喻 可 无，

[illegible]

kạ1 gjịj1 ɣie2 rjir1 njwi2 po1 tjɨj1 njịj1 mji1 phjɨ1

命 利 益 得 能， 菩 提 心 不 失。

欲比其功德，倍数无比喻，善得于命利，菩提心不失。

16.62.5

[illegible]

tjij^{1}	dzjwo^{2}	ljɨ^{1}	·war^{2}	nio̱w^{1}	ljij^{2}	ŋjow^{2}	·u^{2}	śjɨ^{1}	ku^{1}
若	人	宝	物	故，	大	海	中	入	则，
□	□	□	□	□；	□	□	□	□	□，
kjɨ^{1}	djɨj^{2}	ljij^{2}	gji̱j^{1}	rjir^{1}	tjij^{1}	rjur^{1}	lwər^{2}	lhejr^{2}	·jij^{1}
必	定	大	利	得；	若	诸	经	契	持，

若人为财故，入于大海中，必当获大利；若持一切经，

16.62.6

□	□	□	□	□，	□	□	□	□	□，
niow^{1}	mjɨ^{1}	·jij^{1}	tshji̱j^{1}	njwi^{2}	thjɨ^{2}	lwər^{2}	mji^{1}	mji^{1}	ku^{1}
又	他	之	说	能，	此	经	不	闻	则，
□	□	□	□	□。	□	□	□	□	□，
ɲia^{2}	tśhju^{1}	dźjɨ$^{?}$	mjɨ^{1}	nwə^{1}	thjɨ^{2}	·jiw^{1}	nio̱w^{1}	bju^{1}	ku^{1}
众	生	行	不	知。	是	因	缘	以	故，

能为多人说，不闻于此经，不知众生行。以是因缘故，

16.62.7

□	□	□	□	□，	□	□	□	□	□，
bu̱^{2}	mjor^{1}	ɣiej^{1}	nwə^{1}	lew^{2}	·jij^{1}	tśhja^{2}	dźjij^{2}	mji^{1}	·jow^{2}
胜	如	真	知	当，	自	德	有	不	赞，
□	□	□	□	□，	□	□	□	□	□。
mjɨ^{1}	·jij^{1}	mji^{1}	pjo^{1}	tsjij^{2}	ne̱w^{2}	njij^{1}	sej^{1}	dźjɨ$^{?}$	dźji̱j^{1}
他	之	不	毁	谤，	善	心	清	行	行。

应当知胜如，不自赞己德，不应谤毁他，善心行清行。

16.63.1

□	□	□	□	□，	□	□	□	□	□，
phju^{2}	tsew^{2}	po^{1}	tjij^{1}	tśja^{1}	xja^{1}	dwewr^{2}	tsjij^{2}	kie̱j^{2}	ku^{1}
一	第	菩	提	道，	速	觉	悟	欲	则，
□	□	□	□	□，	□	□	□	□	□，
·ja$^{?}$	ljij^{1}	rja^{2}	twu̱^{1}	dzu^{1}	·ju^{2}	rjur^{1}	tśhji^{2}	tśhjwɨj^{1}	·wejr^{2}

阿　练　若　处　乐，　常　诸　根　禁　护，

若欲速觉悟，第一菩提道，乐阿练若处，常护诸情根①，

16.63.2

[illegible] [illegible] [illegible] [illegible] [illegible]， [illegible] [illegible] [illegible] [illegible] [illegible]，

niow1　jɨr2　khu1　dźjij1　djọ2　njij1　low2　rjir2　khwa1　ka2

复　勤　精　进　修，　近　亲　与　远　离，

[illegible] [illegible] [illegible] [illegible] [illegible]。 [illegible] [illegible] [illegible] [illegible] [illegible]，

phju2　tsew2　wo2　njij2　djọ2　tjij1　thjɨ2　sju2　djọ2　ku1

一　第　义　慈　修。　若　是　如　修　则，

勤修于精进，远离于亲里，修第一义慈。如是当速疾，

16.63.3

[illegible] [illegible] [illegible] [illegible] [illegible]。

xja1　po1　tjɨj1　tśja1　rjir1

疾　菩　提　道　得。

得于菩提道。

16.63.4

[illegible] [illegible]， [illegible] [illegible] [illegible] [illegible] [illegible] [illegible] [illegible] [illegible]，

tśhjɨ1　zjọ2　rjur1　pjụ1　thjɨ2　lwər2　lhejr2　rjɨr2　tshjij1　zjọ2

尔　时，　世　尊　此　经　契　乃　说　时，

[illegible] [illegible] [illegible] [illegible] [illegible] [illegible] [illegible] [illegible] [illegible] [illegible]

tśhjiw1　khjɨ2　mə1　dzjwo2　·ja?　dụ2　tow1　lo1　sã1　bia1

六　万　天　人　阿　耨　多　罗　三　藐

尔时，世尊说此经时，六万天人得不退于阿耨多罗三藐

16.63.5

[illegible] [illegible] [illegible] [illegible] [illegible] [illegible] [illegible]； [illegible] [illegible] [illegible] [illegible]

sã1　po1　tjɨj1　ɣa2　mji1　lhji̠1　lhjwo1　ɣạ2　·jar1　no1　·jiw1

① 情，西夏本作“[illegible]”(禁)。

三	菩	提	于	不	退	转；	十	八	那	由
[illegible]	[illegible]	[illegible]	[illegible]	[illegible]	[illegible]	[illegible]	[illegible]，	[illegible]	[illegible]	[illegible]
thow1	mə1	dzjwo2	thjɨ2	lwər2	lhejr2	mji1	niow1	njịj1	mjij2	śjwo1
他	天	人	此	经	契	闻	已，	心	未	发

三菩提；十八那由他天人未发心者令

16.63.6

[illegible]	[illegible]	[illegible]	[illegible]	[illegible]	[illegible]	[illegible]。	[illegible]	[illegible]	[illegible]	[illegible]
tja1	źji2	po1	tjɨj1	njịj1	·ja?	śjwo1	·jar1	ɣạ2	kja2	mə2
者	皆	菩	提	心	△	发。	八	十	劫	死
[illegible]	[illegible]	[illegible]，	[illegible]	[illegible]	[illegible]	[illegible]	[illegible]	[illegible]	[illegible]	
we̱1	dzwej1	dzjar2	thjɨ2	nio̱w1	tjij1	po1	tjɨj1	mji1	phjɨ1	
生	罪	除，	是	故	若	菩	提	不	舍	

发菩提之心，闻此经故。除舍八十劫生死之罪，是故若欲不舍菩提者，

16.63.7

[illegible]，	[illegible]	[illegible]	[illegible]	[illegible]	[illegible]	[illegible]	[illegible]	[illegible]	[illegible]	[illegible]
kie̱j2	ku1	thjɨ2	lwər2	lhejr2	ɣiwej1	·jịj1	do1	tshjɨ̱1	tsjij2	dar1
欲，	则	此	经	契	受	持，	读	诵	通	达
[illegible]	[illegible]，	[illegible]	[illegible]	[illegible]	[illegible]	[illegible]	[illegible]	[illegible]	[illegible]	
sjwɨ̱1	sjịj2	jɨr2	tśier1	·ju2	ŋwu2	ze̱w2	lhjịj2	njịj1	ljɨj2	
思	想，	勤	方	便	以	忍	受	心	喜	

当受持此经，读诵通利善思念之，勤于方便忍受欢喜奉行。

16.64.1

[illegible]	[illegible]	[illegible]。	[illegible]	[illegible]，	[illegible]	[illegible]	[illegible]	[illegible]	[illegible]	[illegible]，
śjij1	dźjịj1	lew2	tśhjɨ1	zjọ2	·ji1	kha1	ɣạ2	tụ1	ɲia2	tsjij2
奉	行	所。	尔	时，	众	中	十	千	菩	萨，
[illegible]	□	[illegible]	[illegible]	[illegible]	[illegible]	[illegible]	[illegible]，	[illegible]	[illegible]	[illegible]
śji1	□	lə1	ljịj2	sjwɨj1	mjɨ1	nwə1	nio̱w1	·jiw2	ljɨj1	njịj1
先	□	障	魔	业	不	知	故，	疑	惑	心

尔时，众中十千菩萨，欲退菩提心，生于疑悔，

16.64.2

[illegible]，	[illegible]	[illegible]	[illegible]	[illegible]，	[illegible]	[illegible]	[illegible]	[illegible]。	[illegible]	[illegible]
śjwo1	po1	tjɨj1	njɨj1	dźjow1	mur1	dzjwo2	wji1	kięj2	thjɨ2	lwər2
生，	菩	提	心	退，	愚	人	为	欲。	此	经
[illegible]	[illegible]	[illegible]，	[illegible]	[illegible]	[illegible]	[illegible]	[illegible]，	[illegible]	[illegible]	
lhejr2	tshjɨj1	mji1	bju1	dzwej1	sjwɨj1	dźjwi1	dzjar2	rjur1	pjụ1	
契	说	闻，	因	罪	业	除	灭，	世	尊	

欲还归家①，不知障及魔业过。闻说此经，舍除罪过，于世尊

16.64.3

[illegible]	[illegible]	[illegible]	[illegible]	[illegible]	[illegible]	[illegible]	[illegible]，	[illegible]	[illegible]	[illegible]
·ju2	rjir2	zjɨ̣r1	zjɨj1	dźiej2	njɨj1	·ja?	śjwo1	thjɨ2	rjur1	kięj2
前	前	少	许	信	心	△	生，	此	世	界
[illegible]	[illegible]	[illegible]	[illegible]	[illegible]	[illegible]	[illegible]	[illegible]	[illegible]	[illegible]	
·u2	kụ1	mji1	le2	ɲia2	tsjɨj2	rjir2	ka1	ka1	tha1	
中	后	弥	勒	菩	萨	与	同	时	佛	

前生少信心，于此世界当与弥勒菩萨一时成佛。

16.64.4

[illegible]。	[illegible]	[illegible]	[illegible]	[illegible]	[illegible]	[illegible]	[illegible]，	[illegible]	[illegible]	[illegible]
we2	njɨ1	ɣạ2	kja2	ljɨj2	sjwɨj1	dźjwi1	dzjar2	dzụ2	tjị2	mji1
成。	二	十	劫	魔	业	除	灭，	坐	处	不
[illegible]，	[illegible]	[illegible]	[illegible]	[illegible]	[illegible]，	[illegible]	[illegible]	[illegible]	[illegible]	
wor1	lew1	wẹ1	tśięj2	twẹ1	lhjụ2	dzjwo2	tsjij1	rjijr2	rjur1	
起，	一	生	续	补	获，	人	他	方	世	

净除二十劫魔业，不起此坐，住一生补处，当生他方世

16.64.5

[illegible]，	[illegible]	[illegible]	[illegible]	[illegible]	[illegible]	[illegible]	[illegible]	[illegible]	[illegible]，	[illegible]

① 欲还归家，西夏本作“[illegible]”，意思是“欲为愚人”。

kięj^{2}	mji^{1}	le^{2}	tha^{1}	śjɨj^{1}	zjịj^{1}	ka^{1}	ka^{1}	tha^{1}	we^{2}	njɨ̱^{1}
界，	弥	勒	佛	成	时	同	时	佛	成，	二
[illegible]	[illegible]	[illegible]	[illegible]	[illegible]	[illegible]	[illegible]	[illegible]	[illegible]	[illegible]	[illegible]
ɣạ^{2}	kja^{2}	ljij^{2}	sjwɨj^{1}	niow^{1}	źjị^{1}	njɨ̱^{2}	phja^{1}	ɲia^{2}	tsjij^{2}	lew^{1}
十	劫	魔	业	及	烦	恼	断。	菩	萨	但

界，弥勒成佛时当一时成佛，彼除二十劫魔业及烦恼故。菩萨但

16.64.6

[illegible]	[illegible]	[illegible]	[illegible]，	[illegible]	[illegible]	[illegible]	[illegible]	[illegible]	[illegible]，	[illegible]	[illegible]
thjɨ^{2}	lwər^{2}	lhejr^{2}	mji^{1}	tsjɨ^{1}	rejr^{2}	gjịj^{1}	ɣie^{2}	wji^{1}	njwi^{2}	niow^{1}	ɣiwej^{1}
此	经	契	闻，	亦	多	利	益	作	能，	况	受
[illegible]	[illegible]	[illegible]	[illegible]	[illegible]	[illegible]	[illegible]	[illegible]	[illegible]	[illegible]。	[illegible]	
·jij^{1}	do^{1}	tshjɨ̱^{1}	dźju^{1}	tshjịj^{1}	tja^{1}	jɨ^{2}	tjị^{2}	ljọ^{2}	wjij^{2}	tha^{1}	
持	读	诵	显	说	者	谓	可	岂	有。	佛	

闻此经，尚能多作利益，况受持读诵显说。佛

16.64.7

[illegible]	[illegible]	[illegible]	[illegible]	[illegible]，	[illegible]、	[illegible]、	[illegible]	[illegible]	[illegible]	[illegible]	[illegible]	[illegible]	[illegible]。
thjɨ^{2}	lwər^{2}	lhejr^{2}	tshjịj^{1}	dźjwa^{1}	dzjwo^{2}	mə^{1}	·ja$^{?}$	sew^{2}	lo^{1}	njịj^{1}	ljɨj^{2}	śjij^{1}	dźjij^{1}
是	经	契	说	已，	人、	天、	阿	修	罗	心	喜	奉	行。

说此经已，天、人、阿修罗欢喜奉行。

汉文本

尔时，世尊而说偈言：

如是相所得，决定无有疑，
大士应如是，莫见他少短，
人德难可量。大海可炽火，
火中可生水，此一一有相，
若退于菩提，终无有是处。
若以于两肩，顶戴于须弥，
游至于十方，恒河沙世界；
如是之相貌，此事犹可作，

如此菩提心,终无有退转。
大地可反复,菩提心退转,
终无有是处。此中少功德,
若有善心人,以向无上道,
有四法无量。世间无智者,
虚空界难知,如是众生界,
佛知菩提心。愚者应当知,
诸菩萨所行,不应生轻毁。
可以一小草,测量于大海,
众生之所行,不可得思议。
假使大海水,尽融为洋铜,
为己身命故,犹尚可饮尽,
于诸菩萨行,终不可轻毁。
如饮洋铜苦,其苦不可数,
或有业障碍,或为魔所乱,
彼人受生处,终无有忧悔。
若人为乐故,于恶色愚痴,
破戒可厌恶,不可恭敬者,
如是等人所,不应生轻慢。
众生之所行,甚难可得知,
犹如舍利弗,寂默入禅定,
能于一心中,唯知五十心。
犹如诸世尊,一念知无量,
不应于诸佛,而生于疑心。
犹如阿罗汉,不知自境界,
况复当能知,众生之境界。
是故一切人,不应作是言,
我能知众生,心中之所念。
我见染服人,须臾著白衣,
如是念念间,念念有变异,
况谁能复知,真实者愚患。
譬如阿阇世,杀害于己父,
又于如来所,而生恶逆心,
还于一念中,深悔过罪心,
即能除罪报,脱于恶道苦。

况有能自生，清净善心者，
此心或时缚，此心或时解，
此身是无记，亦无有所知，
云何令此身，而有于过恶，
是身亦不应，亲近于身色，
亦复所不应，杀害他人身。
譬如真净金，堕于不净中，
本性常清净，不净不能损。
彼人虽贪乐，行于世间法，
彼人实功德，善心无损减。
王子长者子，众中作戏笑，
一切诸大王，见者悉喜乐。
此众生中行，或在天人中，
或食毒不死，或捉火不烧，
况于知觉者，世间愚痴人，
不能夺痴行，缘觉及声闻，
不如施菩萨。清净心福田，
平等犹如佛，菩萨等如佛，
见善心甚深。譬如恒河沙，
诸佛世界中，满中七宝施；
若书持此经，欲比其功德，
倍数无比喻，善得于命利，
菩提心不失。若人为财故，
入于大海中，必当获大利；
若持一切经，能为多人说，
不闻于此经，不知众生行。
以是因缘故，应当知胜如，
不自赞己德，不应谤毁他，
善心行清行。若欲速觉悟，
第一菩提道，乐阿练若处，
常护诸情根，勤修于精进，
远离于亲里，修第一义慈。
如是当速疾，得于菩提道。

尔时，世尊说此经时，六万天人得不退于阿耨多罗三藐三菩提；十八那由他天人未发心者令发菩提之心，闻此经故。除舍八十劫生死之罪，是故若欲不舍菩提者，当受持此经，读诵通利善思念之，勤于方便忍受欢喜奉行。

尔时,众中十千菩萨,欲退菩提心,生于疑悔,欲还归家,不知障及魔业过。闻说此经,舍除罪过,于世尊前生少信心,于此世界当与弥勒菩萨一时成佛。净除二十劫魔业,不起此坐,住一生补处,当生他方世界,弥勒成佛时当一时成佛,彼除二十劫魔业及烦恼故。菩萨但闻此经,尚能多作利益,况受持读诵显说。

佛说此经已,天、人、阿修罗欢喜奉行。

《大宝积经》卷第十六

西夏文《大宝积经》

·卷十七·

《无量寿如来会》

第五之一整理与研究

内容和版本介绍

《大宝积经·无量寿如来会》为菩提流志新译，主要内容叙述的是无量寿佛的因地修行、果满成佛，极乐世界的清净庄严、娑婆世界的污浊不堪，以及无量寿佛摄受十方发心念佛众生往生彼国的大愿等内容。

梵文本 Sukhāvatīvyūha- sūtra 是印度早期大乘佛教的重要文献，汉译本《无量寿经》后来成为净土宗的基本经典之一。此经前后十二译，今五存七缺。除菩提流志译《大宝积经·无量寿如来会》二卷之外，另有东汉支娄迦谶译《无量清净平等觉经》四卷、吴支谦译《阿弥陀过度人道经》二卷、曹魏康僧铠译《无量寿经》二卷和宋法贤译《大乘无量寿庄严经》三卷等译本存世。此经另有藏文、回鹘文、西夏文等诸多译本。

西夏文《大宝积经》卷十七《无量寿如来会》第五之一，为1909年科兹洛夫率领的俄国皇家蒙古四川地理考察队于黑水城遗址所获，今藏俄罗斯科学院东方文献研究所。经题著录首见戈尔巴乔娃和克恰诺夫的《西夏文写本和刊本》①，又见西田龙雄的《西夏文佛经目录》②，其后有克恰诺夫给出的版本形制和内容描述③。据克恰诺夫《西夏佛典目录》可知，俄藏的《大宝积经》卷十七共有5个编号，即№ 97 中的 инв.№ 413、3274，№ 98 中的 инв.№ 411，№ 99 中的 инв.№ 7377 和№ 100 中的 инв.№ 5734。具体版本形制如下：

№ 97：

инв.№ 413，白绵纸。写本，经折装，纸幅34.5厘米×13.5厘米，版框高27.7厘米。每折7行，行21字。凡43折，卷首残佚。

инв.№ 3274，白绵纸。写本，经折装，纸幅34.5厘米×13.5厘米。每折7行，行21字。现存10折，首尾俱残。

№ 98：

инв.№ 411，白绵纸。写本，经折装，纸幅33—33.5厘米×12厘米，版框高26.3—26.8厘米。每折6行，行19字。凡75折，保存完好。

№ 99：

инв.№ 7377，本色麻纸。梵夹装，纸幅32.5厘米×50厘米，每叶26行，行19字。全文保存。内容

① З. И. Горбачева и Е. И. Кычанов, *Тангутские рукописи и ксилографы*, Москва: Издательство восточной литературы, 1963, с. 119, 157.

② 西田龙雄:《西夏文华严经》Ⅲ，京都：京都大学文学部，1977年，第23页。

③ Е. И. Кычанов, *Каталог тангутских буддийских памятников*, Киото: Университет Киото, 1999, с. 35, 323, 334—337, 347—349.

为第十七卷。

№ 100:

инв.№ 5734,本色麻纸。梵夹装,纸幅 19.5 厘米×54.5 厘米,每叶 29 行,行 13 字。全文保存。内容为第十七卷。

在上述编号中,有 2 个编号出现了题款:№ 98 的 инв.№ 411 卷首署"奉天显道",为西夏仁宗仁孝(1139—1193 年在位)时期的校译本;№ 99 的 инв.№ 7377 卷首款题"天生圆能禄番式法正国皇太后梁氏御译,就德主国增福正民大明皇帝嵬名御译",为西夏惠宗秉常(1067—1086 年在位)时期的初译本。№ 97 的 инв.№ 413、3274 未见明确题款,据克恰诺夫著录,这组经文的抄写完成于 1162 年,卷尾有"发愿者黑水转运使嵬啰由牢,写者梁文殊奴,重校野利宝成"字样①。

下面的录文和释读依据 инв.№ 411,这一编号首次刊布于《俄藏黑水城文献》第 21 册②。释读采用逐行对译的形式,以数字标示西夏文录文的卷次、原版折面和行次,如 17.1.1,为第十七卷第一折第一行。

① Е. И. Кычанов, *Каталог тангутских буддийских памятников*, Киото:Университет Киото, 1999.с.321.

② 俄罗斯科学院东方文献研究所、中国社会科学院民族学与人类学研究所、上海古籍出版社编《俄藏黑水城文献》第 21 册,上海:上海古籍出版社,2013 年,第 122—126 页。

文本释读

17.1.1

[illegible]	[illegible]	[illegible]	[illegible]	[illegible]	[illegible]	[illegible]	[illegible]	[illegible]
tha^{2}	ljɨ̣^{1}	tśiow^{1}	lwər^{2}	lhejr^{2}	?	ɣạ^{2}	śjạ^{1}	tsew^{2}
大	宝	积	经	契	卷	十	七	第

《大宝积经》卷第十七

17.1.2

[illegible]	[illegible]	[illegible]	[illegible]
tshjwu^{1}	bju^{1}	tśja^{1}	dźju^{1}
天	奉	道	显

奉天显道①

17.1.3

[illegible]	[illegible]	[illegible]	[illegible]	[illegible]	[illegible]	[illegible]	[illegible]	[illegible]	[illegible]
zjọ^{2}	mjɨ^{1}	pjụ^{1}	mjor^{1}	ljij^{2}	ljwu^{2}	ŋwə^{1}	tsew^{2}	·jij^{1}	lew^{1}
寿	无	量	如	来	会	五	第	之	一

无量寿如来会第五之一②

17.1.4

[illegible]	[illegible]	[illegible]	[illegible]:	[illegible]	[illegible]	[illegible]	[illegible]	[illegible]
thjɨ^{2}	sju^{2}	mjo^{1}	ŋa^{2}	lew^{2}	dzjɨj^{1}	tha^{1}	njij^{2}	mji̱^{1}
是	如	闻	我:	一	时	佛	王	舍
[illegible]	[illegible]	[illegible]	[illegible]	[illegible]	[illegible],	[illegible]	[illegible]	[illegible]
we^{2}	khji^{1}	śja^{1}	khjwɨ^{1}	ŋər^{1}	kha^{1}	tha^{2}	phji^{2}	khjiw^{2}
城	耆	阇	崛	山	中,	大	比	丘

如是我闻:一时佛住王舍城耆阇崛山中,与大比丘

---

① 此为西夏仁宗尊号,汉文本无。据此可知,俄藏 инв.№ 411 为仁宗皇帝(1139—1193 在位)校译本。

② 此上汉文本署"大唐三藏菩提流志奉诏译",西夏文本无。

17.1.5

·ji^{1}	khjɨ^{2}	njɨ̱^{1}	tụ^{1}	dzjwo^{2}	rjir^{2}	gu^{2}	dźji̱j^{1}	źji^{2}
众	万	二	千	人	与	共	住，	皆
rjur^{1}	tha^{2}	ɣię^{2}	mji^{1}	ŋwu^{2}	·ji^{1}	źji^{2}	nwə^{1}	sjij^{2}
诸	大	声	闻	是	众	皆	知	识，

众万二千人俱，皆是诸大声闻众所知识，

17.1.6

thja^{1}	mji̱j^{2}	pjụ^{1}	tja^{1}	·ja$^{?}$	rja^{2}	kjiwr^{1}	tśhji^{1}	źjwu^{2}
其	名	尊	者	阿	若	憍	陈	如、
gjij^{1}	bu̱^{2}	mji̱j^{2}	tha^{2}	me̱^{2}	·ji^{1}	ror^{2}	mjij^{1}	sju^{2}
马	胜、	名	大	贤	有、	垢	无、	须

其名曰：尊者阿若憍陈如、马胜、大名有贤、无垢、须

17.2.1

pha^{1}	thow^{1}	lo^{1}	ne̱w^{2}	mji̱j^{2}	iọ^{1}	sə^{1}	kjiwr^{1}	xiwã^{1}
跋	陀	罗、	善	称	圆	满、	憍	梵
pa^{2}	thji^{1}	·jiw^{2}	lew^{1}	phji^{1}	lo^{1}	kja^{1}	śja^{1}	no^{1}
钵	提、	优	楼	频	蠡	迦	叶、	那

跋陀罗、善称圆满、憍梵钵提、优楼频蠡迦叶、那

17.2.2

thji^{1}	kja^{1}	śja^{1}	khja^{2}	·ja^{2}	kja^{1}	śja^{1}	ma^{2}	ŋạ^{2}
提	迦	叶、	伽	耶	迦	叶、	摩	诃

[illegible]	[illegible]、	[illegible]	[illegible]	[illegible]、	[illegible]	[illegible]	[illegible]	[illegible]、
kja^{1}	śja^{1}	śja^{1}	rjir^{2}	gji^{2}	tha^{2}	bo̱^{2}	khja^{2}	ljɨj^{1}
迦	叶、	舍	利	子、	大	目	揵	连、

提迦叶、伽耶迦叶、摩诃迦叶、舍利弗、大目揵连、

17.2.3

[illegible]	[illegible]	[illegible]	[illegible]	[illegible]、	[illegible]	[illegible]	[illegible]	[illegible]
ma^{2}	ŋa̱^{2}	kja^{1}	tśja^{1}	jã^{2}	ma^{2}	ŋa̱^{2}	kja^{2}	pjĩ^{1}
摩	诃	迦	旃	延、	摩	诃	劫	宾
[illegible]、	[illegible]	[illegible]	[illegible]	[illegible]、	[illegible]	[illegible]	[illegible]、	[illegible]
no^{1}	ma^{2}	ŋa̱^{2}	tśju^{1}	no^{1}	njij^{2}	sə^{1}	gji^{2}	·ja$^{?}$
那、	摩	诃	注	那、	满	慈	子、	阿

摩诃迦旃延、摩诃劫宾那、摩诃注那、满慈子、阿

17.2.4

[illegible]	[illegible]	[illegible]、	[illegible]	[illegible]	[illegible]、	[illegible]	[illegible]	[illegible]、
nji^{2}	lew^{1}	thow^{1}	lji^{2}	pa^{1}	tow^{1}	phju^{2}	ɣu^{1}	njij^{2}
尼	楼	驮、	离	波	多、	上	首	王、
[illegible]	[illegible]	[illegible]	[illegible]	[illegible]	[illegible]、	[illegible]	[illegible]、	[illegible]
tjɨj^{1}	rewr^{2}	dźjij^{1}	mo^{2}	kju^{1}	la^{1}	na^{1}	thow^{1}	bji^{1}
住	彼	岸	摩	俱	罗、	难	陀、	光

尼楼驮、离波多、上首王、住彼岸摩俱罗、难陀、有光

17.2.5

[illegible]	[illegible]	[illegible]、	[illegible]	[illegible]	[illegible]、	[illegible]	[illegible]	[illegible]
dźjij^{2}	ne̱w^{2}	ljij^{2}	lo^{1}	xew^{1}	lo^{1}	·ja$^{?}$	na^{1}	thow^{1}
有	善	来、	罗	睺	罗、	阿	难	陀
[illegible]，	[illegible]	[illegible]	[illegible]。	[illegible]	[illegible]	[illegible]	[illegible]	[illegible]
njɨ^{2}	phju^{2}	ɣu^{1}	we^{2}	niow^{1}	po^{1}	tsa^{1}	ma^{2}	ŋa̱^{2}
等，	上	首	为。	复	菩	萨	摩	诃

善来、罗睺罗、阿难陀等，而为上首。复有菩萨摩诃

17.2.6

[illegible]	[illegible],	[illegible]	[illegible]	[illegible]	[illegible]、	[illegible]	[illegible]	[illegible]
tsa^{1}	·ji^{1}	njɨ^{2}	me̱^{2}	ɲia^{2}	tsjij^{2}	mã^{1}	śju̱^{1}	śjɨ^{1}
萨	众,	普	贤	菩	萨、	文	殊	师
[illegible]	[illegible]	[illegible]、	[illegible]	[illegible]	[illegible]	[illegible],	[illegible]	[illegible]
lji^{2}	ɲia^{2}	tsjij^{2}	mji^{1}	le^{2}	ɲia^{2}	tsjij^{2}	niow^{1}	me̱^{2}
利	菩	萨、	弥	勒	菩	萨,	及	贤

萨众,所谓普贤菩萨、文殊师利菩萨、弥勒菩萨,及贤

17.3.1

[illegible]	[illegible]	[illegible]	[illegible]	[illegible]	[illegible]	[illegible]	[illegible]	[illegible],
kja^{2}	kha^{1}	rjur^{1}	po^{1}	tsa^{1}	ma^{2}	ŋạ^{2}	tsa^{1}	·ji^{1}
劫	中	诸	菩	萨	摩	诃	萨	众,
[illegible]	[illegible]	[illegible]	[illegible]。	[illegible]	[illegible]	[illegible]	[illegible]	[illegible]
śji^{1}	kụ^{1}	·wiọ^{1}	tśjɨ̣^{1}	niow^{1}	me̱^{2}	·wejr^{2}	njɨ^{2}	ɣạ^{2}
前	后	围	绕。	又	贤	护	等	十

劫中诸菩萨摩诃萨众,前后围绕。又与贤护等十

17.3.2

[illegible]	[illegible]	[illegible]	[illegible],	[illegible]	[illegible]	[illegible]	[illegible]	[illegible]
dji^{2}	go̱r^{1}	kiej^{2}	·ji^{1}	wo^{2}	sjwɨ̱^{1}	sji̱j^{2}	njwi^{2}	ɲia^{2}
六	丈	夫	众,	义	思	惟	善	菩
[illegible]、	[illegible]	[illegible]	[illegible]	[illegible]	[illegible]、	[illegible]	[illegible]	[illegible]
tsjij^{2}	źjɨr^{1}	nuə$^{?}$	ŋwo^{2}	ɲia^{2}	tsjij^{2}	dźjij^{1}	mjij^{1}	bjo̱^{1}
萨、	慧	辩	才	菩	萨、	住	无	观

六丈夫众俱,所谓善思惟义菩萨、慧辩才菩萨、观无住

17.3.3

[illegible]	[illegible]、	[illegible]	[illegible]	[illegible]	[illegible]	[illegible]	[illegible]、	[illegible]
ɲia^{2}	tsjij^{2}	me̱^{2}	mji̱jr^{2}	dji̱^{2}	njwi^{2}	ɲia^{2}	tsjij^{2}	bji^{1}
菩	萨、	神	通	化	善	菩	萨、	光

[Tangut]								
dźjow1	ɲia2	tsjij2	sjij2	phju2	ɲia2	mjij1	tśhji2	ɲia2
幢	菩	萨、	智	上	菩、	寂	根	菩

菩萨、善化神通菩萨、光幢菩萨、智上菩萨①、寂根菩

17.3.4

[Tangut]								
tsjij2	źjɨr1	tjị1	ɲia2	tsjij2	śja1	bju2	ɲia2	tsjij2
萨、	慧	愿	菩	萨、	香	象	菩	萨、
[Tangut]								
ljɨ̣1	dźjow1	ɲia2	tsjij2	njɨ2	phju2	ɣu1	we2	źji2
宝	幢	菩	萨	等，	上	首	为，	皆

萨、慧愿菩萨、香象菩萨、宝幢菩萨等，而为上首，咸

17.3.5

[Tangut]								
gu2	jɨr2	ŋwu2	njɨ2	me̱2	tśja1	djọ2	ɲia2	tsjij2
共	勤	以	普	贤	道	修，	菩	萨
[Tangut]								
·jij1	dźjɨ?	tjị1	ŋowr2	ŋowr2	iọ1	sə1	tśhja2	·iow1
之	行	愿	一	切	圆	满，	德	功

共遵修普贤之道，满足菩萨一切行愿，安住一切功德

17.3.6

[Tangut]								
tsji̱r1	ŋowr2	ŋowr2	kha1	no2	dźjij1	rjur1	tha1	tsji̱r1
法	一	切	中	安	住，	诸	佛	法
[Tangut]								
źji2	dźjwa1	tjij1	rewr2	ɣa2	njɨ2	tjị1	bju1	rjur1
究	竟	彼	岸	于	到。	愿	依	世

法中，到诸佛法究竟彼岸。愿于一切世

① 西夏本"[Tangut]"（菩）下脱"[Tangut]"（萨）字。

17.4.1

[illegible]	[illegible]	[illegible]	[illegible]	[illegible]	[illegible]	[illegible]	[illegible]	[illegible]，
kiẹj^{2}	ŋowr^{2}	ŋowr^{2}	kha^{1}	tśhja^{2}	ka^{1}	dwewr^{2}	śjɨj^{1}	kiẹj^{2}
界	一	切	中	正	等	觉	成	欲，
[illegible]	[illegible]	[illegible]	[illegible]	[illegible]	[illegible]	[illegible]	[illegible]	[illegible]，
niow^{1}	tjị^{1}	bju^{1}	thja^{1}	tew^{1}	śie^{1}	mə^{1}	tśhja̱^{1}	we̱^{1}
又	愿	随	彼	兜	率	天	上	生，

界之中成等正觉，又愿生彼兜率陀天，

17.4.2

[illegible]	[illegible]	[illegible]	[illegible]	[illegible]	[illegible]	[illegible]	[illegible]	[illegible]
thja^{2}	do^{2}	zjọ^{2}	sji^{1}	tśier^{1}	śjwa̱^{1}	khju^{1}	we̱^{1}	śjạ^{1}
彼	处	寿	终	右	胁	下	生	七
[illegible]	[illegible]	[illegible]，	[illegible]	[illegible]	[illegible]	[illegible]，	[illegible]	[illegible]
bji^{2}	tśja^{1}	dźji$^{?}$	tha^{2}	mo^{2}	swew^{1}	wjạ^{2}	rjur^{1}	tha^{1}
步	路	行，	大	光	明	放，	诸	佛

于彼寿终降生右胁见行七步，放大光明，普佛

17.4.3

[illegible]	[illegible]	[illegible]	[illegible]	[illegible]	[illegible]，	[illegible]	[illegible]	[illegible]
rjur^{1}	kiẹj^{2}	tśhjiw^{1}	mə^{2}	sa̱r^{1}	mju^{2}	·jij^{1}	thjɨ^{2}	dạ^{2}
世	界	六	种	震	动，	自	此	唱
[illegible]：	[illegible]	[illegible]	[illegible]	[illegible]	[illegible]	[illegible]	[illegible]	[illegible]
jɨ^{2}	ŋa^{2}	rjur^{1}	kiẹj^{2}	ŋowr^{2}	ŋowr^{2}	kha^{1}	źji^{2}	pjụ^{1}
言：	我	世	间	一	切	中	最	尊

世界六种震动，而自唱言：我于一切世间最为尊

17.4.4

[illegible]	[illegible]。	[illegible]	[illegible]	[illegible]	[illegible]	[illegible]	[illegible]	[illegible]
ɣwie^{1}	we^{2}	śjɨ^{2}	xiwã^{1}	rjur^{1}	me̱^{2}	źji^{2}	njij^{1}	tshji^{2}
贵	为。	释	梵	诸	天	皆	亲	奉

lja¹	wjɨ̣²	śja²	niow¹	·jwɨr²	dji²	sej¹	bji̲²	ɣię²
来	示	现。	又	文	字	计	算	声

贵。释梵诸天咸来亲奉①。又见习学书计历数声

17.4.5

swew¹	wjɨ̣¹	nji¹	dji̲²	tsji̲r¹	·wejr²	tśhjij¹	dji²	bar²
明	幻	术	医	方	护	举	字	双
rjar¹	niow¹	dzjij²	lju̥¹	·u²	njɨ²	ɣiew¹	dzjɨ̱²	mjɨ¹
书,	及	余	博	戏	等	学	习	人

明伎巧医方养生符印②,及余博戏擅美过人。

17.4.6

su¹	rjar¹	gjij¹	njij²	mji̲¹	·u²	dźji̲j¹	rjur¹	kięj²
过	殊	奇。	王	宫	中	处	诸	欲
mjɨ²	dwər¹	nar²	ŋo²	sjɨ¹	ljij²	rjur¹	mji¹	·ju²
境	厌,	老	病	死	见	世	非	常

身处王宫厌诸欲境,见老病死悟世非常,

17.5.1

tsjij²	lhji̲j²	mji̲¹	phjɨ¹	dźji̲r¹	we²	bjij¹	tśja¹	ɣiew¹
悟,	国	宫	舍	离	城	违	道	学。
rjur¹	·jɨr²	rer²	phie²	niow¹	kja¹	śiə¹	kja¹	lhwu¹

① 西夏本下有“[illegible]”(示现)二字义,汉文本未见。

② 伎巧,西夏本作“[illegible]”(幻术)。按,“[illegible]”wjɨ̣¹(幻)字于义不合,在此疑假借作“[illegible]”wjɨ̣¹(伎、技),此二字为同音通假。

诸	缨	络	解	及	迦	尸	迦，	服

捐舍国位逾城学道。解诸缨络及迦尸迦，被服

17.5.2

[illegible]	[illegible]	[illegible]	[illegible]	[illegible]	[illegible]	[illegible]	[illegible]	[illegible]，
thjɨ^{1}	kia^{1}	śia^{1}	lhwu^{1}	gjwi^{2}	tśhjiw^{1}	kjiw^{1}	tśji̤^{1}	dźjɨ$^{?}$
放	袈	裟	衣	服	六	年	苦	行，
[illegible]	[illegible]	[illegible]	[illegible]	[illegible]	[illegible]	[illegible]	[illegible]。	[illegible]
ŋwə^{1}	niəj^{1}	lhjij^{2}	·u^{2}	thjɨ^{2}	sju^{2}	wji̤^{2}	śja^{2}	rjur^{1}
五	浊	刹	中	是	如	示	现。	世

袈裟六年苦行，能于五浊刹中作斯示见。顺世

17.5.3

[illegible]	[illegible]	[illegible]	[illegible]。	[illegible]	[illegible]	[illegible]	[illegible]	[illegible]	[illegible]
kha^{1}	śjij^{1}	wji^{1}	nio̱w^{1}	nji^{1}	ljɨj^{1}	mja^{1}	zjɨ̠r^{2}	kha^{1}	·jij^{1}
间	顺	为	故。	尼	林	河	水	中	自
[illegible]	[illegible]	[illegible]	[illegible]	[illegible]，	[illegible]	[illegible]	[illegible]	[illegible]	
dźjow^{1}	lhejr^{2}	lhjo̱r^{1}	rjijr^{2}	tshwew^{1}	we^{1}	njij^{2}	khju̱^{1}	lhjij^{2}	
浴	道	场	向	趣，	龙	王	受	迎	

间故。浴尼连河行趣道场，龙王迎

17.5.4

[illegible]	[illegible]，	[illegible]	[illegible]	[illegible]	[illegible]	[illegible]	[illegible]	[illegible]	[illegible]。
·jow^{2}	śja^{2}	rjur^{1}	ɲia^{2}	tsjij^{2}	·ji^{1}	tśier^{1}	ror^{2}	·jow^{2}	śja^{2}
赞	叹，	诸	菩	萨	众	右	绕	称	扬。
[illegible]	[illegible]	[illegible]	[illegible]	[illegible]	[illegible]，	[illegible]	[illegible]	[illegible]	
ɲia^{2}	tsjij^{2}	tśhjɨ^{1}	bjij^{2}	śjɨ^{2}	lhjij^{2}	·jij^{1}	zow^{2}	po^{1}	
菩	萨	尔	时	草	受，	自	敷	菩	

赞①，诸菩萨众右绕称扬。菩萨尔时受草，自敷菩

① 迎赞，西夏本作“[illegible]”（迎受赞叹）。

17.5.5

[illegible]	[illegible]	[illegible]	[illegible]，	[illegible]	[illegible]	[illegible]	[illegible]	[illegible]
tjɨj^{1}	phu^{2}	khju^{1}	tjị^{1}	thja^{1}	tśhja̱^{1}	khjɨ^{1}	ljɨ̣^{1}	tśja^{1}
提	树	下	置，	彼	上	足	回	交
[illegible]	[illegible]	[illegible]。	[illegible]	[illegible]	[illegible]	[illegible]	[illegible]	[illegible]
dzu̱^{2}	wjị^{2}	śja^{2}	niow^{1}	ljij^{2}	·ji^{1}	·wiọ^{1}	tśjɨ̣^{1}	ɲia^{2}
坐	示	现。	又	魔	众	围	绕	菩

提树下①，结加趺坐。又见魔众合围

17.5.6

[illegible]	[illegible]	[illegible]	[illegible]	[illegible]	[illegible]，	[illegible]	[illegible]	[illegible]
tsjij^{2}	·jij^{1}	ŋjwo^{2}	tśju̱^{1}	lja^{1}	kięj^{2}	ɲia^{2}	tsjij^{2}	djɨj^{2}
萨	之	危	害	来	欲，	菩	萨	定
[illegible]	[illegible]	[illegible]	[illegible]	[illegible]	[illegible]	[illegible]	[illegible]，	[illegible]
źjɨr^{1}	ɣie^{1}	ŋwu^{2}	ljij^{2}	ljwịj^{1}	·jij^{1}	rjur^{1}	·jar^{2}	tśhja^{2}
慧	力	以	魔	怨	之	降	伏，	正

将加危害②，菩萨以定慧力降伏魔怨，

17.6.1

[illegible]	[illegible]	[illegible]。	[illegible]	[illegible]	[illegible]	[illegible]	[illegible]	[illegible]
ka^{1}	dwewr^{2}	śjɨj^{1}	xiwã^{1}	njij^{2}	pjwɨ̱r^{1}	ɣju^{1}	bju^{1}	tśhja^{2}
等	觉	成。	梵	王	劝	请	随	正
[illegible]	[illegible]	[illegible]，	[illegible]	[illegible]	[illegible]	[illegible]，	[illegible]	[illegible]
tsji̱r^{1}	dźiej^{2}	de̱j^{1}	kjir^{1}	·jiw^{2}	le^{2}	mjij^{1}	tha^{1}	ɣię^{2}
法	轮	转，	勇	猛	畏	无，	佛	音

成无上觉③。梵王劝请转于法轮，勇猛无畏，佛音

17.6.2

[illegible]	[illegible]，	[illegible]	[illegible]	[illegible]	[illegible]、	[illegible]	[illegible]	[illegible]

① 西夏本下有“[illegible]”（示现）二字义，汉文本未见。

② 西夏本下有“[illegible]”（菩萨）二字义，汉文本未见。

③ 无上觉，西夏本作“[illegible]”（正等觉）。两者义通，皆指梵言 anuttarā-samyak-saṃbodhi（阿耨多罗三藐三菩提），即“无上正等正觉”。

kwə^{2}	sa̱r^{1}	tha^{2}	tsji̱r^{1}	bar^{1}	tsjụ^{1}	tha^{2}	tsji̱r^{1}	kwə^{2}
震	吼,	大	法	鼓	击、	大	法	螺
[illegible]、	[illegible]	[illegible]	[illegible]	[illegible]、	[illegible]	[illegible]	[illegible]	[illegible],
bjij^{2}	tha^{2}	tsji̱r^{1}	dźjow^{1}	śjwo^{1}	tśhja^{2}	tsji̱r^{1}	tjij^{1}	njwɨ̣^{2}
吹、	大	法	幢	建、	正	法	炬	燃,

震吼,击法鼓、吹法螺、建大法幢、燃正法炬,

17.6.3

[illegible]	[illegible]	[illegible]	[illegible]	[illegible]	[illegible]	[illegible]	[illegible],	[illegible]
tśhja^{2}	tsji̱r^{1}	ɣiwej^{1}	·ji̱j^{1}	niow^{1}	rjur^{1}	śjã^{1}	djɨj^{2}	tha^{2}
正	法	摄	受	及	诸	禅	定,	大
[illegible]	[illegible]	[illegible]	[illegible]	[illegible]	[illegible]	[illegible]	[illegible],	[illegible]
tsji̱r^{1}	dzjụ^{2}	dzjụ^{2}	ɲia^{2}	tśhju^{1}	·jij^{1}	gji̱j^{1}	ɣie^{2}	tha^{2}
法	雨	雨	众	生	之	利	益,	大

摄受正法及诸禅定,雨大法雨泽润含生①,

17.6.4

[illegible]	[illegible]	[illegible]	[illegible]	[illegible]	[illegible]	[illegible]	[illegible]。	[illegible]
tsji̱r^{1}	mə^{1}	dji̱^{1}	ŋowr^{2}	ŋowr^{2}	·jij^{1}	phie^{2}	tsjij^{2}	rjur^{1}
法	天	雷	一	切	之	开	悟。	诸
[illegible]	[illegible]	[illegible]	[illegible]	[illegible]	[illegible]	[illegible],	[illegible]	[illegible]
tha^{1}	lhji̱j^{2}	·u^{2}	tha^{2}	bji^{1}	źji^{2}	swew^{1}	rjur^{1}	rjur^{1}
佛	刹	中	大	光	皆	照,	诸	世

震大法雷开悟一切。诸佛刹土普照大光,

17.6.5

[illegible]	[illegible]	[illegible]	[illegible]	[illegible]	[illegible],	[illegible]	[illegible]	[illegible]
kie̱j^{2}	kha^{1}	ljɨ̣^{2}	źji^{2}	sa̱r^{1}	mju^{2}	lji̱j^{2}	mji̱^{1}	dźjwu^{1}
界	中	地	皆	震	动,	魔	宫	摧
[illegible]	[illegible]	[illegible]	[illegible],	[illegible]	[illegible]	[illegible]	[illegible]	[illegible]
lji̱j^{2}	po^{1}	tśjɨ̱r^{2}	le^{2}	źji̱^{1}	njɨ̱^{2}	we^{2}	khiew^{1}	rjur^{1}

① 泽润,西夏本作"[illegible][illegible]",字面意思是"利益"。

毁	波	惊	怖，	烦	恼	城	堕	诸

世界之中地皆震动，魔宫摧毁惊怖波旬①，破烦恼城堕诸

17.6.6

[illegible]	[illegible]	[illegible]，	[illegible]	[illegible]	[illegible]	[illegible]	[illegible]	[illegible]
ljij^{2}	rer^{2}	khjiw^{2}	tsji̱r^{1}	nja̱^{1}	khwa^{1}	ka^{2}	rjur^{1}	tsji̱r^{1}
见	网	破，	法	黑	远	离	诸	法
[illegible]	[illegible]。	[illegible]	[illegible]	[illegible]	[illegible]	[illegible]	[illegible]，	[illegible]
phiow^{1}	śjwo^{1}	tha^{1}	·jij^{1}	mji^{1}	tjị^{1}	lhjịj^{2}	wo^{2}	ɲia^{2}
白	生。	佛	之	施	食	受	义，	众

见网，远离黑法生诸白法。于佛施食能受能消②，为调众

17.7.1

[illegible]	[illegible]	[illegible]	[illegible]	[illegible]	[illegible]	[illegible]	[illegible]	[illegible]
tśhju^{1}	·jij^{1}	·jar^{2}	nio̱w^{1}	thjo̱^{1}	tsji̱r^{1}	nẹ^{1}	tshji̱j^{1}	wjị^{2}
生	之	伏	为	妙	法	宣	扬	示
[illegible]。	[illegible]	[illegible]	[illegible]	[illegible]	[illegible]	[illegible]	[illegible]，	[illegible]
śja^{2}	tjij^{1}	zji̱r^{1}	djij^{1}	·jir^{2}	tụ^{1}	bji^{1}	wją^{2}	tśjiw^{2}
现。	或	微	笑	百	千	光	放，	顶

生宣扬妙理③。或见微笑放百千光，

17.7.2

[illegible]	[illegible]	[illegible]	[illegible]	[illegible]	[illegible]	[illegible]	[illegible]	[illegible]，
pho^{1}	lu^{2}	lhjịj^{2}	po^{1}	tjɨj^{1}	la^{1}	ɣiwej^{1}	wjị^{2}	śja^{2}
灌	阶	受	菩	提	记	受	示	现，
[illegible]	[illegible]	[illegible]	[illegible]，	[illegible]	[illegible]	[illegible]	[illegible]	[illegible]，
niow^{1}	tha^{1}	tśja^{1}	śjɨj^{1}	djij^{2}	phã^{1}	·o^{2}	wjị^{2}	śja^{2}
或	佛	道	成，	涅	槃	入	示	现，

升灌顶阶受菩提记④，或成佛道见入涅槃⑤，

---

① “[illegible]”(波)下脱“[illegible]”(旬)字，汉文本作“波旬”。

② 能，西夏本作“[illegible]”(义)。按，“[illegible]”wo^{2}(义)字于义不合，在此疑假借作“[illegible]”wo^{2}(当、应)，此二字为同音通假。另，“能消”二字义，西夏本未见。

③ 西夏本下有“[illegible][illegible]”(示现)二字义，汉文本未见。

④ 西夏本下有“[illegible][illegible]”(示现)二字义，汉文本未见。

⑤ 西夏本下有“[illegible][illegible]”(示现)二字义，汉文本未见。

17.7.3

[illegible]	[illegible]	[illegible]	[illegible]	[illegible]	[illegible]	[illegible]	[illegible]	[illegible]，
mjɨ^1	pjụ^1	ɲia^2	tśhju^1	·jij^1	źji^2	rar^2	sji^1	rjir^1
无	量	有	情	之	皆	漏	尽	得，
[illegible]	[illegible]	[illegible]	[illegible]	[illegible]	[illegible]	[illegible]	[illegible]	[illegible]
ɲia^2	tsjij^2	·jij^1	bju^2	mjij^1	ne̱w^2	tśhji^2	śjɨj^1	we^1
菩	萨	之	边	无	善	根	成	熟

使无量有情皆得漏尽，成熟菩萨无边善根。

17.7.4

[illegible]	[illegible]。	[illegible]	[illegible]	[illegible]	[illegible]	[illegible]	[illegible]	[illegible]
phji^1	njwi^2	thjɨ^2	sju^2	rjur^1	tha^1	lhjịj^2	·u^2	źji^2
令	能。	是	如	诸	佛	刹	中	皆
[illegible]	[illegible]	[illegible]。	[illegible]	[illegible]	[illegible]	[illegible]	[illegible]	[illegible]，
wjị^2	śja^2	njwi^2	dzjọ^1	sju^2	wjɨ̣^{1}	nji^1	nwə^1	tsjij^2
示	现	能。	譬	如	幻	术	知	悟，

如是诸佛刹中皆能示现。譬如幻师善知幻术①，

17.7.5

[illegible]	[illegible]	[illegible]	[illegible]	[illegible]	[illegible]	[illegible]，	[illegible]	[illegible]
mjịj^1	zji^1	njɨ^2	·jij^1	wjị^2	śja^2	njwi^2	niow^1	thja^1
女	男	等	相	示	现	能，	及	彼
[illegible]	[illegible]	[illegible]	[illegible]	[illegible]	[illegible]。	[illegible]	[illegible]	[illegible]
·jij^1	kha^1	źjɨr^1	rjir^1	lew^2	mjij^1	thjɨ^2	sju^2	thjɨ^2
相	中	实	得	可	无。	是	如	是

而能示现男女等相，于彼相中实无可得。如是

17.7.6

[illegible]，	[illegible]	[illegible]	[illegible]	[illegible]	[illegible]	[illegible]	[illegible]	[illegible]
sju^2	rjur^1	ɲia^2	tsjij^2	njɨ^2	bju^2	mjij^1	wjɨ̣^{1}	tsji̱r^1

① “幻师”二字义西夏本疑脱。

如，	诸	菩	萨	等	边	无	幻	术
[illegible]	[illegible]	[illegible]	[illegible]	[illegible]，	[illegible]	[illegible]	[illegible]	[illegible]
tśhja^{2}	·iow^{1}	ɣiew^{1}	njwi^{2}	ku^{1}	wjɨ^{1}	dji̠^{2}	bju^{1}	śjij^{1}
德	功	学	善	故，	变	化	相	应

如是,诸菩萨等善学无边幻术功德故,能示现变化相应,

17.8.1

[illegible]	[illegible]	[illegible]，	[illegible]	[illegible]	[illegible]	[illegible]	[illegible]	[illegible]
wji̠^{2}	śja^{2}	njwi^{2}	thja^{1}	wjɨ^{1}	dji̠^{2}	tśja^{1}	nwə^{1}	tsjij^{2}
示	现	能，	彼	变	化	道	知	了
[illegible]	[illegible]，	[illegible]	[illegible]	[illegible]	[illegible]	[illegible]	[illegible]	[illegible]
njwi^{2}	ku^{1}	rjur^{1}	tha^{1}	lhji̠j^{2}	wji̠^{2}	śja^{2}	tha^{2}	njij^{2}
能	故，	诸	佛	国	示	现	大	慈

能善了知变化之道故,示诸佛土见大慈

17.8.2

[illegible]	[illegible]，	[illegible]	[illegible]	[illegible]	[illegible]	[illegible]	[illegible]	[illegible]
wju̠^{1}	ŋwu^{2}	ɲia^{2}	tsjij^{2}	ŋowr^{2}	ŋowr^{2}	·jij^{1}	to^{2}	źji^{2}
悲	以，	菩	萨	一	切	之	悉	皆
[illegible]	[illegible]。	[illegible]	[illegible]	[illegible]	[illegible]	[illegible]	[illegible]	[illegible]
gji̠j^{1}	ɣie^{2}	ɲia^{2}	tsjij^{2}	bju^{2}	mjij^{1}	dźjɨ$^{?}$	tji̠^{1}	śjɨj^{1}
饶	益。	菩	萨	边	无	行	愿	成

悲,一切群生普皆饶益①。菩萨愿行成就无疆,

17.8.3

[illegible]，	[illegible]	[illegible]	[illegible]	[illegible]	[illegible]	[illegible]	[illegible]	[illegible]，
·jiw^{2}	mjɨ^{1}	pju̠^{1}	wo^{2}	ɣa^{1}	tśhja^{2}	ka^{1}	tsjij^{2}	dar^{1}
就，	无	量	义	门	平	等	通	达，
[illegible]	[illegible]	[illegible]	[illegible]	[illegible]	[illegible]	[illegible]	[illegible]。	[illegible]
ne̠w^{2}	tsji̠r^{1}	ŋowr^{2}	ŋowr^{2}	ŋowr^{2}	lhə$^{?}$	djo̠^{2}	śjɨj^{1}	rjur^{1}

① 群生,西夏本作"[illegible]"(菩萨),疑为"[illegible]"(群生)二字形讹。

善	法	一	切	具	足	修	成。	诸

无量义门通达平等，一切善法具足修成。诸

17.8.4

[illegible]	[illegible]	[illegible]	[illegible]	[illegible]	[illegible]	[illegible]，	[illegible]	[illegible]
tha^{1}	lhjịj^{2}	·u^{2}	tśhja^{2}	ka^{1}	tshwew^{1}	·o^{2}	·ju^{2}	rjur^{1}
佛	刹	中	平	等	趣	入，	常	诸
[illegible]	[illegible]	[illegible]	[illegible]	[illegible]	[illegible]	[illegible]	[illegible]。	[illegible]
tha^{1}	·jij^{1}	pjwɨ̣r^{1}	tśhjwɨj^{1}	·wu^{2}	bjịj^{2}	lew^{2}	we^{2}	rjur^{1}
佛	之	劝	禁	祐	助	可	为。	诸

佛刹中平等趣入，常为诸佛劝进加威①。

17.8.5

[illegible]	[illegible]	[illegible]	[illegible]	[illegible]	[illegible]	[illegible]	[illegible]，	[illegible]
tha^{1}	ŋowr^{2}	ŋowr^{2}	·jij^{1}	sjij^{2}	dźiej^{2}	lew^{2}	we^{2}	ɲia^{2}
佛	一	切	之	识	信	可	为，	菩
[illegible]	[illegible]	[illegible]	[illegible]	[illegible]	[illegible]	[illegible]	[illegible]。	[illegible]
tsjij^{2}	·jij^{1}	dzjịj^{2}	nio̱w^{1}	·ja$^{?}$	śja^{1}	lji^{2}	wji^{1}	·ju^{2}
萨	之	教	为	阿	阇	梨	作。	常

一切如来识知印可②，为教菩萨作阿阇梨。常

17.8.6

[illegible]	[illegible]	[illegible]	[illegible]	[illegible]	[illegible]	[illegible]	[illegible]，	[illegible]
bju^{1}	śjij^{1}	bju^{2}	mjij^{1}	rjur^{1}	dźjɨ$^{?}$	djọ^{2}	dzjịj^{2}	thjṳ^{1}
应	相	边	无	诸	行	修	习，	察
[illegible]	[illegible]	[illegible]	[illegible]	[illegible]	[illegible]	[illegible]，	[illegible]	[illegible]
lew^{2}	tsjɨ̣r^{1}	kięj^{2}	ŋowr^{2}	ŋowr^{2}	tsjij^{2}	dar^{1}	ɲia^{2}	tśhju^{1}
所	法	界	一	切	通	达，	有	情

习相应无边诸行，通达一切法界所行，能善了知有情

① 劝进加威，西夏本作“[illegible]”，字面意思是“劝禁祐助”。
② 如来，西夏本作“[illegible]”，字面意思是“诸佛”。另，识知印可，西夏本作“[illegible]”，字面意思是“识信可为”。

17.9.1

□	□	□	□	□	□，	□	□	□
niọw^{1}	lhjịj^{2}	źji^{2}	nwə^{1}	tsjij^{2}	njwi^{2}	·ju^{2}	rjur^{1}	mjor^{1}
因	土	皆	知	了	善，	常	诸	如
□	□	□	□	□	□。	□	□	□
ljịj^{2}	rjijr^{2}	śjwo^{1}	tshwew^{1}	kjụ^{1}	tshwew^{1}	rjur^{1}	mə^{2}	mə^{2}
来	向	发	趣	供	养。	诸	种	种

及土①，亦常发趣供诸如来。见种种

17.9.2

□	□	□	□	□，	□	□	□	□
ljụ^{2}	rar^{2}	swu^{2}	sju^{2}	ljij^{2}	·jĩ^{1}	thow^{1}	lo^{1}	khjɨ^{1}
身	影	像	如	见，	因	陀	罗	网
□	□	□	□	□	□，	□	□	□
ɣiew^{1}	njwi^{2}	ljịj^{2}	rer^{2}	khjiw^{2}	njwi^{2}	rjur^{1}	ljij^{2}	rer^{2}
学	善	魔	网	破	能，	诸	见	网

身犹如影像，善学因陀罗网能破魔网，坏诸见网

17.9.3

□	□	□	□	□，	□	□	□	□
ljịj^{2}	ɲia^{2}	tśhju^{1}	rer^{2}	·o^{2}	źji^{1}	njɨ̣^{2}	wjị^{1}	dźjwɨ^{1}
坏	有	情	网	入，	烦	恼	眷	属
□	□	□	□	□	□	□	□。	□
niow^{1}	ljịj^{2}	dźjwɨ^{1}	ljịj^{2}	sjij^{2}	·ju^{2}	dzjij^{1}	njwi^{2}	ɣiẹ^{2}
及	魔	侣	魔	人	民	超	能。	声

入有情网，能超烦恼眷属及魔侣魔人②。远出声

17.9.4

□、	□	□	□	□	□，	□	□	□

① 及，西夏本作“□”（因）。按，“□”niow^{1}（因）字于义不合，在此疑假借作“□”niow^{1}（及），此二字为同音通假。

② 魔人，西夏本作“□□□”（魔人民）。

mji^{1} tjij^{1} dwewr^{2} ljɨ^{2} khwa^{1} ka^{2} ŋa^{1} ·jij^{1} mjij^{1}

闻、 独 觉 地 远 出， 空 相 无

[illegible] [illegible] [illegible] [illegible] [illegible]， [illegible] [illegible] [illegible] [illegible]

tji̱^{1} mjij^{1} tsji̱r^{1} ɣa^{1} ·o^{2} tśier^{1} ·ju^{2} ne̱w^{2} ɣjɨr^{1}

愿 无 法 门 入， 方 便 善 巧

闻、辟支佛地①，入空无相无愿法门，而能安住方便善巧。

17.9.5

[illegible] [illegible] [illegible]。 [illegible] [illegible] [illegible] [illegible] [illegible] [illegible] [illegible] [illegible]，

no^{2} dźjij^{1} njwi^{2} ·ju^{2} njɨ^{1} ·u̱^{2} djij^{2} phã^{1} ·o^{2} mji^{1} ŋwe^{1}

安 住 能。 常 二 乘 涅 槃 入 不 乐，

[illegible] [illegible] [illegible] [illegible] [illegible] [illegible] [illegible] [illegible] [illegible]， [illegible] [illegible]

we̱^{1} mjij^{1} dzjar^{2} mjij^{1} rjur^{1} sã^{1} mo^{2} thji^{2} rjir^{1} niow^{1} thow^{1}

生 无 灭 无 诸 三 摩 地 得， 及 陀

初不乐入二乘涅槃②，得无生无灭诸三摩地，及

17.9.6

[illegible] [illegible] [illegible]、 [illegible] [illegible] [illegible] [illegible] [illegible] [illegible] [illegible] [illegible] [illegible]， [illegible] [illegible]

lo^{1} nji^{1} ɣa^{1} wa̱^{2} tha^{2} rjur^{1} tśhji^{2} nuə$^{?}$ ŋwo^{2} rjir^{1} kjɨ^{1} djɨj^{2} ɲia^{2} tsjij^{2}

罗 尼 门、 广 大 诸 根 辩 才 得 决 定， 菩 萨

得一切陀罗尼门③、广大诸根辩才决定，于菩萨

17.10.1

[illegible] [illegible] [illegible] [illegible]。 [illegible] [illegible] [illegible] [illegible] [illegible]

·u̱^{2} tsji̱r^{1} tsjij^{2} njwi^{2} tha^{1} wja̱^{1} sã^{1} mej^{2} dzjɨj^{1}

藏 法 了 能。 佛 华 三 昧 时

[illegible] [illegible] [illegible]， [illegible] [illegible] [illegible] [illegible] [illegible] [illegible]

---

① 辟支佛，西夏本作“[illegible]”（独觉）。梵文 Pratyekabuddha，旧称“辟支佛”，又曰“辟支迦罗”。西夏本作“[illegible]”（独觉），来自藏文 Rang- sangs- rgyas（独觉），相当汉文“缘觉”。《瑜伽论记》卷 15，T42，p0482c：“独觉地，若依梵语，名钵剌翳迦陀。旧云辟支，讹也。此云独觉。初发心时，亦值佛世，闻法思惟。后得道身出无佛世，性乐寂静，不欲杂居，修加行满，无师友教，自然独悟，永出世间，中行中果，故名独觉。或观待缘，而悟圣果，亦名缘觉。”

② 初，西夏本作“[illegible]”（常）。按，“[illegible]”·ju^{2}（常）字于义不合，在此疑假借作“[illegible]”·ju^{2}（前），此二字为同音通假。意指“不乐入”前“声闻、缘觉”二乘涅槃。

③ “一切”二字义西夏本未见。

bju^{1}	tsjij^{2}	·o^{2}	mə^{2}	ŋowr^{2}	ŋowr^{2}	źji^{2}	na^{1}	śjā^{1}
随	悟	入，	种	一	切	甚	深	禅

藏法善能了知①。佛华三昧随时悟入，具一切种甚深禅

17.10.2

[illegible]	[illegible]，	[illegible]	[illegible]	[illegible]	[illegible]	[illegible]	[illegible]	[illegible]
djɨj^{2}	ŋowr^{2}	rjur^{1}	tha^{1}	ŋowr^{2}	ŋowr^{2}	źji^{2}	mjor^{1}	·ju^{2}
定	具，	诸	佛	一	切	皆	现	前
[illegible]，	[illegible]	[illegible]	[illegible]	[illegible]	[illegible]	[illegible]	[illegible]	[illegible]，
ljij^{2}	·ja$^{?}$	ljɨ̱r^{2}	ljij^{1}	zji̱j^{1}	tha^{1}	lhji̱j^{2}	źji^{2}	da̱^{2}
见，	一	念	之	时	佛	国	遍	游，

定，一切诸佛皆悉现前，于一念中遍游佛土，

17.10.3

[illegible]	[illegible]	[illegible]	[illegible]	[illegible]	[illegible]	[illegible]	[illegible]。	[illegible]
lja^{1}	wjij^{1}	dźjij^{1}	bji̱j^{2}	dzjɨj^{1}	rjir^{2}	mji^{1}	ljwu^{1}	gie^{1}
来	往	进	行	时	与	不	违。	难
[illegible]	[illegible]	[illegible]	[illegible]	[illegible]	[illegible]	[illegible]，	[illegible]	[illegible]
gie^{1}	nja̱^{2}	bju^{2}	rjur^{1}	bju^{2}	tsjij^{2}	njwi^{2}	źjɨr^{1}	bju^{2}
难	非	边	诸	边	了	能，	实	际

周旋往返不异其时。于难非难边能了诸边，敷演实际

17.10.4

[illegible]	[illegible]	[illegible]	[illegible]	[illegible]	[illegible]，	[illegible]	[illegible]	[illegible]
do^{2}	pha^{1}	nwə^{1}	tsjij^{2}	phie^{2}	ne̱j^{2}	tha^{1}	nuə$^{?}$	ŋwo^{2}
差	别	知	了	开	示，	佛	辩	才
[illegible]	[illegible]	[illegible]	[illegible]	[illegible]。	[illegible]	[illegible]	[illegible]	[illegible]
rjir^{1}	njɨ^{2}	me̱^{2}	dźjɨ$^{?}$	dźji̱j^{1}	ɲia^{2}	tśhju^{1}	ŋwu̱^{1}	da̱^{2}
得	普	贤	行	住。	众	生	语	言

差别善知，得佛辩才住普贤行。善能分别众生语言，

---

① 善能了知，西夏简作“[illegible][illegible]”，字面意思是“能了、能知”。

17.10.5

źji^{2}	phjo^{2}	kar^{2}	njwi^{2}	rjur^{1}	kha^{1}	tsjịr^{1}	ŋowr^{2}	ŋowr^{2}
皆	分	别	能，	诸	间	法	一	切
gjịj^{1}	dzjịj^{1}	rjur^{1}	kha^{1}	lho$^{?}$	tsjịr^{1}	ŋowr^{2}	ŋowr^{2}	nwə^{1}
超	过，	世	间	出	法	一	切	知

超过世间一切之法①，善知一切出世间法。

17.10.6

njwi^{2}	·wu^{2}	gju^{2}	·jij^{1}	dzju^{2}	po^{1}	lo^{1}	dzu^{1}	rjir^{1}
善。	资	具	自	在	波	罗	蜜	得
phji^{1}	ɲia^{2}	tśhju^{1}	·jij^{1}	·ụ^{2}	wạ^{2}	mji^{1}	ɣju^{1}	nẹw^{2}
令，	有	情	之	荷	担	不	请	善

得资具自在波罗蜜多②，荷担有情为不请

17.11.1

wjị^{1}	we^{2}	mjor^{1}	ljịj^{2}	·jij^{1}	tsjịr^{1}	·ụ^{2}	ŋowr^{2}	ŋowr^{2}
友	为。	如	来	之	法	藏	一	切
·jịj^{1}	njwi^{2}	tha^{1}	sjwɨ^{1}	ŋowr^{2}	ŋowr^{2}	mji^{1}	bja^{2}	no^{2}
持	能，	佛	种	一	切	不	断	安

友③。能持一切如来法藏，安住不断一切佛种。

17.11.2

---

① 世，西夏本作"[illegible]"（诸）。按，"[illegible]"rjur^{1}（诸）字于义不合，在此假借作"[illegible]"rjur^{1}（世），此二字为同音通假。

② "多"字义西夏本未见。

③ 友，西夏本作"[illegible]"（善友），"善"字义汉文本未见。

dźjij^{1}	ɲia^{2}	tśhju^{1}	·jij^{1}	njij^{2}	śjow^{1}	tsji̠r^{1}	mej^{1}	phie^{2}
住。	有	情	之	哀	愍	法	眼	开
[illegible]，	[illegible]	[illegible]	[illegible]	[illegible]	[illegible]	[illegible]	[illegible]	[illegible]。
njwi^{2}	rjur^{1}	niow^{2}	tshwew^{1}	tjɨj^{1}	ne̠w^{2}	tshwew^{1}	ɣa^{1}	phie^{2}
能，	诸	恶	趣	闭	善	趣	门	开。

哀愍有情能开法眼，闭诸恶趣开善趣门。

17.11.3

[illegible]	[illegible]	[illegible]	[illegible]	[illegible]	[illegible]	[illegible]	[illegible]	[illegible]
ɲia^{2}	tśhju^{1}	·jij^{1}	źji^{2}	bjo̱^{1}	dzjij^{1}	mja^{1}	ljo^{2}	tjo^{2}
有	情	之	普	观	父	母	兄	弟
[illegible]	[illegible]	[illegible]，	[illegible]	[illegible]	[illegible]	[illegible]	[illegible]	[illegible]
sjij^{2}	śjwo^{1}	njwi^{2}	niow^{1}	ɲia^{2}	tśhju^{1}	·jij^{1}	bjo̱^{1}	·jij^{1}
想	发	能，	又	众	生	之	观	己

普观有情能作父母兄弟之想，又观众生

17.11.4

[illegible]	[illegible]	[illegible]	[illegible]。	[illegible]	[illegible]	[illegible]	[illegible]	[illegible]
lju̱^{2}	sju^{2}	sjij^{2}	śjwo^{1}	·jow^{2}	śja^{2}	tśhja^{2}	·iow^{1}	po^{1}
身	如	想	发。	赞	叹	德	功	波
[illegible]	[illegible]	[illegible]	[illegible]	[illegible]	[illegible]	[illegible]，	[illegible]	[illegible]
lo^{1}	dzu^{1}	tow^{1}	ŋowr^{2}	ŋowr^{2}	lja̱^{1}	rjir^{1}	mjor^{1}	ljij^{2}
罗	蜜	多	一	切	证	得，	如	来

如己身想。证得一切赞叹功德波罗蜜多，

17.11.5

[illegible]	[illegible]	[illegible]	[illegible]	[illegible]	[illegible]	[illegible]，	[illegible]	[illegible]
·jij^{1}	·jow^{2}	śja^{2}	tśhja^{2}	·iow^{1}	ŋowr^{2}	ŋowr^{2}	niow^{1}	dzjij^{2}
之	赞	叹	德	功	一	切，	及	余
[illegible]	[illegible]	[illegible]	[illegible]	[illegible]	[illegible]	[illegible]	[illegible]	[illegible]。
·jow^{2}	śja^{2}	rjur^{1}	tśhja^{2}	·iow^{1}	tsji̠r^{1}	źji^{2}	nwə^{1}	njwi^{2}

称	赞	诸	德	功	法	皆	知	能。

能善了知赞叹如来一切功德，及余称赞诸功德法。

17.11.6

[illegible]	[illegible]	[illegible]	[illegible]	[illegible]	[illegible]	[illegible]	[illegible]
thjɨ^{2}	sju^{2}	po^{1}	tsa^{1}	ma^{2}	ŋa̱^{2}	tsa^{1}	·ji^{1}
如	是	菩	萨	摩	诃	萨	众
[illegible]	[illegible]	[illegible]	[illegible]	[illegible]	[illegible]	[illegible]	[illegible]。
mjɨ^{1}	pjụ^{1}	bju^{2}	mjij^{1}	to^{2}	źji^{2}	ljwu^{2}	dzjị^{2}
无	量	边	无	悉	皆	会	集。

如是菩萨摩诃萨众无量无边皆来集会。

汉文本

《大宝积经》卷第十七

大唐三藏菩提流志奉诏译

无量寿如来会第五之一

如是我闻：一时佛住王舍城耆阇崛山中，与大比丘众万二千人俱，皆是诸大声闻众所知识，其名曰：尊者阿若憍陈如、马胜、大名有贤、无垢、须跋陀罗、善称圆满、憍梵钵提、优楼频蠡迦叶、那提迦叶、伽耶迦叶、摩诃迦叶、舍利弗、大目揵连、摩诃迦旃延、摩诃劫宾那、摩诃注那、满慈子、阿尼楼驮、离波多、上首王、住彼岸摩俱罗、难陀、有光善来、罗睺罗、阿难陀等，而为上首。复有菩萨摩诃萨众，所谓普贤菩萨、文殊师利菩萨、弥勒菩萨，及贤劫中诸菩萨摩诃萨众，前后围绕。又与贤护等十六丈夫众俱，所谓善思惟义菩萨、慧辩才菩萨、观无住菩萨、善化神通菩萨、光幢菩萨、智上菩萨、寂根菩萨、慧愿菩萨、香象菩萨、宝幢菩萨等，而为上首，咸共遵修普贤之道，满足菩萨一切行愿，安住一切功德法中，到诸佛法究竟彼岸。愿于一切世界之中成等正觉，又愿生彼兜率陀天，于彼寿终降生右胁见行七步，放大光明，普佛世界六种震动，而自唱言：我于一切世间最为尊贵。释梵诸天咸来亲奉。又见习学书计历数声明伎巧医方养生符印，及余博戏擅美过人。身处王宫厌诸欲境，见老病死悟世非常，捐舍国位逾城学道。解诸缨络及迦尸迦，被服袈裟六年苦行，能于五浊刹中作斯示现。顺世间故。浴尼连河行趣道场，龙王迎赞，诸菩萨众右绕称扬。菩萨尔时受草，自敷菩提树下，结加趺坐。又见魔众合围将加危害，菩萨以定慧力降伏魔怨，成无上觉。梵王劝请转于法轮，勇猛无畏，佛音震吼，击法鼓、吹法螺、建大法幢、燃正法炬，摄受正法及诸禅定，雨大法雨泽润含生，震大法雷开悟一切。诸佛刹土普照大光，世界之中地皆震动，魔宫摧毁惊怖波旬，破烦恼城堕诸见网，远离黑法生诸白法。于佛施食能受能消，为调众生宣扬妙理。或现微笑放百千光，升灌顶阶受菩提记，或成佛道现入涅槃，使无量有情皆得漏尽，成熟菩萨无边善根。如是诸佛刹中皆能示现。譬如幻师善知幻术，而能示现男女等相，于彼相中实无可得。如是如是，诸菩萨等善学无边幻术功德故，能示现变化相应，能善了知变化之道故，示诸佛土现大慈悲,一切群生普皆饶益。菩萨愿行成就无疆,无量义门通达平等,一切善法具足修成。诸佛刹中平等趣入,常为诸佛劝进加威。一切如来识知印可,为教菩萨作阿阇梨。常习相应无边诸行,通达一切法界所行,能善了知有情及土,亦常发趣供诸如来。见种种身犹如影像,善学因陀罗网能破魔网,坏诸见网入有情网,能超烦恼眷属及魔侣魔人。远出声闻、辟支佛地,入空无相无愿法门,而能安住方便善巧。初不乐入二乘涅槃,得无生无灭诸三摩地,及得一切陀罗尼门、广大诸根辩才决定,于菩萨藏法善能了知。佛华三昧随时悟入,具一切种甚深禅定,一切诸佛皆悉现前,于一念中遍游佛土,周旋往返不异其时。于难非难边能了诸边,敷演实际差别善知,得佛辩才住普贤行。善能分别众生语言,超过世间一切之法,善知一切出世间法。得资具自在波罗蜜多,荷担有情为不请友。能持一切如来法藏,安住不断一切佛种。哀愍有情能开法眼,闭诸恶趣开善趣门。普观有情能作父母兄弟之想,又观众生如己身想。证得一切赞叹功德波罗蜜多,能善了知赞叹如来一切功德,及余称赞诸功德法。如是菩萨摩诃萨众无量无边皆来集会。

17.11.6

[illegible]	[illegible],
tśhjɨ^{1}	zjọ^{2}
尔	时,

尔时,

17.12.1

[illegible]	[illegible]	[illegible]	[illegible]	[illegible]	[illegible]	[illegible]	[illegible],	[illegible]
pjụ^{1}	tja^{1}	·ja$^{?}$	na^{1}	dzu̱^{2}	tjị^{2}	·ja$^{?}$	wor^{1}	lhwu^{1}
尊	者	阿	难	坐	处	△	起,	衣
[illegible]	[illegible]	[illegible],	[illegible]	[illegible]	[illegible]	[illegible],	[illegible]	[illegible]
gjwi^{2}	dzjwɨ^{2}	djị^{2}	źjị^{1}	wạ^{1}	pha^{1}	gjwi^{2}	tśier^{1}	ŋwer^{2}
服	整	理,	左	肩	半	服,	右	膝

尊者阿难从坐而起,整理衣服,偏袒右肩①,右膝

17.12.2

[illegible]	[illegible],	[illegible]	[illegible]	[illegible]	[illegible]	[illegible]	[illegible]:	[illegible]
ljɨ̣^{2}	zjij^{1}	tha^{1}	rjijr^{2}	pjạ^{1}	phjo̱^{2}	dạ^{2}	jɨ^{2}	tha^{2}
地	著,	佛	向	掌	合	言	谓:	大
[illegible]	[illegible]	[illegible]!	[illegible]	[illegible]	[illegible]	[illegible]	[illegible]	[illegible]

① 偏袒右肩,西夏本作"[illegible]",字面意思是"左肩半服"。

tśhja^{2}	rjur^{1}	pjụ^{1}	ljụ^{2}	tsə̣^{1}	rjur^{1}	tśhji^{2}	to^{2}	źji^{2}
德	世	尊!	身	色	诸	根	悉	皆

著地,合掌向佛白言:大德世尊!身色诸根悉皆

17.12.3

[illegible]	[illegible],	[illegible]	[illegible]	[illegible]	[illegible]	[illegible]	[illegible]	[illegible]
ba^{2}	sej^{1}	pjụ^{1}	bji^{1}	swew^{1}	rjɨj^{2}	kie^{1}	tśiow^{1}	lju^{2}
清	净,	威	光	光	明	金	聚	融
[illegible],	[illegible]	[illegible]	[illegible]	[illegible]	[illegible]	[illegible]	[illegible]	[illegible]。
sju^{2}	niow^{1}	swew^{1}	tjɨj^{1}	sju^{2}	mji^{1}	mju^{2}	bji^{1}	swew^{1}
如,	又	明	镜	如	不	动	光	明。

清净,威光赫奕如融金聚,又如明镜凝照光晖。

17.12.4

[illegible]	[illegible]	[illegible]	[illegible]	[illegible]	[illegible]	[illegible]	[illegible],	[illegible]
mər^{2}	ɣa^{2}	rjɨr^{2}	njɨ^{2}	ljij^{2}	mjij^{2}	djij^{2}	nji^{2}	thjɨ^{2}
本	从	乃	至	见	未	曾	△,	是
[illegible]	[illegible]	[illegible]	[illegible]	[illegible]	[illegible]	[illegible]	[illegible]	[illegible]。
wjɨ^{2}	ljij^{2}	ku^{1}	zjɨr^{1}	dju^{1}	njij^{1}	·ja$^{?}$	śjwi^{1}	ŋa^{2}
今	见	故	稀	有	心	△	生	△。

从昔已来初未曾见①,喜得瞻仰生稀有心。

17.12.5

[illegible]	[illegible]	[illegible]	[illegible]	[illegible]	[illegible]	[illegible]	[illegible],	[illegible]
rjur^{1}	pjụ^{1}	thjɨ^{2}	wjɨ^{2}	tha^{2}	mjij^{1}	djɨj^{2}	·o^{2}	mjor^{1}
世	尊	是	今	大	寂	定	入,	如
[illegible]	[illegible]	[illegible]	[illegible]	[illegible]	[illegible]	[illegible],	[illegible]	[illegible]
ljij^{2}	dźjɨ$^{?}$	dźjij^{1}	to^{2}	źji^{2}	io̱^{1}	sə^{1}	tha^{2}	go̱r^{1}
来	行	行	皆	悉	圆	满,	大	丈

世尊今者入大寂定,行如来行皆悉圆满,

① 昔,西夏本作“[illegible]”(本)。

17.12.6

[illegible]	[illegible]	[illegible]	[illegible]，	[illegible]	[illegible]	[illegible]	[illegible]	[illegible]
kiej^{2}	dźjɨ$^{?}$	śjwo^{1}	njwi^{2}	wjɨ^{2}	rar^{2}	mjij^{2}	ljij^{2}	mjor^{1}
夫	行	立	能，	过	去	未	来	现
[illegible]	[illegible]	[illegible]	[illegible]	[illegible]	[illegible]。	[illegible]	[illegible]！	[illegible]
dźjij^{1}	rjur^{1}	tha^{1}	·jij^{1}	sjwɨ̣^{1}	ljɨ̣r^{2}	rjur^{1}	pjụ^{1}	wa^{2}
在	诸	佛	之	思	惟。	世	尊！	何

善能建立大丈夫行，思惟去、来、现在诸佛。世尊！何

17.13.1

[illegible]	[illegible]	[illegible]	[illegible]	[illegible]	[illegible]？	[illegible]	[illegible]，	[illegible]
nio̱w^{1}	thjɨ^{2}	ljɨ̣r^{2}	ɣa^{2}	dźjij^{1}	nja^{2}	tśhjɨ^{1}	zjọ^{2}	·ja$^{?}$
故	斯	念	于	住	△？	尔	时，	阿
[illegible]	[illegible]	[illegible]：	[illegible]	[illegible]	[illegible]	[illegible]，	[illegible]	[illegible]
na^{1}	·jij^{1}	jɨ^{2}	nji^{2}	sjij^{1}	thjij^{2}	sjo^{2}	thjɨ^{2}	wo^{2}
难	之	告：	汝	今	何	云，	此	义

故住斯念耶？尔时，佛告阿难①：汝今云何，能知此义？

17.13.2

[illegible]	[illegible]？	[illegible]	[illegible]	[illegible]	[illegible]	[illegible]	[illegible]	[illegible]？
djwu^{2}	nja^{2}	rjur^{1}	mə^{1}	nja^{2}	do^{2}	jɨ^{2}	ljij^{2}	mo^{2}
知	△？	诸	天	汝	处	告	来	耶？
[illegible]	[illegible]	[illegible]	[illegible]	[illegible]	[illegible]	[illegible]	[illegible]？	[illegible]
ŋa^{2}	·jij^{1}	ljij^{2}	nio̱w^{1}	·jij^{1}	·jij^{1}	djwu^{2}	nja^{2}	·ja$^{?}$
我	之	见	故	自	己	知	△？	阿

为有诸天来告汝耶？为以见我及自知耶？阿

17.13.3

[illegible]	[illegible]	[illegible]	[illegible]	[illegible]：	[illegible]	[illegible]！	[illegible]	[illegible]
na^{1}	tha^{1}	·jij^{1}	dạ^{2}	jɨ^{2}	rjur^{1}	pjụ^{1}	ŋa^{2}	mjor^{1}

① “佛”字义西夏本疑脱。

难	佛	之	言	白：	世	尊！	我	如
[illegible]	[illegible]	[illegible]	[illegible]	[illegible]	[illegible]	[illegible]	[illegible]，	[illegible]
ljij^{2}	·jij^{1}	zjɨ̱r^{1}	dju^{1}	lja^{2}	bji^{1}	lji^{2}	ŋa^{2}	nio̱w^{1}
来	之	稀	有	瑞	光	见	△，	故

难白佛言：世尊！我见如来光瑞稀有，故

17.13.4

[illegible]	[illegible]	[illegible]	[illegible]	[illegible]，	[illegible]	[illegible]	[illegible]	[illegible]
thjɨ^{2}	sju^{2}	njij^{1}	śjwi^{1}	ŋa^{2}	mə^{1}	njɨ^{2}	ŋa^{2}	do^{2}
是	如	心	发	△，	天	等	我	处
[illegible]	[illegible]	[illegible]。	[illegible]	[illegible]	[illegible]	[illegible]	[illegible]：	[illegible]
ljij^{2}	ljɨ̱^{1}	nja̱^{2}	tha^{1}	·ja$^{?}$	na^{1}	·jij^{1}	jɨ^{2}	tjij^{2}
来	并	非。	佛	阿	难	之	告：	善

发斯念，非因天等。佛告阿难：善

17.13.5

[illegible]	[illegible]	[illegible]！	[illegible]	[illegible]	[illegible]	[illegible]。	[illegible]	[illegible]
rjijr^{2}	tjij^{2}	rjijr^{2}	nji^{2}	sjij^{1}	·jɨr^{1}	njwi^{2}	źji^{2}	thjo̱^{1}
哉	善	哉！	汝	今	问	能。	微	妙
[illegible]	[illegible]	[illegible]	[illegible]	[illegible]，	[illegible]	[illegible]	[illegible]	[illegible]
nuə$^{?}$	ŋwo^{2}	bjo̱^{1}	thju̱^{1}	njwi^{2}	mjor^{1}	ljij^{2}	do^{2}	thjɨ^{2}
辩	才	观	察	能，	如	来	处	是

哉善哉！汝今快问。善能观察微妙辩才，能问如来

17.13.6

[illegible]	[illegible]	[illegible]	[illegible]	[illegible]。	[illegible]	[illegible]	[illegible]、	[illegible]
sju^{2}	wo^{2}	·jɨr^{1}	njwi^{2}	nja^{2}	nji^{2}	mjor^{1}	ljij^{2}	bju^{1}
如	义	问	能	△。	汝	如	来、	应
[illegible]、	[illegible]	[illegible]	[illegible]	[illegible]	[illegible]，	[illegible]	[illegible]	[illegible]
wo^{2}	tśhja^{2}	ka^{1}	dwewr^{2}	ŋowr^{2}	ŋowr^{2}	niow^{1}	tha^{2}	wju̱^{1}
供、	正	等	觉	一	切，	及	大	悲

如是之义。汝为一切如来、应、正等觉，及安住大悲，

17.14.1

[illegible]	[illegible]，	[illegible]	[illegible]	[illegible]	[illegible]	[illegible]，	[illegible]	[illegible]
no^{2}	dźjịj^{1}	ɲia^{2}	tśhju^{1}	·jij^{1}	gjịj^{1}	ɣie^{2}	·jiw^{2}	thā^{1}
安	住，	众	生	之	利	益，	优	昙
[illegible]	[illegible]	[illegible]	[illegible]，	[illegible]	[illegible]	[illegible]	[illegible]	[illegible]
wjạ^{1}	sju^{2}	zjɨ̣r^{1}	dju^{1}	tha^{2}	mjijr^{2}	rjur^{1}	kha^{1}	to^{2}
花	如	稀	有，	大	士	世	间	出

利益群生，如优昙花稀有，大士出现世间，

17.14.2

[illegible]	[illegible]，	[illegible]	[illegible]	[illegible]	[illegible]。	[illegible]	[illegible]	[illegible]
śja^{2}	nio̱w^{1}	tśhjwo^{1}	thjɨ^{2}	wo^{2}	·jɨr^{1}	niow^{1}	rjur^{1}	ɲia^{2}
现	故，	故	此	义	问。	又	诸	众
[illegible]	[illegible]	[illegible]	[illegible]	[illegible]	[illegible]	[illegible]，	[illegible]	[illegible]
tśhju^{1}	·jij^{1}	njij^{2}	śjow^{1}	gjịj^{1}	ɣie^{2}	nio̱w^{1}	mjor^{1}	ljịj^{2}
生	之	哀	愍	利	乐	故，	如	来

故问斯义。又为哀愍利乐诸众生故，能问如来

17.14.3

[illegible]	[illegible]	[illegible]	[illegible]	[illegible]	[illegible]	[illegible]。	[illegible]	[illegible]！
do^{2}	thjɨ^{2}	sju^{2}	wo^{2}	·jɨr^{1}	njwi^{2}	nja^{2}	·ja$^{?}$	na^{1}
处	是	如	义	问	能	△。	阿	难！
[illegible]	[illegible]、	[illegible]	[illegible]、	[illegible]	[illegible]	[illegible]	[illegible]	[illegible]
mjor^{1}	ljịj^{2}	bju^{1}	wo^{2}	tśhja^{2}	ka^{1}	dwewr^{2}	mjɨ^{1}	pjụ^{1}
如	来、	应	供、	正	等	觉	无	量

如是之义。阿难！如来、应、正等觉善能开示无量

17.14.4

[illegible]	[illegible]	[illegible]	[illegible]	[illegible]。	[illegible]	[illegible]	[illegible]？	[illegible]
nwə^{1}	ljij^{2}	phie^{2}	nej^{2}	njwi^{2}	thjij^{2}	sjo^{2}	ljɨ^{1}	mjor^{1}
知	见	开	示	能。	何	以	故？	如

[illegible]	[illegible]	[illegible]	[illegible]	[illegible]	[illegible]	[illegible]	[illegible]	[illegible]。
ljịj^{2}	·jij^{1}	nwə^{1}	ljij^{2}	tja^{1}	ɣie^{2}	lụ^{2}	mjij^{1}	ljɨ^{1}
来	之	知	见	者	障	碍	无	故。

知见。何以故？如来知见无有障碍。

17.14.5

[illegible]	[illegible]！	[illegible]	[illegible]、	[illegible]	[illegible]、	[illegible]	[illegible]	[illegible]
·ja$^{?}$	na^{1}	mjor^{1}	ljịj^{2}	bju^{1}	wo^{2}	tśhja^{2}	ka^{1}	dwewr^{2}
阿	难！	如	来、	应	供、	正	等	觉
[illegible]	[illegible]	[illegible]	[illegible]，	[illegible]	[illegible]	[illegible]	[illegible]	[illegible]
tjij^{1}	rjur^{1}	dźjij^{1}	kięj^{2}	ku^{1}	·ja$^{?}$	ljɨ̣r^{2}	ljij^{1}	zjịj^{1}
若	世	住	欲，	故	一	念	之	时

阿难！如来、应、正等觉欲乐住世，能于念顷

17.14.6

[illegible]	[illegible]	[illegible]	[illegible]	[illegible]	[illegible]	[illegible]	[illegible]	[illegible]
mjɨ^{1}	pjụ^{1}	ŋew^{2}	mjij^{1}	·jir^{2}	tụ^{1}	rjir^{2}	no^{1}	·jiw^{1}
无	量	数	无	百	千	亿	那	由
[illegible]	[illegible]	[illegible]，	[illegible]	[illegible]	[illegible]	[illegible]	[illegible]	[illegible]，
thow^{1}	kja^{2}	dźjij^{1}	tjij^{1}	śji^{1}	ŋew^{2}	pjụ^{1}	su^{1}	dzjịj^{1}
他	劫	住，	若	前	数	量	胜	过，

住无量无数百千亿那由他劫，若复增过如上数量，

17.15.1

[illegible]	[illegible]	[illegible]	[illegible]	[illegible]	[illegible]	[illegible]	[illegible]	[illegible]
tsjɨ^{1}	mjor^{1}	ljịj^{2}	·jij^{1}	ljụ^{2}	niow^{1}	rjur^{1}	tśhji^{2}	njɨ^{2}
亦	如	来	之	身	及	诸	根	等
[illegible]	[illegible]	[illegible]	[illegible]。	[illegible]	[illegible]	[illegible]？	[illegible]	[illegible]
lhu^{1}	tjịj^{1}	mji^{1}	dju^{1}	thjịj^{2}	sjo^{2}	ljɨ^{1}	mjor^{1}	ljịj^{2}
增	减	无	有。	何	以	故？	如	来

而如来身及以诸根无有增减。何以故？如来

17.15.2

[illegible]	[illegible]	[illegible]	[illegible]	[illegible]	[illegible]	[illegible]	[illegible]	[illegible],
sã^{1}	mej^{2}	·jij^{1}	dzju^{2}	rjir^{2}	tjịj^{1}	rewr^{2}	ɣa^{2}	njɨ^{2}
三	昧	自	在	得	彼	岸	于	到,
[illegible]	[illegible]	[illegible]	[illegible]	[illegible]	[illegible]	[illegible]	[illegible]	[illegible]。
tsjịr^{1}	ŋowr^{2}	ŋowr^{2}	ɣa^{2}	źji^{2}	bṵ^{2}	·jij^{1}	dzju^{2}	ljɨ^{1}
法	一	切	于	皆	胜	自	在	故。

得三昧自在到于彼岸,于一切法最胜自在①。

17.15.3

[illegible]	[illegible]	[illegible]	[illegible]!	[illegible]	[illegible],	[illegible]	[illegible]	[illegible]
tśhjwo^{1}	thjɨ^{2}	·ja$^{?}$	na^{1}	djị^{2}	nji^{2}	njịj^{1}	tjị^{1}	ljɨ̣r^{2}
故	是	阿	难!	谛	听,	心	诚	念
[illegible],	[illegible]	[illegible]	[illegible]	[illegible]	[illegible]	[illegible]	[illegible]	[illegible]
lew^{2}	ŋa^{2}	sjij^{1}	nji^{2}	·jij^{1}	phjo^{2}	kar^{2}	tshjij^{1}	wji^{1}
当,	吾	今	汝	之	分	别	说	为

是故阿难! 谛听,善思念之②,吾当为汝分别解说。

17.15.4

[illegible]。	[illegible]	[illegible]	[illegible]	[illegible]	[illegible]	[illegible]:	[illegible]	[illegible]
nja^{2}	·ja$^{?}$	na^{1}	tha^{1}	·jij^{1}	dạ^{2}	jɨ^{2}	lew^{1}	tjị^{1}
△。	阿	难	佛	之	言	谓:	唯	愿
[illegible]	[illegible]	[illegible]	[illegible]	[illegible],	[illegible]	[illegible]	[illegible]	[illegible]。
rjur^{1}	pjụ^{1}	rjɨr^{2}	tshjij^{1}	nja^{2}	ŋa^{2}	tsjɨ^{1}	mji^{1}	ŋwe^{1}
世	尊	所	说	△,	我	亦	闻	乐。

阿难白佛言:唯然世尊,愿乐欲闻。

汉文本

尔时,尊者阿难从坐而起,整理衣服,偏袒右肩,右膝著地,合掌向佛白言:大德世尊! 身色诸根悉

① 最,西夏本作"[illegible]"(皆)。按,"[illegible]"źji^{2}(皆)字于义不合,在此假借作"[illegible]"źji^{2}(最),此二字为同音通假。

② 善思念之,西夏本作"[illegible]"(诚心念之)。两者义通,仅在表述不同。

皆清净，威光赫奕如融金聚，又如明镜凝照光晖。从昔已来初未曾见，喜得瞻仰生稀有心。世尊今者入大寂定，行如来行皆悉圆满，善能建立大丈夫行，思惟去、来、现在诸佛。世尊！何故住斯念耶？尔时，佛告阿难：汝今云何，能知此义？为有诸天来告汝耶？为以见我及自知耶？阿难白佛言：世尊！我见如来光瑞稀有，故发斯念，非因天等。佛告阿难：善哉善哉！汝今快问。善能观察微妙辩才，能问如来如是之义。汝为一切如来、应、正等觉，及安住大悲，利益群生，如优昙花稀有，大士出现世间，故问斯义。又为哀愍利乐诸众生故，能问如来如是之义。阿难！如来、应、正等觉善能开示无量知见。何以故？如来知见无有障碍。阿难！如来、应、正等觉欲乐住世，能于念顷住无量无数百千亿那由他劫，若复增过如上数量，而如来身及以诸根无有增减。何以故？如来得三昧自在到于彼岸，于一切法最胜自在。是故阿难！谛听，善思念之，吾当为汝分别解说。阿难白佛言：唯然世尊，愿乐欲闻。

17.15.5

[illegible]	[illegible]，	[illegible]	[illegible]	[illegible]	[illegible]	[illegible]：	[illegible]	[illegible]
tśhjɨ^1	zjọ^2	tha^1	·ja$^?$	na^1	·jij^1	jɨ^2	njwo^2	wjɨ^2
尔	时，	佛	阿	难	之	告：	昔	过
[illegible]	[illegible]	[illegible]	[illegible]	[illegible]	[illegible]	[illegible]	[illegible]	[illegible]
rar^2	·ja$^?$	sẽ^1	khji^1	kja^2	su^1	ŋew^2	mjij^1	tha^2
去	阿	僧	祇	劫	过	数	无	大

尔时，佛告阿难：往昔过阿僧祇无数大劫，

17.15.6

[illegible]	[illegible]	[illegible]	[illegible]，	[illegible]	[illegible]	[illegible]	[illegible]，	[illegible]
kja^2	su^1	ɣwə^2	rjir^2	tha^1	gjɨ^2	to^2	śja^2	mjịj^2
劫	过	前	面，	佛	有	出	现，	号
[illegible]	[illegible]	[illegible]。	[illegible]	[illegible]	[illegible]	[illegible]	[illegible]	[illegible]
tja^1	tjij^1	njwɨ̣^{2}	thja^1	tha^1	·jij^1	kja^2	ŋew^2	pjụ^1
者	灯	燃。	彼	佛	之	劫	数	量

有佛出现，号曰燃灯。于彼佛前极过数量，

17.16.1

[illegible]	[illegible]	[illegible]，	[illegible]	[illegible]	[illegible]	[illegible]	[illegible]	[illegible]
su^1	ɣwə^2	rjir^2	dźjɨ$^?$	tśjị^1	tha^1	rjur^1	kha^1	to^2
过	前	面，	行	苦	佛	世	间	出
[illegible]。	[illegible]	[illegible]	[illegible]	[illegible]	[illegible]	[illegible]	[illegible]	[illegible]

śja^{2}	tśjị^{1}	dźjɨ$^{?}$	tha^{1}	su^{1}	ɣwə^{2}	rjir^{2}	lhjị^{2}	njijr^{2}
现。	苦	行	佛	过	前	面	月	面

有苦行佛出兴于世。苦行佛前复有如来,号为月面。

17.16.2

[illegible]	[illegible]	[illegible]。	[illegible]	[illegible]	[illegible]	[illegible]	[illegible]	[illegible]
mjor^{1}	ljij^{2}	to^{2}	lhjị^{2}	njijr^{2}	tha^{1}	·jij^{1}	kja^{2}	ŋew^{2}
如	来	出。	月	面	佛	之	劫	数
[illegible]	[illegible]	[illegible]	[illegible],	[illegible]	[illegible]	[illegible]	[illegible]	[illegible]。
pjụ^{1}	su^{1}	ɣwə^{2}	rjir^{2}	tśja^{1}	thã^{1}	śja^{1}	tha^{1}	to^{2}
量	过	前	面,	旃	檀	香	佛	出。

月面佛前过于数量,有旃檀香佛。

17.16.3

[illegible]	[illegible]	[illegible]	[illegible]	[illegible]	[illegible]	[illegible]	[illegible]	[illegible]
thja^{1}	tha^{1}	su^{1}	ɣwə^{2}	rjir^{2}	su^{1}	mji^{1}	lu^{1}	tśiow^{1}
彼	佛	过	前	面	苏	迷	卢	积
[illegible]	[illegible],	[illegible]	[illegible]	[illegible]	[illegible]	[illegible]	[illegible]	[illegible]
tha^{1}	to^{2}	su^{1}	mji^{1}	lu^{1}	tśiow^{1}	tha^{1}	su^{1}	ɣwə^{2}
佛	出,	苏	迷	卢	积	佛	过	前

于彼佛前有苏迷卢积佛,卢积佛前

17.16.4

[illegible]	[illegible]	[illegible]	[illegible]	[illegible]	[illegible]。	[illegible]	[illegible]	[illegible]
rjir^{2}	thjo̱^{1}	so^{2}	kja^{2}	tha^{1}	to^{2}	thjɨ^{2}	sju^{2}	tśjɨ^{1}
面	妙	高	劫	佛	出。	如	是	次
[illegible],	[illegible]	[illegible]	[illegible]	[illegible]、	[illegible]	[illegible]	[illegible]	[illegible]、
bju^{1}	ror^{2}	ka^{2}	njijr^{2}	tha^{1}	mji^{1}	tśior^{1}	la^{1}	tha^{1}
依,	垢	离	面	佛、	不	染	污	佛、

复有妙高劫佛①。如是展转②,有离垢面佛、不染污佛、

① 西夏本句上有“[illegible]”(苏迷)二字,为“卢积佛”全称,汉文本为省称。

② 展转,西夏本作“[illegible]”,字面意思是“次依”。此二字亦常见于对译“间错、次第、转相”。

17.16.5

[illegible]	[illegible]	[illegible]、	[illegible]	[illegible]	[illegible]	[illegible]、	[illegible]	[illegible]
we^{1}	mə^{1}	tha^{1}	ŋər^{1}	ɣiẹ^{2}	njij^{2}	tha^{1}	su^{1}	mji^{1}
龙	天	佛、	山	声	王	佛、	苏	迷
[illegible]	[illegible]	[illegible]、	[illegible]	[illegible]	[illegible]、	[illegible]	[illegible]	[illegible]
lu^{1}	tśiow^{1}	tha^{1}	kie^{1}	·ụ^{2}	tha^{1}	swew^{1}	swew^{1}	bji^{1}
卢	积	佛、	金	藏	佛、	照	曜	光

龙天佛、山声王佛、苏迷卢积佛、金藏佛、照曜光

17.16.6

[illegible]、	[illegible]	[illegible]	[illegible]、	[illegible]	[illegible]	[illegible]	[illegible]	[illegible]、
tha^{1}	bji^{1}	dzjwɨ^{1}	tha^{1}	tha^{2}	ljɨ̣^{2}	mə^{2}	sjwɨ^{1}	tha^{1}
佛、	光	帝	佛、	大	地	姓	种	佛、
[illegible]	[illegible]	[illegible]	[illegible]	[illegible]	[illegible]	[illegible]	[illegible]	[illegible]、
bji^{1}	swew^{1}	wejr^{1}	ljịj^{1}	niạ^{2}	ɣjɨ̣^{1}	kie^{1}	bji^{1}	tha^{1}
光	明	炽	盛	琉	璃	金	光	佛、

佛、光帝佛、大地种姓佛、光明炽盛琉璃金光佛、

17.17.1

[illegible]	[illegible]	[illegible]、	[illegible]	[illegible]	[illegible]	[illegible]	[illegible]	[illegible]、
lhjị^{2}	swu^{2}	tha^{1}	wjạ^{1}	bie^{2}	śjwo^{2}	tshjịj^{2}	bji^{1}	tha^{1}
月	像	佛、	花	开	庄	严	光	佛、
[illegible]	[illegible]	[illegible]	[illegible]	[illegible]	[illegible]	[illegible]	[illegible]	[illegible]、
thjọ^{1}	ŋjow^{2}	bụ^{2}	dwewr^{2}	mẹ^{2}	mjịjr^{2}	khẹj^{1}	dźjij^{1}	tha^{1}
妙	海	胜	觉	神	通	游	行	佛、

月像佛、开敷花庄严光佛、妙海胜觉游戏神通佛、

17.17.2

[illegible]	[illegible]	[illegible]	[illegible]、	[illegible]	[illegible]	[illegible]	[illegible]	[illegible]
kie^{1}	dźja^{2}	bji^{1}	tha^{1}	tha^{2}	·ja$^{?}$	khja^{2}	thow^{1}	śja^{1}
金	刚	光	佛、	大	阿	伽	陀	香

[illegible]	[illegible]、	[illegible]	[illegible]	[illegible]	[illegible]	[illegible]	[illegible]、	[illegible]
bji^{1}	tha^{1}	źji̠^{1}	njɨ̠^{2}	nji̠j^{1}	dźjɨ̠r^{1}	ka^{2}	tha^{1}	ljɨ̣^{1}
光	佛、	烦	恼	心	舍	离	佛、	宝

金刚光佛、大阿伽陀香光佛、舍离烦恼心佛、宝

17.17.3

[illegible]	[illegible]	[illegible]、	[illegible]	[illegible]	[illegible]	[illegible]、	[illegible]	[illegible]
lhu^{1}	dzja^{1}	tha^{1}	kjir^{1}	·jiw^{2}	tśiow^{1}	tha^{1}	bu̠^{2}	tśiow^{1}
增	长	佛、	勇	猛	积	佛、	胜	积
[illegible]、	[illegible]	[illegible]	[illegible]	[illegible]	[illegible]	[illegible]	[illegible]	[illegible]
tha^{1}	tha^{2}	tśhja^{2}	·iow^{1}	·ji̠j^{1}	tsji̠r^{1}	mji^{1}	me̠^{2}	mji̠jr^{2}
佛、	大	德	功	持	法	施	神	通

增长佛、勇猛积佛、胜积佛、持大功德法施神通

17.17.4

[illegible]、	[illegible]	[illegible]	[illegible]	[illegible]	[illegible]	[illegible]、	[illegible]	[illegible]
tha^{1}	be^{2}	lhji̠^{2}	bji^{1}	·jwɨ̠^{1}	t- ^{2}	tha^{1}	nia̠^{2}	ɣjɨ̣^{1}
佛、	日	月	光	映	蔽	佛、	琉	璃
[illegible]	[illegible]	[illegible]、	[illegible]	[illegible]	[illegible]	[illegible]、	[illegible]	[illegible]
swew^{1}	swew^{1}	tha^{1}	nji̠j^{1}	dwewr^{2}	wja̠^{1}	tha^{1}	lhji̠^{2}	bji^{1}
照	耀	佛、	心	觉	花	佛、	月	光

佛、映蔽日月光佛、照曜琉璃佛、心觉花佛、月光

17.17.5

[illegible]、	[illegible]	[illegible]	[illegible]、	[illegible]	[illegible]	[illegible]	[illegible]	[illegible]
tha^{1}	be^{2}	bji^{1}	tha^{1}	wja̠^{1}	·jɨr^{2}	rer^{2}	tsə̣^{1}	njij^{2}
佛、	日	光	佛、	花	璎	珞	色	王
[illegible]	[illegible]	[illegible]	[illegible]	[illegible]、	[illegible]	[illegible]	[illegible]	[illegible]、
me̠^{2}	mji̠jr^{2}	phie^{2}	śjwo^{1}	tha^{1}	zjɨ̠r^{2}	lhji̠^{2}	bji^{1}	tha^{1}
神	通	开	起	佛、	水	月	光	佛、

佛、日光佛、花璎珞色王开敷神通佛、水月光佛、

17.17.6

[illegible]	[illegible]	[illegible]	[illegible]	[illegible]、	[illegible]	[illegible]	[illegible]	[illegible]
bju^{1}	mjij^{1}	na^{1}	go^{2}	tha^{1}	nji^{2}	ɣiej^{1}	śiwə^{1}	khiwə^{1}
明	无	暗	破	佛、	珠	真	鼠	瑚
[illegible]	[illegible]、	[illegible]	[illegible]	[illegible]、	[illegible]	[illegible]	[illegible]、	[illegible]
ɣja^{2}	tha^{1}	kwej^{1}	śia^{1}	tha^{1}	bu̱^{2}	wją^{1}	tha^{1}	tsji̱r^{1}
盖	佛、	底	沙	佛、	胜	花	佛、	法

破无明暗佛、真珠珊瑚盖佛①、底沙佛、胜花佛、法

17.18.1

[illegible]	[illegible]	[illegible]、	[illegible]	[illegible]	[illegible]	[illegible]	[illegible]	[illegible]
źjɨr^{1}	kwə^{2}	tha^{1}	ka^{2}	tśjij^{2}	kwə^{2}	bã^{1}	dźi$^{?}$	ɣjɨr^{1}
慧	吼	佛、	师	子	吼	鹅	牙	兮
[illegible]	[illegible]	[illegible]、	[illegible]	[illegible]	[illegible]	[illegible]	[illegible]。	[illegible]
ɣię^{2}	dju^{1}	tha^{1}	xiwã^{1}	ɣię^{2}	we^{1}	kwə^{2}	tha^{1}	thjɨ^{2}
声	有	佛、	梵	音	龙	吼	佛。	是

慧吼佛、有师子吼鹅雁声佛、梵音龙吼佛。

17.18.2

[illegible]	[illegible]	[illegible]	[illegible]	[illegible]	[illegible]	[illegible]，	[illegible]	[illegible]
sju^{2}	njɨ^{2}	tha^{1}	rjur^{1}	kha^{1}	to^{2}	śja^{2}	thjɨ^{2}	sju^{2}
如	等	佛	世	间	出	现，	是	如
[illegible]	[illegible]	[illegible]	[illegible]	[illegible]	[illegible]	[illegible]	[illegible]	[illegible]
njɨ^{2}	tha^{1}	śji^{1}	kụ^{1}	tshjɨ̱^{1}	ljwu^{1}	źji^{2}	śji^{1}	ŋew^{2}
等	佛	前	后	行	间	皆	前	数

如是等佛出现于世，相去劫数

17.18.3

[illegible]	[illegible]	[illegible]。	[illegible]	[illegible]	[illegible]	[illegible]	[illegible]	[illegible]

① 珊瑚，西夏本作"[illegible]"（鼠/珊瑚）。按，"[illegible]"śiwə^{1}（鼠）字于义不合，在此假借作"[illegible]"śiwə^{1}（珊瑚），此二字为同音通假。参看《掌中珠》"珊瑚"译作"[illegible]"。

pjụ^{1} su^{1} dzjịj^{1} thja^{1} we^{1} kwə^{2} tha^{1} rjur^{1} kha^{1}
量 胜 过。 彼 龙 吼 佛 世 间
[illegible]
mjij^{2} to^{2} ŋew^{2} pjụ^{1} mjij^{1} kja^{2} su^{1} ɣwə^{2} rjir^{2}
未 出 数 无 量 劫 过 前 面

皆过数量。彼龙吼佛未出世前无央数劫

17.18.4

[illegible]
rjur^{1} wə^{1} tha^{1} to^{2} rjur^{1} wə^{1} tha^{1} mjij^{2} to^{2}
世 主 佛 出。 世 主 佛 未 出
[illegible]
ŋew^{2} mjij^{1} kja^{2} su^{1} ɣwə^{2} rjir^{2} tha^{1} gjɨ^{2} rjur^{1}
数 无 劫 过 面 前 佛 有 世

有世主佛。世主佛前无边劫数有佛出世,

17.18.5

[illegible]
kha^{1} to^{2} śja^{2} mjij^{2} tja^{1} rjur^{1} kha^{1} ·jij^{1} dzju^{2}
间 出 现, 号 者 世 间 自 在
[illegible]
njij^{2} mjor^{1} ljij^{2} bju^{1} wo^{2} tśhja^{2} ka^{1} dwewr^{2}
王 如 来、 应 供、 正 等 觉、

号世间自在王如来、应、正等觉、

17.18.6

[illegible]
swew^{1} dźjɨ$^{?}$ iọ^{1} sə^{1} nẹw^{2} bjịj^{2} rjur^{1} kha^{1} tsjij^{2} gor̲^{1}
明 行 圆 满、 善 逝、 世 间 解、 丈
[illegible]
kiej^{2} ·jij^{1} rjur^{1} ·jar^{2} źji^{2} phju^{2} mjijr^{2} mẹ^{2} dzjwo^{2}

夫	之	调	御、	无	上	士、	天	人

明行圆满、善逝、世间解、无上丈夫、调御士①、天人

17.19.1

[illegible]、	[illegible]、	[illegible]	[illegible]。	[illegible]	[illegible]！	[illegible]	[illegible]	[illegible]
dzjij^{2}	tha^{1}	rjur^{1}	pjụ^{1}	·ja$^{?}$	na^{1}	thja^{2}	tha^{1}	tsji̱r^{1}
师、	佛、	世	尊。	阿	难！	彼	佛	法
[illegible]	[illegible]	[illegible]	[illegible]	[illegible]	[illegible]，	[illegible]	[illegible]	[illegible]
kha^{1}	lew^{1}	phji^{1}	khjiw^{2}	gjɨ^{2}	dju^{1}	mji̱j^{2}	tja^{1}	tsji̱r^{1}
中	一	比	丘	有	有，	名	者	法

师、佛、世尊。阿难！彼佛法中有一比丘，名曰法

17.19.2

[illegible]，	[illegible]	[illegible]	[illegible]	[illegible]	[illegible]	[illegible]	[illegible]	[illegible]
do^{2}	rjar^{1}	gjij^{1}	dźjɨ$^{?}$	tjị^{1}	niow^{1}	lji̱ɨr^{2}	dźjij^{2}	źjɨr^{1}
处，	殊	胜	行	愿	及	念	有	慧
[illegible]	[illegible]	[illegible]	[illegible]，	[illegible]	[illegible]	[illegible]	[illegible]	[illegible]
ɣiew^{1}	pjụ^{1}	bu̱^{2}	gjij^{1}	njij^{1}	phji^{1}	gjwɨ^{1}	lwo^{2}	mji^{1}
学	尊	增	倍，	心	意	坚	固	不

处，有殊胜行愿及念慧力增上②，其心坚固不

17.19.3

[illegible]，	[illegible]	[illegible]	[illegible]	[illegible]，	[illegible]	[illegible]	[illegible]	[illegible]。
mju^{2}	ljo^{1}	sjij^{2}	rjar^{1}	gjij^{1}	mjor^{1}	la̱^{1}	śjwo^{2}	śjwo^{2}
动，	福	智	殊	胜，	容	貌	庄	严。
[illegible]	[illegible]！	[illegible]	[illegible]	[illegible]	[illegible]	[illegible]	[illegible]	[illegible]
·ja$^{?}$	na^{1}	thja^{2}	tsji̱r^{1}	do^{2}	phji^{2}	khjiw^{2}	rjur^{1}	kha^{1}
阿	难！	彼	法	处	比	丘	世	间

动，福智殊胜，人相端严。阿难！彼法处比丘往诣世间

① 无上丈夫、调御士，西夏本作“[illegible]、[illegible]”（调御丈夫、无上士）。

② 力，西夏本作“[illegible]”（学）。按，“[illegible]”ɣiew^{1}（学）字于义不合，在此疑假借作“[illegible]”ɣie^{1}（力）。

17.19.4

·jij^{1} dzju^{2} njij^{2} mjor^{1} ljịj^{2} do^{2} rjɨr^{2} śji^{2} źjɨ̣^{1}
自 在 王 如 来 所 乃 往， 左

wạ^{1} pha^{1} gjwi^{2} tha^{1} rewr^{2} tśjiw^{2} tshwew^{1} tha^{1} rjijr^{2}
肩 半 著， 佛 足 顶 礼， 佛 向

自在王如来所，偏袒右肩，顶礼佛足，向佛

17.19.5

pjạ^{1} phjọ^{2} ljạ^{1} ŋwu^{2} ·jow^{2} śja^{2}
掌 合， 颂 以 赞 叹：

合掌，以颂赞曰：

17.19.6

mjor^{1} ljịj^{2} mjɨ^{1} pjụ^{1} bju^{2} mjij^{1} bji^{1} rjur^{1} kha^{1} bji^{1} ŋwu^{2} dzjọ^{1} tjị^{2} mjij^{1}
如 来 无 量 边 无 光， 世 间 光 以 喻 可 无，

如来无量无边光，举世无光可能喻，

17.20.1

rjur^{1} be^{2} lhjị^{2} mo^{2} nji^{1} ljɨ̣^{1} bji^{1} tha^{1} ·jij^{1} bji^{1} ŋwu^{2} źji^{2} ·jwɨ̣^{1} t-^{2}
诸 日 月 摩 尼 宝 光， 佛 之 光 以 皆 映 蔽。

一切日月摩尼宝，佛之光威皆映蔽。

17.20.2

tha^{1} lew^{1} ɣiẹ^{2} ŋwu^{2} tsjɨ̣r^{1} nẹ^{1} tshjịj^{1} ɲia^{2} tśhju^{1} ·jij^{1} twụ^{1} djịj^{1} bju^{1} tsjij^{2}
佛 一 声 以 法 演 说， 有 情 各 各 类 随 解，

世尊能演一音声①，有情各各随类解，

① 世尊，西夏本作“[Tangut]”（佛）。

17.20.3

[illegible]

niow^{1} lew^{1} thjo̱^{1} tsə̣^{1} ljụ^{2} wjɨ^{2} śja^{2} ɲia^{2} tśhju^{1} djịj^{1} bju^{1} źji^{2} ljij^{2} phji^{1}

又 一 妙 色 身 △ 现， 众 生 类 随 皆 见 使。

又能现一妙色身，普使众生随类见。

17.20.4

[illegible]

kie^{1} djɨ̣j^{2} źjɨr^{1} jɨr^{2} niow^{1} rejr^{2} mji^{1} rjur^{1} ɲia^{2} tśhju^{1} tha^{1} rjir^{2} mji^{1} ŋwer^{1}

戒 定 慧 勤 及 多 闻， 诸 有 情 佛 与 无 等，

戒定慧进及多闻，一切有情无与等，

17.20.5

[illegible]

nji̱j^{1} dwewr^{2} źjɨr^{1} to^{2} tha^{2} ŋjow^{2} sju^{2} źji^{2} na^{1} thjo̱^{1} tsji̱r^{1} nwə^{1} tsjịj^{2} njwi^{2}

心 觉 慧 出 大 海 如， 甚 深 妙 法 知 了 善。

心流觉慧如大海，善能了知甚深法。

17.20.6

[illegible]

źjị^{1} njɨ̱^{2} dźjar^{2} dzjar^{2} kjụ^{1} tshwew^{1} wo^{2} thjɨ^{2} sju^{2} śjɨ̣j^{2} tśhja^{2} lew^{1} tha^{1} dźjij^{2}

烦 恼 过 亡 供 养 义， 是 如 圣 德 惟 佛 有，

惑尽过亡应受供①，如是圣德惟世尊②，

17.21.1

[illegible]

tha^{1} ·jij^{1} bu̱^{2} gjij^{1} tha^{2} pjụ^{1} bji^{1} śja^{1} rjijr^{2} mjɨ^{1} pjụ^{1} lhjịj^{2} zjir^{2} swew^{1}

佛 之 胜 殊 大 威 光， 十 方 无 量 刹 普 照。

佛有殊胜大威光，普照十方无量刹。

---

① 应，西夏本作“[illegible]”（义）。按，“[illegible]”wo^{2}（义）字于义不合，在此疑假借作“[illegible]”wo^{2}（当、应）。

② 世尊，西夏本作“[illegible]”（佛）。

17.21.2

[illegible]

ŋa^2 sjij^1 rjur^1 tśhja^2 ·iow^1 ·jow^2 śja^2 ljo^1 źjɨr^1 tha^1 rjir^2 kjij^1 ka^1 ŋa^2

我 今 诸 德 功 称 赞，福 慧 佛 与 使 等 我，

我今称赞诸功德，冀希福慧等如来，

17.21.3

[illegible]

rjur^1 rjur^1 kha^1 we̱^{1} nar^2 ŋo^2 sjɨ^1 ·ji^1 tśji̱^{1} źji̱^{1} gju̱^{2} dźjɨ̣$^?$ djij^2 njwi^2

诸 世 间 生 老 病 死，众 苦 恼 救 拔 当 能。

能救一切诸世间，生老病死众苦恼。

17.21.4

[illegible]

tji̱^{1} ŋa^2 sā^1 mej^2 thji^2 djij^2 dźjij^1 mji^1 kie^1 rjur^1 tsji̱r^1 ɣa^1 rjijr^2 tshji̱j^1

愿 我 三 摩 地 当 住，施 戒 诸 法 门 愿 说，

愿当安住三摩地，演说施戒诸法门，

17.21.5

[illegible]

pjo^1 ze̱w^2 jɨr^2 dźjij^1 niow^1 djɨ̣j^2 źjɨr^1 tha^1 śjɨj^1 ɲia^2 ·jij^1 wjij^2 gju̱^{2} ŋa^2

辱 忍 勤 精 及 定 慧，佛 成 众 之 愿 济 △。

忍辱精勤及定慧，庶当成佛济群生。

17.21.6

[illegible]

źji^2 phju^2 tha^2 po^1 tjɨj^1 kju̱^{1} nio̱w^1 ·jir^2 tu̱^{1} kju^1 tśji^2 no^1 ·jiw^1 thow^1

无 上 大 菩 提 求 故，百 千 俱 胝 那 由 他，

为求无上大菩提，供养十方诸妙觉，

17.22.1

[illegible]

khjā^{2} bẹ^{1} sju^{2} ŋew^{2} pjụ^{1} kja^{2} kha^{1} śja^{1} rjijr^{2} thjo̱^{1} dwewr^{2} ·jij^{1} kjụ^{1} tshwew^{1}

恒 沙 如 数 量 劫 中， 十 方 妙 觉 之 供 养。

百千俱胝那由他，极彼恒沙之数量。

17.22.2

[illegible]

niow^{1} tha^{2} me̱^{2} bji^{1} djij^{2} rjor^{1} ŋa^{2} khjā^{2} bẹ^{1} rjir^{2} tha^{1} lhjịj^{2} kjij^{1} swew^{1}

又 大 神 光 当 获 △， 恒 沙 亿 佛 刹 使 照，

又愿当获大神光，倍照恒沙亿佛刹，

17.22.3

[illegible]

niow^{1} bju^{2} mjij^{1} bu̱^{2} jɨr^{2} ɣiew^{1} bju^{1} bu̱^{2} gjịj^{1} sej^{1} mji̱^{1} djij^{2} rjor^{1} ŋa^{2}

及 边 无 胜 勤 学 故， 胜 殊 净 居 当 得 △。

及以无边胜进力[1]，感得殊胜广净居。

17.22.4

[illegible]

thjɨ^{2} sju^{2} ŋwer^{1} mjij^{1} tha^{1} lhjịj^{2} ·u^{2} ɲia^{2} tśhju^{1} djij^{2} dźjij^{1} rjijr^{2} gjịj^{1} ɣie^{2}

是 如 等 无 佛 刹 中， 众 生 当 住 愿 利 益，

如是无等佛刹中，安处群生当利益，

17.22.5

[illegible]

śja^{1} rjijr^{2} źji^{2} bu̱^{2} gjịj^{1} tha^{2} mjijr^{2} źji^{2} thja^{1} do^{2} lja^{1} njij^{1} ljɨ̣j^{2} śjwo^{1}

十 方 最 胜 殊 大 士， 皆 彼 处 往 心 喜 生。

十方最胜之大士，彼皆当往生喜心。

17.22.6

[illegible]

---

① 力，西夏本作"[illegible]"(学)。按，"[illegible]"ɣiew^{1}(学)字于义不合，在此疑假借作"[illegible]"ɣie^{1}(力)。

lew¹ tha¹ śjɨj² sjij² ljạ¹ nwə¹ njwi² ŋa² sjij¹ gjwɨ¹ lwo² ɣie¹ kjụ¹ ·ju²

唯 佛 圣 智 证 知 能， 我 今 坚 固 力 求 寻，

唯佛圣智能证知，我今希求坚固力，

17.23.1

[illegible]

mji¹ bja² djị¹ jɨj² ·u² ? tsjɨ¹ thjɨ² sju² njij¹ tsjo? mji¹ lhji̱¹ ŋa²

无 间 地 狱 中 堕 亦， 是 如 心 终 不 退 △。

纵沉无间诸地狱，如是愿心终不退。

17.23.2

[illegible]

rjur¹ rjur¹ kha¹ ɣie² mjij¹ sjij² mjijr² thjɨ² sju² tjị¹ njij¹ djij² nwə¹ nja²

诸 诸 间 碍 无 智 者， 是 如 愿 心 当 知 △。

一切世间无碍智①，应当了知如是心。

汉文本

尔时，佛告阿难：往昔过阿僧祇无数大劫，有佛出现，号曰燃灯。于彼佛前极过数量，有苦行佛出兴于世。苦行佛前复有如来，号为月面。月面佛前过于数量，有旃檀香佛。于彼佛前有苏迷卢积佛，卢积佛前复有妙高劫佛。如是展转，有离垢面佛、不染污佛、龙天佛、山声王佛、苏迷卢积佛、金藏佛、照曜光佛、光帝佛、大地种姓佛、光明炽盛琉璃金光佛、月像佛、开敷花庄严光佛、妙海胜觉游戏神通佛、金刚光佛、大阿伽陀香光佛、舍离烦恼心佛、宝增长佛、勇猛积佛、胜积佛、持大功德法施神通佛、映蔽日月光佛、照曜琉璃佛、心觉花佛、月光佛、日光佛、花璎珞色王开敷神通佛、水月光佛、破无明暗佛、真珠珊瑚盖佛、底沙佛、胜花佛、法慧吼佛、有师子吼鹅雁声佛、梵音龙吼佛。如是等佛出现于世，相去劫数皆过数量。彼龙吼佛未出世前无央数劫有世主佛。世主佛前无边劫数有佛出世，号世间自在王如来、应、正等觉、明行圆满、善逝、世间解、无上丈夫、调御士、天人师、佛、世尊。阿难！彼佛法中有一比丘，名曰法处，有殊胜行愿及念慧力增上，其心坚固不动，福智殊胜，人相端严。阿难！彼法处比丘往诣世间自在王如来所，偏袒右肩，顶礼佛足，向佛合掌，以颂赞曰：

如来无量无边光，举世无光可能喻，
一切日月摩尼宝，佛之光威皆映蔽。
世尊能演一音声，有情各各随类解，
又能现一妙色身，普使众生随类见。

① 一切世间，西夏本作“[illegible]”(诸诸间)。按，第二个“[illegible]”rjur¹(诸)字疑为假借作“[illegible]”rjur¹(世)。

戒定慧进及多闻，一切有情无与等，
心流觉慧如大海，善能了知甚深法。
惑尽过亡应受供，如是圣德惟世尊，
佛有殊胜大威光，普照十方无量刹。
我今称赞诸功德，冀希福慧等如来，
能救一切诸世间，生老病死众苦恼。
愿当安住三摩地，演说施戒诸法门，
忍辱精勤及定慧，庶当成佛济群生。
为求无上大菩提，供养十方诸妙觉，
百千俱胝那由他，极彼恒沙之数量。
又愿当获大神光，倍照恒沙亿佛刹，
及以无边胜进力，感得殊胜广净居。
如是无等佛刹中，安处群生当利益，
十方最胜之大士，彼皆当往生喜心。
唯佛圣智能证知，我今希求坚固力，
纵沉无间诸地狱，如是愿心终不退。
一切世间无碍智，应当了知如是心。

17.23.3

[illegible]	[illegible]	[illegible]	[illegible]！	[illegible]	[illegible]	[illegible]	[illegible]	[illegible]
niow¹	tśjɨ¹	·ja?	na¹	tsji̱r¹	do²	phji²	khjiw²	tha¹
复	次	阿	难！	法	处	比	丘	佛
[illegible]	[illegible]	[illegible]，	[illegible]	[illegible]	[illegible]	[illegible]	[illegible]：	[illegible]
tśhja²	·jow²	dźjwa¹	rjur¹	pju̱¹	·jij¹	da̱²	jɨ²	sjij¹
德	赞	已，	世	尊	之	言	谓：	今

复次阿难！法处比丘赞佛德已，白言：世尊！

17.23.4

[illegible]	[illegible]	[illegible]	[illegible]	[illegible]	[illegible]	[illegible]	[illegible]	[illegible]
ŋa²	sjij¹	·ja?	du̱²	tow¹	lo¹	sã¹	mjiw²	sã¹
我	今	阿	耨	多	罗	三	藐	三
[illegible]	[illegible]	[illegible]	[illegible]	[illegible]	[illegible]，	[illegible]	[illegible]	[illegible]
po¹	tjɨj¹	njij¹	·ja?	śjwi¹	ŋa²	lew¹	tji̱¹	mjor¹
菩	提	心	△	发	△，	惟	愿	如

我今发阿耨多罗三藐三菩提心①，惟愿如

① 西夏本句上疑衍“[illegible]”（今）字。

17.23.5

[illegible]	[illegible]	[illegible]	[illegible]	[illegible]	[illegible]	[illegible]	[illegible]	[illegible]，
ljịj^{2}	thjɨ^{2}	sju^{2}	njɨ^{2}	tsji̠r^{1}	rjɨr^{2}	tshjịj^{1}	wji^{1}	ŋa^{2}
来	是	如	等	法	△	说	为	△，
[illegible]	[illegible]	[illegible]	[illegible]	[illegible]	[illegible]	[illegible]	[illegible]	[illegible]
rjur^{1}	rjur^{1}	kha^{1}	·jij^{1}	ŋwer^{1}	ŋwer^{1}	mjij^{1}	djij^{2}	rjir^{1}
诸	世	间	之	等	等	无	当	得

来为我演说如是等法,令于世间得无等等

17.23.6

[illegible]	[illegible]	[illegible]	[illegible]	[illegible]，	[illegible]	[illegible]	[illegible]	[illegible]
tha^{2}	po^{1}	tjɨj^{1}	kjij^{1}	lhjụ^{2}	gji^{1}	sej^{1}	śjwo^{2}	tshjịj^{2}
大	菩	提	使	获，	清	净	庄	严
[illegible]	[illegible]	[illegible]	[illegible]	[illegible]	[illegible]。	[illegible]	[illegible]	[illegible]
tha^{1}	lhjịj^{2}	źji^{2}	rjijr^{2}	ɣjiw^{1}	ɣiwej^{1}	tha^{1}	phji^{2}	khjiw^{2}
佛	国	皆	愿	摄	受。	佛	比	丘

成大菩提,具摄清净庄严佛土。佛告比丘:

17.24.1

[illegible]	[illegible]:	[illegible]	[illegible]	[illegible]	[illegible]	[illegible]	[illegible]	[illegible]
·jij^{1}	jɨ^{2}	nji^{2}	·jij^{1}	gji^{1}	sej^{1}	tha^{1}	lhjịj^{2}	ɣjiw^{1}
之	告:	汝	自	清	净	佛	国	摄
[illegible]	[illegible]。	[illegible]	[illegible]	[illegible]	[illegible]	[illegible]	[illegible]	[illegible]
ɣiwej^{1}	lew^{2}	tsji̠r^{1}	do^{2}	phji^{2}	khjiw^{2}	tha^{1}	·jij^{1}	dạ^{2}
受	应。	法	处	比	丘	佛	之	言

汝应自摄清净佛国。法处白佛言①:

17.24.2

[illegible]:	[illegible]	[illegible]!	[illegible]	[illegible]	[illegible]	[illegible]	[illegible]	[illegible]
jɨ^{2}	rjur^{1}	pjụ^{1}	ŋa^{2}	thja^{1}	ɣjiw^{1}	ɣiwej^{1}	sji^{2}	pjụ^{1}

① 西夏本"法处"下有"[illegible][illegible]"(比丘)二字,汉文本未见。

白： 世 尊！ 我 彼 摄 受 用 威

[illegible] [illegible] [illegible] [illegible] [illegible]， [illegible] [illegible] [illegible] [illegible]

ɣie^{1} mjɨ^{1} tśhjɨ^{1} dźjo^{2} ŋa^{2} lew^{1} tjị^{1} mjor^{1} ljịj^{2}

力 无 彼 有 △， 唯 愿 如 来

世尊！我无威力堪能摄受，唯愿如来

17.24.3

[illegible] [illegible] [illegible] [illegible] [illegible] [illegible] [illegible] [illegible] [illegible]

dzjij^{2} tha^{1} lhjịj^{2} gji^{1} sej^{1} śjwo^{2} tshjịj^{2} rjɨr^{2} tshjịj^{1}

余 佛 国 清 净 庄 严 △ 说

[illegible] [illegible]， [illegible] [illegible] [illegible] [illegible] [illegible] [illegible] [illegible]

wji^{1} nji^{2} ŋa^{2} njɨ^{2} mji^{1} niow^{1} tjị^{1} bju^{1} iọ^{1}

为 △， 我 等 闻 已 愿 依 圆

说余佛土清净庄严，我等闻已誓当圆满。

17.24.4

[illegible] [illegible] [illegible] [illegible]。 [illegible] [illegible]， [illegible] [illegible] [illegible]

·ja$^{?}$ sə^{1} phji^{1} nji^{2} tśhjɨ^{1} zjọ^{2} rjur^{1} pjụ^{1} thja^{1}

△ 满 令 △。 尔 时， 世 尊 其

[illegible] [illegible] [illegible] [illegible] [illegible] [illegible] [illegible] [illegible] [illegible]

·jij^{1} njɨ̱^{1} ɣạ^{2} lew^{1} rjir^{2} gji^{1} sej^{1} tha^{1} lhjịj^{2}

之 二 十 一 亿 清 净 佛 国

尔时，世尊为其广说二十一亿清净佛土

17.24.5

[illegible] [illegible] [illegible] [illegible] [illegible] [illegible] [illegible] [illegible]， [illegible]

ŋowr^{2} lhə$^{?}$ śjwo^{2} tshjịj^{2} wạ^{2} rjɨr^{2} tshjịj^{1} wji^{1} thjɨ^{2}

具 足 庄 严 广 所 说 为， 是

[illegible] [illegible] [illegible] [illegible] [illegible] [illegible] [illegible]。 [illegible] [illegible]！

tsjɨ̱r^{1} tshjịj^{1} zjọ^{2} rjir^{2} kjiw^{1} kjɨ^{1} ljij^{1} ·ja$^{?}$ na^{1}

法 说 时 亿 岁 △ 经。 阿 难！

具足庄严，说是法时经于亿岁。阿难！

17.24.6

[illegible]	[illegible]	[illegible]	[illegible]	[illegible]	[illegible]	[illegible]	[illegible]	[illegible]
tsji̱r^{1}	do^{2}	phji^{2}	khjiw^{2}	thja^{1}	njɨ̱^{1}	ɣạ^{2}	lew^{1}	rjir^{2}
法	处	比	丘	彼	二	十	一	亿
[illegible]	[illegible]	[illegible]	[illegible]	[illegible]	[illegible]	[illegible]	[illegible]	[illegible]
rjur^{1}	tha^{1}	lhjịj^{2}	·u^{2}	rjur^{1}	śjwo^{2}	sej^{1}	dạ^{2}	to^{2}
诸	佛	国	中	诸	严	净	事	悉

法处比丘于彼二十一亿诸佛土中所有严净之事悉

17.25.1

[illegible]	[illegible]	[illegible]，	[illegible]	[illegible]	[illegible]	[illegible]，	[illegible]	[illegible]
źji^{2}	ɣjiw^{1}	ɣiwej^{1}	ɣjiw^{1}	ɣiwej^{1}	dźjwa^{1}	niow^{1}	ŋwə^{1}	kja^{2}
皆	摄	受，	摄	受	已	既，	五	劫
[illegible]	[illegible]	[illegible]	[illegible]	[illegible]。	[illegible]	[illegible]	[illegible]	[illegible]
tśjɨj^{1}	sjwɨ̱^{1}	ljɨ̱r^{2}	djọ^{2}	dzjɨ̱^{2}	·ja$^{?}$	na^{1}	tha^{1}	·jij^{1}
正	思	惟	修	习。	阿	难	佛	之

皆摄受，既摄受已，满足五劫思惟修习①。阿难白佛

17.25.2

[illegible]	[illegible]：	[illegible]	[illegible]！	[illegible]	[illegible]	[illegible]	[illegible]	[illegible]
dạ^{2}	jɨ^{2}	rjur^{1}	pjụ^{1}	thja^{1}	rjur^{1}	kięj^{2}	·jij^{1}	dzju^{2}
言	白：	世	尊！	彼	世	界	自	在
[illegible]	[illegible]	[illegible]	[illegible]	[illegible]	[illegible]	[illegible]	[illegible]	[illegible]？
njij^{2}	mjor^{1}	ljịj^{2}	zjọ^{2}	tsew^{2}	wa^{2}	zjij^{1}	dźjij^{1}	ljɨ^{1}
王	如	来	寿	量	何	许	住	也？

言：世尊！彼世间自在王如来寿量几何？

17.25.3

[illegible]	[illegible]	[illegible]：	[illegible]	[illegible]	[illegible]	[illegible]	[illegible]	[illegible]
rjur^{1}	pjụ^{1}	dạ^{2}	thja^{1}	tha^{1}	zjọ^{2}	tsew^{2}	ljɨr^{1}	ɣạ^{2}

① “满足”二字义西夏本未见。另，西夏本“思惟”上有“[illegible]”(正)字，汉文本未见。

世	尊	告：	彼	佛	寿	量	四	十
[illegible]	[illegible]。	[illegible]	[illegible]！	[illegible]	[illegible]	[illegible]	[illegible]	[illegible]
kja^{2}	dźjịj^{1}	·ja$^{?}$	na^{1}	tsjɨ̣r^{1}	do^{2}	phji^{2}	khjiw^{2}	rjɨr^{2}
劫	住。	阿	难！	法	处	比	丘	所

世尊告曰：彼佛寿量满四十劫。阿难！

17.25.4

[illegible]	[illegible]	[illegible]	[illegible]	[illegible]，	[illegible]	[illegible]	[illegible]	[illegible]
ɣjiw^{1}	ɣiwej^{1}	tha^{1}	lhjịj^{2}	tja^{1}	thja^{1}	njɨ̣^{1}	ɣạ^{2}	rjir^{2}
摄	受	佛	国	者，	彼	二	十	亿
[illegible]	[illegible]	[illegible]	[illegible]	[illegible]。	[illegible]	[illegible]	[illegible]	[illegible]，
tha^{1}	lhjịj^{2}	su^{1}	gjịj^{1}	dzjịj^{1}	ɣjiw^{1}	ɣiwej^{1}	dźjwa^{1}	niow^{1}
佛	刹	胜	超	过。	摄	受	已	既，

彼二十一俱胝佛刹①，法处比丘所摄佛国超过于彼。既摄受已，

17.25.5

[illegible]	[illegible]	[illegible]	[illegible]	[illegible]	[illegible]	[illegible]	[illegible]	[illegible]
rjur^{1}	kha^{1}	·jij^{1}	dzju^{2}	njij^{2}	mjor^{1}	ljịj^{2}	do^{2}	rjɨr^{2}
世	间	自	在	王	如	来	所	△
[illegible]，	[illegible]	[illegible]	[illegible]	[illegible]	[illegible]，	[illegible]	[illegible]	[illegible]
śji^{2}	njɨ̣^{1}	rewr^{2}	·jij^{1}	tśjiw^{2}	tshwew^{1}	śjạ^{1}	dźjow^{1}	tśier^{1}
往，	双	足	之	顶	礼，	七	匝	右

往诣世间自在王如来所，顶礼双足，右绕七匝，

17.25.6

[illegible]，	[illegible]	[illegible]	[illegible]	[illegible]	[illegible]	[illegible]	[illegible]	[illegible]
ror^{2}	tśhjwo^{1}	·ja$^{?}$	njijr^{2}	dźjịj^{1}	rjur^{1}	pjụ^{1}	·jij^{1}	dạ^{2}
绕，	故	一	面	住	世	尊	之	言
[illegible]：	[illegible]	[illegible]	[illegible]	[illegible]	[illegible]	[illegible]	[illegible]	[illegible]
jɨ^{2}	ŋa^{2}	tśhja^{2}	·iow^{1}	ŋowr^{2}	lhə$^{?}$	śjwo^{2}	sej^{1}	tha^{1}

① 一，西夏本作“[illegible]”（亿）。

白：	我	德	功	具	足	严	净	佛

却住一面白言：世尊！我已摄受具足功德严净佛土。

17.26.1

□	□	□	□	□。	□	□：	□	□
lhjịj2	rjɨr2	ɣjiw1	ɣiwej1	ŋa2	tha1	dạ2	dzjɨj1	mjor1
土	△	摄	受	△。	佛	言：	时	现
□	□，	□	□	□	□，	□	□	□
thjɨ2	ŋwu2	nji2	źji2	tshjij1	lew2	·ji1	·jij1	dja2
此	是，	汝	具	说	应，	众	之	△

佛言：今正是时，汝应具说，令众

17.26.2

□	□	□，	□	□	□	□	□	□
njij1	ljɨ̣j2	phjo2	niow1	tha2	·ji1	·jij1	tsjɨ1	źji2
心	欢	令，	及	大	众	之	亦	皆
□	□	□	□	□	□	□	□	□。
iọ1	sə1	tha1	lhjịj2	wjɨ2	ɣjiw1	ɣiwej1	phjo2	nja2
圆	满	佛	国	△	摄	受	令	△。

欢喜，亦令大众皆当摄受圆满佛土。

17.26.3

□	□	□	□	□：	□	□	□	□
tsjịr1	do2	phji2	khjiw2	dạ2	lew1	tjị1	rjur1	pjụ1
法	处	比	丘	言：	唯	愿	世	尊
□	□	□	□	□	□，	□	□	□
tha2	njij2	tsej2	wjɨ2	nji2	nja2	ŋa2	sjij1	bu̱2
大	慈	留	△	听	△，	我	今	胜

法处白言①：唯愿世尊大慈留听，我今将说

① 西夏本“法处”下有“□□”(比丘)二字，汉文本未见。

17.26.4

[illegible]	[illegible]	[illegible]	[illegible]。
gjij^1	tjị^1	tshjịj^1	ŋa^2
殊	愿	说	△。

殊胜之愿。

17.26.5

[illegible]	[illegible]	[illegible]	[illegible]	[illegible]	[illegible]	[illegible]	[illegible]	[illegible]，
tjij^1	ŋa^2	źji^2	phju^2	po^1	tjɨj^1	ljạ^1	ŋa^2	zjịj^1
若	我	无	上	菩	提	证	△	时，
[illegible]	[illegible]	[illegible]	[illegible]、	[illegible]	[illegible]、	[illegible]	[illegible]	[illegible]
lhjịj^2	·u^2	djị^1	jɨj^2	śjụ^1	·ju^1	sju^2	dzju^2	tshwew^1
国	中	地	狱、	饿	鬼、	畜	生	趣

若我证得无上菩提，国中有地狱、饿鬼、畜生趣者，

17.26.6

[illegible]，	[illegible]	[illegible]	[illegible]	[illegible]	[illegible]	[illegible]	[illegible]	[illegible]
dju^1	ku^1	tśjo$^?$	źji^2	phju^2	po^1	tjɨj^1	mji^1	ljạ^1
有，	则	终	无	上	菩	提	不	证
[illegible]。	[illegible]	[illegible]	[illegible]	[illegible]	[illegible]	[illegible]，	[illegible]	[illegible]
ŋa^2	tjij^1	ŋa^2	tha^1	śjɨj^1	ŋa^2	zjịj^1	lhjịj^2	·u^2
△。	若	我	佛	成	△	时，	国	中

我终不取无上正觉①。若我成佛，国中

17.27.1

[illegible]	[illegible]	[illegible]	[illegible]	[illegible]	[illegible]	[illegible]	[illegible]
ɲia^2	tśhju^1	sọ^1	niow^2	tshwew^1	kha^1	?	mjijr^2
众	生	三	恶	趣	中	堕	者
[illegible]，	[illegible]	[illegible]	[illegible]	[illegible]	[illegible]	[illegible]	[illegible]。

① 正觉，西夏本作“[illegible]”（菩提）。按，梵语 Sambodhi（三菩提），此译“正觉”。《法华玄赞》二曰：“三云正，菩提云觉。”西夏本此处似当作“[illegible]”（正觉），或作“三菩提”。

dju¹ ku¹ tśjo? tśhja² dwewr² mji¹ lja̱¹ ŋa²

有， 则 终 正 觉 不 证 △。

众生有堕三恶趣者，我终不取正觉。

17.27.2

𗐱 𗧓 𗂧 𘓐 𗧓 𗖵， 𗰜 𗉔 𗒘

tjij¹ ŋa² tha¹ śjɨj¹ ŋa² zjij¹ lhjij² ·u² ɲia²

若 我 佛 成 △ 时， 国 中 有

𗅉 𗐱 𘈩 𗏁 𗍫 𗗙 𗀔 𗤋 𗖠，

tśhju¹ tjij¹ ·ja? tjɨj² kie¹ ɣiej¹ tsə¹ mji¹ we²

情 若 一 样 金 真 色 不 为，

若我成佛，国中有情若不皆同真金色者，

17.27.3

𗫡 𘃽 𗼃 𘔼 𗤋 𗗚 𗧓。

ku¹ tśjo? tśhja² dwewr² mji¹ lja̱¹ ŋa²

则 终 正 觉 不 证 △。

不取正觉①。

17.27.4

𗐱 𗧓 𗂧 𘓐 𗧓 𗖵， 𗰜 𗉔 𗒘

tjij¹ ŋa² tha¹ śjɨj¹ ŋa² zjij¹ lhjij² ·u² ɲia²

若 我 佛 成 △ 时， 国 中 有

𗅉 𗊬 𗨁 𗈪 𘂆 𗟲 𗧾 𗒐， 𗫡

tśhju¹ mjor¹ la̱¹ do² pha¹ lju̱² tśjo̱¹ dju¹ ku¹

情 容 貌 差 别 好 丑 有， 则

若我成佛，国中有情形貌差别有好丑者，

17.27.5

𘃽 𗼃 𘔼 𗤋 𗗚 𗧓。

① 西夏本句上有“𘃽”(终)字，汉文本省略未作，此下皆同。

tśjo$^{?}$	tśhja^{2}	dwewr^{2}	mji^{1}	ljạ^{1}	ŋa^{2}
终	正	觉	不	证	△。

不取正觉。

17.27.6

[illegible]	[illegible]	[illegible]	[illegible]	[illegible]	[illegible],	[illegible]	[illegible]	[illegible]
tjij^{1}	ŋa^{2}	tha^{1}	śjɨj^{1}	ŋa^{2}	zjịj^{1}	lhjịj^{2}	·u^{2}	ɲia^{2}
若	我	佛	成	△	时,	国	中	有
[illegible]	[illegible]	[illegible]	[illegible]	[illegible]	[illegible],	[illegible]	[illegible]	[illegible]
tśhju^{1}	njwo^{2}	dźjij^{1}	sjịj^{2}	mji^{1}	rjir^{1}	rjɨr^{2}	njɨ^{2}	rjir^{2}
情	宿	住	智	不	得,	乃	至	亿

若我成佛,国中有情不得宿念①,下至不知亿

17.28.1

[illegible]	[illegible]	[illegible]	[illegible]	[illegible]	[illegible]	[illegible]	[illegible]
no^{1}	·jiw^{1}	thow^{1}	·jir^{2}	tụ^{1}	kja^{2}	dạ^{2}	mjɨ^{1}
那	由	他	百	千	劫	事	不
[illegible],	[illegible]	[illegible]	[illegible]	[illegible]	[illegible]	[illegible]	[illegible]。
nwə^{1}	ku^{1}	tśjo$^{?}$	tśhja^{2}	dwewr^{2}	mji^{1}	ljạ^{1}	ŋa^{2}
知,	则	终	正	觉	不	证	△。

那由他百千劫事者,不取正觉。

17.28.2

[illegible]	[illegible]	[illegible]	[illegible]	[illegible]	[illegible],	[illegible]	[illegible]	[illegible]
tjij^{1}	ŋa^{2}	tha^{1}	śjɨj^{1}	ŋa^{2}	zjịj^{1}	lhjịj^{2}	·u^{2}	ɲia^{2}
若	我	佛	成	△	时,	国	中	有
[illegible]	[illegible]	[illegible]	[illegible]	[illegible]	[illegible],	[illegible]	[illegible]	[illegible]
tśhju^{1}	tjij^{1}	mə^{1}	mej^{1}	mji^{1}	rjir^{1}	rjɨr^{2}	njɨ^{2}	rjir^{2}
情	若	天	眼	不	得,	乃	至	亿

若我成佛,国中有情若无天眼,乃至

① 宿念,西夏本作“[illegible]”(宿住智)。

17.28.3

[illegible]	[illegible]	[illegible]	[illegible]	[illegible]	[illegible]	[illegible]	[illegible]
no^{1}	·jiw^{1}	thow^{1}	·jir^{2}	tụ^{1}	tha^{1}	lhjịj^{2}	mji^{1}
那	由	他	百	千	佛	国	不
[illegible]，	[illegible]	[illegible]	[illegible]	[illegible]	[illegible]	[illegible]	[illegible]。
ljịj^{2}	ku^{1}	tśjo$^{?}$	tśhja^{2}	dwewr^{2}	mji^{1}	ljạ^{1}	ŋa^{2}
见，	则	终	正	觉	不	证	△。

不见亿那由他百千佛国土者，不取正觉。

17.28.4

[illegible]	[illegible]	[illegible]	[illegible]	[illegible]	[illegible]，	[illegible]	[illegible]	[illegible]
tjịj^{1}	ŋa^{2}	tha^{1}	śjɨj^{1}	ŋa^{2}	zjịj^{1}	lhjịj^{2}	·u^{2}	ɲia^{2}
若	我	佛	成	△	时，	国	中	有
[illegible]	[illegible]	[illegible]	[illegible]	[illegible]，	[illegible]	[illegible]	[illegible]	[illegible]
tśhju^{1}	mə^{1}	nju^{1}	mji^{1}	rjir^{1}	rjɨr^{2}	njɨ^{2}	rjir^{2}	no^{1}
情	天	耳	不	获，	乃	至	亿	那

若我成佛，国中有情不获天耳，乃至不闻亿那

17.28.5

[illegible]	[illegible]	[illegible]	[illegible]	[illegible]	[illegible]	[illegible]	[illegible]	[illegible]
·jiw^{1}	thow^{1}	·jir^{2}	tụ^{1}	·ju̱^{1}	śja^{2}	no^{1}	tjịj^{1}	rewr^{2}
由	他	百	千	逾	缮	那	彼	岸
[illegible]	[illegible]	[illegible]	[illegible]	[illegible]	[illegible]	[illegible]，	[illegible]	[illegible]
tha^{1}	rjɨr^{2}	tshjịj^{1}	tsjịr^{1}	mjɨ^{1}	tśhjɨ^{1}	mji^{1}	ku^{1}	tśjo$^{?}$
佛	所	说	法	不	尔	闻，	则	终

由他百千逾缮那外佛说法者①，

17.28.6

[illegible]	[illegible]	[illegible]	[illegible]	[illegible]。
tśhja^{2}	dwewr^{2}	mji^{1}	ljạ^{1}	ŋa^{2}

① 外，西夏本作“[illegible][illegible]”(彼岸)。

正	觉	不	证	△。

不取正觉。

17.29.1

[illegible]								
tjij^1	ŋa^2	tha^1	śjɨj^1	ŋa^2	zjij^1	lhjij^2	·u^2	ɲia^2
若	我	佛	成	△	时,	国	中	有
[illegible]								
tśhju^1	tsjij^1	njij^1	sjij^2	mjij^1	rjɨr^2	njɨ^2	rjir^2	no^1
情	他	心	智	无,	乃	至	亿	那

若我成佛,国中有情无他心智,乃至不知亿那

17.29.2

[illegible]								
·jiw^1	thow^1	·jir^2	tụ^1	tha^1	lhjij^2	·u^2	ɲia^2	tśhju^1
由	他	百	千	佛	国	中	有	情
[illegible]								
·jij^1	njij^1	dźjɨ$^?$	mjɨ^1	nwə^1	ku^1	tśjo$^?$	tśhja^2	dwewr^2
之	心	行	不	知,	则	终	正	觉

由他百千佛国土中有情心行者,

17.29.3

[illegible]		
mji^1	ljạ^1	ŋa^2
不	证	△。

不取正觉。

17.29.4

[illegible]								
tjij^1	ŋa^2	tha^1	śjɨj^1	ŋa^2	zjij^1	lhjij^2	·u^2	ɲia^2
若	我	佛	成	△	时,	国	中	有
[illegible]								

tśhju^{1}	mẹ^{2}	mjịjr^{2}	·jij^{1}	dzju^{2}	po^{1}	lo^{1}	dzu^{1}	tow^{1}
情	神	通	自	在	波	罗	蜜	多

若我成佛,国中有情不获神通自在波罗蜜多,

17.29.5

[illegible]	[illegible],	[illegible]	[illegible]	[illegible]	[illegible]	[illegible]	[illegible]	[illegible]
mji^{1}	rjir^{1}	·ja$^{?}$	ljɨ̣r^{2}	ljịj^{1}	zjịj^{1}	rjir^{2}	no^{1}	·jiw^{1}
不	得,	一	念	之	时	亿	那	由
[illegible]	[illegible]	[illegible]	[illegible]	[illegible]	[illegible]	[illegible]	[illegible],	[illegible]
thow^{1}	·jir^{2}	tụ^{1}	tha^{1}	lhjịj^{2}	dzjịj^{1}	mjɨ^{1}	rjir^{2}	ku^{1}
他	百	千	佛	国	过	不	能,	则

于一念顷不能超过亿那由他百千佛刹者,

17.29.6

[illegible]	[illegible]	[illegible]	[illegible]	[illegible]	[illegible]。
tśjo$^{?}$	tśhja^{2}	dwewr^{2}	mji^{1}	ljạ^{1}	ŋa^{2}
终	正	觉	不	证	△。

不取正觉。

17.30.1

[illegible]	[illegible]	[illegible]	[illegible]	[illegible]	[illegible],	[illegible]	[illegible]	[illegible]
tjij^{1}	ŋa^{2}	tha^{1}	śjɨj^{1}	ŋa^{2}	zjịj^{1}	lhjịj^{2}	·u^{2}	ɲia^{2}
若	我	佛	成	△	时,	国	中	有
[illegible]	[illegible]	[illegible]	[illegible]	[illegible]	[illegible]	[illegible]	[illegible],	[illegible]
tśhju^{1}	zjɨr^{1}	zjịj^{1}	ŋa^{2}	ŋa^{2}	·jij^{1}	sjịj^{2}	śjwo^{1}	ku^{1}
情	少	分	我	我	之	想	起,	则

若我成佛,国中有情起于少分我我所想者,

17.30.2

[illegible]	[illegible]	[illegible]	[illegible]	[illegible]	[illegible]。
tśjo$^{?}$	po^{1}	tjɨj^{1}	mji^{1}	ljạ^{1}	ŋa^{2}

终 菩 提 不 证 △。

不取菩提。

17.30.3

[illegible] [illegible] [illegible] [illegible] [illegible] [illegible]， [illegible] [illegible] [illegible]

tjij^{1} ŋa^{2} tha^{1} śjɨj^{1} ŋa^{2} zjij^{1} lhjij^{2} ·u^{2} ɲia^{2}

若 我 佛 成 △ 时， 国 中 有

[illegible] [illegible] [illegible] [illegible] [illegible] [illegible] [illegible] [illegible] [illegible]、

tśhju^{1} tjij^{1} kjɨ^{1} djɨj^{2} tśhja^{2} ka^{1} dwewr^{2} mji^{1} śjɨj^{1}

情 若 决 定 等 正 觉 不 成、

若我成佛，国中有情若不决定成等正觉、

17.30.4

[illegible] [illegible] [illegible] [illegible] [illegible]， [illegible] [illegible] [illegible] [illegible] [illegible] [illegible] [illegible]。

tha^{2} djij^{2} phā^{1} mji^{1} ljạ^{1} ku^{1} tśjo$^{?}$ po^{1} tjɨj^{1} mji^{1} ljạ^{1} ŋa^{2}

大 涅 槃 不 证， 则 终 菩 提 不 证 △。

证大涅槃者，不取菩提。

17.30.5

[illegible] [illegible] [illegible] [illegible] [illegible] [illegible]， [illegible] [illegible] [illegible]

tjij^{1} ŋa^{2} tha^{1} śjɨj^{1} ŋa^{2} zjij^{1} bji^{1} swew^{1} tsew^{2}

若 我 佛 成 △ 时， 光 明 限

[illegible]， [illegible] [illegible] [illegible] [illegible] [illegible] [illegible] [illegible] [illegible]

dju^{1} rjɨr^{2} njɨ^{2} rjir^{2} no^{1} ·jiw^{1} thow^{1} ·jir^{2} tụ^{1}

有， 乃 至 亿 那 由 他 百 千

若我成佛，光明有限，下至不照亿那由他百千

17.30.6

[illegible] [illegible] [illegible] [illegible] [illegible] [illegible] [illegible]， [illegible] [illegible] [illegible] [illegible] [illegible] [illegible] [illegible]。

niow^{1} sej^{1} ŋew^{2} tha^{1} lhjij^{2} mji^{1} swew^{1} ku^{1} tśjo$^{?}$ po^{1} tjɨj^{1} mji^{1} ljạ^{1} ŋa^{2}

及 算 数 佛 国 不 照， 则 终 菩 提 不 证 △。

及算数佛刹者，不取菩提。

17.31.1

[illegible]	[illegible]	[illegible]	[illegible]	[illegible]	[illegible],	[illegible]	[illegible]	[illegible]
tjij^{1}	ŋa^{2}	tha^{1}	śjɨj^{1}	ŋa^{2}	zjịj^{1}	zjọ^{2}	tsew^{2}	du^{2}
若	我	佛	成	△	时,	寿	量	限
[illegible],	[illegible]	[illegible]	[illegible]	[illegible]	[illegible]	[illegible]	[illegible]	[illegible]
dju^{1}	rjɨr^{2}	njɨ^{2}	kju^{1}	tśji^{2}	rjir^{2}	no^{1}	·jiw^{1}	thow^{1}
有,	乃	至	俱	胝	亿	那	由	他

若我成佛,寿量有限,乃至俱胝那由他

17.31.2

[illegible]	[illegible]	[illegible]	[illegible]	[illegible]	[illegible]	[illegible],	[illegible]	[illegible]	[illegible]	[illegible]	[illegible]	[illegible]。
·jir^{2}	tụ^{1}	niow^{1}	sej^{1}	ŋew^{2}	kja^{2}	dźjij^{1}	ku^{1}	tśjo$^{?}$	po^{1}	tjɨj^{1}	mji^{1}	ljạ^{1}	ŋa^{2}
百	千	及	算	数	劫	住,	则	终	菩	提	不	证	△。

百千及算数劫者①,不取菩提。

17.31.3

[illegible]	[illegible]	[illegible]	[illegible]	[illegible]	[illegible],	[illegible]	[illegible]	[illegible]
tjij^{1}	ŋa^{2}	tha^{1}	śjɨj^{1}	ŋa^{2}	zjịj^{1}	lhjịj^{2}	·u^{2}	ɣiẹ^{2}
若	我	佛	成	△	时,	国	中	声
[illegible]	[illegible]	[illegible]	[illegible]	[illegible]	[illegible],	[illegible]	[illegible]	[illegible]
mji^{1}	ŋew^{2}	nwə^{1}	tjɨ^{2}	djij^{2}	mjij^{1}	sọ^{1}	tụ^{1}	tha^{2}
闻	数	知	可	当	无,	三	千	大

若我成佛,国中声闻无有知其数者,假使三千大

17.31.4

[illegible]	[illegible]	[illegible]	[illegible]	[illegible]	[illegible]	[illegible]	[illegible]	[illegible]
tụ^{1}	rjur^{1}	kiẹj^{2}	·u^{2}	ɲia^{2}	tśhju^{1}	niow^{1}	rjur^{1}	tjij^{1}
千	世	界	中	有	情	及	诸	独
[illegible]	[illegible]	[illegible],	[illegible]	[illegible]	[illegible]	[illegible]	[illegible]	[illegible]
dwewr^{2}	njij^{2}	sə^{1}	·jir^{2}	tụ^{1}	kjiw^{1}	kha^{1}	·jij^{1}	sjịj^{2}

① 西夏本“俱胝”下衍“𗍫”(亿)字。

觉 △ 满， 百 千 岁 中 自 智

千世界满中有情及诸缘觉①，于百千岁尽其智

17.31.5

[illegible] [illegible] [illegible] [illegible] [illegible] [illegible] [illegible] [illegible] [illegible]

rjir² bju¹ thjij² kjir² rjijr² sej¹ bji² tsjɨ¹ nwə¹

才 故 何 敢 愿 计 算 亦 知

[illegible] [illegible] [illegible] [illegible]。 [illegible] [illegible] [illegible] [illegible] [illegible]，

njwi² mjijr² djij² mjij¹ tjij¹ nwə¹ njwi² mjijr² dju¹

能 者 当 无。 若 知 能 者 有，

算亦不能知。若有知者，

17.31.6

[illegible] [illegible] [illegible] [illegible] [illegible] [illegible] [illegible]。

ku¹ tśjo? tśhja² dwewr² mji¹ lja̱¹ ŋa²

则 终 正 觉 不 证 △。

不取正觉。

17.32.1

[illegible] [illegible] [illegible] [illegible] [illegible] [illegible]， [illegible] [illegible] [illegible]

tjij¹ ŋa² tha¹ śjɨj¹ ŋa² zjij̣¹ lhjij̣² ·u² ɲia²

若 我 佛 成 △ 时， 国 中 有

[illegible] [illegible] [illegible] [illegible] [illegible] [illegible] [illegible] [illegible] [illegible]

tśhju¹ lew¹ tji̱¹ ɣie¹ bju¹ we̱¹ lhjij̣² mjijr² rjɨr²

情 唯 愿 力 依 生 受 者 除

若我成佛，国中有情寿量有限齐者，

17.32.2

[illegible]， [illegible] [illegible] [illegible] [illegible]， [illegible] [illegible] [illegible] [illegible] [illegible] [illegible] [illegible]。

niow¹ zjo̱² tsew² du² dju¹ ku¹ tśjo? po¹ tjɨj¹ mji¹ lja̱¹ ŋa²

① 缘觉，西夏本作"[illegible][illegible]"（独觉）。

外,	寿	限	量	有,	则	终	菩	提	不	证	△。

不取菩提,唯除愿力而受生者。

17.32.3

[illegible]	[illegible]	[illegible]	[illegible]	[illegible]	[illegible],	[illegible]	[illegible]	[illegible]
tjij¹	ŋa²	tha¹	śjɨj¹	ŋa²	zjij¹	lhjịj²	·u²	ɲia²
若	我	佛	成	△	时,	国	中	众
[illegible]	[illegible]	[illegible]	[illegible]	[illegible]	[illegible],	[illegible]	[illegible]	[illegible]
tśhju¹	tjij¹	ne̱w²	mji¹	mjịj²	dju¹	ku¹	tśjo?	tśhja²
生	若	善	不	名	有,	则	终	正

若我成佛,国中众生若有不善名者①,

17.32.4

[illegible]	[illegible]	[illegible]	[illegible]。
dwewr²	mji¹	ljạ¹	ŋa²
觉	不	证	△。

不取正觉。

17.32.5

[illegible]	[illegible]	[illegible]	[illegible]	[illegible]	[illegible],	[illegible]	[illegible]	[illegible]
tjij¹	ŋa²	tha¹	śjɨj¹	ŋa²	zjij¹	thja¹	mjɨ¹	pjụ¹
若	我	佛	成	△	时,	彼	无	量
[illegible]	[illegible]	[illegible]	[illegible]	[illegible]	[illegible]	[illegible],	[illegible]	[illegible]
lhjịj²	iọ¹	·u²	ŋew²	mjij¹	rjur¹	tha¹	źji²	ŋa²
国	土	中	数	无	诸	佛,	皆	我

若我成佛,彼无量刹中无数诸佛,

17.32.6

[illegible]	[illegible]	[illegible]	[illegible]	[illegible]	[illegible]	[illegible],	[illegible]	[illegible]	[illegible]	[illegible]	[illegible]	[illegible]	[illegible]。
lhjịj²	mji¹	ɣar²	bji²	mji¹	·jow²	śja²	ku¹	tśjo?	tśhja²	dwewr²	mji¹	ljạ¹	ŋa²

① 不善名,西夏本作"[illegible][illegible][illegible]"(善不名),与西夏语法不合,"[illegible][illegible]"二字疑倒。

国 不 惊 讶 不 赞 叹，则 终 正 觉 不 证 △。

不共咨嗟称叹我国者，不取正觉。

17.33.1

[illegible]	[illegible]	[illegible]	[illegible]	[illegible]	[illegible]	[illegible]，	[illegible]	[illegible]
tjij^{1}	ŋa^{2}	źji^{2}	phju^{2}	dwewr^{2}	lja̱^{1}	zjịj^{1}	dzjij^{2}	tha^{1}
若	我	无	上	觉	证	时，	余	佛
[illegible]	[illegible]	[illegible]	[illegible]	[illegible]	[illegible]	[illegible]，	[illegible]	[illegible]
lhjịj^{2}	·u^{2}	rjur^{1}	ɲia^{2}	tśhju^{1}	djịj^{1}	kha^{1}	mji^{1}	bja^{2}
国	中	诸	有	情	类	中，	无	间

若我证得无上觉时，余佛刹中诸有情类，闻我名已，

17.33.2

[illegible]	[illegible]	[illegible]	[illegible]、	[illegible]	[illegible]	[illegible]	[illegible]	[illegible]
niow^{2}	sjwɨj^{1}	rjɨr^{2}	wji^{1}	tśhja^{2}	tsji̱r^{1}	niow^{1}	rjur^{1}	śjɨj^{2}
恶	业	△	为、	正	法	及	诸	圣
[illegible]	[illegible]	[illegible]	[illegible]	[illegible]	[illegible]，	[illegible]	[illegible]	[illegible]
dzjwo^{2}	pjo^{1}	tsjij^{2}	mjijr^{2}	rjɨr^{2}	niow^{1}	ŋa^{2}	·jij^{1}	mjịj^{2}
人	谤	毁	者	除	外，	我	之	名

所有善根心心回向愿生我国①，乃至十念若不生者，不取菩提，唯除造无间恶业、诽谤正法及诸圣人。

17.33.3

[illegible]	[illegible]，	[illegible]	[illegible]	[illegible]	[illegible]	[illegible]	[illegible]	[illegible]
mji^{1}	niow^{1}	dźjij^{2}	dźjij^{2}	nẹw^{2}	tśhji^{2}	ŋwu^{2}	twẹ^{2}	twẹ^{2}
闻	已，	所	有	善	根	以	续	续
[illegible]	[illegible]	[illegible]	[illegible]	[illegible]	[illegible]	[illegible]	[illegible]，	[illegible]
ljɨ̱^{1}	tshwew^{1}	ŋa^{2}	lhjịj^{2}	·u^{2}	wẹ^{1}	kięj^{2}	mjijr^{2}	rjɨr^{2}
回	向	我	国	中	生	欲	者，	乃

17.33.4

[illegible] [illegible] [illegible] [illegible] [illegible] [illegible] [illegible] [illegible]， [illegible] [illegible] [illegible] [illegible] [illegible] [illegible] [illegible]。

① 心心，西夏本作“[illegible][illegible]”（续续）。

nji^{2}	ɣạ^{2}	ljɨr^{2}	djọ^{2}	mjijr^{2}	mji^{1}	we̱^{1}	lja^{1}	ku^{1}	tśjo$^{?}$	po^{1}	tjɨj^{1}	mji^{1}	ljạ^{1}	ŋa^{2}
至	十	念	修	者	不	生	来，	则	终	菩	提	不	证	△。

17.33.5

tjij^{1}	ŋa^{2}	tha^{1}	śjɨj^{1}	ŋa^{2}	zjij^{1}	dzjij^{2}	rjijr^{2}	lhjij^{2}
若	我	佛	成	△	时，	他	方	刹
·u^{2}	rjur^{1}	ɲia^{2}	tśhju^{1}	njɨ^{2}	po^{1}	tjɨj^{1}	njij^{1}	śjwo^{1}
中	诸	众	生	等	菩	提	心	发，

若我成佛，于他刹土有诸众生发菩提心，

17.33.6

ŋa^{2}	do^{2}	gji^{1}	sej^{1}	ljɨr^{2}	śjwo^{1}	niow^{1}	ne̱w^{2}	tśhji^{2}
我	所	清	净	念	起，	复	善	根
ŋwu^{2}	ljɨ^{1}	tshwew^{1}	źji^{2}	lhejr^{2}	lhjij^{2}	·u^{2}	wjij^{2}	we̱^{1}
以	回	向，	极	乐	国	中	愿	生

及于我所起清净念，复以善根回向，愿生极乐，

17.34.1

nji^{2}	jɨ^{2}	tja^{1}	thja^{1}	dzjwo^{2}	kạ^{1}	bja^{2}	·jij^{1}	zjij^{1}
△	谓	者，	彼	人	命	断	临	时，
ŋa^{2}	rjur^{1}	phji^{2}	khjiw^{2}	·ji^{1}	rjir^{2}	thja^{1}	dzjwo^{2}	·jij^{1}
我	诸	比	丘	众	与	其	人	之

彼人临命终时，我与诸比丘众现其人前。

17.34.2

·ju^{2}	rjir^{2}	wjij^{2}	śja^{2}	tjij^{1}	thjɨ^{2}	mji^{1}	wjo^{1}
面	前	愿	现。	若	此	不	做
[illegible],	[illegible]	[illegible]	[illegible]	[illegible]	[illegible]	[illegible]	[illegible]。
ŋa^{2}	ku^{1}	tśjo$^{?}$	tśhja^{2}	dwewr^{2}	mji^{1}	lja̱^{1}	ŋa^{2}
△,	则	终	正	觉	不	证	△。

若不尔者,不取正觉。

17.34.3

[illegible]	[illegible]	[illegible]	[illegible]	[illegible]	[illegible],	[illegible]	[illegible]	[illegible]
tjij^{1}	ŋa^{2}	tha^{1}	śjɨj^{1}	ŋa^{2}	zjij^{1}	mjɨ^{1}	pju̱^{1}	lhjij^{2}
若	我	佛	成	△	时,	无	量	国
[illegible]	[illegible]	[illegible]	[illegible]	[illegible]	[illegible]	[illegible]	[illegible]	[illegible]
·u^{2}	dźjij^{1}	dźjij^{1}	ɲia^{2}	tśhju^{1}	ŋa^{2}	·jij^{1}	mjij^{2}	mji^{1}
中	所	有	众	生	我	之	名	闻

若我成佛,无量国中所有众生闻说我名,

17.34.4

[illegible]	[illegible]	[illegible]	[illegible]	[illegible]	[illegible]	[illegible]	[illegible]	[illegible]
·jij^{1}	new^{2}	tśhji^{2}	ŋwu^{2}	źji^{2}	lhejr^{2}	lhjij^{2}	rjijr^{2}	ljɨ^{1}
己	善	根	以	极	乐	国	方	回
[illegible]。	[illegible]	[illegible]	[illegible]	[illegible],	[illegible]	[illegible]	[illegible]	[illegible]
tshwew^{1}	tjij^{1}	mji^{1}	we̱^{1}	lja^{1}	ku^{1}	tśjo$^{?}$	po^{1}	tjɨj^{1}
向。	若	不	生	来,	则	终	菩	提

以己善根回向极乐。若不生者,

17.34.5

[illegible]	[illegible]	[illegible]。
mji^{1}	lja̱^{1}	ŋa^{2}
不	证	△。

不取菩提。

17.34.6

[illegible]	[illegible]	[illegible]	[illegible]	[illegible]	[illegible],	[illegible]	[illegible]	[illegible]

tjij^{1} ŋa^{2} tha^{1} śjɨj^{1} ŋa^{2} zjij^{1} lhjij^{2} ·u^{2} ɲia^{2}
若 我 佛 成 △ 时, 国 中 菩
[illegible]
tsjij^{2} źji^{2} so̱^{1} ɣa̱^{2} njɨ̱^{1} ·jij^{1} mji^{1} śjɨj^{1} ·jiw^{2}
萨 皆 三 十 二 相 不 成 就,

若我成佛,国中菩萨皆不成就三十二相者,

17.35.1

[illegible]
ku^{1} tśjo$^{?}$ tśhja^{2} dwewr^{2} mji^{1} lja̱^{1} ŋa^{2}
则 终 正 觉 不 证 △。

不取菩提。

17.35.2

[illegible]
tjij^{1} ŋa^{2} tha^{1} śjɨj^{1} ŋa^{2} zjij^{1} thja^{1} lhjij^{2} io̱^{1}
若 我 佛 成 △ 时, 彼 国 土
[illegible]
·u^{2} dźjij^{1} dźjij^{1} ɲia^{2} tsjij^{2} lew^{1} tha^{2} tjɨ̱^{1} rjur^{1}
中 所 有 菩 萨, 唯 大 愿 诸

若我成佛,于彼国中所有菩萨,于大菩提咸悉位阶一生补处,唯除大愿诸

17.35.3

[illegible]
ɲia^{2} tsjij^{2} rjɨr^{2} niow^{1} tha^{2} po^{1} tjɨj^{1} ɣa^{2} źji^{2}
菩 萨 除 外, 大 菩 提 于 皆
[illegible]
lew^{1} we̱^{1} tśie̱j^{2} twe̱^{2} lu^{2} kjij^{1} lhju̱^{2} rjur^{1} ɲia^{2}
一 生 补 续 阶 使 获, 诸 众

菩萨等,为诸众

17.35.4

[illegible]

tśhju^{1}	nio̱w^{1}	khu^{1}	dźjij^{1}	zjir^{2}	·jij^{1}	gjwi^{2}	jɨr^{2}	mji̱^{2}
生	故	精	进	甲	△	著，	勤	利
[illegible]	[illegible]	[illegible]	[illegible]	[illegible]	[illegible]	[illegible]	[illegible]，	[illegible]
ɣie^{2}	rjijr^{2}	dźjịj^{1}	tha^{2}	dji̱j^{2}	phã^{1}	rjijr^{2}	djọ^{2}	rjur^{1}
益	愿	行	大	涅	槃	愿	修，	诸

生被精进甲，勤行利益修大涅槃，

17.35.5

[illegible]	[illegible]	[illegible]	[illegible]	[illegible]	[illegible]	[illegible]	[illegible]	[illegible]，
tha^{1}	lhjịj^{2}	rjijr^{2}	da̱^{2}	ɲia^{2}	tsjij^{2}	dźjɨ$^{?}$	rjijr^{2}	dźjịj^{1}
佛	国	愿	游	菩	萨	行	愿	行，
[illegible]	[illegible]	[illegible]	[illegible]	[illegible]	[illegible]	[illegible]	[illegible]	[illegible]
rjur^{1}	tha^{1}	mjor^{1}	ljịj^{2}	ŋowr^{2}	ŋowr^{2}	·jij^{1}	rjijr^{2}	kjụ^{1}
诸	佛	如	来	一	切	之	愿	供

遍诸佛国行菩萨行，供养一切诸佛如来，

17.35.6

[illegible]，	[illegible]	[illegible]	[illegible]	[illegible]	[illegible]	[illegible]	[illegible]	[illegible]
tshwew^{1}	khjã^{2}	khja^{2}	bẹ^{1}	ŋew^{2}	ɲia^{2}	tsjij^{2}	·jij^{1}	·jij^{1}
养，	恒	伽	沙	数	菩	萨	之	△
[illegible]	[illegible]	[illegible]	[illegible]	[illegible]	[illegible]	[illegible]，	[illegible]	[illegible]
gu^{1}	śjwo^{1}	źji^{2}	phju^{2}	dwewr^{2}	rjijr^{2}	dźji̱j^{1}	rjɨr^{2}	djọ^{2}
起	立	最	上	觉	愿	住，	所	修

安立恒沙众生住无上觉，所修

17.36.1

[illegible]	[illegible]	[illegible]	[illegible]	[illegible]	[illegible]，	[illegible]	[illegible]	[illegible]
rjur^{1}	dźjɨ$^{?}$	śji^{1}	su^{1}	gjij^{1}	bu̱^{2}	njɨ^{2}	me̱^{2}	tśja^{1}
诸	行	前	于	殊	胜，	普	贤	道
[illegible]	[illegible]	[illegible]	[illegible]	[illegible]	[illegible]	[illegible]。	[illegible]	[illegible]
dźjij^{1}	dźjịj^{1}	ŋwu^{2}	lho$^{?}$	ka^{2}	djij^{2}	rjir^{1}	tjij^{1}	thjɨ^{2}

行	行	以	出	离	当	得。	若	是

诸行复胜于前,行普贤道而得出离。

17.36.2

[illegible]	[illegible]	[illegible],	[illegible]	[illegible]	[illegible]	[illegible]	[illegible]	[illegible]	[illegible]。
sju^{2}	mji^{1}	wji^{1}	ku^{1}	tśjo$^{?}$	po^{1}	tjɨj^{1}	mji^{1}	lja̱^{1}	ŋa^{2}
如	不	为,	则	终	菩	提	不	证	△。

若不尔者,不取菩提。

17.36.3

[illegible]	[illegible]	[illegible]	[illegible]	[illegible]	[illegible],	[illegible]	[illegible]	[illegible]
tjij^{1}	ŋa^{2}	tha^{1}	śjɨj^{1}	ŋa^{2}	zjịj^{1}	lhjịj^{2}	·u^{2}	ɲia^{2}
若	我	佛	成	△	时,	国	中	菩
[illegible]	[illegible]	[illegible]	[illegible]	[illegible],	[illegible]	[illegible]	[illegible]	[illegible]
tsjij^{2}	sjij^{1}	sjij^{1}	bjij^{2}	ɣa^{1}	tsjij^{1}	rjijr^{2}	rjɨr^{2}	njɨ^{2}
萨	今	朝	晨	朝,	他	方	乃	至

若我成佛,国中菩萨每于晨朝供养他方乃至

17.36.4

[illegible]	[illegible]	[illegible]	[illegible]	[illegible]	[illegible]	[illegible]	[illegible]	[illegible]
mjɨ^{1}	pjụ^{1}	rjir^{2}	no^{1}	·jiw^{1}	thow^{1}	·jir^{2}	tụ^{1}	rjur^{1}
无	量	亿	那	由	他	百	千	诸
[illegible]	[illegible]	[illegible]	[illegible]	[illegible],	[illegible]	[illegible]	[illegible]	[illegible]
tha^{1}	·jij^{1}	rjijr^{2}	kjụ^{1}	tshwew^{1}	tha^{1}	pjụ^{1}	ɣie^{1}	bju^{1}
佛	之	愿	供	养,	佛	威	力	以

无量亿那由他百千诸佛,以佛威力

17.36.5

[illegible]	[illegible]	[illegible]	[illegible]	[illegible]	[illegible]	[illegible]	[illegible]	[illegible]
tsew^{2}	tjị^{1}	thji^{1}	dzjɨj^{1}	lhjwo^{1}	mər^{2}	lhjịj^{2}	·ja$^{?}$	njɨ^{2}
斋	食	饮	时	还	本	国	△	到
[illegible]。	[illegible]	[illegible]	[illegible]	[illegible],	[illegible]	[illegible]	[illegible]	[illegible]

lja¹	tjij¹	thjɨ²	mji¹	sju²	ku¹	tśjo?	po¹	tjɨj¹
来。	若	此	不	如，	则	终	菩	提

即以食前还到本国。若不尔者，不取菩提。

17.36.6

[illegible]	[illegible]	[illegible]。
mji¹	lja̱¹	ŋa²
不	证	△。

17.37.1

[illegible]	[illegible]	[illegible]	[illegible]	[illegible]	[illegible]，	[illegible]	[illegible]	[illegible]
tjij¹	ŋa²	tha¹	śjɨj¹	ŋa²	zji̱j¹	ŋa²	·jij¹	lhji̱j²
若	我	佛	成	△	时，	我	之	国
[illegible]	[illegible]	[illegible]	[illegible]	[illegible]，	[illegible]	[illegible]	[illegible]	[illegible]
·u²	rjur¹	ɲia²	tsjij²	·ji¹	dzjij²	rjur¹	tha¹	do²
中	诸	菩	萨	众，	余	诸	佛	所

若我成佛，于彼刹中诸菩萨众，所须种种供具，于诸佛所

17.37.2

[illegible]	[illegible]	[illegible]	[illegible]	[illegible]，	[illegible]	[illegible]	[illegible]	[illegible]
ne̱w²	tśhji²	lji̱¹	śjɨ¹	zji̱j¹	mə²	mə²	wo²	śjwo¹
善	根	殖	往	时，	种	种	理	须
[illegible]	[illegible]	[illegible]	[illegible]，	[illegible]	[illegible]	[illegible]	[illegible]	[illegible]
kju̱¹	tshwew¹	gju²	nji²	thjɨ²	sju²	tsə̣¹	dji̱j¹	io̱¹
供	养	具	等，	是	如	色	类	圆

殖诸善根，如是色类不圆满者，

17.37.3

[illegible]	[illegible]，	[illegible]	[illegible]	[illegible]	[illegible]	[illegible]	[illegible]	[illegible]。
mjij²	swu²	ku¹	tśjo?	po¹	tjɨj¹	mji¹	lja̱¹	ŋa²
未	满，	则	终	菩	提	不	证	△。

不取菩提。

17.37.4

tjij^{1}	ŋa^{2}	tha^{1}	śjɨj^{1}	ŋa^{2}	zjịj^{1}	lhjịj^{2}	·u^{2}	ɲia^{2}
若	我	佛	成	△	时,	国	中	菩
tsjij^{2}	rjur^{1}	tsjị̱r^{1}	tshji^{1}	tshjịj^{1}	ŋowr^{2}	ŋowr^{2}	sjịj^{2}	rjir^{2}
萨	诸	法	要	说,	一	切	智	与

若我当成佛时,国中菩萨说诸法要,不善顺入一切智者,

17.37.5

mji^{1}	bju^{1}	śjij^{1}	ku^{1}	tśjo$^{?}$	po^{1}	tjɨj^{1}	mji^{1}	ljạ^{1}	ŋa^{2}
不	随	顺,	则	终	菩	提	不	证	△。

不取菩提。

汉文本

复次阿难！法处比丘赞佛德已,白言:世尊！我今发阿耨多罗三藐三菩提心,惟愿如来为我演说如是等法,令于世间得无等等成大菩提,具摄清净庄严佛土。佛告比丘:汝应自摄清净佛国。法处白佛言:世尊！我无威力堪能摄受,唯愿如来说余佛土清净庄严,我等闻已誓当圆满。尔时,世尊为其广说二十一亿清净佛土具足庄严,说是法时经于亿岁。阿难！法处比丘于彼二十一亿诸佛土中所有严净之事悉皆摄受,既摄受已,满足五劫思惟修习。阿难白佛言:世尊！彼世间自在王如来寿量几何?世尊告曰:彼佛寿量满四十劫。阿难！彼二十一俱胝佛刹,法处比丘所摄佛国超过于彼。既摄受已,往诣世间自在王如来所,顶礼双足,右绕七匝,却住一面白言:世尊！我已摄受具足功德严净佛土。佛言:今正是时,汝应具说,令众欢喜,亦令大众皆当摄受圆满佛土。法处白言:唯愿世尊大慈留听,我今将说殊胜之愿。

若我证得无上菩提,国中有地狱、饿鬼、畜生趣者,我终不取无上正觉。

若我成佛,国中众生有堕三恶趣者,我终不取正觉。

若我成佛,国中有情若不皆同真金色者,不取正觉。

若我成佛,国中有情形貌差别有好丑者,不取正觉。

若我成佛,国中有情不得宿念,下至不知亿那由他百千劫事者,不取正觉。

若我成佛,国中有情若无天眼,乃至不见亿那由他百千佛国土者,不取正觉。

若我成佛,国中有情不获天耳,乃至不闻亿那由他百千逾缮那外佛说法者,不取正觉。

若我成佛,国中有情无他心智,乃至不知亿那由他百千佛国土中有情心行者,不取正觉。

若我成佛，国中有情不获神通自在波罗蜜多，于一念顷不能超过亿那由他百千佛刹者，不取正觉。

若我成佛，国中有情起于少分我我所想者，不取菩提。

若我成佛，国中有情若不决定成等正觉、证大涅槃者，不取菩提。

若我成佛，光明有限，下至不照亿那由他百千及算数佛刹者，不取菩提。

若我成佛，寿量有限，乃至俱胝那由他百千及算数劫者，不取菩提。

若我成佛，国中声闻无有知其数者，假使三千大千世界满中有情及诸缘觉，于百千岁尽其智算亦不能知。若有知者，不取正觉。

若我成佛，国中有情寿量有限齐者，不取菩提，唯除愿力而受生者。

若我成佛，国中众生若有不善名者，不取正觉。

若我成佛，彼无量刹中无数诸佛，不共咨嗟称叹我国者，不取正觉。

若我证得无上觉时，余佛刹中诸有情类，闻我名已，所有善根心心回向愿生我国，乃至十念若不生者，不取菩提，唯除造无间恶业、诽谤正法及诸圣人。

若我成佛，于他刹土有诸众生发菩提心，及于我所起清净念，复以善根回向，愿生极乐，彼人临命终时，我与诸比丘众现其人前。若不尔者，不取正觉。

若我成佛，无量国中所有众生闻说我名，以己善根回向极乐。若不生者，不取菩提。

若我成佛，国中菩萨皆不成就三十二相者，不取菩提。

若我成佛，于彼国中所有菩萨，于大菩提咸悉位阶一生补处，唯除大愿诸菩萨等，为诸众生被精进甲，勤行利益修大涅槃，遍诸佛国行菩萨行，供养一切诸佛如来，安立恒沙众生住无上觉，所修诸行复胜于前，行普贤道而得出离。若不尔者，不取菩提。

若我成佛，国中菩萨每于晨朝供养他方乃至无量亿那由他百千诸佛，以佛威力即以食前还到本国。若不尔者，不取菩提。

若我成佛，于彼刹中诸菩萨众，所须种种供具，于诸佛所殖诸善根，如是色类不圆满者，不取菩提。

若我当成佛时，国中菩萨说诸法要，不善顺入一切智者，不取菩提。

17.37.6

[illegible]	[illegible]	[illegible]	[illegible]	[illegible]	[illegible]，	[illegible]	[illegible]	[illegible]
tjij^1	ŋa^2	tha^1	śjɨj^1	ŋa^2	zjɨj^1	lhjij^2	·u^2	wjɨ^2
若	我	佛	成	△	时，	国	中	所
[illegible]	[illegible]	[illegible]	[illegible]	[illegible]，	[illegible]	[illegible]	[illegible]	[illegible]
we̱^{1}	rjur^1	ɲia^2	tsjij^2	njɨ^2	tjij^1	no^1	lo^1	jã^2
生	诸	菩	萨	等，	若	那	罗	延

若我成佛，彼国所生诸菩萨等，若无那罗延

17.38.1

[illegible] [illegible] [illegible] [illegible]， [illegible] [illegible] [illegible] [illegible] [illegible] [illegible] [illegible]。

gjwɨ^{1}	lwo^{2}	ɣie^{1}	mjij^{1}	ku^{1}	tśjo$^{?}$	tśhja^{2}	dwewr^{2}	mji^{1}	ljạ^{1}	ŋa^{2}
坚	固	力	无，	则	终	正	觉	不	取	△。

坚固力者，不取正觉。

17.38.2

[illegible]	[illegible]	[illegible]	[illegible]	[illegible]	[illegible]，	[illegible]	[illegible]	[illegible]
tjij^{1}	ŋa^{2}	tha^{1}	śjɨj^{1}	ŋa^{2}	zjịj^{1}	lhjịj^{2}	·u^{2}	rjur^{1}
若	我	佛	成	△	时，	国	中	诸
[illegible]	[illegible]	[illegible]，	[illegible]	[illegible]	[illegible]	[illegible]	[illegible]	[illegible]
śjwo^{2}	tshjịj^{2}	gju^{2}	ŋowr^{2}	ŋowr^{2}	ɲia^{2}	tśhju^{1}	źji^{2}	nẹ^{1}
庄	严	具，	一	切	众	生	皆	演

若我成佛，周遍国中诸庄严具①，无有众生能总演说，

17.38.3

[illegible]	[illegible]	[illegible]	[illegible]，	[illegible]	[illegible]	[illegible]	[illegible]	[illegible]
tshjịj^{1}	tjị^{2}	djij^{2}	mjij^{1}	rjɨr^{2}	njɨ^{2}	mə^{1}	mej^{1}	dźjij^{2}
说	处	当	无，	乃	至	天	眼	有
[illegible]，	[illegible]	[illegible]	[illegible]	[illegible]	[illegible]	[illegible]	[illegible]	[illegible]
mjijr^{2}	tsjɨ^{1}	thja^{1}	mə^{2}	njijr^{2}	tsə̣^{1}	la̱^{1}	bji^{1}	·jij^{1}
者，	亦	彼	种	诸	形	色	光	相

乃至有天眼者，不能了知所有杂类形色光相。

17.38.4

[illegible]	[illegible]	[illegible]	[illegible]	[illegible]。	[illegible]	[illegible]	[illegible]	[illegible]
nwə^{1}	tsjij^{2}	tjị^{2}	djij^{2}	mjij^{1}	tjij^{1}	nwə^{1}	tsjij^{2}	nẹ^{1}
知	了	处	当	无。	若	知	了	宣
[illegible]	[illegible]	[illegible]	[illegible]，	[illegible]	[illegible]	[illegible]	[illegible]	[illegible]
tshjịj^{1}	njwi^{2}	mjijr^{2}	mjij^{1}	ku^{1}	tśjo$^{?}$	po^{1}	tjɨj^{1}	mji^{1}
说	能	者	无，	则	终	菩	提	不

若有能知及总宣说者②，不取菩提。

① “周遍”二字义西夏本未见。

② 西夏本“若”下有“[illegible]”(无)字，汉文本未作。据文义，西夏本是。

17.38.5

[illegible]	[illegible]。
ljạ¹	ŋa²
取	△。

17.38.6

[illegible]	[illegible]	[illegible]	[illegible]	[illegible]	[illegible]，	[illegible]	[illegible]	[illegible]
tjij¹	ŋa²	tha¹	śjɨj¹	ŋa²	zjɨj¹	lhjɨj²	·u²	mjɨ¹
若	我	佛	成	△	时，	国	中	无
[illegible]	[illegible]	[illegible]	[illegible]	[illegible]，	[illegible]	[illegible]	[illegible]	[illegible]
pjụ¹	tsə̣¹	phu²	djij²	dzu̱²	bji̱²	bjij²	·jir²	tụ¹
量	色	树	当	植，	下	高	百	千

若我成佛，国中具有无量色树，高百千

17.39.1

[illegible]	[illegible]	[illegible]，	[illegible]	[illegible]	[illegible]	[illegible]	[illegible]	[illegible]
·jiw¹	sjwɨ¹	rjar¹	rjur¹	ɲia²	tsjij²	kha¹	ne̱w²	tśhji²
由	旬	远，	诸	菩	萨	中	善	根
[illegible]	[illegible]	[illegible]	[illegible]，	[illegible]	[illegible]	[illegible]	[illegible]，	[illegible]
źji²	kha¹	dźju²	tja¹	nwə¹	tsjij²	mjɨ¹	njwi²	ku¹
最	中	劣	者，	知	了	不	能，	则

由旬，诸菩萨中有善根劣者，若不能了知，

17.39.2

[illegible]	[illegible]	[illegible]	[illegible]	[illegible]	[illegible]。
tśjo?	tśhja²	dwewr²	mji¹	ljạ¹	ŋa²
终	正	觉	不	取	△。

不取正觉。

17.39.3

[illegible]	[illegible]	[illegible]	[illegible]	[illegible]	[illegible]，	[illegible]	[illegible]	[illegible]

tjij1	ŋa2	tha1	śjɨj1	ŋa2	zjịj1	lhjịj2	·u2	ɲia2
若	我	佛	成	△	时,	国	中	众
[illegible]	[illegible]	[illegible]	[illegible]	[illegible],	[illegible]	[illegible]	[illegible]	[illegible]
tśhju1	lwər2	lhejr2	do1	tshjɨ̱1	dzjịj2	tśhjwɨj1	nẹ1	tshjịj1
生	经	典	读	诵,	师	修	演	说

若我成佛,国中众生读诵经典,教授敷演①,

17.39.4

[illegible],	[illegible]	[illegible]	[illegible]	[illegible]	[illegible],	[illegible]	[illegible]	[illegible]	[illegible]	[illegible]	[illegible]	[illegible]。
zjịj1	bu̱2	nuə?	ŋwo2	mji1	rjir1	ku1	tśjo?	po1	tjɨj1	mji1	ljạ1	ŋa2
时,	胜	辩	才	不	得,	则	终	菩	提	不	取	△。

若不获得胜辩才者,不取菩提。

17.39.5

[illegible]	[illegible]	[illegible]	[illegible]	[illegible]	[illegible],	[illegible]	[illegible]	[illegible]
tjij1	ŋa2	tha1	śjɨj1	ŋa2	zjịj1	lhjịj2	·u2	ɲia2
若	我	佛	成	△	时,	国	中	菩
[illegible]	[illegible]	[illegible]	[illegible]	[illegible]	[illegible]	[illegible]	[illegible]	[illegible],
tsjij2	źji2	bju2	mjij1	nuə?	ŋwo2	mji1	śjɨj1	·jiw2
萨	皆	边	无	辩	才	不	成	就,

若我成佛,国中菩萨有不成就无边辩才者,

17.39.6

[illegible]	[illegible]	[illegible]	[illegible]	[illegible]	[illegible]	[illegible]。
ku1	tśjo?	po1	tjɨj1	mji1	ljạ1	ŋa2
则	终	菩	提	不	取	△。

不取菩提。

17.40.1

[illegible]	[illegible]	[illegible]	[illegible]	[illegible]	[illegible],	[illegible]	[illegible]	[illegible]

① 教,西夏本作"[illegible]"(师)。按,"[illegible]"dzjịj2(师)字于义不合,在此疑假借作"[illegible]"dzjịj2(教),此二字为同音通假。

tjij^{1}	ŋa^{2}	tha^{1}	śjɨj^{1}	ŋa^{2}	zjịj^{1}	lhjịj^{2}	·u^{2}	sej^{1}
若	我	佛	成	△	时,	国	中	净
[illegible]	[illegible]	[illegible]	[illegible]	[illegible],	[illegible]	[illegible]	[illegible]	[illegible]
bji^{1}	źji^{2}	ŋwer^{1}	ka^{1}	mjij^{1}	mjɨ^{1}	pjụ^{1}	ŋew^{2}	mjij^{1}
光	遍	与	等	无,	无	量	数	无

若我成佛,国土光净遍无与等,彻照无量无数

17.40.2

[illegible]	[illegible]	[illegible]	[illegible]	[illegible]	[illegible]	[illegible]	[illegible]	[illegible]
sew^{2}	tshjij^{1}	tjɨ^{2}	mjij^{1}	rjur^{1}	tha^{1}	rjur^{1}	kiẹj^{2}	zjir^{2}
思	议	可	不	诸	佛	世	界	遍
[illegible],	[illegible]	[illegible]	[illegible]	[illegible]	[illegible]	[illegible]	[illegible]	[illegible]
swew^{1}	swew^{1}	tjɨj^{1}	gu^{2}	njijr^{2}	swu^{2}	śja^{2}	rjir^{2}	·ja$^{?}$
照,	明	镜	中	面	像	现	与	一

不可思议诸佛世界,如明镜中现其面像。

17.40.3

[illegible]	[illegible]	[illegible]。	[illegible]	[illegible]	[illegible]	[illegible],	[illegible]	[illegible]	[illegible]	[illegible]	[illegible]	[illegible]	[illegible]。
tjɨj^{2}	djij^{2}	we^{2}	tjij^{1}	thjɨ^{2}	mji^{1}	sju^{2}	ku^{1}	tśjo$^{?}$	po^{1}	tjɨj^{1}	mji^{1}	ljạ^{1}	ŋa^{2}
样	当	是。	若	是	不	如,	则	终	菩	提	不	取	△。

若不尔者,不取菩提。

17.40.4

[illegible]	[illegible]	[illegible]	[illegible]	[illegible]	[illegible],	[illegible]	[illegible]	[illegible]
tjij^{1}	ŋa^{2}	tha^{1}	śjɨj^{1}	ŋa^{2}	zjịj^{1}	lhjịj^{2}	iọ^{1}	·u^{2}
若	我	佛	成	△	时,	国	界	内
[illegible]	[illegible]	[illegible]	[illegible]	[illegible]	[illegible]	[illegible]	[illegible]	[illegible]
ljɨ^{2}	niow^{1}	tshọ^{2}	ŋa^{1}	gu^{2}	mjɨ^{1}	pjụ^{1}	mə^{2}	śja^{1}
地	及	虚	空	中	无	量	种	香

若我成佛,国界之内地及虚空有无量种香,

17.40.5

[illegible]	[illegible],	[illegible]	[illegible]	[illegible]	[illegible]	[illegible]	[illegible]	[illegible]

djij^{2}	dju^{1}	niow^{1}	·jir^{2}	tụ^{1}	rjir^{2}	·jiw^{1}	thow^{1}	no^{1}
当	有，	复	百	千	亿	那	由	他
[illegible]	[illegible]	[illegible]	[illegible]	[illegible]	[illegible]，	[illegible]	[illegible]	[illegible]
ŋew^{2}	·ji^{1}	ljɨ^{1}	śja^{1}	·jiw^{1}	·u^{2}	śja^{1}	lji^{2}	tshọ^{2}
数	众	宝	香	炉	中，	香	气	虚

复有百千亿那由他数众宝香炉，香气普熏遍虚

17.40.6

[illegible]	[illegible]	[illegible]	[illegible]	[illegible]	[illegible]，	[illegible]	[illegible]	[illegible]
ŋa^{1}	kięj^{2}	·u^{2}	rjijr^{2}	me̱^{1}	lew^{2}	thja^{1}	śja^{1}	bu̱^{2}
空	界	中	愿	馥	熏，	其	香	胜
[illegible]，	[illegible]	[illegible]	[illegible]	[illegible]，	[illegible]	[illegible]	[illegible]	[illegible]
thjo̱^{1}	dzjwo^{2}	mə^{1}	su^{1}	dzjịj^{1}	mjor^{1}	ljịj^{2}	niow^{1}	ɲia^{2}
殊，	人	天	超	过，	如	来	及	菩

空界，其香殊胜，超过人天，珍奉如来及菩

17.41.1

[illegible]	[illegible]	[illegible]	[illegible]	[illegible]。	[illegible]	[illegible]	[illegible]
tsjij^{2}	·jij^{1}	rjijr^{2}	kjụ^{1}	tshwew^{1}	tjij^{1}	thjɨ^{2}	mji^{1}
萨	之	愿	珍	奉。	若	是	不
[illegible]，	[illegible]	[illegible]	[illegible]	[illegible]	[illegible]	[illegible]	[illegible]。
sju^{2}	ku^{1}	tśjo$^{?}$	po^{1}	tjɨj^{1}	mji^{1}	ljạ^{1}	ŋa^{2}
如，	则	终	菩	提	不	取	△。

萨众。若不尔者，不取菩提。

17.41.2

[illegible]	[illegible]	[illegible]	[illegible]	[illegible]	[illegible]，	[illegible]	[illegible]	[illegible]
tjij^{1}	ŋa^{2}	tha^{1}	śjɨj^{1}	ŋa^{2}	zjịj^{1}	rjur^{1}	rjur^{1}	śja^{1}
若	我	佛	成	△	时，	诸	诸	十
[illegible]	[illegible]	[illegible]	[illegible]	[illegible]	[illegible]	[illegible]	[illegible]	[illegible]
rjijr^{2}	mjɨ^{1}	pjụ^{1}	ŋew^{2}	mjij^{1}	sew^{2}	tshjịj^{1}	tji^{2}	mjij^{1}
方	无	量	数	无	思	议	可	不

若我成佛，周遍十方无量无数不可思议

17.41.3

[illegible]	[illegible]	[illegible]	[illegible]	[illegible]	[illegible]	[illegible]	[illegible]，	[illegible]
ŋwer1	mjij1	kiẹj2	·u2	rjur1	ɲia2	tśhju1	djịj1	tha1
等	无	界	中	诸	众	生	辈，	佛
[illegible]	[illegible]	[illegible]	[illegible]	[illegible]，	[illegible]	[illegible]	[illegible]	[illegible]
pjụ1	bji1	kjɨ1	swew1	bju1	ljụ2	njịj1	no2	lhejr2
威	光	所	照	蒙，	身	心	安	乐

无等界众生之辈①，蒙佛威光所照触者，身心安乐，

17.41.4

[illegible]	[illegible]，	[illegible]	[illegible]	[illegible]	[illegible]	[illegible]。	[illegible]	[illegible]
djij2	rjir1	dzjwo2	mə1	su1	djij2	gjịj1	tjij1	thjɨ2
当	得，	人	天	超	当	过。	若	是
[illegible]	[illegible]，	[illegible]	[illegible]	[illegible]	[illegible]	[illegible]	[illegible]	[illegible]。
mji1	sju2	ku1	tśjo?	tśhja2	dwewr2	mji1	ljạ1	ŋa2
不	如，	则	终	正	觉	不	取	△。

超过人天。若不尔者，不取正觉。

17.41.5

[illegible]	[illegible]	[illegible]	[illegible]	[illegible]	[illegible]，	[illegible]	[illegible]	[illegible]
tjij1	ŋa2	tha1	śjɨj1	ŋa2	zjij1	mjɨ1	pjụ1	sew2
若	我	佛	成	我	时，	无	量	思
[illegible]	[illegible]	[illegible]	[illegible]	[illegible]	[illegible]	[illegible]	[illegible]	[illegible]
tshjịj1	tjị2	mjij1	ŋwer1	mjij1	kiẹj2	rjur1	tha1	lhjịj2
议	可	不	等	无	界	诸	佛	刹

若我成佛，无量不可思议无等界诸佛刹

17.41.6

[illegible]	[illegible]	[illegible]	[illegible]，	[illegible]	[illegible]	[illegible]	[illegible]	[illegible]，
·u2	ɲia2	tsjij2	djịj1	ŋa2	·jij1	mjij2	mji1	niow1

① 周遍，西夏本作"[illegible][illegible]"，字面意思是"处处，一切"。

中	菩	萨	辈，	我	之	名	闻	已，
[illegible]	[illegible]	[illegible]	[illegible]	[illegible]、	[illegible]	[illegible]	[illegible]	[illegible]
tjij^{1}	wẹ^{1}	ka^{2}	mji^{1}	ljạ^{1}	thow^{1}	lo^{1}	nji^{1}	mji^{1}
若	生	离	不	证、	陀	罗	尼	不

中菩萨之辈，闻我名已，若不证得离生、获陀罗尼者，

17.42.1

[illegible]，	[illegible]	[illegible]	[illegible]	[illegible]	[illegible]	[illegible]	[illegible]。
rjir^{1}	ku^{1}	tśjo$^{?}$	po^{1}	tjɨj^{1}	mji^{1}	ljạ^{1}	ŋa^{2}
得，	则	终	菩	提	不	取	△。

不取正觉①。

17.42.2

[illegible]	[illegible]	[illegible]	[illegible]	[illegible]	[illegible]，	[illegible]	[illegible]	[illegible]
tjij^{1}	ŋa^{2}	tha^{1}	śjɨj^{1}	ŋa^{2}	zjịj^{1}	rjur^{1}	rjur^{1}	ŋew^{2}
若	我	佛	成	△	时，	诸	诸	数
[illegible]	[illegible]	[illegible]	[illegible]	[illegible]	[illegible]	[illegible]	[illegible]	[illegible]
mjij^{1}	sew^{2}	tshjịj^{1}	tjị^{2}	mjij^{1}	ŋwer^{1}	ka^{1}	tjị^{2}	mjij^{1}
无	思	议	可	不	等	平	有	无

若我成佛，周遍无数不可思议无有等量

17.42.3

[illegible]	[illegible]	[illegible]	[illegible]	[illegible]	[illegible]	[illegible]	[illegible]	[illegible]
rjur^{1}	tha^{1}	lhjịj^{2}	·u^{2}	dźjịj^{1}	dźjịj^{1}	sji^{2}	dzjwo^{2}	ŋowr^{2}
诸	佛	国	中	所	有	女	人	一
[illegible]，	[illegible]	[illegible]	[illegible]	[illegible]	[illegible]，	[illegible]	[illegible]	[illegible]
ŋowr^{2}	ŋa^{2}	·jij^{1}	mjịj^{2}	mji^{1}	niow^{1}	ba^{2}	sej^{1}	dźiej^{2}
切，	我	之	名	闻	已，	清	净	信

诸佛国中所有女人，闻我名已，得清净信，

① 正觉，西夏本作“[illegible]”（菩提）。

17.42.4

[illegible]	[illegible]，	[illegible]	[illegible]	[illegible]	[illegible]	[illegible]，	[illegible]	[illegible]
djij^{2}	rjir^{1}	po^{1}	tjɨj^{1}	njij^{1}	·jij^{1}	śjwo^{1}	mjịj^{1}	ljụ^{2}
当	得，	菩	提	心	△	发，	女	身
[illegible]	[illegible]	[illegible]。	[illegible]	[illegible]	[illegible]	[illegible]	[illegible]	[illegible]
wjij^{2}	dwər^{1}	ka^{2}	tjij^{1}	kụ^{1}	lja^{1}	zjọ^{2}	sji^{2}	ljụ^{2}
当	厌	患。	若	后	来	世	女	身

发菩提心，厌患女身。若于来世不舍女人身者，

17.42.5

[illegible]	[illegible]，	[illegible]	[illegible]	[illegible]	[illegible]	[illegible]	[illegible]	[illegible]。
mji^{1}	ka^{2}	ku^{1}	tśjo$^{?}$	po^{1}	tjɨj^{1}	mji^{1}	ljạ^{1}	ŋa^{2}
不	舍，	则	终	菩	提	不	取	△。

不取菩提。

17.42.6

[illegible]	[illegible]	[illegible]	[illegible]	[illegible]	[illegible]，	[illegible]	[illegible]	[illegible]
tjij^{1}	ŋa^{2}	tha^{1}	śjɨj^{1}	ŋa^{2}	zjịj^{1}	mjɨ^{1}	pjụ^{1}	ŋew^{2}
若	我	佛	成	△	时，	无	量	数
[illegible]	[illegible]	[illegible]	[illegible]	[illegible]	[illegible]	[illegible]	[illegible]	[illegible]
mjij^{1}	sew^{2}	tshjij^{1}	tjị^{2}	mjij^{1}	ŋwer^{1}	mjij^{1}	tha^{1}	lhjịj^{2}
无	思	议	可	不	等	无	佛	刹

若我成佛，无量无数不可思议无等佛刹

17.43.1

[illegible]	[illegible]	[illegible]	[illegible]，	[illegible]	[illegible]	[illegible]	[illegible]	[illegible]，
rjur^{1}	ɲia^{2}	tsjij^{2}	·ji^{1}	ŋa^{2}	·jij^{1}	mjịj^{2}	mji^{1}	niow^{1}
诸	菩	萨	众，	我	之	名	闻	已，
[illegible]	[illegible]	[illegible]	[illegible]	[illegible]，	[illegible]	[illegible]	[illegible]	[illegible]
wẹ^{1}	ka^{2}	tsjịr^{1}	djij^{2}	rjir^{1}	tjij^{1}	bụ^{2}	thjọ^{1}	xiwã^{1}

生 离 法 当 得, 若 胜 殊 梵

菩萨之众,闻我名已,得离生法,若不修行殊胜梵行,

17.43.2

[illegible]

dźjɨ[?] mji[1] djọ[2] dźjij[1] rjɨr[2] njɨ[2] tha[2] po[1] tjɨj[1]

行 不 修 行, 乃 至 大 菩 提

[illegible]

mjɨ[1] njɨ[2] ku[1] tśjo[?] tśhja[2] dwewr[2] mji[1] lja̱[1] ŋa[2]

未 到, 则 终 正 觉 不 取 △。

乃至到于大菩提者①,不取正觉。

17.43.3

[illegible]

tjij[1] ŋa[2] tha[1] śjɨj[1] ŋa[2] zjɨj[1] rjur[1] rjur[1] śja[1]

若 我 佛 成 △ 时, 诸 诸 十

[illegible]

rjijr[2] mjɨ[1] pjụ[1] ŋwer[1] ka[1] mjij[1] rjur[1] tha[1] lhjịj[2]

方 无 量 平 等 无 诸 佛 刹

若我成佛,周遍十方无有等量诸佛刹中

17.43.4

[illegible]

·u[2] dźjij[1] dźjij[1] ɲia[2] tsjij[2] ŋa[2] ·jij[1] mjij[2] mji[1]

中 所 有 菩 萨, 我 之 名 闻

[illegible]

niow[1] ŋwə[1] war[2] ljị[2] njɨ[1] gji[1] sej[1] njịj[1] ŋwu[2]

已, 五 体 地 投, 清 净 心 以

所有菩萨,闻我名已,五体投地,以清净心

---

① 到于,西夏本作“[illegible]”,字面意思是“未到”。两者义通,仅在表述不同。

17.43.5

[illegible]	[illegible]	[illegible]	[illegible]。	[illegible]	[illegible]	[illegible]	[illegible]	[illegible]
ɲia^{2}	tsjij^{2}	dźjɨ$^{?}$	djọ^{2}	tjij^{1}	rjur^{1}	dzjwo^{2}	mə^{1}	thja^{2}
菩	萨	行	修。	若	诸	人	天	其
[illegible]	[illegible]	[illegible]	[illegible]，	[illegible]	[illegible]	[illegible]	[illegible]	[illegible]
·jij^{1}	mji^{1}	dzjwɨ̣^{1}	tshwew^{1}	ku^{1}	tśjo$^{?}$	tśhja^{2}	dwewr^{2}	mji^{1}
之	不	礼	敬，	则	终	正	觉	不

修菩萨行。若诸天人不礼敬者，不取正觉。

17.43.6

[illegible]	[illegible]。
ljạ^{1}	ŋa^{2}
取	△。

17.44.1

[illegible]	[illegible]	[illegible]	[illegible]	[illegible]	[illegible]，	[illegible]	[illegible]	[illegible]
tjij^{1}	ŋa^{2}	tha^{1}	śjɨj^{1}	ŋa^{2}	zjịj^{1}	lhjịj^{2}	·u^{2}	ɲia^{2}
若	我	佛	成	△	时，	国	中	众
[illegible]	[illegible]	[illegible]	[illegible]	[illegible]	[illegible]	[illegible]	[illegible]	[illegible]，
tśhju^{1}	śjwo^{1}	śjwo^{1}	lhwu^{1}	gjwi^{2}	ljɨ̱r^{2}	bju^{1}	djij^{2}	rjir^{1}
生	所	须	衣	服	念	随	当	得，

若我成佛，国中众生所须衣服随念即至，

17.44.2

[illegible]	[illegible]	[illegible]	[illegible]	[illegible]	[illegible]	[illegible]	[illegible]	[illegible]，
tha^{1}	phji^{2}	khjiw^{2}	·jij^{1}	nej^{2}	nej^{2}	ljij^{2}	nja^{2}	jɨ^{2}
佛	比	丘	之	善	善	来	汝	谓，
[illegible]	[illegible]	[illegible]	[illegible]	[illegible]	[illegible]	[illegible]	[illegible]	[illegible]
bju^{1}	tsjɨ̱r^{1}	lhwu^{1}	thja^{1}	śjij^{1}	·ja$^{?}$	gjwi^{2}	rjir^{2}	·ja$^{?}$
依	法	服	自	然	已	衣	与	一

如佛命善来比丘，法服自然在体。

17.44.3

[illegible]

tjɨj^{2} djij^{2} we^{2} tjij^{1} thjɨ^{2} mji^{1} sju^{2} ku^{1} tśjo$^{?}$ po^{1} tjɨj^{1} mji^{1} lja̱^{1} ŋa^{2}

样 当 是。 若 是 不 如， 则 终 菩 提 不 取 △。

若不尔者，不取菩提。

17.44.4

[illegible]

tjij^{1} ŋa^{2} tha^{1} śjɨj^{1} ŋa^{2} zjij^{1} rjur^{1} ɲia^{2} tśhju^{1}

若 我 佛 成 △ 时， 诸 众 生

[illegible]

djij^{1} ŋa^{2} lhjij^{2} ·u^{2} we̱^{1} lja^{1} zjij^{1} źji^{2} ·wu^{2}

类 我 国 中 生 来 时， 皆 资

若我成佛，诸众生类才生我国中，若不皆获资

17.44.5

[illegible]

gju^{2} kjij^{1} du^{2} njij^{1} sej^{1} no^{2} lhejr^{2} djij^{2} rjir^{1}

具 使 获， 心 净 安 乐 当 得，

[illegible]

rar^{2} sji^{1} rjir^{1} mjijr^{2} rjur^{1} phji^{2} khjiw^{2} rjir^{2} ·ja$^{?}$

漏 尽 得 者 诸 比 丘 与 一

具，心净安乐，如得漏尽诸比丘者。

17.44.6

[illegible]

tjɨj^{2} djij^{2} we^{2} tjij^{1} thjɨ^{2} mji^{1} sju^{2} ku^{1} tśjo$^{?}$ po^{1} tjɨj^{1} mji^{1} lja̱^{1} ŋa^{2}

样 当 是。 若 是 不 如， 则 终 菩 提 不 取 △。

不取菩提①。

---

① 西夏本句上有“[illegible]”(若不尔者)，汉文本未见。此四字于上下文多次出现，此处汉文本疑脱或省略未作。

17.45.1

[illegible]	[illegible]	[illegible]	[illegible]	[illegible]	[illegible],	[illegible]	[illegible]	[illegible]
tjij¹	ŋa²	tha¹	śjɨj¹	ŋa²	zjij¹	lhjij²	·u²	ɲia²
若	我	佛	成	△	时,	国	中	众
[illegible]	[illegible]	[illegible]	[illegible]	[illegible]	[illegible]	[illegible]	[illegible]	[illegible]
tśhju¹	njij¹	bju¹	rjur¹	tha¹	sej¹	lhjij²	bu̱²	gjij¹
生	心	随	诸	佛	净	国	胜	殊

若我成佛,国中群生随心欲见诸佛净国殊胜

17.45.2

[illegible]	[illegible]	[illegible]	[illegible],	[illegible]	[illegible]	[illegible]	[illegible]	[illegible]
śjwo²	tshjij²	ljij²	kięj²	ku¹	thja¹	ljɨ¹	phu²	źja̱¹
庄	严	见	欲,	则	彼	宝	树	间
[illegible]	[illegible]	[illegible]	[illegible],	[illegible]	[illegible]	[illegible]	[illegible]	[illegible]
to²	źji²	wjij²	śja²	swew¹	tjɨj¹	gu²	njijr²	swu²
悉	皆	当	现,	明	镜	中	面	像

庄严,于宝树间悉皆出现,犹如明镜见其面像。

17.45.3

[illegible]	[illegible]	[illegible]	[illegible]	[illegible]	[illegible]。	[illegible]	[illegible]	[illegible]
śja²	rjir²	·ja?	tjɨj²	djij²	we²	tjij¹	thjɨ²	mji¹
现	与	一	样	当	是。	若	是	不
[illegible],	[illegible]	[illegible]	[illegible]	[illegible]	[illegible]	[illegible]	[illegible]。	
sju²	ku¹	tśjo?	po¹	tjɨj¹	mji¹	lja̱¹	ŋa²	
如,	则	终	菩	提	不	取	△。	

若不尔者,不取菩提。

17.45.4

[illegible]	[illegible]	[illegible]	[illegible]	[illegible]	[illegible],	[illegible]	[illegible]	[illegible]
tjij¹	ŋa²	tha¹	śjɨj¹	ŋa²	zjij¹	dzjij²	tha¹	lhjij²
若	我	佛	成	△	时,	余	佛	刹

[illegible]	[illegible]	[illegible]	[illegible]	[illegible]	[illegible]	[illegible]	[illegible]	[illegible]
·u²	dźjij¹	dźjij¹	ɲia²	tśhju¹	ŋa²	·jij¹	mjij²	mji¹
中	所	有	众	生	我	之	名	闻

若我成佛,余佛刹中所有众生闻我名已,

17.45.5

[illegible],	[illegible]	[illegible]	[illegible]	[illegible]	[illegible]	[illegible]	[illegible]	[illegible]
niow¹	po¹	tjɨj¹	ɣa²	kjɨ¹	njɨ²	rjur¹	tśhji²	mji¹
已,	菩	提	于	乃	至	诸	根	不
[illegible]、	[illegible]	[illegible]	[illegible]	[illegible],	[illegible]	[illegible]	[illegible]	[illegible]
ŋowr²	tśhja²	·iow¹	mji¹	wạ²	ku¹	tśjo?	po¹	tjɨj¹
具、	德	用	非	广,	则	终	菩	提

乃至菩提诸根有阙、德用非广者,不取菩提。

17.45.6

[illegible]	[illegible]	[illegible]。
mji¹	ljạ¹	ŋa²
不	取	△。

17.46.1

[illegible]	[illegible]	[illegible]	[illegible]	[illegible]	[illegible],	[illegible]	[illegible]	[illegible]
tjij¹	ŋa²	tha¹	śjɨj¹	ŋa²	zjij¹	dzjij²	tha¹	lhjịj²
若	我	佛	成	△	时,	余	佛	刹
[illegible]	[illegible]	[illegible]	[illegible]	[illegible]	[illegible]	[illegible]	[illegible]	[illegible]
·u²	dźjij¹	dźjij¹	ɲia²	tsjij²	ŋa²	·jij¹	mjij²	mji¹
中	所	有	菩	萨	我	之	名	闻

若我成佛,余佛刹中所有菩萨闻我名

17.46.2

[illegible],	[illegible]	[illegible]	[illegible]	[illegible]	[illegible]	[illegible]	[illegible]	[illegible]
niow¹	tjij¹	sã¹	mej²	thji²	mjij²	dji²	ŋwu̱¹	dạ²
已,	若	三	摩	地	名	字	言	语

[illegible]	[illegible]	[illegible]	[illegible]	[illegible],	[illegible]	[illegible]	[illegible]	[illegible]
źji²	phjo²	kar²	mjɨ¹	njwi²	niow¹	ɲia²	tsjij²	thja¹
皆	分	别	不	能,	又	菩	萨	彼

已,若不皆善分别胜三摩地名字语言,菩萨住彼

17.46.3

[illegible]	[illegible]	[illegible]	[illegible]	[illegible],	[illegible]	[illegible]	[illegible]	[illegible]
sã¹	mej²	thji²	kha¹	dźjij¹	·ja?	lji̤¹	no¹	ŋwu̱¹
三	摩	地	中	住,	一	刹	那	言
[illegible]	[illegible]	[illegible],	[illegible]	[illegible]	[illegible]	[illegible]	[illegible]	[illegible]
dạ²	dza²	zji̤j¹	mjɨ¹	pjụ¹	ŋew²	mjij¹	sew²	tshji̤j¹
说	顷	时,	无	量	数	无	思	议

三摩地中,于一刹那言说之顷,不能供养无量无数不可思议

17.46.4

[illegible]	[illegible]	[illegible]	[illegible]	[illegible]	[illegible]	[illegible]	[illegible]	[illegible]
tji̤²	mjij¹	ŋwer¹	mjij¹	rjur¹	tha¹	·jij¹	kjụ¹	tshwew¹
可	不	等	无	诸	佛	之	供	养
[illegible]	[illegible],	[illegible]	[illegible]	[illegible]	[illegible]	[illegible]	[illegible]	[illegible]
mjɨ¹	njwi²	niow¹	tśhjiw¹	sã¹	mej²	thji²	ku¹	ljạ¹
不	能,	又	六	三	摩	地	现	证

无等诸佛,又不现证六三摩地者,

17.46.5

[illegible]	[illegible],	[illegible]	[illegible]	[illegible]	[illegible]	[illegible]	[illegible]	[illegible]。
mjɨ¹	njwi²	ku¹	tśjo?	tśhja²	dwewr²	mji¹	ljạ¹	ŋa²
不	能,	则	终	正	觉	不	取	△。

不取正觉。

17.46.6

[illegible]	[illegible]	[illegible]	[illegible]	[illegible]	[illegible],	[illegible]	[illegible]	[illegible]
tjij¹	ŋa²	tha¹	śjɨj¹	ŋa²	zji̤j¹	dzjij²	tha¹	lhji̤j²

若	我	佛	成	△	时,	余	佛	国
[illegible]	[illegible]	[illegible]	[illegible]	[illegible]	[illegible]	[illegible]	[illegible]	[illegible],
·u^{2}	rjur^{1}	ɲia^{2}	tsjij^{2}	nji̠^{2}	ŋa^{2}	mjij^{2}	mji^{1}	niow^{1}
中	诸	菩	萨	等	我	名	闻	已,

若我成佛,余佛土中有诸菩萨闻我名已[1],

17.47.1

[illegible]	[illegible]	[illegible]	[illegible],	[illegible]	[illegible]	[illegible]	[illegible]	[illegible]
ka̠^{1}	bja^{2}	niow^{1}	rjijr^{2}	tjij^{1}	ɣwie^{1}	lo$^{?}$	nji^{1}	kha^{1}
命	断	后	方,	若	权	贵	家	中
[illegible]	[illegible],	[illegible]	[illegible]	[illegible]	[illegible]	[illegible]	[illegible]	[illegible]。
mji^{1}	we̠^{1}	ku^{1}	tśjo$^{?}$	tśhja^{2}	dwewr^{2}	mji^{1}	lja̠^{1}	ŋa^{2}
不	生,	则	终	正	觉	不	取	△。

寿终之后,若不得生豪贵家者,不取正觉。

17.47.2

[illegible]	[illegible]	[illegible]	[illegible]	[illegible]	[illegible],	[illegible]	[illegible]	[illegible]
tjij^{1}	ŋa^{2}	tha^{1}	śjɨj^{1}	ŋa^{2}	zjij^{1}	dzjij^{2}	tha^{1}	lhjij^{2}
若	我	佛	成	△	时,	余	佛	刹
[illegible]	[illegible]	[illegible]	[illegible]	[illegible]	[illegible]	[illegible]	[illegible]	[illegible]
·u^{2}	dźjij^{1}	dźjij^{1}	ɲia^{2}	tsjij^{2}	ŋa^{2}	·jij^{1}	mjij^{2}	mji^{1}
中	所	有	菩	萨	我	之	名	闻

若我成佛,余佛刹中所有菩萨闻我名已,

17.47.3

[illegible],	[illegible]	[illegible]	[illegible]	[illegible]	[illegible]	[illegible]	[illegible]	[illegible],
niow^{1}	tjij^{1}	dzjɨj^{1}	ɲia^{2}	tsjij^{2}	dźjɨ$^{?}$	mji^{1}	djo̠^{2}	mji^{1}
已,	若	时	菩	萨	行	不	修	不,
[illegible]	[illegible]	[illegible]	[illegible]	[illegible]	[illegible]	[illegible]	[illegible],	[illegible]
ba^{2}	sej^{1}	njij^{1}	ljɨj^{2}	tśhja^{2}	ka^{1}	mji^{1}	dźjij^{1}	rjur^{1}

① 闻我名已,西夏本作"[illegible][illegible][illegible][illegible]"(我名闻已)。参看上下文可知,"[illegible]"(我)下疑脱或省略"[illegible]"(之)字未作。

清	净	欢	喜	平	等	不	住，	诸

若不应时修菩萨行，清净欢喜得平等住，

17.47.4

[illegible]	[illegible]	[illegible]	[illegible]，	[illegible]	[illegible]	[illegible]	[illegible]	[illegible]	[illegible]	[illegible]。
nẹw^{2}	tśhji^{2}	mji^{1}	ŋowr^{2}	ku^{1}	tśjo$^{?}$	tśhja^{2}	dwewr^{2}	mji^{1}	ljạ^{1}	ŋa^{2}
善	根	不	具，	则	终	正	觉	不	取	△。

具诸善根，不取正觉①。

17.47.5

[illegible]	[illegible]	[illegible]	[illegible]	[illegible]	[illegible]，	[illegible]	[illegible]	[illegible]
tjij^{1}	ŋa^{2}	tha^{1}	śjɨj^{1}	ŋa^{2}	zjịj^{1}	tsjij^{1}	rjijr^{2}	ɲia^{2}
若	我	佛	成	△	时，	他	方	菩
[illegible]	[illegible]	[illegible]	[illegible]	[illegible]，	[illegible]	[illegible]	[illegible]	[illegible]
tsjij^{2}	ŋa^{2}	·jij^{1}	mjij^{2}	mji^{1}	źji^{2}	tśhja^{2}	ka^{1}	sã^{1}
萨	我	之	名	闻，	皆	平	等	三

若我成佛，他方菩萨闻我名已，皆得平等三

17.47.6

[illegible]	[illegible]	[illegible]	[illegible]	[illegible]，	[illegible]	[illegible]	[illegible]	[illegible]
mej^{2}	thji^{2}	ɣa^{1}	djij^{2}	rjir^{1}	thjɨ^{2}	djɨj^{2}	kha^{1}	dźjij^{1}
摩	地	门	当	得，	此	定	中	住
[illegible]	[illegible]	[illegible]	[illegible]	[illegible]	[illegible]	[illegible]	[illegible]	[illegible]
·ju^{2}	mjɨ^{1}	pjụ^{1}	ŋwer^{1}	mjij^{1}	rjur^{1}	tha^{1}	·jij^{1}	rjijr^{2}
常	无	量	等	无	诸	佛	之	愿

摩地门，住是定中常供无量无等诸佛，

17.48.1

[illegible]	[illegible]，	[illegible]	[illegible]	[illegible]	[illegible]	[illegible]	[illegible]	[illegible]
kjụ^{1}	tshwew^{1}	po^{1}	tjɨj^{1}	ɣa^{2}	kjɨ^{1}	njɨ^{2}	zjọ^{2}	tji^{1}

① 此句西夏本作"[illegible]，[illegible]，[illegible]，[illegible]。"（若不应时修菩萨行，不住清净欢喜平等，不具诸善根，则终不取正觉。）汉文本则以一个"不"字总摄三个分句，两者义同，仅在表述不同。

供	养，	菩	提	于	乃	至	寿	终
[illegible]	[illegible]。	[illegible]	[illegible]	[illegible]	[illegible]，	[illegible]	[illegible]	[illegible]
lhji̲^{1}	lhjwo^{1}	tjij^{1}	thjɨ^{2}	mji^{1}	sju^{2}	ku^{1}	tśjo$^{?}$	tśhja^{2}
退	转。	若	是	不	如，	则	终	正

乃至菩提终不退转。若不尔者，

17.48.2

[illegible]	[illegible]	[illegible]	[illegible]。
dwewr^{2}	mji^{1}	ljạ^{1}	ŋa^{2}
觉	不	取	△。

不取正觉。

17.48.3

[illegible]	[illegible]	[illegible]	[illegible]	[illegible]	[illegible]，	[illegible]	[illegible]	[illegible]
tjij^{1}	ŋa^{2}	tha^{1}	śjɨj^{1}	ŋa^{2}	zjịj^{1}	lhjịj^{2}	·u^{2}	ɲia^{2}
若	我	佛	成	△	时，	国	中	菩
[illegible]	[illegible]	[illegible]	[illegible]	[illegible]，	[illegible]	[illegible]	[illegible]	[illegible]
tsjij^{2}	twụ^{1}	gjwi̲^{1}	tjị^{1}	bju^{1}	mji^{1}	wo^{2}	tsji̲r^{1}	tja^{1}
萨	各	志	愿	随，	闻	义	法	者

若我成佛，国中菩萨随其志愿，所欲闻法

17.48.4

[illegible]	[illegible]	[illegible]	[illegible]。	[illegible]	[illegible]	[illegible]	[illegible]，	[illegible]	[illegible]	[illegible]	[illegible]	[illegible]	[illegible]	[illegible]。
thja^{1}	śjij^{1}	djij^{2}	mji^{1}	tjij^{1}	thjɨ^{2}	mji^{1}	sju^{2}	ku^{1}	tśjo$^{?}$	tśhja^{2}	dwewr^{2}	mji^{1}	ljạ^{1}	ŋa^{2}
自	然	当	闻。	若	是	不	如，	则	终	正	觉	不	取	△。

自然得闻①。若不尔者，不取正觉。

17.48.5

[illegible]	[illegible]	[illegible]	[illegible]	[illegible]	[illegible]	[illegible]	[illegible]	[illegible]，
tjij^{1}	ŋa^{2}	źji^{2}	phju^{2}	po^{1}	tjɨj^{1}	ljạ^{1}	ŋa^{2}	zjịj^{1}

① 所欲闻法，西夏本作"[illegible]"(闻义法者)。按，"[illegible]"wo^{2}(义、理)于义不合，在此疑假借作"[illegible]"wo^{2}(应、可)，此二字为同音通假。

若	我	无	上	菩	提	证	△	时，
[illegible]	[illegible]	[illegible]	[illegible]	[illegible]	[illegible]	[illegible]	[illegible]	[illegible]
dzjij²	tha¹	lhjịj²	·u²	dźjịj¹	dźjịj¹	ɲia²	tsjij²	ŋa²
余	佛	刹	中	所	有	菩	萨	我

若我证得无上菩提，余佛刹中所有菩萨闻我名已，

17.48.6

[illegible]	[illegible]	[illegible]	[illegible]，	[illegible]	[illegible]	[illegible]	[illegible]	[illegible]
·jij¹	mjij²	mji¹	niow¹	·ja?	du̱²	tow¹	lo¹	sã¹
之	名	闻	已，	阿	耨	多	罗	三
[illegible]	[illegible]	[illegible]	[illegible]	[illegible]	[illegible]	[illegible]，	[illegible]	[illegible]
mjiw²	sã¹	po¹	tjɨj¹	lhji̱¹	lhjwo¹	dju¹	ku¹	tśjo?
藐	三	菩	提	退	转	有，	则	终

于阿耨多罗三藐三菩提有退转者，

17.49.1

[illegible]	[illegible]	[illegible]	[illegible]	[illegible]。
tśhja²	dwewr²	mji¹	lja̱¹	ŋa²
正	觉	不	取	△。

不取正觉。

17.49.2

[illegible]	[illegible]	[illegible]	[illegible]	[illegible]	[illegible]，	[illegible]	[illegible]	[illegible]
tjij¹	ŋa²	tha¹	śjɨj¹	ŋa²	zjịj¹	dzjij²	tha¹	lhjịj²
若	我	佛	成	△	时，	余	佛	国
[illegible]	[illegible]	[illegible]	[illegible]	[illegible]	[illegible]	[illegible]	[illegible]	[illegible]
·u²	dźjịj¹	dźjịj¹	ɲia²	tsjij²	tjij¹	ŋa²	·jij¹	mjij²
中	所	有	菩	萨	若	我	之	名

若我成佛，余佛国中所有菩萨若闻我名①，

① 西夏本句下有“[illegible]”（已）字，汉文本未见。

17.49.3

[illegible]	[illegible],	[illegible]	[illegible]	[illegible]	[illegible]	[illegible]	[illegible]	[illegible]
mji¹	niow¹	dzjɨj¹	bju¹	lew¹	njɨ¹	so̱¹	ze̱w²	mji¹
闻	已,	时	应	一	二	三	忍	不
[illegible],	[illegible]	[illegible]	[illegible]	[illegible]	[illegible]	[illegible]	[illegible],	[illegible]
rjir¹	rjur¹	tha¹	tsji̱r¹	ɣa¹	mji¹	lhji̱¹	lhjwo¹	ku¹
获,	诸	佛	法	门	不	退	转,	则

应时不获一二三忍、于诸佛法不能现证不退转者①,

17.49.4

[illegible]	[illegible]	[illegible]	[illegible]	[illegible]	[illegible]	[illegible]	[illegible]	[illegible]	[illegible]。
lja̱¹	ŋa²	njwi²	ku¹	tśjo?	po¹	tjɨj¹	mji¹	lja̱¹	ŋa²
证	我	能	则	终	菩	提	不	取	△。

不取菩提。

汉文本

若我成佛,彼国所生诸菩萨等,若无那罗延坚固力者,不取正觉。

若我成佛,周遍国中诸庄严具,无有众生能总演说,乃至有天眼者,不能了知所有杂类形色光相。若有能知及总宣说者,不取菩提。

若我成佛,国中具有无量色树,高百千由旬,诸菩萨中有善根劣者,若不能了知,不取正觉。

若我成佛,国中众生读诵经典,教授敷演,若不获得胜辩才者,不取菩提。

若我成佛,国中菩萨有不成就无边辩才者,不取菩提。

若我成佛,国土光净遍无与等,彻照无量无数不可思议诸佛世界,如明镜中现其面像。若不尔者,不取菩提。

若我成佛,国界之内地及虚空有无量种香,复有百千亿那由他数众宝香炉,香气普熏遍虚空界,其香殊胜,超过人天,珍奉如来及菩萨众。若不尔者,不取菩提。

若我成佛,周遍十方无量无数不可思议无等界众生之辈,蒙佛威光所照触者,身心安乐,超过人天。若不尔者,不取正觉。

若我成佛,无量不可思议无等界诸佛刹中菩萨之辈,闻我名已,若不证得离生、获陀罗尼者,不取正觉。

若我成佛,周遍无数不可思议无有等量诸佛国中所有女人,闻我名已,得清净信,发菩提心,厌患

① 于诸佛法,西夏本作"[illegible][illegible][illegible][illegible]"(诸佛法门)。按,"[illegible]"ɣa¹(门)字于义不合,在此疑假借作"[illegible]"ɣa²(于),此二字为近音通假。

女身。若于来世不舍女人身者，不取菩提。

若我成佛，无量无数不可思议无等佛刹菩萨之众，闻我名已，得离生法。若不修行殊胜梵行，乃至到于大菩提者，不取正觉。

若我成佛，周遍十方无有等量诸佛刹中所有菩萨，闻我名已，五体投地，以清净心修菩萨行。若诸天人不礼敬者，不取正觉。

若我成佛，国中众生所须衣服随念即至，如佛命善来比丘，法服自然在体。若不尔者，不取菩提。

若我成佛，诸众生类才生我国中，若不皆获资具，心净安乐，如得漏尽诸比丘者。不取菩提。

若我成佛，国中群生随心欲见诸佛净国殊胜庄严，于宝树间悉皆出现，犹如明镜现其面像。若不尔者，不取菩提。

若我成佛，余佛刹中所有众生闻我名已，乃至菩提诸根有阙、德用非广者，不取菩提。

若我成佛，余佛刹中所有菩萨闻我名已，若不皆善分别胜三摩地名字语言，菩萨住彼三摩地中，于一刹那言说之顷，不能供养无量无数不可思议无等诸佛，又不现证六三摩地者，不取正觉。

若我成佛，余佛土中有诸菩萨闻我名已，寿终之后，若不得生豪贵家者，不取正觉。

若我成佛，余佛刹中所有菩萨闻我名已，若不应时修菩萨行，清净欢喜得平等住，具诸善根，不取正觉。

若我成佛，他方菩萨闻我名已，皆得平等三摩地门，住是定中常供无量无等诸佛，乃至菩提终不退转。若不尔者，不取正觉。

若我成佛，国中菩萨随其志愿，所欲闻法自然得闻。若不尔者，不取正觉。

若我证得无上菩提，余佛刹中所有菩萨闻我名已，于阿耨多罗三藐三菩提有退转者，不取正觉。

若我成佛，余佛国中所有菩萨若闻我名，应时不获一二三忍，于诸佛法不能现证不退转者，不取菩提。

17.49.5

[illegible]	[illegible]，	[illegible]	[illegible]	[illegible]	[illegible]	[illegible]：	[illegible]	[illegible]	[illegible]
tśhjɨ¹	zjọ²	tha¹	·ja?	na¹	·jij¹	jɨ²	thja¹	tsjịr¹	do²
尔	时，	佛	阿	难	之	告：	彼	法	处
[illegible]	[illegible]	[illegible]	[illegible]	[illegible]	[illegible]	[illegible]	[illegible]	[illegible]	
phji²	khjiw²	rjur¹	rjur¹	kha¹	·jij¹	dzju²	njij²	ku¹	
比	丘	诸	世	间	自	在	王	如	

尔时，佛告阿难：彼法处比丘于世间自在王如

17.49.6

[illegible]	[illegible]	[illegible]，	[illegible]	[illegible]	[illegible]	[illegible]，	[illegible]	[illegible]	[illegible]	[illegible]	[illegible]	[illegible]	[illegible]：
ljịj²	·ju²	rjir²	thjɨ²	tjị¹	śjwo¹	nioow¹	tha¹	pjụ¹	me̱²	bju¹	lja̱¹	dạ²	rjɨr²	tshjij¹

来 面 前, 此 愿 发 因, 佛 威 神 依 颂 言 乃 说:

来前发此愿已①,承佛威神而说颂曰:

17.50.1

[illegible]

sjij^1 tha^1 ·ju^2 rjir^2 tha^2 tjị^1 śjwo^1 kụ^1 źji^2 phju^2 po^1 tjɨj^1 ljạ^1 njɨ^2

今 佛 面 前 弘 誓 发, 当 无 上 菩 提 证 日,

今对如来发弘誓②,当证无上菩提日,

17.50.2

[illegible]

tjij^1 rjur^1 phju^2 tjị^1 mji^1 sə^1 ku^1 ɣạ^2 ɣie^1 ŋwer^1 mjij^1 pjụ^1 mji^1 ljạ^1

若 诸 上 愿 不 满 故, 十 力 等 无 尊 不 取。

若不满足诸上愿,不取十力无等尊。

17.50.3

[illegible]

lụ^2 tśjị^1 gju̠^{2} kjɨ^1 rjur^1 tśjị^1 ka^2 rjur^1 kha^1 gjịj^1 dwewr^2 no^2 lhejr^2 phji^1

贫 穷 济 拔 诸 苦 离, 世 间 利 觉 安 乐 令,

心或不堪常行施,广济贫穷免诸苦,

17.50.4

[illegible]

·ju^2 thjɨ^2 mji^1 dźjij^1 mjɨ^1 njwi^2 ku^1 rjur^1 gju̠^{2} tsji̠r^1 njij^2 mji^1 ljạ^1 ŋa^2

常 此 不 行 不 能 故, 世 救 法 王 不 证 △。

利益世间使安乐,不成救世之法王。

17.50.5

[illegible]

① 已,西夏本作“[illegible]”(因)。按,“[illegible]”nio̠w^1(因)字于义不合,在此疑假借作“[illegible]”niow^1(已),此二字为同音通假。

② 如来,西夏本作“[illegible]”(佛)。

ŋa^{2} lhejr^{2} ·ju^{2} dzu̱^{2} po^{1} tjɨj^{1} lja̱^{1} mjij^{2} dźjwow^{1} śja^{1} rjijr^{2} kię̱j^{2} mjɨ^{1} pju̱^{1}

我 道 场 坐 菩 提 证， 名 闻 十 方 界 不 遍，

我证菩提坐道场，名闻不遍十方界，

17.50.6

[illegible]

bju^{2} mjij^{1} tha^{1} lhjịj^{2} mji^{1} mji^{1} ku^{1} ɣạ^{2} ɣie^{1} rjur^{1} pjụ^{1} mji^{1} ljạ^{1} ŋa^{2}

边 无 佛 刹 不 闻 故， 十 力 世 尊 不 取 △。

无量无边异佛刹，不取十力世中尊。

17.51.1

[illegible]

śji^{1} źji^{2} phju^{2} tha^{2} po^{1} tjɨj^{1} tshwew^{1} rjur^{1} kiẹj^{2} mjɨ̱^{2} kjụ^{1} niọw^{1} nji^{1} phjɨ^{1}

先 无 上 大 菩 提 趣， 诸 欲 境 求 因 家 弃，

方趣无上大菩提，出家为求于欲境，

17.51.2

[illegible]

thja^{1} ljɨr^{2} dźjɨ$^{?}$ źjɨr^{1} dźjwow^{1} mjij^{1} ku^{1} rjur^{1} ·jar^{2} mẹ^{2} dzjwo^{2} dzjịj^{2} mji^{1} wji^{1}

彼 念 行 慧 显 无 故， 调 御 天 人 师 不 作。

于彼念慧行无有，不作调御天人师。

17.51.3

[illegible]

tha^{1} ·jij^{1} mjɨ^{1} pjụ^{1} bji^{1} djij^{2} rjir^{1} śja^{1} rjijr^{2} tha^{1} lhjịj^{2} źji^{2} kjij^{1} swew^{1}

佛 之 无 量 光 当 获， 十 方 佛 国 普 使 照，

愿获如来无量光①，普照十方诸佛土，

17.51.4

[illegible]

① 如来，西夏本作“[illegible]”（佛）。

lẹj^{2} tshjạ^{1} lə^{2} ŋowr^{2} ŋowr^{2} wjij^{2} dzjar^{2} rjur^{1} kha^{1} rjur^{1} niow^{2} tshwew^{1} ·jij^{1} phja^{1}
贪 恚 痴 一 切 当 灭， 世 间 诸 恶 趣 亦 断。
能灭一切贪恚痴，亦断世间诸恶趣。

17.51.5

[illegible]
bji^{1} sej^{1} źjɨr^{1} mej^{1} phie^{2} djij^{2} njwi^{2} rjur^{1} dju^{1} kha^{1} wjạ^{1} nja̱^{1} djij^{2} go^{2}
光 净 慧 眼 开 当 能， 诸 有 中 暗 冥 当 破，
愿得光开净慧眼，于诸有中破冥暗①，

17.51.6

[illegible]
rjur^{1} ljij^{2} wjij^{2} dzjar^{2} wjɨ^{2} tji^{1} rjir^{2} dzjwo^{2} mə^{1} kha^{1} dźjij^{1} tha^{2} pjụ^{1} mjijr^{2}
诸 难 当 灭 使 无 余， 人 天 中 住 大 威 者。
除灭诸难使无余，安处天人大威者。

17.52.1

[illegible]
mər^{2} dźjɨ$^{?}$ djọ^{2} dzjij^{2} ba^{2} sej^{1} we^{2} mjɨ^{1} pjụ^{1} bu̱^{2} pjụ^{1} bji^{1} lhjụ^{2} rjir^{1}
本 行 修 习 清 净 成， 无 量 胜 威 光 获 得，
修习本行已清净，获得无量胜威光，

17.52.2

[illegible]
be^{2} lhjị^{2} rjur^{1} mə^{1} mo^{2} nji^{1} mẹ^{1} bji^{1} swew^{1} ŋowr^{2} ŋowr^{2} źji^{2} ·jwɨ^{1} t- ^{2}
日 月 诸 天 摩 尼 火， 光 明 一 切 皆 映 蔽。
日月诸天摩尼火，所有光晖皆映蔽。

17.52.3

[illegible]

① 暗，西夏本作"[illegible]"（花），疑为"[illegible]"（暗）字形讹。

źji^{2} bu̱^{2} go̱r^{1} kiej^{2} djọ^{2} dźji̱j^{1} niow^{1} thja^{1} sjwi^{1} lụ^{2} kha^{1} lwu^{2} ·ụ^{2} we^{2}

最 胜 丈 夫 修 行 已， 彼 贫 穷 中 伏 藏 为，

最胜丈夫修行已①，于彼贫穷为伏藏，

17.52.4

[illegible]

ne̱w^{2} tsji̱r^{1} iọ^{1} sə^{1} ŋwer^{1} ka^{1} mjij^{1} rjur^{1} tha^{2} ·ji^{1} kha^{1} ka^{2} tśjij^{2} kwə^{2}

善 法 圆 满 等 平 无， 诸 大 众 中 师 子 吼。

圆满善法无等伦，于大众中师子吼。

17.52.5

[illegible]

njwo^{2} thja^{1} śjij^{1} sji̱j^{2} ·jij^{1} kjụ^{1} tshwew^{1} źji^{2} bu̱^{2} rjur^{1} źjɨr^{1} ŋur^{1} kjụ^{1} nio̱w^{1}

昔 自 然 智 相 供 养， 最 胜 诸 慧 蕴 求 为，

往昔供养自然智，多劫勤修诸苦行，

17.52.6

[illegible]

rejr^{2} tsewr^{1} rjur^{1} tśji̱^{1} dźjɨ$^{?}$ jɨr^{2} djọ^{2} mər^{2} tji̱^{1} sə^{1} lhə$^{?}$ dzjwo^{2} mə^{1} pjụ^{1}

多 劫 诸 苦 行 勤 修， 本 愿 满 足 人 天 尊。

为求最胜诸慧蕴，满足本愿天人尊。

17.53.1

[illegible]

ku^{1} ljij^{2} nwə^{1} ljij^{2} ɣie^{2} lụ^{2} mjij^{1} dźiəj^{2} tśhjo^{1} ŋowr^{2} ŋowr^{2} źji^{2} tsjij^{2} njwi^{2}

如 来 知 见 障 碍 无， 为 有 一 切 皆 了 能，

如来知见无所碍，一切有为皆能了，

17.53.2

[illegible]

① 最，西夏本作"[illegible]"（皆）。按，"[illegible]"źji^{2}（皆）字于义不合，在此疑假借作"[illegible]"źji^{2}（最），此二字为同音通假。

tji̱1 ŋa2 ŋwer1 mjij1 źji2 bu̱2 sjịj2 śio1 dzjịj2 źjɨr1 ɣiej1 djij2 we2 ŋa2

愿 我 等 无 最 胜 智， 导 师 实 真 当 成 我。

愿我当成无与等，最胜智者真导师。

17.53.3

[illegible]

tjij1 ŋa2 kụ1 tha2 po1 tjɨj1 ljạ1 thjɨ2 sju2 tha2 tji̱1 io̱1 sə1 ku1

若 我 当 大 菩 提 证， 是 如 大 誓 圆 满 实，

我若当证大菩提，如斯弘誓实圆满，

17.53.4

[illegible]

so̱1 tụ1 tha2 tụ1 kiej2 djij2 mju2 mə1 ·ji1 ŋa1 gu2 wjạ1 njij2 dzjụ2

三 千 大 千 界 愿 动， 天 众 空 中 花 △ 雨。

愿动三千大千界，天众空中皆雨花。

17.53.5

[illegible]

tśhjɨ1 zjo̱2 tha2 ljɨ̱2 djij2 sar1 mju2 mə1 wjạ1 tshow1 bar1 ŋa1 gu2 sə1

尔 时 大 地 当 震 动， 天 华 乐 鼓 空 中 满，

是时大地咸震动，天花鼓乐满虚空，

17.53.6

[illegible]

niow1 tśja1 thā1 sjij1 nji1 śja1 dzjụ2 kụ1 lja1 kjɨ1 djɨj2 tha1 we2 jɨ2

并 栴 檀 细 末 香 雨， 后 来 必 定 佛 作 谓。

并雨栴檀细末香，唱言未来当作佛。

汉文本

尔时，佛告阿难：彼法处比丘于世间自在王如来前发此愿已，承佛威神而说颂曰：

今对如来发弘誓，当证无上菩提日，

若不满足诸上愿，不取十力无等尊。

心或不堪常行施，广济贫穷免诸苦，
利益世间使安乐，不成救世之法王。
我证菩提坐道场，名闻不遍十方界，
无量无边异佛刹，不取十力世中尊。
方趣无上大菩提，出家为求于欲境，
于彼念慧行无有，不作调御天人师。
愿获如来无量光，普照十方诸佛土，
能灭一切贪恚痴，亦断世间诸恶趣。
愿得光开净慧眼，于诸有中破冥暗，
除灭诸难使无余，安处天人大威者。
修习本行已清净，获得无量胜威光，
日月诸天摩尼火，所有光晖皆映蔽。
最胜丈夫修行已，于彼贫穷为伏藏，
圆满善法无等伦，于大众中师子吼。
往昔供养自然智，多劫勤修诸苦行，
为求最胜诸慧蕴，满足本愿天人尊。
如来知见无所碍，一切有为皆能了，
愿我当成无与等，最胜智者真导师。
我若当证大菩提，如斯弘誓实圆满，
愿动三千大千界，天众空中皆雨花。
是时大地咸震动，天花鼓乐满虚空，
并雨栴檀细末香，唱言未来当作佛。

17.54.1

[illegible]	[illegible]	[illegible]	[illegible]	[illegible]：	[illegible]	[illegible]	[illegible]	[illegible]
tha^{1}	·ja$^{?}$	na^{1}	·jij^{1}	jɨ^{2}	thja^{1}	tsji̱r^{1}	do^{2}	phji^{2}
佛	阿	难	之	告：	彼	法	处	比
[illegible]	[illegible]	[illegible]	[illegible]	[illegible]	[illegible]	[illegible]	[illegible]，	[illegible]
khjiw^{2}	rjur^{1}	kha^{1}	·jij^{1}	dzju^{2}	njij^{2}	ku^{1}	ljịj^{2}	niow^{1}
丘	诸	间	自	在	王	如	来，	及

佛告阿难：彼法处比丘于世间自在王如来①，及

17.54.2

[illegible]	[illegible]	[illegible]、	[illegible]、	[illegible]、	[illegible]	[illegible]、	[illegible]	[illegible]

① 世，西夏本作“[illegible]”（诸）。按，“[illegible]”rjur^{1}（诸）字于义不合，在此疑假借作“[illegible]”rjur^{1}（世），此二字为同音通假。

rjur^{1}	dzjwo^{2}	mə^{1}	ljịj^{2}	xiwã^{1}	śia^{1}	mẽ^{1}	pho^{1}	lo^{1}
诸	天	人、	魔、	梵、	沙	门、	婆	罗
[illegible]	[illegible]	[illegible]	[illegible],	[illegible]	[illegible]	[illegible]	[illegible]	[illegible]
mẽ^{1}	njɨ^{2}	·ju^{2}	rjir^{2}	thjɨ^{2}	sju^{2}	tha^{2}	ŋwụ^{1}	tjị^{1}
门	等	面	前,	是	如	大	誓	愿

诸天人、魔、梵、沙门、婆罗门等前,广发如是大弘誓愿①,

17.54.3

[illegible]	[illegible],	[illegible]	[illegible]	[illegible]	[illegible]	[illegible]	[illegible]	[illegible]。
·ja$^{?}$	śjwo^{1}	dja^{2}	śjɨj^{1}	·jiw^{2}	rjur^{1}	kha^{1}	zjɨ̱r^{1}	dju^{1}
△	发,	已	成	就	世	间	稀	有。
[illegible]	[illegible]	[illegible]	[illegible],	[illegible]	[illegible]	[illegible]	[illegible],	[illegible]
thja^{1}	tjị^{1}	śjwo^{1}	dźjwa^{1}	mə^{2}	mə^{2}	tśhja^{2}	·iow^{1}	ŋowr^{2}
彼	愿	发	已,	种	种	功	德,	具

皆已成就世间稀有②。发是愿已,如实安住种种功德,具

17.54.4

[illegible]	[illegible]	[illegible],	[illegible]	[illegible]	[illegible]	[illegible],	[illegible]	[illegible]
lhə$^{?}$	śjwo^{2}	tshjịj^{2}	pjụ^{1}	tśhja^{2}	wạ^{2}	tha^{2}	ba^{2}	sej^{1}
足	庄	严,	威	德	广	大,	清	净
[illegible]	[illegible],	[illegible]	[illegible]	[illegible]	[illegible]。	[illegible]	[illegible]	[illegible]
tha^{1}	lhjịj^{2}	źjɨr^{1}	bju^{1}	no^{2}	dźjij^{1}	thjɨ^{2}	sju^{2}	ɲia^{2}
佛	国,	实	如	安	住。	如	是	菩

足庄严,威德广大,清净佛土。修习如是

17.54.5

[illegible]	[illegible]	[illegible]	[illegible]	[illegible],	[illegible]	[illegible]	[illegible]	[illegible]
tsjij^{2}	dźjɨ$^{?}$	rjɨr^{2}	djọ^{2}	zjọ^{2}	mjɨ^{1}	pjụ^{1}	ŋew^{2}	mjij^{1}
萨	行	△	修	时,	无	量	数	无
[illegible]	[illegible]	[illegible]	[illegible]	[illegible]	[illegible]	[illegible]	[illegible]	[illegible]

① 大弘,西夏本仅作“[illegible]”(大),此下疑脱“[illegible]”(弘)字。

② 皆已,西夏本仅作“[illegible]”(已),此上疑脱“[illegible]”(皆)字。

sew²	tshjịj¹	tjị²	mjij¹	ŋwer¹	ŋwer¹	mji¹	dju¹	rjir²
思	议	可	不	等	等	无	有	亿

菩萨行时，经于无量无数不可思议无有等等亿

17.54.6

[illegible]	[illegible]	[illegible]	[illegible]	[illegible]	[illegible]	[illegible]，	[illegible]	[illegible]
no¹	·jiw¹	thow¹	·jir²	tụ¹	tsewr¹	kha¹	lẹj²	tshjạ¹
那	由	他	百	千	劫	内，	贪	瞋
[illegible]	[illegible]	[illegible]	[illegible]	[illegible]	[illegible]	[illegible]	[illegible]	[illegible]，
niow¹	lə²	kiẹj²	tśjụ¹	kwow²	sjịj²	śjwo¹	mjij²	djij²
及	痴	欲	害	恚	想	起	未	曾，

那由他百千劫内，初未曾起贪瞋及痴欲害恚想，

17.55.1

[illegible]	[illegible]	[illegible]	[illegible]	[illegible]	[illegible]	[illegible]	[illegible]。	[illegible]
tsə̣¹	ɣiẹ²	lji²	wjị¹	tsjụ¹	sjịj²	mji¹	śjwo¹	rjur¹
色	声	香	味	触	想	不	起。	诸
[illegible]	[illegible]	[illegible]	[illegible]	[illegible]	[illegible]	[illegible]，	[illegible]	[illegible]
ɲia²	tśhju¹	ɣa²	·ju²	dzu¹	dzjwɨ¹	ŋwe¹	?	low²
众	生	于	常	乐	爱	敬，	亲	属

不起色声香味触想。于诸众生常乐爱敬，犹如亲属，

17.55.2

[illegible]	[illegible]，	[illegible]	[illegible]	[illegible]	[illegible]	[illegible]	[illegible]	[illegible]
wjɨ²	sju²	tsjịr²	rjar¹	wə̣¹	nẹw²	·ja?	we²	dźjịj¹
犹	如，	性	气	柔	和	一	处	住
[illegible]。	[illegible]	[illegible]	[illegible]	[illegible]	[illegible]	[illegible]	[illegible]	[illegible]，
ljɨ²	kjụ¹	śjij²	mjijr²	·jij¹	phji¹	bju¹	źji²	khjow¹
易。	求	索	者	之	意	如	皆	予，

其性温和易可同处。有来求者不逆其意①，

① 不逆其意，西夏本作“[illegible]”，字面意思是“意如皆予”，两者意通，皆言“顺应其意”。

17.55.3

[illegible]	[illegible]	[illegible]	[illegible]	[illegible]	[illegible]	[illegible]	[illegible]	[illegible]
ne̱w^{2}	ŋwu^{2}	dzjụ^{1}	dzji̠j^{2}	thja^{2}	·jij^{1}	phji^{1}	źji^{2}	nji̠j^{1}
善	以	劝	谕	其	之	意	皆	心
[illegible]，	[illegible]	[illegible]	[illegible]	[illegible]	[illegible]	[illegible]	[illegible]	[illegible]
bju^{1}	śjɨj^{1}	·wu^{2}	gju^{2}	śjwo^{1}	śjwo^{1}	kjɨ^{1}	wo^{2}	zji̠j^{1}
随，	成	佑	具	所	须	△	义	时

善言劝谕无不从心，资养所须趣支身命。

17.55.4

[illegible]	[illegible]	[illegible]	[illegible]	[illegible]。	[illegible]	[illegible]	[illegible]	[illegible]
lhjwi^{1}	ljụ^{2}	kạ^{1}	·jur^{1}	khjij^{1}	zjɨ̠r^{1}	kie̠j^{2}	lhə$^{?}$	nwə^{1}
趣	身	命	养	育。	少	欲	足	知
[illegible]	[illegible]	[illegible]	[illegible]，	[illegible]	[illegible]	[illegible]	[illegible]	[illegible]
·ju^{2}	mjij^{1}	sej^{1}	dzu^{1}	nji̠j^{1}	phji^{1}	bju^{1}	dźjwo^{1}	lạ^{1}
常	闲	净	乐，	心	意	聪	明	矫

少欲知足常乐虚闲，禀识聪明而无矫妄。

17.55.5

[illegible]	[illegible]	[illegible]。	[illegible]	[illegible]	[illegible]	[illegible]	[illegible]	[illegible]
ljo̱r^{1}	mji^{1}	dju^{1}	tsji̠r^{2}	rjar^{1}	wə̣^{1}	lhji̠^{1}	lhjwɨ^{2}	niow^{2}
妄	无	有。	性	气	柔	软	暴	恶
[illegible]	[illegible]，	[illegible]	[illegible]	[illegible]	[illegible]	[illegible]	[illegible]	[illegible]
mji^{1}	dju^{1}	rjur^{1}	ɲia^{2}	tśhju^{1}	ɣa^{2}	·ju^{2}	njij^{2}	wju̠^{1}
无	有，	诸	有	情	于	常	慈	悯

其性调顺无有暴恶，于诸有情常怀慈忍。

17.55.6

[illegible]	[illegible]。	[illegible]	[illegible]	[illegible]	[illegible]	[illegible]	[illegible]	[illegible]
ze̱w^{2}	tśhju^{1}	nji̠j^{1}	mji^{1}	?	lạ^{1}	low^{2}	ljij^{1}	tsjɨ^{1}
忍	怀。	心	不	谄	妄	懈	怠	亦

mjij^{1}	ne̱w^{2}	dạ^{2}	ŋwu^{2}	tśhjwɨj^{1}	rjir^{2}	rjur^{1}	tsji̱r^{1}	phiow^{1}
无，	善	言	以	禁	止	诸	法	白

心不诈谄亦无懈怠，善言策进求诸白法。

17.56.1

kjụ^{1}	rjur^{1}	ɲia^{2}	tśhju^{1}	źji^{2}	·ji̱j^{1}	niọw^{1}	kjir^{1}	·jiw^{2}
求。	诸	众	生	普	持	为	勇	猛
mji^{1}	lhji̱^{1}	rjur^{1}	kha^{1}	·jij^{1}	gji̱j^{1}	ɣie^{2}	tha^{2}	tjị^{1}
无	退，	世	间	之	利	益	大	愿

普为群生勇猛无退，利益世间大愿圆满。

17.56.2

iọ^{1}	sə^{1}	dzji̱j^{2}	lhji^{2}	tshji^{2}	lji̱j^{1}	tha^{1}	tsji̱r^{1}	sjwɨ^{1}
圆	满。	师	长	奉	侍	佛	法	僧
bju̱^{1}	ɲia^{2}	tsjij^{2}	dźjɨ$^{?}$	ɣa^{2}	·ju^{2}	gjwɨ^{1}	zjir^{2}	gjwi^{2}
敬，	菩	萨	行	于	常	甲	胄	被，

奉事师长敬佛法僧①，于菩萨行常被甲胄，

17.56.3

kjur^{2}	tjị^{1}	mjij^{1}	sej^{1}	rjur^{1}	la^{1}	zji̱j^{1}	ka^{2}	rjur^{1}
志	愿	寂	静	诸	染	著	离。	诸
ɲia^{2}	tśhju^{1}	·jij^{1}	·ju^{2}	tsji̱r^{1}	phiow^{1}	djọ^{2}	phji^{1}	rjur^{1}
众	生	之	常	法	白	修	令，	诸

志乐寂静离诸染著。为令众生常修白法，

① 僧，西夏本作“”（何）。按，“”sjwɨ^{1}（何）字于义不合，在此疑假借作“”sẽ^{1}（僧）。

17.56.4

[illegible]	[illegible]	[illegible]	[illegible]	[illegible]	[illegible]	[illegible],	[illegible]	[illegible]
ne̱w^{2}	tsji̱r^{1}	kha^{1}	źji^{2}	phju^{2}	ɣu^{1}	we^{2}	ŋa^{1}	·jij^{1}
善	法	中	最	上	首	为,	空	相
[illegible]	[illegible]	[illegible]、	[illegible]	[illegible]	[illegible]	[illegible]、	[illegible]	[illegible]
mjij^{1}	tji̱^{1}	mjij^{1}	wji^{1}	mjij^{1}	we̱^{1}	mjij^{1}	śjwo^{1}	mjij^{1}
无	愿	无、	作	无	生	无、	起	不

于善法中而为上首,住空无相无愿、无作无生、不起

17.56.5

[illegible]	[illegible]	[illegible]	[illegible]、	[illegible]	[illegible]	[illegible]	[illegible]。	[illegible]
dzjar^{2}	mjij^{1}	ɣa^{2}	dźjij^{1}	pju̱^{1}	gjiw^{1}	khwe̱j^{1}	mjij^{1}	niow^{1}
灭	不	于	住、	不	惰	慢	无。	而
[illegible]	[illegible]	[illegible]	[illegible]	[illegible]	[illegible]	[illegible]	[illegible],	[illegible]
thja^{1}	tśhja^{2}	mjijr^{2}	tśhju^{1}	tśhju^{1}	tśja^{1}	dźji̱j^{1}	zji̱j^{1}	·ju^{2}
彼	正	士	众	生	道	行	时,	常

不灭、无有惰慢。而彼正士行菩萨道时①,常

17.56.6

[illegible]	[illegible]	[illegible],	[illegible]	[illegible]	[illegible]	[illegible]	[illegible]	[illegible]
ŋwu̱^{1}	da̱^{2}	·wejr^{2}	ŋwu̱^{1}	da̱^{2}	ŋwu^{2}	·jij^{1}	tsjij^{1}	mji^{1}
言	语	护,	言	语	以	己	他	不
[illegible],	[illegible]	[illegible]	[illegible]	[illegible]	[illegible]	[illegible]	[illegible]	[illegible]。
tśju̱^{1}	·ju^{2}	da̱^{2}	sjwɨj^{1}	ŋwu^{2}	·jij^{1}	gji̱j^{1}	mjɨ^{1}	gji̱j^{1}
害,	常	语	业	以	自	利	他	利。

护语言,不以语言害他及己,常以语业利己及人②。

17.57.1

[illegible]	[illegible]	[illegible]	[illegible]	[illegible]	[illegible]	[illegible]	[illegible]	[illegible]

① 菩萨,西夏本作"[illegible]"(众生),疑为"[illegible]"(菩萨)之误。

② 利己及人,西夏本作"[illegible]"(自利利他)。两者义通。

tjij^{1}	njij^{2}	we^{2}	niow^{1}	rjur^{1}	gjij^{2}	nji^{1}	kha^{1}	śjɨ^{1}
若	王	成	及	诸	村	室	中	往
[illegible]，	[illegible]	[illegible]	[illegible]	[illegible]	[illegible]	[illegible]	[illegible]	[illegible]，
zjij^{1}	rjur^{1}	tsə̣^{1}	kjɨ^{1}	ljij^{2}	njij^{1}	la^{1}	lew^{2}	mjij^{1}
时，	诸	色	△	见	心	染	所	无，

若入王城及诸村落①，虽见诸色心无所染，

17.57.2

[illegible]	[illegible]	[illegible]	[illegible]	[illegible]	[illegible]	[illegible]	[illegible]。	[illegible]
ba^{2}	sej^{1}	njij^{1}	ŋwu^{2}	mji^{1}	dzu^{1}	mji^{1}	tshjạ^{1}	ɲia^{2}
清	净	心	以	不	爱	不	恚。	菩
[illegible]	[illegible]	[illegible]	[illegible]	[illegible]	[illegible]	[illegible]	[illegible]	[illegible]
tsjij^{2}	tśhjɨ^{1}	zjij^{1}	thã^{1}	po^{1}	lo^{1}	dzu^{1}	ɣa^{2}	·jij^{1}
萨	尔	时	檀	波	罗	蜜	于	自

以清净心不爱不恚。菩萨尔时于檀波罗蜜

17.57.3

[illegible]	[illegible]	[illegible]，	[illegible]	[illegible]	[illegible]	[illegible]	[illegible]	[illegible]
dźjɨ$^{?}$	śjwo^{1}	niow^{1}	niow^{1}	bji^{1}	·jij^{1}	tsjɨ^{1}	zji^{1}	mji^{1}
行	起	已，	又	他	之	亦	施	布
[illegible]	[illegible]。	[illegible]	[illegible]	[illegible]	[illegible]	[illegible]	[illegible]	[illegible]
dźjij^{1}	phji^{1}	śiə^{1}	po^{1}	lo^{1}	dzu^{1}	rjɨr^{2}	njɨ^{2}	pa^{2}
行	令。	尸	波	罗	蜜	乃	至	般

起自行已，又能令他行于惠施。于尸波罗蜜乃至般

17.57.4

[illegible]	[illegible]	[illegible]	[illegible]	[illegible]	[illegible]，	[illegible]	[illegible]	[illegible]
rja^{2}	po^{1}	lo^{1}	dzu^{1}	tow^{1}	ɣa^{2}	śjɨj^{2}	śji^{1}	sju^{2}
若	波	罗	蜜	多	于，	圣	前	如
[illegible]	[illegible]	[illegible]	[illegible]	[illegible]	[illegible]	[illegible]	[illegible]。	[illegible]

① 城，西夏本作“[illegible]”（成）。按，“[illegible]”we^{2}（成）字于义不合，在此疑为借作“[illegible]”we^{2}（城）。

njɨ̱1 dźjɨ? gu1 śjwo1 to2 źji2 io̱1 sə1 thjɨ2

二 行 发 起 悉 皆 圆 满。 是

若波罗蜜，起前二行皆悉圆满。

17.57.5

[illegible]

sju2 rjur1 ne̱w2 tśhji2 śjɨj1 ·jiw2 nio̱w1 ku1 ljo̱2

如 诸 善 根 成 就 由， 则 所

[illegible]

wjɨ2 we̱1 twụ1 mjɨ1 pjụ1 ·jiw2 no1 ·jiw1 thow1

△ 生 处 无 量 亿 那 由 他

由成如是诸善根故，所生之处有无量亿那由他

17.57.6

[illegible]

·jir2 tụ1 lwu2 lhwu1 thja1 śjij1 tsu2 śja2 niow1 mjɨ1

百 千 伏 藏 自 然 出 涌， 复 无

[illegible]

pjụ1 ŋew2 mjij1 sew2 tshjij1 tji̱2 mjij1 ŋwer1 mjij1

量 数 无 思 议 可 不 等 无

百千伏藏自然涌出，复令无量无数不可思议无等

17.58.1

[illegible]

bju2 mjij1 rjur1 ɲia2 tśhju1 djij1 ·jij1 ·ja? du̱2

边 无 诸 众 生 类 之 阿 耨

[illegible]

tow1 lo1 sã1 mjiw2 sã1 po1 tjɨj1 no2 dźjij1

多 罗 三 藐 三 菩 提 安 住

无边诸众生类安住阿耨多罗三藐三菩提。

17.58.2

[illegible]

phji1　thjɨ2　sju2　bju2　mjij1　rjur1　ɲia2　tsjij2　·ji1
令。　是　如　边　无　诸　菩　萨　众
[Tangut]，[Tangut]
rjur1　thjo̱1　dźjɨ?　śjwo1　rjur1　mjor1　ljij2　·jij1　kjṳ1
诸　妙　行　起，　诸　如　来　之　供

如是无边诸菩萨众起诸妙行，供养奉事于诸世尊

17.58.3

[Tangut]
tshwew1　dzjwi̱1　lhejr2　ɣa2　śjwo1　tha1　śjɨj1　ɣa2　kjɨ1
养　尊　敬　于　起　佛　成　于　乃
[Tangut]，[Tangut]
njɨ2　źji2　ŋwu̱1　da̱2　phjo2　kar2　ŋwu2　nwə1　tsjij2
至，　皆　言　语　分　别　以　知　了

乃至成佛①，皆不可以语言分别之所能知。

17.58.4

[Tangut]。[Tangut]、[Tangut]、[Tangut]
pjṳ1　njwi2　ljɨ1　tjij1　dźiej2　njij2　śjɨ2　dzjwɨ1　·ja2
不　能　也。　或　轮　王、　释　帝、　焰
[Tangut]、[Tangut]、[Tangut]、[Tangut]、
mo2　mə1　tew1　śie1　mə1　wji̱1　dji̱2　ŋwe1　mə1
摩　天、　兜　率　天、　变　化　乐　天、

或作轮王、帝释、苏焰摩天②、兜率陀天③、善化天④、

17.58.5

[Tangut]、[Tangut]
tsjij1　dji̱2　·jij1　dzju2　mə1　tha2　xiwã1　ŋwə1　njij2
他　化　自　在　天、　大　梵　天　王

---

① 世尊，西夏本作“[Tangut]”（如来）。
② 苏焰摩天，西夏本作“[Tangut]”（焰摩天）。
③ 兜率陀天，西夏本作“[Tangut]”（兜率天）。
④ 善化天，西夏本作“[Tangut]”（乐变化天）。

[illegible]，	[illegible]	[illegible]	[illegible]	[illegible]	[illegible]	[illegible]	[illegible]	[illegible]，
wji^{1}	źji^{2}	rjur^{1}	tha^{1}	·jij^{1}	tshji^{2}	ljịj^{1}	kjụ^{1}	tshwew^{1}
作，	皆	诸	佛	之	奉	侍	供	养，

他化自在天、大梵天王，皆能奉事供养诸佛，

17.58.6

[illegible]	[illegible]	[illegible]	[illegible]	[illegible]	[illegible]	[illegible]	[illegible]	[illegible]。
niow^{1}	tha^{1}	·jij^{1}	ɣju^{1}	tsjịr^{1}	dźiej^{2}	dẹj^{1}	phji^{1}	njwi^{2}
及	佛	之	请	法	轮	转	令	能。
[illegible]	[illegible]	[illegible]	[illegible]	[illegible]	[illegible]	[illegible]	[illegible]	[illegible]、
tjij^{1}	·jā^{1}	xu^{1}	thji^{1}	njij^{2}	niow^{1}	rjur^{1}	phə^{1}	bjịj^{1}
若	阎	浮	提	王	及	诸	长	者、

及能请佛转于法轮。若作阎浮提王及诸长者、

17.59.1

[illegible]	[illegible]、	[illegible]	[illegible]	[illegible]、	[illegible]	[illegible]	[illegible]	[illegible]，
tha^{2}	bji^{2}	pho^{1}	lo^{1}	mẽ^{1}	tśhia^{1}	tji^{2}	lji^{1}	njɨ^{2}
大	臣、	婆	罗	门、	刹	帝	利	等，
[illegible]	[illegible]	[illegible]	[illegible]	[illegible]	[illegible]	[illegible]	[illegible]	[illegible]
rjur^{1}	mə^{2}	sjwɨ^{1}	kha^{1}	tsjɨ^{1}	źji^{2}	rjur^{1}	tha^{1}	·jij^{1}
诸	种	种	中	亦	皆	诸	佛	之

宰官①、婆罗门、刹帝力等，诸种姓中皆能尊重供养诸佛②，

17.59.2

[illegible]	[illegible]	[illegible]	[illegible]	[illegible]，	[illegible]	[illegible]	[illegible]	[illegible]
pjụ^{1}	bjụ^{1}	kjụ^{1}	tshwew^{1}	njwi^{2}	niow^{1}	mjɨ^{1}	pjụ^{1}	tsjịr^{1}
尊	重	供	养	能，	又	无	量	法
[illegible]	[illegible]	[illegible]	[illegible]。	[illegible]	[illegible]	[illegible]	[illegible]	[illegible]
ɣa^{1}	nẹ^{1}	tshjịj^{1}	njwi^{2}	thjɨ^{2}	niow^{1}	rjijr^{2}	tśjo$^{?}$	rjur^{1}

① 宰官，西夏本作“[illegible]”，字面意思是“大臣”。

② 种姓，西夏本作“[illegible]”（种种）。按，“[illegible]”mə^{2}（种）字于义不合，在此假借作“[illegible]”mə^{2}（姓），此二字为同音通假。

门	演	说	能。	此	后	方	永	世

又能演说无量法门。从此永弃世间，

17.59.3

[illegible]	[illegible]，	[illegible]	[illegible]	[illegible]	[illegible]。	[illegible]	[illegible]	[illegible]
kha¹	phjɨ¹	źji²	phju²	dwewr²	śjɨj¹	niow¹	thja¹	ɲia²
间	弃，	无	上	觉	成。	然	彼	菩
[illegible]	[illegible]	[illegible]	[illegible]	[illegible]、	[illegible]	[illegible]、	[illegible]	[illegible]、
tsjij²	phju²	thjo̱¹	lhwu¹	gjwi²	gjwɨr¹	lju̱²	phjo²	dzji¹
萨	上	妙	衣	服、	卧	具、	饮	食、

成无上觉。然彼菩萨能以上妙衣服、卧具、饮食、

17.59.4

[illegible]	[illegible]	[illegible]，	[illegible]	[illegible]	[illegible]	[illegible]	[illegible]	[illegible]
sju²	tsə̣¹	ŋwu²	·jij¹	·ja?	zjo̱²	ɣa²	mjor¹	ljij²
医	药	以，	己	△	寿	于	如	来
[illegible]	[illegible]	[illegible]	[illegible]	[illegible]	[illegible]	[illegible]	[illegible]	[illegible]。
ŋowr²	ŋowr²	·jij¹	kju̱¹	tshwew¹	no²	lhejr²	dźjij¹	rjir¹
一	切	之	供	养	安	乐	住	得。

医药，尽形供养一切如来得安乐住。

17.59.5

[illegible]	[illegible]	[illegible]	[illegible]	[illegible]	[illegible]	[illegible]	[illegible]	[illegible]，
thjɨ²	sju²	mə²	mə²	io̱¹	sə¹	ne̱w²	tśhji²	tja¹
是	如	种	种	圆	满	善	根	者，
[illegible]	[illegible]	[illegible]	[illegible]	[illegible]	[illegible]	[illegible]	[illegible]	[illegible]。
ŋwu̱¹	da̱²	ŋwu²	nia̱²	ljow²	sji¹	phji¹	pju̱¹	njwi²
言	语	以	边	际	尽	令	非	能。

如是种种圆满善根，非以语言能尽边际。

17.59.6

[illegible]	[illegible]	[illegible]	[illegible]	[illegible]	[illegible]	[illegible]	[illegible]，	[illegible]

lja̱^{2}	·u^{2}	·ju^{2}	tśja^{1}	thā^{1}	thjo̱^{1}	śja^{1}	to^{2}	thja^{1}
口	中	常	栴	檀	妙	香	出，	其
[illegible]	[illegible]	[illegible]	[illegible]	[illegible]	[illegible]	[illegible]	[illegible]	[illegible]
śja^{1}	lji^{2}	mjɨ^{1}	pjụ^{1}	ŋew^{2}	mjij^{1}	rjɨr^{2}	njɨ^{2}	rjir^{2}
香	气	无	量	数	无	乃	至	亿

口中常出栴檀妙香，其香普熏无量无数乃至亿

17.60.1

[illegible]	[illegible]	[illegible]	[illegible]	[illegible]	[illegible]	[illegible]	[illegible]	[illegible]，
no^{1}	·jiw^{1}	thow^{1}	·jir^{2}	tụ^{1}	rjur^{1}	kiẹj^{2}	zjir^{2}	me̱^{1}
那	由	他	百	千	世	界	普	熏，
[illegible]	[illegible]	[illegible]	[illegible]	[illegible]	[illegible]	[illegible]	[illegible]	[illegible]
niow^{1}	mej^{2}	dźjwo^{2}	ŋowr^{2}	ŋowr^{2}	·u^{2}	dzjwo^{2}	su^{1}	dzjịj^{1}
复	毛	孔	一	切	中	人	于	过

那由他百千世界，复从一切毛孔出过人天

17.60.2

[illegible]	[illegible]	[illegible]	[illegible]	[illegible]	[illegible]	[illegible]	[illegible]	[illegible]。
·jiw^{1}	po^{1}	lo^{1}	wjạ^{1}	phju^{2}	thjo̱^{1}	śja^{1}	lji^{2}	to^{2}
优	钵	罗	华	上	妙	香	气	出。
[illegible]	[illegible]	[illegible]	[illegible]，	[illegible]	[illegible]	[illegible]	[illegible]	[illegible]
ljọ^{2}	wjɨ^{2}	we̱^{1}	twụ^{1}	·jij^{1}	ljụ^{2}	ŋạ^{2}	śjwo^{2}	śjwo^{2}
随	所	生	处，	自	身	好	端	严

优钵罗花上妙香气①。随所生处，相好端严

17.60.3

[illegible]	[illegible]	[illegible]	[illegible]。	[illegible]	[illegible]	[illegible]	[illegible]	[illegible]
rjar^{1}	gjij^{1}	iọ^{1}	sə^{1}	niow^{1}	rjur^{1}	·wu^{2}	gju^{2}	·jij^{1}
殊	胜	圆	满。	又	诸	资	具	自
[illegible]	[illegible]	[illegible]	[illegible]	[illegible]	[illegible]，	[illegible]	[illegible]	[illegible]

① “天”字义西夏本未见。

dzju^{2}	po^{1}	lo^{1}	dzu^{1}	tow^{1}	rjir^{1}	ku^{1}	wo^{2}	śjwo^{1}
在	波	罗	蜜	多	得，	则	理	用

殊胜圆满。又得诸资具自在波罗蜜多，一切服用

17.60.4

[illegible]	[illegible]	[illegible]	[illegible]	[illegible]	[illegible]。	[illegible]	[illegible]	[illegible]
ŋowr^{2}	ŋowr^{2}	to^{2}	źji^{2}	ŋowr^{2}	lhə$^{?}$	thjɨ^{2}	tja^{1}	rjur^{1}
一	切	悉	皆	具	足。	此	者	诸
[illegible]	[illegible]	[illegible]、	[illegible]	[illegible]	[illegible]	[illegible]、	[illegible]	[illegible]
ljɨ^{1}	śja^{1}	wją^{1}	ljɨ^{1}	dźjow^{1}	źiə^{2}	ɤja^{2}	phju^{2}	thjo̱^{1}
宝	舍	华、	幢	幡	缯	盖、	上	妙

周遍无乏①。所谓诸宝香花②、幢幡缯盖、上妙

17.60.5

[illegible]	[illegible]、	[illegible]	[illegible]、	[illegible]	[illegible]，	[illegible]	[illegible]	[illegible]
lhwu^{1}	gjwi^{2}	phjo^{2}	lji^{2}	sju^{2}	tsə^{1}	niow^{1}	rjur^{1}	lwu^{2}
衣	服、	饮	食、	汤	药，	及	诸	伏
[illegible]	[illegible]、	[illegible]	[illegible]	[illegible]	[illegible]，	[illegible]	[illegible]	[illegible]
·ụ^{2}	ŋwu^{2}	thjo̱^{1}	ŋạ^{2}	śjwo^{1}	śjwo^{1}	źji^{2}	ɲia^{2}	tsjij^{2}
藏	是、	珍	妙	所	须，	皆	菩	萨

衣服、饮食、汤药，及诸伏藏、珍玩所须，皆从菩萨

17.60.6

[illegible]	[illegible]	[illegible]	[illegible]	[illegible]	[illegible]	[illegible]，	[illegible]	[illegible]
·jij^{1}	pją^{1}	·u^{2}	thja^{1}	śjij^{1}	wjɨ^{2}	to^{2}	lju̱^{2}	źji^{2}
之	掌	中	自	然	△	出，	身	皆
[illegible]	[illegible]	[illegible]	[illegible]	[illegible]	[illegible]	[illegible]	[illegible]	[illegible]
mej^{2}	dźjwo^{2}	·u^{2}	dzjwo^{2}	mə^{1}	tshow^{1}	ɤię^{2}	ŋowr^{2}	ŋowr^{2}
毛	孔	中	人	天	音	乐	一	切

掌中自然流出，身诸毛孔流出一切人天音乐③。

---

① 周遍无乏，西夏本作“[illegible]”，字面意思是“悉皆具足”。两者义通。

② 香，西夏本作“[illegible]”。按，“[illegible]”śja^{1}（舍）在此疑假借作“[illegible]”śja^{1}（香）。

③ 身诸毛孔，西夏本作“[illegible]”（身皆毛孔中）。按，“[illegible]”źji^{2}（皆）为副词，用在“[illegible]”（身）与“[illegible]”（毛孔）两个名词之间，不合西夏语法，在此疑假借作形容词“[illegible]”zjir^{2}（遍），此二字为近音通假。

17.61.1

[illegible]。	[illegible]	[illegible]	[illegible]	[illegible],	[illegible]	[illegible]	[illegible]	[illegible]
to^{2}	thjɨ^{2}	·jiw^{1}	nio̱w^{1}	bju^{1}	mjɨ^{1}	pju̱^{1}	ŋew^{2}	mjij^{1}
出。	是	由	因	缘,	无	量	数	无
[illegible]	[illegible]	[illegible]	[illegible]	[illegible]	[illegible]	[illegible]	[illegible]	[illegible]
sew^{2}	tshji̱j^{1}	tji̱^{2}	mjij^{1}	rjur^{1}	ɲia^{2}	tśhju^{1}	njɨ^{2}	·jij^{1}
思	议	可	不	诸	众	生	等	之

由是因缘,能令无量无数不可思议诸众生等,

17.61.2

[illegible]	[illegible]	[illegible]	[illegible]	[illegible]	[illegible]	[illegible]	[illegible]	[illegible]
·ja$^{?}$	du̱^{2}	tow^{1}	lo^{1}	sã^{1}	mjiw^{2}	sã^{1}	po^{1}	tjɨj^{1}
阿	耨	多	罗	三	藐	三	菩	提
[illegible]	[illegible]	[illegible]	[illegible]。	[illegible]	[illegible]!	[illegible]	[illegible]	[illegible]
no^{2}	dźjij^{1}	phji^{1}	njwi^{2}	·ja$^{?}$	na^{1}	ŋa^{2}	sjij^{1}	tsji̱r^{1}
安	住	令	能。	阿	难!	我	今	法

安住阿耨多罗三藐三菩提。阿难！我今已说法

17.61.3

[illegible]	[illegible]	[illegible]	[illegible]	[illegible]	[illegible]	[illegible]	[illegible]	[illegible]	[illegible]	[illegible]。
do^{2}	ɲia^{2}	tsjij^{2}	·jij^{1}	mər^{2}	rjɨr^{2}	djo̱^{2}	dźjɨ$^{?}$	rjɨr^{2}	tshji̱j^{1}	ŋa^{2}
处	菩	萨	之	本	所	修	行	△	说	△。

处菩萨本所修行。

汉文本

佛告阿难:彼法处比丘于世间自在王如来,及诸天人、魔、梵、沙门、婆罗门等前,广发如是大弘誓愿,皆已成就世间稀有。发是愿已,如实安住种种功德,具足庄严,威德广大,清净佛土。修习如是菩萨行时,经于无量无数不可思议无有等等亿那由他百千劫内,初未曾起贪瞋及痴欲害恚想,不起色声香味触想。于诸众生常乐爱敬,犹如亲属,其性温和易可同处。有来求者不逆其意,善言劝谕无不从心,资养所须趣支身命。少欲知足常乐虚闲,禀识聪明而无矫妄。其性调顺无有暴恶,于诸有情常怀慈忍。心不诈谄亦无懈怠,善言策进求诸白法。普为群生勇猛无退,利益世间大愿圆满。奉事师长敬佛法僧,于菩萨行常被甲胄,志乐寂静离诸染著。为令众生常修白法,于善法中而为上首,住空无相无

愿、无作无生、不起不灭、无有憍慢。而彼正士行菩萨道时，常护语言，不以语言害他及己，常以语业利己及人。若入王城及诸村落，虽见诸色心无所染，以清净心不爱不恚。菩萨尔时于檀波罗蜜起自行已，又能令他行于惠施。于尸波罗蜜乃至般若波罗蜜，起前二行皆悉圆满。由成如是诸善根故，所生之处有无量亿那由他百千伏藏自然涌出，复令无量无数不可思议无等无边诸众生类安住阿耨多罗三藐三菩提。如是无边诸菩萨众起诸妙行，供养奉事于诸世尊乃至成佛，皆不可以语言分别之所能知。或作轮王、帝释、苏焰摩天、兜率陀天、善化天、他化自在天、大梵天王，皆能奉事供养诸佛，及能请佛转于法轮。若作阎浮提王及诸长者、宰官、婆罗门、刹帝力等，诸种姓中皆能尊重供养诸佛，又能演说无量法门。从此永弃世间，成无上觉。然彼菩萨能以上妙衣服、卧具、饮食、医药，尽形供养一切如来得安乐住。如是种种圆满善根，非以语言能尽边际。口中常出栴檀妙香，其香普熏无量无数乃至亿那由他百千世界，复从一切毛孔出过人天优钵罗花上妙香气。随所生处，相好端严殊胜圆满。又得诸资具自在波罗蜜多，一切服用周遍无乏。所谓诸宝香花、幢幡缯盖、上妙衣服、饮食、汤药，及诸伏藏、珍玩所须，皆从菩萨掌中自然流出，身诸毛孔流出一切人天音乐。由是因缘，能令无量无数不可思议诸众生等，安住阿耨多罗三藐三菩提。阿难！我今已说法处菩萨本所修行。

17.61.4

[illegible]	[illegible]，	[illegible]	[illegible]	[illegible]	[illegible]	[illegible]	[illegible]：	[illegible]
tśhjɨ^{1}	zjọ^{2}	·ja$^{?}$	na^{1}	tha^{1}	·jij^{1}	dạ^{2}	jɨ^{2}	rjur^{1}
尔	时，	阿	难	佛	之	白	言：	世
[illegible]！	[illegible]	[illegible]	[illegible]	[illegible]	[illegible]	[illegible]	[illegible]	[illegible]
pjụ^{1}	thja^{1}	tsji̱r^{1}	do^{2}	ɲia^{2}	tsjij^{2}	po^{1}	tjɨj^{1}	śjɨj^{1}
尊！	彼	法	处	菩	萨	菩	提	成

尔时，阿难白佛言：世尊！彼法处菩萨成菩提

17.61.5

[illegible]，	[illegible]	[illegible]	[illegible]	[illegible]？	[illegible]	[illegible]	[illegible]	[illegible]？
tja^{1}	wjɨ^{2}	rar^{2}	ŋwu^{2}	mo^{2}	mjij^{2}	ljɨj^{2}	ŋwu^{2}	ljɨ^{1}
者，	过	去	是	耶？	未	来	是	耶？
[illegible]	[illegible]	[illegible]	[illegible]	[illegible]	[illegible]	[illegible]	[illegible]	[illegible]
thjɨ^{2}	wjɨ^{2}	tsjij^{1}	rjijr^{2}	rjur^{1}	kięj^{2}	·u^{2}	mjor^{1}	mja^{1}
此	刻	他	方	世	界	中	现	疑

者，为过去耶？为未来耶？为今现在他方世界耶？

17.61.6

[illegible]？	[illegible]	[illegible]	[illegible]	[illegible]	[illegible]：	[illegible]	[illegible]	[illegible]

dźjij^{1}	tha^{1}	·ja$^{?}$	na^{1}	·jij^{1}	jɨ^{2}	thjɨ^{2}	ɣa^{2}	śjwo^{1}
住？	佛	阿	难	之	告：	此	于	起
[illegible]	[illegible]	[illegible]	[illegible]	[illegible]	[illegible]	[illegible]，	[illegible]	[illegible]
lji^{2}	rjijr^{2}	ɣạ^{2}	khjɨ^{2}	rjir^{2}	tha^{1}	lhjịj^{2}	tjịj^{1}	ɣa^{2}
西	方	十	万	亿	佛	刹，	彼	于

佛告阿难：西方去此十万亿佛刹，彼有

17.62.1

[illegible]	[illegible]	[illegible]	[illegible]	[illegible]	[illegible]	[illegible]	[illegible]。	[illegible]
rjur^{1}	kięj^{2}	gjɨ^{2}	wjij^{2}	mjij^{2}	tja^{1}	źji^{2}	lhejr^{2}	tsjịr^{1}
世	界	一	有	名	曰	极	乐。	法
[illegible]	[illegible]	[illegible]	[illegible]	[illegible]	[illegible]	[illegible]	[illegible]，	[illegible]
do^{2}	phji^{2}	khjiw^{2}	thja^{1}	·u^{2}	tha^{1}	dja^{2}	we^{2}	mjij^{2}
处	比	丘	彼	中	佛	△	成，	名

世界名曰极乐。法处比丘在彼成佛，

17.62.2

[illegible]	[illegible]	[illegible]，	[illegible]	[illegible]	[illegible]	[illegible]	[illegible]	[illegible]
tja^{1}	mjɨ^{1}	pjụ^{1}	thjɨ^{2}	wjɨ^{2}	mjɨ^{1}	pjụ^{1}	tsjij^{2}	tsjij^{2}
曰	无	量，	此	刻	无	量	菩	萨
[illegible]	[illegible]	[illegible]	[illegible]	[illegible]	[illegible]	[illegible]	[illegible]	[illegible]
niow^{1}	ɣię^{2}	mji^{1}	·ji^{1}	dzjwɨ̣^{1}	lhejr^{2}	·wiọ^{1}	tśjɨ̣^{1}	mjor^{1}
及	声	闻	众	恭	敬	围	绕	现

号无量寿①，今现在说法，无量菩萨及声闻众恭敬围绕。

17.62.3

[illegible]	[illegible]	[illegible]。	[illegible]	[illegible]！	[illegible]	[illegible]	[illegible]	[illegible]
tsjịr^{1}	tshjij^{1}	djij^{2}	·ja$^{?}$	na^{1}	thja^{1}	tha^{1}	·jij^{1}	bji^{1}
法	说	△。	阿	难！	彼	佛	之	光
[illegible]	[illegible]	[illegible]	[illegible]	[illegible]	[illegible]	[illegible]	[illegible]	[illegible]

① “寿”字义西夏本未见。

swew^{1}	mjɨ^{1}	pjụ^{1}	ŋew^{2}	mjij^{1}	sew^{2}	tshjịj^{1}	tjị^{2}	mjij^{1}
明	无	量	数	无	思	议	可	不

阿难！彼佛光明普照佛刹无量无数不可思议，

17.62.4

[illegible]	[illegible]	[illegible]	[illegible]，	[illegible]	[illegible]	[illegible]	[illegible]，	[illegible]
tha^{1}	lhjịj^{2}	zjir^{2}	swew^{1}	ŋa^{2}	sjij^{1}	ljow^{2}	tshjịj^{1}	thja^{1}
佛	刹	普	照，	我	今	边	说，	彼
[illegible]	[illegible]	[illegible]	[illegible]	[illegible]	[illegible]	[illegible]	[illegible]	[illegible]
bji^{1}	wjɨ^{2}	rjijr^{2}	khjã^{2}	khja^{2}	bẹ^{1}	ŋew^{2}	njɨ^{2}	sju^{2}
光	东	方	恒	河	沙	数	等	如

我今略说①，光照东方如恒河沙等国土，

17.62.5

[illegible]	[illegible]	[illegible]	[illegible]，	[illegible]	[illegible]	[illegible]	[illegible]	[illegible]
lhjịj^{2}	iọ^{1}	·u^{2}	swew^{1}	zjɨr^{1}	lji^{2}	ljạ^{1}	rjijr^{2}	ljɨr^{1}
国	土	中	照，	南	西	北	方	四
[illegible]	[illegible]	[illegible]，	[illegible]	[illegible]	[illegible]	[illegible]	[illegible]，	[illegible]
dzjij^{2}	phju^{2}	khju^{1}	tsjɨ^{1}	źji^{2}	thja^{1}	wjɨ^{2}	sju^{2}	lew^{1}
维	上	下，	亦	皆	是	犹	如，	唯

南西北方四维上下，亦复如是，唯

17.62.6

[illegible]	[illegible]	[illegible]	[illegible]	[illegible]	[illegible]	[illegible]	[illegible]	[illegible]
rjur^{1}	tha^{1}	mər^{2}	tjị^{1}	pjụ^{1}	mẹ^{2}	ŋwu^{2}	kjɨ^{1}	·wu^{2}
诸	佛	本	愿	威	神	以	所	祐
[illegible]	[illegible]	[illegible]，	[illegible]	[illegible]	[illegible]	[illegible]。	[illegible]	[illegible]
bjij^{2}	rjɨr^{2}	niow^{1}	to^{2}	źji^{2}	swew^{1}	swew^{1}	thja^{1}	rjur^{1}
助	除	外，	悉	皆	照	明。	是	诸

除诸佛本愿威神所加，悉皆照烛②。是诸

① 略说，西夏本作“[illegible]”（边说）。按，“[illegible]”ljow^{2}（边）字于义不合，在此假借作“[illegible]”ljow^{2}（微），此二字为同音通假。参看下文18.21.5“略说”，西夏本作“[illegible]”（微略乃说）。

② 照烛，西夏本作“[illegible]”，字面意思是“照耀”。

17.63.1

[illegible]	[illegible]，	[illegible]	[illegible]	[illegible]	[illegible]	[illegible]	[illegible]，	[illegible]
tha^{1}	bji^{1}	tjij^{1}	·ja$^{?}$	la^{2}	·jij^{1}	dzjịj^{1}	zjịj^{1}	tjij^{1}
佛	光，	或	一	寻	△	过	时，	或
[illegible]	[illegible]	[illegible]	[illegible]	[illegible]	[illegible]	[illegible]	[illegible]	[illegible]
·ja$^{?}$	·jiw^{1}	sjwɨ^{1}	rjar^{1}	rjɨr^{2}	njɨ^{2}	rjir^{2}	no^{1}	·jiw^{1}
一	由	旬	远	乃	至	亿	那	由

佛光，或有加一寻者①，或有加一由旬乃至亿那由

17.63.2

[illegible]	[illegible]	[illegible]	[illegible]	[illegible]	[illegible]，	[illegible]	[illegible]	[illegible]
thow^{1}	·jir^{2}	tụ^{1}	·jiw^{1}	sjwɨ^{1}	rjar^{1}	tjij^{1}	tha^{1}	lhjij^{2}
他	百	千	由	旬	远，	或	佛	国
[illegible]	[illegible]	[illegible]。	[illegible]	[illegible]！	[illegible]	[illegible]	[illegible]，	[illegible]
zjir^{2}	źji^{2}	swew^{1}	·ja$^{?}$	na^{1}	thjɨ^{2}	wo^{2}	niọw^{1}	ku^{1}
普	皆	照。	阿	难！	是	义	故，	则

他百千由旬光者②，或普照佛刹者。阿难！以是义故，

17.63.3

[illegible]	[illegible]	[illegible]	[illegible]	[illegible]	[illegible]	[illegible]	[illegible]，	[illegible]
zjọ^{2}	mjɨ^{1}	pjụ^{1}	tha^{1}	niow^{1}	do^{2}	mjij^{2}	dju^{1}	mjij^{2}
寿	无	量	佛	复	异	名	有，	名
[illegible]	[illegible]	[illegible]	[illegible]、	[illegible]	[illegible]	[illegible]、	[illegible]	[illegible]
tja^{1}	mjɨ^{1}	pjụ^{1}	bji^{1}	bju^{2}	mjij^{1}	bji^{1}	zjịj^{1}	mjij^{1}
曰	无	量	光、	边	无	光、	著	无

无量寿佛复有异名，谓无量光、无边光、无著

17.63.4

[illegible]、	[illegible]	[illegible]	[illegible]、	[illegible]	[illegible]	[illegible]	[illegible]	[illegible]、

① 或有加一寻者，西夏本作“[illegible]”（或一寻△过时）。“[illegible]”zjij^{1}（时）字于义不合，在此假借作“[illegible]”zjij^{1}（若干），此二字为同音通假。

② “光”字义西夏本未见。

bji^{1}	ɣie^{2}	mjij^{1}	bji^{1}	swew^{1}	njij^{2}	śjwo^{2}	lju̱^{2}	bji^{1}
光、	碍	无	光、	照	王	端	严	光、
[illegible]	[illegible]、	[illegible]	[illegible]、	[illegible]	[illegible]	[illegible]、	[illegible]	[illegible]
dzu^{1}	bji^{1}	de^{2}	bji^{1}	bji^{1}	bjo̱^{1}	lew^{2}	sew^{2}	tshji̱j^{1}
爱	光、	喜	光、	光	观	可、	思	议

光、无碍光、光照王端严光、爱光、喜光、可观光、不思议

17.63.5

[illegible]	[illegible]、	[illegible]	[illegible]	[illegible]、	[illegible]	[illegible]	[illegible]	[illegible]
mjij^{1}	bji^{1}	ŋwer^{1}	mjij^{1}	bji^{1}	pju̱^{1}	ka̱r^{1}	tji̱^{2}	mjij^{1}
不	光、	等	无	光、	量	称	可	不
[illegible]、	[illegible]	[illegible]	[illegible]	[illegible]、	[illegible]	[illegible]	[illegible]	[illegible]、
bji^{1}	be^{2}	·jwɨ̱^{1}	t-^{2}	bji^{1}	lhji̱^{2}	·jwɨ̱^{1}	t-^{2}	bji^{1}
光、	日	映	蔽	光、	月	映	蔽	光、

光、无等光、不可称量光、映蔽日光、映蔽月光、

17.63.6

[illegible]	[illegible]	[illegible]	[illegible]	[illegible]	[illegible]	[illegible]	[illegible]	[illegible]。
be^{2}	lhji̱^{2}	·jij^{1}	bji^{1}	swew^{1}	lhjo^{1}	phji^{1}	sji^{2}	bji^{1}
日	月	之	光	明	失	令	用	光。
[illegible]	[illegible]	[illegible]	[illegible]	[illegible]	[illegible]	[illegible]	[illegible]，	[illegible]
thja^{2}	·jij^{1}	bji^{1}	swew^{1}	gji^{1}	sej^{1}	wa̱^{2}	tha^{2}	ɲia^{2}
彼	之	光	明	清	净	广	大，	众

掩夺日月光。彼之光明清净广大，

17.64.1

[illegible]	[illegible]	[illegible]	[illegible]	[illegible]	[illegible]	[illegible]	[illegible]	[illegible]，
tśhju^{1}	·jij^{1}	źji^{2}	lju̱^{2}	njij^{1}	de^{2}	lhejr^{2}	phji^{1}	nio̱w^{1}
生	之	普	身	心	悦	乐	令	故，
[illegible]	[illegible]	[illegible]	[illegible]	[illegible]	[illegible]	[illegible]、	[illegible]、	[illegible]
dzjij^{2}	tha^{1}	lhji̱j^{2}	ŋowr^{2}	ŋowr^{2}	·u^{2}	me̱^{2}	we^{1}	·ja^{2}

余 佛 刹 一 切 中 天、 龙、 夜

普令众生身心悦乐，复令一切余佛刹中天、龙、夜

17.64.2

[illegible]、 [illegible] [illegible] [illegible] [illegible] [illegible] [illegible] [illegible] [illegible]

khja^{2} ·ja$^{?}$ wjɨ^{2} lo^{1} njɨ^{2} ·jij^{1} tsjɨ^{1} źji^{2} njij^{1}

叉、 阿 修 罗 等 之 亦 皆 欢

[illegible] [illegible]。 [illegible] [illegible]！ [illegible] [illegible] [illegible] [illegible] [illegible]

ljɨj^{2} phji^{1} ·ja$^{?}$ na^{1} ŋa^{2} sjwo^{2} tha^{1} ·jij^{1} bji^{1}

悦 令。 阿 难！ 我 彼 佛 之 光

叉、阿修罗等皆得欢悦。阿难！我今开示彼佛光

17.64.3

[illegible] [illegible] [illegible] [illegible]， [illegible] [illegible] [illegible] [illegible]

swew^{1} źji^{2} phie^{2} nej̣^{2} ku^{1} ·ja$^{?}$ kja^{2} wjij^{2}

明 皆 开 示， 则 一 劫 当

[illegible] [illegible] [illegible] [illegible] [illegible] [illegible] [illegible]。

rar^{2} tsjɨ^{1} tshjij^{1} sji^{1} pjụ^{1} njwi^{2} ŋa^{2}

过 亦 说 尽 不 能 △。

明，满足一劫说不能尽。

17.64.4

[illegible] [illegible] [illegible] [illegible]！ [illegible] [illegible] [illegible] [illegible] [illegible]

niow^{1} tśjɨ^{1} ·ja$^{?}$ na^{1} thja^{1} zjọ^{2} mjɨ^{1} pjụ^{1} mjor^{1}

复 次 阿 难！ 彼 寿 无 量 如

[illegible] [illegible] [illegible] [illegible] [illegible] [illegible] [illegible] [illegible] [illegible]

ljij^{2} ·jij^{1} rjur^{1} ɣiẹ^{2} mji^{1} ·ji^{1} pjụ^{1} dza^{2} ŋwu^{2}

来 之 诸 声 闻 众 量 称 以

复次阿难！彼无量寿如来，诸声闻众不可称量

17.64.5

[illegible] [illegible] [illegible] [illegible] [illegible] [illegible]。 [illegible] [illegible] [illegible]

bju^{2}	ljow^{2}	nwə^{1}	tjị^{2}	mjij^{1}	ljɨ^{1}	tjɨ^{1}	tjij^{1}	phji^{2}
边	际	知	可	不	也。	假	若	比
[illegible]	[illegible]	[illegible]	[illegible]	[illegible]	[illegible]	[illegible]	[illegible]	[illegible]
khjiw^{2}	rjir^{2}	no^{1}	·jiw^{1}	thow^{1}	·jir^{2}	tụ^{1}	ŋew^{2}	pjụ^{1}
丘	亿	那	由	他	百	千	数	量

知其边际。假使比丘满亿那由他百千数量，

17.64.6

[illegible]	[illegible]，	[illegible]	[illegible]	[illegible]	[illegible]	[illegible]	[illegible]	[illegible]
djij^{2}	dju^{1}	źji^{2}	tha^{2}	bo̱^{2}	khjã^{2}	ljɨ̣j^{1}	me̱^{2}	mjịjr^{2}
当	有，	皆	大	目	揵	连	神	通
[illegible]	[illegible]	[illegible]	[illegible]，	[illegible]	[illegible]	[illegible]	[illegible]	[illegible]
·jij^{1}	dzju^{2}	djij^{2}	rjir^{1}	tjɨ^{1}	tjij^{1}	bjij^{2}	ɣa^{1}	dja^{2}
自	在	当	得，	假	如	晨	朝	△

皆如大目揵连神通自在，于晨朝时

17.65.1

[illegible]	[illegible]	[illegible]	[illegible]	[illegible]	[illegible]	[illegible]、	[illegible]	[illegible]
wor^{1}	tha^{2}	tụ^{1}	rjur^{1}	kię̣j^{2}	zjir^{2}	da̱^{2}	tsej^{2}	ljịj^{1}
起	大	千	世	界	遍	游、	须	臾
[illegible]	[illegible]	[illegible]	[illegible]	[illegible]	[illegible]，	[illegible]	[illegible]	[illegible]
zjịj^{1}	·jị^{2}	mər^{2}	do^{2}	njɨ^{2}	lja^{1}	thja^{1}	njɨ^{2}	rjir^{2}
时	复	本	处	至	来，	彼	等	亿

周历大千世界、须臾之顷还至本处，彼经亿

17.65.2

[illegible]	[illegible]	[illegible]	[illegible]	[illegible]	[illegible]	[illegible]	[illegible]	[illegible]，
no^{1}	·jiw^{1}	thow^{1}	·jir^{2}	tụ^{1}	kjiw^{1}	kha^{1}	rjɨr^{2}	njɨ^{2}
那	由	他	百	千	岁	中	乃	至，
[illegible]	[illegible]	[illegible]	[illegible]	[illegible]	[illegible]	[illegible]	[illegible]	[illegible]
gju^{1}	dzjar^{2}	ɣa^{2}	rjɨr^{2}	njɨ^{2}	gu^{2}	gu^{2}	me̱^{2}	mjịjr^{2}

度	灭	于	乃	至	共	共	神	力

那由他百千岁数欲共

17.65.3

[illegible]	[illegible]	[illegible]	[illegible]	[illegible]	[illegible]	[illegible]	[illegible]	[illegible]
ŋwu²	thjij²	kjir²	tśjo?	mjɨ¹	pjụ¹	tha¹	·jij¹	ɣu¹
以	何	敢	永	无	量	佛	之	初
[illegible]	[illegible]	[illegible]	[illegible]	[illegible]	[illegible]	[illegible]	[illegible]	[illegible],
ljwu²	kha¹	rjur¹	ɣię²	mji¹	·ji¹	rjijr²	sej¹	bji²
会	中	诸	声	闻	众	欲	计	算,

计算无量寿佛初会之中诸声闻众,尽其神力乃至灭度,

17.65.4

[illegible]	[illegible]	[illegible]	[illegible]	[illegible]	[illegible]	[illegible]	[illegible]、	[illegible]
tsjɨ¹	·jir²	phia²	kha¹	lew¹	tsjɨ¹	pjụ¹	nwə¹	tụ¹
亦	百	分	中	一	亦	不	知、	千
[illegible]	[illegible]	[illegible]	[illegible]	[illegible]	[illegible]	[illegible]	[illegible]	[illegible]
phia	·jir²	tụ¹	phia	rjɨr²	njɨ²	·u²	po¹	nji¹
分	百	千	分	乃	至	邬	波	尼

于百分中不知其一、于千分百千分乃至邬波尼

17.65.5

[illegible]	[illegible]	[illegible]	[illegible]	[illegible]	[illegible]	[illegible]	[illegible]。	[illegible]
śia¹	thã¹	phia	kha¹	tsjɨ¹	lew¹	pjụ¹	nwə¹	·ja?
杀	昙	分	中	亦	一	不	知。	阿
[illegible]!	[illegible]	[illegible]	[illegible]	[illegible]	[illegible]	[illegible]	[illegible]	[illegible]
na¹	dzjọ¹	sju²	tha²	ŋjow²	djɨj¹	na¹	·jar¹	khjɨ²
难!	譬	如	大	海	浅	深	八	万

杀昙分中亦不知其一。阿难!譬如大海深八万

17.65.6

[illegible]	[illegible]	[illegible]	[illegible]	[illegible],	[illegible]	[illegible]	[illegible]	[illegible]

ljɨr^{1}	tu̱^{1}	·jiw^{1}	sjwɨ^{1}	rjar^{1}	mej^{1}	ŋwu^{2}	ŋa̱^{2}	ŋa̱^{2}
四	千	由	旬	远，	目	以	好	好
[illegible]	[illegible]	[illegible]	[illegible]	[illegible]	[illegible]。	[illegible]	[illegible]	[illegible]
·ju̱^{1}	tsjɨ^{1}	bju^{2}	ljow^{2}	pju̱^{1}	nwə^{1}	tjɨ^{1}	tjij^{1}	go̱r^{1}
观	亦	边	际	不	知。	假	若	丈

四千由旬，以目极观不知边际。若有丈

17.66.1

[illegible]	[illegible]	[illegible]	[illegible]	[illegible]	[illegible]	[illegible]	[illegible]	[illegible]，
kiej^{2}	lew^{1}	mej^{2}	bie̱j^{2}	dji̱^{1}	ŋwə^{1}	ɣa̱^{2}	phia̱	wji^{1}
夫	一	毛	厘	分	五	十	分	为，
[illegible]	[illegible]	[illegible]	[illegible]	[illegible]	[illegible]	[illegible]	[illegible]	[illegible]
·ja$^{?}$	phia̱	djɨ^{2}	lhjwi^{1}	tha^{2}	ŋjow^{2}	zji̱r^{2}	kha^{1}	·ja$^{?}$
一	分	与	取	大	海	水	中	一

夫析一毛端为五十分，以其一分于大海中沾取一

17.66.2

[illegible]	[illegible]	[illegible]。	[illegible]	[illegible]！	[illegible]	[illegible]	[illegible]	[illegible]
gjiwr^{2}	zji̱r^{2}	lhjwi^{1}	·ja$^{?}$	na^{1}	thja^{1}	zji̱r^{2}	gjiwr^{2}	tha^{2}
滴	水	取。	阿	难！	彼	水	滴	大
[illegible]	[illegible]	[illegible]，	[illegible]	[illegible]	[illegible]	[illegible]	[illegible]？	[illegible]
ŋjow^{2}	rjir^{2}	dzjo̱^{1}	ku^{1}	ljɨ̱^{1}	kjɨ^{1}	rejr^{2}	ljɨ^{1}	·ja$^{?}$
海	与	比，	则	何	所	多	也？	阿

滴。阿难！彼之水滴比于大海，何者为多？阿

17.66.3

[illegible]	[illegible]：	[illegible]	[illegible]	[illegible]	[illegible]	[illegible]	[illegible]，	[illegible]
na^{1}	da̱^{2}	tu̱^{1}	·jiw^{1}	sjwɨ^{1}	rjar^{1}	zji̱r^{2}	lhjwi^{1}	thja^{1}
难	言：	千	由	旬	远	水	取，	彼
[illegible]	[illegible]	[illegible]	[illegible]，	[illegible]	[illegible]	[illegible]	[illegible]	[illegible]
tsjɨ^{1}	ɣiə^{1}	njij^{2}	ŋwu^{2}	niow^{1}	·ja$^{?}$	phia̱	mej^{2}	bie̱j^{2}
亦	稀	少	为，	况	一	分	毛	厘

难白言：假使取千由旬水，犹以为少，况以毛端一分

17.66.4

ɣa^{2}	zjɨ̱r^{2}	thja^{1}	rjir^{2}	dzjọ^{1}	tji̠^{2}	ljọ^{2}	wjij^{2}	tha^{1}
于	水	彼	与	譬	可	何	有!	佛
dạ^{2}	·ja$^{?}$	na^{1}	·jij^{1}	jɨ^{2}	tjɨ^{1}	tjij^{1}	phji^{2}	khjiw^{2}
告	阿	难	之	谓:	假	使	比	丘

而可方之!佛告阿难:假使比丘

17.66.5

rjir^{2}	no^{1}	·jiw^{1}	thow^{1}	·jir^{2}	tụ^{1}	ŋew^{2}	pjụ^{1}	djij^{2}
亿	那	由	他	百	千	数	量	当
dju^{1}	źji^{2}	tha^{2}	bo̱^{2}	khjã^{2}	ljɨj^{1}	sju^{2}	djij^{2}	we^{2}
有,	皆	大	目	揵	连	如	当	是,

满亿那由他百千数量,皆如大目揵连,

17.66.6

·jir^{2}	tụ^{1}	no^{1}	·jiw^{1}	thow^{1}	kjiw^{1}	kha^{1}	źji^{2}	gu^{2}
百	千	那	由	他	岁	中,	皆	共
thja^{1}	zjọ^{2}	mjɨ^{1}	pjụ^{1}	mjor^{1}	ljij^{2}	·jij^{1}	ɣu^{1}	ljwu^{2}
彼	寿	无	量	如	来	之	初	会

经百千亿那由他岁①,皆共算数彼无量寿如来初会

17.67.1

ɣiẹ^{2}	mji^{1}	sej^{1}	bji̠^{2}	dja^{2}	sjwij^{1}	ŋew^{2}	pjụ^{1}	tja^{1}

① "亿"字义西夏本未见。

声	闻	算	数，	所	知	数	量	者
[illegible]	[illegible]	[illegible]	[illegible]	[illegible]	[illegible]	[illegible]，	[illegible]	[illegible]
mej^{2}	biẹj^{2}	tśhja̱^{1}	zjɨ̱r^{2}	·ja$^{?}$	gjiwr^{2}	sju^{2}	dzjij^{2}	pju̱^{1}
毛	毫	上	水	一	滴	如，	余	不

声闻，所知数量如彼毛端一滴之水，余不

17.67.2

[illegible]	[illegible]	[illegible]	[illegible]	[illegible]	[illegible]。	[illegible]	[illegible]	[illegible]
nwə^{1}	tja^{1}	tha^{2}	ŋjow^{2}	zjɨ̱r^{2}	sju^{2}	rjur^{1}	po^{1}	tsa^{1}
测	者	大	海	水	如。	诸	菩	萨
[illegible]	[illegible]	[illegible]	[illegible]	[illegible]	[illegible]	[illegible]，	[illegible]	[illegible]
ma^{2}	ŋa̱^{2}	tsa^{1}	tsjɨ^{1}	thja^{1}	wjɨ^{2}	sju^{2}	sej^{1}	bji̱^{2}
摩	诃	萨	亦	是	犹	如，	算	计

测者犹如大海。诸菩萨摩诃萨众亦复如是，非以算计

17.67.3

[illegible]	[illegible]	[illegible]	[illegible]	[illegible]。	[illegible]	[illegible]！	[illegible]	[illegible]
ŋwu^{2}	nwə^{1}	tji̱^{2}	mjij^{1}	ljɨ^{1}	·ja$^{?}$	na^{1}	thja^{1}	tha^{1}
以	知	可	不	也。	阿	难！	彼	佛
[illegible]	[illegible]	[illegible]	[illegible]	[illegible]	[illegible]，	[illegible]	[illegible]	[illegible]
zjo̱^{2}	tsew^{2}	mjɨ^{1}	pju̱^{1}	bju^{2}	mjij^{1}	kja^{2}	ŋew^{2}	ŋwu^{2}
寿	量	无	量	边	无，	劫	数	以

之所能知。阿难！彼佛寿命无量无边，不可知其劫数

17.67.4

[illegible]	[illegible]	[illegible]	[illegible]	[illegible]	[illegible]；	[illegible]	[illegible]、	[illegible]
dźjo^{1}	wjij^{1}	nwə^{1}	tji̱^{2}	mjij^{1}	ljɨ^{1}	ɣiẹ^{2}	mji^{1}	tsjij^{2}
长	短	知	可	不	也；	声	闻、	菩
[illegible]	[illegible]	[illegible]	[illegible]	[illegible]	[illegible]	[illegible]	[illegible]	[illegible]
tsjij^{2}	niow^{1}	rjur^{1}	dzjwo^{2}	mə^{1}	·jij^{1}	zjo̱^{2}	tsew^{2}	tsjɨ^{1}
萨	及	诸	天	人	之	寿	量	亦

多少；声闻、菩萨及诸天人寿量亦尔。

17.67.5

[illegible]	[illegible]	[illegible]。	[illegible]	[illegible]	[illegible]	[illegible]	[illegible]	[illegible]：
thja^{1}	wjɨ^{2}	sju^{2}	·ja$^{?}$	na^{1}	tha^{1}	·jij^{1}	dạ^{2}	jɨ^{2}
彼	犹	如。	阿	难	佛	之	言	曰：
[illegible]	[illegible]！	[illegible]	[illegible]	[illegible]	[illegible]	[illegible]	[illegible]	[illegible]
rjur^{1}	pjụ^{1}	thja^{1}	tha^{1}	rjur^{1}	to^{2}	śja^{2}	ɣa^{2}	śjwo^{1}
世	尊！	彼	佛	世	出	现	于	起

阿难白佛言：世尊！彼佛出世于今几时，

17.67.6

[illegible]	[illegible]	[illegible]	[illegible]	[illegible]	[illegible]	[illegible]	[illegible]	[illegible]，
thjɨ^{2}	wjɨ^{2}	ɣa^{2}	kjɨ^{1}	njɨ^{2}	wa^{2}	dzjɨj^{1}	zjịj^{1}	we^{2}
此	刻	于	乃	至	何	时	时	为，
[illegible]	[illegible]	[illegible]	[illegible]	[illegible]	[illegible]	[illegible]	[illegible]？	[illegible]
thjɨ^{2}	sju^{2}	zjọ^{2}	tsew^{2}	mjɨ^{1}	pjụ^{1}	tshjij^{1}	nja^{2}	tha^{1}
是	如	寿	量	无	量	说	△？	佛

能得如是无量寿命？佛

17.68.1

[illegible]	[illegible]	[illegible]	[illegible]：	[illegible]	[illegible]	[illegible]	[illegible]	[illegible]
·ja$^{?}$	na^{1}	·jij^{1}	jɨ^{2}	thja^{1}	tha^{1}	wjɨ^{2}	wẹ^{1}	ɣa^{2}
阿	难	之	告：	彼	佛	△	生	于
[illegible]	[illegible]	[illegible]	[illegible]	[illegible]	[illegible]	[illegible]	[illegible]	[illegible]
śjwo^{1}	thjɨ^{2}	wjɨ^{2}	ɣa^{2}	kjɨ^{1}	njɨ^{2}	ɣạ^{2}	kja^{2}	tśjɨj^{1}
起	此	刻	于	乃	至	十	劫	正

告阿难：彼佛受生，经今十劫。

17.68.2

[illegible]。	[illegible]	[illegible]！	[illegible]	[illegible]	[illegible]	[illegible]	[illegible]	[illegible]
we^{2}	·ja$^{?}$	na^{1}	thja^{1}	źji^{2}	lhejr^{2}	rjur^{1}	kięj^{2}	mjɨ^{1}
为。	阿	难！	彼	极	乐	世	界	无

pjụ^{1}	tśhja^{2}	·iow^{1}	ŋowr^{2}	lhə$^{?}$	śjwo^{2}	tshjịj^{2}	lhjịj^{2}	·u^{2}
量	功	德	具	足	庄	严，	国	中

复次阿难！彼极乐界无量功德具足庄严，国土

17.68.3

nej^{2}	źiejr^{2}	dzjwo^{2}	mə^{1}	wejr^{1}	ljịj^{1}	njij^{1}	phji^{1}	de^{2}
安	居，	人	天	茂	盛，	心	意	喜
lhejr^{2}	·ju^{2}	no^{2}	nej^{2}	rjir^{1}	dji̱^{1}	jɨj^{2}	sju^{2}	dzju^{2}
乐，	常	安	稳	得，	地	狱、	畜	生

丰稔，天人炽盛，志意和适，常得安隐，无有地狱、畜生

17.68.4

niow^{1}	·ja^{2}	mo^{2}	njij^{2}	kie̱j^{2}	źji^{2}	mjij^{1}	niow^{1}	mə^{2}
及	琰	魔	王	界	皆	无。	及	种
mə^{2}	śja^{1}	rjur^{1}	rjur^{1}	me̱^{1}	lew^{2}	mə^{2}	mə^{2}	thjo̱^{1}
种	香	诸	诸	馥	芬，	种	种	妙

及琰魔王界。有种种香周遍芬馥，种种妙

17.68.5

wją^{1}	to^{2}	źji^{2}	sjɨr^{1}	swu^{2}	śją^{1}	ljɨ^{1}	dźjow^{1}	rjur^{1}
花	尽	皆	充	满。	七	宝	幢	诸
rjur^{1}	bio^{1}	khjɨ̱^{2}	thja^{1}	ljɨ^{1}	dźjow^{1}	ɣa^{2}	rjur^{1}	ljɨ̱^{1}
诸	行	列，	其	宝	幢	上	诸	幡

花亦皆充满。有七宝幢周布行列，其宝幢上悬诸幡

17.68.6

[illegible]	[illegible]	[illegible]	[illegible]	[illegible]	[illegible]，	[illegible]	[illegible]	[illegible]
ɣja^{2}	niow^{1}	·ji^{1}	ljɨ^{1}	·jur^{2}	·o^{1}	·jir^{2}	tụ^{1}	rjur^{1}
盖	及	众	宝	铃	悬，	百	千	诸
[illegible]	[illegible]	[illegible]	[illegible]	[illegible]。	[illegible]	[illegible]！	[illegible]	[illegible]
thjọ^{1}	mə^{2}	tsə̣^{1}	ŋowr^{2}	lhə$^{?}$	·ja$^{?}$	na^{1}	thja^{1}	mjor^{1}
妙	杂	色	具	足。	阿	难！	彼	如

盖及众宝铃，具足百千诸妙杂色。阿难！彼如

17.69.1

[illegible]	[illegible]	[illegible]	[illegible]	[illegible]	[illegible]	[illegible]，	[illegible]	[illegible]
ljij^{2}	lhjij^{2}	·u^{2}	rjur^{1}	ljɨ^{1}	phu^{2}	rejr^{2}	tjij^{1}	kie^{1}
来	国	中	诸	宝	树	多，	或	金
[illegible]、	[illegible]	[illegible]、	[illegible]	[illegible]、	[illegible]	[illegible]、	[illegible]	[illegible]、
nər^{2}	ŋwo^{2}	phiow^{1}	nia̱^{2}	ɣjɨ^{1}	pho^{1}	lji^{1}	nji^{2}	njij^{1}
黄、	银	白、	琉	璃、	玻	璨、	珠	赤、

来国多诸宝树，或纯黄金、白银、琉璃、颇梨、赤珠、

17.69.2

[illegible]	[illegible]、	[illegible]	[illegible]，	[illegible]	[illegible]	[illegible]	[illegible]	[illegible]
nji^{2}	kjɨ̱^{1}	ɣjiw^{2}	phu^{2}	dźjij^{1}	dzu̱^{2}	lew^{1}	ljɨ^{1}	tjij^{1}
玛	瑙、	玉	树，	唯	立	一	宝	独
[illegible]	[illegible]	[illegible]	[illegible]	[illegible]	[illegible]	[illegible]，	[illegible]	[illegible]
ŋwu^{2}	śjɨj^{1}	dzjij^{2}	ljɨ^{1}	rjir^{2}	mji^{1}	lwu^{1}	tśhio̱w^{1}	tśhio̱w^{1}
以	成	余	宝	与	不	杂，	或	或

马瑙、玉树，唯一宝成不杂余宝，或

17.69.3

[illegible]	[illegible]	[illegible]	[illegible]	[illegible]	[illegible]	[illegible]	[illegible]	[illegible]。
njɨ^{1}	ljɨ^{1}	rjɨr^{2}	njɨ^{2}	śja̱^{1}	ljɨ^{1}	ŋwu^{2}	śjwo^{2}	tshjij^{2}
二	宝	乃	至	七	宝	以	庄	严。

[illegible]	[illegible]!	[illegible]	[illegible]	[illegible]	[illegible]	[illegible]，	[illegible]	[illegible]
·ja$^{?}$	na^{1}	thja^{1}	·u^{2}	kie^{1}	phu^{2}	tja^{1}	kie^{1}	ŋwu^{2}
阿	难!	彼	中	金	树	者，	金	以

以二宝乃至七宝庄严。阿难！彼金为树者，以金

17.69.4

[illegible]	[illegible]	[illegible]，	[illegible]	[illegible]	[illegible]	[illegible]	[illegible]	[illegible]
tśhji^{2}	ka̱^{2}	we^{2}	ŋwo^{2}	ŋwu^{2}	ba̱^{2}	niow^{1}	wja̱^{1}	mja̱^{1}
根	茎	为，	银	以	叶	及	花	果
[illegible]。	[illegible]	[illegible]	[illegible]，	[illegible]	[illegible]	[illegible]	[illegible]	[illegible]，
we^{2}	ŋwo^{2}	phu^{2}	tja^{1}	ŋwo^{2}	ŋwu^{2}	tśhji^{2}	ka̱^{2}	we^{2}
为。	银	树	者，	银	以	根	茎	为，

为根茎，白银为叶及以花果。白银之树，银为根茎，

17.69.5

[illegible]	[illegible]	[illegible]	[illegible]	[illegible]	[illegible]	[illegible]。	[illegible]	[illegible]
kie^{1}	ŋwu^{2}	ba̱^{2}	niow^{1}	wja̱^{1}	mja̱^{1}	we^{2}	nji^{2}	kjɨ^{1}
金	以	叶	及	花	果	为。	玛	瑙
[illegible]	[illegible]，	[illegible]	[illegible]	[illegible]	[illegible]	[illegible]	[illegible]，	[illegible]
phu^{2}	tja^{1}	nji^{2}	kjɨ^{1}	ŋwu^{2}	tśhji^{2}	ka̱^{2}	we^{2}	ɣjiw^{2}
树	者，	玛	瑙	以	根	茎	为，	玉

黄金为叶及以花果。马瑙之树，马瑙根茎，美玉

17.69.6

[illegible]	[illegible]	[illegible]	[illegible]	[illegible]	[illegible]。	[illegible]	[illegible]	[illegible]
ŋwu^{2}	ba̱^{2}	niow^{1}	wja̱^{1}	mja̱^{1}	we^{2}	thjo̱^{1}	ɣjiw^{2}	phu^{2}
以	叶	及	花	果	为。	美	玉	树
[illegible]，	[illegible]	[illegible]	[illegible]	[illegible]	[illegible]，	[illegible]	[illegible]	[illegible]
tja^{1}	ɣjiw^{2}	ŋwu^{2}	tśhji^{2}	ka̱^{2}	we^{2}	śja̱^{1}	ljɨ^{1}	ŋwu^{2}
者，	玉	以	根	茎	为，	七	宝	以

为叶及以花果。美玉树者，玉为根茎，七宝

17.70.1

[illegible]	[illegible]	[illegible]	[illegible]	[illegible]	[illegible]。	[illegible]	[illegible]	[illegible]
bạ^2	niow^1	rjur^1	wją^1	mja̱^{1}	we^2	tśhio̱w^1	tśhio̱w^1	kie^1
叶	及	诸	花	果	为。	或	或	金
[illegible]，	[illegible]	[illegible]	[illegible]	[illegible]，	[illegible]	[illegible]	[illegible]	[illegible]，
phu^2	kie^1	ŋwu^2	tśhji^2	we^2	ŋwo^2	ŋwu^2	ką^2	we^2
树，	金	以	根	为，	银	以	茎	为，

为叶及诸花果。或有金树，黄金为根，白银为茎，

17.70.2

[illegible]	[illegible]	[illegible]	[illegible]	[illegible]，	[illegible]	[illegible]	[illegible]	[illegible]
nia̱^{2}	ɣjɨ̣^{1}	ŋwu^2	war^2	we^2	pho^1	lji^1	ŋwu^2	śiew^1
琉	璃	以	枝	为，	玻	璆	以	条
[illegible]，	[illegible]	[illegible]	[illegible]	[illegible]	[illegible]，	[illegible]	[illegible]	[illegible]
we^2	nji^2	njij^1	ŋwu^2	bạ^2	we^2	nji^2	kjɨ̣^{1}	ŋwu^2
为，	珠	赤	以	叶	为，	玛	瑙	以

琉璃为枝，颇梨为条，赤珠为叶，马瑙

17.70.3

[illegible]	[illegible]，	[illegible]	[illegible]	[illegible]	[illegible]。	[illegible]	[illegible]	[illegible]
wją^1	we^2	ɣjiw^2	ŋwu^2	mja̱^{1}	we^2	tśhio̱w^1	tśhio̱w^1	ŋwo^2
花	为，	玉	以	果	为。	或	或	银
[illegible]，	[illegible]	[illegible]	[illegible]，	[illegible]	[illegible]	[illegible]	[illegible]，	[illegible]
phu^2	ŋwu^2	tśhji^2	we^2	kie^1	ŋwu^2	ką^2	we^2	dzjij^2
树，	以	根	为，	金	以	茎	为，	余

为花，美玉为果。或有银树，以银为根①，黄金为茎，余

17.70.4

[illegible]	[illegible]	[illegible]	[illegible]	[illegible]	[illegible]	[illegible]	[illegible]	[illegible]
ŋwu^2	war^2	mja̱^{1}	njɨ^2	tją^1	wer^1	śjij^1	kie^1	phu^2

① 西夏本脱“银”([illegible])字。

以	枝	果	等	装	饰	顺	金	树
[illegible]	[illegible]。	[illegible]	[illegible]	[illegible]	[illegible]，	[illegible]	[illegible]	[illegible]
rjir^2	ləw^2	nia̱^{2}	ɣjɨ^1	phu^2	tja^1	nia̱^{2}	ɣjɨ^1	ŋwu^2
与	同。	琉	璃	树	者，	琉	璃	以

枝果等饰同金树。琉璃树者，琉璃

17.70.5

[illegible]	[illegible]，	[illegible]	[illegible]	[illegible]	[illegible]，	[illegible]	[illegible]	[illegible]
tśhji^2	we^2	kie^1	ŋwu^2	kạ^2	we^2	ŋwo^2	ŋwu^2	war^2
根	为，	金	以	茎	为，	银	以	枝
[illegible]	[illegible]，	[illegible]	[illegible]	[illegible]	[illegible]	[illegible]，	[illegible]	[illegible]
we^2	ljɨ^1	pho^1	lji^1	ŋwu^2	śiew^1	we^2	nji^2	njij^1
为	也，	玻	瓈	以	条	为，	珠	赤

为根，黄金为茎，白银为枝，颇梨为条，赤珠

17.70.6

[illegible]	[illegible]	[illegible]，	[illegible]	[illegible]	[illegible]	[illegible]	[illegible]，	[illegible]
ŋwu^2	war^2	we^2	nji^2	phe^1	ŋwu^2	wjạ^1	we^2	ɣjiw^2
以	叶	为，	玛	瑙	以	花	为，	玉
[illegible]	[illegible]	[illegible]。	[illegible]	[illegible]、	[illegible]	[illegible]、	[illegible]	[illegible]
ŋwu^2	mja̱^{1}	we^2	pho^1	lji^1	nji^2	ɣiej^1	nji^2	kjɨ̱^{1}
以	果	为。	玻	瓈、	珠	真、	玛	瑙

为叶，马瑙为花，美玉为果。颇梨、真珠、马瑙

17.71.1

[illegible]	[illegible]，	[illegible]	[illegible]	[illegible]	[illegible]	[illegible]	[illegible]	[illegible]
nji^2	phu^2	rjur^1	ljɨ^1	ŋwu^2	tśjɨ^1	bju^1	tjạ^1	wer^1
等	树，	诸	宝	以	次	依	装	饰
[illegible]	[illegible]	[illegible]	[illegible]	[illegible]	[illegible]	[illegible]	[illegible]。	[illegible]
śjij^1	tja^1	źji^2	nia̱^{2}	ɣjɨ^1	phu^2	rjir^2	ləw^2	niow^1
顺	者	皆	琉	璃	树	与	同。	复

等树，诸宝转饰皆若琉璃。复

17.71.2

[illegible]	[illegible]	[illegible]，	[illegible]	[illegible]	[illegible]	[illegible]，	[illegible]	[illegible]
ɣjiw^{2}	phu^{2}	tja^{1}	ɣjiw^{2}	ŋwu^{2}	tśhji^{2}	we^{2}	kie^{1}	ŋwu^{2}
玉	树	者，	玉	以	根	为，	金	以
[illegible]	[illegible]，	[illegible]	[illegible]	[illegible]	[illegible]，	[illegible]	[illegible]	[illegible]
kạ^{2}	we^{2}	ŋwo^{2}	ŋwu^{2}	war^{2}	we^{2}	nia̱^{2}	ɣjɨ̣^{1}	ŋwu^{2}
茎	为，	银	以	枝	为，	琉	璃	以

有玉树，玉为其根，黄金为茎，白银为枝，琉璃

17.71.3

[illegible]	[illegible]，	[illegible]	[illegible]	[illegible]	[illegible]	[illegible]，	[illegible]	[illegible]
śiew^{1}	we^{2}	pho^{1}	lji^{1}	ŋwu^{2}	bạ^{2}	we^{2}	nji^{2}	njij^{1}
条	为，	玻	瓈	以	叶	为，	珠	赤
[illegible]	[illegible]	[illegible]，	[illegible]	[illegible]	[illegible]	[illegible]	[illegible]。	[illegible]
ŋwu^{2}	wjạ^{1}	we^{2}	nji^{2}	kjɨ̱^{1}	ŋwu^{2}	mja̱^{1}	we^{2}	niow^{1}
以	花	为，	玛	瑙	以	果	为。	复

为条，颇梨为叶，赤珠为花，马瑙为果。复

17.71.4

[illegible]	[illegible]	[illegible]	[illegible]	[illegible]	[illegible]	[illegible]	[illegible]	[illegible]
mjɨ^{1}	pjụ^{1}	mo^{2}	nji^{1}	nji^{2}	njɨ^{2}	ljɨ̣^{1}	śjwo^{2}	tshji̱j^{2}
无	量	摩	尼	珠	等	宝	庄	严
[illegible]，	[illegible]	[illegible]	[illegible]	[illegible]	[illegible]。	[illegible]	[illegible]	[illegible]
phu^{2}	thja^{1}	lhjij^{2}	iọ^{1}	zjir^{2}	sə^{1}	thja^{1}	rjur^{1}	ljɨ̣^{1}
树，	其	国	土	周	遍。	其	诸	宝

有无量摩尼珠等宝庄严树，周遍其国。是诸宝

17.71.5

[illegible]	[illegible]	[illegible]	[illegible]	[illegible]	[illegible]	[illegible]	[illegible]	[illegible]，
phu^{2}	bji^{1}	swew^{1}	rjɨj^{2}	rjɨj^{2}	rjur^{1}	kha^{1}	dzjọ^{1}	mjij^{1}
树	光	辉	赫	奕	世	中	比	无，

[illegible]	[illegible]	[illegible]	[illegible]	[illegible]	[illegible]	[illegible]	[illegible]，	[illegible]
śja̠^{1}	ljɨ̣^{1}	rer^{2}	ŋwu^{2}	thja^{1}	tśhja̠^{1}	lə^{1}	ɣja^{2}	thja^{1}
七	宝	网	以	其	上	而	覆，	其

树光辉赫奕世无能比，以七宝罗网而覆其上，其

17.71.6

[illegible]	[illegible]	[illegible]	[illegible]	[illegible]	[illegible]	[illegible]	[illegible]。
rer^{2}	wə̣^{1}	lhji̠^{1}	tu^{1}	lo^{1}	bə^{1}	mej^{2}	sju^{2}
网	柔	软	兜	罗	绵	绵	如。

网柔软如兜罗绵。

汉文本

尔时，阿难白佛言：世尊！彼法处菩萨成菩提者，为过去耶？为未来耶？为今现在他方世界耶？佛告阿难：西方去此十万亿佛刹，彼有世界名曰极乐。法处比丘在彼成佛，号无量寿，今现在说法，无量菩萨及声闻众恭敬围绕。阿难！彼佛光明普照佛刹无量无数不可思议，我今略说，光照东方如恒河沙等国土，南西北方四维上下，亦复如是，唯除诸佛本愿威神所加，悉皆照烛。是诸佛光，或有加一寻者，或有加一由旬乃至亿那由他百千由旬光者，或普照佛刹者。阿难！以是义故，无量寿佛复有异名，谓无量光、无边光、无著光、无碍光、光照王端严光、爱光、喜光、可观光、不思议光、无等光、不可称量光、映蔽日光、映蔽月光、掩夺日月光。彼之光明清净广大，普令众生身心悦乐，复令一切余佛刹中天、龙、夜叉、阿修罗等皆得欢悦。阿难！我今开示彼佛光明，满足一劫说不能尽。

复次阿难！彼无量寿如来，诸声闻众不可称量知其边际。假使比丘满亿那由他百千数量，皆如大目揵连神通自在，于晨朝时周历大千世界、须臾之顷还至本处，彼经亿那由他百千岁数欲共计算无量寿佛初会之中诸声闻众，尽其神力乃至灭度，于百分中不知其一、于千分百千分乃至邬波尼杀昙分中亦不知其一。阿难！譬如大海深八万四千由旬，以目极观不知边际。若有丈夫析一毛端为五十分，以其一分于大海中沾取一滴。阿难！彼之水滴比于大海，何者为多？阿难白言：假使取千由旬水，犹以为少，况以毛端一分而可方之！

佛告阿难：假使比丘满亿那由他百千数量，皆如大目揵连，经百千亿那由他岁，皆共算数彼无量寿如来初会声闻，所知数量如彼毛端一滴之水，余不测者犹如大海。诸菩萨摩诃萨众亦复如是，非以算计之所能知。阿难！彼佛寿命无量无边，不可知其劫数多少；声闻、菩萨及诸天人寿量亦尔。阿难白佛言：世尊！彼佛出世于今几时，能得如是无量寿命？

佛告阿难：彼佛受生，经今十劫。复次阿难！彼极乐界无量功德具足庄严，国土丰稔，天人炽盛，志意和适，常得安隐，无有地狱、畜生及琰魔王界。有种种香周遍芬馥，种种妙花亦皆充满。有七宝幢周布行列，其宝幢上悬诸幡盖及众宝铃，具足百千诸妙杂色。阿难！彼如来国多诸宝树，或纯黄金、白银、琉璃、颇梨、赤珠、马瑙、玉树，唯一宝成不杂余宝，或以二宝乃至七宝庄严。阿难！彼金为树者，以金为根茎，白银为叶及以花果。白银之树，银为根茎，黄金为叶及以花果。马瑙之树，马瑙根茎，美玉

为叶及以花果。美玉树者,玉为根茎,七宝为叶及诸花果。或有金树,黄金为根,白银为茎,琉璃为枝,颇梨为条,赤珠为叶,马瑙为花,美玉为果。或有银树,以银为根,黄金为茎,余枝果等饰同金树。琉璃树者,琉璃为根,黄金为茎,白银为枝,颇梨为条,赤珠为叶,马瑙为花,美玉为果。颇梨、真珠、马瑙等树,诸宝转饰皆若琉璃。复有玉树,玉为其根,黄金为茎,白银为枝,琉璃为条,颇梨为叶,赤珠为花,马瑙为果。复有无量摩尼珠等宝庄严树,周遍其国。是诸宝树光辉赫奕世无能比,以七宝罗网而覆其上,其网柔软如兜罗绵。

17.72.1

[illegible]	[illegible]	[illegible]	[illegible]!	[illegible]	[illegible]	[illegible]	[illegible]	[illegible]
niow^{1}	tśjɨ^{1}	·ja$^{?}$	na^{1}	zjọ^{2}	mjɨ^{1}	pjụ^{1}	tha^{1}	po^{1}
复	次	阿	难!	寿	无	量	佛	菩
[illegible]	[illegible]	[illegible],	[illegible]	[illegible]	[illegible]	[illegible]	[illegible]	[illegible]
tjɨj^{1}	phu^{2}	dzu̠^{2}	bji̠^{2}	bjij^{2}	ɣạ^{2}	tśhjiw^{1}	rjir^{2}	·jiw^{1}
提	树	植,	下	高	十	六	亿	由

复次阿难!无量寿佛有菩提树,高十六亿由

17.72.2

[illegible]	[illegible],	[illegible]	[illegible]	[illegible]	[illegible]	[illegible]	[illegible]	[illegible]
sjwɨ^{1}	rjar^{1}	phu^{2}	kạ^{2}	bji̠^{2}	bjij^{2}	ŋwə^{1}	tụ^{1}	·jiw^{1}
旬	远,	树	茎	下	高	五	千	由
[illegible]	[illegible],	[illegible]	[illegible]	[illegible]	[illegible]	[illegible]	[illegible]	[illegible]。
sjwɨ^{1}	rjar^{1}	tshjɨj^{1}	mja̠^{1}	tsjɨ^{1}	thji^{2}	rjir^{2}	·ja$^{?}$	tjɨj^{2}
旬	远,	细	粗	亦	此	与	一	样。

旬,枝叶垂布八亿由旬①。树本隆起高五千由旬,周圆亦尔②。

17.72.3

[illegible]	[illegible]	[illegible]	[illegible]	[illegible]	[illegible]	[illegible]	[illegible]	[illegible]
war^{2}	bạ^{2}	wjạ^{1}	mja̠^{1}	·ju^{2}	mjɨ^{1}	pjụ^{1}	·jir^{2}	tụ^{1}
枝	叶	花	果	常	无	量	百	千
[illegible]	[illegible]	[illegible]	[illegible]	[illegible],	[illegible]	[illegible]	[illegible]	[illegible]
mə^{2}	mə^{2}	thjọ^{1}	tsə̣^{1}	·o^{1}	niow^{1}	rjur^{1}	kiwej^{2}	ljị^{1}

① 此句西夏本未见。

② 周圆,西夏本作"[illegible]",字面意思是"细粗"。

种	种	妙	色	有，	及	诸	珍	宝

其条叶花果常有无量百千种种妙色，及诸珍宝

17.72.4

[illegible]	[illegible]	[illegible]	[illegible]	[illegible]，	[illegible]	[illegible]	[illegible]	[illegible]
ŋwu^2	rjar^1	gjij^1	śjwo^2	tshjij^2	thjɨ^2	tja^1	lhjị^2	bji^1
以	殊	胜	庄	严，	此	者	月	光
[illegible]	[illegible]	[illegible]、	[illegible]	[illegible]	[illegible]	[illegible]	[illegible]	[illegible]、
mo^2	nji^1	ljɨ̣^{1}	śjɨ^2	kja^1	phji^1	lẽ^1	khja^2	ljɨ̣^{1}
摩	尼	宝、	释	迦	毗	楞	伽	宝、

殊胜庄严，谓月光摩尼宝、释迦毗楞伽宝、

17.72.5

[illegible]	[illegible]	[illegible]	[illegible]	[illegible]、	[illegible]	[illegible]	[illegible]	[illegible]
njịj^1	njij^2	mo^2	nji^1	ljɨ̣^{1}	ŋjow^2	·u^2	ljụ^1	rar^2
心	王	摩	尼	宝、	海	乘	流	注
[illegible]	[illegible]	[illegible]，	[illegible]	[illegible]	[illegible]	[illegible]	[illegible]	[illegible]
mo^2	nji^1	ljɨ̣^{1}	ŋwu^2	bji^1	swew^1	njɨ^2	swew^1	dzjwo^2
摩	尼	宝，	以	光	辉	遍	照	人

心王摩尼宝、海乘流注摩尼宝，光辉遍照超过人

17.72.6

[illegible]	[illegible]	[illegible]。	[illegible]	[illegible]	[illegible]	[illegible]	[illegible]	[illegible]
mə^1	su^1	dzjịj^1	thja^1	rjur^1	phu^2	tśhja̱^{1}	rjur^1	kie^1
天	超	过。	其	诸	树	上	诸	金
[illegible]	[illegible]	[illegible]	[illegible]	[illegible]	[illegible]	[illegible]	[illegible]	[illegible]
wjịj^2	·o^1	ljɨ̣^{1}	·jɨr^2	rer^2	dej^2	rjur^1	rjur^1	śjwo^2
锁	垂	宝	璎	珞	周	诸	诸	庄

天。于其树上有诸金锁垂宝璎珞周遍庄

17.73.1

[illegible]，	[illegible]	[illegible]	[illegible]	[illegible]	[illegible]	[illegible]、	[illegible]	[illegible]

tshjịj^{2}	thjɨ^{2}	tja^{1}	lu^{1}	tśja^{1}	kja^{2}	ljɨ̣^{1}	ba̱^{1}	tshow^{1}
严，	此	者	卢	遮	迦	宝、	末	瑳
[illegible]，	[illegible]	[illegible]	[illegible]	[illegible]	[illegible]	[illegible]	[illegible]	[illegible]
ljɨ̣^{1}	niow^{1}	njij^{1}	phiow^{1}	ŋwər^{1}	tsə̣^{1}	nji^{2}	ɣiej^{1}	njɨ^{2}
宝，	及	赤	白	青	色	珠	真	等

严，谓卢遮迦宝、末瑳宝，及赤白青色真珠等

17.73.2

[illegible]	[illegible]	[illegible]	[illegible]	[illegible]。	[illegible]	[illegible]	[illegible]	[illegible]
ljɨ̣^{1}	ŋwu^{2}	·jɨr^{2}	rer^{2}	we^{2}	ka^{2}	tśjij^{2}	djɨ̣j^{2}	tśiow^{1}
宝	以	璎	珞	为。	师	子	云	聚
[illegible]	[illegible]	[illegible]	[illegible]	[illegible]，	[illegible]	[illegible]	[illegible]	[illegible]
ljɨ̣^{1}	njɨ^{2}	ŋwu^{2}	wjịj^{2}	we^{2}	rjur^{1}	ljɨ̣^{1}	dzjɨ̣^{2}	kiwej^{1}
宝	等	以	锁	为，	诸	宝	柱	装

宝以为璎珞。有师子云聚宝等以为其锁，饰诸宝柱。

17.73.3

[illegible]。	[illegible]	[illegible]	[illegible]	[illegible]	[illegible]	[illegible]	[illegible]	[illegible]
wer^{1}	niow^{1}	kie^{1}	ɣiej^{1}	nji^{2}	dza^{1}	ljɨ̣^{1}	źju̱^{1}	khu^{1}
饰。	又	金	真	珠	杂	宝	铃	铎
[illegible]	[illegible]	[illegible]，	[illegible]	[illegible]	[illegible]	[illegible]	[illegible]	[illegible]
ŋwu^{2}	rer^{2}	we^{2}	ljɨ̣^{1}	wjịj^{2}	śjwo^{2}	tshjịj^{2}	thja^{1}	tśhja̱^{1}
以	网	为，	宝	锁	庄	严	其	上

又以纯金真珠杂宝铃铎以为其网，庄严宝锁弥覆其上，

17.73.4

[illegible]	[illegible]，	[illegible]	[illegible]	[illegible]	[illegible]	[illegible]	[illegible]	[illegible]
lə^{1}	ɣja^{2}	pho^{1}	lji^{1}	khjɨ^{2}	dji^{2}	lhjɨ̣^{2}	pha^{1}	ljɨ̣^{1}
弥	覆，	玻	璨	万	字	月	半	宝
[illegible]	[illegible]	[illegible]	[illegible]	[illegible]，	[illegible]	[illegible]	[illegible]	[illegible]
njɨ^{2}	·jij^{1}	gu^{2}	dźjwɨ^{1}	tja̱^{1}	zjɨ̣r^{1}	ljɨ^{1}	ljɨ̱^{1}	mju̱^{2}

等	自	互	相	饰，	微	风	吹	动

以颇梨万字半月宝等互相映饰，微风吹动

17.73.5

[illegible]	[illegible]	[illegible]	[illegible]，	[illegible]	[illegible]	[illegible]	[illegible]	[illegible]
mə^2	mə^2	ɣię^2	to^2	tụ^1	rjur^1	kięj^2	·u^2	rjur^1
种	种	声	出，	千	世	界	中	诸
[illegible]	[illegible]	[illegible]	[illegible]	[illegible]	[illegible]	[illegible]	[illegible]，	[illegible]
ɲia^2	tśhju^1	njɨ^2	·jij^1	dzu^1	do^2	pha^1	bju^1	źji^2
众	生	等	之	乐	差	别	随，	甚

出种种声，令千世界诸众生等随乐差别，于甚

17.73.6

[illegible]	[illegible]	[illegible]	[illegible]	[illegible]	[illegible]	[illegible]	[illegible]。	[illegible]
na^1	tsji̱r^1	ɣa^2	wẹ^1	mjij^1	zẹw^2	ljạ^1	phji^1	·ja$^?$
深	法	于	生	无	忍	证	令。	阿
[illegible]！	[illegible]	[illegible]	[illegible]	[illegible]	[illegible]	[illegible]	[illegible]	[illegible]
na^1	thja^1	tụ^1	rjur^1	kięj^2	·u^2	rjur^1	ɲia^2	tśhju^1
难！	彼	千	世	界	中	诸	有	情

深法证无生忍。阿难！彼千世界诸有情

17.74.1

[illegible]	[illegible]	[illegible]	[illegible]	[illegible]，	[illegible]	[illegible]	[illegible]	[illegible]
njɨ^2	thjɨ^2	ɣię^2	mji^1	niow^1	mji^1	lhji̱^{1}	lhjwo^1	źji^2
等	此	音	闻	已，	不	退	转	无
[illegible]	[illegible]	[illegible]	[illegible]，	[illegible]	[illegible]	[illegible]	[illegible]	[illegible]
phju^2	po^1	tjɨj^1	dźjij^1	niow^1	mjɨ^1	pjụ^1	ŋew^2	mjij^1
上	菩	提	住，	及	无	量	数	无

等闻此音已，住不退转无上菩提，及无量数

17.74.2

[illegible]	[illegible]	[illegible]	[illegible]	[illegible]	[illegible]	[illegible]。

ɲia^{2} tśhju^{1} we̱^{1} mjij^{1} tsji̱r^{1} ze̱w^{2} rjir^{2}

有 情 生 无 法 忍 得。

有情得无生法忍。

17.74.3

[illegible] [illegible] [illegible] [illegible]! [illegible] [illegible] [illegible] [illegible] [illegible]

niow^{1} tśjɨ^{1} ·ja$^{?}$ na^{1} tjɨ^{1} tjij^{1} ɲia^{2} tśhju^{1} po^{1}

复 次 阿 难! 如 若 众 生 菩

[illegible] [illegible] [illegible]、 [illegible] [illegible]、 [illegible] [illegible]、 [illegible] [illegible]

tjɨj^{1} phu^{2} ljij^{2} ɣię^{2} mji^{1} lji^{2} dwewr^{2} mja̱^{1} wji̱^{1}

提 树 见、 声 闻、 香 嗅、 果 味

复次阿难!若有众生见菩提树、闻声、嗅香、尝其果味、

17.74.4

[illegible] [illegible]、 [illegible] [illegible] [illegible] [illegible]、 [illegible] [illegible] [illegible]

kjɨ^{1} ·ju̱^{1} bji^{1} rar^{2} khju^{1} rar^{2} phu^{2} tśhja^{2} ·iow^{1}

所 尝、 光 影 下 过、 树 功 德

[illegible], [illegible] [illegible] [illegible] [illegible] [illegible] [illegible] [illegible] [illegible]

ljɨr^{2} thjɨ^{2} ·jiw^{1} nio̱w^{1} bju^{1} djij^{2} phã^{1} ɣa^{2} kjɨ^{1}

念, 此 因 缘 由 涅 槃 上 乃

触其光影、念树功德,由此因缘乃至涅槃,

17.74.5

[illegible], [illegible] [illegible] [illegible] [illegible], [illegible] [illegible] [illegible] [illegible],

njɨ^{2} ŋwə^{1} tśhji^{2} ŋo^{2} mjij^{1} njij^{1} mji^{1} ŋewr^{1} khie̱^{1}

至, 五 根 患 无, 心 无 乱 散,

[illegible] [illegible] [illegible] [illegible] [illegible] [illegible] [illegible] [illegible] [illegible]

źji^{2} ·ja$^{?}$ du̱^{2} tow^{1} lo^{1} sã^{1} mjiw^{2} sã^{1} po^{1}

皆 阿 耨 多 罗 三 藐 三 菩

五根无患,心无散乱,皆于阿耨多罗三藐三菩

17.74.6

[illegible] [illegible] [illegible] [illegible] [illegible] [illegible]。 [illegible] [illegible] [illegible]

tjɨj1	ɣa2	mji1	lhji̱1	lhjwo1	rjir2	niow1	thja1	po1
提	于	不	退	转	得。	复	彼	菩
[illegible]	[illegible]	[illegible]	[illegible]，	[illegible]	[illegible]	[illegible]	[illegible]	[illegible]。
tjɨj1	phu2	ljij2	nio̱w1	ku1	so̱1	mə2	ze̱w2	rjir2
提	树	见	故，	则	三	种	忍	获。

提得不退转。复由见彼菩提树故，获三种忍。

17.75.1

[illegible]	[illegible]	[illegible]	[illegible]？	[illegible]	[illegible]	[illegible]	[illegible]	[illegible]，
so̱1	tja1	thjij2	sjo2	lew1	tja1	ɣie̱2	bju1	ze̱w2
三	者	何	云？	一	者	声	随	忍，
[illegible]	[illegible]	[illegible]	[illegible]	[illegible]，	[illegible]	[illegible]	[illegible]	[illegible]
njɨ̱1	tja1	śjij1	bju1	ze̱w2	so̱1	tja1	we̱1	mjij1
二	者	顺	随	忍，	三	者	生	无

何等为三？一者随声忍，二者随顺忍，三者无生

17.75.2

[illegible]	[illegible]。	[illegible]	[illegible]	[illegible]	[illegible]	[illegible]	[illegible]	[illegible]
tsji̱r1	ze̱w2	thjɨ2	tja1	zjo̱2	mjɨ1	pju̱1	tha1	·jij1
法	忍。	此	者	寿	无	量	佛	之
[illegible]	[illegible]	[illegible]	[illegible]	[illegible]	[illegible]	[illegible]，	[illegible]	[illegible]
mər2	tji̱1	pju̱1	me̱2	·wu2	khiwa1	ŋwu2	niow1	njwo2
本	愿	威	神	祐	助	以，	及	往

法忍。此皆无量寿佛本愿威神见所加，及往

17.75.3

[illegible]	[illegible]	[illegible]	[illegible]，	[illegible]	[illegible]	[illegible]	[illegible]、	[illegible]
rjɨr2	djo̱2	mjij1	sej1	dzjo̱1	ka̱r1	tji̱2	mjij1	to2
△	修	寂	静，	喻	量	处	无、	悉
[illegible]	[illegible]	[illegible]、	[illegible]	[illegible]	[illegible]、	[illegible]	[illegible]	[illegible]、
źji2	？	dzjɨ̱2	djo̱2	dzjɨ̱2	njwi2	ɣjiw1	ɣiwej1	njwi2

皆	聚	集、	修	习	能、	摄	受	能、

修静虑，无比喻故、无缺减故①、善修习故、善摄受故、

17.75.4

[illegible]	[illegible]	[illegible]	[illegible]	[illegible]。
śjɨj¹	·jiw²	njwi²	nio̱w¹	ljɨ¹
成	就	能	故	也。

善成就故。

17.75.5

[illegible]	[illegible]	[illegible]	[illegible]	[illegible]	[illegible]	[illegible]	[illegible]	[illegible]	[illegible]
tha²	ljɨ̣¹	tśiow¹	lwər²	lhejr²	?	ɣa̱²	śja̱¹	tsew²	lej¹
大	宝	积	契	经	卷	十	七	第	石

《大宝积经》卷第十七　石②

汉文本

复次阿难！无量寿佛有菩提树，高十六亿由旬，枝叶垂布八亿由旬。树本隆起高五千由旬，周圆亦尔。其条叶花果常有无量百千种种妙色，及诸珍宝殊胜庄严，谓月光摩尼宝、释迦毗楞伽宝、心王摩尼宝、海乘流注摩尼宝，光辉遍照超过人天。于其树上有诸金锁垂宝璎珞周遍庄严，谓卢遮迦宝、末瑳宝，及赤白青色真珠等宝以为璎珞。有师子云聚宝等以为其锁，饰诸宝柱。又以纯金真珠杂宝铃铎以为其网，庄严宝锁弥覆其上，以颇梨万字半月宝等互相映饰，微风吹动出种种声，令千世界诸众生等随乐差别，于甚深法证无生忍。阿难！彼千世界诸有情等闻此音已，住不退转无上菩提，及无量无数有情得无生法忍。

复次阿难！若有众生见菩提树、闻声、嗅香、尝其果味、触其光影、念树功德，由此因缘乃至涅槃，五根无患，心无散乱，皆于阿耨多罗三藐三菩提得不退转。复由见彼菩提树故，获三种忍。何等为三？一者随声忍，二者随顺忍，三者无生法忍。此皆无量寿佛本愿威神见所加，及往修静虑，无比喻故、无缺减故、善修习故、善摄受故、善成就故。

《大宝积经》卷第十七

① 无缺减，西夏本作“[illegible]”，字面意思是“悉皆聚集”。

② 西夏字“[illegible]”lej¹，为帙号，可以译作“石”。

西夏文《大宝积经》

·卷十八·

《无量寿如来会》

第五之二整理与研究

内容和版本介绍

《大宝积经》卷十八《无量寿如来会》第五之二，为1909年科兹洛夫率领的俄国皇家蒙古四川地理考察队于黑水城遗址所获，今藏俄罗斯科学院东方文献研究所。经题著录首见戈尔巴乔娃和克恰诺夫的《西夏文写本和刊本》[①]，又见西田龙雄的《西夏文佛经目录》[②]，其后有克恰诺夫给出的版本形制和内容描述[③]。据克恰诺夫《西夏佛典目录》可知，俄藏《大宝积经》卷十八共有4个编号，即№97中的инв.№414，№98中的инв.№555，№99中的инв.№7377和№100中的инв.№5734。具体版本形制如下：

№97：

инв.№414，白绵纸。写本，经折装，纸幅34.5×13.5厘米，版框高27.4厘米。每折7行，行21—22字。凡44折，卷首残佚。

№98：

инв.№555，白绵纸。写本，经折装，纸幅33—33.5厘米×12厘米，版框高26.2—26.7厘米。每折6行，行19字。现存40折。

№99：

инв.№7377，本色麻纸。梵夹装，纸幅32.5厘米×50厘米，每叶26行，行19字。全文保存。内容为第十八卷。

№100：

инв.№5734，本色麻纸。梵夹装，纸幅19.5厘米×54.5厘米，每叶29行，行13字。全文保存。内容为第十八卷。

在上述编号中，有2个编号出现了题款：№98的инв.№555卷首署"奉天显道"，为西夏仁宗仁孝（1139—1193年在位）时期的校译本；№99的инв.№7377卷首款题"天生圆能禄番式法正国皇太后梁氏御译，就德主国增福正民大明皇帝嵬名御译"，为西夏惠宗秉常（1067—1086年在位）时期的初译本。№97的инв.№414未见明确题款，据克恰诺夫著录，这组经文的抄写完成于1162年，卷尾有"发愿者黑水转运使嵬㖡由牢，写者梁文殊奴，重校野利宝成"字样[④]。

下面的录文和释读依据的是初译本инв. №7377和校译本инв. №414两个编号，校译本инв. №414卷

---

① З. И. Горбачева и Е. И. Кычанов, *Тангутские рукописи и ксилографы*, Москва: Издательство восточной литературы, 1963, с.119, 157.

② 西田龙雄：《西夏文华严经》Ⅲ，京都：京都大学文学部，1977年，第23页。

③ Е. И. Кычанов, *Каталог тангутских буддийских памятников*, Киото: Университет Киото, 1999, с.35, 323, 334—337, 347—349.

④ Е. И. Кычанов, *Каталог тангутских буддийских памятников*, Киото: Университет Киото, 1999. с.321.

首残佚，残本始自后一 18.1.1 之"埠"（微）字。卷首前一 18.1.1—18.3.6 系据初译本 инв. № 7377 所录。初译本为梵夹装，原件尚未刊布，资料来自孙颖新 2019 年在圣彼得堡阅读文献的笔记。校译本 инв. № 414 刊布于《俄藏黑水城文献》第 21 册[①]。释读采用逐行对译的形式，以数字标示西夏文录文的卷次、原版叶面或折面以及行次，如前一 18.1.1，为初译本 инв. № 7377 第十八卷第一叶第一行，后一 18.1.1，为校译本 инв. № 414 第十八卷第一折第一行。

① 俄罗斯科学院东方文献研究所、中国社会科学院民族学与人类学研究所、上海古籍出版社编《俄藏黑水城文献》第 21 册，上海：上海古籍出版社，2013 年，第 127—129 页。

文本释读

18.1.1

[illegible]	[illegible]	[illegible]	[illegible]	[illegible]	[illegible]	[illegible]	[illegible]	[illegible]
tha^{2}	ljɨ^{1}	tśiow^{1}	lwər^{2}	lhejr^{2}	?	ɣa̱^{2}	·jar^{1}	tsew^{2}
大	宝	积	经	契	卷	十	八	第

《大宝积经》卷第十八

18.1.2

[illegible]	[illegible]	[illegible]	[illegible]	[illegible]	[illegible]	[illegible]	[illegible]
tshjwu^{1}	mə^{2}	io̱^{1}	njwi^{2}	dźjɨ^{1}	·jir^{1}	tsji̱r^{1}	dzjo^{2}
天	生	圆	能	番	禄	式	法
[illegible]	[illegible]	[illegible]	[illegible]	[illegible]	[illegible]	[illegible]	
lhji̱j^{2}	tśjɨj^{1}	ŋwə^{1}	lji̱j^{2}	dzow^{1}	ljow^{1}	zjɨ̱^{1}	
国	正	皇	后	太	梁	氏	

天生圆能禄番式法正国皇太后梁氏

18.1.3

[illegible]	[illegible]	[illegible]	[illegible]	[illegible]	[illegible]	[illegible]
tśhja^{2}	·jiw^{2}	low^{2}	wə^{1}	ljo^{1}	lhu$^{?}$	·ju^{2}
德	就	国	主	福	增	民
[illegible]	[illegible]	[illegible]	[illegible]	[illegible]	[illegible]	[illegible]
tśjɨj^{1}	swew^{1}	tha^{2}	ŋwə^{1}	dzjwɨ^{1}	ŋwe^{2}	mji^{1}
正	明	大	皇	帝	嵬	名

就德主国增福正民大明皇帝嵬名①

18.1.4

[illegible]	[illegible]	[illegible]	[illegible]	[illegible]	[illegible]	[illegible]	[illegible]

① 此为西夏惠宗秉常皇帝及其母梁太后尊号,汉文本无。据此可知,俄藏 инв.№ 7377 为惠宗皇帝(1067—1086在位)初译本。

zjọ^{2}	mjɨ^{1}	pjụ^{1}	ljwu^{2}	ŋwə^{1}	tsew^{2}	·jij^{1}	njɨ̱^{1}
寿	无	量	会	五	第	之	二

无量寿会第五之二①

18.1.5

[illegible]	[illegible]	[illegible]	[illegible]!	[illegible]	[illegible]	[illegible]	[illegible]	[illegible]，	[illegible]
niow^{1}	tśjɨ^{1}	·ja$^{?}$	na^{1}	thja^{2}	źji^{2}	lhejr^{2}	kięj^{2}	·u^{2}	rjur^{1}
复	次	阿	难!	彼	极	乐	界	中，	诸
[illegible]	[illegible]、	[illegible]	[illegible]	[illegible]、	[illegible]	[illegible]	[illegible]	[illegible]、	
rar^{1}	nja̱^{1}	śjow^{1}	tśjɨ̣^{1}	ŋər^{1}	tha^{2}	śjow^{1}	tśjɨ̣^{1}	ŋər^{1}	
山	黑、	铁	围	山、	大	铁	围	山、	

复次阿难！彼极乐界，无诸黑山、铁围山、大铁围山、

18.1.6

[illegible]	[illegible]	[illegible]	[illegible]	[illegible]	[illegible]。	[illegible]	[illegible]	[illegible]	[illegible]
thjo̱^{1}	so^{2}	ŋər^{1}	njɨ^{2}	źji^{2}	mjij^{1}	·ja$^{?}$	na^{1}	tha^{1}	·jij^{1}
妙	高	山	等	皆	无。	阿	难	佛	之
[illegible]	[illegible]:	[illegible]	[illegible]!	[illegible]	[illegible]	[illegible]	[illegible]	[illegible]、	
dạ^{2}	jɨ^{2}	rjur^{1}	pjụ^{1}	thja^{1}	ljɨr^{1}	ŋwə^{1}	njij^{2}	mə^{1}	
言	曰:	世	尊!	其	四	天	王	天、	

妙高山等。阿难白佛言：世尊！其四天王天、

18.1.7

[illegible]	[illegible]	[illegible]	[illegible]	[illegible]，	[illegible]	[illegible]	[illegible]	[illegible]，	[illegible]
sọ^{1}	ɣạ^{2}	sọ^{1}	mə^{1}	tja^{1}	rjur^{1}	ŋər^{1}	ljɨ̣^{1}	mjij^{1}	wa^{2}
三	十	三	天	者，	诸	山	既	无，	何
[illegible]	[illegible]	[illegible]	[illegible]?	[illegible]	[illegible]	[illegible]	[illegible]	[illegible]:	[illegible]
ɣa^{2}	bju^{1}	gjị^{2}	ljɨ^{1}	tha^{1}	·ja$^{?}$	na^{1}	·jij^{1}	jɨ^{2}	nji^{2}

① 此上汉文本署"大唐三藏菩提流志奉诏译"，西夏文本无。

于	依	靠	也？	佛	阿	难	之	告：	汝

三十三天，既无诸山，依何而住？佛告阿难：于汝

18.1.8

[illegible]	[illegible]	[illegible]	[illegible]？	[illegible]	[illegible]	[illegible]	[illegible]	[illegible]	[illegible]
phji^1	ɣa^2	thjij^2	sjo^2	thjo̱^{1}	so^2	ŋər^1	su^1	bjɨ^1	bjij^2
意	于	何	云？	妙	高	山	超	上	高
[illegible]	[illegible]	[illegible]，	[illegible]	[illegible]	[illegible]	[illegible]	[illegible]	[illegible]	[illegible]，
·ja^2	mo^2	mə^1	rjɨr^2	njɨ^2	tsjij^1	dji̠^{2}	·jij^1	dzju^2	mə^1
夜	摩	天，	乃	至	他	化	自	在	天，

意云何？妙高已上有夜摩天，乃至他化自在天，

18.1.9

[illegible]	[illegible]	[illegible]	[illegible]	[illegible]	[illegible]，	[illegible]	[illegible]	[illegible]	[illegible]
niow^1	tsə̣^{1}	kiẹj^2	rjur^1	mə^1	njɨ^2	wjij^2	wa^2	ɣa^2	bju^1
及	色	界	诸	天	等，	有	何	于	依
[illegible]	[illegible]？	[illegible]	[illegible]	[illegible]	[illegible]	[illegible]	[illegible]：	[illegible]	[illegible]！
gji̠^{2}	ljɨ^1	·ja$^?$	na^1	tha^1	·jij^1	dạ^2	jɨ^2	rjur^1	pjụ^1
靠	也？	阿	难	佛	之	言	曰：	世	尊！

及色界诸天等，依何而住？阿难白佛言：世尊！

18.1.10

[illegible]	[illegible]	[illegible]	[illegible]	[illegible]	[illegible]	[illegible]	[illegible]	[illegible]	[illegible]
sew^2	tshjij^1	tji̱^{2}	mjij^1	sjwɨj^1	ɣie^1	bju^1	tśhjwo^1	thjɨ^2	sju^2
思	议	可	不	业	力	依	故	是	如
[illegible]。	[illegible]	[illegible]	[illegible]	[illegible]	[illegible]：	[illegible]	[illegible]	[illegible]	
ljɨ^1	tha^1	·ja$^?$	na^1	·jij^1	jɨ^2	sew^2	tshjij^1	mjij^1	
也。	佛	阿	难	之	语：	思	议	不	

不可思议业力所致。佛语阿难：不思议

18.1.11

[illegible]	[illegible]，	[illegible]	[illegible]	[illegible]	[illegible]？	[illegible]	[illegible]：	[illegible]	[illegible]

sjwɨj^{1}	tja^{1}	nja^{2}	nwə^{1}	nja^{2}	mo^{2}	kụ^{2}	dạ^{2}	mjɨ^{1}	nwə^{1}
业	者，	汝	知	△	耶？	答	言：	不	知
[Tangut]。	[Tangut]	[Tangut]	[Tangut]	[Tangut]	[Tangut]：	[Tangut]	[Tangut]	[Tangut]	[Tangut]
ŋa^{2}	tha^{1}	·ja$^{?}$	na^{1}	·jij^{1}	jɨ^{2}	rjur^{1}	tha^{1}	niow^{1}	dźiā^{2}
△。	佛	阿	难	之	告：	诸	佛	及	众

业，汝可知耶？答言：不也。佛告阿难：诸佛及众

18.1.12

[Tangut]	[Tangut]	[Tangut]	[Tangut]	[Tangut]	[Tangut]	[Tangut]，	[Tangut]	[Tangut]	[Tangut]
tśhju^{1}	·jij^{1}	ne̱w^{2}	tśhji^{2}	sjwɨj^{1}	ɣie^{1}	tja^{1}	nja^{2}	·ja$^{?}$	nwə^{1}
生	之	善	根	业	力	者，	汝	△	知
[Tangut]？	[Tangut]	[Tangut]：	[Tangut]	[Tangut]	[Tangut]。	[Tangut]	[Tangut]！	[Tangut]	
nja^{2}	kụ^{2}	dạ^{2}	mjɨ^{1}	nwə^{1}	ŋa^{2}	rjur^{1}	pjụ^{1}	ŋa^{2}	
△？	答	言：	不	知	△。	世	尊！	我	

生善根业力，汝可知耶？答言：不也。世尊！我

18.1.13

[Tangut]	[Tangut]	[Tangut]	[Tangut]	[Tangut]	[Tangut]	[Tangut]	[Tangut]，	[Tangut]	[Tangut]
sjij^{1}	thjɨ^{2}	tsji̱r^{1}	kha^{1}	źjɨr^{1}	·jiw^{2}	njij^{1}	mjij^{1}	mjij^{2}	lji̱j^{2}
今	此	法	中	实	疑	心	无，	未	来
[Tangut]	[Tangut]	[Tangut]	[Tangut]	[Tangut]	[Tangut]	[Tangut]	[Tangut]，	[Tangut]	
dźiā^{2}	tśhju^{1}	·jij^{1}	·jiw^{2}	rer^{2}	phja^{1}	kię̱j^{2}	nio̱w^{1}	thjɨ^{2}	
众	生	之	疑	网	断	欲	为，	此	

今于此法中实无所惑，为破未来疑网①，故发斯问。

18.1.14

[Tangut]	[Tangut]	[Tangut]	[Tangut]	[Tangut]。	[Tangut]	[Tangut]	[Tangut]	[Tangut]	[Tangut]：
·jɨr^{1}	dạ^{2}	·ja$^{?}$	śjwi^{1}	ŋa^{2}	tha^{1}	·ja$^{?}$	na^{1}	·jij^{1}	jɨ^{2}
问	语	△	发	△。	佛	阿	难	之	告：
[Tangut]	[Tangut]	[Tangut]	[Tangut]	[Tangut]，	[Tangut]	[Tangut]	[Tangut]	[Tangut]	

① 西夏本"未来"（[Tangut][Tangut]）下有"[Tangut][Tangut]"（众生）二字，汉文本未见。

thja² źji² lhejr² kięj² ·u² ŋjow² kjɨ¹ mji¹ wjij²

彼 极 乐 界 中, 海 △ 无 有

佛告阿难:彼极乐界,其地无海

18.1.15

[illegible] [illegible] [illegible] [illegible]。 [illegible] [illegible] [illegible] [illegible] [illegible] [illegible]

rjur¹ mja¹ zjɨ̣r² tśhju¹ mja¹ zjɨ̣r² tśhjɨ¹ tja¹ ɣạ² ·jiw¹

诸 河 水 有。 河 水 狭 者 十 由

[illegible] [illegible], [illegible] [illegible] [illegible] [illegible] [illegible] [illegible] [illegible]。

sjwɨ¹ rjar¹ djɨj¹ twụ¹ ɣạ² njɨ̣¹ ·jiw¹ sjwɨ¹ rjar¹

旬 远, 浅 各 十 二 由 旬 远。

而有诸河。河之狭者满十由旬,水之浅者十二由旬。

18.1.16

[illegible] [illegible] [illegible] [illegible] [illegible] [illegible] [illegible] [illegible] [illegible],

thjɨ² sju² rjur¹ mja¹ zjɨ̣r² na¹ wạ² rjir² tja¹

是 如 诸 河 水 深 广 量 者,

[illegible] [illegible] [illegible]、 [illegible] [illegible] [illegible] [illegible] [illegible] [illegible]

tjij¹ njɨ̣¹ ɣạ² sọ¹ ɣạ² rjɨr² njɨ² ·jir² ·jiw¹

若 二 十、 三 十 乃 至 百 由

如是诸河深广之量,或二十、三十乃至百

18.1.17

[illegible] [illegible], [illegible] [illegible] [illegible] [illegible] [illegible] [illegible], [illegible] [illegible]

sjwɨ¹ rjar¹ tjij¹ źji² kha¹ na¹ wạ² tja¹ tụ¹ ·jiw¹

旬 远, 若 极 中 深 广 者, 千 由

[illegible] [illegible]。 [illegible] [illegible] [illegible] [illegible] [illegible] [illegible] [illegible]

sjwɨ¹ rjar¹ thja¹ zjɨ̣r² ba² dạ² ·jar¹ tśhja² ·iow¹

旬 远。 其 水 清 冷 八 德 功

数①,或有极深广者,至千由旬。其水清冷具八功德,

① 百数,西夏本作"[illegible][illegible][illegible][illegible]"(百由旬远)。

18.1.18

[illegible]，	[illegible]	[illegible]	[illegible]	[illegible]	[illegible]	[illegible]	[illegible]	[illegible]，
ŋowr^{2}	na^{1}	wạ^{2}	·ju^{2}	rar^{2}	źji^{2}	thjọ^{1}	ɣiẹ^{2}	to^{2}
具，	深	广	恒	流	微	妙	音	出，
[illegible]	[illegible]	[illegible]	[illegible]	[illegible]	[illegible]	[illegible]	[illegible]	[illegible]，
dzjọ^{1}	rjur^{1}	mə^{1}	·jij^{1}	·jir^{2}	tụ^{1}	tshow^{1}	ɣiẹ^{2}	sju^{2}
譬	诸	天	之	百	千	伎	乐	若，

浚流恒激出微妙音，譬若诸天百千伎乐，

18.1.19

[illegible]	[illegible]	[illegible]	[illegible]	[illegible]	[illegible]	[illegible]	[illegible]	[illegible]。	[illegible]
thja^{1}	ɣiẹ^{2}	no^{2}	lhejr^{2}	rjur^{1}	kięj^{2}	zjir^{2}	źji^{2}	mji^{1}	rjur^{1}
其	声	安	乐	世	界	遍	普	闻。	诸
[illegible]	[illegible]	[illegible]	[illegible]	[illegible]	[illegible]	[illegible]，	[illegible]	[illegible]	
thjọ^{1}	wjạ^{1}	ŋạ^{2}	zjɨ̱r^{2}	śjij^{1}	bju^{1}	ljụ^{1}	ljɨ^{1}	lhji̱^{1}	
妙	花	名	水	自	然	流，	风	和	

安乐世界其声普闻。有诸名花沿流而下①，和风

18.1.20

[illegible]	[illegible]	[illegible]	[illegible]	[illegible]	[illegible]	[illegible]	[illegible]。	[illegible]
zjɨ̱r^{1}	mju^{2}	mə^{2}	mə^{2}	lji^{2}	ŋạ^{2}	dźjij^{1}	to^{2}	thja^{1}
微	动	种	种	香	好	仅	出。	彼
[illegible]	[illegible]	[illegible]	[illegible]	[illegible]	[illegible]	[illegible]	[illegible]，	[illegible]
njɨ̱^{1}	rewr^{2}	ɣa^{2}	tśja^{1}	thã^{1}	phu^{2}	dźjij^{1}	dzu̱^{2}	war^{2}
两	岸	于	栴	檀	树	仅	植，	条

微动出种种香。居两岸边多栴檀树，修条

18.1.21

[illegible]	[illegible]	[illegible]	[illegible]	[illegible]	[illegible]	[illegible]	[illegible]	[illegible]
dźjo^{1}	bạ^{2}	dwụ^{2}	dźjwɨ^{1}	tśhja̱^{1}	phə̣^{1}	tśja^{1}	mja^{1}	zjɨ̱r^{2}

① 沿流而下，西夏本作"[illegible]"，字面意思是"水自然流"。

修	叶	密	相	于	交	络	河	水
[illegible]，	[illegible]	[illegible]	□	[illegible]	[illegible]	[illegible]	[illegible]	[illegible]
tśhja̱^{1}	pjụ^{2}	wja̱^{1}	□	mja^{1}	zjij^{1}	tsə^{1}	bji^{1}	śjwo^{2}
上，	冠	花	□	果	结	色	光	美

密叶交覆于河,结实开花芳辉可玩,

18.1.22

[illegible]，	[illegible]	[illegible]	[illegible]	[illegible]	[illegible]	[illegible]	[illegible]	[illegible]，
ŋa̱^{2}	dźiā^{2}	tśhju^{1}	khej̱^{1}	lhejr^{2}	phji^{1}	bju^{1}	lja^{1}	?
好，	群	生	游	乐	意	随	来	往，
[illegible]	[illegible]	[illegible]	[illegible]	[illegible]	[illegible]	[illegible]	[illegible]，	[illegible]
tśhio̱w^{1}	tśhio̱w^{1}	zjɨ̱r^{2}	kha^{1}	dzjwɨ^{2}	dzjiw^{1}	khej̱^{1}	·u^{2}	thja^{1}
或	或	水	中	沐	浴	嬉	戏，	彼

群生游乐随意往来,或有涉河濯流嬉戏,

18.1.23

[illegible]	[illegible]	[illegible]	[illegible]	[illegible]	[illegible]	[illegible]，	[illegible]	[illegible]	[illegible]
rjur^{1}	mə^{1}	zjɨ̱r^{2}	dzjwo^{2}	·jij^{1}	śjij^{1}	wji^{1}	djɨ̱j^{1}	na^{1}	tsja^{1}
诸	天	水	人	之	顺	为，	浅	深	温
[illegible]	[illegible]	[illegible]	[illegible]	[illegible]。	[illegible]	[illegible]！	[illegible]	[illegible]	
da̱^{2}	dzjwo^{2}	njij^{1}	bju^{1}	lhə$^{?}$	·ja$^{?}$	na^{1}	thja^{2}	tha^{2}	
寒	人	心	从	足。	阿	难！	彼	大	

感诸天水善顺物宜,深浅寒温曲从人好。阿难！大

18.1.24

[illegible]	[illegible]	[illegible]	[illegible]	[illegible]	[illegible]	[illegible]，	[illegible]	[illegible]	[illegible]
mja^{1}	zjɨ̱r^{2}	kie^{1}	be̱^{1}	ŋwu^{2}	wji^{2}	kụ^{2}	rjur^{1}	mə^{1}	śja^{1}
河	水	金	砂	以	底	下，	诸	天	香
[illegible]	[illegible]	[illegible]	[illegible]	[illegible]，	[illegible]	[illegible]	[illegible]	[illegible]	
dju^{1}	rjur^{1}	kha^{1}	dzjo̱^{1}	mjij^{1}	ljɨ^{1}	bju^{1}	zjɨ̱r^{2}	śjij^{1}	
有	世	间	喻	无，	风	随	水	顺	

河之下地布金砂,有诸天香世无能喻,随风

18.1.25

[illegible]	[illegible]	[illegible]	[illegible]。	[illegible]	[illegible]	[illegible]	[illegible]	[illegible]、
lji^{2}	ŋạ^{2}	me̱^{1}	lew^{2}	mə^{1}	mã^{1}	thow^{1}	lo^{1}	wjạ^{1}
香	好	馥	芬。	天	曼	陀	罗	花、
[illegible]	[illegible]	[illegible]	[illegible]、	[illegible]	[illegible]	[illegible]	[illegible]、	[illegible]
·jiw^{2}	pa^{2}	lo^{1}	wjạ^{1}	po^{1}	thew^{2}	mo^{2}	wjạ^{1}	kju^{1}
优	钵	罗	花、	波	头	摩	花、	拘

散馥杂水流芬。天曼陀罗花、优钵罗花、波头摩花、拘

18.1.26

[illegible]	[illegible]	[illegible]、	[illegible]	[illegible]	[illegible]	[illegible]，	[illegible]	[illegible]
wər^{1}	thew^{2}	wjạ^{1}	xjwi^{1}	thow^{1}	lji^{1}	wjạ^{1}	zjɨ̣r^{2}	tśhja̱^{1}
物	头	花、	芬	陀	利	花，	水	上
[illegible]	[illegible]。	[illegible]	[illegible]	[illegible]	[illegible]！	[illegible]	[illegible]	
nja^{1}	lhu^{1}	niow^{1}	tśjɨ^{1}	·ja$^{?}$	na^{1}	thja^{2}	lhjịj^{2}	
满	添。	复	次	阿	难！	彼	国	

物头华、芬陀利花，弥覆其上。复次阿难！彼国

18.1.27

[illegible]	[illegible]，	[illegible]	[illegible]	[illegible]	[illegible]	[illegible]	[illegible]	[illegible]
·ji^{1}	dzjwo^{2}	no^{2}	no^{2}	khe̱j^{1}	dźjij^{1}	mja^{1}	zjɨ̣r^{2}	bju^{2}
众	人，	或	时	游	览	河	水	边
[illegible]，	[illegible]	[illegible]	[illegible]	[illegible]	[illegible]	[illegible]	[illegible]	[illegible]
dzjɨ̣^{2}	tśhio̱w^{1}	tśhio̱w^{1}	zjɨ̣r^{2}	ljụ^{1}	rar^{2}	ɣię^{2}	mji^{1}	mji^{1}
聚，	或	或	水	激	流	声	闻	不

人众，或时游览同萃河滨，有不愿闻激流之响，

18.1.28

[illegible]，	[illegible]	[illegible]	[illegible]	[illegible]	[illegible]	[illegible]	[illegible]	[illegible]
kię̣j^{2}	ku^{1}	mə^{1}	nju^{1}	kjɨ^{1}	rjir^{1}	tśjo$^{?}$	mjɨ^{1}	tśhjɨ^{1}
愿，	故	天	耳	虽	获	终	不	彼

[illegible]。	[illegible]	[illegible]	[illegible]	[illegible]，	[illegible]	[illegible]	[illegible]	[illegible]
mji1	tśhio̱w1	tśhio̱w1	mji1	kięj2	ku1	tśhjɨ2	rjar2	·jir2
闻。	或	或	闻	愿，	故	立	即	百

虽获天耳终竟不闻。或有愿闻，即时领悟百

18.1.29

[illegible]	[illegible]	[illegible]	[illegible]	[illegible]	[illegible]	[illegible]，	[illegible]	[illegible]
tụ1	khjɨ2	mə2	njij1	·o2	ɣię2	mji1	thjɨ2	tja1
千	万	种	心	爱	声	闻，	此	者
[illegible]	[illegible]	[illegible]	[illegible]、	[illegible]	[illegible]	[illegible]、	[illegible]	[illegible]
tha1	tsji̱r1	sẽ1	ɣię2	śjã1	djɨj2	ɣię2	tsji̱r2	mjij1
佛	法	僧	声、	禅	定	声、	性	无

千万种喜爱之声，所谓佛法僧声、止息之声①、无性

18.2.1

[illegible]、	[illegible]	[illegible]	[illegible]	[illegible]、	[illegible]	[illegible]	[illegible]	[illegible]
ɣię2	po1	lo1	bji̱2	ɣię2	ɣạ2	ɣie1	ljɨr1	lew2
声、	波	罗	蜜	声、	十	力	四	所
[illegible]	[illegible]	[illegible]、	[illegible]	[illegible]	[illegible]、	[illegible]	[illegible]	[illegible]、
le2	mjij1	ɣię2	mę2	mji̱jr2	ɣię2	wji1	mjij1	ɣię2
畏	无	声、	神	通	声、	作	无	声、

声、波罗蜜声、十力四无所畏声、神通声、无作声、

18.2.2

[illegible]	[illegible]	[illegible]	[illegible]	[illegible]、	[illegible]	[illegible]	[illegible]、	[illegible]	[illegible]
ɣię2	mjij1	dzjar2	mjij1	ɣię2	mjij1	sej1	ɣię2	bju2	mjij1
声	无	灭	无	声、	寂	静	声、	边	寂
[illegible]	[illegible]、	[illegible]	[illegible]	[illegible]	[illegible]、	[illegible]	[illegible]	[illegible]	[illegible]
sej1	ɣię2	źji2	mjij1	sej1	ɣię2	tha2	njij2	tha2	wju̱1
静	声、	极	寂	静	声、	大	慈	大	悲

无生无灭声②、寂静声、边寂静声、极寂静声、大慈大悲

① 止息，西夏本作“[illegible]”，字面意思是“禅定”。

② 无生无灭声，西夏本作“[illegible]”（声无灭无声）。汉文本“无生无灭”，指“无为法、常法”，是。

18.2.3

[illegible]、	[illegible]	[illegible]	[illegible]	[illegible]	[illegible]、	[illegible]	[illegible]	[illegible]	[illegible]
ɣię2	we̱1	mjij1	tsji̱r1	ze̱w2	ɣię2	tśjiw2	pho1	lu2	ɣiwej1
声、	生	无	法	忍	声、	顶	灌	位	受
[illegible]，	[illegible]	[illegible]	[illegible]	[illegible]	[illegible]	[illegible]	[illegible]，	[illegible]	[illegible]
ɣię2	thjɨ2	sju2	mə2	mə2	ɣię2	mji1	niow1	wạ2	tha2
声，	是	如	种	种	声	闻	已，	广	大

声、无生法忍声、灌顶受位声，得闻如是种种声已，获得广大

18.2.4

[illegible]	[illegible]	[illegible]	[illegible]	[illegible]	[illegible]，	[illegible]	[illegible]	[illegible]	[illegible]
dzu1	ŋwe1	de2	ljɨ̣j2	lhjụ2	rjir1	niow1	bjo̱1	thju̱1	rjir2
爱	乐	欢	悦	获	得，	而	观	察	与
[illegible]	[illegible]、	[illegible]	[illegible]	[illegible]	[illegible]	[illegible]、	[illegible]	[illegible]	
bju1	śjij1	dwər1	ka2	rjir2	bju1	śjij1	dzjar2	ljịj2	
相	应、	厌	离	与	相	应、	灭	坏	

爱乐欢悦，而与观察相应、厌离相应、灭坏相应、

18.2.5

[illegible]	[illegible]	[illegible]、	[illegible]	[illegible]	[illegible]	[illegible]	[illegible]、	[illegible]	[illegible]
rjir2	bju1	śjij1	sej1	sej1	rjir2	bju1	śjij1	bju2	sej1
与	相	应、	寂	静	与	相	应、	边	寂
[illegible]	[illegible]	[illegible]	[illegible]、	[illegible]	[illegible]	[illegible]	[illegible]	[illegible]	[illegible]、
sej1	rjir2	bju1	śjij1	źji2	sej1	sej1	rjir2	bju1	śjij1
静	与	相	应、	极	寂	静	与	相	应、

寂静相应、边寂静相应、极寂静相应、

18.2.6

[illegible]	[illegible]	[illegible]	[illegible]	[illegible]、	[illegible]	[illegible]	[illegible]	[illegible]	[illegible]	[illegible]、
wo2	tshwew1	rjir2	bju1	śjij1	tha1	tsji̱r1	sẽ1	rjir2	bju1	śjij1
义	味	与	相	应、	佛	法	僧	与	相	应、

□	□	□	□	□	□、	□	□	□	□	□、
ɣie^{1}	le^{2}	mjij^{1}	rjir^{2}	bju^{1}	śjij^{1}	mẹ^{2}	mjịjr^{2}	rjir^{2}	bju^{1}	śjij^{1}
力	畏	无	与	相	应、	神	通	与	相	应、

义味相应、佛法僧相应、力无畏相应、神通相应、

18.2.7

□	□	□	□	□、	□	□	□	□	□、
śjã^{1}	djɨj^{2}	rjir^{2}	bju^{1}	śjij^{1}	po^{1}	tjɨj^{1}	rjir^{2}	bju^{1}	śjij^{1}
禅	定	与	相	应、	菩	提	与	相	应、
□	□	□	□	□、	□	□	□	□	□。
ɣiẹ^{2}	mji^{1}	rjir^{2}	bju^{1}	śjij^{1}	djij^{2}	phã^{1}	rjir^{2}	bju^{1}	śjij^{1}
声	闻	与	相	应、	涅	槃	与	相	应。

止息相应、菩提相应、声闻相应、涅槃相应。

18.2.8

□	□	□	□！	□	□	□	□	□	□，
niow^{1}	tśjɨ^{1}	·ja$^{?}$	na^{1}	thja^{2}	źji^{2}	lhejr^{2}	rjur^{1}	kięj^{2}	·u^{2}
复	次	阿	难！	彼	极	乐	世	界	中，
□	□	□	□	□	□，	□	□	□	
rjur^{1}	niow^{2}	tshwew^{1}	mjịj^{2}	mji^{1}	mji^{1}	thja^{1}	ɣie^{2}	lụ^{2}	
诸	恶	趣	名	不	闻，	彼	障	碍	

复次阿难！彼极乐世界，不闻诸恶趣名，边无障碍

18.2.9

□	□	□	□	□	□、	□	□	□	□
źjị^{1}	njɨ̣^{2}	phọ^{1}	·jwɨ̣^{1}	mjịj^{2}	mjij^{1}	djị^{1}	jɨ̣j^{2}	śjụ^{1}	·ju^{1}
烦	恼	覆	蔽	名	无、	地	狱	鬼	魔
□	□	□	□、	□	□	□	□，	□	□
sju^{2}	dzju^{2}	mjịj^{2}	mjij^{1}	·jar^{1}	ŋjir^{1}	mjịj^{2}	mjij^{1}	niow^{1}	tśjị^{1}
畜	生	名	无、	八	难	名	无，	亦	苦

烦恼覆蔽名①、无有地狱琰摩畜生名、边无八难名②，亦无苦

---

① 边，西夏本作“□”（彼）。皆指上述彼岸极乐世界。

② “边”字义西夏本未见。

18.2.10

[illegible]	[illegible]	[illegible]、	[illegible]	[illegible]	[illegible]	[illegible]	[illegible]	[illegible]	[illegible]。	[illegible]
lhjịj^{2}	tsjɨ^{1}	mjij^{1}	mji^{1}	lhejr^{2}	mji^{1}	tśjị^{1}	lhjịj^{2}	mjịj^{2}	mjij^{1}	dź$^{?}$
受	亦	无、	不	乐	不	苦	受	名	无。	虚
[illegible]	[illegible]	[illegible]	[illegible]	[illegible]，	[illegible]	[illegible]	[illegible]	[illegible]	[illegible]？	
thu^{1}	phjij^{1}	tśjị^{1}	tsjɨ^{1}	mjij^{1}	niow^{1}	źjɨr^{1}	tśjị^{1}	ljọ^{2}	dju^{1}	
言	辞	苦	亦	无，	况	实	苦	何	有？	

受、不苦不乐受名。尚无假设①，何况实苦？

18.2.11

[illegible]	[illegible]	[illegible]	[illegible]	[illegible]	[illegible]	[illegible]	[illegible]。	[illegible]	[illegible]！
thjɨ^{2}	niọw^{1}	thja^{2}	lhjịj^{2}	źji^{2}	lhejr^{2}	mjij^{2}	we^{2}	·ja$^{?}$	na^{1}
是	故	彼	国	极	乐	名	为。	阿	难！
[illegible]	[illegible]	[illegible]	[illegible]	[illegible]	[illegible]	[illegible]	[illegible]，	[illegible]	
ŋa^{2}	sjij^{1}	źji^{2}	lhejr^{2}	·jiw^{1}	niọw^{1}	ljow^{2}	tshjịj^{1}	tjij^{1}	
我	今	极	乐	因	缘	略	说，	若	

是故彼国名为极乐。阿难！我今略说极乐因缘②，若

18.2.12

[illegible]	[illegible]	[illegible]	[illegible]	[illegible]	[illegible]	[illegible]	[illegible]	[illegible]	[illegible]
wạ^{2}	tshjịj^{1}	ku^{1}	tsewr^{1}	djij^{2}	sji^{1}	tsjɨ^{1}	tshjịj^{1}	mji^{1}	sji^{1}
广	说	则	劫	当	尽	亦	说	不	尽
[illegible]。	[illegible]	[illegible]	[illegible]	[illegible]！	[illegible]	[illegible]	[illegible]	[illegible]	[illegible]
ljɨ^{1}	niow^{1}	tśjɨ^{1}	·ja$^{?}$	na^{1}	thja^{2}	źji^{2}	lhejr^{2}	rjur^{1}	kiej^{2}
也。	复	次	阿	难！	彼	极	乐	世	界

广说者穷劫不尽。复次阿难！彼极乐世界

18.2.13

[illegible] [illegible] [illegible]， [illegible] [illegible] [illegible]、 [illegible] [illegible] [illegible]、 [illegible]

---

① 假设，西夏本作“[illegible]”，字面意思是“虚言辞”。

② 略说，西夏本作“[illegible]”（边说）。按，“[illegible]”ljow^{2}（边）字于义不合，在此假借作“[illegible]”ljow^{2}（微），此二字为同音通假。参看下文 18.21.5“略说”，西夏本作“[illegible]”（微略乃说）。

·u^{2}	dźiã^{2}	tśhju^{1}	tjij^{1}	ɣu^{1}	wẹ^{1}	tjij^{1}	mjor^{1}	wẹ^{1}	tjij^{1}
中	众	生，	或	先	生、	或	现	生、	或
[illegible]	[illegible]	[illegible]	[illegible]，	[illegible]	[illegible]	[illegible]	[illegible]	[illegible]	
kụ^{1}	wẹ^{1}	lew^{2}	mjij^{1}	źji^{2}	thjɨ^{2}	sju^{2}	rjur^{1}	thjọ^{1}	
后	生	所	无，	皆	是	如	诸	妙	

所有众生,或已生、或现生、或当生,皆得如是诸妙

18.2.14

[illegible]	[illegible]，	[illegible]	[illegible]	[illegible]	[illegible]，	[illegible]	[illegible]	[illegible]	[illegible]
tsə̣^{1}	ljụ^{2}	mjor^{1}	la̱^{1}	śjwo^{2}	śjwo^{2}	mẹ^{2}	mjịjr^{2}	·jij^{1}	dzju^{2}
色	身，	貌	形	端	庄，	神	通	自	在
[illegible]，	[illegible]	[illegible]	[illegible]	[illegible]，	[illegible]	[illegible]	[illegible]	[illegible]	
rjir^{2}	ljo^{1}	ɣie^{1}	ŋowr^{2}	lhə$^{?}$	mə^{2}	mə^{2}	mji̱^{1}	pjụ^{2}	
得，	福	力	具	足，	种	种	宫	殿	

色身,形貌端正,神通自在,福力具足,受用种种宫殿

18.2.15

[illegible]	[illegible]、	[illegible]	[illegible]	[illegible]	[illegible]、	[illegible]	[illegible]	[illegible]	[illegible]
·iọ^{2}	bo^{1}	lhwu^{1}	gjwi^{2}	tji̱^{1}	dzji^{2}	śja^{1}	wją^{1}	·jɨr^{2}	rer^{2}
园	林、	衣	服	饮	食、	香	华	璎	珞
[illegible]	[illegible]，	[illegible]	[illegible]	[illegible]	[illegible]	[illegible]	[illegible]	[illegible]，	
wji^{1}	ɣiwej^{1}	phji^{1}	bju^{1}	śjwo^{1}	śjwo^{1}	źji^{2}	ljɨ̱r^{2}	lja^{1}	
用	受，	意	随	所	须	皆	念	来，	

园林、衣服饮食、香华璎珞,随意所须悉皆如念,

18.2.16

[illegible]	[illegible]	[illegible]	[illegible]	[illegible]	[illegible]	[illegible]	[illegible]	[illegible]	[illegible]。
tsjij^{1}	dji̱^{2}	·jij^{1}	dzju^{2}	rjur^{1}	mə^{1}	rjir^{2}	·ja$^{?}$	tjɨ̱j^{2}	ljɨ^{1}
他	化	自	在	诸	天	与	一	样	也。

譬如他化自在诸天。

汉文本

《大宝积经》卷第十八

大唐三藏菩提流志奉诏译

无量寿会第五之二

复次阿难！彼极乐界，无诸黑山、铁围山、大铁围山、妙高山等。阿难白佛言：世尊！其四天王天、三十三天，既无诸山，依何而住？佛告阿难：于汝意云何？妙高已上有夜摩天，乃至他化自在天，及色界诸天等，依何而住？阿难白佛言：世尊！不可思议业力所致。佛语阿难：不思议业，汝可知耶？答言：不也。佛告阿难：诸佛及众生善根业力，汝可知耶？答言：不也。世尊！我今于此法中实无所惑，为破未来疑网，故发斯问。

佛告阿难：彼极乐界，其地无海而有诸河。河之狭者满十由旬，水之浅者十二由旬。如是诸河深广之量，或二十、三十乃至百数，或有极深广者，至千由旬。其水清冷具八功德，浚流恒激出微妙音，譬若诸天百千伎乐，安乐世界其声普闻。有诸名花沿流而下，和风微动出种种香。居两岸边多栴檀树，修条密叶交覆于河，结实开花芳辉可玩，群生游乐随意往来，或有涉河濯流嬉戏，感诸天水善顺物宜，深浅寒温曲从人好。阿难！大河之下地布金砂，有诸天香世无能喻，随风散馥杂水流馚。天曼陀罗花、优钵罗花、波头摩花、拘物头华、芬陀利花，弥覆其上。

复次阿难！彼国人众，或时游览同萃河滨，有不愿闻激流之响，虽获天耳终竟不闻。或有愿闻，即时领悟百千万种喜爱之声，所谓佛法僧声、止息之声、无性声、波罗蜜声、十力四无所畏声、神通声、无作声、无生无灭声、寂静声、边寂静声、极寂静声、大慈大悲声、无生法忍声、灌顶受位声，得闻如是种种声已，获得广大爱乐欢悦，而与观察相应、厌离相应、灭坏相应、寂静相应、边寂静相应、极寂静相应、义味相应、佛法僧相应、力无畏相应、神通相应、止息相应、菩提相应、声闻相应、涅槃相应。

复次阿难！彼极乐世界，不闻诸恶趣名，边无障碍烦恼覆蔽名、无有地狱琰摩畜生名、边无八难名，亦无苦受、不苦不乐受名。尚无假设，何况实苦？是故彼国名为极乐。阿难！我今略说极乐因缘，若广说者穷劫不尽。

复次阿难！彼极乐世界所有众生，或已生、或现生、或当生，皆得如是诸妙色身，形貌端正，神通自在，福力具足，受用种种宫殿园林、衣服饮食、香华璎珞，随意所须悉皆如念，譬如他化自在诸天。

18.2.17

[illegible]	[illegible]	[illegible]	[illegible]！	[illegible]	[illegible]	[illegible]	[illegible]	[illegible]	[illegible]
niow^{1}	tśjɨ^{1}	·ja$^{?}$	na^{1}	thja^{2}	tha^{1}	lhjịj^{2}	·u^{2}	sjij^{1}	ŋạ^{2}
复	次	阿	难！	彼	佛	国	中	细	好
[illegible]	[illegible]	[illegible]，	[illegible]	[illegible]	[illegible]	[illegible]	[illegible]	[illegible]	[illegible]
tjị^{1}	kjɨ^{1}	dju^{1}	rjur^{1}	dźiã^{2}	tśhju^{1}	djịj^{1}	źji^{2}	mjɨ^{1}	tśhjɨ^{1}
食	△	有，	诸	有	情	类	皆	无	彼

复次阿难！彼佛国中有微细食，诸有情类尝无

18.2.18

[illegible]，	[illegible]	[illegible]	[illegible]	[illegible]	[illegible]	[illegible]	[illegible]	[illegible]	[illegible]
thji^{1}	tsjij^{1}	dji̠^{2}	·jij^{1}	dzju^{2}	mə^{1}	sju^{2}	ljɨ̠r^{2}	bju^{1}	źji^{2}
饮，	他	化	自	在	天	如	念	随	皆
[illegible]，	[illegible]	[illegible]	[illegible]	[illegible]	[illegible]	[illegible]	[illegible]	[illegible]，	
lja^{1}	thjɨ^{2}	sju^{2}	tji̠^{1}	dzji^{2}	gu^{2}	xja^{1}	thwu̠^{1}	dzji^{1}	
来，	是	如	食	饮	同	即	同	食，	

噉者①，如第六天随所思念②，如是饮食即同食已，

18.2.19

[illegible]	[illegible]	[illegible]	[illegible]	[illegible]	[illegible]	[illegible]	[illegible]	[illegible]。	[illegible]
niow^{1}	tsə̣^{1}	ɣie^{1}	lhu^{1}	dzja^{1}	nja̠^{2}	niow^{2}	mji^{1}	we^{2}	niow^{1}
复	色	力	增	长	秽	恶	无	为。	复
[illegible]	[illegible]	[illegible]	[illegible]	[illegible]	[illegible]、	[illegible]	[illegible]、	[illegible]	[illegible]
mjɨ^{1}	pjụ^{1}	phji^{1}	bju^{1}	thjo̠^{1}	śja^{1}	ma^{2}	śja^{1}	mẹ^{2}	śja^{1}
无	量	意	如	妙	香、	涂	香、	末	香

色力增长而无便秽。复有无量如意妙香、涂香、末香，

18.2.20

[illegible]，	[illegible]	[illegible]	[illegible]	[illegible]	[illegible]	[illegible]	[illegible]	[illegible]	[illegible]，
dju^{1}	thja^{1}	lji^{2}	thja^{2}	tha^{1}	lhjij^{2}	·u^{2}	zjir^{2}	źji^{2}	mẹ^{1}
有，	其	香	彼	佛	国	中	遍	皆	馥，
[illegible]	[illegible]	[illegible]	[illegible]	[illegible]	[illegible]	[illegible]	[illegible]	[illegible]	[illegible]。
niow^{1}	wja̠^{1}	lju^{2}	dźjow^{1}	ljɨ^{1}	tsjɨ^{1}	rjur^{1}	rjur^{1}	źji^{2}	sə^{1}
及	花	散	幢	幡	亦	一	切	皆	满。

其香普熏彼佛国界，及散花幢幡亦皆遍满。

18.2.21

[illegible]	[illegible]	[illegible]	[illegible]	[illegible]	[illegible]	[illegible]	[illegible]	[illegible]	[illegible]	[illegible]

① 噉，西夏本作“[illegible]”(饮、服)。按，“[illegible]”thji^{1}(饮、服)字于义不合，在此疑假借作“[illegible]”tji̠^{1}(食)，此二字为近音通假。

② 第六天，西夏本作“[illegible]”(他化自在天)。两者皆指欲界六天之第六，略名“他化天”。《佛祖统纪》二曰：“诸经云：魔波旬在六欲顶，别有宫殿。今因果经乃为自在天王，如此则当第六天。有此两异，盖是译者用义之不同也。”另，随所思念，西夏本作“[illegible]”(随念皆来)，两者义通。

tjɨ^{1} tjij^{1} thja^{1} śja^{1} lji^{2} dwewr^{2} kiẹj^{2} ku^{1} dwewr^{2} tji̱^{1} bju^{1}

如 若 其 香 味 闻 欲 则 闻 愿 随

[illegible] [illegible]， [illegible] [illegible] [illegible] [illegible] [illegible] [illegible] [illegible] [illegible]。

xja^{1} dwewr^{2} tjij^{1} mji^{1} kiẹj^{2} ku^{1} tśjo$^{?}$ mji^{1} dwewr^{2} ljɨ^{1}

即 闻， 或 不 乐 则 终 不 闻 也。

其有欲闻香者随愿即闻，或不乐者终无所受。

18.2.22

[illegible] [illegible] [illegible] [illegible] [illegible] [illegible] [illegible]、 [illegible] [illegible]、 [illegible]

niow^{1} mjɨ^{1} pjụ^{1} phju^{2} thjo̱^{1} lhwu^{1} gjwi^{2} ljị^{1} pjụ^{2} khjwɨ^{1}

复 无 量 上 妙 衣 服、 宝 冠、 腕

[illegible]、 [illegible] [illegible]、 [illegible] [illegible]、 [illegible] [illegible] [illegible] [illegible] [illegible]，

tśiə^{2} nju^{1} mja^{1} ·jɨr^{2} rer^{2} wją^{1} rer^{2} zu^{2} kụ^{2} dju^{1}

钏、 耳 环、 璎 珞、 花 鬘 系 缚 有，

复有无量上妙衣服、宝冠、环钏、耳珰、璎珞、花鬘带锁①，

18.2.23

[illegible] [illegible] [illegible] [illegible] [illegible]， [illegible] [illegible] [illegible] [illegible] [illegible]

rjur^{1} ljị^{1} ŋwu^{2} śjwo^{2} tshjịj^{2} mjɨ^{1} pjụ^{1} bji^{1} swew^{1} ·jɨr^{2}

诸 宝 以 庄 严， 无 量 光 明 百

[illegible] [illegible] [illegible]， [illegible] [illegible] [illegible] [illegible]， [illegible] [illegible] [illegible]

tụ^{1} thjo̱^{1} tsə̣^{1} to^{2} źji^{2} ŋowr^{2} lhə$^{?}$ thja^{1} śjij^{1} ·ju^{2}

千 妙 色， 悉 皆 具 足， 自 然 常

诸宝庄严，无量光明百千妙色，悉皆具足，自然

18.2.24

[illegible] [illegible] [illegible]。 [illegible] [illegible] [illegible] [illegible] [illegible] [illegible] [illegible] [illegible]，

ljụ^{2} ɣa^{2} ·o^{1} niow^{1} kie^{1} ŋwo^{2} nji^{2} ɣiej^{1} thjo̱^{1} ljị^{1} rer^{2}

身 在 有。 复 金 银 珠 真 妙 宝 网，

[illegible] [illegible] [illegible] [illegible]， [illegible] [illegible] [illegible] [illegible]。 [illegible] [illegible]

① 带锁，西夏本作"[illegible][illegible]"（捆索），两者义通。

rjur^{1} ljɨ^{1} źju̱^{1} xjwɨ̣j^{2} ɣu^{1} mji̱j^{1} tja̱^{1} wer^{1} tjij^{1} rjur^{1}

诸 宝 铃 悬， 首 尾 装 饰。 若 诸

在身。复有金银真珠妙宝之网，悬诸宝铃，周遍严饰①。若诸

18.2.25

[illegible] [illegible] [illegible] [illegible] [illegible] [illegible] [illegible] [illegible] [illegible]， [illegible] [illegible]

dźiã^{2} tśhju^{1} śjwo^{1} śjwo^{1} mji̱^{1} pju̱^{2} du^{1} rjɨr^{2} njɨ^{2} nji̱j^{1} kjɨ^{1}

有 情 所 须 宫 殿 楼 阁 等， 心 所

[illegible] [illegible] [illegible] [illegible] [illegible] [illegible]、 [illegible] [illegible] [illegible] [illegible]，

dzu^{1} bju^{1} bji̱^{2} bjij^{2} dźjo^{1} wji̱j^{1} tśhjɨ^{1} low^{2} khjwi̱^{2} dzjɨj^{2}

乐 随 下 高 长 短、 狭 广 圆 方，

有情所须宫殿楼阁等，随所乐欲高下长短、广狭方圆，

18.2.26

[illegible] [illegible] [illegible] [illegible] [illegible] [illegible] [illegible] [illegible] [illegible]， [illegible]

niow^{1} rjur^{1} dźjwi^{2} lu^{2} thja^{1} tśhja̱^{1} thjo̱^{1} lhwu^{1} ·ji̱r^{2} mə^{2}

及 诸 床 座 其 上 妙 衣 敷， 种

[illegible] [illegible] [illegible] [illegible] [illegible] [illegible] [illegible]， [illegible] [illegible] [illegible]

mə^{2} ljɨ^{1} ŋwu^{2} tja̱^{1} wer^{1} śjwo^{2} tshji̱j^{2} dźiã^{2} tśhju^{1} ·ju^{2}

种 宝 以 装 饰 庄 严， 众 生 面

及诸床座妙衣敷上，以种种宝而严饰之，于众生前

18.2.27

[illegible] [illegible] [illegible] [illegible] [illegible]， [illegible] [illegible] [illegible] [illegible] [illegible] [illegible]

rjir^{2} thja^{1} śjij^{1} to^{2} śja^{2} dzjwo^{2} źji^{2} ·jij^{1} twu̱^{1} mji̱^{1} ·u^{2}

前 自 然 出 现， 人 皆 自 各 宫 中

[illegible] [illegible] [illegible]。 [illegible] [illegible] [illegible] [illegible]！ [illegible] [illegible] [illegible]

dźji̱j^{1} nji^{2} jɨ^{2} niow^{1} tśjɨ^{1} ·ja$^{?}$ na^{1} źji^{2} lhejr^{2} lhji̱j^{2}

处 △ 谓。 复 次 阿 难！ 极 乐 国

自然出现，人皆自谓各处其宫。复次阿难！极乐国

① 周遍，西夏本作“[illegible][illegible]”，字面意思是“首尾”。

18.2.28

[illegible]	[illegible]	[illegible]	[illegible]	[illegible]	[illegible]	[illegible]	[illegible]	[illegible]，	[illegible]
·u^{2}	dźjij^{1}	dźjij^{1}	dźiā^{2}	tśhju^{1}	do^{2}	pha^{1}	·jij^{1}	mjij^{1}	dzjij^{2}
中	所	有	众	生	差	别	相	无，	余
[illegible]	[illegible]	[illegible]	[illegible]	[illegible]	[illegible]	[illegible]	[illegible]。	[illegible]	
rjijr^{2}	tjɨj^{2}	bju^{1}	dzjwo^{2}	mə^{1}	mjij^{2}	do^{2}	ljɨ^{1}	·ja$^{?}$	
方	俗	顺	人	天	名	异	也。	阿	

土所有众生无差别相，顺余方俗有天人名①。阿

18.3.1

[illegible]！	[illegible]	[illegible]	[illegible]	[illegible]	[illegible]	[illegible]	[illegible]	[illegible]，	[illegible]
na^{1}	dzjo̱^{1}	sju^{2}	bji̱^{2}	tśji̱^{1}	pa^{1}	tśhiə^{1}	kja^{1}	dzjwo^{2}	dźiej^{2}
难！	譬	如	下	贱	半	挓	迦	人，	轮
[illegible]	[illegible]	[illegible]	[illegible]	[illegible]	[illegible]，	[illegible]	[illegible]	[illegible]？	[illegible]
de̱j^{1}	njij^{2}	rjir^{2}	dzjo̱^{1}	tji̱^{2}	mjij^{1}	thjij^{2}	sjo^{2}	ljɨ^{1}	pju̱^{1}
转	王	与	谕	可	无，	何	以	故？	威

难！譬如下贱半挓迦人，对于轮王则无可谕②，威

18.3.2

[illegible]	[illegible]	[illegible]	[illegible]	[illegible]	[illegible]	[illegible]	[illegible]。	[illegible]	[illegible]
bji^{1}	tśhja^{2}	·iow^{1}	to^{2}	źji^{2}	mji^{1}	dźjij^{2}	ljɨ^{1}	niow^{1}	śjɨ^{2}
光	德	功	悉	皆	不	有	也。	又	释
[illegible]	[illegible]	[illegible]	[illegible]	[illegible]，	[illegible]	[illegible]	[illegible]	[illegible]	[illegible]
ŋwə^{1}	dzjwɨ^{1}	tśhjiw^{1}	tsew^{2}	mə^{1}	pju̱^{1}	bji^{1}	njɨ^{2}	djij^{1}	rjir^{2}
天	帝	六	第	天，	威	光	等	类	与

光德望悉皆无有。又如帝释方第六天，威光等类

18.3.3

[illegible]	[illegible]	[illegible]，	[illegible]	[illegible]	[illegible]？	[illegible]	[illegible]	[illegible]	[illegible]、

① 有天人名，西夏本作“[illegible]”，字面意思是“异天人名”。按，“[illegible]”do^{2}（异）字于义不合，在此疑假借作“[illegible]”dju^{1}（有）。

② 西夏本此下有“[illegible]”（何以故）三字，汉文本未见。

dzjọ^{1}	tji̱^{2}	mjij^{1}	thjij^{2}	sjo^{2}	ljɨ^{1}	·iọ^{2}	bo^{1}	mji̱^{1}	pjụ^{2}
谕	可	无，	何	云	也？	园	林	宫	殿、
[illegible]	[illegible]	[illegible]	[illegible]，	[illegible]	[illegible]	[illegible]	[illegible]，	[illegible]	[illegible]
lhwu^{1}	gjwi^{2}	tja̱^{1}	wer^{1}	pjụ^{1}	ɣwie^{1}	·jij^{1}	dzju^{2}	me̱^{2}	mji̱jr^{2}
衣	服	装	饰，	尊	贵	自	在，	神	通

皆所不及①，园苑宫殿、衣服杂饰，尊贵自在，阶位神通

18.3.4

[illegible]	[illegible]	[illegible]	[illegible]	[illegible]	[illegible]	[illegible]	[illegible]	[illegible]	[illegible]，	[illegible]
bji̱^{2}	bjij^{2}	niow^{1}	wjɨ̣^{1}	dji̱^{2}	dạ^{2}	źji^{2}	thja^{1}	mjɨ^{1}	？	lew^{1}
下	高	及	变	化	事	皆	其	未	及，	唯
[illegible]	[illegible]	[illegible]	[illegible]	[illegible]	[illegible]	[illegible]	[illegible]。	[illegible]	[illegible]	
tsji̱r^{1}	lhejr^{2}	lhjij^{2}	tja^{1}	do^{2}	pha^{1}	mjij^{1}	ljɨ^{1}	·ja$^{?}$	na^{1}	
法	乐	受	者	差	别	无	也。	阿	难	

及以变化不可为比，唯受法乐则无差别。阿难

18.3.5

[illegible]	[illegible]，	[illegible]	[illegible]	[illegible]	[illegible]	[illegible]	[illegible]	[illegible]	[illegible]
nwə^{1}	lew^{2}	thja^{1}	lhji̱j^{2}	dźiã^{2}	tśhju^{1}	tja^{1}	tsjij^{1}	dji̱^{2}	·jij^{1}
知	应，	彼	国	有	情	者	他	化	自
[illegible]	[illegible]	[illegible]	[illegible]	[illegible]	[illegible]。	[illegible]	[illegible]！	[illegible]	[illegible]
dzju^{2}	ŋwə^{1}	njij^{2}	rjir^{2}	·ja$^{?}$	tjɨ̣j^{2}	·ja$^{?}$	na^{1}	thja^{2}	źji^{2}
在	天	王	与	一	样。	阿	难！	彼	极

应知，彼国有情犹如他化自在天王。阿难！彼极

18.3.6

[illegible]	[illegible]	[illegible]，	[illegible]	[illegible]	[illegible]	[illegible]，
lhejr^{2}	kięj^{2}	·u^{2}	sjij^{1}	sjij^{1}	bjij^{2}	ɣa^{1}
乐	界	中，	今	今	晨	朝，
[illegible]	[illegible]	[illegible]	[illegible]，	[illegible]	[illegible]	

① 西夏本此下有“[illegible]”（何以故）三字，汉文本未见。

ɣu¹ mjịj¹ ljɨr¹ rjijr² ljɨ¹ lhji̱¹

头 尾 四 方， 风 和

乐界，于晨朝时，周遍四方，和风

18.1.1①

[illegible]

zjɨ̱r¹ mju² mji¹ ljɨ̱¹ mji¹ ŋewr¹ rjur¹ dza¹ wjạ¹ ljɨ̱¹ mə²

微 动 不 回 不 乱， 诸 杂 花 吹 种

[illegible]

mə² lji² to² thja¹ lji² lhjịj² iọ¹ zjir² źji² me̱¹

种 香 出， 其 香 国 土 遍 皆 馥。

微动不逆不乱，吹诸杂花种种香气，其香普熏周遍国界。

18.1.2

[illegible]

ɲia² tśhju¹ ŋowr² ŋowr² ljɨ¹ lhji̱¹ ljụ² lhjɨ̱¹ no² lhejr²

有 情 一 切 风 柔 身 触， 安 和

[illegible]

de² lhejr² dzjar² sji¹ djɨj² rjir¹ mjijr² phji² khjiw² wjɨ²

喜 乐， 灭 尽 定 得 者 比 丘 犹

一切有情为风触身，安和调适，犹如比丘得灭尽定。

18.1.3

[illegible]

sju² thja¹ ljɨ¹ ljɨ̱¹ mju² śjạ¹ ljɨ̱¹ phu² bo¹ wjạ¹ gji¹

如。 其 风 吹 动 七 宝 树 林， 华 利

[illegible]

tśiow¹ we² śjạ¹ dzjwo² bji̱² bjij² zjịj¹ mə² mə² tsə̣¹

聚 成 七 人 下 高 量， 种 种 色

其风吹动七宝树林，华飘成聚高七人量，种种色

① №411 号佚卷首，残本自“[illegible]”（微）字始。

18.1.4

[illegible]	[illegible]	[illegible]	[illegible]	[illegible]	[illegible]。	[illegible]	[illegible]	[illegible]	[illegible]	[illegible]
bji^{1}	tha^{1}	lhjịj^{2}	zjir^{2}	swew^{1}	lã^{2}	dzjọ^{1}	sju^{2}	dzjwo^{2}	dju^{1}	ljɨ^{2}
光	佛	国	遍	照	曜。	譬	如	人	有	地
[illegible]	[illegible]	[illegible]	[illegible]	[illegible]	[illegible]	[illegible]	[illegible]	[illegible]	[illegible]	[illegible]，
tśhjạ^{1}	wjạ^{1}	·jịr^{2}	niow^{1}	lạ^{1}	la^{1}	tər^{1}	tśhja^{2}	djịj^{1}	we^{2}	phji^{1}
上	花	张	而	手	以	按	正	平	成	令，

光照曜佛土。譬如有人以花布地手按令平，

18.1.5

[illegible]	[illegible]	[illegible]	[illegible]	[illegible]	[illegible]	[illegible]	[illegible]。	[illegible]	[illegible]	[illegible]
dza^{1}	tsə̣^{1}	wjạ^{1}	bju^{1}	tśjɨ^{1}	bju^{1}	tjạ^{1}	wer^{1}	thja^{2}	rjur^{1}	wjạ^{1}
杂	色	花	随	次	依	装	饰。	彼	诸	花
[illegible]	[illegible]	[illegible]	[illegible]	[illegible]	[illegible]，	[illegible]	[illegible]	[illegible]	[illegible]	[illegible]
tśiow^{1}	tsjɨ^{1}	źji^{2}	thja^{1}	wjɨ^{2}	sju^{2}	thja^{1}	wjạ^{1}	źji^{2}	thjọ^{1}	wạ^{2}
聚	亦	皆	彼	犹	如，	其	花	微	妙	广

随杂色花间错分布①。彼诸花聚亦复如是，其花微妙广

18.1.6

[illegible]	[illegible]	[illegible]	[illegible]	[illegible]	[illegible]	[illegible]	[illegible]，	[illegible]	[illegible]	[illegible]
tha^{2}	wə̣^{1}	lhjị^{1}	tu^{1}	lo^{1}	bə^{1}	mej^{2}	sju^{2}	tjij^{1}	rjur^{1}	ɲia^{2}
大	柔	软	兜	罗	绵	绵	如，	若	诸	有
[illegible]	[illegible]	[illegible]	[illegible]	[illegible]	[illegible]	[illegible]	[illegible]	[illegible]	[illegible]，	
tśhju^{1}	thja^{1}	wjạ^{1}	lej^{2}	twụ^{1}	ljɨr^{1}	dzjiw^{2}	zjịj^{1}	dzjɨj^{2}	khjɨ^{1}	
情	彼	花	蹈	各	四	宽	许	陷	足，	

大柔软如兜罗绵，若诸有情足蹈彼花没深四指，

18.1.7

[illegible]	[illegible]	[illegible]	[illegible]	[illegible]	[illegible]	[illegible]。	[illegible]	[illegible]	[illegible]	[illegible]，
·ja$^{?}$	djɨ^{2}	zjịj^{1}	·jị^{2}	śji^{1}	sju^{2}	we^{2}	bjij^{2}	dzjɨj^{1}	rar^{2}	niow^{1}

① 间错，西夏本作"[illegible][illegible]"，字面意思是"次依"。下文此二字亦用于对译汉文本"次第、转相"。

准 备 时 复 初 如 为。 晨 时 过 已，

thja1 wją1 thja1 śjij1 ·jij1 ljɨ̣2 khju1 bu1 wją1 kjwi1 bu1

其 花 其 然 自 地 下 没， 花 旧 没

随其举足还复如初。过晨朝已，其花自然没入于地，旧花既没，

18.2.1

niow1 tha2 ljɨ̣2 gji1 sej1 ·jị2 wją1 sjiw1 gji1 rjur1 rjur1 źji2 njɨ2

已， 大 地 清 净， 更 花 新 利 诸 诸 周 遍。

thjɨ2 sju2 ljɨ1 ljij2 lẹj2 ɣu1 śjwo1 ɣu1 śjwo1 gu2 śjwo1 mjij2

是 如 午 午、 晚 夕、 晚 初 晚 中 晚 后，

大地清净，更雨新花还复周遍。如是中时、晡时、初中后夜，

18.2.2

wją1 gji1 tśiow1 we2 źji2 thja1 wjɨ2 sju2 ·ja? na1 wạ2

花 利 聚 成， 皆 是 犹 如。 阿 难！ 广

tha2 kiwej2 ljɨ̣1 ŋowr2 ŋowr2 źji2 lhejr2 rjur1 kięj2 ·u2 wjɨ2

大 珍 宝 一 切， 极 乐 世 界 中 △

飘花成聚，亦复如是。阿难！一切广大珍奇之宝，无有不生极乐界者。

18.2.3

mjij2 to2 tja1 mjij1 ·ja? na1 thja2 tha1 lhjij2 ·u2 śją1

不 生 者 无。 阿 难！ 彼 佛 国 中 七

ljɨ̣1 wją1 sej1 dju1 ljɨ1 ljɨ1 wją1 sej1 mjɨ1 pjụ1 ·jir2

宝 莲 花 有， 一 一 莲 花 无 量 百

阿难！彼佛国中有七宝莲花，一一莲花有无量百

18.2.4

[illegible]	[illegible]	[illegible]	[illegible]，	[illegible]	[illegible]	[illegible]	[illegible]	[illegible]	[illegible]	[illegible]
tụ^{1}	rjir^{2}	bạ^{2}	·o^{1}	thja^{1}	bạ^{2}	mjɨ^{1}	pjụ^{1}	·jir^{2}	tụ^{1}	kiwej^{2}
千	亿	叶	有，	其	叶	无	量	百	千	珍
[illegible]	[illegible]	[illegible]	[illegible]，	[illegible]	[illegible]	[illegible]	[illegible]	[illegible]	[illegible]	[illegible]
ljɨ^{1}	do^{2}	tsə̣^{1}	·o^{1}	·jir^{2}	tụ^{1}	mo^{2}	nji^{1}	thjo̱^{1}	ljɨ^{1}	la^{1}
宝	异	色	有，	百	千	摩	尼	妙	宝	以

千亿叶，其叶有无量百千珍奇异色，以百千摩尼妙宝

18.2.5

[illegible]	[illegible]，	[illegible]	[illegible]	[illegible]	[illegible]	[illegible]	[illegible]	[illegible]	[illegible]。	[illegible]
śjwo^{2}	tshjịj^{2}	ljɨ^{1}	rer^{2}	la^{1}	lə^{1}	gie̱^{1}	bju^{1}	tjạ^{1}	wer^{1}	·ja$^{?}$
庄	严，	宝	网	以	覆	转	相	装	饰。	阿
[illegible]！	[illegible]	[illegible]	[illegible]	[illegible]	[illegible]	[illegible]	[illegible]	[illegible]	[illegible]，	[illegible]
na^{1}	thja^{1}	wjạ^{1}	sej^{1}	rjir^{2}	tjij^{1}	khwə^{1}	·jiw^{1}	sjwɨ^{1}	rjar^{1}	tjij^{1}
难！	彼	莲	花	量	或	半	由	旬	远，	或

庄严，覆以宝网转相映饰。阿难！彼莲花量或半由旬，或

18.2.6

[illegible]	[illegible]	[illegible]	[illegible]	[illegible]	[illegible]	[illegible]	[illegible]	[illegible]	[illegible]	[illegible]。
lew^{1}	njɨ̱^{1}	sọ^{1}	ljɨr^{1}	rjɨr^{2}	njɨ^{2}	·jir^{2}	tụ^{1}	·jiw^{1}	sjwɨ^{1}	rjar^{1}
一	二	三	四	乃	至	百	千	由	旬	远。
[illegible]	[illegible]	[illegible]	[illegible]	[illegible]	[illegible]	[illegible]	[illegible]	[illegible]	[illegible]	[illegible]
thja^{1}	ljɨ^{1}	ljɨ^{1}	sọ^{1}	ɣạ^{2}	tśhjiw^{1}	rjir^{2}	no^{1}	·jiw^{1}	thow^{1}	·jir^{2}
彼	一	一	三	十	六	亿	那	由	他	百

一二三四乃至百千由旬者。是一一花出三十六亿那由他百

18.2.7

[illegible]	[illegible]	[illegible]	[illegible]，	[illegible]	[illegible]	[illegible]	[illegible]	[illegible]	[illegible]
tụ^{1}	bji^{1}	swew^{1}	to^{2}	ljɨ^{1}	ljɨ^{1}	bji^{1}	kha^{1}	sọ^{1}	ɣạ^{2}
千	光	明	出，	一	一	光	中	出	三

[illegible]	[illegible]	[illegible]	[illegible]	[illegible]	[illegible]	[illegible]①	[illegible]	[illegible]，	[illegible]
tśhjiw1	rjir2	no1	jiw1	thow1	·jir2	tụ1	rjur1	tha1	ljụ2
十	亿	那	由	他	百	千	诸	佛，	身
[illegible]	[illegible]	[illegible]	[illegible]	[illegible]，	[illegible]	[illegible]	[illegible]	[illegible]	[illegible]
to2	kie1	tsə̣1	wjɨ2	sju2	sọ1	ɣạ2	njɨ̣1	tha2	gọr1
出	金	色	犹	如，	三	十	二	大	丈
[illegible]	[illegible]、	[illegible]	[illegible]	[illegible]	[illegible]，	[illegible]			
kiej2	·jij1	·jar1	ɣạ2	mə2	ŋạ2	bụ2			
夫	相、	八	十	种	好，	胜			

千光明②，一一光中出三十六亿那由他百千诸佛，身如金色，具三十二大丈夫相、八十随好③，

18.3.1

[illegible]	[illegible]	[illegible]，	[illegible]	[illegible]	[illegible]	[illegible]	[illegible]	[illegible]	[illegible]	[illegible]。
gjij1	śjwo2	tshjịj2	·jir2	tụ1	bji1	wjạ2	rjur1	kiẹj2	zjir2	swew1
殊	庄	严，	百	千	光	放	世	界	普	照。
[illegible]	[illegible]	[illegible]	[illegible]，	[illegible]	[illegible]	[illegible]	[illegible]	[illegible]	[illegible]	
thja1	rjur1	tha1	njɨ2	źji2	mjɨ1	pjụ1	ɲia2	tśhju1	·jij1	
是	诸	佛	等，	皆	无	量	有	情	之	

殊胜庄严，放百千光普照世界。是诸佛等，现往东方为众说法，皆为安立无量有情

18.3.2

[illegible]	[illegible]	[illegible]	[illegible]	[illegible]	[illegible]	[illegible]	[illegible]，	[illegible]	[illegible]	[illegible]
gu1	śjwo1	tha1	tsjịr1	kha1	dźjịj1	phji1	niọw1	ku1	wjɨ̣2	rjijr2
立	生	佛	法	中	住	令	因，	现	东	方
[illegible]	[illegible]	[illegible]	[illegible]	[illegible]，	[illegible]	[illegible]	[illegible]	[illegible]	[illegible]	
śjɨ1	·ji1	·jij1	tsjịr1	tshjịj1	zjɨr1	lji2	ljạ1	rjijr2	ljɨr1	
往	众	之	法	说，	南	西	北	方	四	

于佛法中，南西北方四

---

① 西夏本“[illegible]”为校对所增补，列于本行之右，此处录作一行。
② “花”字义西夏本疑脱。
③ 八十随好，西夏本作“[illegible]”（八十种好）。两者义同，皆言八十随形好。

18.3.3

[illegible]	[illegible]	[illegible]	[illegible]	[illegible]	[illegible]	[illegible]	[illegible]。	[illegible]	[illegible]	[illegible]
dzjɨj^{2}	phju^{2}	khju^{1}	tsjɨ^{1}	źji^{2}	thja^{1}	wjɨ^{2}	sju^{2}	niow^{1}	tśjɨ^{1}	·ja$^{?}$
维	上	下	亦	皆	是	犹	如。	复	次	阿
[illegible]！	[illegible]	[illegible]	[illegible]	[illegible]	[illegible]	[illegible]	[illegible]	[illegible]	[illegible]，	
na^{1}	źji^{2}	lhejr^{2}	rjur^{1}	kięj^{2}	·u^{2}	mur^{1}	na^{1}	mji^{1}	dju^{1}	
难！	极	乐	世	界	中	黑	暗	无	有，	

维上下亦复如是。复次阿难！极乐世界无有昏暗，

18.3.4

[illegible]	[illegible]	[illegible]	[illegible]，	[illegible]	[illegible]	[illegible]	[illegible]	[illegible]	[illegible]	[illegible]
mə̣^{1}	bji^{1}	tsjɨ^{1}	mjij^{1}	rar^{2}	mə^{2}	kjur^{2}	śjwa^{1}	thja^{1}	źji^{2}	mji^{1}
火	光	亦	无，	涌	泉	泽	江	彼	皆	非
[illegible]，	[illegible]	[illegible]	[illegible]	[illegible]	[illegible]	[illegible]	[illegible]，	[illegible]	[illegible]	[illegible]
wjij^{2}	nji^{1}	kjɨ̣r^{2}	·io̦^{2}	bo^{1}	dźjij^{1}	zjij^{1}	mjij^{2}	niow^{1}	dźju^{1}	sjwij^{1}
有，	家	室	林	苑	住	著	名，	及	示	明

亦无火光，涌泉陂湖彼皆非有，亦无住著家室林苑之名，及表示

18.3.5

[illegible]	[illegible]	[illegible]	[illegible]	[illegible]	[illegible]	[illegible]	[illegible]，	[illegible]	[illegible]	[illegible]
jwɨr^{1}	·jij^{1}	zjɨ̣^{1}	lji^{2}	swu^{2}	njɨ^{2}	źji^{2}	mjij^{1}	niow^{1}	be^{2}	lhjị^{2}
相	象	幼	童	类	等	皆	无，	亦	日	月
[illegible]	[illegible]	[illegible]	[illegible]	[illegible]	[illegible]。	[illegible]	[illegible]	[illegible]	[illegible]	
njɨ^{2}	gjɨ^{2}	·jij^{1}	tsjɨ^{1}	źji^{2}	mjij^{1}	mjor^{1}	ljij^{2}	·wu^{2}	bjij^{2}	
昼	夜	像	亦	皆	无。	如	来	祐	助	

之像幼童色类，亦无日月昼夜之像。

18.3.6

[illegible]	[illegible]，	[illegible]	[illegible]	[illegible]	[illegible]	[illegible]	[illegible]	[illegible]，	[illegible]	[illegible]
rjɨr^{2}	niow^{1}	ŋowr^{2}	ŋowr^{2}	do^{2}	dźju^{2}	la^{2}	mji^{1}	dju^{1}	mjij^{2}	dji^{2}
除	外，	一	切	处	结	草	无	有，	名	号

tsjɨ^{1}	mjij^{1}	·ja$^{?}$	na^{1}	thja^{2}	lhjịj^{2}	ɲia^{2}	tśhju^{1}	tjij^{1}	wjɨ^{2}
亦	无。	阿	难！	彼	国	众	生	若	△

于一切处标式既无①，亦无名号，唯除如来所加威者②。阿难！彼国众生若

18.4.1

lhu^{1}	ku^{1}	to^{2}	źji^{2}	źji^{2}	phju^{2}	po^{1}	tjɨj^{1}	ɣwə^{2}	dźjwa^{1}	djij^{2}
增，	则	悉	皆	无	上	菩	提	前	竟	涅
phã^{1}	do^{2}	njɨ^{2}	thjij^{2}	sjo^{2}	ljɨ^{1}	tjij^{1}	dow^{1}	djɨj^{2}	tśiow^{1}	
槃	处	到。	何	云	故？	若	邪	定	聚	

当生者，皆悉究竟无上菩提到涅槃处。何以故？若邪定聚

18.4.2

niow^{1}	mji^{1}	djɨj^{2}	tśiow^{1}	mjijr^{2}	thja^{1}	·jiw^{1}	nwə^{1}	tsjij^{2}	gu^{1}	śjwo^{1}
及	不	定	聚	者，	彼	因	知	了	建	立
mjɨ^{1}	njwi^{2}	ljɨ^{1}	·ja$^{?}$	na^{1}	wjị^{2}	rjijr^{2}	khjã^{2}	khja^{2}	bẹ^{1}	ŋew^{2}
不	能	故。	阿	难！	东	方	恒	伽	沙	数

及不定聚，不能了知建立彼因故。阿难！东方如恒沙

18.4.3

rjur^{1}	kięj^{2}	sju^{2}	ljɨ^{1}	ljɨ^{1}	kięj^{2}	·u^{2}	khjã^{2}	khja^{2}	bẹ^{1}	ŋew^{2}
世	界	如，	一	一	界	中	恒	伽	沙	数
sju^{2}	tha^{1}	dźjij^{1}	thja^{2}	rjur^{1}	tha^{1}	njɨ^{2}	·jij^{1}	twụ^{1}	·ja$^{?}$	mji^{1}
如	佛	处，	彼	诸	佛	等	自	各	阿	弥

界，一一界中如恒沙佛，彼诸佛等各各称叹阿弥

① 标式，西夏本作“[illegible]”，字面意思是“结草”。
② 加威，西夏本作“[illegible]”，字面意思是“祐助”。

18.4.4

[illegible]	[illegible]	[illegible]	[illegible]	[illegible]	[illegible]	[illegible]	[illegible]	[illegible],	[illegible]	[illegible]
thow^{1}	tha^{1}	·jij^{1}	mjɨ^{1}	pjụ^{1}	tśhja^{2}	·iow^{1}	·jow^{2}	śja^{2}	zjɨr^{1}	lji^{2}
陀	佛	之	无	量	德	功	称	叹,	南	西
[illegible]	[illegible]	[illegible]	[illegible]	[illegible]	[illegible]	[illegible]	[illegible]	[illegible]	[illegible]	
lją^{1}	rjijr^{2}	ljɨr^{1}	dzjɨj^{2}	phju^{2}	khju^{1}	rjur^{1}	tha^{1}	tsjɨ^{1}	źji^{2}	
北	方	四	维	上	下	诸	佛	亦	皆	

陀佛无量功德,南西北方四维上下诸佛

18.4.5

[illegible]	[illegible]	[illegible]	[illegible]	[illegible]。	[illegible]	[illegible]	[illegible]?	[illegible]	[illegible]	[illegible]
thja^{1}	wjɨ^{2}	sju^{2}	·jow^{2}	śja^{2}	thjij^{2}	sjo^{2}	ljɨ^{1}	tsjɨ̱r^{1}	rjijr^{2}	tha^{1}
是	犹	如	称	赞。	何	云	故?	他	方	佛
[illegible]	[illegible]	[illegible]	[illegible]	[illegible]	[illegible]	[illegible]	[illegible]	[illegible]	[illegible]	[illegible]
lhjịj^{2}	·u^{2}	ɲia^{2}	tśhju^{1}	zjọ^{2}	mjɨ^{1}	pjụ^{1}	mjor^{1}	ljij^{2}	·jij^{1}	mjịj^{2}
国	中	众	生	寿	无	量	如	来	之	名

称赞亦复如是。何以故?他方佛国所有众生闻无量寿如来名号,

18.4.6

[illegible],	[illegible]	[illegible]	[illegible]	[illegible]	[illegible]	[illegible]	[illegible]	[illegible]	[illegible],	[illegible]
mji^{1}	rjɨr^{2}	njɨ^{2}	·ja$^{?}$	ljɨ̱r^{2}	zjij^{1}	sej^{1}	dźiej^{2}	njij^{1}	śjwo^{1}	njij^{1}
闻,	乃	至	一	念	时	净	信	心	发,	心
[illegible]	[illegible]	[illegible],	[illegible]	[illegible]	[illegible]	[illegible]	[illegible]	[illegible]	[illegible]	
ljɨ̣j^{2}	dzu^{1}	ŋwe^{1}	dźjij^{2}	dźjij^{2}	nẹw^{2}	tśhji^{2}	ŋwu^{2}	ljɨ̱^{1}	tshwew^{1}	
喜	爱	乐,	所	有	善	根	以	回	向	

乃至能发一念净信,欢喜爱乐,所有善根回向

18.4.7

[illegible]	[illegible]	[illegible]	[illegible]	[illegible]	[illegible]	[illegible]	[illegible],	[illegible]	[illegible]	[illegible]
zjọ^{2}	mjɨ^{1}	pjụ^{1}	tha^{1}	lhjịj^{2}	·u^{2}	wẹ^{1}	kięj^{2}	ku^{1}	ŋwə^{1}	mji^{1}
寿	无	量	佛	国	中	生	愿,	则	五	无

bja^{2}	dzwej^{1}	wji^{1}	tśhja^{2}	tsjɨr^{1}	pjo^{1}	tsjij^{2}	niow^{1}	śjɨj^{2}	dzjwo^{2}
间	罪	为、	正	法	诽	毁	及	圣	人

愿生无量寿国者，随愿皆生，

18.5.1

·jij^{1}	pjo^{1}	mjijr^{2}	rjɨr^{2}	niow^{1}，	thja^{1}	rjur^{1}	dzjwo^{2}	njɨ^{2}	źji^{2}	phju^{2}
之	谤	者	除	外，	彼	诸	人	等	无	上
po^{1}	tjɨj^{1}	ɣa^{2}	kjɨ^{1}	njɨ^{2}	źji^{2}	mji^{1}	lhji̠^{1}	lhjwo^{1}	rjir^{1}	ljɨ^{1}。
菩	提	于	△	至	皆	不	退	转	得	也。

得不退转乃至无上正等菩提，除五无间、诽毁正法及谤圣者。

汉文本

复次阿难！彼佛国中有微细食，诸有情类尝无啖者，如第六天随所思念，如是饮食即同食已，色力增长而无便秽。复有无量如意妙香、涂香、末香，其香普熏彼佛国界，及散花幢幡亦皆遍满。其有欲闻香者随愿即闻，或不乐者终无所受。复有无量上妙衣服、宝冠、环钏、耳珰、璎珞、花鬘带锁，诸宝庄严，无量光明百千妙色，悉皆具足，自然在身。复有金银真珠妙宝之网，悬诸宝铃，周遍严饰。若诸有情所须宫殿楼阁等，随所乐欲高下长短、广狭方圆，及诸床座妙衣敷上，以种种宝而严饰之，于众生前自然出现，人皆自谓各处其宫。复次阿难！极乐国土所有众生无差别相，顺余方俗有天人名。阿难！譬如下贱半挓迦人，对于轮王则无可谕，威光德望悉皆无有。又如帝释方第六天，威光等类皆所不及，园苑宫殿、衣服杂饰、尊贵自在，阶位神通及以变化不可为比，唯受法乐则无差别。阿难应知，彼国有情犹如他化自在天王。

阿难！彼极乐界，于晨朝时，周遍四方，和风微动不逆不乱，吹诸杂花种种香气，其香普熏周遍国界。一切有情为风触身，安和调适，犹如比丘得灭尽定。其风吹动七宝树林，华飘成聚高七人量，种种色光照曜佛土。譬如有人以花布地手按令平，随杂色花间错分布。彼诸花聚亦复如是，其花微妙广大柔软如兜罗绵，若诸有情足蹈彼花没深四指，随其举足还复如初。过晨朝已，其花自然没入于地，旧花既没，大地清净，更雨新花还复周遍。如是中时、晡时、初中后夜，飘花成聚，亦复如是。阿难！一切广大珍奇之宝，无有不生极乐界者。

阿难！彼佛国中有七宝莲花，一一莲花有无量百千亿叶，其叶有无量百千珍奇异色，以百千摩尼妙宝庄严，覆以宝网转相映饰。阿难！彼莲花量或半由旬，或一二三四乃至百千由旬者。是一一花出三十六亿那由他百千光明，一一光中出三十六亿那由他百千诸佛，身如金色，具三十二大丈夫相、八十随好，殊胜庄严，放百千光普照世界。是诸佛等，现往东方为众说法，皆为安立无量有情于佛法中，南西北方四维上下亦复如是。

复次阿难！极乐世界无有昏暗，亦无火光，涌泉陂湖彼皆非有，亦无住著家室林苑之名，及表示之像幼童色类，亦无日月昼夜之像。于一切处标式既无，亦无名号，唯除如来所加威者。阿难！彼国众生若当生者，皆悉究竟无上菩提到涅槃处。何以故？若邪定聚及不定聚，不能了知建立彼因故。阿难！东方如恒沙界，一一界中如恒沙佛，彼诸佛等各各称叹阿弥陀佛无量功德，南西北方四维上下诸佛称赞亦复如是。何以故？他方佛国所有众生闻无量寿如来名号，乃至能发一念净信，欢喜爱乐，所有善根回向愿生无量寿国者，随愿皆生，得不退转乃至无上正等菩提，除五无间、诽毁正法及谤圣者。

18.5.2

[illegible]	[illegible]！	[illegible]	[illegible]	[illegible]	[illegible]	[illegible]	[illegible]	[illegible]	[illegible]	[illegible]
·ja?	na1	tjɨ1	tjij1	ɲia2	tśhju1	dzjij2	tha1	lhjịj2	·u2	po1
阿	难！	如	若	众	生	他	佛	刹	中	菩
[illegible]	[illegible]	[illegible]，	[illegible]	[illegible]	[illegible]	[illegible]	[illegible]	[illegible]	[illegible]	[illegible]，
tjɨj1	njij1	śjwo1	njij1	tji1	ŋwu2	zjọ2	mjɨ1	pjụ1	tha1	ljɨ̠r2
提	心	发，	心	诚	以	寿	无	量	佛	念，

阿难！若有众生于他佛刹发菩提心，专念无量寿佛，

18.5.3

[illegible]	[illegible]	[illegible]	[illegible]	[illegible]	[illegible]	[illegible]，	[illegible]	[illegible]	[illegible]	[illegible]
niow1	·ju2	·ji1	rejr2	ne̠w2	tśhji1	ljị1	njij1	śjwo1	ljɨ̠1	tshwew1
及	恒	众	多	善	根	种，	心	发	回	向
[illegible]	[illegible]	[illegible]	[illegible]	[illegible]。	[illegible]	[illegible]	[illegible]	[illegible]	[illegible]	[illegible]
thja2	lhjịj2	·u2	we̠1	kiẹj2	ku1	thja1	dzjwo2	kạ1	bja2	·jij1
彼	国	中	生	愿。	则	彼	人	命	断	临

及恒种殖众多善根，发心回向愿生彼国。是人临命终时，

18.5.4

[illegible]，	[illegible]	[illegible]	[illegible]	[illegible]	[illegible]	[illegible]	[illegible]	[illegible]	[illegible]	[illegible]
zjịj1	zjọ2	mjɨ1	pjụ1	tha1	phji2	khjiw2	·ji1	rjir2	śji1	kụ1
时，	寿	无	量	佛	比	丘	众	与	前	后
[illegible]	[illegible]	[illegible]	[illegible]	[illegible]	[illegible]	[illegible]，	[illegible]	[illegible]	[illegible]	[illegible]
·wiọ1	tśjɨ̣1	thja1	dzjwo2	·ju2	rjir2	śja2	tśhjɨ2	rjar2	mjor1	ljịj2
围	绕	其	人	面	前	现，	立	即	如	来

无量寿佛与比丘众前后围绕现其人前，即随如来

18.5.5

[illegible]	[illegible]	[illegible]	[illegible]	[illegible]	[illegible]，	[illegible]	[illegible]	[illegible]	[illegible]，	[illegible]
pha^{1}	thja^{2}	lhjịj^{2}	·u^{2}	wjɨ^{2}	we̱^{1}	mji^{1}	lhji̱^{1}	lhjwo^{1}	rjir^{1}	kụ^{1}
别	彼	国	中	△	生，	不	退	转	得，	后
[illegible]	[illegible]	[illegible]	[illegible]	[illegible]	[illegible]	[illegible]。	[illegible]	[illegible]	[illegible]	[illegible]！
źji^{2}	phju^{2}	tśhja^{2}	kwej^{1}	po^{1}	tjɨj^{1}	lja̱^{1}	·ja$^{?}$	na^{1}	thjɨ^{2}	nio̱w^{1}
无	上	正	等	菩	提	证。	阿	难	是	故！

往生彼国，得不退转，当证无上正等菩提。是故阿难！

18.5.6

[illegible]	[illegible]	[illegible]	[illegible]、	[illegible]	[illegible]	[illegible]，	[illegible]	[illegible]	[illegible]	[illegible]
tjij^{1}	ne̱w^{2}	go̱r^{1}	gji^{2}	ne̱w^{2}	sji^{2}	dzjwo^{2}	źji^{2}	lhejr^{2}	rjur^{1}	kie̱j^{2}
若	善	男	子、	善	女	人，	极	乐	世	界
[illegible]	[illegible]、	[illegible]	[illegible]	[illegible]	[illegible]	[illegible]	[illegible]，	[illegible]	[illegible]	[illegible]
·u^{2}	we̱^{1}	zjo̱^{2}	mjɨ^{1}	pjụ^{1}	tha^{1}	ljij^{2}	kie̱j^{2}	ku^{1}	źji^{2}	phju^{2}
中	生、	寿	无	量	佛	见	欲，	则	无	上

若有善男子、善女人，愿生极乐世界、欲见无量寿佛者，应发无上

18.5.7

[illegible]	[illegible]	[illegible]	[illegible]	[illegible]，	[illegible]	[illegible]	[illegible]	[illegible]	[illegible]
po^{1}	tjɨj^{1}	njij^{1}	śjwo^{1}	lew^{2}	niow^{1}	njij^{1}	tji̱^{1}	ŋwu^{2}	źji^{2}
菩	提	心	发	应，	复	心	诚	以	极
[illegible]	[illegible]	[illegible]，	[illegible]	[illegible]	[illegible]	[illegible]	[illegible]	[illegible]	[illegible]
lhejr^{2}	lhjịj^{2}	ljɨr^{2}	ne̱w^{2}	tśhji^{1}	du̱^{1}	dzjɨ̱^{2}	niow^{1}	ljɨ^{1}	tshwew^{1}
乐	国	念，	善	根	积	集	复	回	向

菩提心，复当专念极乐国土，积集善根应持回向，

18.6.1

[illegible]，	[illegible]	[illegible]	[illegible]	[illegible]	[illegible]	[illegible]	[illegible]	[illegible]，	[illegible]	[illegible]
wji^{1}	thjɨ^{2}	nio̱w^{1}	tha^{1}	ljij^{2}	thja^{2}	lhjịj^{2}	·u^{2}	we̱^{1}	źji^{2}	phju^{2}
为，	此	由	佛	见	彼	国	中	生，	无	上

[illegible]	[illegible]	[illegible]	[illegible]	[illegible]	[illegible]	[illegible]	[illegible]。	[illegible]	[illegible]！	[illegible]
po^{1}	tjɨj^{1}	ɣa^{2}	njɨ^{2}	mji^{1}	lhji̠^{1}	lhjwo^{1}	rjir^{1}	·ja$^{?}$	na^{1}	tjij^{1}
菩	提	于	至	不	退	转	得。	阿	难！	若

由此见佛生彼国中，得不退转乃至无上菩提。阿难！若

18.6.2

[illegible]	[illegible]	[illegible]	[illegible]	[illegible]	[illegible]	[illegible]	[illegible]	[illegible]，	[illegible]	[illegible]
dzjij^{2}	lhji̠j^{2}	·u^{2}	ɲia^{2}	tśhju^{1}	po^{1}	tjɨj^{1}	nji̠j^{1}	śjwo^{1}	nji̠j^{1}	tji̠^{1}
他	国	中	众	生	菩	提	心	发，	心	诚
[illegible]	[illegible]	[illegible]	[illegible]	[illegible]	[illegible]	[illegible]，	[illegible]	[illegible]	[illegible]	[illegible]
ŋwu^{2}	zjo̱^{2}	mjɨ^{1}	pju̱^{1}	tha^{1}	mji^{1}	ljɨr^{2}	·ji^{1}	rejr^{2}	ne̱w^{2}	tśhji^{2}
以	寿	无	量	佛	不	念，	众	多	善	根

他国众生发菩提心，虽不专念无量寿佛，亦非恒种众多善根，

18.6.3

[illegible]	[illegible]	[illegible]，	[illegible]	[illegible]	[illegible]	[illegible]	[illegible]	[illegible]	[illegible]	[illegible]
kjɨ^{1}	mjij^{2}	lji̠^{1}	·jij^{1}	rjɨr^{2}	djo̱^{2}	dźji̠j^{1}	rjur^{1}	ne̱w^{2}	tśhja^{2}	·iow^{1}
△	未	种，	己	△	修	行	诸	善	德	功
[illegible]，	[illegible]	[illegible]	[illegible]	[illegible]	[illegible]	[illegible]	[illegible]	[illegible]。	[illegible]	[illegible]
bju^{1}	thja^{2}	tha^{1}	rjijr^{2}	ljɨ^{1}	tshwew^{1}	we̱^{1}	śjɨ^{1}	kie̱j^{2}	ku^{1}	thja^{1}
随，	彼	佛	方	回	向	生	往	欲。	则	此

随己修行诸善功德，回向彼佛愿欲往生。

18.6.4

[illegible]	[illegible]	[illegible]	[illegible]	[illegible]，	[illegible]	[illegible]	[illegible]	[illegible]	[illegible]	[illegible]
dzjwo^{2}	ka̱^{1}	bja^{2}	·jij^{1}	zjij^{1}	zjo̱^{2}	mjɨ^{1}	pju̱^{1}	tha^{1}	xja^{1}	dji̠^{2}
人	命	断	临	时，	寿	无	量	佛	即	化
[illegible]	[illegible]	[illegible]，	[illegible]	[illegible]	[illegible]	[illegible]	[illegible]	[illegible]	[illegible]	[illegible]，
lju̱^{2}	tha^{1}	wja̱^{2}	phji^{2}	khjiw^{2}	·ji^{1}	rjir^{2}	śji^{1}	ku̱^{1}	·wio̱^{1}	tśji̠^{1}
身	佛	遣，	比	丘	众	与	前	后	围	绕，

此人临命终时，无量寿佛即遣化身①，与比丘众前后围绕，

① 西夏本“化身”二字下有“[illegible]”(佛)字，汉文本未见。

18.6.5

[illegible]	[illegible]	[illegible]	[illegible]	[illegible]	[illegible]	[illegible]	[illegible]	[illegible]	[illegible]	[illegible]
thja^{1}	dja^{2}	wjɨ^{1}	dji̱^{2}	tha^{1}	bji^{1}	swew^{1}	·jij^{1}	ŋạ^{2}	tha^{1}	ɣiej^{1}
其	△	变	化	佛	光	明	相	好	佛	真
[illegible]	[illegible]	[illegible]，	[illegible]	[illegible]	[illegible]	[illegible]	[illegible]	[illegible]	[illegible]	[illegible]
rjir^{2}	mji^{1}	do^{2}	thja^{1}	dzjwo^{2}	·ju^{2}	rjir^{2}	śja^{2}	ɣjiw^{1}	ɣiwej^{1}	śio^{1}
与	无	异，	其	人	面	前	现	摄	受	导

其所化佛光明相好与真无异，现其人前摄受导引。

18.6.6

[illegible]。	[illegible]	[illegible]	[illegible]	[illegible]	[illegible]	[illegible]	[illegible]	[illegible]	[illegible]，	[illegible]
ne̱j^{2}	tśhjɨ^{2}	rjar^{2}	dji̱^{2}	tha^{1}	pha^{1}	thja^{2}	lhji̱j^{2}	·u^{2}	we̱^{1}	źji^{2}
示。	立	即	化	佛	别	其	国	中	生，	无
[illegible]	[illegible]	[illegible]	[illegible]	[illegible]	[illegible]	[illegible]	[illegible]。	[illegible]	[illegible]！	[illegible]
phju^{2}	po^{1}	tjɨj^{1}	ɣa^{2}	mji^{1}	lhji̱^{1}	lhjwo^{1}	rjir^{1}	·ja$^{?}$	na^{1}	tjɨ^{1}
上	菩	提	于	不	退	转	得。	阿	难！	如

即随化佛往生其国，得不退转无上菩提。阿难！若

18.6.7

[illegible]	[illegible]	[illegible]	[illegible]	[illegible]	[illegible]	[illegible]，	[illegible]	[illegible]	[illegible]	[illegible]
tjij^{1}	ɲia^{2}	tśhju^{1}	tha^{2}	·ụ^{2}	bju^{1}	dźji̱j^{1}	gji^{1}	sej^{1}	nji̱j^{1}	ŋwu^{2}
若	众	生	大	乘	随	住，	清	净	心	以
[illegible]	[illegible]	[illegible]	[illegible]	[illegible]	[illegible]，	[illegible]	[illegible]	[illegible]	[illegible]	[illegible]
zjọ^{2}	mjɨ^{1}	pjụ^{1}	ku^{1}	lji̱j^{2}	rjijr^{2}	rjɨr^{2}	njɨ^{2}	ɣạ^{2}	dźjow^{1}	zjọ^{2}
寿	无	量	如	来	向，	乃	至	十	遍	寿

有众生住大乘者，以清净心向无量寿如来，乃至十念

18.7.1

[illegible]	[illegible]	[illegible]	[illegible]	[illegible]，	[illegible]	[illegible]	[illegible]	[illegible]，	[illegible]	[illegible]	[illegible]
mjɨ^{1}	pjụ^{1}	tha^{1}	mji̱j^{2}	tshjɨ̱^{1}	thja^{1}	lhji̱j^{2}	·u^{2}	we̱^{1}	źji^{2}	na^{1}	tsji̱r^{1}
无	量	佛	名	念，	彼	国	中	生，	甚	深	法

mji^{1} kięj^{2} xja^{1} dźiej^{2} tsjij^{2} śjwo^{1} njij^{1} ·jiw^{2} ljɨj^{1} mjij^{1} rjɨr^{2}

闻 欲 即 信 解 生， 心 疑 惑 无。 乃

念无量寿佛①，愿生其国，闻甚深法即生信解，心无疑惑。乃

18.7.2

njɨ^{2} ·ja$^{?}$ ljɨr^{2} sej^{1} njij^{1} lhjụ^{2} rjir^{1} ·ja$^{?}$ ljɨr^{2} njij^{1} śjwo^{1}

至 一 念 净 心 获 得， 一 念 心 发

zjọ^{2} mjɨ^{1} pjụ^{1} tha^{1} mjij^{2} tshjɨ^{1} ku^{1} thja^{1} dzjwo^{2} kạ^{1} bja^{2}

寿 无 量 佛 名 念， 则 此 人 命 终

至获得一念净心，发一念心念无量寿佛，此人临命终

18.7.3

·jij^{1} zjij^{1} mjij^{1} kjɨ^{1} mjij^{1} sju^{2} zjọ^{2} mjɨ^{1} pjụ^{1} tha^{1} ljij^{2}

临 时， 梦 △ 梦 如 寿 无 量 佛 见，

kjɨ^{1} djɨj^{2} thja^{2} lhjij^{2} ·u^{2} wẹ^{1} źji^{2} phju^{2} po^{1} tjɨj^{1} ɣa^{2}

一 定 彼 国 中 生， 无 上 菩 提 于

时，如在梦中见无量寿佛，定生彼国，得不退转无上菩提。

18.7.4

mji^{1} lhjɨ^{1} lhjwo^{1} rjir^{1} ·ja$^{?}$ na^{1} thjɨ^{2} wo^{2} gjij^{1} niọw^{1} ku^{1}

不 退 转 得。 阿 难！ 此 义 利 故， 则

mjɨ^{1} pjụ^{1} ŋew^{2} mjij^{1} sew^{2} tshjij^{1} tśhjiw^{2} mjij^{1} ŋwer^{1} ŋwer^{1} mji^{1}

无 量 数 无 思 议 可 不 等 等 无

阿难！以此义利故，无量无数不可思议无有等等无

① 十念，西夏本作"[illegible]"，字面意思是"十遍"。

18.7.5

[illegible]	[illegible]	[illegible]	[illegible]	[illegible]	[illegible]	[illegible]	[illegible]	[illegible]	[illegible]，	[illegible]
dju^{1}	bju^{2}	mjij^{1}	rjur^{1}	kięj^{2}	·u^{2}	rjur^{1}	tha^{1}	mjor^{1}	ljịj^{2}	to^{2}
有	边	无	世	界	中	诸	佛	如	来，	悉
[illegible]	[illegible]	[illegible]	[illegible]	[illegible]	[illegible]	[illegible]	[illegible]	[illegible]	[illegible]	[illegible]。
źji^{2}	zjọ^{2}	mjɨ^{1}	pjụ^{1}	tha^{1}	·jij^{1}	tśhja^{2}	·iow^{1}	·jow^{2}	śja^{2}	ljɨ^{1}
皆	寿	无	量	佛	之	德	功	称	赞	也。

边世界诸佛如来，皆共称赞无量寿佛所有功德。

18.7.6

[illegible]	[illegible]	[illegible]	[illegible]	[illegible]：	[illegible]	[illegible]	[illegible]	[illegible]	[illegible]	[illegible]
tha^{1}	·ja$^{?}$	na^{1}	·jij^{1}	jɨ^{2}	wjɨ^{2}	rjijr^{2}	khjã^{2}	khja^{2}	bẹ^{1}	ŋew^{2}
佛	阿	难	之	告：	东	方	恒	伽	沙	数
[illegible]	[illegible]	[illegible]，	[illegible]	[illegible]	[illegible]	[illegible]	[illegible]	[illegible]	[illegible]	[illegible]
sju^{2}	rjur^{1}	kięj^{2}	ljɨ^{1}	ljɨ^{1}	kięj^{2}	·u^{2}	khjã^{2}	khja^{2}	bẹ^{1}	ŋew^{2}
如	世	界，	一	一	界	中	恒	伽	沙	数

佛告阿难：东方如恒河沙界，一一界中有如恒沙

18.7.7

[illegible]	[illegible]	[illegible]	[illegible]，	[illegible]	[illegible]	[illegible]	[illegible]	[illegible]	[illegible]	[illegible]
sju^{2}	ɲia^{2}	tsjij^{2}	dźjịj^{1}	zjọ^{2}	mjɨ^{1}	pjụ^{1}	tha^{1}	niow^{1}	rjur^{1}	śjɨj^{2}
如	菩	萨	住，	寿	无	量	佛	及	诸	圣
[illegible]	[illegible]	[illegible]	[illegible]	[illegible]	[illegible]	[illegible]	[illegible]	[illegible]	[illegible]	[illegible]
·ji^{1}	·jij^{1}	bjọ^{1}	mej^{1}	kjụ^{1}	tshwew^{1}	kięj^{2}	niọw^{1}	tha^{1}	do^{2}	rjɨr^{2}
众	之	瞻	观	供	养	欲	为	佛	所	△

菩萨，为欲瞻礼供养无量寿佛及诸圣众来诣佛所，

18.8.1

[illegible]，	[illegible]	[illegible]	[illegible]	[illegible]	[illegible]	[illegible]	[illegible]	[illegible]	[illegible]	[illegible]	[illegible]
ljij^{2}	zjɨr^{1}	lji^{2}	ljạ^{1}	rjijr^{2}	ljɨr^{1}	dzjɨj^{2}	phju^{2}	khju^{1}	tsjɨ^{1}	źji^{2}	thja^{1}
来，	南	西	北	方	四	维	上	下	亦	皆	是

[illegible]	[illegible]。	[illegible]	[illegible],	[illegible]	[illegible]	[illegible]	[illegible]	[illegible]	[illegible]	[illegible]:
wjɨ^{2}	sju^{2}	tśhjɨ^{1}	zjọ^{2}	rjur^{1}	pjụ^{1}	tśhjwo^{1}	ljạ^{1}	dạ^{2}	rjɨr^{2}	tshjịj^{1}
犹	如。	尔	时,	世	尊	而	颂	说	△	曰:

南西北方四维上下亦复如是。尔时,世尊而说颂曰:

18.8.2

[illegible]	[illegible]	[illegible]	[illegible]	[illegible],	[illegible]	[illegible]	[illegible]	[illegible]	[illegible],
wjɨ̣^{2}	rjijr^{2}	rjur^{1}	tha^{1}	lhjịj^{2}	ŋew^{2}	khjā^{2}	khja^{2}	bẹ^{1}	sju^{2}
东	方	诸	佛	国,	数	恒	伽	沙	如,
[illegible]	[illegible]	[illegible]	[illegible]	[illegible],	[illegible]	[illegible]	[illegible]	[illegible]	[illegible],
thjɨ^{2}	sju^{2}	tha^{1}	lhjịj^{2}	·u^{2}	bẹ^{1}	ŋew^{2}	ɲia^{2}	tsjij^{2}	·ji^{1}
是	如	佛	国	中,	沙	数	菩	萨	众,

东方诸佛刹,数如恒河沙,如是佛土中,恒沙菩萨众,

18.8.3

[illegible]	[illegible]	[illegible]	[illegible]	[illegible],	[illegible]	[illegible]	[illegible]	[illegible]	[illegible],
mẹ^{2}	mjịjr^{2}	śja^{2}	ŋwu^{2}	ljịj^{2}	zjọ^{2}	mjɨ^{1}	pjụ^{1}	tha^{1}	tshwew^{1}
神	通	现	以	来,	寿	无	量	佛	礼,
[illegible]	[illegible]	[illegible]	[illegible]	[illegible],	[illegible]	[illegible]	[illegible]	[illegible]	[illegible]。
sọ^{1}	rjijr^{2}	rjur^{1}	śjɨj^{2}	·ji^{1}	tśja^{1}	tshwew^{1}	tsjɨ^{1}	·ja$^{?}$	tjɨj^{2}
三	方	诸	圣	众,	礼	敬	亦	一	样。

皆现神通来,礼无量寿佛,三方诸圣众,礼覲亦同归。

18.8.4

[illegible]	[illegible]	[illegible]	[illegible]	[illegible],	[illegible]	[illegible]	[illegible]	[illegible]	[illegible],
thja^{1}	bẹ^{1}	ŋew^{2}	kięj^{2}	·u^{2}	tśja^{1}	bji^{1}	rjur^{1}	nuə$^{?}$	ljɨ̣^{1}
彼	沙	数	界	中,	道	光	诸	辩	论,
[illegible]	[illegible]	[illegible]	[illegible]	[illegible],	[illegible]	[illegible]	[illegible]	[illegible]	[illegible]。
na^{1}	śjā^{1}	djɨj^{2}	bięj^{1}	lhejr^{2}	ljɨr^{1}	le^{2}	mjij^{1}	njij^{1}	dźjij^{1}
深	禅	定	快	乐,	四	畏	无	心	住。

彼于沙界中,道光诸辩论,住深禅定乐,四无所畏心。

18.8.5

[illegible]	[illegible]	[illegible]	[illegible]	[illegible]，	[illegible]	[illegible]	[illegible]	[illegible]	[illegible]，
·jij^{1}	twụ^{1}	·ji^{1}	thjo̱^{1}	wją^{1}	nji̱j^{1}	·o^{2}	śja^{1}	ŋą^{2}	zow^{2}
各	自	众	妙	花，	心	悦	香	妙	受，
[illegible]	[illegible]	[illegible]	[illegible]	[illegible]，	[illegible]	[illegible]	[illegible]	[illegible]	[illegible]，
niow^{1}	rjur^{1}	mə^{1}	tshow^{1}	khu^{1}	·jir^{2}	tụ^{1}	śjwi̱^{2}	ɣię^{2}	ŋwu^{2}
并	诸	天	乐	奏，	百	千	和	音	以，

各赍众妙花，名香皆可悦，并奏诸天乐，百千和雅音，

18.8.6

[illegible]	[illegible]	[illegible]	[illegible]	[illegible]，	[illegible]	[illegible]	[illegible]	[illegible]	[illegible]。
śja^{1}	rjijr^{2}	mji̱j^{2}	dźjwow^{1}	mjijr^{2}	me̱^{2}	dzjwo^{2}	dzjij^{2}	kjụ^{1}	tshwew^{1}
十	方	名	扬	者，	天	人	师	供	养。
[illegible]	[illegible]	[illegible]	[illegible]	[illegible]，	[illegible]	[illegible]	[illegible]	[illegible]	[illegible]，
źji^{2}	dźjwa^{1}	pjụ^{1}	me̱^{2}	ɣie^{1}	rjur^{1}	tsjir^{1}	ɣa^{1}	ɣiew^{1}	njwi^{2}
究	竟	威	神	力，	诸	法	门	学	善，

以献天人师，名闻十方者。究竟威神力，善学诸法门，

18.8.7

[illegible]	[illegible]	[illegible]	[illegible]	[illegible]，	[illegible]	[illegible]	[illegible]	[illegible]	[illegible]，
mə^{2}	mə^{2}	kjụ^{1}	tshwew^{1}	kha^{1}	jɨr^{2}	djo̱^{2}	mji^{1}	dwər^{1}	·jar^{2}
种	种	供	养	中，	勤	修	无	懈	倦，
[illegible]	[illegible]	[illegible]	[illegible]	[illegible]，	[illegible]	[illegible]	[illegible]	[illegible]	[illegible]，
tśhja^{2}	·iow^{1}	sji̱j^{2}	źjɨr^{1}	bji^{1}	rjur^{1}	na^{1}	nja̱^{1}	go^{2}	njwi^{2}
德	功	智	慧	光，	诸	暗	黑	破	能，

种种供养中，勤修无懈倦，功德智慧景，能破诸幽冥，

18.9.1

[illegible]	[illegible]	[illegible]	[illegible]	[illegible]，	[illegible]	[illegible]	[illegible]	[illegible]	[illegible]。
źji^{2}	pjụ^{1}	bju̱^{1}	nji̱j^{1}	ŋwu^{2}	kiwej^{2}	thjo̱^{1}	kjụ^{1}	gju̱^{2}	mji^{1}
皆	尊	重	心	以，	珍	妙	供	器	施。

[illegible]	[illegible]	[illegible]	[illegible]	[illegible]，	[illegible]	[illegible]	[illegible]	[illegible]	[illegible]，
thja^2	bụ^2	gjij^1	lhjịj^2	·u^2	ȵia^2	tsjij^2	bju^2	mjij^1	bjọ^1
彼	胜	殊	国	中，	菩	萨	边	无	观，

咸以尊重心，奉诸珍妙供。彼观殊胜刹，菩萨众无边，

18.9.2

[illegible]	[illegible]	[illegible]	[illegible]	[illegible]，	[illegible]	[illegible]	[illegible]	[illegible]	[illegible]。
tjị^1	xja^1	po^1	tjɨj^1	śjɨj^1	sej^1	kięj^2	źji^2	lhejr^2	sju^2
愿	速	菩	提	成，	净	界	安	乐	如。
[illegible]	[illegible]	[illegible]	[illegible]	[illegible]，	[illegible]	[illegible]	[illegible]	[illegible]	[illegible]，
rjur^1	pjụ^1	kięj^2	ŋwe^1	nwə^1	wạ^2	tha^2	sew^2	tshjij^1	mjij^1
世	尊	欲	乐	知，	广	大	思	议	不，

愿速成菩提，净界如安乐。世尊知欲乐，广大不思议，

18.9.3

[illegible]	[illegible]	[illegible]	[illegible]	[illegible]，	[illegible]	[illegible]	[illegible]	[illegible]	[illegible]。
kie^1	tsə̣^{1}	zjɨ̣r^1	djij^1	śja^2	tjị^1	bju^1	śjɨj^1	nja^2	jɨ^2
金	容	微	笑	现，	愿	如	成	汝	告。
[illegible]	[illegible]	[illegible]	[illegible]	[illegible]，	[illegible]	[illegible]	[illegible]	[illegible]	[illegible]，
rjur^1	tsjɨ̣r^1	wjɨ̣^{1}	djị^2	sju^2	tha^1	lhjịj^2	mjij^1	dźiwe^1	tsjij^2
诸	法	变	幻	如，	佛	国	梦	响	了，

微笑现金容，告成如所愿。了诸法如幻，佛国犹梦响，

18.9.4

[illegible]	[illegible]	[illegible]	[illegible]	[illegible]，	[illegible]	[illegible]	[illegible]	[illegible]	[illegible]。
·ju^2	tjị^1	śjwo^1	śjwo^2	tshjij^2	kụ^1	źji^2	ljɨr^1	lhjịj^2	śjɨj^1
恒	誓	发	庄	严，	当	微	妙	土	成。
[illegible]	[illegible]	[illegible]	[illegible]	[illegible]，	[illegible]	[illegible]	[illegible]	[illegible]	[illegible]，
ȵia^2	tsjij^2	tjị^1	ɣie^1	ŋwu^2	bụ^2	po^1	tjɨj^1	dźjɨ$^?$	djọ^2
菩	萨	愿	力	以，	胜	菩	提	行	修，

恒发誓庄严，当成微妙土。菩萨以愿力，修胜菩提行，

18.9.5

□	□	□	□	□，	□	□	□	□	□。
lhjịj^{2}	rar^{2}	swu^{2}	sju^{2}	nwə^{1}	rjur^{1}	tha^{2}	tjị^{1}	njịj^{1}	śjwo^{1}
国	影	像	如	知，	诸	弘	誓	心	发。
□	□	□	□	□，	□	□	□	□	□，
tjɨ^{1}	tjij^{1}	njɨ^{2}	gji^{1}	sej^{1}	bu̱^{2}	bju^{2}	mjij^{1}	lhjịj^{2}	kjụ^{1}
如	若	遍	清	净，	胜	无	边	国	求，

知土如影像，发诸弘誓心。若求遍清净，殊胜无边刹，

18.9.6

□	□	□	□	□，	□	□	□	□	□。
tha^{1}	śjɨj^{1}	tśhja^{2}	mjij^{2}	mji^{1}	no^{2}	lhejr^{2}	lhjịj^{2}	wẹ^{1}	kiẹj^{2}
佛	成	德	名	闻，	安	乐	国	生	愿。
□	□	□	□	□，	□	□	□	□	□，
tjɨ^{1}	tjij^{1}	rjur^{1}	ɲia^{2}	tsjij^{2}	njịj^{1}	tjị^{1}	sej^{1}	lhjịj^{2}	kjụ^{1}
如	若	诸	菩	萨，	心	诚	净	国	求，

闻佛圣德名①，愿生安乐国。若有诸菩萨，志求清净土，

18.9.7

□	□	□	□	□，	□	□	□	□	□。
no^{2}	lhejr^{2}	lhjịj^{2}	wẹ^{1}	kiẹj^{2}	tsjịr^{1}	ŋa^{2}	mjij^{1}	nwə^{1}	tsjij^{2}
安	乐	国	生	愿，	法	我	无	知	了。

了知法无我，愿生安乐国。

18.10.1

□	□	□	□！	□	□	□	□	□	□
niow^{1}	tśjɨ^{1}	·ja$^{?}$	na^{1}	źji^{2}	lhejr^{2}	rjur^{1}	kiẹj^{2}	·u^{2}	dźjij^{1}
复	次	阿	难！	极	乐	世	界	中	所
□	□	□，	□	□	□	□	□	□	□
dźjij^{1}	ɲia^{2}	tsjij^{2}	lew^{1}	tha^{2}	tjị^{1}	ka^{2}	tśjij^{2}	kwə^{2}	tha^{2}

① 圣，西夏本作“□”（成）。按，“□”śjɨj^{1}（成）字于义不合，在此假借作“□”śjɨj^{2}（圣），此二字为近音通假。

有	菩	萨，	唯	大	愿	师	子	吼	大

复次阿难！极乐世界所有菩萨，于无上菩提皆悉安住一生补处，唯除大愿能师子吼

18.10.2

[illegible]	[illegible]	[illegible]	[illegible]	[illegible]	[illegible]	[illegible]	[illegible]	[illegible]	[illegible]	[illegible]
gjwɨ^{1}	zjir^{2}	gjwi^{2}	ma^{2}	ŋa̱^{2}	tsa^{1}	·ji^{1}	ɲia^{2}	tśhju^{1}	gju^{1}	nio̱w^{1}
坚	甲	胄	摩	诃	萨	众	群	生	度	为
[illegible]	[illegible]	[illegible]	[illegible]	[illegible]	[illegible]	[illegible]，	[illegible]	[illegible]	[illegible]	[illegible]
tha^{2}	dji̱j^{2}	phã^{1}	djo̱^{2}	mjijr^{2}	rjɨr^{2}	niow^{1}	źji^{2}	phju^{2}	po^{1}	tjɨj^{1}
大	涅	槃	修	者	除	外，	无	上	菩	提

擐大甲胄摩诃萨众为度群生修大涅槃者。

18.10.3

[illegible]	[illegible]	[illegible]	[illegible]	[illegible]	[illegible]	[illegible]	[illegible]	[illegible]。	[illegible]
ɣa^{2}	to^{2}	źji^{2}	lew^{1}	we̱^{1}	tśie̱j^{2}	twe̱^{1}	no^{2}	dźjij^{1}	niow^{1}
于	皆	悉	一	生	补	续	安	住。	复
[illegible]	[illegible]	[illegible]！	[illegible]	[illegible]	[illegible]	[illegible]	[illegible]	[illegible]	[illegible]
tśjɨ^{1}	·ja$^{?}$	na^{1}	thja^{2}	tha^{1}	lhji̱j^{2}	·u^{2}	rjur^{1}	ɣie̱^{2}	mji^{1}
次	阿	难！	彼	佛	国	中	诸	声	闻

复次阿难！彼佛刹中诸声闻

18.10.4

[illegible]，	[illegible]	[illegible]	[illegible]	[illegible]	[illegible]	[illegible]	[illegible]	[illegible]	[illegible]	[illegible]
·ji^{1}	źji^{2}	lju̱^{2}	bji^{1}	dju^{1}	ɣu^{1}	mjij^{1}	twu̱^{1}	·ja$^{?}$	la^{2}	rjar^{1}
众，	皆	身	光	有	头	尾	各	一	寻	远
[illegible]	[illegible]。	[illegible]	[illegible]	[illegible]	[illegible]	[illegible]	[illegible]	[illegible]	[illegible]	
gji^{2}	swew^{1}	ɲia^{2}	tsjij^{2}	bji^{1}	tja^{1}	·jir^{2}	tu̱^{1}	la^{2}	rjar^{1}	
时	照。	菩	萨	光	者	百	千	寻	远	

众，皆有身光能照一寻。菩萨光照极百千寻，

18.10.5

[illegible]，	[illegible]	[illegible]	[illegible]	[illegible]	[illegible]	[illegible]	[illegible]	[illegible]	[illegible]	[illegible]

swew¹ lew¹ njɨ¹ ɲia² tsjij² ·jij¹ bji¹ swew¹ ·ju² so̱¹ tụ¹
照，一 二 菩 萨 之 光 明 常 三 千
[illegible]
tha² tụ¹ rjur¹ kie̯j² ·u² swew¹ ·ja? na¹ tha¹ ·jij¹ da̱²
大 千 世 界 中 照。阿 难 佛 之 言

除二菩萨光明常照三千大千世界①。阿难白佛言：

18.10.6

[illegible]
jɨ² rjur¹ pjụ¹ thja¹ njɨ¹ ɲia² tsjij² mjij² tja¹ thjij² sjo²
谓：世 尊！彼 二 菩 萨 名 者 何 云？
[illegible]
tha¹ ·ja? na¹ ·jij¹ jɨ² nji² sjij¹ djị² nji² thja²
佛 阿 难 之 谓：汝 今 谛 听！彼

世尊！彼二菩萨名为何等？佛告阿难：汝今谛听！彼

18.10.7

[illegible]
njɨ¹ ɲia² tsjij² lew¹ mjij² bjo̱¹ ·jij¹ dzju² njɨ¹ mjij² tha²
二 菩 萨，一 名 观 自 在，二 名 大
[illegible]
ɣwie¹ ɣie¹ ·ja? na¹ thja¹ njɨ¹ ɲia² tsjij² thjɨ² so² pho¹
势 至。阿 难！彼 二 菩 萨 此 娑 婆

二菩萨，一名观自在，二名大势至。阿难！此二菩萨从娑婆

18.11.1

[illegible]
rjur¹ kie̯j² ·u² zjo̱² sji¹ thja² lhjij² ·u² wjɨ² we̱¹ ·ja?
世 界 中 寿 尽 彼 国 中 △ 生。阿
[illegible]

① 除，西夏本作"[illegible]"（一）。按，"[illegible]"lew¹（一）字于义不合，在此疑假借作"[illegible]"lew¹（唯），此二字为同音通假。

na¹ thja² źji² lhejr² kię² ·u² wjɨ² we̱¹ ɲia² tsjij²

难！ 彼 极 乐 界 中 所 生 菩 萨

世界舍寿量已往生彼国。阿难！彼极乐界所生菩萨

18.11.2

[illegible]

tja¹ źji² so̱¹ ɣa̱² njɨ¹ ·jij¹ ŋowr² lju̱² kwər¹ wə̱¹

者 皆 三 十 二 相 具， 身 体 柔

[illegible]

lhji̱¹ rjur¹ tśhji² bju¹ gja̱² sjij² źjɨr¹ ne̱w² ɣjɨr¹ do²

软、 诸 根 聪 利、 智 慧 善 巧， 差

皆具三十二相，肤体柔软、诸根聪利、智慧善巧，

18.11.3

[illegible]

pha¹ tsji̱r¹ ɣa² mji¹ nwə¹ tsjij² mjij¹ śjã¹ djɨ̱² me̱² mji̱jr²

别 法 于 不 知 了 无， 禅 定 神 通

[illegible]

źji² khe̱j¹ ·u² njwi² tśhja² bji¹ tśhji² lwəj¹ dji̱j¹ ljɨ¹

皆 游 戏 能， 德 薄 根 钝 类 及

于差别法无不了知，禅定神通善能游戏，皆非薄德钝根之流。

18.11.4

[illegible]

nja̱² thja² ɲia² tsjij² kha¹ ɣu¹ ze̱w² rjir¹ mjijr² tjij¹ njɨ¹

非。 彼 菩 萨 中 初 忍 得 者 或 二

[illegible]

tsew² ze̱w² rjir¹ mjijr² mjɨ¹ pju̱¹ bju² mjij¹ tśhio̱w¹ tśhio̱w¹

第 忍 得 者 无 量 边 无， 或 或

彼菩萨中有得初忍或第二忍者无量无边，或

18.11.5

[illegible]

we̱^{1}	mjij^{1}	tsji̱r^{1}	ze̱w^{2}	ljạ^{1}	rjir^{1}	·ja$^{?}$	na^{1}	thja^{2}	lhjịj^{2}	·u^{2}	ɲia^{2}
生	无	法	忍	证	得。	阿	难！	彼	国	中	菩
[illegible]，	[illegible]	[illegible]	[illegible]	[illegible]	[illegible]	[illegible]	[illegible]	[illegible]	[illegible]	[illegible]，	
tsjij^{2}	po^{1}	tjɨj^{1}	ɣa^{2}	kjɨ^{1}	njɨ^{2}	niow^{2}	tshwew^{1}	kha^{1}	mji^{1}	ljɨ^{1}	
萨，	菩	提	于	乃	至	恶	趣	中	不	堕，	

有证得无生法忍。阿难！彼国菩萨，乃至菩提不堕恶趣，

18.11.6

[illegible]	[illegible]	[illegible]	[illegible]	[illegible]	[illegible]	[illegible]	[illegible]	[illegible]，	[illegible]	[illegible]
lew^{1}	ŋwə^{1}	niəj^{1}	lhjịj^{2}	·u^{2}	to^{2}	śja^{2}	rjɨr^{2}	niow^{1}	ljọ^{2}	wjɨ^{2}
唯	五	浊	刹	中	出	现	除	外，	何	△
[illegible]	[illegible]	[illegible]	[illegible]	[illegible]	[illegible]。	[illegible]	[illegible]！	[illegible]	[illegible]	[illegible]
we̱^{1}	twụ^{1}	njwo^{2}	kạ^{1}	tsjij^{2}	njwi^{2}	·ja$^{?}$	na^{1}	thja^{2}	lhjịj^{2}	·u^{2}
生	处	宿	命	了	能。	阿	难！	彼	国	中

生生之处能了宿命，唯除五浊刹中出现于世。阿难！彼国

18.11.7

[illegible]	[illegible]	[illegible]	[illegible]	[illegible]	[illegible]	[illegible]	[illegible]	[illegible]	[illegible]	[illegible]
ɲia^{2}	tsjij^{2}	sjij^{1}	sjij^{1}	bjij^{2}	ɣa^{1}	tsji̱r^{1}	rjijr^{2}	mjɨ^{1}	pjụ^{1}	·jir^{2}
菩	萨	今	晨	朝	明	他	方	无	量	百
[illegible]	[illegible]	[illegible]	[illegible]	[illegible]	[illegible]	[illegible]，	[illegible]	[illegible]	[illegible]	
tụ^{1}	rjur^{1}	tha^{1}	·jij^{1}	kjụ^{1}	tshwew^{1}	śjɨ^{1}	phji^{1}	bju^{1}	śjwo^{1}	
千	诸	佛	之	供	养	往，	意	随	所	

菩萨皆于晨朝供养他方无量百千诸佛，随所希求

18.12.1

[illegible]	[illegible]	[illegible]	[illegible]	[illegible]、	[illegible]	[illegible]、	[illegible]	[illegible]、	[illegible]	[illegible]、
śjwo^{1}	mə^{2}	mə^{2}	wjạ^{1}	rer^{2}	ma^{2}	śja^{1}	mẹ^{2}	śja^{1}	dźjow^{1}	lji̱^{1}
须	种	种	花	鬘、	涂	香、	末	香、	幢	幡、
[illegible]	[illegible]	[illegible]	[illegible]	[illegible]	[illegible]，	[illegible]	[illegible]	[illegible]	[illegible]	
tshji̱^{1}	ɣja^{2}	niow^{1}	rjur^{1}	tshow^{1}	ɣiẹ^{2}	tha^{1}	me̱^{2}	ɣie^{1}	bju^{1}	
缯	盖	及	诸	音	乐，	佛	神	力	以	

种种花鬘、涂香、末香、幢幡、缯盖及诸音乐，以佛神力

18.12.2

[illegible]	[illegible]	[illegible]	[illegible]	[illegible]	[illegible]	[illegible]	[illegible]	[illegible],	[illegible]	[illegible]
źji²	lạ¹	·u²	to²	rjur¹	tha¹	·jij¹	kjụ¹	tshwew¹	thjɨ²	sju²
皆	手	中	现	诸	佛	之	供	养,	是	如
[illegible]	[illegible]	[illegible]	[illegible]	[illegible]	[illegible],	[illegible]	[illegible]	[illegible]	[illegible],	
kjụ¹	gju²	wạ²	tha²	źji²	lhejr²	ŋew²	mjij¹	bju²	mjij¹	
供	具	广	大	甚	安,	数	无	边	无,	

皆现手中供养诸佛。如是供具广大甚多①,无数无边,

18.12.3

[illegible]	[illegible]	[illegible]	[illegible]。	[illegible]	[illegible]	[illegible]	[illegible]	[illegible]	[illegible]	[illegible]
sew²	tshjịj¹	tjị²	mjij¹	tjɨ¹	tjij¹	mə²	mə²	wją¹	ŋạ²	kjụ¹
思	议	可	不。	如	若	种	种	花	妙	求
[illegible],	[illegible]	[illegible]	[illegible]	[illegible]	[illegible]	[illegible]	[illegible]	[illegible]	[illegible],	
kięj²	thja¹	wją¹	mjɨ¹	pjụ¹	·jir²	tụ¹	bji¹	tsə̣¹	·o¹	
欲,	彼	花	无	量	百	千	光	色	有,	

不可思议。若复乐求种种名花,花有无量百千光色,

18.12.4

[illegible]	[illegible]	[illegible]	[illegible]	[illegible]	[illegible]	[illegible]	[illegible]。	[illegible]	[illegible]!	[illegible]
źji²	lạ¹	·u²	to²	rjur¹	tha¹	tśhja̱¹	lju²	·ja?	na¹	thja¹
皆	手	中	现	诸	佛	奉	散。	阿	难!	其
[illegible]	[illegible]	[illegible],	[illegible]	[illegible]	[illegible]	[illegible]	[illegible]	[illegible]	[illegible],	
wjɨ²	lju²	wją¹	tśhjɨ²	rjar²	ŋa¹	gu²	?	wją¹	ɣja²	
所	散	花,	立	即	空	中	变	花	盖,	

皆现手中奉散诸佛。阿难!其所散花,即于空中变成花盖,

18.12.5

[illegible]	[illegible]	[illegible]	[illegible]	[illegible]	[illegible]	[illegible]	[illegible]	[illegible]	[illegible]	[illegible],	[illegible]
śjɨj¹	ɣja²	kha¹	źji²	ŋwu²	tja¹	iọ¹	ɣạ²	·jiw¹	sjwɨ¹	rjar¹	tjij¹

① 多,西夏本作“[illegible]”(安)。按,“[illegible]”lhejr²(安)字于义不合,在此假借作“[illegible]”rejr²(多)。

成	盖	中	最	小	者	周	十	由	旬	远，	若
[illegible]	[illegible]	[illegible]	[illegible]	[illegible]	[illegible]，	[illegible]	[illegible]	[illegible]	[illegible]	[illegible]	[illegible]
wja̱¹	sjiw¹	ŋwu²	mji¹	sar²	lju²	ku¹	śji¹	wjɨ²	lju²	wja̱¹	tśjo?
花	新	以	不	更	散，	则	前	所	散	花	终

盖之小者满十由旬,若不更以新花重散,前所散花终

18.12.6

[illegible]	[illegible]	[illegible]。	[illegible]	[illegible]！	[illegible]	[illegible]	[illegible]	[illegible]	[illegible]	[illegible]
mji¹	gji¹	ljɨ¹	·ja?	na¹	tśhio̱w¹	tśhio̱w¹	wja̱¹	ɣja²	io̱¹	njɨ̱¹
不	利	落。	阿	难！	或	或	花	盖	周	二
[illegible]	[illegible]	[illegible]	[illegible]，	[illegible]	[illegible]	[illegible]	[illegible]	[illegible]	[illegible]	
ɣa̱²	·jiw¹	sjwɨ¹	rjar¹	thjɨ²	sju²	so̱¹	ɣa̱²	ljɨr¹	ɣa̱²	
十	由	旬	远，	是	如	三	十	四	十	

不堕落。阿难！或有花盖满二十由旬,如是三十四十

18.12.7

[illegible]	[illegible]	[illegible]	[illegible]	[illegible]	[illegible]，	[illegible]	[illegible]	[illegible]	[illegible]	[illegible]
rjɨr²	njɨ²	tu̱¹	·jiw¹	sjwɨ¹	rjar¹	tjij¹	ljɨr¹	mja¹	io̱¹	rjir²
乃	至	千	由	旬	远，	或	四	洲	周	与
[illegible]	[illegible]	[illegible]	[illegible]	[illegible]	[illegible]	[illegible]，	[illegible]	[illegible]	[illegible]	
rjir²	ka¹	tjij¹	ŋwu²	tu̱¹	gu²	tu̱¹	rjɨr²	njɨ²	so̱¹	
量	等	或	小	千	中	千，	乃	至	三	

乃至千由旬,或等四洲或遍小千中千,乃至三

18.13.1

[illegible]	[illegible]	[illegible]	[illegible]	[illegible]	[illegible]	[illegible]	[illegible]。	[illegible]	[illegible]	[illegible]
tu̱¹	tha²	tu̱¹	rjur¹	kiej²	rjir²	rjir²	ka¹	thja¹	rjur¹	ɲia²
千	大	千	世	界	与	量	等。	彼	诸	菩
[illegible]	[illegible]	[illegible]	[illegible]	[illegible]，	[illegible]	[illegible]	[illegible]	[illegible]，	[illegible]	
tsjij²	zjɨ̱r¹	dju¹	njij¹	śjwo¹	tha²	de²	dzu¹	rjir¹	thja¹	
萨	稀	有	心	生，	大	喜	爱	得，	彼	

千大千世界。此诸菩萨生稀有心,得大喜爱,

18.13.2

[illegible]	[illegible]	[illegible]	[illegible]	[illegible]	[illegible]	[illegible]	[illegible]	[illegible]	[illegible]	[illegible]
sjij^{1}	bjij^{2}	ɣa^{1}	mjɨ^{1}	pjụ^{1}	·jir^{2}	tụ^{1}	rjir^{2}	no^{1}	·jiw^{1}	thow^{1}
晨	朝	明	无	量	百	千	亿	那	由	他
[illegible]	[illegible]	[illegible]	[illegible]	[illegible]	[illegible]、	[illegible]	[illegible]	[illegible]	[illegible],	[illegible]
tha^{1}	·jij^{1}	tshji^{2}	ljij^{1}	kjụ^{1}	tshwew^{1}	pjụ^{1}	bju̱^{1}	·jow^{2}	śja^{2}	niow^{1}
佛	之	奉	侍	供	养、	尊	重	赞	叹,	及

于晨朝时奉事供养、尊重赞叹无量百千亿那由他佛,及

18.13.3

[illegible]	[illegible]	[illegible]	[illegible]	[illegible],	[illegible]	[illegible]	[illegible]	[illegible]	[illegible]	[illegible]
rjur^{1}	nẹw^{2}	tśhji^{2}	rjɨr^{2}	ljị^{1}	tśhjɨ^{2}	rjar^{2}	thja^{1}	sjij^{1}	mər^{2}	lhjij^{2}
诸	善	根	已	种,	立	即	彼	晨	本	国
[illegible]	[illegible]。	[illegible]	[illegible]	[illegible]	[illegible]	[illegible]	[illegible]	[illegible]	[illegible]	[illegible]
wjɨ^{2}	lhjwo^{1}	thjɨ^{2}	tja^{1}	źji^{2}	zjọ^{2}	mjɨ^{1}	pjụ^{1}	tha^{1}	mər^{2}	tji^{1}
△	还。	此	者	皆	寿	无	量	佛	本	愿

种诸善根已,即于晨朝还到本国。此皆由无量寿佛本愿

18.13.4

[illegible]	[illegible]	[illegible],	[illegible]	[illegible]	[illegible]	[illegible]	[illegible]	[illegible]	[illegible]	[illegible]
·wu^{2}	bjij^{2}	ŋwu^{2}	niow^{1}	mjor^{1}	ljij^{2}	·jij^{1}	rjɨr^{2}	kjụ^{1}	tshwew^{1}	nẹw^{2}
祐	助	是,	及	如	来	之	△	供	养	善
[illegible]	[illegible]	[illegible],	[illegible]	[illegible]	[illegible]	[illegible]、	[illegible]	[illegible]	[illegible]	[illegible]、
tśhji^{2}	twẹ^{2}	twẹ^{2}	źji^{2}	?	dzjị^{2}	ljɨ^{1}	djọ^{2}	dzjɨ̱^{2}	njwi^{2}	ljɨ^{1}
根	相	续,	皆	全	聚	故、	修	习	善	故、

加威,及曾供如来善根相续,无缺减故、善修习故、

18.13.5

[illegible]	[illegible]	[illegible]	[illegible]、	[illegible]	[illegible]	[illegible]	[illegible]。
ɣjiw^{1}	ɣiwej^{1}	njwi^{2}	ljɨ^{1}	śjɨj^{1}	·jiw^{2}	njwi^{2}	ljɨ^{1}
摄	取	善	故、	成	就	善	故。

善摄取故、善成就故。

汉文本

阿难！若有众生于他佛刹发菩提心，专念无量寿佛，及恒种殖众多善根，发心回向愿生彼国。是人临命终时，无量寿佛与比丘众前后围绕现其人前，即随如来往生彼国，得不退转，当证无上正等菩提。是故阿难！若有善男子、善女人，愿生极乐世界、欲见无量寿佛者，应发无上菩提心，复当专念极乐国土，积集善根应持回向，由此见佛生彼国中，得不退转乃至无上菩提。阿难！若他国众生发菩提心，虽不专念无量寿佛，亦非恒种众多善根，随己修行诸善功德，回向彼佛愿欲往生。此人临命终时，无量寿佛即遣化身，与比丘众前后围绕，其所化佛光明相好与真无异，现其人前摄受导引。即随化佛往生其国，得不退转无上菩提。阿难！若有众生住大乘者，以清净心向无量寿如来，乃至十念念无量寿佛，愿生其国，闻甚深法即生信解，心无疑惑。乃至获得一念净心，发一念心念无量寿佛，此人临命终时，如在梦中见无量寿佛，定生彼国，得不退转无上菩提。阿难！以此义利故，无量无数不可思议无有等等无边世界诸佛如来，皆共称赞无量寿佛所有功德。

佛告阿难：东方如恒河沙界，一一界中有如恒沙菩萨，为欲瞻礼供养无量寿佛及诸圣众来诣佛所，南西北方四维上下亦复如是。

尔时，世尊而说颂曰：

东方诸佛刹，数如恒河沙，
如是佛土中，恒沙菩萨众，
皆现神通来，礼无量寿佛，
三方诸圣众，礼觐亦同归。
彼于沙界中，道光诸辩论，
住深禅定乐，四无所畏心。
各赍众妙花，名香皆可悦，
并奏诸天乐，百千和雅音，
以献天人师，名闻十方者。
究竟威神力，善学诸法门，
种种供养中，勤修无懈倦，
功德智慧景，能破诸幽冥，
咸以尊重心，奉诸珍妙供。
彼观殊胜刹，菩萨众无边，
愿速成菩提，净界如安乐。
世尊知欲乐，广大不思议，
微笑现金容，告成如所愿。
了诸法如幻，佛国犹梦响，
恒发誓庄严，当成微妙土。
菩萨以愿力，修胜菩提行，
知土如影像，发诸弘誓心。
若求遍清净，殊胜无边刹，

闻佛圣德名,愿生安乐国。

若有诸菩萨,志求清净土,

了知法无我,愿生安乐国。

复次阿难!极乐世界所有菩萨,于无上菩提皆悉安住一生补处,唯除大愿能师子吼擐大甲胄摩诃萨众为度群生修大涅槃者。复次阿难!彼佛刹中诸声闻众,皆有身光能照一寻。菩萨光照极百千寻,除二菩萨光明常照三千大千世界。阿难白佛言:世尊!彼二菩萨名为何等?佛告阿难:汝今谛听!彼二菩萨,一名观自在,二名大势至。阿难!此二菩萨从娑婆世界舍寿量已往生彼国。阿难!彼极乐界所生菩萨皆具三十二相,肤体柔软、诸根聪利、智慧善巧,于差别法无不了知,禅定神通善能游戏,皆非薄德钝根之流。彼菩萨中有得初忍或第二忍者无量无边,或有证得无生法忍。阿难!彼国菩萨,乃至菩提不堕恶趣,生生之处能了宿命,唯除五浊刹中出现于世。阿难!彼国菩萨皆于晨朝供养他方无量百千诸佛,随所希求种种花鬘、涂香、末香、幢幡、缯盖及诸音乐,以佛神力皆现手中供养诸佛。如是供具广大甚多,无数无边,不可思议。若复乐求种种名花,花有无量百千光色,皆现手中奉散诸佛。阿难!其所散花,即于空中变成花盖,盖之小者满十由旬,若不更以新花重散,前所散花终不堕落。阿难!或有花盖满二十由旬,如是三十四十乃至千由旬,或等四洲或遍小千中千,乃至三千大千世界。此诸菩萨生稀有心,得大喜爱,于晨朝时奉事供养、尊重赞叹无量百千亿那由他佛,及种诸善根已,即于晨朝还到本国。此皆由无量寿佛本愿加威,及曾供如来善根相续,无缺减故、善修习故、善摄取故、善成就故。

18.13.6

[illegible]	[illegible]	[illegible]	[illegible]!	[illegible]	[illegible]	[illegible]	[illegible]	[illegible]	[illegible]	[illegible]
niow^{1}	tśjɨ^{1}	·ja$^{?}$	na^{1}	thja^{2}	źji^{2}	lhejr^{2}	kię̣j^{2}	·u^{2}	rjur^{1}	ɲia^{2}
复	次	阿	难!	彼	极	乐	界	中	诸	菩
[illegible]	[illegible],	[illegible]	[illegible]	[illegible]	[illegible]	[illegible]	[illegible]	[illegible]	[illegible]	
tsjij^{2}	·ji^{1}	rjɨr^{2}	tshji̱j^{1}	ŋwu̱^{1}	dạ^{2}	ŋowr^{2}	ŋowr^{2}	sjịj^{2}	rjir^{2}	
萨	众,	所	说	语	言	一	切	智	与	

复次阿难!彼极乐界诸菩萨众,所说语言与一切智

18.13.7

[illegible]	[illegible],	[illegible]	[illegible]	[illegible]	[illegible]	[illegible]	[illegible]	[illegible]	[illegible],	[illegible]
bju^{1}	śjij^{1}	wji^{1}	ɣiwej^{1}	·wu^{2}	gju^{2}	źji^{2}	ɣjiw^{1}	ɣiwej^{1}	mjij^{1}	tha^{1}
相	应,	用	受	护	具	皆	摄	取	无,	佛
[illegible]	[illegible]	[illegible]	[illegible]	[illegible]	[illegible]	[illegible],	[illegible]	[illegible]	[illegible]	
lhjịj^{2}	zjir^{2}	da̱^{2}	dzu^{1}	mjij^{1}	dwər^{1}	mjij^{1}	niow^{1}	dzu^{1}	kjụ^{1}	
国	遍	游	爱	无	厌	无,	亦	希	求	

相应,于所受用皆无摄取,遍游佛刹无爱无厌,亦无希求。

18.14.1

[illegible]。 [illegible] [illegible] [illegible] [illegible]， [illegible] [illegible] [illegible]、 [illegible] [illegible] [illegible]

mji1 dzu1 kjụ1 sji̠j2 mjij1 ·jij1 sẽ1 mjij1 źji̠1 njɨ̠2 sji̠j2

无。 希 求 想 不， 自 想 无、 烦 恼 想

[illegible]、 [illegible] [illegible] [illegible]、 [illegible] [illegible] [illegible] [illegible] [illegible] [illegible]

mjij1 ŋa2 sẽ1 mjij1 ·jijr1 ɣwej1 ljwu1 nu1 ljwịj1 tshjạ1

无、 我 想 无、 斗 诤 违 逆 怨 瞋

不希求想，无自想、无烦恼想、无我想、无斗诤相违怨瞋之想。

18.14.2

[illegible] [illegible]。 [illegible] [illegible] [illegible]？ [illegible] [illegible] [illegible] [illegible] [illegible] [illegible]

sji̠j2 mjij1 thjij2 sjo2 ljɨ1 thja1 rjur1 ɲia2 tsjij2 ɲia2 tśhju1

想 无。 何 云 故？ 彼 诸 菩 萨 众 生

[illegible] [illegible] [illegible] [illegible] [illegible] [illegible] [illegible] [illegible] [illegible] [illegible]

ŋowr2 ŋowr2 ɣa2 tha2 njij2 lhja2 gji̠j1 ɣie2 nji̠j1 dju1

一 切 于 大 慈 悲 利 益 心 有

何以故？彼诸菩萨于一切众生有大慈悲利益心故，

18.14.3

[illegible]， [illegible] [illegible] [illegible] [illegible] [illegible]、 [illegible] [illegible] [illegible]、 [illegible] [illegible]

ljɨ1 wə̣1 lhji̠1 ɣie2 mjij1 nji̠j1 mji1 niəj1 nji̠j1 tshjạ1 źji̠1

故， 柔 软 碍 无 心、 不 浊 心、 忿 恨

[illegible] [illegible]， [illegible] [illegible] [illegible] [illegible] [illegible] [illegible] [illegible]、 [illegible]

mjij1 nji̠j1 tśhja2 ka1 rjur1 ·jar2 mjij1 sej1 nji̠j1 ze̠w2

无 心， 平 等 调 伏 寂 静 心、 忍

有柔软无障碍心、不浊心、无忿恨心，有平等调伏寂静之心、忍

18.14.4

[illegible]、 [illegible] [illegible] [illegible] [illegible]， [illegible] [illegible] [illegible] [illegible] [illegible] [illegible]

nji̠j1 ze̠w2 rjur1 ·jar2 nji̠j1 ka1 śio1 nej2 sej1 ŋewr1 khie̠1

心、 忍 调 伏 心， 等 指 引 净 散 乱

[illegible]	[illegible]、	[illegible]	[illegible]	[illegible]	[illegible]、	[illegible]	[illegible]、	[illegible]	[illegible]	[illegible]、
mjij^{1}	nji̱j^{1}	lə^{1}	ɣja^{2}	mjij^{1}	nji̱j^{1}	sej^{1}	nji̱j^{1}	źji^{2}	sej^{1}	nji̱j^{1}
无	心、	覆	蔽	无	心、	净	心、	极	净	心、

心、忍调伏心，有等引澄净无散乱心、无覆蔽心、净心、极净心、

18.14.5

[illegible]	[illegible]	[illegible]、	[illegible]	[illegible]	[illegible]、	[illegible]	[illegible]	[illegible]	[illegible]、	[illegible]
swew^{1}	swew^{1}	nji̱j^{1}	lhjɨ^{2}	mjij^{1}	nji̱j^{1}	tha^{2}	pjụ^{1}	tśhja^{2}	nji̱j^{1}	ne̱w^{2}
照	曜	心、	尘	无	心、	大	威	德	心、	善
[illegible]、	[illegible]	[illegible]	[illegible]、	[illegible]	[illegible]	[illegible]、	[illegible]	[illegible]	[illegible]、	
nji̱j^{1}	wạ^{2}	tha^{2}	nji̱j^{1}	dzjọ^{1}	mjij^{1}	nji̱j^{1}	źji^{2}	na^{1}	nji̱j^{1}	
心、	广	大	心、	比	无	心、	甚	深	心、	

照曜心、无尘心、大威德心、善心、广大心、无比心、甚深心、

18.14.6

[illegible]	[illegible]	[illegible]、	[illegible]	[illegible]	[illegible]、	[illegible]	[illegible]	[illegible]、	[illegible]	[illegible]
tsji̱r^{1}	dzu^{1}	nji̱j^{1}	de^{2}	nji̱j^{1}	tsji̱r^{1}	ne̱w^{2}	phji^{1}	nji̱j^{1}	zow^{2}	zjij^{1}
法	爱	心、	喜	心	法、	善	意	心、	执	著
[illegible]	[illegible]	[illegible]	[illegible]	[illegible]、	[illegible]	[illegible]	[illegible]	[illegible]	[illegible]	[illegible]
ŋowr^{2}	ŋowr^{2}	tja^{1}	ka^{2}	nji̱j^{1}	ɲia^{2}	tśhju^{1}	ŋowr^{2}	ŋowr^{2}	·jij^{1}	źjị^{1}
一	切	者	离	心、	众	生	一	切	之	烦

爱法心、喜法心①、善意心、舍离一切执著心、断一切众生烦

18.14.7

[illegible]	[illegible]	[illegible]、	[illegible]	[illegible]	[illegible]	[illegible]	[illegible]	[illegible]	[illegible]	[illegible]，
nji̠	phja^{1}	nji̱j^{1}	niow^{2}	tshwew^{1}	ŋowr^{2}	ŋowr^{2}	tjɨj^{1}	nji̱j^{1}	dju^{1}	ljɨ^{1}
恼	断	心、	恶	趣	一	切	闭	心	有	故、
[illegible]	[illegible]	[illegible]	[illegible]	[illegible]，	[illegible]	[illegible]	[illegible]	[illegible]	[illegible]	
sji̱j^{2}	źjɨr^{1}	dźjɨ$^{?}$	dźji̱j^{1}	niow^{1}	mjɨ^{1}	pjụ^{1}	tśhja^{2}	·iow^{1}	śjɨj^{1}	
智	慧	行	行	已，	无	量	德	功	成	

恼心、闭一切恶趣心故，行智慧行已，成就无量功德，

① 喜法心，西夏本作“[illegible]”（喜心法），三字疑舛。据西夏语法和上下文，当作“[illegible]”（法喜心）。

18.15.1

□，	□	□	□	□	□	□	□	□，	□	□	□
·jiw^2	śjā^1	djɨ̣j^2	dwewr^2	·jiw^1	źji^2	nẹ^1	tshjịj^1	njwi^2	·ju^2	źji^2	phju^2
就，	禅	定	觉	因	最	演	说	能，	常	无	上
□	□	□	□，	□	□	□	□。	□	□	□	
po^1	tjɨ̣j^1	źjị^1	·u^2	jɨr^2	phie^2	tshjịj^1	djọ^2	tśhji^1	mej^1	ɲia^2	
菩	提	游	戏，	勤	演	说	修。	肉	眼	菩	

于禅定觉分善能演说，而常游戏无上菩提，勤修敷演。肉眼

18.15.2

□	□	□	□	□，	□	□	□	□	□	□
dzjịj^2	tsjịr^1	gjịj^1	·iow^1	dźjij^2	mə^1	mej^1	to^2	śja^2	rjur^1	tha^1
习	选	择	功	有，	天	眼	出	现	诸	佛
□	□，	□	□	□	□	□	□	□	□，	
lhjịj^2	mej^1	tsjịr^1	mej^1	gji^1	sej^1	rjur^1	zjịj^1	ka^2	njwi^2	
国	观，	法	眼	清	净	诸	著	离	能，	

发生能有简择①，天眼出现鉴诸佛土，法眼清净能离诸著，

18.15.3

□	□	□	□	□	□	□	□，	□	□	□
źjɨr^1	mej^1	mjịjr^2	dar^1	lhjo^1	rewr^2	ɣa^2	njɨ^2	tha^1	mej^1	śjɨj^1
慧	眼	通	达	彼	岸	于	到，	佛	眼	成
□	□	□	□	□，	□	□	□	□	□	
·jiw^2	dwewr^2	tśjɨ^1	lhji^2	nej^2	ɣie^2	mjij^1	źjɨr^1	śjwo^1	mjɨ^1	
就	觉	悟	开	示，	碍	无	慧	生	他	

慧眼通达到于彼岸，佛眼成就觉悟开示，生无碍慧

18.15.4

□	□	□。	□	□	□	□	□	□	□	□，
·jij^1	wạ^2	tshjịj^1	sọ^1	kiej^2	iọ^1	·u^2	tśhja^2	ka^1	jɨr^2	djọ^2

① 发生，西夏本作“□□”ɲia^{2}dzjịj^2（菩习）。

之 广 说。 三 界 内 中 平 等 勤 修，

[illegible]

·jij1 ·jij1 rjur1 ·jar2 niow1 ɲia2 tśhju1 ŋowr2 ŋowr2 ·jij1

自 我 调 伏， 亦 有 情 一 切 之

为他广说。于三界中平等勤修，既自调伏，亦能调伏一切有情，

18.15.5

[illegible]

tsjɨ1 rjur1 ·jar2 njwi2 bu̱2 śja1 mo2 thow1 rjir1 phji1 tsji̱r1

亦 调 伏 能， 胜 奢 摩 他 得 令。 法

[illegible]

ŋowr2 ŋowr2 ɣa2 rjir1 lew2 mjij1 lja̱1 thjo̱1 ɣjɨr1 ŋwu̱1

一 切 于 得 所 无 证， 妙 巧 言

能令获得胜奢摩他。于一切法证无所得，善能说法言辞巧妙，

18.15.6

[illegible]

da̱2 ŋwu2 tsji̱r1 tshjij1 njwi2 jɨr2 ŋwu2 rjur1 tha1 ŋowr2 ŋowr2

辞 以 法 说 能， 勤 以 诸 佛 一 切

[illegible]

·jij1 kju̱1 tshwew1 ɲia2 tśhju1 ŋowr2 ŋowr2 ·jij1 źji̱1 nji̱2 ŋowr2

之 供 养， 有 情 一 切 之 烦 恼 一

勤修供养一切诸佛，摧伏有情一切烦恼①，

18.15.7

[illegible]

ŋowr2 rjur1 ·jar2 njwi2 rjur1 mjor1 ljij2 ·jij1 njij1 ·o2 lew2

切 调 伏 能， 诸 如 来 之 心 悦 所

[illegible]

we2 ku1 tśhjwo1 thjɨ2 sju2 thjɨ2 sju2 sjwɨ̱1 sjij2 njwi2

① 西夏本“有情”上有“[illegible]”（一切）二字。

为， 则 故 是 如 是 如 思 惟 能。

为诸如来之所悦可，而能如是如是思惟。

18.16.1

[illegible]

thjɨ^{2} sju^{2} sjwɨ̣^{1} sji̱j^{2} zji̱j^{1} rjur^{1} tsji̱r^{1} ŋowr^{2} ŋowr^{2} dzjɨ̣^{2} njwi^{2}

是 如 思 惟 时， 诸 法 一 切 集 能

[illegible]

ljij^{2} njwi^{2} źji^{2} rjir^{1} lew^{2} mjij^{1} tśier^{1} ·ju^{2} sji̱j^{2} ŋwu^{2}

见 能， 皆 得 所 无， 方 便 智 以

作是思惟时，能集能见一切诸法，皆无所得，以方便智

18.16.2

[illegible]

dzjar^{2} tsji̱r^{1} dźjɨ$^{?}$ djo̱^{2} dźji̱j^{1} wo^{2} mji^{1} wo^{2} tshwew^{1} nja̱^{2} lhjwi^{1}

灭 法 行 修 行， 理 非 理 趣 非 取

[illegible]

phjɨ^{1} nwə^{1} njwi^{2} thja^{1} wo^{2} tshwew^{1} mji^{1} wo^{2} tshwew^{1} nja̱^{2}

舍 知 能， 彼 理 趣 非 理 趣 非

修行灭法，善知取舍理非理趣，于理趣非理趣中

18.16.3

[illegible]

kha^{1} źji^{2} ne̱w^{2} ɣjɨr^{1} rjir^{1} rjur^{1} ŋwu̱^{1} da̱^{2} ɣa^{2} njij^{1} mji^{1}

中 皆 善 巧 得。 世 语 言 于 心 不

[illegible]

dzu^{1} jɨ^{2} rjur^{1} lho$^{?}$ lwər^{2} lhejr^{2} źjɨr^{1} dźiej^{2} jɨr^{2} djo̱^{2}

爱 乐， 世 出 经 典 诚 信 勤 修，

皆得善巧。于世语言心不爱乐，出世经典诚信勤修，

18.16.4

[illegible]

rjur^{1} tsji̱r^{1} ŋowr^{2} ŋowr^{2} ne̱w^{2} ɣjɨr^{1} tjo̱^{1} ·ju^{2} tsji̱r^{1} ŋowr^{2} ŋowr^{2}

诸 法 一 切 善 巧 寻 求， 法 一 切

[illegible] [illegible] [illegible] [illegible] [illegible]。 [illegible] [illegible] [illegible] [illegible] [illegible]

kju̱^{1} lhu^{1} dzja^{1} nwə^{1} tsjij^{2} tsji̱r^{1} mər^{2} ɣa^{2} mjij^{1} źjɨr^{1}

求 增 长 知 了。 法 本 于 无 实

善巧寻求一切诸法，求一切法增长了知。知法本无实不可得，

18.16.5

[illegible] [illegible] [illegible] [illegible]， [illegible] [illegible] [illegible] [illegible] [illegible] [illegible] [illegible]

rjir^{1} tji̱^{2} mjij^{1} nwə^{1} rjɨr^{2} dźjij^{1} tji̱^{2} tsjɨ^{1} lhjwi^{1} phjɨ^{1} mji^{1}

得 可 不 知， 所 行 处 亦 取 舍 无

[illegible]， [illegible] [illegible] [illegible] [illegible] [illegible] [illegible] [illegible] [illegible]， [illegible]

dju^{1} nar^{2} ŋo^{2} bie^{2} thjij^{2} rjur^{1} tśhja^{2} ·iow^{1} dźji̱j^{1} mər^{2}

有， 老 病 解 脱 诸 德 功 住， 本

于所行处亦无取舍，解脱老病住诸功德，

18.16.6

[illegible] [illegible] [illegible] [illegible] [illegible] [illegible]， [illegible] [illegible] [illegible] [illegible]， [illegible]

ɣa^{2} njij^{2} me̱^{2} mji̱jr^{2} no^{2} dźji̱j^{1} na^{1} tsji̱r^{1} jɨr^{2} djo̱^{2} źji^{2}

于 从 神 通 安 住， 深 法 勤 修， 甚

[illegible] [illegible] [illegible] [illegible] [illegible] [illegible] [illegible]， [illegible] [illegible] [illegible]

na^{1} tsji̱r^{1} ɣa^{2} lhji̱^{1} lhjwo^{1} nji̱j^{1} mjij^{1} tsjij^{2} gie^{1} tsji̱r^{1}

深 法 于 退 转 心 无， 解 难 法

从本已来安住神通，勤修深法，于甚深法而无退转，于难解法

18.16.7

[illegible] [illegible] [illegible] [illegible] [illegible]， [illegible] [illegible] [illegible] [illegible] [illegible] [illegible]

ɣa^{2} źji^{2} tsjij^{2} dar^{1} njwi^{2} lew^{1} ·u̱^{2} tśja^{1} rjir^{1} ·jiw^{2} ljɨ̱j^{1}

于 悉 通 达 能， 一 乘 道 得 疑 惑

[illegible] [illegible]。 [illegible] [illegible] [illegible] [illegible] [illegible] [illegible] [illegible] [illegible] [illegible]

mji^{1} dju^{1} tha^{1} tśhja^{2} tsji̱r^{1} ɣa^{2} mjɨ^{1} mji^{1} tha^{2} thja^{1} śjij^{1}

无 有。 佛 正 法 于 他 不 由 自 然

悉能通达，得一乘道无有疑惑。于佛教法不由

18.17.1

[illegible]

·jij^{1} tsjij^{2} sjij^{2} źjɨr^{1} tho̱^{2} na^{1} tha^{2} ŋjow^{2} wjɨ^{2} sju^{2}

自 悟， 智 慧 幽 深 大 海 犹 如，

[illegible]

po^{1} tjɨj^{1} so^{2} wạ^{2} sju^{2} mji^{1} rjir^{2} dzjọ^{1} ·jij^{1} ljụ^{2}

菩 提 高 广 须 弥 与 喻， 自 身

他悟，其智宏深譬之巨海，菩提高广喻若须弥，自身

18.17.2

[illegible]

pjụ^{1} bji^{1} be^{2} lhjị^{2} su^{1} dzjịj^{1} wjɨ^{2} sjwɨ̱^{1} sjịj^{2} zjịj^{1} źjɨr^{1}

威 光 日 月 超 过。 所 思 惟 时 慧

[illegible]

rjir^{2} bju^{1} śjij^{1} njịj^{1} phiow^{1} sej^{1} rur^{2} wjị^{1} ŋər^{1} wjɨ^{2} sju^{2}

与 相 应， 心 白 洁 净 雪 山 犹 如。

威光超于日月。凡所思择与慧相应，犹如雪山其心洁白。

18.17.3

[illegible]

bji^{1} swew^{1} ŋwu^{2} bju^{2} mjij^{1} tśhja^{2} ·iow^{1} njɨ^{2} swew^{1} źjị^{1} njɨ̱^{2}

光 明 以 边 无 德 功 普 照， 烦 恼

[illegible]

sji^{1} pju^{2} mə̱^{1} wjɨ^{2} sju^{2} ne̱w^{2} niow^{2} ·jij^{1} mju̱^{2} ljɨ̱j^{2} lew^{2}

薪 燃 烧 犹 如。 善 恶 之 动 摇 所

光明普照无边功德，烧烦恼薪方之于火。不为善恶之所动摇，

18.17.4

[illegible]

mji[1] we[2] njịj[1] ·ju[2] mjij[1] sej[1] tha[2] ljị[2] wjɨ[2] sju[2] źjị[1]

不 为, 心 常 寂 静 大 地 犹 如。 烦

[illegible]

njɨ[2] zwər[1] ɣor[2] ba[2] sej[1] zjɨ̣r[2] sju[2] njịj[1] wə̣[1] lew[2]

惑 洗 涤 清 净 水 如, 心 属 所

心静常安犹如大地。洗涤烦惑如清净水,心无所主

18.17.5

[illegible]

mjij[1] dzjọ[1] mə̣[1] wjɨ[2] sju[2] rjur[1] kha[1] mji[1] zjịj[1] dzjọ[1] ljɨ[1]

无 如 火 犹 如, 世 间 不 著 如 风

[illegible]

wjɨ[2] sju[2] rjur[1] ɲia[2] tśhju[1] ·jur[1] tha[2] ljị[2] wjɨ[2] sju[2]

犹 如, 诸 有 情 养 大 地 犹 如,

犹如火,不著世间犹如风,养诸有情犹如地,

18.17.6

[illegible]

rjur[1] rjur[1] kięj[2] bjọ[1] tshọ[2] ŋa[1] wjɨ[2] sju[2] ɲia[2] tśhju[1] ·ụ[2]

诸 世 界 观 虚 空 犹 如。 众 生 荷

[illegible]

wạ[2] dzej[1] ŋạ[2] wjɨ[2] sju[2] rjur[1] tsjɨ̣r[1] mji[1] la[1] wją[1]

载 乘 良 犹 如, 世 法 不 染 花

观诸世界如虚空。荷载众生犹如良乘,不染世法

18.17.7

[illegible]

sej[1] wjɨ[2] sju[2] tsjɨ̣r[1] ɣię[2] nẹ[1] tshjij[1] mə[1] djị[1] sju[2] tsjɨ̣r[1]

莲 犹 如, 法 音 畅 说 雷 震 如, 法

[illegible]

ŋowr[2] ŋowr[2] dew[2] lhjịj[2] dew[2] wjɨ[2] sju[2] bji[1] mẹ[2] śjɨj[2]

一 切 雨 国 雨 犹 如， 光 贤 圣

譬之莲花，远畅法音犹如雷震，雨一切法方之大雨①，光蔽贤圣

18.18.1

[illegible]

·jwɨ̱^{1} thja^{1} tha^{2} śji^{1} sju^{2} nji̱j^{1} rjur^{1} ·jar^{2} njwi^{2} tha^{2} we^{1}

蔽 彼 大 仙 如， 心 调 伏 能 大 龙

[illegible]

bju^{2} sju^{2} kjir^{1} ·jiw^{2} le^{2} mjij^{1} ka^{2} tśjij^{2} njij^{2} sju^{2}

象 如， 勇 猛 畏 无 师 子 王 如，

犹彼大仙，善能调伏如大龙象，勇猛无畏如师子王，

18.18.2

[illegible]

ɲia^{2} tśhju^{1} ·jij^{1} pho̱^{1} ·wejr^{2} mẹ^{2} kju^{1} thow^{1} phu^{2} sju^{2} dow^{1}

众 生 之 覆 护 尼 拘 陀 树 如， 邪

[illegible]

ljɨ̣^{1} mju̱^{2} mjɨ^{1} wjị^{2} śjow^{1} tśjɨ̱^{1} ŋər^{1} sju^{2} njij^{2} mjɨ^{1}

论 动 不 能 铁 围 山 如， 慈 无

覆护众生如尼拘陀树，他论不动如铁围山，修慈无

18.18.3

[illegible]

pju̱^{1} djo̱^{2} khjā^{2} khja^{2} mja^{1} sju^{2} rjur^{1} ne̱w^{2} njij^{2} tsji̱r^{1}

量 修 恒 伽 河 如。 诸 善 王 法

[illegible]

śji^{1} śio^{1} we^{2} njwi^{2} tha^{2} xiwā^{1} mə^{1} sju^{2} tśiow^{1} dzjɨ̣^{2}

前 导 为 能 大 梵 天 如， 聚 积

量如彼恒河。诸善法王能为前导如大梵天，无所聚积

---

① 大雨，西夏本作“[illegible]”（国雨）。按，“[illegible]”lhjij^{2}（国）字于义不合，在此假借作“[illegible]”ljij^{2}（大），此二字为近音通假。

18.18.4

mji1	dju1	dźjwow1	we1	wjɨ2	sju2	dow1	ljɨ̣1	dźjwu1	wə̣1
无	有	飞	鸟	犹	如,	邪	论	摧	伏
kie1	dzjwɨ2	njij2	sju2	zjɨ̱r1	dju1	ber2	gie1	·jiw2	thã1
金	翅	王	如,	稀	有	遇	难	优	昙

犹如飞鸟,摧伏他论如金翅王①,难遇稀有如优昙

18.18.5

wja̱1	sju2	źji2	bu̱2	go̱r1	kiej2	njij1	phji1	tśhja2	twụ1	low2
花	如。	最	胜	丈	夫	心	意	正	直,	懈
ljịj1	mji1	dju1	ne̱w2	dźjɨ?	djọ2	dźjịj1	njwi2	thja1	rjur1	
怠	无	有	善	行	修	行	能,	彼	诸	

花。最胜丈夫其心正直,无有懈怠能善修行,于诸

18.18.6

ljij2	kha1	ne̱w2	ɣjɨr1	kjɨ1	djɨj2	wə̣1	lhji̱1	pjo1	ze̱w2
见	中	善	巧	决	定,	柔	和	忍	辱
źjɨ̣1	tser1	njij1	mjij1	tsji̱r1	·jɨr1	dwər1	mjij1	tsji̱r1	kjụ1
嫉	妒	心	无。	法	问	厌	无	法	求

见中善巧决定,柔和忍辱无嫉妒心。论法无厌求法

18.18.7

mji1	·jar2	·ju2	tsji̱r1	nẹ1	tshjij1	ɲia2	tśhju1	·jij1	gji̱j1	ɣie2

① 他论,西夏本作"[illegible]",字面意思是"邪论"。

不 倦， 常 法 演 说 众 生 之 利 益。

[illegible]

kie1 nia̱2 ɣjɨ̱1 sju2 ·u2 djɨr2 swew1 bẹ1 rjur1 tsji̱r1

戒 琉 璃 若 内 外 明 洁， 诸 法

不倦，常勤演说利益众生。戒若琉璃内外明洁，

18.19.1

[illegible]

mji1 njwi2 bu̱2 ljɨ̱1 we2 phji1 rjɨr2 tshjij1 tshjij1 dạ2

闻 善 胜 宝 为 令， 所 说 说 言

[illegible]

·ji1 de2 wə̣1 phji1 sjij2 źjɨr1 ɣie1 ŋwu2 tha2 tsji̱r1

众 悦 伏 令。 智 慧 力 以 大 法

善闻诸法而为胜宝，其所说言令众悦伏。以智慧力建大法

18.19.2

[illegible]

dźjow1 śjwo1 tha2 tsji̱r1 kwə2 mə̣1 tha2 tsji̱r1 bar1 tsjụ1 ·ju2

幢 建、 大 法 螺 吹、 大 法 鼓 击， 常

[illegible]

jɨr2 djọ2 ŋwe1 rjur1 tsji̱r1 dźju1 śjwo1 sjij2 źjɨr1 bji1

勤 修 乐 诸 法 表 建。 智 慧 光

幢、吹大法螺、击大法鼓，常乐勤修建诸法表。由智慧光

18.19.3

[illegible]

nio̱w1 njij1 lhạ2 śjij1 mjij1 ·ji1 dźjar2 lju2 ka2 ŋjwo2

由 心 迷 惑 无， 众 过 失 离 损

[illegible]

tśju̱1 tsjɨ1 mjij1 sej1 dźjij1 njij1 ŋwu2 rjur1 tśior2 la1

害 亦 无。 净 淳 心 以 诸 秽 染

心无迷惑，远众过失亦无损害。以淳净心离诸秽染，

18.19.4

[illegible]，	[illegible]	[illegible]	[illegible]	[illegible]	[illegible]	[illegible]	[illegible]	[illegible]，	[illegible]
ka^{2}	·ju^{2}	zji̠^{1}	mji^{1}	dźji̠j^{1}	tśjo$^{?}$	lej̠^{2}	lhju̠^{1}	ka^{2}	tsji̠r^{2}
离，	常	惠	施	行	永	贪	悭	离，	性
[illegible]	[illegible]	[illegible]	[illegible]	[illegible]	[illegible]	[illegible]。	[illegible]	[illegible]	[illegible]
rjar^{1}	wə̣^{1}	lhji̠^{1}	·ju^{2}	bju̠^{1}	·ju^{2}	tśhju^{1}	njij^{1}	mjij^{1}	dji̠j^{2}
气	柔	和	常	敬	常	怀。	心	寂	定

常行惠施永舍悭贪，禀性温和常怀惭耻①。其心寂定

18.19.5

[illegible]	[illegible]	[illegible]	[illegible]，	[illegible]	[illegible]	[illegible]	[illegible]	[illegible]	[illegible]
sji̠j^{2}	źjɨr^{1}	swew^{1}	tsjij^{2}	rjur^{1}	kha^{1}	tjij^{1}	we^{2}	ɲia^{2}	tśhju^{1}
智	慧	明	察，	世	间	灯	作	众	生
[illegible]	[illegible]，	[illegible]	[illegible]	[illegible]	[illegible]	[illegible]	[illegible]	[illegible]	[illegible]，
na^{1}	go^{2}	gji̠j^{1}	·jur^{1}	lhji̠j^{2}	wo^{2}	bu̠^{2}	gjij^{1}	ljo^{1}	rjar^{1}
暗	除，	利	养	受	义	胜	殊	福	田，

智慧明察②，作世间灯破众生暗，堪受利养殊胜福田，

18.19.6

[illegible]	[illegible]	[illegible]	[illegible]	[illegible]	[illegible]	[illegible]	[illegible]	[illegible]。	[illegible]
tha^{2}	śio^{1}	dzji̠j^{2}	we^{2}	ɲia^{2}	tśhju^{1}	·jij^{1}	źji^{2}	gju̠^{2}	dzu^{1}
大	导	师	为	众	生	之	遍	济。	爱
[illegible]	[illegible]	[illegible]	[illegible]	[illegible]	[illegible]	[illegible]，	[illegible]	[illegible]	
khie^{1}	kia^{1}	ka^{2}	njij^{1}	sej^{1}	sjwɨ̠^{1}	mjij^{1}	kjir^{1}	·jiw^{2}	
憎	远	离	心	净	忧	无，	勇	猛	

为大导师周济群物。远离憎爱心净无忧，勇进

18.19.7

[illegible]	[illegible]	[illegible]	[illegible]	[illegible]	[illegible]	[illegible]，	[illegible]	[illegible]	[illegible]

① 常怀渐耻，西夏本作“[illegible][illegible][illegible][illegible]”，字面意思是“常怀常敬”。

② 其心寂定，西夏本作“[illegible][illegible][illegible]”（心寂定），“[illegible]”（心）下疑脱“[illegible]”（意）字。

mji^{1}	kjạ^{1}	tha^{2}	tsji̱r^{1}	gja^{1}	bju̱^{2}	we^{2}	dji̱^{1}	jɨj^{2}	nwə^{1}
无	怖	大	法	将	军	为，	地	狱	知
[illegible]	[illegible]	[illegible]	[illegible]	[illegible]，	[illegible]	[illegible]	[illegible]	[illegible]	[illegible]
tsjij^{2}	·jij^{1}	tsji̱r^{1}	rjur^{1}	·jar^{2}	ɲia^{2}	tśhju^{1}	·jij^{1}	gji̱j^{1}	ɣie^{2}
了	自	他	调	伏，	有	情	之	利	益

无怖为大法将，了知地狱调伏自他，利益有情

18.20.1

[illegible]，	[illegible]	[illegible]	[illegible]	[illegible]	[illegible]	[illegible]	[illegible]	[illegible]，	[illegible]
phjɨ^{1}	so̱^{1}	ror^{2}	tśjo$^{?}$	ka^{2}	me̱^{2}	mji̱jr^{2}	khe̱j^{1}	dźjij^{1}	·jiw^{1}
舍，	三	垢	永	离	神	通	游	戏，	因
[illegible]、	[illegible]	[illegible]、	[illegible]	[illegible]、	[illegible]	[illegible]	[illegible]、	[illegible]	[illegible]
ɣie^{1}	nio̱w^{1}	ɣie^{1}	tji̱^{1}	ɣie^{1}	gu^{1}	śjwo^{1}	ɣie^{1}	rjur^{1}	mur^{1}
力、	缘	力、	愿	力、	起	发	力、	世	俗

（拔诸毒箭，为世间解、为世间师，引导群生）舍（诸爱著）①，永离三垢游戏神通，因力、缘力、愿力、发起力、世俗

18.20.2

[illegible]、	[illegible]	[illegible]	[illegible]、	[illegible]	[illegible]	[illegible]、	[illegible]	[illegible]	[illegible]	[illegible]、
ɣie^{1}	to^{2}	we̱^{1}	ɣie^{1}	ne̱w^{2}	tśhji^{1}	ɣie^{1}	sā^{1}	mo^{2}	thji^{2}	ɣie^{1}
力、	出	生	力、	善	根	力、	三	摩	地	力、
[illegible]	[illegible]、	[illegible]	[illegible]、	[illegible]	[illegible]、	[illegible]	[illegible]、	[illegible]	[illegible]	
mji^{1}	ɣie^{1}	dźjɨ̱r^{1}	ɣie^{1}	kie^{1}	ɣie^{1}	ze̱w^{2}	ɣie^{1}	khu^{1}	dźjij^{1}	
闻	力、	舍	力、	戒	力、	忍	力、	精	进	

力、出生力、善根力、三摩地力、闻力、舍力、戒力、忍力、精进

18.20.3

[illegible]、	[illegible]	[illegible]、	[illegible]	[illegible]、	[illegible]	[illegible]	[illegible]	[illegible]、	[illegible]	[illegible]
ɣie^{1}	djɨj^{2}	ɣie^{1}	źjɨr^{1}	ɣiew^{1}	śja^{1}	mo^{2}	thow^{1}	ɣie^{1}	phji^{1}	pa^{2}
力、	定	力、	慧	力、	奢	摩	他	力、	毗	钵

① 西夏本脱“拔诸毒箭，为世间解、为世间师，引导群生（舍）诸爱著”。

śja¹	no¹	ɣie¹	mẹ²	mjịjr²	ɣie¹	ljɨ̣r²	ɣie¹	dwewr²	ɣie¹	tha²
舍	那	力、	神	通	力、	念	力、	觉	力、	大

力、定力、慧力、奢摩他力、毗钵舍那力、神通力、念力、觉力、

18.20.4

ljij²	gja¹	ŋowr²	ŋowr²	·jij¹	rjur¹	·jar²	ɣie¹	niow¹	dow¹
魔	军	一	切	之	摧	伏	力,	并	邪
ljɨ̣¹	dźjwu¹	wə̣¹	ɣie¹	źjị¹	njɨ̱²	ljwịj¹	ŋowr²	ŋowr²	ljij²
论	破	伏	力、	烦	恼	怨	一	切	破

摧伏一切大魔军力，并他论法力、能破一切烦恼怨

18.20.5

sji²	ɣie¹	niow¹	bu̱²	gjij¹	tha²	ɣie¹	·ji¹	pjụ¹	ljo¹
△	力	及	胜	殊	大	力,	众	威	福
ŋowr²	lhə?	·jij¹	ŋa̱²	śjwo²	śjwo²	sjịj²	źjɨr¹	nuə?	ŋwo²
具	足,	相	好	庄	严,	智	慧	辩	才,

力及殊胜大力，威福具足，相好端严，智慧辩才，

18.20.6

nẹw²	tśhji¹	iọ¹	sə¹	·ã¹	sej¹	wa̱²	dźjo¹	dzjwo²	dzu¹
善	根	圆	满。	目	净	广	长,	人	爱
lew²	we²	ljụ²	kwər¹	gji¹	sej¹	·jij¹	bjij¹	khwa¹	
所	成,	身	体	清	洁,	自	高	远	

善根圆满。目净修广，人所爱乐，其身清洁，远

18.20.7

[illegible]。	[illegible]	[illegible]	[illegible]	[illegible]	[illegible]	[illegible]	[illegible]	[illegible]	[illegible]，	[illegible]
ka^{2}	pjụ^{1}	bju̱^{1}	njịj^{1}	ŋwu^{2}	rjur^{1}	tha^{1}	·jij^{1}	tshji^{2}	ljịj^{1}	thja^{1}
离。	尊	重	心	以	诸	佛	之	奉	侍，	彼
[illegible]	[illegible]	[illegible]	[illegible]	[illegible]	[illegible]	[illegible]。	[illegible]	[illegible]	[illegible]	
rjur^{1}	tha^{1}	do^{2}	·ji^{1}	ne̱w^{2}	tśhji^{2}	ljị^{1}	mjɨ^{1}	gjiw^{1}	khwe̱j^{1}	
诸	佛	处	众	善	根	种。	不	敬	慢	

离贡高。以尊重心奉事诸佛，于诸佛所植众善本。拔除憍慢

18.21.1

[illegible]，	[illegible]	[illegible]	[illegible]	[illegible]，	[illegible]	[illegible]	[illegible]	[illegible]，	[illegible]	[illegible]
phja^{1}	le̱j^{2}	tshja̱^{1}	lə^{2}	ka^{2}	bu̱^{2}	gjij^{1}	gju̱^{2}	rjur^{1}	bju^{1}	wo^{2}
断，	贪	瞋	痴	离，	胜	殊	吉	祥，	应	供
[illegible]	[illegible]	[illegible]	[illegible]	[illegible]	[illegible]，	[illegible]	[illegible]	[illegible]	[illegible]，	[illegible]
kha^{1}	źji^{2}	bu̱^{2}	sjịj^{2}	mjɨ̱^{2}	dźjij^{1}	źjɨr^{1}	bji^{1}	swew^{1}	rjɨj^{2}	njịj^{1}
中	最	胜	智	境	住，	慧	光	光	明，	心

离贪瞋痴，殊胜吉祥，应供中最住胜智境，赫奕慧光，心

18.21.2

[illegible]	[illegible]	[illegible]，	[illegible]	[illegible]	[illegible]	[illegible]，	[illegible]	[illegible]	[illegible]	[illegible]，
ljɨj^{2}	njịj^{1}	śjwo^{1}	kjir^{1}	·jiw^{2}	le^{2}	mjij^{1}	ljo^{1}	sjịj^{2}	ŋowr^{2}	lhə$^{?}$
欢	喜	生，	勇	猛	畏	无，	福	智	具	足，
[illegible]	[illegible]	[illegible]	[illegible]，	[illegible]	[illegible]	[illegible]	[illegible]	[illegible]	[illegible]	
tsew^{2}	du^{2}	mji^{1}	dju^{1}	lew^{1}	mji^{1}	lew^{2}	tshjij^{1}	ŋwu^{2}	ɲia^{2}	
限	量	无	有，	但	闻	所	说	以	众	

生欢喜，雄猛无畏，福智具足，无有滞限，但说所闻

18.21.3

[illegible]	[illegible]	[illegible]	[illegible]，	[illegible]	[illegible]	[illegible]	[illegible]	[illegible]	[illegible]	[illegible]
tśhju^{1}	·jij^{1}	phie^{2}	ne̱j^{2}	tshjij^{1}	mji^{1}	mji^{1}	tsji̱r^{1}	bju^{1}	źji^{2}	nwə^{1}
生	之	开	示，	说	闻	闻	法	随	皆	解

tsjij^{2}	njwi^{2}	po^{1}	tjɨj^{1}	·jiw^{1}	tsjɨr^{1}	kjir^{1}	·jiw^{2}	jɨr^{2}	djo̱^{2}
了	能。	菩	提	因	法	勇	猛	勤	修,

开示群物,随所闻法皆能解了。于菩提分法勇猛勤修①,

18.21.4

·ju^{2}	ŋa^{1}	·jij^{1}	mjij^{1}	tjị^{1}	mjij^{1}	niow^{1}	mji^{1}	we̱^{1}	mji^{1}
常	空	相	无	愿	无,	及	不	生	不
dzjar^{2}	rjur^{1}	sã^{1}	mo^{2}	thji^{2}	no^{2}	dźjij^{1}	lhejr^{2}	lhjo̱r^{1}	zjir^{2}
灭	诸	三	摩	地	安	住,	道	场	遍

空无相愿而常安住②,及不生不灭诸三摩地,行遍道场

18.21.5

dźjij^{1}	njɨ^{1}	·ụ^{2}	mjɨ^{2}	khwa^{1}	·ja$^{?}$	na^{1}	ŋa^{2}	sjij^{1}	thja^{2}	źji^{2}
行	二	乘	境	远。	阿	难!	我	今	彼	极
lhejr^{2}	kiẹj^{2}	·u^{2}	we̱^{1}	śjɨ^{1}	mjijr^{2}	po^{1}	tsa^{1}	ma^{2}	ŋa̱^{2}	
乐	界	中	生	往	者	菩	萨	摩	诃	

远二乘境。阿难!我今略说彼极乐界所生菩萨摩诃

18.21.6

tsa^{1}	·ji^{1}	·jij^{1}	źjɨr^{1}	ɣiej^{1}	tśhja^{2}	·iow^{1}	to^{2}	źji^{2}	thjɨ^{2}	sju^{2}
萨	众	之	实	真	德	功,	悉	皆	是	如
ljow^{2}	zjij^{1}	rjɨr^{2}	tshjij^{1}	ŋa^{2}	·ja$^{?}$	na^{1}	tjij^{1}	ŋa^{2}	zjo̱^{2}	

① 菩提分法,西夏本作“[illegible]”(菩提因法),梵文 Bodhyaṅga。《同良贲疏》上一曰:“菩提分法者,菩提云觉,正是所求。分者因也,亦支分义。”

② 空无相愿,西夏本作“[illegible]”(空无相无愿)。后一“无”字汉文本未见。

微 略 乃 说 我。 阿 难！ 若 我 寿

萨众真实功德，悉皆如是。阿难！假令我身住寿

18.21.7

[illegible]

tsew² ·jir² tụ¹ rjir² no¹ ? thow¹ kja² dźjij¹ ɣie² mjij¹

量 百 千 亿 那 由 他 劫 住， 碍 无

[illegible]

nuə? ŋwu² thja² rjur¹ po¹ tsa¹ ma² ŋạ² tsa¹ njɨ²

辩 以 彼 诸 菩 萨 摩 诃 萨 等

百千亿那由他劫①，以无碍辩欲具称扬彼诸菩萨摩诃萨等

18.22.1

[illegible]

·jij¹ źjɨr¹ ɣiej¹ tśhja² ·iow¹ rjijr² tshjij¹ ŋa² tsjɨ¹ sji¹ tji²

之 实 真 德 功 愿 说 我 亦 尽 不

[illegible]

mjij¹ ljɨ¹ ·ja? na¹ ŋa² ·ja? zjọ² ɣa² thja² rjur¹

可 也。 阿 难！ 我 △ 寿 于 彼 诸

真实功德不可穷尽。阿难！彼诸

18.22.2

[illegible]

po¹ tsa¹ ma² ŋạ² tsa¹ njɨ² ·jij¹ nwə¹ mjɨ¹ njwi² ljɨ¹

菩 萨 摩 诃 萨 等 之 知 不 能 也。

菩萨摩诃萨等，尽其寿量亦不能知。

汉文本

复次阿难！彼极乐界诸菩萨众，所说语言与一切智相应，于所受用皆无摄取，遍游佛刹无爱无厌，亦无希求。不希求想，无自想、无烦恼想、无我想、无斗诤相违怨瞋之想。何以故？彼诸菩萨于一切众

① "身"字义西夏本未见。

生有大慈悲利益心故,有柔软无障碍心、不浊心、无忿恨心,有平等调伏寂静之心、忍心、忍调伏心,有等引澄净无散乱心、无覆蔽心、净心、极净心、照曜心、无尘心、大威德心、善心、广大心、无比心、甚深心、爱法心、喜法心、善意心、舍离一切执著心、断一切众生烦恼心、闭一切恶趣心故,行智慧行已,成就无量功德,于禅定觉分善能演说,而常游戏无上菩提,勤修敷演。肉眼发生能有简择,天眼出现鉴诸佛土,法眼清净能离诸著,慧眼通达到于彼岸,佛眼成就觉悟开示,生无碍慧为他广说。于三界中平等勤修,既自调伏,亦能调伏一切有情,能令获得胜奢摩他。于一切法证无所得,善能说法言辞巧妙,勤修供养一切诸佛,摧伏有情一切烦恼,为诸如来之所悦可,而能如是如是思惟。作是思惟时,能集能见一切诸法,皆无所得,以方便智修行灭法,善知取舍理非理趣,于理趣非理趣中皆得善巧。于世语言心不爱乐,出世经典诚信勤修,善巧寻求一切诸法,求一切法增长了知。知法本无实不可得,于所行处亦无取舍,解脱老病住诸功德,从本已来安住神通,勤修深法,于甚深法而无退转,于难解法悉能通达,得一乘道无有疑惑。于佛教法不由他悟,其智宏深譬之巨海,菩提高广喻若须弥,自身威光超于日月。凡所思择与慧相应,犹如雪山其心洁白。光明普照无边功德,烧烦恼薪方之于火。不为善恶之所动摇,心静常安犹如大地。洗涤烦惑如清净水,心无所主犹如火,不著世间犹如风,养诸有情犹如地,观诸世界如虚空。荷载众生犹如良乘,不染世法譬之莲花,远畅法音犹如雷震,雨一切法方之大雨,光蔽贤圣犹彼大仙,善能调伏如大龙象,勇猛无畏如师子王,覆护众生如尼拘陀树,他论不动如铁围山,修慈无量如彼恒河。诸善法王能为前导如大梵天,无所聚积犹如飞鸟,摧伏他论如金翅王,难遇稀有如优昙花。最胜丈夫其心正直,无有懈怠能善修行,于诸见中善巧决定,柔和忍辱无嫉妒心。论法无厌求法不倦,常勤演说利益众生。戒若琉璃内外明洁,善闻诸法而为胜宝,其所说言令众悦伏。以智慧力建大法幢、吹大法螺、击大法鼓,常乐勤修建诸法表。由智慧光心无迷惑,远众过失亦无损害。以淳净心离诸秽染,常行惠施永舍悭贪,禀性温和常怀惭耻。其心寂定智慧明察,作世间灯破众生暗,堪受利养殊胜福田,为大导师周济群物。远离憎爱心净无忧,勇进无怖为大法将,了知地狱调伏自他,利益有情(拔诸毒箭,为世间解、为世间师,引导群生)舍(诸爱著,)永离三垢游戏神通,因力、缘力、愿力、发起力、世俗力、出生力、善根力、三摩地力、闻力、舍力、戒力、忍力、精进力、定力、慧力、奢摩他力、毗钵舍那力、神通力、念力、觉力、摧伏一切大魔军力,并他论法力、能破一切烦恼怨力及殊胜大力,威福具足,相好端严,智慧辩才,善根圆满。目净修广,人所爱乐,其身清洁,远离贡高。以尊重心奉事诸佛,于诸佛所植众善本。拔除憍慢,离贪瞋痴,殊胜吉祥,应供中最住胜智境,赫奕慧光,心生欢喜,雄猛无畏,福智具足,无有滞限,但说所闻开示群物,随所闻法皆能解了。于菩提分法勇猛勤修,空无相愿而常安住,及不生不灭诸三摩地,行遍道场远二乘境。阿难!我今略说彼极乐界所生菩萨摩诃萨众真实功德,悉皆如是。阿难!假令我身住寿百千亿那由他劫,以无碍辩欲具称扬彼诸菩萨摩诃萨等真实功德不可穷尽。阿难!彼诸菩萨摩诃萨等,尽其寿量亦不能知。

18.22.3

[illegible]	[illegible],	[illegible]	[illegible]	[illegible]	[illegible]	[illegible]	[illegible]	[illegible]:	[illegible]	[illegible]
tśhjɨ^{1}	zjọ^{2}	rjur^{1}	pjụ^{1}	·ja$^{?}$	na^{1}	·jij^{1}	dạ^{2}	jɨ^{2}	thjɨ^{2}	tja^{1}
尔	时,	世	尊	阿	难	之	告	曰:	此	者
[illegible]	[illegible]	[illegible]	[illegible]	[illegible]	[illegible]	[illegible]	[illegible]	[illegible]	[illegible]。	

zjo̠^{2} mji̠^{1} pju̠^{1} tha^{1} ·jij^{1} źji^{2} lhejr^{2} rjur^{1} kiẹj^{2} ŋwu^{2}

寿 无 量 佛 之 极 乐 世 界 是。

尔时，世尊告阿难言：此是无量寿佛极乐世界。

18.22.4

[illegible]

nji^{2} dzu̠^{2} tji̠^{2} ·ja$^{?}$ wor^{1} pja̠^{1} phjo̠^{2} dzjwi̠^{1} lhejr^{2} ŋwə^{1} war^{2}

汝 坐 处 △ 起， 掌 合 恭 敬， 五 体

[illegible]

lji̠^{2} nji̠^{1} thja^{2} tha^{1} rjijr^{2} tśja^{1} kji̠^{1} tshjwu^{1} nja^{2} thja^{2} tha^{1}

地 投， 彼 佛 方 礼 △ 拜 △。 彼 佛

汝应从坐而起，合掌恭敬，五体投地，为佛作礼。彼佛

18.22.5

[illegible]

mjij^{2} dźjwow^{1} śja^{1} rjijr^{2} źji^{2} mji^{1} thja^{2} lji̠^{1} lji̠^{1} rjijr^{2}

名 称 十 方 遍 闻， 彼 一 一 方

[illegible]

be̠^{1} ŋew^{2} rjur^{1} tha^{1} ɣie^{2} mjij^{1} bja^{2} mjij^{1} źji^{2} gu^{2}

沙 数 诸 佛 碍 无 断 无， 皆 共

名称遍满十方，彼一一方恒沙诸佛皆共

18.22.6

[illegible]

·jow^{2} śja^{2} tśhji̠^{1} dzji̠j^{1} ·ja$^{?}$ na^{1} dzu̠^{2} tji̠^{2} ·ja$^{?}$ wor^{1} źji̠^{1}

称 赞。 尔 时， 阿 难 坐 处 △ 起， 左

[illegible]

wa̠^{1} pha^{1} gjwi^{2} njijr^{2} lji^{2} rjijr^{2} tshwew^{1} pja̠^{1} phjo̠^{2} dzjwi̠^{1} lhejr^{2}

肩 半 服， 面 西 方 向 掌 合 恭 敬，

称赞①，无碍无断。是时，阿难即从坐起，偏袒右肩②，西面合掌

① 恒沙，西夏本作“[illegible]”（沙数），省略“恒”字义未作。

② 偏袒右肩，西夏本作“[illegible]”，字面意思是“左肩半服”。

18.22.7

[illegible]	[illegible]	[illegible]	[illegible]，	[illegible]	[illegible]	[illegible]	[illegible]：	[illegible]	[illegible]！	[illegible]
ŋwə[1]	war[2]	ljɨ[2]	njɨ[1]	tha[1]	·jij[1]	dạ[2]	jɨ[2]	rjur[1]	pjụ[1]	ŋa[2]
五	体	地	投，	佛	之	谓	言：	世	尊！	我
[illegible]	[illegible]	[illegible]	[illegible]	[illegible]	[illegible]	[illegible]	[illegible]	[illegible]	[illegible]	
sjij[1]	źji[2]	lhejr[2]	rjur[1]	kięj[2]	zjọ[2]	mjɨ[1]	pjụ[1]	mjor[1]	ljij[2]	
今	极	乐	世	界	寿	无	量	如	来	

五体投地①，白佛言：世尊！我今欲见极乐世界无量寿如来，

18.23.1

[illegible]	[illegible]	[illegible]，	[illegible]	[illegible]	[illegible]	[illegible]	[illegible]	[illegible]	[illegible]	[illegible]
·jij[1]	ljij[2]	kięj[2]	niow[1]	mjɨ[1]	pjụ[1]	·jir[2]	tụ[1]	rjir[2]	no[1]	?
之	见	欲，	并	无	量	百	千	亿	那	由
[illegible]	[illegible]	[illegible]	[illegible]	[illegible]	[illegible]，	[illegible]	[illegible]	[illegible]	[illegible]，	[illegible]
thow[1]	tha[1]	niow[1]	ɲia[2]	tsjij[2]	·ji[1]	rjur[1]	nẹw[2]	tśhji[1]	ljị[1]	kjụ[1]
他	佛	及	菩	萨	众，	诸	善	根	种，	供

并供养奉事无量百千亿那由他佛及菩萨众②，种诸善根。

18.23.2

[illegible]	[illegible]	[illegible]	[illegible]	[illegible]	[illegible]	[illegible]	[illegible]。	[illegible]，	[illegible]	[illegible]	[illegible]
tshwew[1]	tshji[2]	ljij[1]	kjụ[1]	tshwew[1]	kięj[2]	ŋa[2]	jɨ[2]	dzjɨj[1]	zjọ[2]	mjɨ[1]	pjụ[1]
养	奉	侍	供	养	欲	△	谓。	时，	寿	无	量
[illegible]	[illegible]	[illegible]	[illegible]	[illegible]	[illegible]	[illegible]	[illegible]	[illegible]，	[illegible]	[illegible]	
tha[1]	tśhjɨ[2]	rjar[2]	pjạ[1]	·u[2]	tha[2]	bji[1]	swew[1]	wją[2]	·jir[2]	tụ[1]	
佛	立	即	掌	中	大	光	明	放，	百	千	

时，无量寿佛即于掌中放大光明，遍照百千

18.23.3

[illegible]	[illegible]	[illegible]	[illegible]	[illegible]	[illegible]	[illegible]	[illegible]。	[illegible]	[illegible]

① 西夏本"合掌"下有"[illegible]"(恭敬)二字，汉文本未见。

② 供养奉事，西夏本作"[illegible]"(供养奉侍供养)。下二字为小字，校补于行右，上二字疑衍。参看下文18.31.2"不得供养奉事诸佛"，西夏本作"[illegible]"(诸佛之奉侍供养不得)。

kju^{1}	tśji^{2}	no^{1}	?	thow^{1}	lhjij^{2}	źji^{2}	swew^{1}	thja^{2}	rjur^{1}
俱	胝	那	由	他	国	皆	照。	彼	诸
[illegible]	[illegible]	[illegible]	[illegible]	[illegible]	[illegible]	[illegible]、	[illegible]	[illegible]、	[illegible]
tha^{1}	lhjij^{2}	·u^{2}	ŋwu^{2}	khwej^{2}	rjur^{1}	ŋər^{1}	rar^{1}	nja̱^{1}	ljɨ̣^{1}
佛	国	中	小	大	诸	山、	山	黑、	宝

俱胝那由他刹。彼诸佛刹所有大小诸山、黑山、宝

18.23.4

[illegible]、	[illegible]	[illegible]	[illegible]、	[illegible]	[illegible]	[illegible]、	[illegible]	[illegible]	[illegible]	[illegible]、	[illegible]
ŋər^{1}	sju^{2}	mji^{1}	ŋər^{1}	mji^{1}	lew^{1}	ŋər^{1}	tha^{2}	mji^{1}	lew^{1}	ŋər^{1}	bo̱^{2}
山、	须	弥	山、	迷	卢	山、	大	迷	卢	山、	目
[illegible]	[illegible]	[illegible]	[illegible]、	[illegible]	[illegible]	[illegible]	[illegible]	[illegible]	[illegible]	[illegible]、	[illegible]
tśjĩ^{1}	ljĩ^{1}	thow^{1}	ŋər^{1}	ma^{2}	ŋa̱^{2}	bo̱^{2}	tśjĩ^{1}	ljĩ^{1}	thow^{1}	ŋər^{1}	śjow^{1}
真	邻	陀	山、	摩	诃	目	真	邻	陀	山、	铁

山、须弥卢山、迷卢山、大迷卢山、目真邻陀山、摩诃目真邻陀山、铁

18.23.5

[illegible]	[illegible]、	[illegible]	[illegible]	[illegible]	[illegible]、	[illegible]	[illegible]	[illegible]	[illegible]	[illegible]
tśjɨ̣^{1}	ŋər^{1}	tha^{2}	śjow^{1}	tśjɨ̣^{1}	ŋər^{1}	lhejr^{2}	bo^{1}	sji^{1}	·io̱^{2}	niow^{1}
围	山、	大	铁	围	山、	丛	林	树	园	及
[illegible]	[illegible]	[illegible]	[illegible]	[illegible]	[illegible]	[illegible],	[illegible]	[illegible]	[illegible]	
rjur^{1}	mji̱^{1}	mə^{1}	pju̱^{2}	dzjwo^{2}	njɨ^{2}	·war^{2}	tha^{1}	bji^{1}	swew^{1}	
诸	宫	天	殿	人	等	物,	佛	光	明	

围山、大铁围山，丛薄园林及诸宫殿天人等物①，以佛光明

18.23.6

[illegible]	[illegible]	[illegible]	[illegible]	[illegible]。	[illegible]	[illegible]	[illegible]	[illegible]	[illegible]	[illegible]
bju^{1}	to^{2}	źji^{2}	swew^{1}	ljij^{2}	dzjo̱^{1}	dzjwo^{2}	sej^{1}	mə^{1}	mej^{1}	ŋwu^{2}
以	皆	悉	照	见。	譬	人	净	天	眼	以
[illegible]	[illegible]	[illegible]	[illegible]	[illegible]	[illegible]	[illegible]	[illegible]	[illegible]	[illegible],	

① 宫殿天人，西夏本作"[illegible]"（宫天殿人），"[illegible]"二字疑倒，当作"[illegible]"。

·ja$^{?}$ la^{2} rjar^{1} ljị^{2} tśhja̱^{1} njɨ^{2} ·war^{2} tjị^{2} ljịj^{2} sju^{2}

一 寻 远 地 上 物 △ 可 见 如,

皆悉照见。譬如有人以净天眼观一寻地见诸所有,

18.23.7

[illegible] [illegible] [illegible] [illegible] [illegible] [illegible] [illegible] [illegible] [illegible] [illegible] [illegible]。 [illegible]

niow^{1} dzjọ^{1} be^{2} bji^{1} to^{2} śja^{2} khjɨ^{2} njɨ^{2} ·war^{2} sjwij^{1} sju^{2} thja^{2}

又 譬 日 光 出 现 万 物 显 明 如。 彼

[illegible] [illegible] [illegible] [illegible] [illegible]、 [illegible] [illegible] [illegible]、 [illegible] [illegible] [illegible]、

rjur^{1} lhjịj^{2} ·u^{2} phji^{2} khjiw^{2} phji^{2} khjiw^{2} nji^{1} ·jiw^{2} pho^{1} se^{2}

诸 国 中 比 丘、 比 丘 尼、 优 婆 塞、

又如日光出现万物斯睹。彼诸国中比丘、比丘尼、优婆塞、

18.24.1

[illegible] [illegible] [illegible], [illegible] [illegible] [illegible] [illegible] [illegible] [illegible] [illegible] [illegible]

·jiw^{2} pho^{1} ·ji^{1} źji^{2} zjọ^{2} mjɨ^{1} pjụ^{1} mjor^{1} ljịj^{2} sju^{2} mji^{1}

优 婆 夷, 悉 寿 无 量 如 来 须 弥

[illegible] [illegible] [illegible], [illegible] [illegible] [illegible] [illegible], [illegible], [illegible] [illegible]

ŋər^{1} njij^{2} sju^{2} rjur^{1} tha^{1} lhjịj^{2} swew^{1} dzjɨj^{1} rjur^{1} tha^{1}

山 王 如, 诸 佛 国 照, 时, 诸 佛

优婆夷,悉见无量寿如来如须弥山王,照诸佛刹,时,诸佛

18.24.2

[illegible] [illegible] [illegible] [illegible] [illegible] [illegible], [illegible] [illegible] [illegible] [illegible] [illegible]

lhjịj^{2} to^{2} źji^{2} dźju^{1} śja^{2} ljịj^{2} ·ja$^{?}$ lhjo̱r^{1} rjar^{1} njɨ^{2} ·war^{2}

国 皆 悉 明 现 见, 一 寻 远 物 △

[illegible] [illegible] [illegible]。 [illegible] [illegible] [illegible] [illegible] [illegible] [illegible] [illegible]

tjị^{2} ljịj^{2} sju^{2} thja^{1} zjọ^{2} mjɨ^{1} pjụ^{1} mjor^{1} ljịj^{2} ·jij^{1}

可 见 如。 彼 寿 无 量 如 来 之

国皆悉明现,如处一寻。以无量寿如来

18.24.3

[illegible] [illegible] [illegible] [illegible]、 [illegible] [illegible] [illegible] [illegible], [illegible] [illegible] [illegible] bu̱^{2} gjij^{1} bji^{1} swew^{1} źji^{2} gji^{1} sej^{1} nio̱w^{1} ku^{1} tśhjwo^{1} thja^{2}

胜 殊 光 明、 极 清 净 故， 则 故 彼

[illegible]

lu^{2} bjij^{2} niow^{1} rjur^{1} ɣiẹ^{2} mji^{1} ɲia^{2} tsjij^{2} njɨ^{2} ·ji^{1}

座 高 及 诸 声 闻、 菩 萨 等 众

殊胜光明、极清净故，见彼高座及诸声闻、菩萨等众。

18.24.4

[illegible]

·jij^{1} ljij^{2} ljɨ^{1} dzjọ^{1} sju^{2} tha^{2} ljɨ̣^{2} zjɨ̱r^{2} na̱^{2} nja^{1}

之 见 也。 譬 如 大 地 水 洪 盈

[illegible]

swu^{2} phu^{2} bo^{1} ŋər^{1} mja^{1} to^{2} źji^{2} mjɨ^{1} sjwij^{1} lew^{1}

满， 树 林 山 河 皆 悉 不 现， 唯

譬如大地洪水盈满，树林山河皆没不现，唯

18.24.5

[illegible]

tha^{2} zjɨ̱r^{2} ljij^{2} ·ja$^{?}$ na^{1} thja^{2} tha^{1} lhjịj^{2} ·u^{2} tha^{2} ɣiẹ^{2}

大 水 见。 阿 难！ 彼 佛 刹 中 大 声

[illegible]

mji^{1} ·ji^{1} ŋowr^{2} ŋowr^{2} ·ja$^{?}$ lhjo̱r^{1} bji^{1} swew^{1} niow^{1} po^{1}

闻 众 一 切 一 寻 光 明， 及 菩

有大水。如是阿难①！彼佛刹中无有他论及异形类，唯除一切大声闻众一寻光明，及彼菩

18.24.6

[illegible]

tsa^{1} ma^{2} ŋa̱^{2} tsa^{1} ·ju̱^{1} śja^{1} no^{1} njɨ^{2} ·jir^{2} tu̱^{1} lhjo̱r^{1}

萨 摩 诃 萨 逾 缮 那 等 百 千 寻

[illegible]

① “如是”二字义西夏本未见。

bji[1] swew[1] rjɨr[2] niow[1] dzjij[2] dow[1] ljɨ̣[1] do[2] pha[1] jwɨr[1] la̱[1]

光 明 除 外， 他 邪 论 差 异 相 容

萨摩诃萨逾缮那等百千寻光。

18.24.7

[illegible]。 [illegible]、 [illegible]、

djịj[1] źji[2] mjij[1] thja[2] zjọ[2] mjɨ[1] pjụ[1] mjor[1] ljịj[2] bju[1] wo[2]

类 皆 无。 彼 寿 无 量 如 来、 应 供、

[illegible]

tśhja[2] ka[1] dwewr[2] ·jij[1] bji[1] swew[1] ɣię[2] mji[1] niow[1] rjur[1]

正 等 觉 之 光 明 声 闻 及 诸

彼无量寿如来、应、正等觉光明映蔽一切声闻及诸

18.25.1

[illegible]， [illegible]

ɲia[2] tsjij[2] ŋowr[2] ŋowr[2] ·jij[1] ·jwɨ̣[1] t- [2] rjur[1] ɲia[2] tśhju[1] ·jij[1] to[2] źji[2]

菩 萨 一 切 之 障 蔽， 诸 有 情 之 悉 皆

[illegible]。 [illegible]、 [illegible]、 [illegible]

ljij[2] phji[1] thja[2] źji[2] lhejr[2] kięj[2] ·u[2] ɲia[2] tsjij[2] ɣię[2] mji[1] dzjwo[2]

见 令。 彼 极 乐 界 中 菩 萨、 声 闻、 人

菩萨，令诸有情悉皆得见。彼极乐界菩萨、声闻、人

18.25.2

[illegible]， [illegible]

mə[1] ·ji[1] njɨ[2] to[2] źji[2] so[2] pho[1] rjur[1] kięj[2] ·u[2]

天 众 等， 悉 皆 娑 婆 世 界 中

[illegible]

śjɨ[2] kja[1] mjor[1] ljịj[2] niow[1] phji[2] khjiw[2] ·ji[1] ·wiọ[1] tśjɨ̣[1]

释 迦 如 来 及 比 丘 众 围 绕

天众等，一切皆睹娑婆世界释迦如来及比丘众围绕

18.25.3

[illegible]。

tsji̠r1	tshji̠j1	djij2	ljij2
法	说	其	见。

说法。

18.25.4

[illegible]	[illegible],	[illegible]	[illegible]	[illegible]	[illegible]	[illegible]	[illegible]	[illegible]	[illegible]:	[illegible]
tśhjɨ1	zjọ2	tha1	mji1	le2	ɲia2	tsjij2	·jij1	dạ2	jɨ2	nji2
尔	时,	佛	弥	勒	菩	萨	之	言	告:	汝
[illegible]	[illegible]	[illegible]	[illegible]	[illegible]	[illegible]	[illegible]	[illegible]	[illegible]	[illegible]	
ŋowr2	lhə?	gji1	sej1	pjụ1	tśhja2	śjwo2	tshji̠j2	tha1	lhji̠j2	
具	足	清	净	威	德	庄	严	佛	国	

尔时,佛告弥勒菩萨言:汝颇见具足清净威德庄严佛刹

18.25.5

[illegible]	[illegible]	[illegible]	[illegible]	[illegible]、	[illegible]	[illegible]、	[illegible]	[illegible]、	[illegible]	[illegible]
niow1	ŋa1	gu2	phu2	bo1	sji1	·iọ2	rar2	mə2	dźiəj2	·ja?
及	空	中	树	林、	树	园、	泉	源、	池	△
[illegible]	[illegible]?	[illegible]	[illegible]	[illegible]	[illegible]	[illegible]	[illegible]	[illegible],	[illegible]	
lji2	nja2	nji2	rjɨr2	njɨ2	tsə̣1	źji2	dźjwa1	mə1	ŋa1	
见	△?	汝	乃	至	色	究	竟	天,	空	

及见空中树林、园苑、涌泉、池沼不耶? 汝见大地乃至色究竟天,

18.25.6

[illegible]	[illegible]	[illegible]	[illegible]	[illegible]	[illegible]	[illegible]	[illegible]	[illegible]。	[illegible]	[illegible]
gu2	wja̠1	phu2	bo1	lju2	tha2	lji̠2	śjwo2	tshji̠j2	niow1	tsjɨ1
中	花	树	林	散	大	地	庄	严。	复	亦
[illegible]	[illegible]	[illegible]	[illegible]	[illegible]	[illegible]	[illegible]	[illegible]	[illegible]	[illegible],	
·ji1	we1	tshọ2	ŋa1	kiej2	dźjij1	mə2	mə2	ɣiẹ2	to2	
众	鸟	虚	空	界	住	种	种	音	出,	

于虚空中散花树林以为庄严①。复有众鸟住虚空界出种种音,

① 虚空,西夏仅作“[illegible]”(空)。下文译作“[illegible][illegible]”(虚空)二字,多见。

18.25.7

[illegible]	[illegible]	[illegible]	[illegible]	[illegible]	[illegible]	[illegible]	[illegible]。	[illegible]	[illegible]	[illegible]
tha^{1}	ɣiẹ^{2}	wjɨ^{2}	sju^{2}	rjur^{1}	kięj^{2}	zjir^{2}	mji^{1}	thja^{1}	rjur^{1}	·ji^{1}
佛	声	犹	如	世	界	普	闻。	是	诸	众
[illegible]	[illegible]	[illegible]	[illegible]	[illegible]，	[illegible]	[illegible]	[illegible]	[illegible]。	[illegible]	
we^{1}	źji^{2}	wjɨ̣^{1}	dji̲^{2}	ŋwu^{2}	źjɨr^{1}	sju^{2}	dzju^{2}	nja̲^{2}	wja^{1}	
鸟	皆	变	化	是，	实	牲	畜	非。	曰	

犹如佛声普闻世界。是诸众鸟皆是化作，非实畜生。

18.26.1

[illegible]	[illegible]	[illegible]	[illegible]？	[illegible]	[illegible]	[illegible]	[illegible]	[illegible]	[illegible]	[illegible]
źji^{2}	·ja$^{?}$	lji^{2}	nja^{2}	mji^{1}	gu^{2}	ɲia^{2}	tsjij^{2}	tha^{1}	·jij^{1}	dạ^{2}
皆	△	见	△？	弥	勒	菩	萨	佛	之	告
[illegible]：	[illegible]	[illegible]。	[illegible]	[illegible]	[illegible]	[illegible]	[illegible]	[illegible]	[illegible]	
jɨ^{2}	lji^{2}	ŋa^{2}	tha^{1}	niow^{1}	mji^{1}	le^{2}	ɲia^{2}	tsjij^{2}	·jij^{1}	
言：	见	△。	佛	复	弥	勒	菩	萨	之	

汝见是耶？弥勒白佛言①：唯然已见。佛复告弥勒菩萨

18.26.2

[illegible]	[illegible]：	[illegible]	[illegible]	[illegible]	[illegible]	[illegible]	[illegible]	[illegible]	[illegible]	[illegible]
dạ^{2}	jɨ^{2}	nji^{2}	thja^{1}	rjur^{1}	ɲia^{2}	tśhju^{1}	·ju̲^{1}	śja^{1}	no^{1}	·jir^{2}
言	告：	汝	彼	诸	众	生	逾	缮	那	百
[illegible]	[illegible]	[illegible]	[illegible]，	[illegible]	[illegible]	[illegible]	[illegible]	[illegible]	[illegible]	
tụ^{1}	mji̲^{1}	pjụ^{2}	·o^{2}	ŋa^{1}	gu^{2}	khej̣^{1}	dźjij^{1}	zji̲j^{1}	mjij^{1}	
千	宫	殿	入，	空	中	游	行	著	无	

言：汝见此诸众生入逾缮那百千宫殿已，游行虚空无著

18.26.3

[illegible]	[illegible]，	[illegible]	[illegible]	[illegible]	[illegible]	[illegible]	[illegible]	[illegible]	[illegible]	[illegible]
ɣie^{2}	mjij^{1}	rjur^{1}	lhji̲j^{2}	zjir^{2}	da̲^{2}	rjur^{1}	tha^{1}	·jij^{1}	kjụ^{1}	tshwew^{1}

① 西夏本“弥勒”下有“[illegible][illegible]”（菩萨）二字。

碍 无， 诸 国 遍 游 诸 佛 之 供 养

[illegible] [illegible] [illegible] [illegible]， [illegible] [illegible] [illegible] [illegible] [illegible] [illegible]

djij^{2} ·ja$^{?}$ lji^{2} nja^{2} niow^{1} thja^{1} do^{2} ɲia^{2} tśhju^{1} be^{2}

其 △ 见 △， 及 彼 处 有 情 日

无碍，遍诸刹土供养诸佛，及见彼有情

18.26.4

[illegible] [illegible] [illegible] [illegible] [illegible] [illegible] [illegible] [illegible] [illegible] [illegible]

gjɨ^{2} tśhjiw^{1} dzjɨj^{1} twẹ^{2} twẹ^{2} tha^{1} ljɨ̣r^{2} djij^{2} ·ja$^{?}$ lji^{2}

夜 六 时 相 续 佛 念 其 △ 见

[illegible]？ [illegible] [illegible] [illegible] [illegible] [illegible]： [illegible] [illegible] [illegible] [illegible]。

nja^{2} mji^{1} le^{2} ɲia^{2} tsjij^{2} dạ^{2} to^{2} źji^{2} lji^{2} ŋa^{2}

△？ 弥 勒 菩 萨 言： 悉 皆 见 △。

于昼夜分念佛相续不耶①？弥勒白言②：唯然尽见。

18.26.5

[illegible] [illegible] [illegible] [illegible]： [illegible] [illegible] [illegible] [illegible] [illegible] [illegible]

tha^{1} niow^{1} dạ^{2} ·jɨr^{1} nji^{2} tsjij^{1} dji̠^{2} ·jij^{1} dzju^{2} mə^{1}

佛 复 言 问： 汝 他 化 自 在 天

[illegible] [illegible] [illegible] [illegible] [illegible] [illegible] [illegible] [illegible] [illegible] [illegible]

thja^{1} źji^{2} lhejr^{2} rjur^{1} dzjwo^{2} rjir^{2} wji^{1} ɣiwej^{1} thjɨ^{2} gju^{2}

彼 极 乐 诸 人 与 用 受 此 具

佛复告言：汝见他化自在天与极乐诸人受用资具

18.26.6

[illegible] [illegible] [illegible] [illegible] [illegible] [illegible]？ [illegible] [illegible] [illegible] [illegible]

do^{2} pha^{1} wa^{2} dju^{1} ·ja$^{?}$ lji^{2} mji^{1} le^{2} ɲia^{2} tsjij^{2}

差 别 何 有 △ 见？ 弥 勒 菩 萨

[illegible]： [illegible] [illegible] [illegible] [illegible] [illegible] [illegible] [illegible] [illegible] [illegible]。

dạ^{2} thja^{2} zjɨ̣r^{1} zjij^{1} do^{2} pha^{1} mjɨ^{1} tśhjɨ^{1} lji^{2} ŋa^{2}

---

① 于昼夜分，西夏本作"[illegible][illegible][illegible][illegible]"，字面意思是"日夜六时"。

② 西夏本"弥勒"下有"[illegible][illegible]"（菩萨）二字。

言:	彼	少	许	差	别	未	彼	见	△。

有差别不?弥勒白言①:我不见彼有少差别。

18.26.7

[illegible]	[illegible]	[illegible]	[illegible]	[illegible]:	[illegible]	[illegible]	[illegible]	[illegible]	[illegible]
tha^{1}	mji^{1}	le^{2}	·jij^{1}	jɨ^{2}	nji^{2}	źji^{2}	lhejr^{2}	rjur^{1}	kię̣j^{2}
佛	弥	勒	之	告:	汝	极	乐	世	界
[illegible]	[illegible]	[illegible]	[illegible]	[illegible]	[illegible]	[illegible]	[illegible]	[illegible]	[illegible]?
·u^{2}	dzjwo^{2}	mja^{1}	·o^{1}	thjij^{2}	sjo^{2}	dja^{2}	dźjij^{1}	·ja$^{?}$	lji^{2}
中	人	母	腹	何	云	△	住	△	见?

佛告弥勒:汝见极乐世界人住胎不?

18.27.1

[illegible]	[illegible]	[illegible]	[illegible]	[illegible]	[illegible]	[illegible]	[illegible]	[illegible]:	[illegible]
mji^{1}	le^{2}	ɲia^{2}	tsjij^{2}	rjur^{1}	pjụ^{1}	·jij^{1}	dạ^{2}	jɨ^{2}	dzjọ^{1}
弥	勒	菩	萨	世	尊	之	言	谓:	譬
[illegible]	[illegible]	[illegible]	[illegible]	[illegible]	[illegible]	[illegible]	[illegible],	[illegible]	[illegible]
sọ^{1}	ɣạ^{2}	sọ^{1}	mə^{1}	·ja^{2}	mo^{2}	mə^{1}	njɨ^{2}	·jir^{2}	·jiw^{1}
三	十	三	天	夜	摩	天	等,	百	由

弥勒白言②:世尊!譬如三十三天夜摩天等,人百由

18.27.2

[illegible]	[illegible]	[illegible]	[illegible]	[illegible]	[illegible]	[illegible]	[illegible]	[illegible]	[illegible]
sjwɨ^{1}	rjar^{1}	ŋwə^{1}	·jir^{2}	?	sjwɨ^{1}	mji̱^{1}	pjụ^{2}	·u^{2}	khẹj^{1}
旬	远	五	百	由	旬	宫	殿	内	游
[illegible]	[illegible]	[illegible]	[illegible]。	[illegible]	[illegible]	[illegible]	[illegible]	[illegible]	[illegible]
·u^{2}	lhejr^{2}	lhji̱j^{2}	sju^{2}	thja^{1}	źji^{2}	lhejr^{2}	rjur^{1}	kię̣j^{2}	dzjwo^{2}
戏	乐	受	如。	彼	极	乐	世	界	人

旬若五百由旬宫殿之内游戏欢乐③。我见极乐世界人

① 西夏本“弥勒”下有“[illegible][illegible]”(菩萨)二字。
② 西夏本“弥勒”下有“[illegible][illegible]”(菩萨)二字。
③ “若”字义西夏本疑脱。

18.27.3

[illegible]	[illegible]	[illegible]	[illegible]	[illegible],	[illegible]	[illegible]	[illegible]	[illegible]	[illegible]
mja^{1}	·o^{1}	·u^{2}	dźjij^{1}	tja^{1}	·ja^{2}	mo^{2}	mə^{1}	mji̱^{1}	pjụ^{2}
母	腹	中	住	者,	夜	摩	天	宫	殿
[illegible]	[illegible]	[illegible]	[illegible]	[illegible]	[illegible]	[illegible],	[illegible]	[illegible]	[illegible]
·u^{2}	dźjij^{1}	rjir^{2}	·ja$^{?}$	tjɨj^{2}	lji^{2}	ŋa^{2}	niow^{1}	ɲia^{2}	tśhju^{1}
中	住	与	一	样	见	△,	又	众	生

住胎者,如夜摩天处于宫殿,又见众生

18.27.4

[illegible]	[illegible]	[illegible]	[illegible]	[illegible]	[illegible]	[illegible]	[illegible]	[illegible]	[illegible]	[illegible]	[illegible]	[illegible]	[illegible]	[illegible]。
wjạ^{1}	sej^{1}	njij^{1}	gu^{2}	khjɨ^{1}	ljɨ̱^{1}	tśja^{1}	dzu̱^{2}	thja^{1}	śjij^{1}	dji̱^{2}	we̱^{1}	djij^{2}	lji^{2}	ŋa^{2}
莲	华	心	内	足	回	交	坐	自	然	化	生	其	见	△。

于莲华内结跏趺坐自然化生。

汉文本

尔时,世尊告阿难言:此是无量寿佛极乐世界。汝应从坐而起,合掌恭敬,五体投地,为佛作礼。彼佛名称遍满十方,彼一一方恒沙诸佛皆共称赞,无碍无断。是时,阿难即从坐起,偏袒右肩,西面合掌,五体投地,白佛言:世尊!我今欲见极乐世界无量寿如来,并供养奉事无量百千亿那由他佛及菩萨众,种诸善根。

时,无量寿佛即于掌中放大光明,遍照百千俱胝那由他刹。彼诸佛刹所有大小诸山、黑山、宝山、须弥卢山、迷卢山、大迷卢山、目真邻陀山、摩诃目真邻陀山、铁围山、大铁围山,丛薄园林及诸宫殿天人等物,以佛光明皆悉照见。譬如有人以净天眼观一寻地见诸所有,又如日光出现万物斯睹。彼诸国中比丘、比丘尼、优婆塞、优婆夷,悉见无量寿如来如须弥山王,照诸佛刹,时,诸佛国皆悉明现,如处一寻。以无量寿如来殊胜光明、极清净故,见彼高座及诸声闻、菩萨等众。譬如大地洪水盈满,树林山河皆没不现,唯有大水。

如是阿难!彼佛刹中无有他论及异形类,唯除一切大声闻众一寻光明,及彼菩萨摩诃萨逾缮那等百千寻光。彼无量寿如来、应、正等觉光明映蔽一切声闻及诸菩萨,令诸有情悉皆得见。彼极乐界菩萨、声闻、人天众等,一切皆睹娑婆世界释迦如来及比丘众围绕说法。

尔时,佛告弥勒菩萨言:汝颇见具足清净威德庄严佛刹及见空中树林、园苑、涌泉、池沼不耶?汝见大地乃至色究竟天,于虚空中散花树林以为庄严。复有众鸟住虚空界出种种音,犹如佛声普闻世界。是诸众鸟皆是化作,非实畜生。汝见是耶?弥勒白佛言:唯然已见。佛复告弥勒菩萨言:汝见此诸众生入逾缮那百千宫殿已,游行虚空无著无碍,遍诸刹土供养诸佛,及见彼有情于昼夜分念佛相续不耶？弥勒白言:唯然尽见。佛复告言:汝见他化自在天与极乐诸人受用资具有差别不？弥勒白言:我不见彼有少差别。佛告弥勒:汝见极乐世界人住胎不？弥勒白言:世尊！譬如三十三天夜摩天等,入百由旬若五百由旬宫殿之内游戏欢乐。我见极乐世界人住胎者,如夜摩天处于宫殿,又见众生于莲华内结跏趺坐自然化生。

18.27.4

[illegible],	[illegible]	[illegible]	[illegible]	[illegible]	[illegible]
dzjɨj[1]	mji[1]	gu[2]	ɲia[2]	tsjij[2]	niow[1]
时,	弥	勒	菩	萨	复

时,弥勒菩萨复

18.27.5

[illegible]	[illegible]	[illegible]	[illegible]:	[illegible]	[illegible]!	[illegible]	[illegible]	[illegible]	[illegible],
tha[1]	·jij[1]	dạ[2]	jɨ[2]	rjur[1]	pjụ[1]	wa[2]	·jiw[1]	nio̱w[1]	bju[1]
佛	之	言	谓:	世	尊!	何	因	缘	故,
[illegible]	[illegible]	[illegible]	[illegible]	[illegible]	[illegible]	[illegible]	[illegible]、	[illegible]	[illegible]
thja[2]	lhjịj[2]	ɲia[2]	tśhju[1]	tśhio̱w[1]	tśhio̱w[1]	·o[1]	we̱[1]	tśhio̱w[1]	tśhio̱w[1]
彼	国	众	生	若	若	腹	生、	若	若

白佛言:世尊！何因缘故,彼国众生有胎生者、

18.27.6

[illegible]	[illegible]	[illegible]?	[illegible]	[illegible]	[illegible]	[illegible]	[illegible]:	[illegible]	[illegible]	[illegible]
dji̱[2]	we̱[1]	ljɨ[1]	tha[1]	mji[1]	le[2]	·jij[1]	jɨ[2]	tjɨ[1]	tjij[1]	ɲia[2]
化	生	也?	佛	弥	勒	之	告:	假	若	众
[illegible]	[illegible]	[illegible]	[illegible]	[illegible],	[illegible]	[illegible]	[illegible]	[illegible],	[illegible]	[illegible]、
tśhju[1]	·jiw[2]	lhji̱[1]	kha[1]	ljị[1]	ne̱w[2]	tśhji[2]	du̱[1]	dzjị[2]	tha[1]	sjịj[2]
生	疑	悔	中	堕,	善	根	积	集,	佛	智、

化生者？佛告弥勒:若有众生堕于疑悔,积集善根,希求佛智、

18.27.7

[illegible]	[illegible]	[illegible]、	[illegible]	[illegible]	[illegible]	[illegible]、	[illegible]	[illegible]	[illegible]、	[illegible]
źji[2]	njɨ[2]	sjịj[2]	sew[2]	tshji̱j[1]	mjij[1]	sjịj[2]	ŋwer[1]	mjij[1]	sjịj[2]	pjụ[1]
普	遍	智、	思	议	不	智、	无	等	智、	威

[illegible]	[illegible]、	[illegible]	[illegible]	[illegible]	[illegible]	[illegible]。	[illegible]	[illegible]	[illegible]	[illegible]
tśhja^{2}	sjịj^{2}	wạ^{2}	ljịj^{2}	sjịj^{2}	kjụ^{1}	dzu^{1}	·jij^{1}	ne̱w^{2}	tśhji^{2}	ɣa^{2}
德	智、	广	大	智	求	希。	自	善	根	于

普遍智、不思议智、无等智、威德智、广大智。于自善根

18.28.1

[illegible]	[illegible]	[illegible]	[illegible]，	[illegible]	[illegible]	[illegible]	[illegible]	[illegible]，	[illegible]	[illegible]
dźiej^{2}	śjwo^{1}	mjɨ^{1}	njwi^{2}	ku^{1}	thjɨ^{2}	·jiw^{1}	nio̱w^{1}	bju^{1}	ŋwə^{1}	·jir^{2}
信	生	不	能，	则	此	因	缘	以，	五	百
[illegible]	[illegible]	[illegible]	[illegible]	[illegible]	[illegible]，	[illegible]	[illegible]	[illegible]、	[illegible]	
kjiw^{1}	kha^{1}	mji̱^{1}	pjụ^{2}	·u^{2}	dźjịj^{1}	tha^{1}	mji^{1}	ljij^{2}	tsji̱r^{1}	
岁	于	宫	殿	中	住，	佛	不	见、	法	

不能生信，以此因缘，于五百岁住宫殿中，不见佛、

18.28.2

[illegible]	[illegible]、	[illegible]	[illegible]	[illegible]	[illegible]	[illegible]	[illegible]	[illegible]	[illegible]。
mji^{1}	mji^{1}	ɲia^{2}	tsjij^{2}	niow^{1}	ɣię^{2}	mji^{1}	·ji^{1}	mji^{1}	ljij^{2}
不	闻、	菩	萨	及	声	闻	众	不	见。
[illegible]	[illegible]	[illegible]	[illegible]	[illegible]	[illegible]	[illegible]	[illegible]、	[illegible]	[illegible]
tjɨ^{1}	tjij^{1}	ɲia^{2}	tśhju^{1}	·jiw^{2}	lhji̱^{1}	njij^{1}	phja^{1}	ne̱w^{2}	tśhji^{2}
假	若	众	生	疑	悔	心	断、	善	根

不闻法、不见菩萨及声闻众。若有众生断除疑悔、积集善根，

18.28.3

[illegible]	[illegible]，	[illegible]	[illegible]	[illegible]	[illegible]	[illegible]	[illegible]	[illegible]	[illegible]	[illegible]，
du̱^{1}	dzjɨ̣^{2}	tha^{1}	sjij^{2}	rjɨr^{2}	njɨ^{2}	wạ^{2}	ljịj^{2}	sjịj^{2}	kjụ^{1}	dzu^{1}
积	集，	佛	智	乃	至	广	大	智	希	求，
[illegible]	[illegible]	[illegible]	[illegible]。	[illegible]	[illegible]	[illegible]	[illegible]	[illegible]	[illegible]	
·jij^{1}	ne̱w^{2}	tśhji^{2}	dźiej^{2}	ku^{1}	thja^{1}	dzjwo^{2}	wją^{1}	sej^{1}	nji̱j^{1}	
已	善	根	信。	则	此	人	莲	华	中	

希求佛智乃至广大智，信已善根。此人于莲华内

18.28.4

[illegible]	[illegible]	[illegible]	[illegible]	[illegible]	[illegible]	[illegible]	[illegible]	[illegible]，	[illegible]
gu^{2}	khjɨ^{1}	ljɨ̱^{1}	tśja^{1}	dzu̱^{2}	tśhjɨ^{2}	rjar^{2}	dji̱^{2}	we̱^{1}	mej^{1}
中	足	回	交	坐	忽	然	化	生，	眼
[illegible]	[illegible]	[illegible]	[illegible]	[illegible]	[illegible]	[illegible]。	[illegible]	[illegible]	[illegible]
phji̱^{1}	ljij^{1}	zjij^{1}	tśhjɨ^{2}	rjar^{2}	xja^{1}	lho$^{?}$	dzjọ^{1}	sju^{2}	tsjij^{1}
飞	停	时	瞬	息	而	出。	譬	如	他

结跏趺坐忽然化生，瞬息而出①。譬如他

18.28.5

[illegible]	[illegible]	[illegible]	[illegible]	[illegible]	[illegible]	[illegible]	[illegible]，	[illegible]	[illegible]	[illegible]
rjijr^{2}	lhjij^{2}	·u^{2}	dzjwo^{2}	thja^{1}	kha^{1}	lja^{1}	sju^{2}	thja^{1}	ɲia^{2}	tsjij^{2}
他	国	中	人	彼	中	来	如，	此	菩	萨
[illegible]	[illegible]	[illegible]	[illegible]。	[illegible]	[illegible]	[illegible]	[illegible]	[illegible]	[illegible]	
tsjɨ^{1}	thja^{1}	wjɨ^{2}	sju^{2}	dzjij^{2}	lhjij^{2}	·u^{2}	njij^{1}	śjwo^{1}	źji^{2}	
亦	是	犹	如。	余	国	中	心	生	极	

国有人来至，而此菩萨亦复如是。余国发心来生极

18.28.6

[illegible]	[illegible]	[illegible]	[illegible]，	[illegible]	[illegible]	[illegible]	[illegible]	[illegible]	[illegible]
lhejr^{2}	lhjij^{2}	we̱^{1}	lja^{1}	zjọ^{2}	mjɨ^{1}	pjụ^{1}	tha^{1}	niow^{1}	rjur^{1}
乐	国	生	来，	寿	无	量	佛	及	诸
[illegible]	[illegible]	[illegible]	[illegible]	[illegible]	[illegible]	[illegible]	[illegible]	[illegible]	[illegible]
ɲia^{2}	tsjij^{2}	ɣiẹ^{2}	mji^{1}	·ji^{1}	·jij^{1}	ljij^{2}	tshji^{2}	ljij^{1}	kjụ^{1}
菩	萨	声	闻	众	之	见	奉	侍	供

乐，见无量寿佛奉事供养及诸菩萨声闻之众。

18.28.7

[illegible]。	[illegible]	[illegible]	[illegible]	[illegible]！	[illegible]	[illegible]	[illegible]	[illegible]	[illegible]
tshwew^{1}	mji^{1}	le^{2}	ɲia^{2}	tsjij^{2}	nji^{2}	bu̱^{2}	gjij^{1}	sjij^{2}	mjijr^{2}

① 瞬息而出，西夏本作"[illegible]"，字面意思是"眼飞停时瞬息而出"。

养。	弥	勒	菩	萨！	汝	殊	胜	智	者
·jij^{1}	bjo̱^{1}	thja^{2}	wạ^{2}	źjɨr^{1}	ɣie^{1}	nio̱w^{1}	ku^{1}	thja^{2}	wjạ^{1}
之	观，	彼	广	慧	力	因，	故	彼	花

阿逸多①！汝观殊胜智者，彼因广慧力故，受彼化生

18.29.1

sej^{1}	gu^{2}	khjɨ^{1}	ljɨ̱^{1}	tśja^{1}	dzu̱^{2}	dji̱^{2}	we̱^{1}	lhjịj^{2}	ljɨ^{1}	nji^{2}
莲	中	足	回	交	坐	化	生	受	也。	汝

niow^{1}	bji̱^{2}	dźju^{2}	djịj^{1}	·jij^{1}	bjo̱^{1}	ŋwə^{1}	·jir^{2}	kjiw^{1}	kha^{1}
复	下	劣	辈	之	观，	五	百	岁	中

于莲花中结跏趺坐。汝观下劣之辈，于五百岁中

18.29.2

zjo̱^{2}	mjɨ^{1}	pju̱^{1}	tha^{1}	·jij^{1}	ljij^{2}	sji^{2}	·jiw^{1}	mjij^{1}	ku^{1}	tśhjwo^{1}
寿	无	量	佛	之	见	用	因	无，	则	故

tha^{1}	mji^{1}	ljij^{2}	tsji̱r^{1}	mji^{1}	mji^{1}	ɲia^{2}	tsjij^{2}	niow^{1}	ɣiẹ^{2}
佛	不	见、	法	不	闻、	菩	萨	及	声

不见佛、不闻法、不见菩萨及声

18.29.3

mji^{1}	·ji^{1}	mji^{1}	ljij^{2}	ɲia^{2}	tsjij^{2}	pju̱^{1}	wer^{1}	tsji̱r^{1}	tjɨ̱j^{2}
闻	众	不	见，	菩	萨	威	仪	法	则
mjɨ^{1}	nwə^{1}	rjur^{1}	tśhja^{2}	·iow^{1}	djo̱^{2}	dzjɨ̱^{2}	mjɨ^{1}	njwi^{2}	ljɨ^{1}

① 阿逸多，为梵文 Ajita 旧译，西夏本作“[illegible]”（弥勒菩萨）。《玄应音义》二十六曰：“阿氏多，此云无胜，旧言阿嗜多，或作阿逸多，皆讹也。是弥勒今生名也。”下文皆同。

不	知，	诸	功	德	修	习	不	能	故。

闻众，不知菩萨威仪法则，不能修习诸功德故。无因奉事无量寿佛①。

18.29.4

[illegible]	[illegible]	[illegible]	[illegible]	[illegible]	[illegible]	[illegible]	[illegible]	[illegible]	[illegible]
thja[1]	rjur[1]	dzjwo[2]	njɨ[2]	źji[2]	njwo[2]	·jiw[2]	lhji̲[1]	nio̲w[1]	thji̲[2]
是	诸	人	等	皆	昔	疑	悔	缘	是
[illegible]	[illegible]	[illegible]。	[illegible]	[illegible]	[illegible]	[illegible]	[illegible]	[illegible]	[illegible]
sju[2]	we[2]	ljɨ[1]	dzjo̲[1]	sju[2]	tśhia[1]	tji[2]	lji[2]	njij[2]	·jij[1]
如	成	故。	譬	如	刹	帝	利	王	自

是诸人等皆为昔缘疑悔所致。譬如刹帝力王

18.29.5

[illegible]	[illegible]	[illegible]，	[illegible]	[illegible]	[illegible]	[illegible]	[illegible]，	[illegible]	[illegible]
gji[2]	dźjar[2]	tsju̲[1]	ku[1]	ku̲[2]	mji̲[1]	·u[2]	rjir[2]	wja̲[1]	·io̲[2]
子	犯	罪，	故	内	宫	中	禁，	花	园
[illegible]	[illegible]	[illegible]	[illegible]	[illegible]	[illegible]	[illegible]	[illegible]，	[illegible]	[illegible]
du[1]	rjɨr[2]	lju̲[2]	ŋa̲[2]	pju̲[2]	·u[2]	dźji̲j[1]	phji[1]	bu̲[2]	gjij[1]
楼	阁	绮	妙	殿	中	住	令，	胜	殊

其子犯法，幽之内宫，处以花观层楼绮殿，妙饰奇珍，

18.29.6

[illegible]	[illegible]	[illegible]	[illegible]	[illegible]	[illegible]	[illegible]	[illegible]	[illegible]	[illegible]，
ljɨ̣[1]	·jɨj[2]	kie[1]	dźjwi[2]	ɣjow[1]	lju[1]	śjwo[1]	śjwo[1]	thu[1]	phjij[1]
宝	帐	金	床	枕	席	所	须	设	置，
[illegible]	[illegible]	[illegible]	[illegible]	[illegible]	[illegible]	[illegible]	[illegible]，	[illegible]	[illegible]
wja̲[1]	ŋa̲[2]	ljɨ̣[2]	lə[2]	ljij[2]	ljɨ̣[1]	śja[1]	njwɨ̣[2]	śjwo[1]	thjɨ[2]
花	名	地	布	大	宝	香	烧，	需	是

宝帐金床重敷茵褥，名花布地烧大宝香，

① 无因奉事无量寿佛，西夏本作“[illegible]”(寿无量佛之见用因无)。按，“[illegible]”ljij[2] sji[2](见用)二字于义不合，在此假借作“[illegible]”ljij[1] tshji[2](侍奉)。参看上下文“奉事、侍奉”，西夏多作“[illegible]”。

18.29.7

[illegible]	[illegible]	[illegible]	[illegible]	[illegible]，	[illegible]	[illegible]	[illegible]	[illegible]	[illegible]
gju^{2}	to^{2}	źji^{2}	ŋowr^{2}	lhə$^{?}$	·jā^{1}	xu^{1}	thji^{2}	kie^{1}	śju^{1}
具	悉	皆	具	足，	阎	浮	地	金	锁
[illegible]	[illegible]	[illegible]	[illegible]	[illegible]	[illegible]。	[illegible]	[illegible]	[illegible]	[illegible]
ŋwu^{2}	khjɨ^{1}	tśhja̱^{1}	nja^{1}	tjị^{1}	wji^{1}	tha^{1}	mji^{1}	le^{2}	·jij^{1}
以	足	上	系	置	为。	佛	弥	勒	之

服御所资悉皆丰备，而以阎浮金锁系其两足①。佛告弥勒：

18.30.1

[illegible]：	[illegible]	[illegible]	[illegible]	[illegible]？	[illegible]	[illegible]	[illegible]	[illegible]	[illegible]
jɨ^{2}	phji^{1}	ɣa^{2}	thjij^{2}	sjo^{2}	thja^{1}	njij^{2}	gji^{2}	tja^{1}	thja^{2}
谓：	意	于	何	云？	彼	王	子	者	其
[illegible]	[illegible]	[illegible]	[illegible]？	[illegible]	[illegible]：	[illegible]	[illegible]。	[illegible]	[illegible]！
dźji̱j^{1}	·ja$^{?}$	ŋwe^{1}	ljɨ^{1}	kụ^{2}	dạ^{2}	mji^{1}	ljɨ^{1}	rjur^{1}	pjụ^{1}
处	△	乐	也？	答	言：	不	也。	世	尊！

于意云何？彼王子心宁乐此不？答言：不也。世尊！

18.30.2

[illegible]	[illegible]	[illegible]	[illegible]	[illegible]	[illegible]	[illegible]	[illegible]，	[illegible]	[illegible]
thja^{1}	rjir^{2}	dźji̱j^{1}	zjịj^{1}	·ju^{2}	thjij^{2}	sjwɨ̱^{1}	sji̱j^{2}	rjur^{1}	njij^{1}
彼	禁	住	时	常	解	脱	思，	诸	亲
[illegible]	[illegible]	[illegible]、	[illegible]	[illegible]、	[illegible]	[illegible]、	[illegible]	[illegible]、	[illegible]
low^{2}	sjɨ^{2}	sjij^{2}	ɣa^{1}	pjụ^{1}	bji^{2}	mjijr^{2}	phə^{1}	bjịj^{1}	kụ^{2}
戚	知	识、	门	尊、	宰	官、	长	者、	内

彼幽絷时常思解脱，求诸亲识②、居士③、宰官、长者、近

18.30.3

[illegible]、	[illegible]	[illegible]	[illegible]	[illegible]	[illegible]	[illegible]，	[illegible]	[illegible]	[illegible]	[illegible]

① 阎浮，西夏本作“[illegible]”（阎浮提）。《玄应音义》十八曰：“剡浮或云阎浮提，或作谵浮，又云赡部，皆梵音讹转也。”

② 亲识，西夏本作“[illegible]”（亲戚知识）。

③ 居士，西夏本作“[illegible]”（门尊）。

tshji² ljij² no² nji² ·jij¹ kjwị¹ lhạ¹ lho? ka² kji¹ kjụ¹
侍、 太 子 等 之 跪 求, 出 离 虽 希
[西夏文]
bie² thjij² mji¹ rjir¹ rjir² nji² tśhia¹ tji² lji² njij²
解 脱 不 得, 乃 至 刹 帝 利 王
臣,王之太子虽希出离终不从心①,乃至刹帝力王

18.30.4

[西夏文]
njij¹ ljịj² śjwo¹ zjij¹ tśhji¹ mja¹ niow¹ bie² thjij² rjir¹ tha¹
心 喜 生 时, 其 疑 复 解 脱 得。 佛
[西夏文]
mji¹ le² ·jij¹ ji² ŋwu² lji¹ ŋwu² lji¹ tjij¹ dzjwo²
弥 勒 之 告: 是 如 是 如。 若 人
心生欢喜,方得解脱。佛告弥勒:如是如是。若

18.30.5

[西夏文]
·jiw² lhji¹ kha¹ lji¹ rjur¹ new² tśhji² lji¹ tha¹ sjij² rjir²
疑 悔 中 堕, 诸 善 根 种 佛 智 乃
[西夏文]
nji² wạ² ljij² sjij² kjụ¹ dzu¹ ·jij¹ new² tśhji² ɣa²
至 广 大 智 希 求, 自 善 根 于
有堕于疑悔,种诸善根希求佛智乃至广大智,于自善根

18.30.6

[西夏文]
dźiej² śjwo¹ mji¹ njwi² tha¹ mjij² mji¹ niow¹ dźiej² njij¹ śjwo¹
信 生 不 能。 佛 名 闻 由 信 心 起,
[西夏文]

① 终不从心,西夏本作"[西夏文]"(解脱不得)。两者义通。

ku^{1}	thja^{2}	lhjịj^{2}	wjạ^{1}	sej^{1}	kha^{1}	we̱^{1}	to^{2}	śja^{2}	mji^{1}
故	彼	国	花	莲	中	生,	出	现	不

不能生信。由闻佛名起信心故,虽生彼国于莲花中,不得出现。

18.30.7

[illegible]。	[illegible]	[illegible]	[illegible]	[illegible]	[illegible]	[illegible]	[illegible]	[illegible],	[illegible]
rjir^{1}	thja^{2}	njɨ^{2}	ɲia^{2}	tśhju^{1}	wjạ^{1}	sej^{1}	kha^{1}	dźjịj^{1}	·iọ^{2}
得。	彼	等	众	生	花	莲	中	处,	园
[illegible]	[illegible]	[illegible]	[illegible]	[illegible]。	[illegible]	[illegible]	[illegible]?	[illegible]	[illegible]
bo^{1}	mji̱^{1}	pjụ^{2}	sji̱j^{2}	śjwo^{1}	thjij^{2}	sjo^{2}	ljɨ^{1}	thja^{2}	kha^{1}
林	宫	殿	想	生。	何	云	故?	彼	中

彼等众生处花胎中①,犹如园苑宫殿之想。何以故?彼中

18.31.1

[illegible]	[illegible]	[illegible]	[illegible]	[illegible]	[illegible],	[illegible]	[illegible]	[illegible]	[illegible]	[illegible]
gji^{1}	sej^{1}	rjur^{1}	tśior^{2}	nja̱^{2}	mjij^{1}	ŋowr^{2}	ŋowr^{2}	źji^{2}	nji̱j^{1}	mji^{1}
清	净	诸	秽	恶	无,	一	切	皆	心	不
[illegible]	[illegible]	[illegible]。	[illegible]	[illegible]	[illegible]	[illegible]	[illegible]	[illegible]	[illegible]	
·o^{2}	tja^{1}	mjij^{1}	niow^{1}	thja^{1}	ɲia^{2}	tśhju^{1}	ŋwə^{1}	·jir^{2}	kjiw^{1}	
乐	者	无。	然	彼	众	生	五	百	岁	

清净无诸秽恶,一切无有不可乐者。然彼众生于五百岁,

18.31.2

[illegible],	[illegible]	[illegible]	[illegible]、	[illegible]	[illegible]	[illegible]、	[illegible]	[illegible]	[illegible]
kha^{1}	tha^{1}	mji^{1}	ljịj^{2}	tsji̱r^{1}	mji^{1}	mji^{1}	ɲia^{2}	tsjij^{2}	niow^{1}
中,	佛	不	见、	法	不	闻、	菩	萨	及
[illegible]	[illegible]	[illegible]	[illegible]	[illegible],	[illegible]	[illegible]	[illegible]	[illegible]	[illegible]
ɣiẹ^{2}	mji^{1}	·ji^{1}	mji^{1}	ljịj^{2}	rjur^{1}	tha^{1}	·jij^{1}	tshji^{2}	ljịj^{1}
声	闻	众	不	见,	诸	佛	之	奉	侍

不见佛、不闻法、不见菩萨及声闻众,不得供养奉事诸佛,

① 花胎,西夏本作"[illegible]"(莲花)。

18.31.3

[illegible]	[illegible]	[illegible]	[illegible]，	[illegible]	[illegible]	[illegible]	[illegible]	[illegible]	[illegible]	[illegible]
kjụ^{1}	tshwew^{1}	mji^{1}	rjir^{1}	ɲia^{2}	tsjij^{2}	·jij^{1}	tsji̱r^{1}	lhwu^{1}	ɣju^{1}	·jɨr^{1}
供	养	不	得，	菩	萨	之	法	藏	请	问
[illegible]	[illegible]。	[illegible]	[illegible]	[illegible]	[illegible]	[illegible]	[illegible]	[illegible]	[illegible]，	[illegible]
mji^{1}	rjir^{1}	bu̱^{2}	gjij^{1}	ne̱w^{2}	tśhji^{2}	ŋowr^{2}	ŋowr^{2}	khwa^{1}	ka^{2}	thja^{1}
不	得。	胜	殊	善	根	一	切	远	离，	彼

不得问于菩萨法藏。远离一切殊胜善根,彼

18.31.4

[illegible]	[illegible]	[illegible]	[illegible]	[illegible]	[illegible]	[illegible]，	[illegible]	[illegible]	[illegible]	[illegible]
njɨ^{2}	thja^{1}	kha^{1}	dzu^{1}	kiej^{2}	mji^{1}	śjwo^{1}	ne̱w^{2}	tsji̱r^{1}	djọ^{2}	dzji̱^{2}
等	于	中	欣	乐	不	生，	善	法	修	习
[illegible]	[illegible]。	[illegible]	[illegible]	[illegible]	[illegible]	[illegible]	[illegible]	[illegible]	[illegible]	
mjɨ^{1}	lji̱^{1}	njwo^{2}	zjọ^{2}	dźjar^{2}	lju^{2}	dzjar^{2}	niow^{1}	tśhjɨ^{1}	mja^{1}	
不	能。	昔	世	过	失	尽	已	然	后	

等于中不生欣乐,不能出现修习善法。往昔世中过失尽已然后

18.31.5

[illegible]	[illegible]，	[illegible]	[illegible]	[illegible]	[illegible]，	[illegible]	[illegible]	[illegible]	[illegible]	[illegible]
niow^{1}	lho$^{?}$	thja^{1}	wjɨ^{2}	lho$^{?}$	zjij^{1}	ljɨr^{1}	rjijr^{2}	phju^{2}	khju^{1}	ɣa^{2}
乃	出，	彼	△	出	时，	四	方	上	下	于
[illegible]。	[illegible]	[illegible]	[illegible]	[illegible]	[illegible]	[illegible]	[illegible]	[illegible]，	[illegible]	[illegible]
lhạ^{2}	tjij^{1}	ŋwə^{1}	·jir^{2}	kjiw^{1}	·jiw^{2}	ljịj^{1}	mjij^{1}	tja^{1}	tśhjɨ^{2}	rjar^{2}
迷。	若	五	百	岁	疑	惑	无	者，	立	即

乃出,彼于出时,心迷上下四方之所。若五百岁无疑惑者,即

18.31.6

[illegible]	[illegible]	[illegible]	[illegible]	[illegible]	[illegible]	[illegible]	[illegible]	[illegible]	[illegible]	[illegible]
mjɨ^{1}	pjụ^{1}	·jir^{2}	tụ^{1}	kju^{1}	tśji^{2}	no^{1}	·jiw^{1}	thow^{1}	tha^{1}	·jij^{1}
无	量	百	千	俱	胝	那	由	他	佛	之

[illegible]

kjụ^{1} tshwew^{1} niow^{1} mjɨ^{1} pjụ^{1} bju^{2} mjij^{1} nẹw^{2} tśhji^{2} ljị^{1}

供 养, 并 无 量 边 无 善 根 种

当供养无量百千俱胝那由他佛,并种无量无边善根。

18.31.7

[illegible]

ljɨ^{1} mji^{1} le^{2} ɲia^{2} tsjij^{2} tśhjwo^{1} thjɨ^{2} ·jiw^{2} ljɨj^{1} tja^{1}

也。 弥 勒 菩 萨! 故 此 疑 惑 者,

[illegible]

rjur^{1} ɲia^{2} tsjij^{2} ·jij^{1} ljịj^{2} ŋjwo^{2} tśjụ^{1} we^{2} ljɨ^{1}

诸 菩 萨 之 大 损 害 为 也。

汝阿逸多[①]! 当知疑惑,与诸菩萨为大损害。

汉文本

时,弥勒菩萨复白佛言:世尊! 何因缘故,彼国众生有胎生者、化生者? 佛告弥勒:若有众生堕于疑悔,积集善根,希求佛智、普遍智、不思议智、无等智、威德智、广大智。于自善根不能生信,以此因缘,于五百岁住宫殿中,不见佛、不闻法、不见菩萨及声闻众。若有众生断除疑悔、积集善根,希求佛智乃至广大智,信已善根。此人于莲华内结跏趺坐忽然化生,瞬息而出。譬如他国有人来至,而此菩萨亦复如是。余国发心来生极乐,见无量寿佛奉事供养及诸菩萨声闻之众。阿逸多! 汝观殊胜智者,彼因广慧力故,受彼化生于莲花中结跏趺坐。汝观下劣之辈,于五百岁中不见佛、不闻法、不见菩萨及声闻众,不知菩萨威仪法则,不能修习诸功德故。无因奉事无量寿佛。是诸人等皆为昔缘疑悔所致。譬如刹帝力王其子犯法,幽之内宫,处以花观层楼绮殿,妙饰奇珍,宝帐金床重敷茵褥,名花布地烧大宝香,服御所资悉皆丰备,而以阎浮金锁系其两足。佛告弥勒:于意云何? 彼王子心宁乐此不? 答言:不也。世尊! 彼幽絷时常思解脱,求诸亲识、居士、宰官、长者、近臣,王之太子虽希出离终不从心,乃至刹帝力王心生欢喜,方得解脱。佛告弥勒:如是如是。若有堕于疑悔,种诸善根希求佛智乃至广大智,于自善根不能生信。由闻佛名起信心故,虽生彼国于莲花中,不得出现。彼等众生处花胎中,犹如园苑宫殿之想。何以故? 彼中清净无诸秽恶,一切无有不可乐者。然彼众生于五百岁,不见佛、不闻法、不见菩萨及声闻众,不得供养奉事诸佛,不得问于菩萨法藏。远离一切殊胜善根,彼等于中不生欣乐,不能出现修习善法。往昔世中过失尽已然后乃出,彼于出时,心迷上下四方之所。若五百岁无疑惑者,即当供养无量百千俱胝那由他佛,并种无量无边善根。汝阿逸多! 当知疑惑,与诸菩萨为大损害。

① 西夏本作"[illegible]"(弥勒菩萨)。

18.32.1

[illegible]	[illegible],	[illegible]	[illegible]	[illegible]	[illegible]	[illegible]	[illegible]	[illegible]:	[illegible]
tśhjɨ¹	zjọ²	mji¹	le²	ɲia²	tsjij²	tha¹	dạ²	jɨ²	rjur¹
尔	时,	弥	勒	菩	萨	佛	言	谓:	世
[illegible]!	[illegible]	[illegible]	[illegible]	[illegible]	[illegible]	[illegible]	[illegible]	[illegible]	
pjụ¹	thjɨ²	lhjịj²	·u²	mji¹	lhji̱¹	lhjwo¹	ɲia²	tsjij²	
尊!	此	国	中	不	退	转	菩	萨	

尔时,弥勒菩萨白佛言:世尊!于此国界不退菩萨

18.32.2

[illegible]	[illegible]	[illegible],	[illegible]	[illegible]	[illegible]	[illegible]	[illegible]	[illegible]	[illegible]	[illegible]?
kha¹	zjij¹	zjij¹	thja²	źji²	lhejr²	lhjịj²	·u²	we̱¹	śjɨ¹	ljɨ¹
中	几	何,	彼	极	乐	国	中	生	往	也?
[illegible]	[illegible]	[illegible]	[illegible]	[illegible]	[illegible]	[illegible]:	[illegible]	[illegible]	[illegible]	
tha¹	mji¹	le²	ɲia²	tsjij²	·jij¹	jɨ²	thjɨ²	tha¹	lhjịj²	
佛	弥	勒	菩	萨	之	告:	此	佛	国	

当生极乐国者,其数几何?佛告弥勒①:此佛土

18.32.3

[illegible]	[illegible]	[illegible]	[illegible]	[illegible]	[illegible]	[illegible]	[illegible],	[illegible]	[illegible]	[illegible]
·u²	śjạ¹	ɣạ²	nji̱¹	rjir²	ɲia²	tsjij²	dźjij¹	źji²	mjɨ¹	pjụ¹
中	七	十	二	亿	菩	萨	住,	皆	无	量
[illegible]	[illegible]	[illegible]	[illegible]	[illegible]	[illegible]	[illegible]	[illegible]	[illegible]	[illegible]	
rjir²	no¹	·jiw¹	thow¹	·jir²	tụ¹	tha¹	do²	rjur¹	ne̱w²	
亿	那	由	他	百	千	佛	所	诸	善	

中有七十二亿菩萨,彼于无量亿那由他百千佛所种诸善

18.32.4

[illegible]	[illegible]	[illegible],	[illegible]	[illegible]	[illegible]	[illegible],	[illegible]	[illegible]	[illegible]
tśhji²	rjɨr²	lji̱¹	mji¹	lhji̱¹	lhjwo¹	śjɨj¹	thja²	lhjịj²	·u²

① 西夏本"弥勒"下有"[illegible]"(菩萨)二字。

根 △ 种， 不 退 转 成， 彼 国 中

[illegible] [illegible] [illegible]。 [illegible] [illegible] [illegible] [illegible] [illegible] [illegible] [illegible]

we̱1 śjɨ1 lew2 niow1 dzjij2 ɲia2 tsjij2 njɨ1 zjịj1 ne̱w2

生 往 当。 况 余 菩 萨 少 许 善

根，成不退转，当生彼国。况余菩萨由少善

18.32.5

[illegible] [illegible] [illegible] [illegible] [illegible] [illegible] [illegible]， [illegible] [illegible] [illegible]

tśhji2 bju1 thja2 lhjịj2 ·u2 we̱1 tja1 sej1 bji̱2 tji̱2

根 由 彼 国 中 生 者， 计 算 可

[illegible] [illegible]。 [illegible] [illegible] [illegible] [illegible]！ [illegible] [illegible] [illegible] [illegible]

mjij1 ljɨ1 mji1 le2 ɲia2 tsjij2 ze̱w2 gie1 mjor1 ljij2

不 也。 弥 勒 菩 萨！ 忍 难 如 来

根生彼国者，不可称计。阿逸多①！从难忍如来

18.32.6

[illegible] [illegible] [illegible]， [illegible] [illegible] [illegible] [illegible] [illegible] [illegible] [illegible]

tha1 lhjịj2 ·u2 ɣạ2 ·jar1 rjir2 mji1 lhji̱1 lhjwo1 ɲia2

佛 国 中， 十 八 亿 不 退 转 菩

[illegible] [illegible] [illegible] [illegible] [illegible] [illegible] [illegible] [illegible] [illegible]。 [illegible]

tsjij2 źji2 lhejr2 rjur1 kie̱j2 ·u2 we̱1 śjɨ1 lew2 wji̱2

萨 极 乐 世 界 中 生 往 当。 东

佛国，有十八亿不退菩萨当生极乐世界。东

18.32.7

[illegible] [illegible] [illegible] [illegible] [illegible] [illegible]， [illegible] [illegible] [illegible] [illegible]

ljạ1 rjijr2 ljɨ̣1 lhwu1 lhjịj2 ·u2 gjɨ̱1 ɣạ2 rjir2 mji1

北 方 宝 藏 国 中， 九 十 亿 不

[illegible] [illegible] [illegible] [illegible] [illegible] [illegible] [illegible] [illegible] [illegible] [illegible]。

lhji̱1 lhjwo1 ɲia2 tsjij2 thja2 lhjịj2 ·u2 we̱1 śjɨ1 lew2

① 西夏本作“[illegible]”（弥勒菩萨）。

退	转	菩	萨	彼	土	中	生	往	当。

北方宝藏佛国中①,有九十亿不退菩萨当生彼土。

18.33.1

[illegible]	[illegible]	[illegible]	[illegible]	[illegible]	[illegible]	[illegible],	[illegible]	[illegible]	[illegible]	[illegible]
mjɨ^{1}	pjụ^{1}	ɣiẹ^{2}	mjor^{1}	ljịj^{2}	lhjịj^{2}	·u^{2}	njɨ̱^{1}	ɣạ^{2}	njɨ̱^{1}	rjir^{2}
无	量	声	如	来	国	中,	二	十	二	亿
[illegible]	[illegible]	[illegible]	[illegible]	[illegible]	[illegible]	[illegible]	[illegible]	[illegible]	[illegible]	[illegible]。
mji^{1}	lhji̱^{1}	lhjwo^{1}	ɲia^{2}	tsjij^{2}	thja^{2}	lhjịj^{2}	·u^{2}	we̱^{1}	śjɨ^{1}	lew^{2}
不	退	转	菩	萨	彼	土	中	生	往	当。
[illegible]	[illegible]	[illegible]	[illegible]	[illegible]	[illegible],	[illegible]	[illegible]	[illegible]	[illegible]	[illegible]
bji^{1}	swew^{1}	mjor^{1}	ljịj^{2}	lhjịj^{2}	·u^{2}	sọ^{1}	ɣạ^{2}	njɨ̱^{1}	rjir^{2}	mji^{1}
光	明	如	来	国	中,	三	十	二	亿	不
[illegible]	[illegible]	[illegible]	[illegible]	[illegible]	[illegible]	[illegible]	[illegible]	[illegible]	[illegible]。	
lhji̱^{1}	lhjwo^{1}	ɲia^{2}	tsjij^{2}	thja^{2}	lhjịj^{2}	·u^{2}	we̱^{1}	śjɨ^{1}	lew^{2}	
退	转	菩	萨	彼	土	中	生	往	当。	

从无量声如来国中,有二十二亿不退菩萨当生彼土。从光明如来国中,有三十二亿不退菩萨当生彼土。

18.33.2

[illegible]	[illegible]	[illegible]	[illegible]	[illegible]	[illegible],	[illegible]	[illegible]	[illegible]	[illegible]
we^{1}	mə^{1}	mjor^{1}	ljịj^{2}	lhjịj^{2}	·u^{2}	ɣạ^{2}	ljɨr^{1}	rjir^{2}	mji^{1}
龙	天	如	来	国	中,	十	四	亿	不
[illegible]	[illegible]	[illegible]	[illegible]	[illegible]	[illegible]	[illegible]	[illegible]	[illegible]	[illegible]。
lhji̱^{1}	lhjwo^{1}	ɲia^{2}	tsjij^{2}	thja^{2}	lhjịj^{2}	·u^{2}	we̱^{1}	śjɨ^{1}	lew^{2}
退	转	菩	萨	彼	土	中	生	往	当。

从龙天如来国中,有十四亿不退菩萨当生彼土。

18.33.3

[illegible]	[illegible]	[illegible]	[illegible]	[illegible]	[illegible]	[illegible],	[illegible]	[illegible]	[illegible]
bu̱^{2}	mə^{1}	ɣie^{1}	mjor^{1}	ljịj^{2}	lhjịj^{2}	·u^{2}	ɣạ^{2}	njɨ̱^{1}	tụ^{1}

① "佛"字义西夏本未见。

胜 天 力 如 来 国 中， 十 二 千

[illegible] [illegible] [illegible] [illegible] [illegible] [illegible] [illegible] [illegible] [illegible] [illegible]

mji[1] lhji̱[1] lhjwo[1] ɲia[2] tsjij[2] thja[2] lhjịj[2] ·u[2] we̱[1] śjɨ[1]

不 退 转 菩 萨 彼 土 中 生 往

从胜天力如来国中，有十二千不退菩萨当生彼土。

18.33.4

[illegible]。 [illegible] [illegible] [illegible] [illegible] [illegible] [illegible]， [illegible] [illegible] [illegible]

lew[2] ka[2] tśjij[2] mjor[1] ljịj[2] lhjịj[2] ·u[2] ŋwə[1] ·jir[2] mji[1]

当。 师 子 如 来 国 中， 五 百 不

[illegible] [illegible] [illegible] [illegible] [illegible] [illegible] [illegible] [illegible] [illegible] [illegible]。

lhji̱[1] lhjwo[1] ɲia[2] tsjij[2] thja[2] lhjịj[2] ·u[2] we̱[1] śjɨ[1] lew[2]

退 转 菩 萨 彼 土 中 生 往 当。

从师子如来国中，有五百不退菩萨当生彼土。

18.33.5

[illegible] [illegible] [illegible] [illegible] [illegible] [illegible]， [illegible] [illegible] [illegible] [illegible]

lhjɨ[2] ka[2] mjor[1] ljịj[2] lhjịj[2] ·u[2] ·jar[1] ɣạ[2] lew[1] rjir[2]

尘 离 如 来 国 中， 八 十 一 亿

[illegible] [illegible] [illegible] [illegible] [illegible] [illegible] [illegible] [illegible] [illegible] [illegible]

mji[1] lhji̱[1] lhjwo[1] ɲia[2] tsjij[2] thja[2] lhjịj[2] ·u[2] we̱[1] śjɨ[1]

不 退 转 菩 萨 彼 土 中 生 往

从离尘如来国中，有八十一亿不退菩萨当生彼土。

18.33.6

[illegible]。 [illegible] [illegible] [illegible] [illegible] [illegible] [illegible]， [illegible] [illegible] [illegible]

lew[2] rjur[1] mə[1] mjor[1] ljịj[2] lhjịj[2] ·u[2] tśhjiw[1] ɣạ[2] rjir[2]

当。 诸 天 如 来 国 中， 六 十 亿

[illegible] [illegible] [illegible] [illegible] [illegible] [illegible] [illegible] [illegible] [illegible] [illegible]

mji[1] lhji̱[1] lhjwo[1] ɲia[2] tsjij[2] thja[2] lhjịj[2] ·u[2] we̱[1] śjɨ[1]

不 退 转 菩 萨 彼 土 中 生 往

从世天如来国中①，有六十亿不退菩萨当生彼土。

---

① 世，西夏本作“[illegible]”（诸）。按，“[illegible]”rjur[1]（诸）字于义不合，在此疑假借作“[illegible]”rjur[1]（世），此二字为同音通假。

18.33.7

[illegible]。	[illegible]	[illegible]	[illegible]	[illegible]	[illegible]	[illegible]，	[illegible]	[illegible]	[illegible]	[illegible]
lew^2	bu̱^{2}	tśiow^1	mjor^1	ljịj^2	lhjịj^2	·u^2	tśhjiw^1	ɣạ^2	rjir^2	mji^1
当。	胜	积	如	来	国	中，	六	十	亿	不
[illegible]	[illegible]	[illegible]	[illegible]	[illegible]	[illegible]	[illegible]	[illegible]	[illegible]	[illegible]。	
lhji̱^{1}	lhjwo^1	ɲia^2	tsjij^2	thja^2	lhjịj^2	·u^2	we̱^{1}	śjɨ^1	lew^2	
退	转	菩	萨	彼	土	中	生	往	当。	

从胜积如来国中，有六十亿不退菩萨当生彼土。

18.34.1

[illegible]	[illegible]	[illegible]	[illegible]	[illegible]	[illegible]，	[illegible]	[illegible]	[illegible]	[illegible]	[illegible]
dźjwu^1	njij^2	mjor^1	ljịj^2	lhjịj^2	·u^2	ɣạ^2	kju^1	tśji^2	mji^1	lhji̱^{1}
人	王	如	来	国	中，	十	俱	胝	不	退
[illegible]	[illegible]	[illegible]	[illegible]	[illegible]	[illegible]	[illegible]	[illegible]	[illegible]。	[illegible]	
lhjwo^1	ɲia^2	tsjij^2	thja^2	lhjịj^2	·u^2	we̱^{1}	śjɨ^1	lew^2	bu̱^{2}	
转	菩	萨	彼	土	中	生	往	当。	胜	

从人王如来国中，有十俱胝不退菩萨当生彼土。从胜

18.34.2

[illegible]	[illegible]	[illegible]	[illegible]	[illegible]，	[illegible]	[illegible]	[illegible]	[illegible]	[illegible]
wjạ^1	mjor^1	ljịj^2	lhjịj^2	·u^2	ŋwə^1	·jir^2	ɲia^2	tsjij^2	ljịj^2
花	如	来	国	中，	五	百	菩	萨	大
[illegible]	[illegible]	[illegible]	[illegible]	[illegible]	[illegible]	[illegible]，	[illegible]	[illegible]	[illegible]
khu^1	dju^1	ŋowr^2	lew^1	·ụ^2	śjwo^1	tshwew^1	śją^1	·ja̱r^2	ịo^1
精	进	具	一	乘	发	趣，	七	日	内

花如来国中，有五百菩萨具大精进发趣一乘，于七日中

18.34.3

[illegible]	[illegible]	[illegible]	[illegible]	[illegible]	[illegible]	[illegible]	[illegible]	[illegible]	[illegible]
·u^2	ɲia^2	tśhju^1	·jij^1	·jir^2	tụ^1	rjir^2	no^1	·jiw^1	thow^1
中	众	生	之	百	千	亿	那	由	他

tsewr^{1}	mə^{2}	we̱^{1}	lju̱^{1}	rar^{2}	ka^{2}	phji^{1}	rjir^{2},	thja^{2}	njɨ^{2}
劫	生	死	流	转	离	令	能，	彼	等

能令众生离百千亿那由他劫生死流转，彼等

18.34.4

tsjɨ^{1}	źji^{2}	lhejr^{2}	kię̱j^{2}	·u^{2}	we̱^{1}	śjɨ^{1}	lew^{2}	khu^{1}	dźjij^{1}
亦	极	乐	界	中	生	往	当。	精	进
gu^{1}	śjwo^{1}	mjor^{1}	ljij^{2}	lhjij^{2}	·u^{2}	tśhjiw^{1}	ɣa̱^{2}	gjɨ^{1}	rjir^{2}
发	起	如	来	国	中，	六	十	九	亿

亦当生极乐界。从发起精进如来国中，有六十九亿

18.34.5

mji^{1}	lhji̱^{1}	lhjwo^{1}	ɲia^{2}	tsjij^{2}	thja^{2}	lhjij^{2}	·u^{2}	we̱^{1}	śjɨ^{1}
不	退	转	菩	萨	彼	土	中	生	往
lew^{2}	thja^{2}	lhjij^{2}	we̱^{1}	niow^{1}	zjo̱^{2}	mjɨ^{1}	pju̱^{1}	mjor^{1}	ljij^{2}
当。	彼	国	生	已，	寿	无	量	如	来

不退菩萨当生彼土。到彼国已，供养礼拜无量寿如来

18.34.6

niow^{1}	ɲia^{2}	tsjij^{2}	·ji^{1}	·jij^{1}	kju̱^{1}	tshwew^{1}	tśja^{1}	tshwew^{1}	ljɨ^{1}
及	菩	萨	众	之	供	养	礼	拜	也。
mji^{1}	le^{2}	ɲia^{2}	tsjij^{2}	tjij^{1}	ŋowr^{2}	tshjij^{1}	ŋa^{2}	ku^{1}	thja^{1}
弥	勒	菩	萨！	若	具	说	我	则	彼

及菩萨众。阿逸多①！我若具说

① 西夏本作"[illegible]"（弥勒菩萨）。

18.34.7

[illegible]	[illegible]	[illegible]	[illegible]	[illegible]	[illegible]	[illegible]	[illegible]	[illegible]，	[illegible]
rjur^{1}	rjijr^{2}	ɲia^{2}	tsjij^{2}	źji^{2}	lhejr^{2}	kiẹj^{2}	·u^{2}	we̱^{1}	tjij^{1}
诸	方	菩	萨	极	乐	界	中	生，	若
[illegible]	[illegible]、	[illegible]	[illegible]、	[illegible]	[illegible]	[illegible]，	[illegible]	[illegible]	[illegible]
śji^{1}	we̱^{1}	mjor^{1}	we̱^{1}	kụ^{1}	we̱^{1}	śjɨ^{1}	zjọ^{2}	mjɨ^{1}。	pjụ^{1}
已	生、	今	生、	当	生	往，	寿	无	量

诸方菩萨生极乐界，若已到、今到、当到，为供养礼拜瞻仰无量寿

18.35.1

[illegible]	[illegible]	[illegible]	[illegible]	[illegible]	[illegible]	[illegible]	[illegible]	[illegible]	[illegible]
tha^{1}	njɨ^{2}	·jij^{1}	kjụ^{1}	tshwew^{1}	tśja^{1}	tshwew^{1}	bju̱^{1}	·ju̱^{1}	mjijr^{2}
佛	等	之	供	养	礼	拜	仰	瞻	者
[illegible]，	[illegible]	[illegible]	[illegible]	[illegible]	[illegible]	[illegible]	[illegible]	[illegible]	[illegible]
tja^{1}	lew^{1}	mjịj^{2}	tshjịj^{1}	tsjɨ^{1}	kja^{2}	sji^{1}	tshjịj^{1}	mji^{1}	sji^{1}
者，	但	名	说	亦	劫	穷	言	不	尽

佛等者，但说其名穷劫不尽。

18.35.2

[illegible]。	[illegible]	[illegible]	[illegible]	[illegible]！	[illegible]	[illegible]	[illegible]	[illegible]	[illegible]
ljɨ^{1}	mji^{1}	le^{2}	ɲia^{2}	tsjij^{2}	nji^{2}	thja^{1}	gjịj^{1}	ɣie^{2}	rjir^{1}
也。	弥	勒	菩	萨！	汝	彼	利	益	获
[illegible]	[illegible]	[illegible]	[illegible]	[illegible]	[illegible]	[illegible]	[illegible]	[illegible]，	[illegible]
mjijr^{2}	rjur^{1}	po^{1}	tsa^{1}	ma^{2}	ŋạ^{2}	tsa^{1}	bjọ^{1}	lew^{2}	tjij^{1}
者	诸	菩	萨	摩	诃	萨	观	应，	若

阿逸多①！汝观彼诸菩萨摩诃萨善获利益，若

18.35.3

[illegible]	[illegible]	[illegible]	[illegible]	[illegible]	[illegible]	[illegible]	[illegible]	[illegible]	[illegible]
thja^{2}	tha^{1}	·jij^{1}	mjịj^{2}	mji^{1}	·ja$^{?}$	ljɨ̱r^{2}	de^{2}	dzu^{1}	njịj^{1}

① 西夏本作"[illegible]"（弥勒菩萨）。

彼	佛	之	名	闻	一	念	喜	爱	心
[illegible]	[illegible]，	[illegible]	[illegible]	[illegible]	[illegible]	[illegible]	[illegible]	[illegible]，	[illegible]
śjwo^{1}	njwi^{2}	śji^{1}	rjɨr^{2}	tshjịj^{1}	tśhja^{2}	·iow^{1}	lhjụ^{2}	rjir^{1}	njịj^{1}
生	能，	上	所	说	功	德	获	得，	心

有闻彼佛名能生一念喜爱之心，当获如上所说功德，心

18.35.4

[illegible]	[illegible]	[illegible]，	[illegible]	[illegible]	[illegible]	[illegible]，	[illegible]	[illegible]	[illegible]
mji^{1}	bjị^{2}	dźju^{2}	·jij^{1}	khwẹj^{1}	mji^{1}	wji^{1}	nẹw^{2}	tśhji^{2}	śjɨj^{1}
无	下	劣，	自	慢	不	为，	善	根	成
[illegible]，	[illegible]	[illegible]	[illegible]	[illegible]。	[illegible]	[illegible]！	[illegible]	[illegible]	[illegible]
śjɨj^{1}	to^{2}	źji^{2}	bụ^{2}	gjij^{1}	mji^{1}	le^{2}	thjɨ^{2}	niọw^{1}	nji^{2}
就，	悉	皆	增	倍。	弥	勒！	是	故	汝

无下劣，亦不贡高①，成就善根，悉皆增上。阿逸多②！是故告汝

18.35.5

[illegible]	[illegible]	[illegible]、	[illegible]	[illegible]、	[illegible]	[illegible]	[illegible]	[illegible]	[illegible]	[illegible]，
niow^{1}	dzjwo^{2}	mə^{1}	rjur^{1}	kha^{1}	·ja$^{?}$	sew^{2}	lo^{1}	nji^{2}	·jij^{1}	jɨ^{2}
及	人	天、	世	间、	阿	修	罗	等	之	告，
[illegible]	[illegible]	[illegible]	[illegible]	[illegible]	[illegible]	[illegible]	[illegible]。	[illegible]	[illegible]	
sjij^{1}	thjɨ^{2}	tsjịr^{1}	ɣa^{1}	nji^{2}	·jij^{1}	tśjɨ^{1}	lu^{2}	dzu^{1}	ŋwe^{1}	
今	此	法	门	汝	之	付	嘱。	爱	乐	

及天人、世间、阿修罗等，今此法门付嘱于汝。应当爱乐

18.35.6

[illegible]	[illegible]，	[illegible]	[illegible]	[illegible]	[illegible]	[illegible]	[illegible]	[illegible]	[illegible]
djọ^{2}	dzjɨ̣^{2}	rjɨr^{2}	njɨ̣^{2}	tjɨ^{1}	njɨ̣^{2}	tjɨ^{1}	gjɨ^{2}	ɣiwej^{1}	·jịj^{1}
修	习，	乃	至	一	昼	一	夜	受	持
[illegible]	[illegible]，	[illegible]	[illegible]	[illegible]	[illegible]，	[illegible]	[illegible]	[illegible]	[illegible]
do^{1}	tshjɨ̣^{1}	dzu^{1}	kięj^{2}	njịj^{1}	śjwo^{1}	thja^{1}	ljịj^{2}	·ji^{1}	kha^{1}

① 贡高，西夏本作“[illegible]”，字面意思是“自慢”。

② 西夏本作“[illegible]”（弥勒）。

读 诵, 希 望 心 生, 其 大 众 中

修习,乃至经一昼夜受持读诵,生希望心,于大众中

18.35.7

[illegible]	[illegible]	[illegible]	[illegible],	[illegible]	[illegible]	[illegible]	[illegible]	[illegible]	[illegible]	[illegible]
mjɨ^{1}	·jij^{1}	phie^{2}	nẹj^{2}	niow^{1}	tsjɨ^{1}	rjar^{1}	sjịj^{2}	lwər^{2}	lhejr^{2}	zow^{2}
他	之	开	示,	复	亦	书	写	经	卷	执
[illegible],	[illegible]	[illegible]	[illegible]	[illegible]	[illegible]	[illegible]	[illegible]	[illegible]	[illegible]	
·jij^{1}	thjɨ^{2}	lwər^{2}	lhejr^{2}	ɣa^{2}	śio^{1}	dzjịj^{2}	sjịj^{2}	śjwo^{1}	phji^{1}	
持,	此	经	契	于	导	师	想	生	令	

为他开示,当令书写执持经卷,于此经中生导师想。

18.36.1

[illegible]。	[illegible]	[illegible]	[illegible]	[illegible]!	[illegible]	[illegible]	[illegible]	[illegible]	[illegible]	[illegible]
lew^{2}	mji^{1}	le^{2}	ɲia^{2}	tsjij^{2}	thjɨ^{2}	nio̱w^{1}	po^{1}	tsa^{1}	ma^{2}	ŋạ^{2}
应。	弥	勒	菩	萨!	是	故	菩	萨	摩	诃
[illegible],	[illegible]	[illegible]	[illegible]	[illegible]	[illegible]	[illegible]	[illegible]	[illegible]	[illegible]	
tsa^{1}	mjɨ^{1}	pjụ^{1}	rjur^{1}	ɲia^{2}	tśhju^{1}	njɨ^{2}	·jij^{1}	tśhjɨ^{2}	rjar^{2}	
萨,	无	量	诸	众	生	等	之	速	疾	

阿逸多①!是故菩萨摩诃萨,欲令无量诸众生等速疾

18.36.2

[illegible]	[illegible]	[illegible]	[illegible]	[illegible]	[illegible]	[illegible]	[illegible]	[illegible]	[illegible]
no^{2}	dźjịj^{1}	·ja$^{?}$	dụ^{2}	tow^{1}	lo^{1}	sã^{1}	bia^{1}	sã^{1}	po^{1}
安	住	阿	耨	多	罗	三	藐	三	菩
[illegible]	[illegible]	[illegible]	[illegible]	[illegible]	[illegible]	[illegible],	[illegible]	[illegible]	[illegible]
tjɨj^{1}	ɣa^{2}	mji^{1}	lhji̠^{1}	lhjwo^{1}	phji^{1}	kiẹj^{2}	niow^{1}	thja^{2}	tha^{1}
提	于	不	退	转	令	欲,	及	彼	佛

安住不退转于阿耨多罗三藐三菩提,及

---

① 西夏本作“[illegible][illegible][illegible][illegible]”(弥勒菩萨)。

18.36.3

[illegible]	[illegible]	[illegible]	[illegible]	[illegible]	[illegible]	[illegible]，	[illegible]	[illegible]	[illegible]
lhjịj^{2}	wạ^{2}	ljij^{2}	śjwo^{2}	tshjịj^{2}	ljij^{2}	kie̱j^{2}	bu̱^{2}	gjij^{1}	iọ^{1}
刹	广	大	庄	严	见	欲，	胜	殊	圆
[illegible]	[illegible]	[illegible]	[illegible]	[illegible]	[illegible]，	[illegible]	[illegible]	[illegible]	[illegible]
sə^{1}	tśhja^{2}	·iow^{1}	ɣjiw^{1}	ɣiwej^{1}	kie̱j^{2}	ku^{1}	khu^{1}	dźjij^{1}	ɣie^{1}
满	功	德	摄	受	欲，	则	精	进	力

欲见彼广大庄严，摄受殊胜佛刹圆满功德者①，应当起精进力

18.36.4

[illegible]	[illegible]	[illegible]	[illegible]	[illegible]	[illegible]	[illegible]。	[illegible]	[illegible]	[illegible]
śjwo^{1}	ŋwu^{2}	thjɨ^{2}	tsji̱r^{1}	ɣa^{2}	nji^{2}	lew^{2}	tjij^{1}	ljij^{2}	tụ^{1}
起	以	此	法	于	听	应。	若	大	千
[illegible]	[illegible]	[illegible]	[illegible]	[illegible]	[illegible]	[illegible]	[illegible]，	[illegible]	[illegible]
rjur^{1}	kie̱j^{2}	·u^{2}	kjir^{1}	mə̣^{1}	dźjij^{1}	nja^{1}	swu^{2}	tsji̱r^{1}	kjụ^{1}
世	界	中	猛	火	纯	而	满，	法	求

听此法门②。假使经过大千世界满中猛火，为求法

18.36.5

[illegible]，	[illegible]	[illegible]	[illegible]	[illegible]	[illegible]	[illegible]	[illegible]	[illegible]	[illegible]	[illegible]
nio̱w^{1}	ku^{1}	thja^{2}	kha^{1}	rar^{2}	tsjɨ^{1}	ŋwer^{2}	lhjwo^{1}	lạ^{1}	ljo̱r^{1}	njịj^{1}
故，	则	彼	中	过	亦	退	屈	谄	伪	心
[illegible]	[illegible]，	[illegible]	[illegible]	[illegible]	[illegible]	[illegible]	[illegible]	[illegible]	[illegible]，	
mji^{1}	śjwo^{1}	do^{1}	tshjɨ^{1}	ɣiwej^{1}	·jịj^{1}	rjar^{1}	sjịj^{2}	lhejr^{2}	lhejr^{2}	
不	生，	读	诵	受	持	书	写	经	卷，	

故，不生退屈谄伪之心，读诵受持书写经卷，

18.36.6

[illegible]	[illegible]	[illegible]	[illegible]	[illegible]	[illegible]	[illegible]	[illegible]	[illegible]，	[illegible]	[illegible]

① 西夏本作“欲见彼广大庄严佛刹，摄受殊胜圆满功德者”，较汉文本“佛刹”二字位置不同。

② 门，西夏本作“[illegible]”（于）。按，“[illegible]”ɣa^{2}（于）字于义不合，在此假借作“[illegible]”ɣa^{1}（门），此二字为近音通假。

rjɨr^{2} njɨ^{2} tsej^{2} ljịj^{1} zjịj^{1} mjɨ^{1} ·jij^{1} phie^{2} nẹj^{2} pjwɨ̣r^{1} ŋwu^{2}

乃 至 须 臾 时 他 之 开 示， 劝 以

[illegible]，[illegible]

nji^{2} phji^{1} sjwɨ̣^{1} źjị^{1} mji^{1} śjwo^{1} tjij^{1} ljịj^{2} mə̣^{1} kha^{1}

听 闻 忧 恼 不 生， 若 大 火 中

乃至于须臾顷为他开示，劝令听闻不生忧恼，设入大火

18.36.7

[illegible]。[illegible]？

·jij^{1} lju^{2} tsjɨ^{1} ·jiw^{2} lhji̱^{1} njij^{1} mji^{1} śjwo^{1} thjij^{2} sjo^{2} ljɨ^{1}

自 入 亦 疑 悔 心 不 生。 何 云 也？

[illegible]

thja^{2} mjɨ^{1} pjụ^{1} rjir^{2} rjur^{1} ɲia^{2} tsjij^{2} njɨ^{2} tsjɨ^{1} to^{2}

彼 无 量 亿 诸 菩 萨 等 亦 皆

不应疑悔。何以故？彼无量亿诸菩萨等皆

18.37.1

[illegible]，[illegible]

źji^{2} thjɨ^{2} źji^{2} thjo̱^{1} tsji̱r^{1} ɣa^{1} kjụ^{1} dzjwɨ̣^{1} lhejr^{2} nji^{2}

悉 此 微 妙 法 门 求， 尊 重 听

[illegible]。[illegible]

·o^{1} ljwu^{1} nu^{1} mji^{1} śjwo^{1} thjɨ^{2} nio̱w^{1} nji^{2} njɨ^{2} thjɨ^{2}

闻 违 背 不 生。 是 故 汝 等 此

悉求此微妙法门，尊重听闻不生违背。是故汝等

18.37.2

[illegible]。[illegible]！[illegible]

tsji̱r^{1} kjụ^{1} lew^{2} mji^{1} le^{2} ɲia^{2} tsjij^{2} thja^{1} rjur^{1} ɲia^{2}

法 求 应。 弥 勒 菩 萨！ 彼 诸 众

[illegible]，[illegible]

tśhju^{1} ljij^{2} ne̱w^{2} gjij^{1} rjir^{1} tjij^{1} kụ^{1} lja^{1} zjọ^{2} rjɨr^{2}

生	大	善	利	获，	若	后	来	世	乃

应求此法。阿逸多①！彼诸众生获大善利，若于来世乃

18.37.3

[illegible]	[illegible]	[illegible]	[illegible]	[illegible]	[illegible]，	[illegible]	[illegible]	[illegible]	[illegible]	[illegible]
njɨ^{2}	tśhja^{2}	tsji̱r^{1}	dzjar^{2}	·jij^{1}	zji̱j^{1}	tśhjɨ^{1}	bjij^{2}	ɲia^{2}	tśhju^{1}	rjur^{1}
至	正	法	灭	将	时，	彼	时	众	生	诸
[illegible]	[illegible]	[illegible]，	[illegible]	[illegible]	[illegible]	[illegible]	[illegible]	[illegible]	[illegible]	
nẹw^{2}	tśhji^{2}	lji̱^{1}	śji^{1}	mjɨ^{1}	pjụ^{1}	rjur^{1}	tha^{1}	·jij^{1}	kjụ^{1}	
善	本	殖，	昔	无	量	诸	佛	之	供	

至正法灭时，当有众生殖诸善本，已曾供养无量诸佛，

18.37.4

[illegible]	[illegible]，	[illegible]	[illegible]	[illegible]	[illegible]	[illegible]	[illegible]	[illegible]	[illegible]，
tshwew^{1}	djij^{2}	thja^{1}	mjor^{1}	ljij^{2}	njɨ^{2}	kjɨ^{1}	·wu^{2}	bji̱j^{2}	ku^{1}
养	曾，	彼	如	来	等	△	祐	助	故，
[illegible]	[illegible]	[illegible]	[illegible]	[illegible]	[illegible]	[illegible]	[illegible]，	[illegible]	[illegible]
thjɨ^{2}	sju^{2}	wạ^{2}	lji̱j^{2}	tsji̱r^{1}	ɣa^{1}	rjir^{1}	rjir^{2}	mjor^{1}	lji̱j^{2}
是	如	广	大	法	门	得	能，	如	来

由彼如来加威力故，能得如是广大法门，一切如来

18.37.5

[illegible]	[illegible]	[illegible]	[illegible]	[illegible]	[illegible]	[illegible]。	[illegible]	[illegible]	[illegible]	[illegible]
ŋowr^{2}	ŋowr^{2}	·jij^{1}	nji̱j^{1}	·o^{2}	lew^{2}	we^{2}	tjij^{1}	thja^{1}	tsji̱r^{1}	ɣa^{2}
一	切	之	心	悦	可	成。	若	彼	法	于
[illegible]	[illegible]	[illegible]	[illegible]，	[illegible]	[illegible]	[illegible]	[illegible]	[illegible]	[illegible]	
ɣjiw^{1}	lhjwi^{1}	ɣiwej^{1}	·jij^{1}	ku^{1}	wạ^{2}	ljij^{2}	ŋowr^{2}	ŋowr^{2}	sji̱j^{2}	
摄	取	受	持，	则	广	大	一	切	智	

称赞悦可。若于彼法摄取受持，当获广大一切智

① 西夏本作“[illegible][illegible][illegible][illegible]”（弥勒菩萨）。

18.37.6

sjij^{2}	rjir^{1}	njij^{1}	kjɨ^{1}	dzu^{1}	bju^{1}	rjur^{1}	ne̱w^{2}	tśhji^{2}	lji̱^{1}
智	得，	心	所	乐	随	诸	善	根	种。
tjij^{1}	ne̱w^{2}	go̱r^{1}	gji^{2}	ne̱w^{2}	sji^{2}	dzjwo^{2}	njɨ^{2}	tjij^{1}	thja^{1}
若	善	男	子	善	女	人	等，	若	彼

智，随意所乐种诸善根。若善男子善女人等，于彼

18.37.7

tsji̱r^{1}	kha^{1}	wa̱^{2}	ljij^{2}	bu̱^{2}	tsjij^{2}	ku^{1}	tśhjwo^{1}	nji^{2}	·o^{1}	njwi^{2}
法	中	广	大	胜	解，	则	故	听	闻	能
ljij^{2}	njij^{1}	ljɨ̱j^{2}	rjir^{1}	ɣiwej^{1}	·jij^{1}	do^{1}	tshjɨ̱^{1}	mjɨ^{1}	·jij^{1}	
大	欢	喜	获。	受	持	读	诵，	他	之	

法中广大胜解之者，当能听闻获大欢喜。受持读诵，广为他

18.38.1

wa̱^{2}	tshjij^{1}	·ju^{2}	djo̱^{2}	dźjij^{1}	dzu^{1}	ljɨ^{1}	mji^{1}	le^{2}	ɲia^{2}	tsjij^{2}
广	说，	常	修	行	乐	也。	弥	勒	菩	萨！
mjɨ^{1}	pju̱^{1}	rjir^{2}	ŋew^{2}	rjur^{1}	ɲia^{2}	tsjij^{2}	njɨ^{2}	thjɨ^{2}	tsji̱r^{1}	
无	量	亿	数	诸	菩	萨	等	此	法	

说，常乐修行。阿逸多①！无量亿数诸菩萨等

18.38.2

kju̱^{1}	ɣju^{1}	dwər^{1}	nu^{1}	mjij^{2}	djij^{2}	thjɨ^{2}	nio̱w^{1}	nji^{2}	njɨ^{2}	rjur^{1}

① 西夏本作“[illegible]”(弥勒菩萨)。

求 请， 厌 背 不 曾， 是 故 汝 等 诸

□ □ □ □ □ □， □ □ □ □

nẹw^{2} gọr^{1} gji^{2} niow^{1} nẹw^{2} sji^{2} dzjwo^{2} thjɨ^{2} zjọ^{2} kụ^{1}

善 男 子 及 善 女 人， 今 世 后

求请此法，不曾厌背，是故汝等诸善男子及善女人，于今来世

18.38.3

□ □ □ □ □， □ □ □、 □ □、

zjọ^{2} thjɨ^{2} sju^{2} tsjịr^{1} ɣa^{2} tjij^{1} śji^{1} kjụ^{1} mjor^{1} kjụ^{1}

世 是 如 法 于， 若 已 求、 现 求、

□ □ □ □， □ □ □ □ □。 □

kụ^{1} kjụ^{1} lew^{2} mjij^{1} źji^{2} nẹw^{2} gjij^{1} rjir^{1} ljɨ^{1} mji^{1}

当 求 应 无， 皆 善 殊 获 也。 弥

能于是法，若已求、现求、当求者，皆获善利。

18.38.4

□ □ □！ □ □ □ □ □ □， □ □

le^{2} ɲia^{2} tsjij^{2} mjor^{1} ljịj^{2} ·jij^{1} wji^{1} lew^{2} tja^{1} to^{2} źji^{2}

勒 菩 萨！ 如 来 自 作 应 者， 悉 皆

□ □。 □ □ □ □ □ □ □， □ □

rjɨr^{2} wji^{1} nji^{2} njɨ^{2} ·jiw^{2} mjij^{1} bju^{1} no^{2} dźjịj^{1} rjur^{1} nẹw^{2}

已 作。 汝 等 疑 无 应 安 住， 诸 善

阿逸多①！如来所应作者，皆已作之。汝等应当安住无疑，种诸善

18.38.5

□ □， □ □ □ □， □ □ □， □ □

tśhji^{2} lji^{1} ·ju^{2} djọ^{2} ɣiew^{1} lew^{2} ·jiw^{2} ljịj^{1} mjij^{1} ku^{1} mə^{2}

本 种， 常 修 学 应， 疑 滞 无， 则 种

□ □ □ □ □ □ □ □ □ □

djịj^{1} kiwej^{2} ljɨ^{1} ŋowr^{2} ŋowr^{2} ŋwu^{2} dja^{2} śjịj^{1} khjwɨ^{2} jɨj^{2}

① 西夏本作“□□□□”（弥勒菩萨）。

类 珍 宝 一 切 以 △ 成 牢 狱

本,应常修学,使无疑滞,不入一切种类珍宝成就牢狱。

18.38.6

[illegible]	[illegible]	[illegible]。	[illegible]	[illegible]	[illegible]	[illegible]!	[illegible]	[illegible]	[illegible]	[illegible]
·u^{2}	mji^{1}	ljị^{1}	mji^{1}	le^{2}	ɲia^{2}	tsjij^{2}	thjɨ^{2}	sju^{2}	njɨ^{2}	djij̣^{1}
中	不	入。	弥	勒	菩	萨!	是	如	等	类
[illegible]	[illegible]	[illegible]	[illegible],	[illegible]	[illegible]	[illegible]	[illegible]	[illegible]	[illegible]	
ljij̣^{2}	pjụ^{1}	tśhja^{2}	mjijr^{2}	wạ^{2}	ljij̣^{2}	tha^{1}	tsji̱r^{1}	do^{2}	ɣa^{2}	
大	威	德	者,	广	大	佛	法	异	于	

阿逸多①! 如是等类大威德者,能生广大佛法异门②,

18.38.7

[illegible]	[illegible],	[illegible]	[illegible]	[illegible]	[illegible]	[illegible]	[illegible],	[illegible]	[illegible]	[illegible]
śjwo^{1}	njwi^{2}	thjɨ^{2}	tsji̱r^{1}	mji^{1}	nji^{2}	lhjɨj^{1}	nio̱w^{1}	ku^{1}	lew^{1}	rjir^{2}
生	能,	此	法	不	听	闻	故,	则	一	亿
[illegible]	[illegible]	[illegible]	[illegible]	[illegible]	[illegible]	[illegible]	[illegible]	[illegible]	[illegible]	[illegible]
ɲia^{2}	tsjij^{2}	·ja$^{?}$	du̱^{2}	tow^{1}	lo^{1}	sã^{1}	bia^{1}	sã^{1}	po^{1}	tjɨj^{1}
菩	萨	阿	耨	多	罗	三	藐	三	菩	提

由于此法不听闻故,有一亿菩萨退转阿耨多罗三藐三菩提。

18.39.1

[illegible]	[illegible]	[illegible]。	[illegible]	[illegible]	[illegible]	[illegible]!	[illegible]	[illegible]	[illegible]
ɣa^{2}	lhji̱^{1}	lhjwo^{1}	mji^{1}	le^{2}	ɲia^{2}	tsjij^{2}	tha^{1}	rjur^{1}	to^{2}
于	退	转。	弥	勒	菩	萨!	佛	世	出
[illegible],	[illegible]	[illegible]	[illegible]	[illegible]	[illegible]	[illegible]。	[illegible]	[illegible]	[illegible]
gie^{1}	·jar^{1}	ŋjir^{1}	lju̥^{2}	ka^{2}	tsjɨ^{1}	gie^{1}	rjur^{1}	tha^{1}	mjor^{1}
难,	八	难	身	离	亦	难。	诸	佛	如

阿逸多③! 佛出世难,离八难身亦为难得。诸佛如

---

① 西夏本作“[illegible]”(弥勒菩萨)。

② 门,西夏本作“[illegible]”(于)。按,“[illegible]”ɣa^{2}(于)字于义不合,在此假借作“[illegible]”ɣa^{1}(门),此二字为近音通假。

③ 西夏本作“[illegible]”(弥勒菩萨)。

18.39.2

[illegible]	[illegible]	[illegible]	[illegible]	[illegible]，	[illegible]	[illegible]	[illegible]	[illegible]，	[illegible]
ljij^2	źji^2	phju^2	tśhja^2	tsji̱r^1	ɣạ^2	ɣie^1	le^2	mjij^1	ɣie^2
来	无	上	正	法，	十	力	畏	无，	碍
[illegible]	[illegible]	[illegible]，	[illegible]	[illegible]	[illegible]	[illegible]，	[illegible]	[illegible]	[illegible]
mjij^1	zjij^1	mjij^1	źji^2	na^1	thjo̱^{1}	tsji̱r^1	niow^1	po^1	lo^1
无	著	无，	最	深	妙	法，	及	波	罗

来无上之法，十力无畏，无碍无著，甚深之法，及波罗

18.39.3

[illegible]	[illegible]	[illegible]	[illegible]	[illegible]	[illegible]，	[illegible]	[illegible]	[illegible]	[illegible]	[illegible]
dzu^1	njɨ^2	ɲia^2	tsjij^2	tsji̱r^1	tja^1	tsji̱r^1	tshjij^1	rjir^2	mjijr^2	niow^1
蜜	等	菩	萨	法	者，	法	说	能	者	亦
[illegible]	[illegible]	[illegible]	[illegible]。	[illegible]	[illegible]	[illegible]	[illegible]！	[illegible]	[illegible]	
phie^2	ne̱j^2	gie^1	ljɨ^1	mji^1	le^2	ɲia^2	tsjij^2	tsji̱r^1	tshjij^1	
开	示	难	也。	弥	勒	菩	萨！	法	说	

蜜等菩萨之法，能说法人亦难开示。阿逸多①！善说法

18.39.4

[illegible]	[illegible]	[illegible]	[illegible]	[illegible]	[illegible]，	[illegible]	[illegible]	[illegible]	[illegible]
mjijr^2	tsjɨ^1	dźju^2	ber^2	mji^1	ljɨ^2	gjwɨ^1	lwo^2	na^1	dźiej^2
人	亦	值	遇	不	易，	坚	固	深	信
[illegible]	[illegible]	[illegible]。	[illegible]	[illegible]	[illegible]	[illegible]	[illegible]	[illegible]	[illegible]
tsjɨ^1	ber^2	gie^1	thjɨ^2	nio̱w^1	ŋa^2	sjij^1	wo^2	bju^1	nẹ^1
亦	遇	难。	是	故	我	今	理	如	宣

人非易可遇，坚固深信时亦难遭。是故我今如理宣

18.39.5

[illegible]，	[illegible]	[illegible]	[illegible]	[illegible]，	[illegible]	[illegible]	[illegible]	[illegible]。	[illegible]	[illegible]
tshjij^1	nji^2	njɨ^2	djo̱^{2}	dzjɨ̠^{2}	tsji̱r^1	bju^1	dźjij^1	lew^2	mji^1	le^2

① 西夏本作"[illegible]"（弥勒菩萨）。

说，　汝　等　修　习，　教　如　住　应。　弥　勒

[illegible]

ɲia² tsjij² ŋa² thjɨ² tsji̱r¹ ɣa¹ niow¹ rjur¹ tha¹ tsji̱r¹

菩　萨！　我　此　法　门　及　诸　佛　法

说，汝等修习，应如教住。汝阿逸多①！我以此法门及诸佛法

18.39.6

[illegible]

nji² ·jij¹ tśjɨ¹ lu² nji² ·ju² djo̱² dźjij¹ mji¹ dzjar²

汝　之　嘱　咐，　汝　常　修　行，　不　灭

[illegible]

phji¹ lew² thjɨ² sju² wa̱² ljij² źji² thjo̱¹ tsji̱r¹ ɣa¹

令　当。　是　如　广　大　微　妙　法　门，

嘱累于汝，汝当修行，无令灭没。如是广大微妙法门，

18.39.7

[illegible]

rjur¹ tha¹ ŋowr² ŋowr² ·jij¹ ·jow² śja² lew² we² tha¹ tsji̱r¹

诸　佛　一　切　之　称　赞　所　为。　佛　教

[illegible]

tji¹ ljwu¹ mji¹ phji¹ dźjɨ̱r¹ lew² nji² njɨ² tjij¹ phjɨ¹

勿　违，　不　弃　舍　应，　汝　等　若　舍

一切诸佛之所称赞。勿违佛教，而弃舍之，当令汝等

18.40.1

[illegible]

dźjɨ̱r¹ ku¹ mji¹ ne̱w² gjij¹ lhju̱² gjɨ² zjir² kha¹ dji̱¹

弃　则　不　善　利　获。　夜　长　中　沦

[illegible]

bu¹ ·ji¹ tśji̱¹ ŋjir¹ lhjij² thjɨ² nio̱w¹ ŋa² sjij¹ ljij²

① 西夏本作"[illegible]"(弥勒菩萨)。

没，	众	苦	危	受。	是	故	我	今	大

获不善利①。沦没长夜，备众危苦。是故我今为大

18.40.2

[illegible]	[illegible]	[illegible]，	[illegible]	[illegible]	[illegible]	[illegible]	[illegible]	[illegible]	[illegible]
tśjɨ^{1}	lu^{2}	wji^{1}	thjɨ^{2}	tsji̠r^{1}	tśjo$^{?}$	dźji̠j^{1}	wjɨ^{2}	tji^{1}	dzjar^{2}
嘱	咐	为，	此	法	久	住	△	不	灭
[illegible]，	[illegible]	[illegible]	[illegible]	[illegible]，	[illegible]	[illegible]	[illegible]	[illegible]	[illegible]。
phjo^{2}	jɨr^{2}	ŋwu^{2}	djo̤^{2}	dźji̤j^{1}	ŋa^{2}	tsji̠r^{1}	śjij^{1}	wji^{1}	lew^{2}
令，	勤	以	修	行，	我	教	顺	为	应。

嘱累，当令是法久住不灭，应勤修行，随顺我教。

汉文本

尔时，弥勒菩萨白佛言：世尊！于此国界不退菩萨当生极乐国者，其数几何？佛告弥勒：此佛土中有七十二亿菩萨，彼于无量亿那由他百千佛所种诸善根，成不退转，当生彼国。况余菩萨由少善根生彼国者，不可称计。阿逸多！从难忍如来佛国，有十八亿不退菩萨当生极乐世界。东北方宝藏佛国中，有九十亿不退菩萨当生彼土。从无量声如来国中，有二十二亿不退菩萨当生彼土。从光明如来国中，有三十二亿不退菩萨当生彼土。从龙天如来国中，有十四亿不退菩萨当生彼土。从胜天力如来国中，有十二千不退菩萨当生彼土。从师子如来国中，有五百不退菩萨当生彼土。从离尘如来国中，有八十一亿不退菩萨当生彼土。从世天如来国中，有六十亿不退菩萨当生彼土。从胜积如来国中，有六十亿不退菩萨当生彼土。从人王如来国中，有十俱胝不退菩萨当生彼土。从胜花如来国中，有五百菩萨具大精进发趣一乘，于七日中能令众生离百千亿那由他劫生死流转，彼等亦当生极乐界。从发起精进如来国中，有六十九亿不退菩萨当生彼土。到彼国已，供养礼拜无量寿如来及菩萨众。阿逸多！我若具说诸方菩萨生极乐界，若已到、今到、当到，为供养礼拜瞻仰无量寿佛等者，但说其名穷劫不尽。

阿逸多！汝观彼诸菩萨摩诃萨善获利益，若有闻彼佛名能生一念喜爱之心，当获如上所说功德，心无下劣，亦不贡高，成就善根，悉皆增上。阿逸多！是故告汝及天人、世间、阿修罗等，今此法门付嘱于汝。应当爱乐修习，乃至经一昼夜受持读诵，生希望心，于大众中为他开示，当令书写执持经卷，于此经中生导师想。

阿逸多！是故菩萨摩诃萨，欲令无量诸众生等速疾安住不退转于阿耨多罗三藐三菩提，及欲见彼广大庄严，摄受殊胜佛刹圆满功德者，应当起精进力听此法门。假使经过大千世界满中猛火，为求法故，不生退屈谄伪之心，读诵受持书写经卷，乃至于须臾顷为他开示，劝令听闻不生忧恼，设入大火不应疑悔。何以故？彼无量亿诸菩萨等皆悉求此微妙法门，尊重听闻不生违背。是故汝等应求此法。

---

① 西夏本作“[illegible]，[illegible]，[illegible]，[illegible]”（勿违佛教，不应弃舍，汝等若弃舍，则获不善利）。两者义通，仅在表述不同。

阿逸多！彼诸众生获大善利，若于来世乃至正法灭时，当有众生殖诸善本，已曾供养无量诸佛，由彼如来加威力故，能得如是广大法门，一切如来称赞悦可。若于彼法摄取受持，当获广大一切智智，随意所乐种诸善根。若善男子善女人等，于彼法中广大胜解之者，当能听闻获大欢喜。受持读诵，广为他说，常乐修行。

阿逸多！无量亿数诸菩萨等求请此法，不曾厌背，是故汝等诸善男子及善女人，于今来世能于是法，若已求、现求、当求者，皆获善利。阿逸多！如来所应作者，皆已作之。汝等应当安住无疑，种诸善本，应常修学，使无疑滞，不入一切种类珍宝成就牢狱。阿逸多！如是等类大威德者，能生广大佛法异门，由于此法不听闻故，有一亿菩萨退转阿耨多罗三藐三菩提。阿逸多！佛出世难，离八难身亦为难得。诸佛如来无上之法，十力无畏，无碍无著，甚深之法，及波罗蜜等菩萨之法，能说法人亦难开示。阿逸多！善说法人非易可遇，坚固深信时亦难遭。是故我今如理宣说，汝等修习，应如教住。

汝阿逸多！我以此法门及诸佛法嘱累于汝，汝当修行，无令灭没。如是广大微妙法门，一切诸佛之所称赞。勿违佛教，而弃舍之，当令汝等获不善利。沦没长夜，备众危苦。是故我今为大嘱累，当令是法久住不灭，应勤修行，随顺我教。

18.40.3

[illegible]	[illegible]，	[illegible]	[illegible]	[illegible]	[illegible]	[illegible]	[illegible]：
tśhjɨ^{1}	zjọ^{2}	rjur^{1}	pjụ^{1}	ljạ^{1}	dạ^{2}	rjɨr^{2}	tshjij^{1}
尔	时，	世	尊	颂	说	△	曰：

尔时，世尊而说颂曰：

18.40.4

[illegible]	[illegible]	[illegible]	[illegible]	[illegible]	[illegible]	[illegible]，	[illegible]	[illegible]	[illegible]	[illegible]
tjij^{1}	ljo^{1}	tśhja^{2}	bju^{1}	djọ^{2}	mjij^{2}	djij^{2}	tśjo$^{?}$	thjɨ^{2}	źji^{2}	thjo̱^{1}
若	福	德	依	修	未	初，	终	此	最	妙
[illegible]	[illegible]	[illegible]，	[illegible]	[illegible]	[illegible]	[illegible]	[illegible]	[illegible]	[illegible]，	
tsji̱r^{1}	mji^{1}	mji^{1}	kjir^{1}	·jiw^{2}	rjur^{1}	ne̱w^{2}	gji̱j^{1}	śjɨj^{1}	njwi^{2}	
法	不	闻，	勇	猛	诸	善	利	成	能，	

若于福德初未修，终不闻斯微妙法，勇猛能成诸善利，

18.40.5

[illegible]	[illegible]	[illegible]	[illegible]	[illegible]	[illegible]	[illegible]。	[illegible]	[illegible]	[illegible]	[illegible]
tśhjwo^{1}	thjɨ^{2}	sju^{2}	źji^{2}	na^{1}	lhejr^{2}	mji^{1}	thja^{2}	dzjwo^{2}	rjur^{1}	rjur^{1}
故	如	是	最	深	经	闻。	彼	人	诸	世
[illegible]	[illegible]	[illegible]，	[illegible]	[illegible]	[illegible]	[illegible]	[illegible]	[illegible]	[illegible]，	

pjụ^{1} ljij^{2} djij^{2} ljịj^{2} tjij^{1} wji^{1} njwi^{2} rjur^{1} niəj^{1} gjụ^{2}

尊 见 曾， 大 灯 作 能 世 浊 拯，

当闻如是甚深经。彼人曾见诸世尊，能作大光拯浊世①，

18.40.6

[illegible]

rejr^{2} mji^{1} źji^{2} ·jij^{1} ljịj^{2} ŋjow^{2} sju^{2} thja^{2} mẹ^{2} śjɨj^{2} dzu^{1}

多 闻 总 持 大 海 如， 彼 圣 贤 喜

[illegible]

de^{2} njij^{1} rjir^{1} low^{2} ljịj^{1} dow^{1} ljij^{2} bjị^{2} dźju^{2} dzjwo^{2}

爱 心 获。 懈 怠 邪 见 下 劣 人，

多闻总持如巨海，彼获圣贤喜爱心。懈怠邪见下劣人，

18.40.7

[illegible]

mjor^{1} ljij^{2} ·jij^{1} tśhja^{2} tsjịr^{1} mji^{1} dźiej^{2} tjij^{1} tha^{1} do^{2} ·ji^{1}

如 来 之 正 法 不 信， 若 佛 于 众

[illegible]

nẹw^{2} ljị^{1} djij^{2} rjur^{1} gjụ^{2} ·jij^{1} dźjɨ$^{?}$ thja^{2} djọ^{2} njwi^{2}

善 殖 曾， 世 救 之 行 彼 修 能。

不信如来斯正法，若曾于佛殖众善，救世之行彼能修。

18.41.1

[illegible]

dzjọ^{1} sju^{2} mə̣^{1} dzjwo^{2} ·ju^{2} na^{1} dźjịj^{1} mjɨ^{1} ·jij^{1} tśja^{1} nẹj^{2}

譬 如 盲 人 恒 暗 处， 他 之 路 开

[illegible]

śio^{1} mjɨ^{1} njwi^{2} ɣiẹ^{2} mji^{1} tha^{1} sjij^{2} ɣa^{2} thjɨ^{2} sju^{2}

导 不 能， 声 闻 佛 智 于 是 如，

譬如盲人恒处暗，不能开导于他路，声闻于佛智亦然，

① 光，西夏本作“[illegible]”（灯）。

18.41.2

[illegible]	[illegible]	[illegible]	[illegible]	[illegible]	[illegible]	[illegible]。	[illegible]	[illegible]	[illegible]	[illegible]
dzjij^{2}	ɲia^{2}	tśhju^{1}	tsjij^{2}	phie^{2}	ljọ^{2}	wjij^{2}	mjor^{1}	ljịj^{2}	tśhja^{2}	·iow^{1}
余	有	情	悟	解	何	有。	如	来	德	功
[illegible]	[illegible]	[illegible]，	[illegible]	[illegible]	[illegible]	[illegible]	[illegible]	[illegible]	[illegible]，	
tha^{1}	·jij^{1}	nwə^{1}	lew^{1}	tha^{1}	rjur^{1}	pjụ^{1}	phie^{2}	nẹj^{2}	njwi^{2}	
佛	自	知，	唯	佛	世	尊	开	示	能，	

况余有情而悟解。如来功德佛自知，唯有世尊能开示，

18.41.3

[illegible]	[illegible]	[illegible]	[illegible]	[illegible]	[illegible]	[illegible]，	[illegible]	[illegible]	[illegible]	[illegible]
ŋwə^{1}	we^{1}	·ja^{2}	tśhia^{1}	źji^{2}	mjɨ^{1}	?	njɨ^{1}	·ụ^{2}	ŋwu̱^{1}	dạ^{2}
天	龙	夜	叉	皆	不	及，	二	乘	言	语
[illegible]	[illegible]	[illegible]。	[illegible]	[illegible]	[illegible]	[illegible]	[illegible]	[illegible]	[illegible]，	
·jij^{1}	kụ^{1}	bja^{2}	tjij^{1}	rjur^{1}	ɲia^{2}	tśhju^{1}	kụ^{1}	tha^{1}	we^{2}	
自	当	绝。	若	诸	有	情	当	佛	作，	

天龙夜叉所不及，二乘自绝于名言①。若诸有情当作佛，

18.41.4

[illegible]	[illegible]	[illegible]	[illegible]	[illegible]	[illegible]	[illegible]，	[illegible]	[illegible]	[illegible]	[illegible]
dźjɨ$^{?}$	njɨ^{2}	mẹ^{2}	dzjij^{1}	tjij^{1}	rewr^{2}	njɨ^{2}	lew^{1}	tha^{1}	·jij^{1}	tśhja^{2}
行	普	贤	超	彼	岸	至，	一	佛	之	功
[illegible]	[illegible]	[illegible]，	[illegible]	[illegible]	[illegible]	[illegible]	[illegible]	[illegible]	[illegible]，	
·iow^{1}	nẹ^{1}	tshjij^{1}	dzjɨj^{1}	rejr^{2}	kja^{2}	dzjij^{1}	sew^{2}	tshjij^{1}	mjij^{1}	
德	宣	讲，	时	多	劫	逾	思	议	不，	

行超普贤登彼岸，敷演一佛之功德，时逾多劫不思议，

18.41.5

[illegible]	[illegible]	[illegible]	[illegible]	[illegible]	[illegible]	[illegible]，	[illegible]	[illegible]	[illegible]	[illegible]
thja^{1}	njɨ^{1}	njɨ^{1}	ljwu^{1}	ljụ^{2}	gju^{1}	dzjar^{2}	tha^{1}	·jij^{1}	bu̱^{2}	źjɨr^{1}

① 名言，西夏本作“[illegible][illegible]”，字面意思是“言语”。

彼　二　二　间　身　度　灭，　佛　之　胜　慧

[illegible]

pjụ^{1} tjị^{2} mjij^{1} thjɨ^{2} nio̱w^{1} dźiej^{2} rejr^{2} mji^{1} ŋowr^{2} lhə$^{?}$

量　可　不。　是　故　信　多　闻　具　足，

于是中间身灭度，佛之胜慧莫能量。是故具足于信闻，

18.41.6

[illegible]

niow^{1} rjur^{1} ne̱w^{2} wjɨ^{1} ·jij^{1} ɣjiw^{1} ɣiwej^{1} thjɨ^{2} sju^{2} na^{1} thjo̱^{1}

及　诸　善　友　之　摄　受，　如　是　深　妙

[illegible]

tsji̱r^{1} mji^{1} rjir^{1} dzu^{1} bjụ^{1} rjur^{1} śjɨj^{2} pjụ^{1} lhjụ^{2} rjir^{1}

法　闻　得，　爱　敬　诸　圣　尊　获　得。

及诸善友之摄受，得闻如是深妙法，当获爱重诸圣尊。

18.41.7

[illegible]

mjor^{1} ljịj^{2} bu̱^{2} sjịj^{2} tshọ^{2} ŋa^{1} njɨ^{2} rjɨr^{2} tshjij^{1} wo^{2} dạ^{2}

如　来　胜　智　遍　虚　空，　所　说　义　言

[illegible]

lew^{1} tha^{1} tsjij^{2} thjɨ^{2} nio̱w^{1} rejr^{2} mji^{1} rjur^{1} sjịj^{2} dzjwo^{2}

唯　佛　悟，　是　故　博　闻　诸　智　士，

如来胜智遍虚空，所说义言唯佛悟，是故博闻诸智士，

18.42.1

[illegible]

ŋa^{2} tsji̱r^{1} źjir^{1} ɣiej^{1} dạ^{2} dźiej^{2} lew^{2} dzjwo^{2} tshwew^{1} ljụ^{2} tja^{1}

我　教　实　真　言　信　应。　人　趣　身　者

[illegible]

rjir^{1} mji^{1} ljɨ^{2} mjor^{1} ljịj^{2} rjur^{1} to^{2} tsjɨ^{1} ber^{2} gie^{1}

得　不　易，　如　来　诸　出　亦　遇　难，

应信我教如实言。人趣之身得甚难①，如来出世遇亦难②，

---

① 甚难，西夏本作“[illegible]”（不易）。

② 世，西夏本作“[illegible]”（诸）。按，“[illegible]”rjur^{1}（诸）字于义不合，在此假借作“[illegible]”rjur^{1}（世），此二字为同音通假。

18.42.2

[illegible]	[illegible]	[illegible]	[illegible]	[illegible]	[illegible]	[illegible]，	[illegible]	[illegible]	[illegible]	[illegible]
rejr^2	dzjɨj^1	źjɨr^1	dźiej^2	ku^1	tśhjwo^1	rjir^1	tśhjwo^1	thjɨ^2	djọ^2	mjijr^2
多	时	慧	信	则	故	获，	故	是	修	者
[illegible]	[illegible]	[illegible]。	[illegible]	[illegible]	[illegible]	[illegible]	[illegible]	[illegible]	[illegible]，	
khu^1	dźjij^1	lew^2	thjɨ^2	sju^2	thjo̱^{1}	tsji̱r^1	nji^2	lhjɨj^1	niow^1	
进	精	应。	是	如	妙	法	听	闻	已，	

信慧多时方乃获，是故修者应精进。如是妙法已听闻，

18.42.3

[illegible]	[illegible]	[illegible]	[illegible]	[illegible]	[illegible]	[illegible]，	[illegible]	[illegible]	[illegible]	[illegible]
·ju^2	rjur^1	tha^1	ljɨ̣r^2	njij^1	ljɨ̣j^2	śjwo^1	thja^2	njwo^2	ŋa^2	·jij^1
常	诸	佛	念	心	喜	生，	彼	昔	吾	之
[illegible]	[illegible]	[illegible]，	[illegible]	[illegible]	[illegible]	[illegible]	[illegible]	[illegible]	[illegible]。	
ne̱w^2	wjɨ̣^{1}	ɣiej^1	tha^1	lji̱j^2	po^1	tjɨj^1	dzu^1	ŋwe^1	njwi^2	
亲	友	真，	佛	大	菩	提	爱	乐	能。	

常念诸佛而生喜，彼人往昔真吾友，善能乐欲佛菩提。

18.42.4

[illegible]	[illegible]，	[illegible]	[illegible]	[illegible]	[illegible]	[illegible]	[illegible]	[illegible]，	[illegible]
tśhjɨ^1	zjọ^2	rjur^1	pjụ^1	thjɨ^2	lhejr^2	lhejr^2	tshji̱j^1	dźjwa^1	dzjwo^2
尔	时，	世	尊	是	经	契	说	已，	人
[illegible]	[illegible]	[illegible]	[illegible]	[illegible]	[illegible]	[illegible]	[illegible]	[illegible]	[illegible]
mə^1	rjur^1	kha^1	khjɨ^2	njɨ^1	tụ^1	no^1	·jiw^1	thow^1	rjir^2
天	世	间	万	二	千	那	由	他	亿

尔时，世尊说是经已，天人世间有万二千那由他亿

18.42.5

[illegible]	[illegible]	[illegible]	[illegible]	[illegible]	[illegible]，	[illegible]	[illegible]	[illegible]	[illegible]；
ɲia^2	tśhju^1	lhjɨ^2	khwa^1	ror^2	ka^2	tsji̱r^1	mej^1	sej^1	rjir^2
众	生	尘	远	垢	离，	法	眼	净	得；

njɨ̱^{1}	ɣạ^{2}	rjir^{2}	ɲia^{2}	tśhju^{1}	·ja$^{?}$	no^{1}	xã^{1}	rjir^{2}	rjir^{2}
二	十	亿	众	生	阿	那	含	果	得；

众生远尘离垢，得法眼净；二十亿众生得阿那含果；

18.42.6

tśhjiw^{1}	tụ^{1}	·jar^{1}	rjir^{2}	phji^{2}	khjiw^{2}	rjur^{1}	rar^{2}	wjɨ^{2}	dzjar^{2}
六	千	八	亿	比	丘	诸	漏	已	尽，
njij^{1}	bie^{2}	thjij^{2}	rjir^{2}	ljɨr^{1}	ɣạ^{2}	rjir^{2}	ɲia^{2}	tsjij^{2}	źji^{2}
心	解	脱	得；	四	十	亿	菩	萨	无

六千八百比丘诸漏已尽①，心得解脱；四十亿菩萨于无

18.42.7

phju^{2}	po^{1}	tjɨj^{1}	ɣa^{2}	mji^{1}	lhji̠^{1}	lhjwo^{1}	dźjij^{1}	ljij^{2}	gjwɨ^{1}
上	菩	提	于	不	退	转	住，	大	甲
zjir^{2}	gjwi^{2}	kụ^{1}	tśhja^{2}	dwewr^{2}	śjɨj^{1}	njɨ̱^{1}	ɣạ^{2}	ŋwə^{1}	rjir^{2}
胄	服，	当	正	觉	成；	二	十	五	亿

上菩提住不退转，被大甲胄，当成正觉；有二十五亿

18.43.1

ɲia^{2}	tśhju^{1}	mji^{1}	lhji̠^{1}	ze̠w^{2}	rjir^{2}	ljɨr^{1}	khjɨ^{2}	rjir^{2}	no^{1}
众	生	不	退	忍	得；	四	万	亿	那
·jiw^{1}	thow^{1}	·jir^{2}	tụ^{1}	ɲia^{2}	tśhju^{1}	źji^{2}	phju^{2}	po^{1}	tjɨj^{1}
由	他	百	千	众	生	无	上	菩	提

众生得不退忍；有四万亿那由他百千众生于无上菩提

① 百，西夏本作“[illegible]”（亿）。按，“[illegible]”rjir^{2}（亿）字于义不合，在此假借作“[illegible]”·jir^{2}（百）。

18.43.2

[illegible]	[illegible]	[illegible]	[illegible]	[illegible]	[illegible]，	[illegible]	[illegible]	[illegible]	[illegible]
ɣa^{2}	phji^{1}	śjwo^{1}	mjij^{2}	djij^{2}	tja^{1}	xo^{1}	mja^{1}	niow^{1}	njịj^{1}
于	发	意	未	曾	者，	其	然	后	心
[illegible]，	[illegible]	[illegible]	[illegible]	[illegible]，	[illegible]	[illegible]	[illegible]	[illegible]	[illegible]
śjwo^{1}	rjur^{1}	nẹw^{2}	tśhji^{2}	ljị^{1}	tjị^{1}	źji^{2}	lhejr^{2}	rjur^{1}	kięj^{2}
发，	诸	善	根	种，	愿	极	乐	世	界

未曾发意，今始初发，种诸善根，愿生极乐世界，

18.43.3

[illegible]	[illegible]	[illegible]，	[illegible]	[illegible]	[illegible]	[illegible]	[illegible]	[illegible]，	[illegible]
·u^{2}	wẹ^{1}	śjɨ^{1}	·ja$^{?}$	mji^{1}	thow^{1}	tha^{1}	ljij^{2}	kięj^{2}	ku^{1}
中	生	往，	阿	弥	陀	佛	见	欲，	则
[illegible]	[illegible]	[illegible]	[illegible]	[illegible]	[illegible]	[illegible]	[illegible]，	[illegible]	[illegible]
źji^{2}	thja^{2}	mjor^{1}	ljij^{2}	lhjịj^{2}	·u^{2}	wẹ^{1}	śjɨ^{1}	·jij^{1}	twụ^{1}
皆	彼	如	来	国	中	生	往，	自	各

见阿弥陀佛，皆当往生彼如来土，各于

18.43.4

[illegible]	[illegible]	[illegible]	[illegible]	[illegible]	[illegible]，	[illegible]	[illegible]	[illegible]	[illegible]。
do^{2}	rjijr^{2}	tśjɨ^{1}	bju^{1}	tha^{1}	śjɨj^{1}	thwụ^{1}	mjịj^{2}	thjọ^{1}	ɣiẹ^{2}
异	方	次	依	佛	成，	同	名	妙	音。
[illegible]	[illegible]	[illegible]	[illegible]	[illegible]	[illegible]	[illegible]	[illegible]，	[illegible]	[illegible]
·jar^{1}	khjɨ^{2}	rjir^{2}	no^{1}	·jiw^{1}	thow^{1}	ɲia^{2}	tśhju^{1}	la^{1}	ɣiwej^{1}
八	万	亿	那	由	他	众	生，	记	授

异方次第成佛，同名妙音。有八万亿那由他众生，得授记

18.43.5

[illegible]	[illegible]	[illegible]，	[illegible]	[illegible]	[illegible]	[illegible]	[illegible]。	[illegible]	[illegible]	[illegible]
tsjɨ̱r^{1}	zẹw^{2}	rjir^{2}	źji^{2}	phju^{2}	po^{1}	tjɨj^{1}	śjɨj^{1}	thja^{2}	zjọ^{2}	mjɨ^{1}
法	忍	得，	无	上	菩	提	成。	彼	寿	无

[illegible]

pjụ^{1} tha^{1} njwo^{2} ɲia^{2} tsjij^{2} tśja^{1} rjɨr^{2} dźjij^{1} zjọ^{2} dja^{2}

量 佛 昔 菩 萨 道 △ 行 时 △

法忍，成无上菩提。彼无量寿佛昔行菩萨道时

18.43.6

[illegible]

śjɨj^{1} ·jiw^{2} ɲia^{2} tśhju^{1}, to^{2} źji^{2} źji^{2} lhejr^{2} rjur^{1} kięj^{2} ·u^{2}

成 就 有 情， 悉 皆 极 乐 世 界 中

[illegible]

we̱^{1} pjɨ^{1} njwo^{2} ljịj^{2} tjị^{1} sjwɨ̱^{1} ljɨ̣r^{2} źji^{2} iọ^{1} sə^{1} rjir^{1}

生， 往 昔 大 愿 思 虑 皆 圆 满 得。

成熟有情，悉皆当生极乐世界，忆念俦昔所发思愿皆得成满。

18.43.7

[illegible]

tśhjɨ^{1} zjọ^{2}, sọ^{1} tụ^{1} ljịj^{2} tụ^{1} rjur^{1} kięj^{2} tśhjiw^{1} mə^{2}

尔 时， 三 千 大 千 世 界 六 种

[illegible]

sa̱r^{1} mju^{2}, niow^{1} mə^{2} mə^{2} zjɨ̱r^{1} dju^{1} me̱^{2} mjịjr^{2} wjɨ̱^{1}

震 动， 并 种 种 稀 有 神 通 变

尔时，三千大千世界六种震动，并现种种稀有神变，

18.44.1

[illegible]

śja^{2} ljịj^{2} swew^{1} bji^{1} wją^{2} rjur^{1} kięj^{2} njɨ^{2} swew^{1} mjɨ^{1}

现， 大 光 明 放， 世 界 普 照。 无

[illegible]

pjụ^{1} rjir^{2} no^{1} ·jiw^{1} thow^{1} ·jir^{2} tụ^{1} dzjwo^{2} mə^{1} thwu̱^{1}

量 亿 那 由 他 百 千 人 天， 同

放大光明，普照世界。无量亿那由他百千天人，同

18.44.2

[illegible]	[illegible]	[illegible]	[illegible]	[illegible]	[illegible]	[illegible]	[illegible]	[illegible]，	[illegible]
dzjɨj^{1}	tshow^{1}	ɣię^{2}	ka^{1}	ka^{1}	mji^{1}	tsjụ^{1}	·jij^{1}	ŋew^{1}	mə^{1}
时	乐	音	等	等	不	鼓	自	鸣，	天
[illegible]	[illegible]	[illegible]	[illegible]	[illegible]，	[illegible]	[illegible]	[illegible]	[illegible]；	[illegible]
mã^{1}	thow^{1}	lo^{1}	wją^{1}	dew^{2}	dzjiw^{1}	ŋwer^{2}	ɣa^{2}	njɨ^{2}	rjɨr^{2}
曼	陀	罗	花	雨，	积	膝	于	至；	乃

时音乐不鼓自鸣，雨天曼陀罗花，没至于膝；乃

18.44.3

[illegible]	[illegible]	[illegible]	[illegible]	[illegible]	[illegible]，	[illegible]	[illegible]	[illegible]	[illegible]
njɨ^{2}	·ja$^{?}$	kja^{1}	nji^{1}	tśia^{1}	mə^{1}	tsjɨ^{1}	źji^{2}	mə^{2}	mə^{2}
至	阿	迦	腻	咤	天，	亦	皆	种	种
[illegible]	[illegible]	[illegible]	[illegible]	[illegible]。	[illegible]	[illegible]	[illegible]	[illegible]	[illegible]，
bụ^{2}	thjọ^{1}	kjụ^{1}	tshwew^{1}	wji^{1}	tha^{1}	lhejr^{2}	lhejr^{2}	tshjịj^{1}	dźjwa^{1}
胜	妙	供	养	作。	佛	经	契	说	已，

至阿迦腻咤天，皆作种种殊妙供养。佛说经已，

18.44.4

[illegible]	[illegible]	[illegible]	[illegible]	[illegible]	[illegible]	[illegible]	[illegible]	[illegible]	[illegible]，
mji^{1}	le^{2}	ɲia^{2}	tsjij^{2}	njɨ^{2}	niow^{1}	pjụ^{1}	tja^{1}	·ja$^{?}$	na^{1}
弥	勒	菩	萨	等	及	尊	者	阿	难，
[illegible]	[illegible]	[illegible]	[illegible]，	[illegible]	[illegible]	[illegible]	[illegible]，	[illegible]	[illegible]
ljịj^{2}	·ji^{1}	ŋowr^{2}	ŋowr^{2}	tha^{1}	rjɨr^{2}	tshjịj^{1}	mji^{1}	źji^{2}	ljịj^{2}
大	众	一	切，	佛	所	言	闻，	皆	大

弥勒菩萨等及尊者阿难，一切大众，闻佛所说，皆大

18.44.5

[illegible]	[illegible]。
njij^{1}	ljɨj^{2}
心	喜。

欢喜。

18.44.6

[illegible]	[illegible]	[illegible]	[illegible]	[illegible]	[illegible]	[illegible]	[illegible]	[illegible]
tha²	ljị¹	tśiow¹	lwər²	lhejr²	?	ɣạ²	·jar¹	tsew²
大	宝	积	经	契	卷	十	八	第

《大宝积经》卷第十八

汉文本

尔时,世尊而说颂曰:

若于福德初未修,终不闻斯微妙法,
勇猛能成诸善利,当闻如是甚深经。
彼人曾见诸世尊,能作大光拯浊世,
多闻总持如巨海,彼获圣贤喜爱心。
懈怠邪见下劣人,不信如来斯正法,
若曾于佛殖众善,救世之行彼能修。
譬如盲人恒处暗,不能开导于他路,
声闻于佛智亦然,况余有情而悟解。
如来功德佛自知,唯有世尊能开示,
天龙夜叉所不及,二乘自绝于名言。
若诸有情当作佛,行超普贤登彼岸,
敷演一佛之功德,时逾多劫不思议,
于是中间身灭度,佛之胜慧莫能量。
是故具足于信闻,及诸善友之摄受,
得闻如是深妙法,当获爱重诸圣尊。
如来胜智遍虚空,所说义言唯佛悟,
是故博闻诸智士,应信我教如实言。
人趣之身得甚难,如来出世遇亦难,
信慧多时方乃获,是故修者应精进。
如是妙法已听闻,常念诸佛而生喜,
彼人往昔真吾友,善能乐欲佛菩提。

尔时,世尊说是经已,天人世间有万二千那由他亿众生远尘离垢,得法眼净;二十亿众生得阿那含果;六千八百比丘诸漏已尽,心得解脱;四十亿菩萨于无上菩提住不退转,被大甲胄,当成正觉;有二十五亿众生得不退忍;有四万亿那由他百千众生于无上菩提未曾发意,今始初发,种诸善根,愿生极乐世界,见阿弥陀佛,皆当往生彼如来土,各于异方次第成佛,同名妙音。有八万亿那由他众生,得授记法忍,成无上菩提。彼无量寿佛昔行菩萨道时成熟有情,悉皆当生极乐世界,忆念俦昔所发思愿皆得成满。

尔时,三千大千世界六种震动,并现种种稀有神变,放大光明,普照世界。无量亿那由他百千天人,同时音乐不鼓自鸣,雨天曼陀罗花,没至于膝;乃至阿迦腻咤天,皆作种种殊妙供养。佛说经已,弥勒菩萨等及尊者阿难,一切大众,闻佛所说,皆大欢喜。

《大宝积经》卷第十八